慣用句・故事ことわざ・四字熟語使いさばき辞典

東京書籍編集部　編

東京書籍

この辞典の使い方

◎本辞典は、あすとろ出版より刊行された『慣用句の辞典』『故事ことわざの辞典』『四字熟語の辞典』から、特に重要で使用頻度の高い成句（この本で見出し語にしている慣用語句のことです）を選び出して、それらを〈ひとの気持ち〉〈ひとがすること〉〈社会のきまり〉など、人生の場面・状況に合わせてまとめ、配列し直したものです。慣用句は約二〇二〇、故事ことわざは約九七〇、四字熟語は約六六〇で、全体で約三六五〇を収録しています。それに、「類句」「対句」「同義語」として示した成句を合わせると総計約四九三〇になります。

一、知りたい成句の探し方

＊こういうとき何と言うのか、を知りたいとき。

この本では、まず全体を、〈個人の感情・行動・状態を示すことば群〉と〈社会・生活と人間関係、自然を示すことば群〉に大きく分けています。さらにそれを〈感情〉なのか〈行動〉なのか、または〈様子〉なのか、などで、九つの大きな項目（これを「章」にしました）に分類しています。

そして、この章の中でさらに細かく、例えばそれは〈楽しい〉のか〈悲しい〉のか、〈よい〉のか〈悪い〉のか、などの意味で分類し、「カテゴリー」（くくりのことば）の見出しでまとめ（本文では薄いグレーの地）、その下に成句を並べて解説していきます。

いま自分はどういう場面で、どんな気持ちを表したいのかを、目次の「章」と「カテゴリー」から探してみてください。「カテゴリー」は、五十音順になっています。

＊こういう言い方があったけれど、どういう意味だったかを確認したいとき。

この本の巻末にある「総合索引」を見てください。

すべての成句が五十音順で並んでいます。

知りたい成句が見出しになって解説されていない場合でも、「類句」「同義語」から意味を推測していくことができます。また、「類句」「対句」「同義語」をたどっていくことから、よりふさわしいことばを見つけることもできます。

二、見出しの成句で説明していること

「カテゴリー」の見出しのあとに並ぶ見出しの成句は、五十音順になっています。

この成句の見出しに続けて、その意味をゴシック体で解説しています。成句のニュアンスや場面を示し、生きた説明になるようにしました。

そして、まったく同じ成句でも違う意味で使うものについては、次のようにして別のカテゴリーを示しています。

（例）「口《くち》にする」……言葉にする。話題にする。

→⑥〈食事・食べ物〉

これは、「口にする」には、「言葉にする・話題にする」という意味のほかに、もう一つ別の意味があって、⑥（＝6章「社会・生活」）の〈食事・食べ物〉というカテゴリーの同じ成句の見出しのところで説明しています、ということです。

この解説のあと、その成句を日常の会話や文章でどのように用いるかを、▼印をつけた「用例」で示しました。（ただし、語の解説が中心となるものには用例をつけていない場合もあります。）

▼印の「用例」のあとには、次のような項目があります。

【参考】……「解説」にさらに詳しい説明が必要な成句には「参考」をつけて、出典やこの成句の生まれた理由、社会状況、故事や歴史的背景の説明をしています。さらに起源が英文の場合には、原文もつけました。

【類句】……見出し語に近い、よく似た意味を表す類語・成句です。

（例）「弘法《こうぼう》にも筆《ふで》の誤《あやま》り」→**【類句】**「猿《さる》も木《き》から落《お》ちる」

【対句】……見出し語と反対（逆）の意味を示す成句や、ペアとなっていっしょに言い慣わされている成句です。

（例）「浅学非才《せんがくひさい》」→【対句】「博覧強記《はくらんきょうき》」
「色即是空《しきそくぜくう》」→【対句】「空即是色《くうそくぜしき》」

【誤り】……誤りやすい漢字の使い方や、間違えがちな意味や使い方を挙げています。

（例）「外交辞令《がいこうじれい》」→【誤り】「外交辞礼」
「流《なが》れに棹《さお》さす」→【誤り】「時流に逆らうという意味に取るのは誤り」

【別表記】……違う漢字・語句を使ってもいいとか、こういう読み方でもいいという語を挙げています。

（例）「袖振《そでふ》り合《あ》うも多生《たしょう》の縁《えん》」→【別表記】「『多生』は『他生』とも書く」
「判官贔屓《ほうがんびいき》」→【別表記】「『判官』は『はんがん』とも読む」

【出典】……使われた成句の元となったもの、またその成句の使用例として参考となるものを、中国・日本の典籍・詩文から挙げています。（この「出典」はそこで初めて使われたものとは限りません。）

（例）「優柔不断《ゆうじゅうふだん》」→【出典】「坪内逍遥《つぼうちしょうよう》『当世書生気質《とうせいしょせいかたぎ》』」

【同義語】……見出し語とほぼ同じ意味を表す成句です。

（例）「井《い》の中《なか》の蛙大海《かわずたいかい》を知《し》らず」→【同義語】「井《せい》蛙《あ》は以《もっ》て海《うみ》を語《かた》るべからず」

三、巻末の索引

巻末に、章やカテゴリーの区切りをなくして、すべての「見出し語」「類句」「対句」「同義語」を並べた「総合索引」をつけました。（見出しになっている成句は太い数字、「類句」「対句」「同義語」としてしか出ていないものは細い数字にしています。）

ここでは、そのことばは「何となく知っている」「聞いたことがある」「新聞や雑誌で見た」けれど、正しい表記やその意味・由来が知りたいときに、この総合索引から引いて、表記や意味を確かめることができます。

目次

この辞典の使い方——1

個人の感情・行動・状態

1……感情——9

愛する・恋する／あきらめる・失望／あきれる／あなどる・軽蔑する／哀れむ・同情する／安心／怒る・怒り／意気込む／疑う・嫌疑／恨む・恨み／うれしい／恐れる・恐怖／驚く・驚かす・驚き／思いやる・情け／覚悟する・決断する／悲しい／感謝する／感心する／感動する・感慨／期待する・希望をもつ／興味をもつ／拒絶／気を配る・配慮／緊張する／悔やむ・悔しい・後悔／苦労する／興奮する／好む・好み／悟る・悟り／嫉妬する／心配・不安／楽しむ・楽しみ／ためらう・迷う／直感する／つまらない／辛い・苦しい／泣く／納得する／悩む／望む・欲望／恥ずかしい・恥辱・不名誉／顰蹙／不快な・不愉快な／不可解な／不機嫌な／不満・不平・文句／満足する／夢中になる・熱中する／やけ・無分別／憂鬱な／愉快な・爽快な／油断する／落胆する・がっかりする／笑う

2……行動——87

会う・逢う／あおる／集まる／甘える／操る・思うままにする／謝る／争う・争い・戦う／言う・話す／威嚇する・威圧する／行く・歩く／偽る・嘘／戒

める・自戒／移る／選ぶ／大口を叩く・ほら／行う・実行する／終わる・終わり／帰る・戻る／関わらない・知らぬふり／関わる・干渉する／書く／確認する／隠れる・隠す／考える／記憶する／聞く・聞こえてくる／協力する・共謀する／区切りをつける・区切る／工夫する／決定する・決着する／攻撃する／告白する／言葉を慎む／ごまかす／懲らしめる／さがす・捜査／先んじる／さぐる／誘う・誘惑／妨げる・邪魔をする／参加する／仕上げる・完成する／叱る／従う／修練／手段・方法・方策／取得する・獲得する／準備する／処理する・処置／推測する・想像する／説明する・説得する／世話をする・面倒をみる／相談する／耐える・忍耐・我慢／助ける・援助／だます・出し抜く／頼る・頼む／仲介する／忠告する／捕らえる／取り繕う・体裁／努力する／逃げる／担う・負担／励ます／始める・始まる／反逆する・逆らう／非難する／待つ／まねる／見栄を張る／導く／見る／約束する／休む・くつろぐ／辞める・退く／やり直す／許す／利用する

3……様子——211

明らかな・明白な／危ない・危険／現れる／勢い／忙しい／いつも・絶えず／美しい／多い・過剰な／音・声／衰える・弱る／回復する／必ず／簡単な・容易な／厳しい・厳重な／苦境・窮地／比べ物にならない／継承する／結局・つまり／元気・活気／見当はずれの／公然とした／好調な・順調な／好都合な／異なる／細かい・いろいろの／困る・困難な／差し迫った／雑然とした／寂しい／騒がしい／静かな・静かになる／自由な／重要・重視・重大な／順序／純粋な・清らかな／親密な・密接な／すぐ・すぐに／少ない・わずか／すべての／整然とした／正反対／洗練された／大小・長短／高い／小さい／小さなものから／近い／疲れる／続く／強い／的中する／でたらめな・いいかげんな／同様な・同じ／遠いと近い／突然に／滞る・停滞／なくす・なくなる・ない／匂う・におい／初めての／はなはだしい／早い・速い／ばれる／暇な・退屈な／ふさわしい

／不振／不相応な／古い／平穏な・不穏な／平凡な・ありふれた／変化する・有為転変／密集する／目立つ／容姿・容貌／弱い／わからない・不明瞭な

4……性格・態度――299

威厳のある／一生懸命な／威張る・高慢な／浮ついた・散漫な／臆病な・小心の／落ち着かない／落ち着く／おとなしい・穏やかな／堅苦しい・堅物／軽はずみな・軽率な／犠牲を払う／機転をきかす／気長な／気短な／虚勢・空威張り／謙虚／強情・意地・頑固／好色な／心変わり／誇張する・大げさな／こびる・へつらう／自信／集中する・熱中する／消極的／ずうずうしい・恥知らず／ずる賢い・悪賢い／誠実な／積極的／率直な／大胆な・度胸がある／調和する・協調する／沈黙する／丁寧な・丁重な／得意になる／とぼける／なまける・怠惰な／軟弱・柔弱／反応／非情な／密かな・秘密の／無遠慮／無礼／平然・平気／傍観する／真面目な／未熟な・幼稚な／無視する／無節操な・日和見／目つき／勇敢な・勇気ある／用心する・慎重な／礼儀正しい／冷静な／冷淡な・無愛想な／わがままな・放縦な

5……学問・才能――355

愚か・能力がない／学成り難し／学問・知識／賢い・能力がある／切り抜ける／技量／読書／見抜く

社会・生活と人間関係、自然

6……社会・生活――383

悪事・悪人／因果応報／失う・損失／運・運命／縁起／落ちぶれる・零落／解雇／金銭・損得／景気／経験／計算高い／原因・契機／健康／倹約・けち／幸運／災難／時機・機会／時機に遅れる／仕事・商

売／事情／出世・成功／食事・食べ物／処世／信仰・教え／人生・一生／睡眠／生活・暮らし／正義・正当・道理／生死／殺生／旅／注目する・注目される／罪・罰／年齢・年相応／働く／病気・不健康／不運／不合理な・不当な・不正な／貧しい・貧乏／名目・口実／裕福な／有名な／有利な・不利な／酔う・酒／利益／浪費する

7……人間関係・評価――483

意外な・予想外の／裏切る・背反／うわさ／影響する／縁と結婚／家族・親子・血縁／価値がある・優れる／価値がない・劣る／敬服する・敬意／権力・支配／交際・つき合い／親しい・友・仲間／失敗／師弟／勝負・勝敗／証明・実証／成果・効果／他人／判断／評判／夫婦／復縁／不和・憎む／負ける・屈服する／無益・効果がない／面目／役立たない／役立つ

8……言葉――559

表せない／遠回しな／表現・言葉／屁理屈／雄弁な・多弁な／悪口

9……自然・時――569

季節／歳月／時間／自然／天気

総合索引――638

1……感情

愛する・恋する

秋風《あきかぜ》が立《た》つ

親密だった関係が何となく疎遠になること。特に愛し合っていた男女の仲が冷淡になったときによく使う。

▼大恋愛で結ばれた二人の間にも、いつしか秋風が立ち始めた。

【参考】秋風が冷ややかであるということのほかに、「秋」と「飽き」とをかけていう。

【類句】秋風《あきかぜ》が吹《ふ》く。

秋《あき》の扇《おうぎ》

夏の間は大切にされた扇も、秋になれば顧みられなくなる。そのことから、愛されなくなった女のたとえに使う。さらに、必要がなくなった物をたとえる場合もある。

▼彼女の方はまだ未練たっぷりのようすだが、はたから見たら気の毒だけれど、もうとっくに秋の扇だね。

【参考】中国前漢《ぜんかん》の成帝《せいてい》の寵愛《ちょうあい》を失った班婕妤《はんしょうじょ》が自分の身を秋の扇にたとえて詩を作ったという故事による。

【同義語】班女《はんじょ》が扇《おうぎ》。

悪女《あくじょ》の深情《ふかなさ》け

容貌《ようぼう》の醜い女ほど情が深く嫉妬《しっと》心が強いということ。それが男にとってありがた迷惑なことを意味する。

▼一度雨傘を貸したくらいで、恋人のようにつきまとわれるのはたまらない。申し訳ないけれど、これが悪女の深情けってやつかなあ。

【参考】「悪女」は悪い心を持つ女の意味に使われる場合もあるが、ここでは醜婦《しゅうふ》のこと。

足駄《あしだ》を履《は》いて首《くび》ったけ

足駄は歯の高い下駄《げた》だが、その足駄を履いても首のあたりまで沈むほどの深みにはまるという意味で、異性に惚《ほ》れて夢中になっていることのたとえ。

▼足駄を履いて首ったけとはよくいうが、M君のS子さんへの惚れこみようは、同僚のわれわれからするといささか見苦しいものがある。

痘痕《あばた》も靨《えくぼ》

愛情をいだけば、醜いはずの痘痕でさえ靨のように可愛らしく見えるということ。好意を覚える人の欠点や短所が、逆に美点や長所に見えるという意味。

▼S子さんは誰に対しても遠慮会釈のない物言いをするから煙たがる人も多いのに、M君にとってはそれこそ彼女のまっすぐな心の証に見えて

魅力的なんだそうだ。痘痕も靨ってところかな。

【参考】種痘《しゅとう》のなかった昔は天然痘にかかる人が多く、治癒しても凹凸の痕《あと》（痘痕）が顔に残った。

【類句】惚《ほ》れた欲目《よくめ》。面面《めんめん》の楊貴妃《ようきひ》。

磯《いそ》の鮑《あわび》の片思《かたおも》い

鮑の貝殻は片側だけにあることから、「片思い」にかけて、一方的に恋しく思うだけで相手は何とも思っていないことのたとえ。

▼S子さんはあのとおりの気性だから、周りのことは気にしない。あの男の恋も磯の鮑の片思いで終わるだろう。

【同義語】鮑《あわび》の貝《かい》の片思《かたおも》い。鮑《あわび》の片思《かたおも》い。

一押《いちお》し二金《にかね》三男《さんおとこ》

女性を口説いて成功する順序をいったもの。第一に押しが強いこと、第二に金があること、第三が男ぶりのよいことだといい、「一押し」の効果を強調する言い方。

▼それほどイケメンでもない彼が女性に不自由しないのは、一押し二金三男というところの、押しの強さによるのだろう。

【同義語】一押《いちお》し二《に》金《かね》三《さん》暇《ひま》四《し》男《おとこ》五《ご》芸《げい》。

色男《いろおとこ》金《かね》と力《ちから》はなかりけり

美男子にかぎって、とかく懐《ふところ》は寂しいし、腕っ節も弱いものだということ。

▼色男金と力はなかりけりと昔からいうが、あいつが異常にもてるのは母性本能をくすぐるからだろうか。

【参考】江戸時代には、のっぺりした優男《やさおとこ》が色男とされていたことから。

鶯《うぐいす》鳴《な》かせたこともある

こんなお婆さんになってしまったが、若いころは男性にちやほやされたよという述懐のことば。

▼父方の祖母は一時期旅回りの女優をしたこともあったそうで、鶯鳴かせたこともある、と父から聞いた。

【参考】「梅に鶯」の取り合わせで、「梅」を若いころの自分、「鶯」を若い男性にたとえたもの。「梅干《うめぼ》し婆《ばばあ》はしなびておれど、鶯鳴かせたこともある」と続けていう場合もある。

屋烏《おくう》の愛《あい》

愛する相手ができると、その人の家の屋根にとまった烏《からす》までもが愛らしい。深い愛情が相手の周囲にまで及ぶこと。

▼猫嫌いだった彼が恋人の家に行くと、彼女の猫を抱き上げて可愛がるんだから、まさしく屋烏の愛だね。

男心《おとこごころ》と秋《あき》の空《そら》

秋の天候は変わりやすいものだが、男の心も同じように変わりやすく移り気だということ。

▼男性は「女心と秋の空」と言い、女性は「男心と秋の空」と言う。どっちもどっちというところだろう。

【参考】これは女の側からいったことばで、男の側からは「女心《おんなごころ》と秋《あき》の空《そら》」ということわざになる。

【同義語】夫《おっと》の心《こころ》と川《かわ》の瀬《せ》は一夜《いちや》に変《か》わる。男心《おとこごころ》と秋《あき》の空《そら》は一夜《いちや》に七度《ななたび》変《か》わる。

男《おとこ》は度胸《どきょう》女《おんな》は愛嬌《あいきょう》

男に大切なのは大胆な実行力であり、女に大切なのは明るくて人に親しまれる魅力だということを「きょう」の語呂《ごろ》合わせでいったもの。

▼最近の若者を見ていると、「男は度胸女は愛嬌」ということばが、実態としては逆転しているような気がする。

【参考】後に「坊主《ぼうず》はお経《きょう》」と続ける場合もある。

思《おも》いをかける

思慕の情を抱く。恋い慕う。

▼思いをかけていた人に胸の内を打ち明けた。

気《き》がある

恋い慕う心がある。また恋愛に関係なくある物事に関心があるときにも用いる。

▼花束を贈ってくるなんて、君に気がある証拠だね。

心《こころ》を寄《よ》せる

ある人または物に好意を抱く。

▼高校時代に心を寄せていた人と再会した。

情《じょう》が移《うつ》る

次第に愛情を感じるようになる。

▼捨て犬に情が移り、飼うはめになった。

尻《しり》が軽《かる》い

浮気性の女性を示すことば。→③〈早い・速い〉④〈軽はずみな・軽率な〉

▼あの女性とつき合うのはやめたほうがいい。尻が軽いという良からぬ評判がある。

据《す》え膳《ぜん》食《く》わぬは男《おとこ》の恥《はじ》

目の前に出された料理に手をつけないのは男の恥ということ。転じて、女性のほうから積極的に誘う情事に応じないのは男として恥ずかしいという意味。

▼ハニートラップではないかとの警報はずっと頭の中で鳴っていたが、据え膳食わぬは男の恥とばかり、行くところまで行ってしまった。
【参考】「据え膳」はすっかり整えられて出された食膳。

相思相愛《そうしそうあい》

男女が互いに慕い合い、深く愛し合っていること。二人の仲がむつまじいこと。
▼あの二人は昔から相思相愛という評判の仲だった。
【類句】比翼連理《ひよくれんり》。
【出典】（相思）『漢書《かんじょ》』・（相愛）『易経《えききょう》』。

近惚《ちかぼ》れの早飽《はやあ》き

惚れっぽくて、すぐに飽きる性格のこと。または、そのような人。惚れやすい人は飽きやすいものだという意味でも使う。
▼女優のTは何度も結婚・離婚を繰り返したが、相手のタイプはみな異なっている。要は近惚れの早飽きなのだろう。
【参考】「近惚れ」は惚れやすいこと。
【類句】早好《はやず》きの早飽《はやあ》き。

契《ちぎ》りを結《むす》ぶ

男女の関係を結ぶ。→②〈約束する〉
▼共白髪《ともしらが》までの誓いをたてて、契りを結ぶ。

遠《とお》くて近《ちか》きは男女《だんじょ》の仲《なか》

一見懸け離れているように見えても、男と女は意外にたやすく結ばれるということ。男女の仲のはかり難いことをいったもの。
▼君があの取引先の受付嬢と結婚するとは驚いた。遠くて近きは男女の仲とはよくいったものだ。

鳴《な》かぬ蛍《ほたる》が身《み》を焦《こ》がす

蛍は鳴けないが、それだけに激しい思いで身を焦がさんばかりに光っているという意味で、口に出して言うよりも心の中で思っているほうが切実なのだということのたとえ。
▼鳴かぬ蛍が身を焦がすというけれど、物静かなT子さんが彼を思う気持ちは相当なものだったらしく、彼が別の女性と結婚したときは本当に気の毒なほどしょんぼりしていたね。
【参考】都々逸《どどいつ》（江戸末期に完成された口述定型詩）または俗謡が原典。オリジナル作品は「恋《こい》に焦がれて鳴《な》く蟬《せみ》よりも鳴《な》かぬ蛍《ほたる》が身《み》を焦《こ》がす」。

生木《なまき》を裂《さ》く

枯れ木にくらべて割れにくい生木をあえて割るように、または地面から生えている生木を引き裂くように、相思相愛の男女を無理に別れさせること。

▼駆け落ちした二人を両親はとうとう探し出し、生木を裂くように強引に別れさせた。

巫山《ふざん》の夢《ゆめ》

男女がこまやかな情交を結ぶことのたとえ。

▼あの作家は時代小説が得意で、主人公が毎回魅力的な女性と出会って巫山の夢のシーンを繰り広げるのが有名だ。

【参考】高唐《こうとう》の地に遊んだ中国楚《そ》の懐王《かいおう》が昼寝の夢で巫山の神女と会い、契りを結んだという伝説による。「巫山」は中国四川省《しせんしょう》と湖北《こほく》省の境にある名山。

【出典】宋玉《そうぎょく》「高唐《こうとうの》賦《ふ》」。

【同義語】巫山《ふざん》の雲雨《うんう》。朝雲《ちょううん》暮《ぼ》雨《う》。

惚《ほ》れた病《やまい》に薬《くすり》なし

恋わずらいをするくらいに誰かに夢中になってしまったら、それを治す薬はない。ひとりでに冷静になるのを待つ以外に手だてはないということ。

▼惚れた病に薬なしとはよくいったもので、彼を毎日電話で起こし、弁当を作っていくなんてけなげなものだね。

【同義語】恋《こい》の病《やまい》に薬《くすり》なし。

惚《ほ》れた弱《よわ》み

愛する人のために尽くしたい、よく思われたいとして、相手の言いなりになる。また、相手の欠点にも目をつぶるといった心情の表現。

▼柔道では猛者《もさ》のあいつが、彼女の言うことには絶対服従なんだから、惚れた弱みとは恐ろしいものだ。

惚《ほ》れて通《かよ》えば千里《せんり》も一里《いちり》

恋する相手に会うためなら、たとえ千里の道でも苦にならず、一里ぐらいにしか感じないということ。好きなことでは苦労も平気だというたとえにも使う。

▼彼はほぼ毎週末、高速道路を飛ばして大阪にいる彼女に会いに行った。惚れて通えば千里も一里の現代版だ。

【参考】「惚れて通えば千里も一里会わずに帰ればまた千里」と続く。「千里《せんり》も一里《いちり》」と略す使い方もある。

身《み》を焦《こ》がす

せつない恋慕の情にもだえ苦しむ。

▼彼女を一目見て恋におち、ずっと身を焦がす思いで日々を送っている。

虫《むし》が付《つ》く

未婚の女性などに恋人ができる。

▼最近帰りが遅いので、娘に悪い虫が付いたのではないかと父親は心配している。

【参考】衣類・書画などに虫が付くと、食い荒らす意から。

胸《むね》を焦《こ》がす

深く思い焦がれる。ひどく思い煩《わずら》う。

▼彼女の可憐な姿やその立ち居振る舞いに、われわれ男子生徒一同は熱く胸を焦がしたものだった。

【参考】特に、異性に恋い焦がれること。

【類句】思《おも》いを焦《こ》がす。

焼《や》き餅《もち》焼《や》くとて手《て》を焼《や》くな

餅を焼いても、そのために手を焼くようではいけない。同様に、嫉妬《しっと》も度が過ぎると自分の身の災いになるので注意せよということ。

▼軽い焼き餅ならまだ許せるが、彼女の場合はほとんど恨みだから恐ろしい。焼き餅焼くとて手を焼くな、周りもいい迷惑だ。

【参考】「手を焼く」には「処置に窮する」という意味がある。

あきらめる・失望

諦《あきら》めは心《こころ》の養生《ようじょう》

不運や失敗は誰にもあることだが、それをいつまでもくよくよ思い煩《わずら》うのは健康に悪影響を与える。きっぱりと諦めるのが精神衛生上からいってもよいという意味。

▼失敗をいつまでも悔やんだところで、気分が落ち込むだけで、いいことは何もない。諦めは心の養生、と胸に刻みなさい。

お手上《てあ》げ

まったくどうすることもできなくなること。

▼コンピュータの故障で、業務はお手上げ状態だ。

【参考】降参するときに両手を上げることから。

匙《さじ》を投《な》げる

物事に成功する見込み、または問題を解決する見込みがないと判断して、あきらめてしまうたとえ。

▼何度注意しても彼の態度がいっこうに直らないので、匙を投げたくな

るよ。

【参考】薬の調合に使う匙を投げる意で、医者が治療方法がないと判断することから。

高嶺《たかね》の花《はな》

高い山の頂上に咲いている美しい花。遠くからただ眺めるだけで、自分のものにすることができないもののたとえ。

▼通勤可能な首都圏に住もうと思ったら、庭付き一戸建ての家なんて、われわれサラリーマンにはしょせん高嶺の花ですよ。

【出典】為永春水《ためながしゅんすい》『春色辰巳園《しゅんしょくたつみのその》』。

年貢《ねんぐ》の納《おさ》め時《どき》

悪事に対する処罰を受けなければならない時。ここから転じて観念すべき時。

▼長い間やりたい放題の暮らしを送ってきた彼もそろそろ年貢の納め時と、独身生活にピリオドを打った。

【参考】年貢の滞納を清算する時、の意から。

万事《ばんじ》休《きゅう》す

もはや施す手段がなく、すべて終わりとあきらめる。

▼不渡りを出して会社の再建案は万事休すとなった。

【参考】「万事」はすべてのこと。あらゆることの意。

見切《みき》りを付《つ》ける

見込みがないと判断して、あきらめる。

▼この商売はもう駄目だと見切りを付け店を畳んだ。

あきれる

愛想《あいそ(そう)》が尽《つ》きる

あきれて、好意がもてなくなる。

▼これまでは我慢してきたが、今回のことで彼にはほとほと愛想が尽きた。

【参考】「愛想」とは人に対する親しみの気持ち。

【類句】愛想《あいそ》を尽《つ》かす。愛想《あいそ》も小想《こそ》も尽《つ》き果《は》てる。

開《あ》いた口《くち》がふさがらない

あまりのひどさにあきれて、ものが言えない。

▼大事故を起こしたというのに、会見で責任逃れの発言に終始する会社の対応には開いた口がふさがらな

い。

呆気《あっけ》に取《と》られる

意外なことに出会って驚きあきれる。
▼病気で休んでいるはずの同僚が飲み屋で熱弁をふるっているのを見て、呆気に取られた。
【参考】「呆気」は驚きあきれた状態。

聞《き》いてあきれる

ばかばかしくてまじめに聞けない。
▼最高責任者が雲隠れしてしまったとは、聞いてあきれるよ。

言語道断《ごんごどうだん》

仏教の根本の真理は言葉では説明できないということから、転じて、あきれて何とも言いようがない。もってのほかである。
▼青少年を指導する立場にある人間が暴力行為に及ぶとは、まったく言語道断と言うよりほかはない。
【参考】「道断」は、言う言葉がない。この場合の「道」は「報道」などの「道」と同じで、「言う」という意味。

【出典】『瓔珞経《ようらくきょう》』。

世話《せわ》がない

あきれ果てているようす。→③〈簡単な・容易な〉
▼自分で壊して自分で修理していれば世話がない。

毒気《どっき(け)》に当《あ》てられる

相手のずうずうしい態度、言動にあぜんとする。
▼彼のあまりの独断専行ぶりに毒気に当てられて、何も言えなかった。

二《に》の句《く》が継《つ》げない

驚いたりあきれたりして次のことばが出ない。
▼結婚式の日取りまで決まっていたのに、急に別れると言われ、二の句が継げなかった。

あなどる・軽蔑する

一寸《いっすん》の虫《むし》にも五分《ごぶ》の魂《たましい》

生き物である限り、どんなに弱小であっても、それ相当の意地や根性があるから決して軽蔑《けいべつ》してはならないという戒め。
▼大手スーパーの進出に対抗して、あの小さな商店はさまざまな新商品や販売方法で利益を上げている。まさに一寸の虫にも五分の魂だ。
【参考】「一寸」は約三センチメート

ル、「五分」はその半分。

【類句】匹夫《ひっぷ》も 志《こころざし》 を奪《うば》うべからず。瘦《や》せ腕《うで》にも骨《ほね》。

【同義語】一寸《いっすん》の虫《むし》にさえ五分《ごぶ》の魂《たましい》。

風上《かざかみ》に(も)置《お》けぬ

性質や行動の卑劣な者をののしっていう。

▼しつけと言って体罰を加えるとは、教育者の風上に（も）置けない人間だ。

【参考】悪臭のあるものを風上に置くと風下では非常に臭くて迷惑するところから。

虚仮《こけ》にする

あなどってばかにする。

▼契約を一言で反故《ほご》にするとは、あまりに人を虚仮にした仕打ちじゃないか。

【参考】「虚仮」は仏教では真実でないこと。外面と内心とに相違があること。

舌《した》を出《だ》す

陰でばかにする。心の中で、あざ笑う。

▼先生の前では神妙に謝っていたが、腹の中では舌を出しているにちがいない。

尻目《しりめ》にかける

人をさげすむ。無視する。

▼落伍《らくご》する人を尻目にかけ、彼はどんどん進んでいった。

【参考】目を動かして相手をちょっと見るだけで、まともには相手にしない態度をとる意から。

白《しろ》い目《め》で見《み》る

憎しみをこめて見る。冷淡な目つきで見る。

▼出向《しゅっこう》先の会社で白い目で見られ、寂しい思いをしている。

高《たか》をくくる

あなどる。大したことはないと見くびる。

▼簡単な作業だと高をくくっているとけがをするぞ。

嘗《な》めてかかる

相手を、大したことはないと見くびる。

▼低い山だからといって嘗めてかかっては危険だ。

呑《の》んでかかる

相手を見くびって気魄《きはく》で圧倒する態度をとる。

▼チャンピオンは挑戦者を呑んでかかっているようだ。

哀れむ・同情する

親身《しんみ》になる

肉親に対するような心遣いをする。

▼独り暮らしの老人を親身になって世話する。

惻隠《そくいん》の情《じょう》

哀れだと思い同情する気持ち。「惻」は、あわれみいたむ。「隠」は、陰ながら心配する意。

▼火災で両親を失った子どもを放送記者が慰めていたが、惻隠の情につまされて声が潤んでいた。

杖《つえ》の下《した》に回《まわ》る犬《いぬ》は打《う》てぬ

杖を振り上げたとしても、尻尾を振ってじゃれつく犬は人情として打てない。慕ってくれる者にはむごい仕打ちはできないというたとえ。

▼彼はずっと自分を先輩と慕ってくれるし、また良かれと思っての失敗なんだから、強くいさめることはしないよ。杖の下に回る犬は打てぬというところかな。

【類句】尾《お》を振《ふ》る犬《いぬ》は叩《たた》かれず。袖《そで》の下《した》に回《まわ》る子《こ》は打たれぬ。

【同義語】怒《いか》れる拳《こぶし》笑顔《えがお》に当《あ》たらず。

同病相憐《どうびょうあいあわ》れむ

同じ悩みや苦痛を持つ者は、互いにいたわり同情しあう思いが強いこと。

▼ぼくも内気でね。だから、内気な彼がファイト不足だと営業主任から怒鳴られているのを見ると、同病相憐れむでかばいたくなるんだよ。

【類句】同憂相救《どうゆうあいすく》う。

【出典】『呉越春秋《ごえつしゅんじゅう》』闔閭内伝《こうりょないでん》。

【同義語】同類相憐《どうるいあいあわ》れむ。同類相助《どうるいあいたす》く。

涙《なみだ》を誘《さそ》う

かわいそうで涙が出そうになる。

▼悲惨な状況に置かれた子どもたちの姿に、涙を誘われた。

安心

大船《おおぶね》に乗《の》ったよう

すっかり頼りにして安心し切ったよ

うす。

▼彼に任せた以上、君は大船に乗ったように気楽に構えていればいい。

【参考】大きな船はめったに沈まないところから。

【類句】親船《おやぶね》に乗《の》ったよう。

肩《かた》が軽《かる》くなる

責任や負担がなくなって気が楽になる。

▼二十年に及ぶ家のローンがやっと終わり、肩が軽くなった。

【参考】肩の凝りがなくなって、楽に感じられることから。

【同義語】肩《かた》の荷《に》が下《お》りる。

愁眉《しゅうび》を開《ひら》く

今までの心配事がなくなって安心する。

▼手術が成功して、家族は愁眉を開くことができた。

【参考】「愁眉」は心配そうにひそめた眉《まゆ》。

【同義語】眉《まゆ》を開《ひら》く。

荷《に》が下《お》りる

責任や負担がなくなる。

▼子どもが皆結婚して、親としては荷が下りた。

【類句】肩《かた》の荷《に》が下《お》りる。

人心地《ひとごこち》つく

緊張から解放されて、ほっとする。平常の気分に戻る。

▼数週間かけた計画書が完成し、その発表も無事に終えた。帰宅して風呂に入ってやっと人心地ついた。

【誤り】一心地つく。

枕《まくら》を高《たか》くして寝る

すっかり安心して眠る。安心する。

▼事件が解決し、今日からは枕を高くして寝ることができる。

【参考】中国・戦国時代に、張儀《ちょうぎ》が魏《ぎ》の国王に対して、楚《そ》と漢《かん》が攻めてくるという心配事がなくなれば、王は枕を高くして寝ることができるでしょうと言った故事から。

【出典】『史記《しき》』張儀列伝《ちょうぎれつでん》。

胸《むね》が晴《は》れる

わだかまりや心配事がなくなって晴れやかな気分になる。

▼検査の結果、悪性の病気ではないことがわかり、胸が晴れました。

胸《むね》をなで下《お》ろす

ほっとする。安心する。

▼幸い子どもの怪我は大したことはなかったので、われわれ夫婦は胸をなで下ろした。

怒る・怒り

青筋《あおすじ》を立《た》てる

興奮して怒るようす。
▼母は、弟の不始末に青筋を立てて怒っている。
【参考】「青筋」は皮膚の表面に青く透けて見える静脈。こめかみの静脈が浮き出るほど激しく怒ること。

頭《あたま》に来《く》る

怒りや驚きで逆上する。
▼彼は平気で約束を破るのでまったく頭に来る。
【類句】鶏冠《とさか》に来《く》る。

怒《いか》りは敵《てき》と思《おも》え

怒ることは身を滅ぼす敵と思って慎むことが大切だという戒め。腹を立てれば自分の判断力を曇らせ、相手の怒りや恨みを招くからである。
▼向こうの理不尽な挑発に乗ってはいけない。怒りは敵と思えといわれるように、冷静に対処しよう。
【参考】徳川家康《とくがわいえやす》の遺訓の一節。

怒《いか》りを遷《うつ》さず

誰かに対する怒りを関係のない者に向けて八つ当たりしないこと。
▼あれだけの仕打ちを受けながら、誰も責めない彼は、怒りを遷さない、まれに見る人格者だ。
【参考】孔子《こうし》が愛弟子《まなでし》であった顔回《がんかい》について語った「学を好み、怒りを遷さず」ということばによる。

【出典】『論語《ろんご》』雍也《ようや》。

怒《いか》れる拳《こぶし》笑顔《えがお》に当《あ》たらず

怒って振り上げた拳でも、相手が笑顔を見せていると気勢をそがれて打ち下ろせないという意味。相手が暴力的な態度のときには柔和に対応するのが効果的だということ。
▼怒れる拳笑顔に当たらずで対処せよと言われたものの、クレーマーを相手に見せる自分の笑顔がひきつっているのがわかった。
【類句】尾《お》を振《ふ》る犬《いぬ》は叩《たた》かれず。袖《そで》の下《した》に回《まわ》る子《こ》は打《う》たれぬ。
【同義語】握《にぎ》れる拳《こぶし》笑《え》める面《おもて》に当《あ》たらず。

色《いろ》をなす

非常に激しく怒ること。
▼彼は相手の無礼なことばに色をなした。
【参考】怒りで顔色を変える意から。

堪忍袋《かんにんぶくろ》の緒《お》が切《き》れる

腹の立つことをじっと我慢していたのが、これ以上耐えられなくなって怒りが爆発すること。

▼普段は温厚なE部長だが、不祥事が続くなか、会議室である役員がころない非難を浴びせたので、ついに堪忍袋の緒が切れて激高した。

【参考】「堪忍袋」は腹立ちを抑える心を袋にたとえたもの。

【同義語】堪忍蔵《かんにんぐら》の戸《と》が開《ひら》く。堪忍《かんにん》袋《ぶくろ》が破《やぶ》れる。こらえ袋《ぶくろ》の緒《お》を切《き》る。

聞《き》けば聞《き》き腹《ばら》

聞かなければ知らずにすむものを、なまじ聞いてしまったために腹が立つということ。

▼聞けば聞き腹というやつで、彼が受けた仕打ちを聞いているうちに、私まで怒りを抑えられなくなった。

【類句】聞《き》けば気《き》の毒《どく》見《み》れば目《め》の毒《どく》。知《し》らぬが仏《ほとけ》。

【同義語】聞《き》けば聞《き》き損《ぞん》。

逆鱗《げきりん》に触《ふ》れる

目上の人を怒らせる。

▼社長の逆鱗に触れ、彼は左遷された。

【参考】竜のあごの下の逆さについた鱗《うろこ》に触れると竜は怒ってその人を殺すという伝説による。

【出典】『韓非子《かんぴし》』説難《ぜいなん》。

業《ごう》を煮《に》やす

腹立たしくていらいらする。

▼作業員のだらだらした仕事ぶりに、業を煮やした監督が怒鳴りつけた。

席《せき》を蹴《け》る

憤激してその場を立ち去る。

▼打ち合わせ会議で意見が合わず、友人は席を蹴って出て行った。

怒《ど》髪《はつ》衝《しょう》冠《かん》

激しい怒りのために髪の毛が逆立って冠を突き上げる。激しく怒るさま。

▼政界の不正事件にうんざりしていた国民も今回の事件には、怒髪衝冠の極に達した。

【類句】怒髪衝天《どはつしょうてん》。怒髪天《どはつてん》を衝《つ》く。

【出典】『史記《しき》』廉頗藺相如列伝《れんぱりんしょうじょれつでん》。

【故事】中国、春秋時代、「和氏の璧《かしのへき》(玉器《ぎょくき》)」と十五城を交換したいという秦《しん》の申し入れに対し、秦に赴いた趙《ちょう》の藺相如は、秦王は城を渡す気がないことを見抜き、璧を取り戻して、柱を背に仁王立ちし、髪を逆立て冠を突き上げて激怒した。

腹《はら》が立《た》つ

しゃくに障《さわ》る。怒りが込み上げてくる。

▼若い社員の横柄《おうへい》な態度に腹が立ってならなかった。

【類句】頭《あたま》に来《く》る。腹《はら》を立《た》てる。

腹《はら》が煮《に》える

強く憤っている気持ちのたとえ。

▼彼のやる気のなさにはまったく腹が煮える思いがする。

【類句】腹《はら》が煮《に》えくり返《かえ》る。腸《はらわた》が煮《に》え返《かえ》る。

腹《はら》に据《す》えかねる

我慢の限度を超えている。心中の怒りを抑えきれない。

▼彼の生意気な態度はどうにも腹に据えかねる。

腹《はら》の虫《むし》がおさまらない

怒りがおさまらない。腹立たしくて、我慢ならない。

▼恨《うら》み言《ごと》の一つも言わねば、腹の虫がおさまらない。

【参考】「腹の虫」は人間の機嫌のよしあしに関係する心の中の感情を虫にたとえている。

【類句】腹《はら》の虫《むし》が承知《しょうち》しない。

腹《はら》は立《た》て損《ぞん》喧嘩《けんか》は仕損《しぞん》

腹を立てれば損をするばかりだし、喧嘩をしても損をする。怒りは抑えたほうが得だということ。

▼お年寄りに長寿の秘訣を聞くと、腹は立て損喧嘩は仕損と言われた。ストレスが何より体に悪いということか。

【類句】短気《たんき》は損気《そんき》。

火《ひ》に油《あぶら》を注《そそ》ぐ

燃えている火に油をかけて炎を大きくするように、勢いの盛んなものにさらに勢いを加えること。怒りをかきたてるときなどに使う。

▼激高している相手に対して彼が間の抜けた質問をしたものだから、火に油を注ぐ結果となって収拾に大汗をかいた。

【類句】駆《か》け馬《うま》に鞭《むち》。飛脚《ひきゃく》に三里《さんり》の灸《きゅう》。帆掛《ほか》け船《ぶね》に櫓《ろ》を押《お》す。

【同義語】火上油《かじょうあぶら》を加《くわ》う。薪《まき》に油《あぶら》を添《そ》える。燃《も》える火《ひ》に油《あぶら》を注《そそ》ぐ。

悲憤慷慨《ひふんこうがい》

世の中の不義・不正などに対して悲しみ、かつ憤って嘆くこと。

▼青少年の凶悪犯罪を知り、悲憤慷慨する大人は多い。しかし、青少年の気持ちをそこまで荒廃させた責任の一端は大人にもある。

【類句】悲歌慷慨《ひかこうがい》。

仏《ほとけ》の顔《かお》も三度《さんど》

慈悲深い仏様でも顔を三度もなでられると怒り出すということで、どんなにおとなしい人でも、たび重なる侮辱には腹を立てるというたとえ。

▼また終電を逃して帰れないというのか。仏の顔も三度だ、当分コンサートに行くのは禁止だよ、いいね。

【類句】地蔵《じぞう》の顔《かお》も三度《さんど》。猫《ねこ》の顔《かお》も三度《さんど》。

満面朱《まんめんしゅ》をそそぐ

怒って顔を真っ赤にする。

▼彼は部下の無礼なことばに満面朱をそそいで怒った。

【参考】「満面」は顔全体。顔じゅう。

目《め》くじらを立《た》てる

些細《ささい》なことを取り立てて、とがめる。

▼そんな小さなことにいちいち目くじらを立てているようでは、大物にはなれませんよ。

【参考】「目くじら」は目の端。目尻。

目《め》に角《かど》を立《た》てる

目をつり上げて怒る。

▼本人にはまったく悪気がなかったのだから、目に角を立てることはあるまい。

目《め》を三角《さんかく》にする

怒って険しい目つきをする。激怒するようす。

▼記者がそのことに触れると、その政治家は目を三角にして猛然とまくしたてた。

目《め》をむく

怒って目を大きく見開く。

▼家を出て自分で商売を始めたいと言ったら、父は目をむいて怒りだした。

柳眉《りゅうび》を逆立《さかだ》てる

美人が眉《まゆ》をつり上げて怒るようす。

▼ちょっと肩を叩《たた》いただけなのに彼女は柳眉を逆立てた。

【参考】「柳眉」は柳のように細く美しい眉の意。美人の眉の形容に使う。

意気込む

腕《うで》によりをかける

腕前を見せようとはりきる。

▼先輩のために、女房が腕によりをかけて作った料理です。

腕《うで》を振《ふ》るう

技能、能力を発揮する。
▼大勢の来客に母は喜々として料理の腕を振るった。

気宇壮大《きうそうだい》

物事を構想する場合などのスケールが大きい。人並み外れて度量が大きい。
▼市観光の目玉として海上公園を作ろうというのが彼のプランだったが、気宇壮大すぎて賛成する者はほとんどいなかった。
【参考】「気宇」は気構え、心の持ち方。
【類句】気宇軒昂《きうけんこう》。気宇雄豪《きうゆうごう》。

気炎万丈《きえんばんじょう》

大いに気炎を揚げること。炎のように盛んな意気を示し、威勢のよいことばを吐くこと。「万丈」は非常に高いさま。
▼今度の企画が成功すれば会社は飛躍的に発展すると担当者は気炎万丈だったが、協力会社の倒産によって頓挫《とんざ》してしまった。
【別表記】「気炎」は「気焔」とも書く。

気勢《きせい》を上《あ》げる

大勢の人が集まって意気込みを示す。
▼工場建設反対の集会を開き、気勢を上げる。

気《き》を吐《は》く

意気込みを示す。威勢のよいことを示す。
▼今大会、多くの選手が不振のなかで、彼は三安打を打って、一人気を吐いた。

熱気《ねっき》を帯《お》びる

高まった意気込みが感じられ、緊迫感のある状態になる。
▼お互いに自分の意見を主張して譲らず、会議は一段と熱気を帯びてきた。

鼻息《はないき》が荒《あら》い

意気込みが激しい。強気である。
▼彼は営業成績を上げてきているので、最近鼻息が荒くなった。

疑う・嫌疑

痛《いた》くもない腹《はら》を探《さぐ》られる

何の関係もないのにあれこれと疑われる。

▼汚職に関係がないかと、痛くもない腹を探られるのはご免だ。

鼎《かなえ》の軽重《けいちょう》を問《と》う

権威があるとされる人の力を疑い、あわよくば自分が取ってかわろうとする下心をほのめかすこと。また、その人の価値や実力を疑うこと。

▼その事件が起きたとき、大統領は鼎の軽重を問われたが、堂々とした態度で追及された不正を糺《ただ》し、国民は喝采を送った。

【参考】「鼎」は食物を煮るための三本足の銅器で、権力の象徴とされた。中国楚《そ》の荘王《そうおう》が周王室《しゅうおうしつ》に伝わる宝物の鼎について大小や軽重を質問したという故事から。

【出典】『春秋《しゅんじゅう》左《さ》氏《し》伝《でん》』宣公《せんこう》三年。

疑心暗鬼《ぎしんあんき》

疑いの心をもつと、いるはずのない暗がりの鬼まで見てしまう、という意から、疑いのために何も信じられない不安な状態。

▼特に若いときには、仕事が思うようにはかどらなかったり、信頼していた人に裏切られたりすると、人間不信に陥って、すべてに疑心暗鬼を生じてしまうということがあるものです。

【類句】落《お》ち武者《むしゃ》は薄《すすき》の穂《ほ》にも怖《お》ず。盃中《はいちゅう》の蛇影《じゃえい》。

【出典】『列子《れっし》』説符《せっぷ》注。

【同義語】疑心暗鬼《ぎしんあんき》を生《しょう》ず。

首《くび》をかしげる

不思議に思ったり、疑問に思ったりして首を傾ける。

▼突然の容体《ようだい》悪化に医者も首をかしげるばかりだった。

【類句】小首《こくび》をかしげる。

首《くび》をひねる

疑問、不満、不賛成などの気持ちを抱く。

▼この問題についての会社の対応は、首をひねることばかりだ。

不審《ふしん》を抱《いだ》く

疑わしく思う。いぶかしく思う。疑惑を差し挟む。

▼警官はアパートの前をうろついている男に不審を抱いた。

恨む・恨み

怨《うら》み骨髄《こつずい》に徹《てっ》する

骨の髄にしみ込むほど深く怨むという意味で、人から受けた仕打ちに対して心の底から憤り、激しく怨むこと。

▼この死体の状況からして、被害者に恨み骨髄に徹するような動機をもった犯人の仕業だろう。

【出典】『史記《しき》』秦始皇本紀《しんしこうほんぎ》。

【同義語】 怨《うら》み骨髄《こつずい》に達《たっ》す。

恨《うら》みを買《か》う

人から恨まれる。

▼彼は無愛想《ぶあいそう》だが人の恨みを買うような男ではない。

根《ね》に持《も》つ

恨みに思って、いつまでも忘れない。

▼彼は邪険にされたことを今も根に持っているようだ。

含《ふく》むところがある

心の中に恨みや怒りをもっている。

▼彼は私に何か含むところがあるらしく、すれ違っても挨拶《あいさつ》もしない。

坊《ぼう》主《ず》憎《にく》けりゃ袈《け》裟《さ》まで憎《にく》い

僧侶《そうりょ》が憎いと思うと、僧侶が身につけている袈裟まで憎らしく感じ出すという意味で、ある人を憎みはじめると、その人に関係のあるものすべてが憎くなるというたとえ。

▼坊主憎けりゃ袈裟まで憎いと日本製品のボイコットや破壊までされるんだから、たまったもんじゃないね。

【同義語】 法師《ほうし》憎《にく》けりゃ袈裟《けさ》までも。

うれしい

足《あし》が地《ち》に着《つ》かない

うれしくて落ち着かない。→⑦〈役立たない〉

▼結婚式を間近に控《ひか》えた娘は、足が地に着かないようだ。

喜《き》色《しょく》満《まん》面《めん》

喜びで一杯の様子。「喜色」を「満面」にたたえたさま。

▼自分の弟子が全国優勝して、彼は喜色満面といったようすだ。

【類句】 春風満面《しゅんぷうまんめん》。得意満面《とくいまんめん》。

恐悦至極《きょうえつしごく》

謹《つつし》んで心から喜ぶこと。かしこまり非常に喜ぶこと。他人の好意などに感謝し、喜びを伝える丁重なことば。

▼このたびは、私の当選祝いに会長自らご光臨《こうりん》賜《たまわ》りまして、恐悦至極に存じます。

【別表記】「恐悦」は「恭悦」とも書く。

気《き》をよくする

いい気分になる。

▼母は褒《ほ》められたのに気をよくして、このところテニススクールに通いつめている。

欣喜雀躍《きんきじゃくやく》

雀《すずめ》が跳《は》ねるように、小躍りして喜ぶこと。「欣」も「喜」も喜ぶ。

▼長い苦労と努力が実って、合格証を手にした彼女は、欣喜雀躍した。

【類句】歓天喜地《かんてんきち》。

声《こえ》を弾《はず》ませる

うれしさや興奮のため、元気な声を出す。

▼小学生になったばかりの娘は、学校での出来事を声を弾ませて話した。

随喜《ずいき》の涙《なみだ》

本当にありがたく思って流す涙。

▼金色に輝く仏像に随喜の涙を流す。

【参考】「随喜」は、他人のよい行いを見て心に歓喜を生じる意から転じて、心から喜び、ありがたがること。

手《て》の舞《ま》い足《あし》の踏《ふ》む所《ところ》を知《し》らず

うれしさに我慢できなくなって小躍りするようす。大喜びすること。

▼苦節十五年。わが野球チームが初優勝したとき、応援席では手の舞い足の踏む所を知らずの大騒ぎになった。

【出典】『礼記《らいき》』楽記《がくき》。

斜《なな(なの)》めならず

機嫌や喜びがひととおりではない。

▼父は初孫の誕生にご機嫌斜めならず、朝から祝杯をあげている。

糠喜《ぬかよろこ》び

一度は大喜びしたのに、その根拠がなかったとわかって喜んだのが無駄になるということ。

▼選挙速報で一度は当選確実が出た

のに、開票につれて形勢が逆転し、ついに落選が決まった。選挙事務所には糠喜びの空しさが漂った。

【参考】「糠《ぬか》に釘《くぎ》」ということわざと関係があり、糠に釘を打ち込んだと喜んだら、すぐに抜けてがっかりしたということから。

熨斗《のし》を付《つ》ける

喜んで人に物を贈る。自分に不要な物をもらってくれる人に対して使われることが多い。喜んで厄介《やっかい》払いをする。
▼苦労ばかりの会長職、熨斗を付けて返上するよ。
【参考】「熨斗」は方形の色紙を細長く、上が広く下の狭い六角形に折り、その中にのしあわび（後に紙で代用）を張り進物《しんもつ》に添えるもの。

胸《むね》が弾《はず》む

うれしいことがあって、気持ちが浮き浮きする。
▼四月からの大学生活を前にして胸が弾んだ。
【類句】胸《むね》を弾《はず》ませる。

目尻《めじり》を下《さ》げる

うれしいときや気に入ったときの表情の形容。→④〈好色な〉
▼娘の振り袖《そで》姿に父親は目尻を下げた。

目《め》を細《ほそ》くする

うれしさやかわいさのあまり相好《そうごう》を崩す。
▼祖母は目を細くして誕生日のプレゼントを受け取った。
【類句】目《め》を細《ほそ》める。

恐れる・恐怖

顔色《がんしょく》を失《うしな》う

驚き、恐れなどのために顔が青ざめる。→⑦〈負ける・屈服する〉
▼事故の知らせを聞いて彼女は顔色を失った。
【類句】顔色《がんしょく》無《な》し。

鬼哭啾啾《きこくしゅうしゅう》

浮かばれない霊魂がしくしく泣くこと。戦場跡などの鬼気《きき》迫る気配をいう。「鬼」は亡霊で、「啾啾」は擬声語。
▼夕暮れ時に、雑草に覆われた戦場跡に足を踏み入れると、鬼哭啾啾として、今にも亡霊が現れるかと思われた。
【出典】（鬼哭）『史記《しき》』天官書《てんかんしょ》。

肝《きも》を冷《ひ》やす

危険を感じてぞっとする。ひやっとする。

▼よろけてプラットホームから転落しそうになり、肝を冷やした。

黒犬《くろいぬ》に噛《か》まれて赤犬《あかいぬ》に怖《お》じる

一匹の犬に噛まれたために、すべての犬を怖がるということで、一度恐ろしい経験をしたために、必要以上に用心することのたとえ。

▼幼いころにオートバイに引っかけられて怪我をした娘は、大人になってもその爆音を恐がる。黒犬に噛まれて赤犬に怖じるというが、恐怖の体験は強烈だったようだ。

【類句】 羹《あつもの》に懲《こ》りて膾《なます》を吹《ふ》く。船《ふね》に懲《こ》りて輿《こし》を忌《い》む。蛇《へび》に嚙《か》まれて朽《く》ち縄《なわ》に怖《お》じる。

地震雷火事親父《じしんかみなりかじおやじ》

昔の日本人にとって恐ろしいものの代表はこの四つであった。それらを怖い順に並べたことば。

▼怖いものは地震雷火事親父といったのは昔の話。ほかに恐いものはいくらでも増えたが、親父だけはこのリストから外したほうがよさそうだ。

死《し》せる孔明《こうめい》生《い》ける仲達《ちゅうたつ》を走《はし》らす

死んだ後でも生前の威力が残っていること。あるいは、うわさだけでおびえること。

▼ワンマンだった先代の社長の死後も、会議の進行や社内規則は変わらない。死せる孔明生ける仲達を走らすとはいうけれど、遺風をいつまでも守る意味はあるのかね。

【参考】 中国の三国時代、蜀《しょく》の名軍師諸葛孔明《しょかつこうめい》は五丈原《ごじょうげん》で魏《ぎ》の司馬仲達《しばちゅうたつ》と対戦中に没した。それを聞いた仲達は引き揚げる蜀軍を追撃するが、蜀軍が反撃の気配を示したので、死んだといううわさも孔明の計略だったのだと思って退却したという故事から。

【出典】 『三国志《さんごくし》』「蜀志《しょくし》」諸葛亮伝《しょかつりょうでん》注。

背筋《せすじ》が寒《さむ》くなる

恐ろしくてぞっとする。

▼事故を起こした電車に、予定どおり自分が乗っていたらと思うと、背筋が寒くなった。

戦戦恐恐《せんせんきょうきょう》

何ごとかが起きそうで、びくびくしているさま。恐れ慎むさま。

▼ハードトレーニングで有名な監督が就任するとあって、選手たちはみ

な戦々恐々としたが、自主性重視の方針を示されて安心した。
【別表記】「恐恐」は「兢兢」の書き換え字。
【出典】『詩経《しきょう》』「小雅《しょうが》」小旻《しょうびん》。

血《ち》が引《ひ》く

青ざめる。ぞっとする。
▼乱気流でひどく機体が揺れ、血が引く思いだった。

鳥肌《とりはだ》が立《た》つ

寒さや恐怖などのために、皮膚が毛をむしった鳥の肌のようにぶつぶつになること。
▼テレビ映像でさえ目もくらむような絶壁の上に立っているのを見ると鳥肌が立つ。

肌《はだえ》に粟《あわ》を生《しょう》ず

非常な恐怖感に襲われると、寒いときのように肌一面に粒々《つぶつぶ》ができる。このことから、恐ろしい目に遭ったときのことをいう。
▼その心霊スポットで急に妙な音が聞こえてきたときには、肌に粟を生ずで、生きた心地がしなかった。
【類句】鳥肌《とりはだ》が立《た》つ。身《み》の毛《け》がよだつ。
【別表記】「はだえ」は「はだ」とも読む。
【同義語】肌《はだえ》に粟《あわ》。

歯《は》の根《ね》が合《あ》わない

恐ろしさや寒さのため、激しく震えるようす。
▼殺人現場の凄惨《せいさん》さには、さすがの刑事も身の毛がよだち、歯の根が合わないほどだった。

被害妄想《ひがいもうそう》

自分が他人から危害を加えられていると思い込み、恐怖感に駆られていること。
▼部長が君の存在を無視して、仕事をさせないなどと考えるのは被害妄想にすぎないよ。もっと、積極的に近づいたらどうだ。
【出典】芥川龍之介《あくたがわりゅうのすけ》『河童《かっぱ》』。

風声鶴唳《ふうせいかくれい》

風の音と鶴の鳴き声。敗軍の兵士など、怖気《おじけ》づいた者がわずかな物音にも敵が来たかと恐れおののくたとえ。
▼第二次世界大戦中、アメリカ軍によってフィリピンの山中に追い詰められた日本兵は、風声鶴唳にもおののく日々を送ったそうだ。
【類句】鶴唳風声《かくれいふうせい》。草木皆兵《そうもくかいへい》。
【出典】『晋書《しんじょ》』謝玄伝《しゃげんでん》。

蛇《へび》に見込《みこ》まれた蛙《かえる》

蛙は蛇に正面からねらわれるとすくんで動けなくなる。そのように、恐ろしいものの前で手も足も出なくなるたとえ。

▼その盗賊は不意に現れた浪人のただならぬ気配の前に、蛇に見込まれた蛙のように動けなくなった。

【類句】鷹《たか》の前《まえ》の雀《すずめ》。猫《ねこ》の前《まえ》の鼠《ねずみ》。

【同義語】蛇《へび》に睨《にら》まれた蛙《かえる》。蛇《へび》に遇《お》うた蛙《かえる》。

身《み》の毛《け》がよだつ

あまりの恐ろしさで体の毛が立つほどになる。

▼人里近くで熊《くま》に襲われたという話を聞いて身《み》の毛がよだった。

【参考】「身《み》の毛《け》もよだつ」とも言う。

幽霊《ゆうれい》の正体見《しょうたいみ》たり枯尾花《かれおばな》

幽霊が出るのではないかとびくびくしていると、枯れた薄《すすき》の穂のようなつまらないものでも幽霊に見えたりするという意味。怖い怖いと思っていると、なんでもないものまで恐ろしく感じるたとえ。

▼夜道で自分の後をつけてくる足音がした。恐くなって走り出したら、父の大声で呼び止められた。幽霊の正体見たり枯尾花だったが、恐い思いを与えた父をうらんだ。

【参考】江戸時代の俳人、横井也有《よこいやゆう》の句「化け物の正体見たり枯尾花」から。

【類句】落《お》ち武者《むしゃ》は薄《すすき》の穂《ほ》にも怖《お》ず。疑心暗鬼《ぎしんあんき》を生《しょう》ず。

驚く・驚かす・驚き

足下《あしもと》から鳥《とり》が立《た》つ

意外なことが突然に起こる。→②〈始める・始まる〉

▼急に転勤の辞令がおり、足下から鳥が立つ思いだ。

【類句】足下《あしもと》から鳥《とり》が飛《と》び立《た》つ。

泡《あわ》を食《く》う

ひどく驚き慌《あわ》てる。

▼よからぬ相談をしていた少年たちは、警官の姿に泡を食って逃げ出した。

【参考】「泡」は「あわてる」の「あわ」という説もある。

生《い》き肝《ぎも》を抜《ぬ》く

ひどく驚かす。びっくりさせる。

▼ビーンボールで打者の生き肝を抜くとは、卑怯《ひきょう》じゃないか。

【参考】生きている動物などの肝をえぐり取る意から。

息《いき》を呑《の》む

はっと驚いたり、感動したりする。

▼突然の訃報《ふほう》に、息を呑むほど驚いた。

【参考】一瞬、息が止まる意。

色《いろ》を失《うしな》う

驚いて青ざめる。

▼彼は友人の突然の訃報《ふほう》に色を失った。

【参考】「色」は顔色。

肝《きも》を潰《つぶ》す

非常に、びっくりする。たいそう驚く。

▼二人の大胆な行動に、皆は肝を潰した。

【類句】肝《きも》が潰《つぶ》れる。

驚天動地《きょうてんどうち》

天を驚かし、地を動かすという意味。世間をひどく驚かすこと。

▼平和な町に、あのような驚天動地の事件が起こるとは誰も予想しなかった。

【類句】驚地動天《きょうちどうてん》。震地動天《しんちどうてん》。震天動地《しんてんどうち》。

【出典】白居易《はくきょい》「李白墓《りはくのはか》」。

声《こえ》を呑《の》む

強い感動や驚き、悲しみのために声が出なくなる。

▼サーカスの綱渡りを、観客は声を呑んで見つめた。

腰《こし》を抜《ぬ》かす

ひどく驚いて、へなへなと座り込んだり、立ち上がる力をなくしたりする。

▼突然の雷鳴に腰を抜かすほど驚いた。

【参考】腰のつがいが外れて立てなくなること。

【類句】腰《こし》が抜《ぬ》ける。

言葉《ことば》を呑《の》む

強い感動や驚きのため、ことばが出なくなる。→②〈言う・話す〉

▼目の前で起きた大惨事に居合わせた人々はみな言葉を呑んだ。

耳目《じもく》を驚《おどろ》かす

世の人々を驚かせる。世間に衝撃を与える。

▼無名の新人が記録を更新し、世間の耳目を驚かす。

尻毛《しりげ》を抜《ぬ》く

油断しているすきに、意外なことをやって驚かす。

▼尻毛を抜くような彼の態度に皆は仰天した。

度肝《どぎも》を抜《ぬ》く

非常に驚かす。

▼先制の場外ホームランで度肝を抜かれた。

【参考】「ど」は接頭語で、「きも」を強めている。

寝耳《ねみみ》に水《みず》

寝ているときに耳に冷たい水を注がれるような、思いがけない知らせや出来事にひどく驚くたとえ。

▼他社から同時期にわが社の製品によく似た製品が発売されるとは、寝耳に水の出来事だった。

【参考】眠っているとき耳に水を注がれるような、まったく思いがけない、突然の出来事をいう。

【類句】足下《あしもと》から鳥《とり》が立《た》つ。青天《せいてん》の霹靂《へきれき》。藪《やぶ》から棒《ぼう》。

【同義語】寝耳《ねみみ》に擂《す》り粉木《こぎ》。

鳩《はと》が豆鉄砲《まめでっぽう》を食《く》ったよう

普通でさえ丸い目の鳩が豆鉄砲の豆を当てられてますます目を丸くして驚くように、突然のことにびっくりして、きょとんとしているようす。

▼突然議長に指名されて、彼は鳩が豆鉄砲を食ったような表情で、しばらく絶句していた。

【参考】「豆鉄砲」はえんどう豆を弾丸にした子どもの玩具《がんぐ》。

鼻《はな》を明《あ》かす

出し抜いたり、相手をあっと言わせて驚かしたりする。

▼他人の鼻を明かすことばかり考えていないで、こつこつと地道に仕事をしたまえ。

一泡《ひとあわ》吹《ふ》かせる

不意をついて人を驚かせ、慌《あわ》てさせる。

▼この商品でライバル会社に一泡吹かせてやろう。

茫然自失《ぼうぜんじしつ》

あっけにとられて、我を忘れてしまうこと。気が抜けて、物事の収拾がつかず、ぼんやりしてしまうこと。

▼氾濫《はんらん》した川に家を流された人々は、茫然自失の状態で激流を見やっていた。

【誤り】呆然自失。

【出典】『孟子《もうし》』滕文公章句《とうぶんこうしょうく》上。

耳《みみ》を疑《うたが》う

聞き間違いではないかと疑い驚く。

▼大賞受賞の連絡に一瞬耳を疑った。

胸《むね》を突《つ》く

はっとする。驚く。→①〈感動する・感慨〉

▼彼の何気ない一言に、胸を突かれた。

目《め》が飛《と》び出《で》る

値段が非常に高くてひどく驚くようす。→②〈叱る〉

▼店頭に並ぶマツタケは相変わらず目が飛び出るほど高価で、とても手が出ない。

【類句】目《め》の玉《たま》が飛《と》び出《で》る。

目《め》を白黒《しろくろ》させる

ひどく驚いたときや、物がのどにつかえて苦しんでいるときのようす。

▼外国からの客は東京の通勤電車の混雑ぶりに目を白黒させていた。

【参考】せわしなく目玉を動かす意。

目《め》を丸《まる》くする

驚きのあまり目を大きく見開く。

▼フランスから帰国した彼女の華麗な変身ぶりに皆は目を丸くした。

目《め》を見張《みは》る

驚きや感動のあまり目を大きく見開く。

▼久しぶりに訪れたこの街の変貌《へんぼう》ぶりには目を見張るばかりだ。

思いやる・情け

医《い》は仁術《じんじゅつ》

医術で病人を治療するのは単なる金もうけが目的ではなく、人間愛に基づいた行為であるということ。技術にかたよらず、患者の身になって治療すべきだという意味もある。

▼離島での医療に後半生を捧げたS先生は、医は仁術を実践した立派な方だ。

色《いろ》を付《つ》ける

売り値を安くしたり、依頼する仕事に対する報酬に上乗せしたりすること。景品を添えたり、祝儀を出したりする場合にも使う。

▼もう少し色を付けてくれれば、その仕事を引き受けよう。

【参考】「色」は情愛、心の優しさの意で、「色を付ける」は物事の扱いに情を加える意。

怨《うら》みに報《むく》ゆるに徳《とく》を以《もっ》てす

人にひどい仕打ちを受けても怨んで報復するのではなく、逆に恩恵を与えるほどの温かい心で接すること。

▼キング牧師の行動には、怨みに報ゆるに徳を以てす、という姿勢がみられるが、なかなかできないことだ。

【出典】『老子《ろうし》』恩始《おんし》。

鬼《おに》の目《め》にも涙《なみだ》

どんなに無慈悲な人も、時には情に感じることもある。

▼鬼の目にも涙で、あの冷酷な人がテレビのドラマを見てハンカチを使っている。

己《おのれ》の欲《ほっ》せざる所《ところ》は人《ひと》に施《ほどこ》すこと勿《なか》れ

自分が他人にしてほしくないことは他人もしてほしくないのだから、それを他人に対してしてはならないという意味。思いやりを説いたもの。

▼そこまで厳しく彼の失敗をあげつらうものではないよ。己の欲せざる所は人に施すこと勿れ、だ。君が彼の立場だったらどう思うか想像してごらん。

【参考】孔子《こうし》が弟子の子貢《しこう》に与えた教訓。

【類句】我《わ》が身《み》を抓《つね》って人《ひと》の痛《いた》さを知《し》れ。

【出典】『論語《ろんご》』衛霊公《えいれいこう》。

思《おも》いを馳《は》せる

遠く離れている者のことを思う。

▼越冬隊員たちは、南極大陸から家族に思いを馳せた。

気《き》は心《こころ》

ほんの少しではあるが、真心の一端を示すものだということ。ちょっとした金品を贈るようなときに、よく言いそえる。

▼気は心というから、彼女には何かお土産を買って帰ろう。

【類句】塵《ちり》を結《むす》んでも志《こころざし》。

【同義語】気《き》は心目《こころめ》は眼《まなこ》。

気持《きも》ちを汲《く》む

相手の気持ちを察する。

▼家族の気持ちを汲んで、本人には病名を知らせないことにした。

【類句】心《こころ》を汲《く》む。

窮鳥《きゅうちょう》懐《ふところ》に入《い》れば猟師《りょうし》も殺《ころ》さず

追い詰められた鳥が懐に飛び込んでくれば、猟師も哀れに思って殺さない。まして、窮地に陥った人間が救いを求めてくれば、事情にかかわらず助けるのが人情だということ。

▼たとえ非があった人でも、窮鳥懐に入れば猟師も殺さずで、温かく迎え入れることにする。

【類句】杖《つえ》の下《した》に回《まわ》る犬《いぬ》は打《う》てぬ。袖《そで》の下《した》に回《まわ》る子《こ》は打《う》たれぬ。

【出典】『顔氏家訓《がんしかくん》』省事《せいじ》。

宋襄《そうじょう》の仁《じん》

宋の襄公の情け。つまらない、ゆきすぎた情け。必要のない情けを施した結果、自分がひどい目に遭うこと。

▼弱小会社の得意先を奪うのは気の毒だからやめようというのは宋襄の仁にすぎない。相手が成長したら、こっちがやられるかもしれないのだ。

【参考】中国の春秋《しゅんじゅう》時代、宋が楚《そ》と戦った時、襄公は楚の軍隊が布陣する前に攻撃しようという進言を卑《ひ》怯《きょう》な戦い方だという理由で退けたために、準備が整った楚軍に敗北を喫《きっ》してしまい、世の物笑いになったという故事から。

【出典】『十八史略《じゅうはっしりゃく》』「春秋戦国《しゅんじゅうせんごく》」宋《そう》。

血《ち》が通《かよ》う

事務的ではない人間らしさがあって、情感が通じ合う。

▼今回は血が通った判決だったと評判だ。

敵《てき》に塩《しお》を送《おく》る

敵対関係にある相手が別のことで苦しんでいるとき、その弱点につけ込まずにかえって援助すること。

▼ここで情報公開をするなんて敵に塩を送るようなもので、ライバル他社を利するだけですよ。

【参考】戦国時代、塩不足で困っていた甲斐《かい》の武田信玄《たけだしんげん》に、好敵手であった越後《えちご》の上杉謙信《うえすぎけんしん》が塩を送ったという故事から。

情《なさ》けが仇《あだ》

相手に対する好意、または同情心からしてやったことが、かえって悪い結果を招くこと。

▼淋しそうにしていた同僚男性を慰めてあげたら、情けが仇となって、すっかり恋人気取りになってストーカーじみたことまでされたので、男性不信に陥ってしまった。

【同義語】恩《おん》が仇《あだ》。慈悲《じひ》が仇《あだ》になる。

情《なさ》けをかける

思いやりや哀れみをかける。
▼君に情けをかけられるほど、落ちぶれてはいないつもりだ。

汝《なんじ》の敵《てき》を愛《あい》せよ

こちらに好意をもってくれる人を愛するのは誰にでもできる。悪意を示したり、迫害したりする者をも愛することこそ真の愛だという教え。
▼汝の敵を愛せよと、イエス・キリストの時代から語られているという事実は、実践がきわめて難しいという証拠だろう。
【出典】『新約聖書《しんやくせいしょ》』マタイ伝《でん》。

身《み》につまされる

人の不幸などが、自分のことのように思われて同情する。
▼友人の不幸が身につまされてならない。

覚悟する・決断する

当《あ》たって砕《くだ》けろ

思いどおりになるかどうかは疑わしくても、駄目でもともとの覚悟で、とにかく思い切ってやってみよということ。
▼寒稽古では、当たって砕けろとばかりに主将の胸に飛び込んだ。

一念発起《いちねんほっき》

今までの気持ちを改めて仏道に入ることから、あることをやり遂げようと心に決めること。
▼大病を機に一念発起して、禁酒、禁煙を実行した。
【類句】緊褌一番《きんこんいちばん》。
【出典】唯円《ゆいえん》『歎異抄《たんにしょう》』。

命《いのち》を懸《か》ける

失敗すれば死ぬ覚悟で物事に打ち込む。
▼彼はこの製品の開発に命を懸けている。

肝《きも》を据《す》える

物事をする際に、何があっても動揺すまいと覚悟する。
▼肝を据えていたので、癌《がん》の宣告にも動じなかった。

清水《きよみず》の舞台《ぶたい》から飛《と》び下《お》りる

京都の清水寺《きよみずでら》は本堂の前の切り立った崖に舞台を張り出させているが、そこから飛び下りる思いで非常な決意をするということ。思い切った高額の買い物や成否の不明な決断をするときなどに使う。
▼安月給の私がその絵を買ったときは本当に清水の舞台から飛び下りる思いでしたが、今は決断してよかったと思っています。
【同義語】清水《きよみず》の舞台《ぶたい》から後《うし》ろ飛《と》び。

緊褌一番《きんこんいちばん》

心を引き締めて物事に当たること。
▼ふだんは何を考えているかわからないような男だが、いざ緊褌一番というときには並外れた能力を発揮する。
【参考】「緊」はきつく締めるの意味。
【類句】褌《ふんどし》を締《し》めてかかる。

剛毅果断《ごうきかだん》

意志がしっかりしていて、決断力があるさま。物事にひるむことなく、決めたことは勇気をもって実行すること。
▼剛毅果断な性格の持ち主だった彼は、相手会社の不正が許せないと思うと、即座に取引停止という決定を下した。
【類句】剛毅果敢《ごうきかかん》。
【対句】優柔不断《ゆうじゅうふだん》。
【別表記】「剛毅」は「豪毅」とも書く。

賽《さい》は投《な》げられた

勝負を決するための賽子《さいころ》は投げられたので、元に戻すことはできない。こうなったら断行あるのみだということ。
▼社長、もう賽は投げられたのです。どうかご決断を。
【参考】敵対するポンペイウスのいるローマに進撃しようとしてカエサルがルビコン川を渡る際に言ったことば。

水火《すいか》も辞《じ》せず

水に溺《おぼ》れ、火に焼かれるような目に遭っても、それをものともしないこと。苦難や危険をかえりみず物事に取り組むこと。
▼彼は戦禍《せんか》をこうむった国の復興に水火も辞せず尽力した。
【類句】たとえ火《ひ》の中水《なかみず》の中《なか》。

千万人《せんまんにん》と雖《いえど》も吾往《われゆ》かん

反省してみて自分の考えや行動が正しいと確信したら、敵がたとえ千万人いたとしても恐れずに立ち向かっていこうという意味。
▼私はこの住民運動には、千万人と雖も吾往かんの気概で臨んでいます。意志を変えることはありえません。
【参考】原文では、前に「自《みずか》ら反《かえり》みて縮《なお》くんば（正しければ）」とある。

【出典】『孟子《もうし》』公孫丑章句上《こうそんちゅうしょうくじょう》。

腹《はら》が据《す》わる

物事に動じない。覚悟が決まって落ち着いている。

▼もうどうとでもなれと思うと腹が据わった。

腹《はら》ができる

覚悟、決心ができる。→⑥〈食事・食べ物〉

▼やっと会社を辞めて独立する腹ができた。

腹《はら》を決《き》める

決心する。覚悟を決める。

▼さんざん迷ったが、腹を決めて彼女に告白することにした。

【類句】腹《はら》を固《かた》める。

腹《はら》を据《す》える

心を落ち着けて覚悟を決める。決心する。→②〈耐える・忍耐・我慢〉

▼重要な任務なので、腹を据えて当たってほしい。

【類句】腹《はら》をくくる。

褌《ふんどし》を締《し》めてかかる

しっかり心を引き締めて、事に当たる。

▼もう一度チャンスを与えるから褌を締めてかかりなさい。

【類句】緊褌一番《きんこんいちばん》。

臍《ほぞ》を固《かた》める

物事をやろうと固く心に決めること。または、強く覚悟すること。

▼私はもうこの町に骨を埋めようと臍を固めました。町のためなら協力は惜しみません。

【参考】「臍」は「へそ」のことだが、「本心」の意味がある。

身《み》を捨《す》ててこそ浮《う》かぶ瀬《せ》もあれ

水に溺《おぼ》れかかったとき、自分の体を捨てる気になって水にゆだねると、自然に体が浮く。同じように窮地に立たされた場合には、命を捨てる覚悟で事に当たれば打開できるものだということ。

▼この難局は、死ぬ気になってがんばって後は状況にまかせよう。身を捨ててこそ浮かぶ瀬もあれ、いつか打開の道も見つかるさ。

【類句】死中《しちゅう》に活《かつ》を求《もと》める。

悲しい

断腸《だんちょう》の思《おも》い

腸《はらわた》がちぎれてしまいそうなほど、悲しく、苦しいこと。さらに、非常に辛《つら》いことや、痛ましく思うこと。

▼どうしても行かなければならない海外出張の前日、父の入院先を訪れたが、やつれ果てた父から、一言《ひとこと》「世話になったな」と言われたときは、断腸の思いで体が震えた。

【類句】母猿断腸《ぼえんだんちょう》。九腸寸断《きゅうちょうすんだん》。

【出典】『世説新語《せせつしんご》』黜免《ちゅつめん》。

【故事】中国、晋《しん》の桓温《かんおん》が三峡《さんきょう》を旅したとき、従者が子猿を捕らえて舟に乗せた。子猿を百余里も追って来た母猿が、舟に飛び乗ると息絶えた。母猿の腹を割くと腸がずたずたに千切れていたという。

血《ち》の涙《なみだ》

非常な悲しみや憤りから流す涙。

▼娘の突然の事故死に両親は血の涙を流した。

【参考】「血涙《けつるい》」の訓読み。涙が尽きて血の出るほど、激しく泣き悲しむ意。

涙《なみだ》にむせぶ

悲しみが込み上げてきて、むせび泣きをする。

▼亡き母の優しさを語りながら、彼は涙にむせんだ。

白髪三千丈《はくはつさんぜんじょう》

長年の悲しみや愁《うれ》いのために頭髪が白くなり、それが三千丈もの長さに伸びてしまったということ。

【参考】「三千丈」は実数ではなくて誇張した表現。弟子三千、食客三千人といった表現と同じ。

【出典】李白《りはく》「秋浦歌《しゅうほか》」。

腸《はらわた》を断《た》つ

激しい悲しさに、ひどく心を痛める。悲しみに耐えられない。

▼老いた母を特別養護老人ホームに入居させたのも、腸を断つ思いでしたことだ。

【参考】「断腸《だんちょう》」の訓読み。

身《み》も世《よ》もない

自分のことも世間のことも考えられないほど、非常に悲しい。

▼妻に先立たれ、身も世もなく泣き暮らしていた。

胸《むね》が痛《いた》む

悲しみや悩みなどで辛《つら》く思う。

▼自分の信ずる道とはいえ、両親の

期待を裏切る結果となり、胸が痛んだ。
【類句】胸《むね》を痛《いた》める。

胸《むね》がつかえる

激しい悲しみのため、胸が苦しくなる。↓①〈感動する．感慨〉
▼友人の容体《ようだい》が悪化したとの知らせを受け、胸がつかえる思いで何も手につかない。

胸《むね》が張《は》り裂《さ》ける

悲しみや悔しさで、ひどく苦しくなる。
▼恋人との突然の別れに、胸が張り裂けるような思いがした。

胸《むね》がふさがる

心配や悲しみで胸が一杯になる。
▼次々に届く不採用の知らせに胸がふさがり、部屋に閉じこもってしまった。

感謝する

足《あし》を向《む》けて寝《ね》られない

人から受けた恩を常に忘れない気持ちを表すことば。
▼あの人には本当に世話になったので、足を向けて寝られない。
【参考】恩人に足を向けるのは失礼にあたるところから。

命《いのち》の親《おや》

生命を救ってくれた恩人。
▼倒産寸前だったわが社に資金援助してくれたA氏を、命の親とも思っています。

恩《おん》に着《き》る

恩を受けたことをありがたく思う。
▼一生恩に着るから、この仕事を手伝ってくれないか。
【参考】特に人に何かを頼む場合などに用いる。

旱天《かんてん》の慈雨《じう》

苦しいときや困っているときに救いに恵まれること。「旱天」は夏の照りつける空。
▼予算オーバーで困り果てていたところへ多大のご芳志を頂戴《ちょうだい》し、まさに旱天の慈雨。一同、心から感謝いたしております。
【類句】大旱慈雨《たいかんじう》。
【別表記】「旱天」は「干天」とも書く。

冥利《みょうり》に尽《つ》きる
もったいないほど幸せだと思う。
▼客席からはアンコールの拍手が鳴りやまず、役者冥利に尽きた。
【参考】「冥利」は神仏が知らず知らずのうちに与える恩恵。

労《ろう》を多《た》とする
相手の働きや骨折りに感謝すること ば。
▼本日、ここに開館できたことに関係者の労を多としたい。
【参考】「多とする」は労力や好意がふつう以上である意で、感謝するときに用いる。

感心する

舌《した》を巻《ま》く
非常に驚く。感心する。
▼その子のすばらしいピアノ演奏に、一同舌を巻いた。
【参考】ひどく驚いて声も出ない意。

膝《ひざ》を打《う》つ
急に気づいたり、感心したりしたときの動作。
▼彼女の名案に思わず膝を打った。
【類句】膝《ひざ》を叩《たた》く。

感動する・感慨

感慨無量《かんがいむりょう》
この上なく身に沁《し》みて感じ入るさま。「無量」は量り知れないほど多いこと。
▼長年の社会奉仕が認められて、表彰の栄《えい》に浴《よく》し、感慨無量である。
【類句】感無量《かんむりょう》。

感極《かんきわ》まる
こらえきれないほど、感情がたかぶる。非常に感激するようす。
▼結婚式のラストの両親への花束贈呈とスピーチのシーンは感動的で、身内でなくとも感極まって涙を浮かべる人が多かった。

感《かん》に堪《た》えない

深く感動する。
▼父は叙勲《じょくん》の宴で親友の祝辞を聞き、感に堪えないという表情をしていた。
【参考】「感に堪えない」から転じて「感に堪える」も同じ意味で使われる。

琴線《きんせん》に触《ふ》れる

あることに共鳴し深く感動する。
▼ゲーテの詩の一節が私の琴線に触れ、その後の私を勇気づけた。
【参考】「琴線」は感動し共鳴する心の動きを琴の糸にたとえたもの。

心《こころ》が動《うご》く

何かの力によって気持ちや考え方が変わり、その気になる。
▼熱心な勧誘に心が動き、入部することにした。
【類句】心《こころ》を動《うご》かす。

心《こころ》を打《う》つ

深い感動を与える。
▼彼の犠牲的精神に基づく行動は人々の心を打った。

骨身《ほねみ》にしみる

体の中までしみ通るほど、強く感じる。
▼師の言葉は、逆境にあった私の骨身にしみてうれしかった。

身《み》にしみる

心に深く感じる。→⑥〈健康〉
▼旅に出ると、人の情けが一段と身にしみる。

胸《むね》が一杯《いっぱい》になる

強い感動を受けてほかのことは何も考えられなくなる。
▼花嫁衣裳《いしょう》をまとった娘の姿を見たときは、胸が一杯になった。

胸《むね》がつかえる

激しい感動や喜びなどのため、胸が苦しくなる。→①〈悲しい〉
▼卒業証書を受け取る娘の晴れ姿を見て、胸がつかえてことばが出なかった。

胸《むね》にこたえる

身にしみて強く感じる。
▼私の行く末を案じる母のことばが胸にこたえました。

胸《むね》に迫《せま》る

喜びや悲しみなどが、抑えきれないほど込み上げてくる。

▼表彰台に上がったときは、万感《ばんかん》胸に迫るものがあった。

胸《むね》を打《う》つ

強く感動させられる。感嘆する。

▼子を思う親の心情には胸を打つものがある。

胸《むね》を突《つ》く

急に思いがつのる。→①〈驚く・驚かす・驚き〉

▼ふと望郷の思いが胸を突き、涙がこみ上げてきた。

目《め》が覚《さ》める

美しさや見事さにはっとして眠気が去るような思いがする。→①〈悟る・悟り〉

▼目が覚めるような美人とすれ違った。

目頭《めがしら》が熱《あつ》くなる

深く感動して涙が出そうになる。

▼友人の温かいことばに目頭が熱くなった。

余韻嫋嫋《よいんじょうじょう》

楽器の音が、後々まで長く響いているさま。転じて詩文などの言外にある風情が後々まで残るさま。

▼さすがに名女優、抑えた演技で余韻嫋嫋たる幕切れであった。

【参考】「嫋」は、なよなよとして美しいさまをいう。

【出典】蘇軾《そしょく》「前赤壁賦《ぜんせきへきのふ》」。

期待する・希望をもつ

一日千秋《いちじつせんしゅう》

一日が千年にも長く感じられること。思慕の情が強く、待ち焦がれること。転じて、望んでいることが待ち遠しいこと。

▼彼の帰国の吉報が届き、一日千秋の思いで待っていた彼女は飛び上がって喜んだ。

【類句】一日三秋《いちじつさんしゅう》。

【別表記】「一日」は「いちにち」とも読む。

【出典】染崎延房《そめざきのぶふさ》『近世紀聞《きんせいきぶん》』。

望《のぞ》みを託《たく》す

希望をかける。

▼望みを託して新しい土地で商売を始めた。

【類句】望《のぞ》みを属《しょく》す。

冬来《ふゆき》りなば春遠《はるとお》からじ

寒くて暗い冬の後には暖かくて明るい春が到来する。今は不幸でも、間もなく幸福がめぐってくる。希望をもつことが大切だという意味。

▼植物の種子は冬に十分な寒さを感じないと春に発芽しない。植物もまた「冬来りなば春遠からじ」の真理を知っているのだ。

【出典】イギリスの詩人シェリーの『西風に寄する歌』の一節。原文は"If Winter comes, can Spring be far behind?"

待《ま》つ間《ま》が花《はな》

何事においても、結果がどうなるだろうかと予想している間が楽しいのであって、実現してみるとそれほどでもないということ。

▼小学校の遠足では前の日までは待ち遠しかったのに、当日はたいしたことはなかった。あれがまさに待つ間が花のいい例だった。

【参考】「花」は最も華やかな時や楽しい時の意味。

【類句】ならぬうちが楽《たの》しみ。祭《まつ》りより前《まえ》の日《ひ》。

【同義語】待《ま》つ中《うち》が花《はな》。

道《みち》が開《ひら》ける

進路を妨げている問題の解決方法が見つかる。

▼コストの問題が解決し、商品化の道が開けた。

脈《みゃく》がある

見込みがある。期待できる。

▼社長のようすではまだ完全に却下というわけではなく、脈はありそうだからもう一度練り直して再提案してみよう。

【参考】脈拍が絶えないでまだ生命がある意から転じて。

【対句】脈《みゃく》がない。

胸《むね》を躍《おど》らせる

喜びや期待などでじっとしていられない気分になる。

▼初めてのデートに胸を躍らせて出かけた。

胸《むね》を膨《ふく》らませる

期待、希望に満ちあふれる。

▼新一年生は期待に胸を膨らませている。

【類句】胸《むね》が膨《ふく》らむ。

夢《ゆめ》を託《たく》す

自分が果たしえなかった望みを他人にゆだねて期待する。

▼母は自分が為《な》しえなかった女優になる夢を娘に託すことにした。

興味をもつ

怖《こわ》いもの見《み》たさ

恐ろしいものは、かえって見たくなる。

▼怖いもの見たさの人間心理をうまくついたのがお化け屋敷だ。

膝《ひざ》を乗《の》り出《だ》す

関心を示して積極的に見聞きしたり話そうとしたりする。

▼スタッフ一同は、その面白そうな新企画案に膝を乗り出した。

【類句】 膝《ひざ》を進《すす》める。

目《め》に留《と》まる

何かが目に入ってそれに心がひかれる。 →⑥〈注目する・注目される〉

▼ショーウインドーの中の時計のひとつが目に留まった。

拒絶

首《くび》を横《よこ》に振《ふ》る

相手に不賛成、不満の意を表す。

▼彼は首を横に振って、頑《がん》として委員長就任の依頼に応じない。

そうは問屋《とんや》が卸《おろ》さぬ

そんなに安い値段では問屋でも卸し売りしないということから、そう簡単には相手の要求に応じられないという意味。また、物事は思いどおりにはいかないというたとえ。

▼特別売り出しの情報は自分だけが知らされたものと思って朝早くその店を目指したら、そうは問屋が卸さない、開店前から長蛇の列ができていた。

難色《なんしょく》を示《しめ》す

難しい、賛成できないという態度やそぶりを見せる。

▼工場の誘致に町長は難色を示していた。

虫《むし》が好《す》かない

なんとなく好きになれない。

▼彼のことは初対面のときから虫が好かなかった。

門前払《もんぜんばら》いを食《く》う

面会に行ったのに会わせてもらえず

追い返されること。
▼有名作家に面会を求めたが、門前払いを食ってしまった。

気を配る・配慮

気《き》が付《つ》く
細かいところにまで、よく注意が行き届く。
▼彼女は何事にもよく気が付くので、つい重《ちょう》用《よう》する。

気《き》を配《くば》る
いろいろなことに、細かく注意を払う。
▼女主人は粗相がないように気を配って来客を迎えた。

気《き》を遣《つか》う
あれこれと配慮する。
▼娘の結婚式を控え、何かと気を遣うことが多い。

心《こころ》にかける
常に念頭におき、忘れないようにする。
▼私のことをいつも心にかけてくださって、ありがとうございます。

心《こころ》を砕《くだ》く
あれこれと気を遣う。心配する。
▼彼は長年国際親善のために心を砕いてきた。

心《こころ》を配《くば》る
周囲の人や物事などに細かい注意を払う。
▼司会者は披露宴が滞《とどこお》りなく進むように心を配ることが大切だ。

手《て》が届《とど》く
細かい点にまで世話が行き届く。↓②〈取得する・獲得する〉
▼忙しくて庭の手入れまで手が届きません。

目《め》が届《とど》く
注意が十分行き渡る。
▼少人数教育なので一人ひとりに目が届く。

緊張する

息《いき》が詰《つ》まる
緊張して息が止まるような感じにな

る。
▼厳しい祖父がそばにいると、見張られているようで息が詰まる。

肩《かた》が凝《こ》る

堅苦しい。緊張させられる。
▼この数日、肩が凝る会議が続き、疲れきってしまった。
【類句】肩《かた》が張《は》る。

固唾《かたず》を呑《の》む

事の成り行きを心配して息を凝らす。
▼一同は思わぬ事態の展開に固唾を呑んだ。

気《き》を張《は》る

気持ちを強く保つ。気持ちを引き締める。
▼独り暮らしの母は、気を張っているのか病気一つしない。

悔やむ・悔しい・後悔

開《あ》けて悔《くや》しき玉手箱《たまてばこ》

期待していたものが、結果を見ると予期に反した意外なものであることがわかって残念という意味。
▼今年度の白澤監督作品の映画は四部門の賞にノミネートされていたが、開けて悔しき玉手箱で、一つの賞も取れなかった。
【参考】浦島太郎が乙姫《おとひめ》からもらった玉手箱を開けたら、白煙が立ち上って白髪の老人になったという伝説から。

後悔先《こうかいさき》に立《た》たず

事が終わってから悔やむのが人の常だが、いくら後悔してみても取り返しがつかないということ。
▼郷里の母から珍しく電話があって顔を見せるように言われたが、多忙を理由にすぐに切った。その数日後に母の訃報《ふほう》を聞き、茫然とした。後悔先に立たず、何をおいても駆けつけるべきだった。
【同義語】後《あと》の後悔《こうかい》先《さき》に立《た》たず。後《こう》悔《かい》と槍《やり》持《も》ちは先《さき》に立《た》たず。

鱓《ごまめ》の歯《は》ぎしり

鱓とはかたくちいわしの稚魚を干したもの。力のないものが悔しがってもどうにもならないこと。
▼われわれ平社員がいくら憤慨したところで鱓の歯ぎしりだ。

地団太《じだんだ》を踏《ふ》む

激しく足を踏み鳴らすほどに怒ったり悔しがったりする。

▼当たり番号が一番違いだったので、彼は地団太を踏んで悔しがった。
【参考】「地団太」は踏鞴《たたら》（足で踏んで空気を送る大きな鞴《ふいご》）が地踏鞴《じたたら》、そして地団太へと転じたもの。

【類句】地踏鞴《じたたら》を踏《ふ》む。

死《し》んだ子《こ》の年《とし》を数《かぞ》える

死んだ子が生きていれば何歳なのにと嘆く。過去について愚痴を言い、悔やむこと。
▼あの土地がこんなに値上がりするとわかっていたら、あのときに買っていたのに。死んだ子の年を数えるようだが、チャンスを逃したのが残念だ。
【類句】死児《しじ》の齢《よわい》を数《かぞ》える。死《し》んだ子《こ》の年勘定《としかんじょう》。

切歯扼腕《せっしやくわん》

激しく怒り、残念がること。歯ぎしりし、わが腕をにぎりしめるという意味。
▼彼は切歯扼腕して悔しがったが、後の祭りだった。
【類句】残念無念《ざんねんむねん》。
【出典】『史記《しき》』張儀列伝《ちょうぎれつでん》。

逃《に》がした魚《さかな》は大《おお》きい

釣り上げたと喜んだとたんに逃げられた魚は、実際よりも大きく見えるということから、いま一息で手に入れかけて失った物が一段と惜しく思われることのたとえ。
▼最近話題のアイドルが昔自分が振った彼女だったと知った。現金なもので、逃がした魚は大きいという後悔の気持ちが強くなった。
【参考】「魚」は「うお」とも読む。
【同義語】釣《つ》り落《お》とした魚《さかな》は大《おお》きい。

臍《ほぞ》を噛《か》む

してしまってどうにもならないことを後悔する。
▼試験に失敗してから、怠けなければよかったと臍を噛んでも遅いのだ。
【参考】臍（＝へそ）を噛もうとしても口が届かないことから。
【類句】臍《ほぞ》を食《く》う。

指《ゆび》をくわえる

うらやましく思いながら何もできず、そばで見ている。
▼こんなうまい儲《もう》け話を黙って指をくわえて見ている手はあるまい。

苦労する

艱難辛苦《かんなんしんく》

非常な困難に遭い、大変苦しみ悩むこと。

▼何事も、事を成すには、艱難辛苦が伴うものです。それを乗り越えて成功したときに味わう喜びこそ、まことの喜びであります。

【類句】千辛万苦《せんしんばんく》。

苦《く》あれば楽《らく》あり

苦しいことの後には楽なこと、あるいは楽しいことがある。苦しいときには、人生は苦しみの連続のように思えるものだが、苦と楽は交互に来るものだという意味。

▼苦あれば楽あり、今がどん底と考えたら、明日は上るしかないさ。

苦心惨憺《くしんさんたん》

物事の成功を目指して苦労を重ね、あれこれ工夫を凝らすこと。

▼苦心惨憺してまとめた企画なのに、ろくに検討もしないで却下するとはひどいよ。

【類句】粒粒辛苦《りゅうりゅうしんく》。彫心鏤骨《ちょうしんるこつ》。

【誤り】苦心三嘆。

苦《く》は楽《らく》の種《たね》

現在が苦しくても、その苦労はやがて楽になるため、あるいは楽しい生活をするための種をまいているようなものだということ。

▼いつかこの苦労も笑い話になるさ。苦は楽の種、きっとうまくいくだろう。

【類句】苦《く》をせねば楽《らく》はならず。

櫛風沐雨《しっぷうもくう》

風に髪をくしけずり、雨に身を洗う意から、風雨にさらされながら奔走し、苦労すること。

▼会社創設期の櫛風沐雨の苦労がやっと実って、今日の隆盛を見ることができた。

【類句】櫛風浴雨《しっぷうよくう》。

【出典】『晋書《しんじょ》』文帝紀《ぶんていき》。

辛酸《しんさん》を嘗《な》める

辛《から》い物や酸《す》っぱい物を嘗めさせられることを人生の苦労にたとえたもの。辛《つら》い目に遭ったり、苦しい経験をしたりすること。

▼その新興国の大統領は若いころから数多くの辛酸を嘗め、ついにリーダーの地位に登りつめた苦労人だ。

血《ち》の出《で》るような

大変な苦労をするようす。

▼母は、血の出るような苦労をして子どもを育て上げた。

【類句】血《ち》のにじむような。

塗炭《とたん》の苦《くる》しみ

泥にまみれ、火に焼かれるような非常な苦しみ、難儀のたとえ。また、そうした身の上をいう。

▼Aは事業に失敗し、さんざん塗炭の苦しみを味わっただけに、人間として成長の跡が見られる。

【類句】水火《すいか》の苦《くる》しみ。

【誤り】途端の苦しみ。

【出典】『淡窓詩話《たんそうしわ》』上。（塗炭）『書《しょ》経《きょう》』仲虺之誥《ちゅうきしこう》。

骨《ほね》が折《お》れる

苦労をする。困難である。面倒である。

▼父に家の建て替えを承知してもらうのに骨が折れたよ。

骨身《ほねみ》にこたえる

苦痛や悲しみなどを、非常に強く感じる。忘れられないほど苦労する。

▼信頼していた彼の裏切りは骨身にこたえた。

若《わか》い時《とき》の苦労《くろう》は買《か》ってでもせよ

若いときに苦労することはよい経験であり、将来きっと役に立つから、買って出ても苦労したほうがよいという教え。

▼若い時の苦労は買ってでもせよというが、社会の矛盾のしわ寄せを若年層におしつける口実に使ってはならない。

【同義語】若《わか》い時《とき》の辛労《しんろう》は買《か》ってでもせよ。若《わか》い時《とき》の難儀《なんぎ》は買《こ》うてもせよ。

興奮する

気《き》が立《た》つ

いらいらする。興奮する。

▼試験中の弟は気が立っているので、何を言ってもけんか腰だ。

神経《しんけい》がたかぶる

直近に体験した事柄に神経が刺激されて興奮状態がおさまらない。

▼決勝戦を観戦した夜は、神経がたかぶってなかなか寝つけなかった。

血《ち》が騒《さわ》ぐ

興奮してじっとしていられない。心

が躍る。

▼祭り囃子《ばやし》を聞くと血が騒ぐ。

手《て》に汗《あせ》(を)握《にぎ》る

緊張したり、興奮したりすると、自然に手のひらに汗をかくことから、危険な状態や緊迫した勝負などに熱中している状態。

▼甲子園の決勝戦は手に汗握る大接戦となった。

【類句】固唾《かたず》を呑《の》む。

炎《ほのお》を燃《も》やす

心中に怒りや嫉妬《しっと》という激しい感情がわき起こる。

▼恋人に裏切られた彼女は、胸に復《ふく》讐《しゅう》の炎を燃やした。

目《め》の色《いろ》を変《か》える

怒ったり驚いたり夢中になったりして目つきを変える。

▼彼はお金の話になると、えげつないほど目の色を変える。

坩堝《るつぼ》と化《か》す

熱く激しい気分がみなぎっている。興奮が高まっている。

▼コンサート会場は、興奮の坩堝と化していた。

【参考】坩堝は理化学の実験や鉱工業で、物質の溶融・合成の際に用いる耐熱容器のこと。激しい熱気を高熱の作業に用いる坩堝をイメージしてできたことば。

好む・好み

足《あし》が向《む》く

自然にその方へ行ってしまう。

▼会社を出ると、つい、いつもの居酒屋に足が向いてしまう。

蓼食《たでく》う虫《むし》も好《す》き好《ず》き

蓼の葉は辛いが、それを好んで食う虫もいる。同様に、人の好みもさまざまなので、他からは何も言えないということ。

▼あの美女にして、あの亭主。蓼食う虫も好き好きというから、われわれにはわからない魅力があるんだろうね。

【類句】人《ひと》の好《す》き好《ず》き笑《わら》う者馬鹿《ものばか》。

【同義語】蓼食《たでく》う虫《むし》は辛《から》きを知《し》らず。

下手《へた》の横好《よこず》き

下手なくせに、そのことに熱心なようす。

▼下手の横好きで俳句を始めて十年になるが、人前で発表できるようなものではない。

【類句】下手《へた》の物好《ものず》き。

目《め》がない

度を越えて好きで、夢中になる。
▼子どものころから甘いものには目がない。

悟る・悟り

明日《あす》の事《こと》は明日《あす》案《あん》じよ

現在抱えている心労だけで今日はすでに十分苦しいのだから、どうなるかもわからない明日のことまで取り越し苦労するのはやめよという意味。明日はなるようになるのだから、くよくよしてもはじまらないという意味でも使う。
▼明日の記者会見のことを、今あれこれ悩んでもしかたがない。明日の事は明日案じよ、だ。まずは帰宅してゆっくり休みなさい。
【類句】明日《あした》は明日《あした》の風《かぜ》が吹《ふ》く。

心頭《しんとう》を滅却《めっきゃく》すれば火《ひ》も亦涼《またすず》し

何事も心にとめないような無念無想の境地にあれば、火でも涼しく感じられるということで、心の持ち方で苦痛も覚えないという意味。
▼心頭を滅却すれば火も亦涼しとはいうが、この暑さと騒音の中で研究書を読みふける彼の精神力はただごとではない。
【参考】「心頭」は念頭、「滅却」は消し去ること。戦国時代、甲斐《かい》の禅僧快川《かいせん》が織田《おだ》勢に攻められ、放火された恵林寺《えりんじ》で端座して焼死するときに唱えたことばとして有名。

【出典】杜荀鶴《とじゅんかく》「夏日悟空上人《かじつごくうしょうにん》の院《いん》に題《だい》す」。

人《ひと》は一代《いちだい》名《な》は末代《まつだい》

人の体は一代限りで滅びるが、名声は何代も生き続けるという意味。死後に名を残すような生き方をせよということ。
▼江戸時代中期の名君○○公の善政は今日まで語り継がれている。人は一代名は末代、○○公こそわが郷里の誇りだ。
【類句】虎《とら》は死《し》して皮《かわ》を留《とど》め人《ひと》は死《し》して名《な》を残《のこ》す。
【同義語】身《み》は一代《いちだい》名《な》は末代《まつだい》。

無念無想《むねんむそう》

迷いやこだわりなど、雑念を断って無我の境地に入り、心が澄み切っている状態。何も考えないこと。
▼竹刀《しない》を正眼《せいがん》に構えた彼は無念無想の境地で相手が打ち込んでくるのを待った。

明鏡止水《めいきょうしすい》

曇りのない鏡と、静かで澄んだ水。転じて心に何のこだわりもなく、落ち着いていること。

▼第一線を引退してからは、無欲恬《てん》淡《たん》、明鏡止水の静穏な日々を送っている。

【対句】疑心暗鬼《ぎしんあんき》。

【出典】『荘子《そうじ》』徳充符《とくじゅうふ》。『淮南子《えなんじ》』俶真訓《しゅくしんくん》。

目《め》が覚《さ》める

迷いが去って正常な判断力を取り戻す。→①〈感動する・感慨〉

▼母の涙の訴えでやっと彼も目が覚めて、生業に励むようになった。

【類句】目《め》を覚《さ》ます。

目《め》から鱗《うろこ》が落《お》ちる

ふとしたきっかけから急に物事の真相や本質がわかるようになる。

▼大病をして目から鱗が落ち、わが身をいとうようになり、家庭も大切にするようになった。

【参考】『新約聖書』の「使徒行伝《しとぎょうでん》」から出たことば。失明していた人が突然視力を回復する意から。

目《め》を開《ひら》く

それまで知らなかったことに初めて気づく。

▼一冊の本との出会いによって日本文学の奥深さに目を開かされた。

【参考】「開眼《かいげん》」の訓読み。

嫉妬する

角《つの》を出《だ》す

嫉妬《しっと》する。焼き餅《もち》を焼く。

▼帰宅が遅くなると、女房が角を出す。

【参考】能楽などで、女性の生霊《いきりょう》が嫉妬で鬼形《きぎょう》となることから。

【類句】角《つの》を生《は》やす。

焼《や》き餅《もち》を焼《や》く

嫉妬する。

▼家族の目が妹にばかり向くので、お兄ちゃんは焼き餅を焼いている。

心配・不安

暗夜《あんや》に灯火《ともしび》を失《うしな》う

暗い夜道を歩くときに明かりを失ったり、灯火を目指して進んでいたのにそれが消えたりすれば、どうしてよいかわからなくなる。そこから、頼りにしていたものが失われて途方にくれるたとえ。
▼初めての外国の観光地で予定していたガイドがいつまでも現れず、暗夜に灯火を失った気分で途方にくれた。
【同義語】闇《やみ》の夜《よ》に灯火《ともしび》を失《うしな》う。

居《い》ても立《た》っても居《い》られない

心配事などで、じっとしていられない。
▼入学試験の結果が心配で、居ても立っても居られない気持ちだ。

顔《かお》を曇《くも》らせる

心配事などで浮かない顔をする。表情を暗くする。
▼幼児誘拐《ゆうかい》のニュースを聞いて、母は顔を曇らせた。
【類句】顔《かお》が曇《くも》る。

気《き》が気《き》でない

心配で落ち着かない。
▼合格発表を見るまでは気が気でない。

気《き》が差《さ》す

自分がしたことが何となく気になる。良心がとがめる。
▼病気の子を置いて出かけるのは気が差す。
【類句】気《き》がとがめる。

気《き》がもめる

どんな結果になるか心配で、落ち着かない。
▼予定どおりに仕事が進まないので気がもめる。
【類句】気《き》をもむ。

気《き》にかかる

心配になる。
▼ガスの元栓を閉めて来たかどうか気にかかる。
【類句】気《き》になる。気《き》にする。

杞憂《きゆう》

無用の心配、取り越し苦労のこと。
▼広い更地《さらち》には大型スーパーが建つといううわさに商店街は色めき立ったが、誤報とわかり、恐れは杞憂に終わった。
【参考】昔、中国の杞の国の人が天が崩れ落ちてきたらどうしようと心配して、夜も寝られず、食事もしなかったという故事による。

【出典】『列子《れっし》』天瑞《てんずい》。

後顧《こうこ》の憂《うれ》い

後に心をひかれて気がかりなこと。

のちのちのことについての懸念。自分がいなくなった後の気遣い。将来への心配。
▼君という立派な後継者がいるので、社長のぼくは後顧の憂いもなく、安心して引退することができるというものだ。
【参考】「後顧」は後を振り返って見るという意味。
【出典】『魏書《ぎしょ》』李冲伝《りちゅうでん》。

心《こころ》が騒《さわ》ぐ

胸騒ぎがして、気持ちが落ち着かない。
▼娘の帰りがあまりに遅いので心が騒ぎ、眠れない。
【類句】心《こころ》を騒《さわ》がす。胸《むね》が騒《さわ》ぐ。

頭痛《ずつう》の種《たね》

心配のもと。悩みの原因。
▼わが家の目下《もっか》の頭痛の種は、娘の教育問題だ。

人《ひと》の疝気《せんき》を頭痛《ずつう》に病《や》む

他人が疝気で苦しんでいるのを自分がそうであるかのように頭を痛めるということで、他人のことに無用のおせっかいをするなという戒め。
▼芸能人同士が結婚するかしないかなんて君たちには関係のない話じゃないか。人の疝気を頭痛に病んだところで何の役にも立たない。
【参考】「疝気」は漢方でいう下腹部や腰の病気。
【類句】踵《かかと》で頭痛《ずつう》を病《や》む。
【同義語】他人《たにん》の疝気《せんき》を頭痛《ずつう》に病《や》む。隣《となり》の疝気《せんき》を頭痛《ずつう》に病《や》む。

待《ま》つ身《み》より待《ま》たるる身《み》

来るのを待っているのはいらだたしくて辛《つら》いものだが、待たせている側も相手にそんな思いをさせているかと思えばいっそう辛いものだということ。
▼同窓会に遅刻してしまった。しかし会は定時に開かれ、待つほうはさほど気にしていなかったらしく、気に病んだのは自分だけだったようで、待つ身より待たるる身、を実感した。

眉《まゆ》を曇《くも》らせる

心配事があるため暗い顔をする。
▼友人の事業が失敗したと聞き、彼は眉を曇らせた。
【対句】眉《まゆ》が晴《は》れる。眉《まゆ》を開《ひら》く。

眉《まゆ》を顰《ひそ》める

心中の憂いなどのために、顔をしかめる。→①〈不快な・不愉快な〉
▼彼女は眉を顰めて試験会場から出てきた。

楽しむ・楽しみ

興《きょう》を添《そ》える

その場の雰囲気に面白味を加える。
▼野外演奏が祝宴に興を添えた。

目《め》の保養《ほよう》

美しいものや珍しいものを見て楽しむこと。
▼美しい器の数々をご披露いただき、目の保養をさせていただきました。
【類句】目《め》の正月《しょうがつ》。

ためらう・迷う

暗中模索《あんちゅうもさく》

暗闇《くらやみ》の中で手探りで探すこと。転じて、方法や手掛かりがわからないまま、あれこれやってみること。
▼新進気鋭の学者たちによって新たな研究機関が設立されたが、運営方法や研究費用の捻出《ねんしゅつ》に関してはまだ暗中模索の段階である。
【類句】五里霧中《ごりむちゅう》。
【出典】『隋唐嘉話《ずいとうかわ》』国史纂異《こくしさんい》。

痛《いた》し痒《かゆ》し

一方をとればもう一方に支障をきたし、どちらを選ぶべきか迷うようす。
▼息子の大学合格は嬉《うれ》しいが、下宿生活となれば親にとって痛し痒しだ。
【参考】かけば痛いし、かかなければ痒いという意から。

後《うし》ろ髪《がみ》を引《ひ》かれる

思い切れないで、後に心が残る。
▼後ろ髪を引かれつつ、年老いた両親のいる故郷を後にした。

狐疑逡巡《こぎしゅんじゅん》

狐《きつね》が疑い深い動物とされることから、何かをする場合に疑いためらって決心がつかない様子。
▼転職した先輩のA氏から同じ会社で働かないかとの誘いがあるのだが、その会社の将来性に不安な点があり、狐疑逡巡しているところだ。
【類句】遅疑逡巡《ちぎしゅんじゅん》。

五里霧中《ごりむちゅう》

深い霧で方角がわからなくなること。転じて、物事の判断に困惑している状態。

▼業種の違う今の会社に再就職してからの二年ほどは、何もかも五里霧中といった状態であった。

【参考】後漢の張楷《ちょうかい》は、五里四方に霧を湧《わ》かせて方向感覚を失わせる五里霧という道術に巧みであったという。

【類句】暗中模索《あんちゅうもさく》。

【誤り】五里夢中。

【出典】『後漢書《ごかんじょ》』張楷伝《ちょうかいでん》。

遅疑逡巡《ちぎしゅんじゅん》

何かをしようとするとき、決断できずに、ぐずぐずすること。物事に疑い迷って、尻込《しりご》みしていること。

▼企画書を用意して会議に出席したが、上役たちの発言が多くて遅疑逡巡するうちに、提出する機会を失ってしまった。

【類句】狐疑逡巡《こぎしゅんじゅん》。瞻前顧後《せんぜんこご》。優柔不断《ゆうじゅうふだん》。

【対句】迅速果敢《じんそくかかん》。即断即決《そくだんそっけつ》。

左見右見《とみこうみ》

あちらを見たり、こちらを見たり、いろいろと眺めること。また、一つのものを方向を変えて、よく眺めるさま。

▼人の出方ばかり左見右見するのはやめて、自分の信念に従って行動しよう。

【別表記】副詞の「左」は「と」、「右」は「かく」と読む。「左《と》にも右《かく》にも」も同様。その「とみかくみ」のウ音便化したもの。

【誤り】「さみうみ」「さけんうけん」と読むのは誤り。

【出典】『伊勢物語《いせものがたり》』二一。

二《に》の足《あし》を踏《ふ》む

ためらう。しりごみする。

▼彼は以前の失敗に懲《こ》り、二の足を踏んでいる。

【参考】一歩目は進みながら、二歩目はためらって足踏みする意から。

河豚《ふぐ》は食《く》いたし命《いのち》は惜《お》しし

うまい河豚料理には食欲をそそられるが、猛《もう》毒に当たって死ぬのは怖いということ。快楽や儲け話に心を引かれながらも危険や損害を考えてためらうことのたとえ。

▼同僚がもってきた儲け話にはどこか納得できなかった。河豚は食いたし命は惜ししで断ったが、それが正解だったことがわかった。

踏《ふ》ん切《ぎ》りがつかない

思い切って心が決められない。決心できない。
▼進学か就職か、なかなか踏ん切りがつかなかった。
【参考】「踏ん切り」は「踏み切り（踏み切ること）」の意。

直感する

ぴんと来《く》る

相手の態度やその場の雰囲気から事情や訳《わけ》が直感的にわかる。→①〈納得する〉
▼彼の落ち着かない態度を見て、嘘《うそ》をついているなとぴんと来た。

虫《むし》が知《し》らせる

何かよくないことが起こるような予感がする。
▼虫が知らせたのか、祖父は亡くなる一月前から急に身辺の整理をしていた。

つまらない

味《あじ》も素《そ》っ気《け》もない

潤いや面白味がまったくない。つまらない。
▼あの人のスピーチは、長いだけで味も素っ気もない。
【参考】「素っ気」は相手への思いやり、好意。

興《きょう》が冷《さ》める

興味または愉快な気分がそがれてつまらなくなる。
▼盛り上がった宴会も、彼のつまらぬ説教のおかげで興が冷めてしまった。

芸《げい》がない

工夫がない。面白味がない。
▼芸がない話だが、プレゼントはバラの花束にしよう。

座《ざ》が白《しら》ける

それまでの楽しかった雰囲気が壊され、気まずい状態になる。
▼談笑中に仕事の話が出たので座が白けた。

砂《すな》を噛《か》むよう

何の妙味も趣きもなく、味気ないこと。

▼苦楽を共にする伴侶《はんりょ》がいない生活は砂を噛むようだ。

【参考】口当たりの悪いことから。

身《み》も蓋《ふた》もない

露骨すぎて、情緒も含みもない。にべもない。

▼こちらの言い分をそうはっきり拒絶されてしまっては身も蓋もない。

無味乾燥《むみかんそう》

何の味わいも、面白味もないこと。また、そのさま。

▼題目は立派だが、内容のない無味乾燥な講演に、聴衆は少なからず失望を覚えた。

枠《わく》にはまる

型どおりで面白味や新鮮味がない。

▼画一的な教育では、枠にはまった子どもしか育たない。

辛い・苦しい

産《う》みの苦《くる》しみ

物事を始めたり、作り出したりするときの苦しみ。

▼新しい規約の合意を得るまでに、口では言えない産みの苦しみを味わった。

【参考】出産のときの母親の苦しみの意から転じて。

肩《かた》で息《いき》をする

肩を上下させて、苦しそうに呼吸する。

▼走って来た少年は、大きく肩で息をしていた。

苦汁《くじゅう》を嘗《な》める

後味の悪い思いをする。苦い経験をする。

▼リーグ戦の初戦で敗北、監督就任そうそうに苦汁を嘗めさせられた。

七転八倒《しちてんばっとう》

苦しみのため、転げまわってもがくこと。

▼昨夜は食中毒で、一晩中、七転八倒の苦しみだった。

【別表記】七転は「しってん」とも読む。「転」は「顚」の書き換え字。

【出典】『朱子語類《しゅしごるい》』梁恵王《りょうけいおう》下。

血《ち》を吐《は》く思《おも》い

非常に苦しくて辛《つら》い思い。
▼独り立ちするために、血を吐く思いで働いてきた。

泣《な》きを見《み》る

苦境に立たされたり、辛《つら》く悲しい目に遭ったりする。
▼好き勝手なことばかりしていると、今に泣きを見るぞ。

針《はり》の筵《むしろ》

周囲から非難されているようで、心の安まらない立場や場所。
▼会社の不正問題が報道されてから、社員は針の筵に座らされているような毎日が続いている。
【参考】針を植えた筵（いぐさ・がま・わら・竹などで編んだ敷物）の意。

耳《みみ》が痛《いた》い

自分の弱点を突《つ》かれて、聞くのが辛《つら》い。
▼親があえて子どもに耳が痛いことを言うのも、愛情の表れです。

身《み》を切《き》られるよう

寒さや、辛《つら》さなどが非常に厳しいようす。
▼身を切られるような悲しみにやっと耐えた。
【類句】身《み》を切《き》るよう。

身《み》を削《けず》る

大変な苦労や非常に辛《つら》い思いをする。
▼娘の病状は重く、母親は身を削る思いで必死に看病した。

胸《むね》が潰《つぶ》れる

心痛のあまり胸が締めつけられる。
▼父の突然の死は胸が潰れるほどのショックでした。

泣く

阿鼻叫喚《あびきょうかん》

仏教語で、阿鼻地獄に落ち、苦しみ泣き叫ぶこと。また、むごたらしい状態。
▼突然の攻撃を受けて、阿鼻叫喚の巷《ちまた》と化した町の惨状は目も当てられなかった。
【参考】「阿鼻」は、地獄の中で、最も低く、苦しい所。
【誤り】阿鼻狂喚。
【出典】『法華経《ほけきょう》』法師功徳品《ほうしくどくぼん》。

血涙《けつるい》を絞《しぼ》る

激しい悲しみや憤りに涙を流す。
▼この作品は、彼が血涙を絞って作り上げたものだ。
【参考】「血涙」はひどい悲しみや憤りのために出る涙。

声涙《せいるい》ともに下《くだ》る

嘆き憤《いきどお》って涙を流しながら話す。
▼告別式での弔辞《ちょうじ》は、声涙ともに下る名文で、参列者の涙を誘った。

袖《そで》を絞《しぼ》る

ひどく涙を流して泣く。
▼テレビドラマの袖を絞って別れを惜しむ場面が印象的だった。
【参考】涙を拭《ぬぐ》って濡《ぬ》れた袖を絞る意から。

袖《そで》を濡《ぬ》らす

涙を流す。泣く。
▼皆はその子の不幸な境遇に袖を濡らした。
【参考】涙を拭《ぬぐ》って袖を濡らす意から。

涙《なみだ》に暮《く》れる

泣いて暮らす。
▼突然の事故で夫を亡くしたことはことばにならないほどのショックですが、幼子を抱えて涙に暮れている暇などありません。

涙《なみだ》に沈《しず》む

嘆き悲しみ、泣いてばかりいる。
▼最愛の子を失ってから、涙に沈む日々を送っている。

べそをかく

子どもなどが顔をしかめて泣きそうになる。
▼母にしかられてべそをかいた子を祖母が慰めている。

吠《ほ》え面《づら》をかく

泣きべそをかく。泣き顔をする。
▼偉そうなことを言って、後で吠え面をかくなよ。

枕《まくら》を濡《ぬ》らす

夜中にひそかに泣く。
▼母恋しさに枕を濡らしている姿が痛々しい。

納得する

合点《がてん》がいく
理由や事情を理解して承知、納得する。
▼母から詳しい話を聞いて父はやっと合点がいったようだ。
【参考】「合点」はうなずくこと。

気《き》が済《す》む
気持ちが収まる。気がかりなことがなくなり落ち着く。
▼それで君の気が済むんだったら、君の言うとおりにするよ。

首《くび》を縦《たて》に振《ふ》る
相手に同意、賛成の意を表す。
▼長い交渉の末やっと先方は首を縦に振った。

百《ひゃく》も承知《しょうち》
十分よく知っていること。
▼彼は、貧乏は百も承知で芸術の道を選んだ。

ぴんと来《く》る
自分の気持ちや感覚にぴったり合う。→①〈直感する〉
▼彼の絵を見せられたが、私にはどうもぴんと来なかった。

悩む

頭《あたま》を悩《なや》ます
考え、思い煩《わずら》う。
▼多くの親が子どものしつけに頭を悩ませている。

気《き》に病《や》む
悪いほうに考えて思い悩む。
▼彼は、取引が成立しなかったのは自分のせいだと気に病んでいる。

心《こころ》を痛《いた》める
あれこれと思い悩む。
▼息子の素行の悪さに母親はいつも心を痛めている。
【類句】心《こころ》が痛《いた》む。

思案投《しあんな》げ首《くび》
良い案が浮かばず、困りきっていること。思いあぐねて首を傾けていること。
▼売り場を拡張したのはいいですが、客のほうはいっこうに増えず、銀行に借りた金をどうやって返そう

かと思案投げ首の毎日です。

【参考】「投げ首」は「思案無げ（思案なさそう）」の「無げ」を「投げ」にかけたもの。

【出典】浄瑠璃《じょうるり》「絵本太功記《えほんたいこうき》」。

思案《しあん》に余《あま》る

いい考えが浮かばない。
▼思案に余る難題を持ち込まれ、頭を抱えています。

思案《しあん》に暮《く》れる

どうしたらいいかわからず迷う。
▼就職先を決めるのに、思案に暮れて父に相談した。

望む・欲望

味《あじ》を占《し》める

うまくいったことを忘れないで、再度それを望む。
▼犯人は一度成功したことに味を占め、何度も詐欺を働いたと言っていた。

注文《ちゅうもん》をつける

相手に自分の望みどおりにするように言う。
▼今度の取引先は、あれこれと注文をつけてくるから仕事がやりにくい。

喉《のど》から手《て》が出《で》る

空腹時には両方の手で食べるのを待ち切れず、直接喉からもう一本の手が出そうなほど食物を欲するように、何かが欲しくてたまらないことのたとえ。
▼大ファンである画家の部数限定のリトグラフを見せられ、喉から手が出るほど欲しいと思った。

棒《ぼう》ほど願《ねが》って針《はり》ほど叶《かな》う

棒ほどの大きさの願いを持っていても、叶えられるのはほんのわずかで針ほどにすぎない。思うようにならないものだということ。また、それ故に望みは大きいほどよいという意味でも使う。
▼棒ほど願って針ほど叶うというんだから、新商売の一年目の利益はこんなもんだと納得すべきだろう。
【同義語】富士《ふじ》の山《やま》ほど願《ねご》うて蟻塚《ありづか》ほど叶《かな》う。

目《め》がくらむ

心を奪われて正しい判断ができなくなる。
▼お金に目がくらんで悪事《あくじ》に手を染めた。

矢《や》の催促《さいそく》

たて続けに行う厳しい催促。
▼原稿の締め切りが過ぎ、編集者から矢の催促を受けている。

夢《ゆめ》を見《み》る

夢のようにはかない願望を抱く。空想にふける。
▼小学生のころ、宇宙飛行士になる夢を見ていた。

欲《よく》と二人連《ふたりづ》れ

欲といっしょだという意味。欲得づくで行動すること。
▼彼がわざわざわれわれのサポートに来たので、みな不審に思った。いつも欲と二人連れの男が無条件で他人を助けるはずがないからだ。
【同義語】欲《よく》と道連《みちづ》れ。

欲《よく》の熊鷹股裂《くまたかまたさ》くる

二頭の猪《いのしし》を片足ずつでつかんだ熊鷹がどちらも放すまいとしたため、猪が走り出して股が裂けてしまったという話から、欲が深すぎるとわざわいを招くというたとえ。
▼創業百五十年というその蔵元は事業を広げ過ぎて失敗し、本業までもたたむ、欲の熊鷹股裂くる結果になった。先代からの地道な方針を踏み間違えたようだ。
【参考】「熊鷹」はタカ科の鳥。全長約八十センチメートル、両翼を広げると約二メートルもある。

【類句】欲《よく》の熊鷹爪《くまたかつめ》を裂《さ》く。

欲《よく》を言《い》えば

今のままでも不足はないが、さらにそれ以上の完全を望むとすれば。
▼彼は好青年だが、欲を言えばもう少し図太さが欲しい。

涎《よだれ》を垂《た》らす

非常に欲しがったり、うらやましがったりする。
▼友人が涎を垂らさんばかりに欲しがるので、大事な壺《つぼ》だが譲ることにした。
【参考】飲食物を見て、食欲を起こす意から。
【類句】涎《よだれ》が出《で》る。涎《よだれ》を流《なが》す。

恥ずかしい・恥辱・不名誉

穴《あな》があったら入《はい》りたい

恥ずかしいことをしてしまって身の置き所がなく、身を隠すような穴があったら見られないように入ってしまいたいという意味。失敗をわびるときにも使う。

▼全員で練習してきた芝居で台詞《せりふ》が出てこなかったときは、頭が真っ白になり、まさに穴があったら入りたかった。

命長《いのちなが》ければ恥多《はじおお》し

長く生きれば生きるほど、それだけ恥をさらす機会が多いということ。「早く死ねばこんな目に遭わずにすんだのに」という言外の意味がある。

▼J氏はあの年まで会長職を譲らなかったので、つまらない事件に巻き込まれた。命長ければ恥多し、というところか。

【出典】『荘子《そうじ》』天地《てんち》。

【同義語】長生《ながい》きは恥多《はじおお》し。

会稽《かいけい》の恥《はじ》

戦いに敗れた恥辱。前に受けたひどい辱《はずかし》め。

▼昨年の大会では完敗したが、努力のかいあって会稽の恥をすすぐことができた。

【参考】中国、春秋時代に、会稽山で呉王夫差《ごおうふさ》と戦って敗れた越王勾践《えつおうこうせん》が、多年の辛苦の末に夫差を破って恥をすすいだという。

【出典】『史記《しき》』越王勾践世家《えつおうこうせんせいか》。

顔《かお》から火《ひ》が出《で》る

恥ずかしさで顔が真っ赤になる。

▼駅で大声で呼びかけたら人違いで、顔から火が出る思いをした。

肩身《かたみ》が狭《せま》い

世間に対して面目がなく恥ずかしく思う。

▼息子の不始末で肩身が(の)狭い思いをした。

肩《かた》をすぼめる

恥ずかしい思いをしたときなどに、身を縮めて小さくなるようす。

▼父親が愛用していた茶わんを割ってしまった娘は、すまなそうに肩をすぼめた。

勝《か》った自慢《じまん》は負《ま》けての後悔《こうかい》

勝負事に勝ったときに自慢したくなるのは人情というもの。しかし、自慢しすぎると負けたときに引っ込みがつかなくなり、人一倍恥ずかしい思いをしなければならないということ。

▼D代議士は前回の選挙で圧勝し、新人恐るるに足らずと公言したが、今回は同じ相手に負けた。勝った自慢は負けての後悔、今ごろ自分の言動を恥じていることだろう。

汗顔《かんがん》の至《いた》り

非常に恥ずかしいこと。

▼昔のことを言われると汗顔の至りです。

【参考】「汗顔」とは恥ずかしくて顔に汗をかくこと。

聞《き》くは一時《いっとき》の恥《はじ》聞《き》かぬは一生《いっしょう》の恥《はじ》

知らぬことを人に聞くのは恥ずかしいにしても、その場限りですむ。しかし、聞かないでいれば、知らないために一生恥ずかしい思いをすることになる。知らないことは積極的に質問せよという意味。

▼基礎的な質問をしても許されるのは若いうちだけさ。聞くは一時の恥聞かぬは一生の恥、今のうちに疑問をすべて解決しておきなさい。

【類句】下問《かもん》を恥《は》じず。

【同義語】問《と》うは一旦《いったん》の恥《はじ》問《と》わぬは末代《まつだい》の恥《はじ》。

沽券《こけん》にかかわる

体面に傷がつく。

▼そんな安物を身につけるなんて、私の沽券にかかわるわ。

【参考】「沽券」は、土地売買などの証文。

失笑《しっしょう》を買《か》う

みっともない言動を笑われる。

▼とんちんかんな受け答えをして失笑を買った。

【参考】「失笑」は笑いをこらえきれずに、吹き出すこと。

赤面《せきめん》の至《いた》り

ひどく恥じ入る。

▼自社の商品名を忘れてしまうとは、赤面の至りです。

泥《どろ》を塗《ぬ》る

面目を失わせる。恥をかかせる。

▼彼の失態は、上司の顔に泥を塗る結果となった。

名《な》を汚《けが》す
名誉を傷つけ評判を落とす。
▼不祥事を起こして会社の名を汚した。

恥《はじ》の上塗《うわぬ》り
恥をかいたうえに、重ねて恥をかくこと。
▼そんな見苦しい弁解は恥の上塗りだ。

恥《はじ》を言《い》わねば理《り》が聞《き》こえぬ
恥ずかしくて隠しておきたいような内幕《うちまく》まで話してしまわなければ、相手によく理解してもらえないということ。
▼この事件の弁護をお引き受けしたからには、隠しごとはなしとしましょう。恥を言わねば理が聞こえぬで、状況をしっかり把握したいのです。
【同義語】恥《はじ》を言《い》わねば理《り》が立《た》たぬ。

恥《はじ》をさらす
大勢の人の前で恥をかく。
▼この際、身の恥をさらしても真偽を確かめよう。

恥《はじ》を知《し》る
恥を恥と自覚する。恥ずべきことを知る。
▼恥を知る人は、決して賄賂《わいろ》など受け取らない。

ばつが悪《わる》い
その場にいるのがきまりが悪い。
▼自分が呼ばれたのでもないのに返事をしてしまい、ばつが悪い思いをした。
【参考】「ばつ」は「場都合」の略といわれ、その場の都合、他人に対する具合の意。

冷《ひ》や汗《あせ》をかく
心配や恐怖で気が気でなくなる。
▼答弁で失言をしそうになり冷や汗をかいた。

顰蹙《ひんしゅく》を買《か》う
不快感を与えるようなことをして嫌われる。
▼会議中につまらない冗談を飛ばして顰蹙を買った。
【参考】「顰蹙」は不快を感じて眉《まゆ》をひそめること。

頬《ほお》を染《そ》める
顔をぽっと赤らめる。
▼恋人に関するうわさ話を聞いて、

彼女は思わず頰を染めた。

間《ま》が悪《わる》い

きまりが悪い。→⑥〈不運〉

▼仕事中に大欠伸《あくび》をしているところを見られ、間が悪かった。

紅葉《もみじ》を散《ち》らす

少女などが恥じらって、顔を赤くする。

▼視線を感じたのだろう、少女は頰《ほお》にさっと紅葉を散らした。

【誤り】酒に酔って顔が赤くなったときに用いるのは誤り。

烙印《らくいん》を押《お》される

生涯消しさることのできない汚名を受ける。

▼彼は無実の罪で犯罪者の烙印を押されてしまった。

【参考】「烙印」は昔、刑罰として罪人の額などに押した焼き印。

【類句】極印《ごくいん》を押《お》される。

贔屓

依怙贔屓《えこひいき》

自分の気に入ったほうにだけ肩を持って応援・味方をすること。「依」「怙」は共に、あてにする、頼る、頼りにするもの、といった意味だったが、次第に「頼りとする者を支援する」という意味で使われるようになった。「贔屓」は元は「ひき」で、大いに力を用いることを言った。「依」「怙」と「贔屓」を組み合わせて「依怙贔屓」となった。

▼人の上に立つからには、すべての人に公平に接し、依怙贔屓をしてはいけない。

【類句】依怙偏執《えこへんしつ》。

【出典】『延宝四年合類節用集《えんぽうよねんごうるいせつようしゅう》』八。

肩《かた》を持《も》つ

味方をする。

▼弱い者の肩を持ちたくなるのは人情というものだ。

贔屓《ひいき》の引《ひ》き倒《たお》し

贔屓とは自分の気に入った者に肩入れしたり助けたりすることだが、それによってかえってその人の不利や迷惑になる場合をいう。

▼その選手をあまりに持ち上げ、金メダルを期待しすぎると本人にはかえって大きな負担になる。贔屓の引き倒しの愚は避けたい。

【類句】寵愛昂《ちょうあいこう》じて尼《あま》になす。

【同義語】贔屓倒《ひいきだお》し。

判官贔屓《ほうがんびいき》

薄幸の者や弱者に同情し、味方すること。

▼体の小さい力士が巨体の力士を倒すのを見て観客が喜ぶのは、判官贔屓の心理が働いているからだろう。

【参考】 源《みなもとの》九郎判官義経《くろうほうがんよしつね》が、兄頼《より》朝《とも》にねたまれて討たれたことに、世人が同情したことからいう。「判官」は「はんがん」とも読む。

【出典】 俳諧《はいかい》『毛吹草《けふきぐさ》』五。

不快な・不愉快な

噛《か》んで吐《は》き出《だ》すよう

不愉快な気持ちからそっけなくものを言うようす。

▼敗戦投手は、噛んで吐き出すようにコメントすると、すぐ球場を後にした。

気《き》に障《さわ》る

不愉快になる。気分を害する。

▼人の気に障るようなことはあまり言わないほうがいい。

気《き》を悪《わる》くする

嫌な気分になる。感情を害する。

▼彼の皮肉まじりの話に気を悪くした彼女はすっと席を立ってしまった。

塩《しょ》っぱい顔《かお》をする

困ったり不愉快だったりして顔をしかめる。

▼娘の度重なる金の無心に父親もさすがに塩っぱい顔をした。

心証《しんしょう》を害《がい》する

その人の言動が相手に不快な印象を与える。また、受ける。

▼取引相手の社名を間違えて言ってしまい、ひどく心証を害してしまった。

【参考】「心証」は心に受ける印象。

ぞっとしない

感心しない。うれしくない。

▼連休の前にテストなんてぞっとしない話だ。

苦虫《にがむし》を噛《か》みつぶしたよう

ひどく不愉快そうな顔つきや苦りきった表情の形容。

▼相次ぐ警察官の不祥事の発覚に県警本部長は苦虫を噛み潰したような顔で会見に出席した。

【参考】「苦虫」は実在する虫ではな

く、噛んだらさぞ苦い味がするだろうと思われる想像上の虫。

歯《は》が浮《う》く

軽薄できざな言動を見聞きして不快になる。
▼あのタレントは歯が浮くような、きざな話し方で人気を得ている。

鼻《はな》に付《つ》く

たび重なって不快感を覚える。嫌みに感じる。
▼会うたびに夫の自慢話を聞かされては、いいかげんに鼻に付いてくる。

鼻持《はなも》ちならない

その人の言葉や態度が我慢できないほど不愉快である。
▼留学経験があるからといって、英語を交えて話す彼の態度は鼻持ちならない。
【参考】臭くて我慢できない意から転じて。

卑下《ひげ》も自慢《じまん》のうち

表面的には卑下して見せながら、卑下することによって自慢したいことを相手に認めさせ、感心させようとする態度をいう。したがって、時として過度の卑下が嫌味になるということ。
▼あいつの新居に招かれたけれど、狭い家ですがとか、こんな物しかお出しできませんが、と言って、結局豪邸や御馳走を自慢しているんだね。卑下も自慢のうちだから、いっそ自慢してくれたほうが良かったと思ったよ。

眉《まゆ》を顰《ひそ》める

他人の不愉快な行為に対して、顔をしかめる。→①〈心配・不安〉
▼酔っぱらいの醜態に、ほかの乗客は皆眉を顰めていた。

耳《みみ》に逆《さか》らう

聞く人が嫌な思いになる。
▼耳に逆らうようなことだったら、今は黙っていてくれ。

耳《みみ》に障《さわ》る

不愉快に聞こえる。
▼講演中の私語は周囲の人の耳に障り、迷惑となりますのでご遠慮ください。

耳《みみ》に胼胝《たこ》ができる

同じことを何回も聞かされてうんざ

りする。
▼祖母から、その話は耳に胼胝ができるほど聞かされたが、真実味がない。

耳《みみ》に付《つ》く

聞き飽きる。→②〈聞く・聞こえてくる〉
▼祖父の修業時代の話も耳に付いてきた。

虫酸《むしず》が走《はし》る

忌み嫌い、ひどく不快な気持ちになる。
▼彼女の猫なで声を聞いただけで虫酸が走る。
【参考】「虫酸」は胸がむかつくとき、胃から喉《のど》へ逆流する不快な酸性の液。

胸糞《むなくそ》が悪《わる》い

気分が悪い。いまいましい。不愉快である。
▼彼に長い間だまされていたとは、顔を見るだけでも胸糞が悪くなる。
【参考】「胸糞」は胸をののしって言う語。

不可解な

気《き》が知《し》れない

相手の気持ちや考えが、理解できない。
▼あんな危険な所へ行く人の気が知れない。

奇《き》奇《き》怪《かい》怪《かい》

たいそう不思議である。奇怪である。「奇怪」を誇張した表現。
▼出入りのできない密室で人が刺し殺されていたとは、奇々怪々な事件である。
【類句】奇妙奇天烈《きみょうきてれつ》。
【出典】韓愈《かんゆ》「送窮文《そうきゅうぶん》」。

話《はなし》が見《み》えない

相手の言っている意味がわからない。または、意図がつかめない。
▼大事な話があると言われたが、先方は具体的な話を出さず、自分に何をしてほしいのかも示さず、さっぱり話が見えなかった。

腑《ふ》に落《お》ちない

納得できない。合点《がてん》がいかない。
▼死因に腑に落ちない点があるので再捜査を依頼した。
【参考】「腑」は、はらわた、心。

理解《りかい》に苦《くる》しむ
その状況やそうなった理由がわからず考えあぐねる。
▼今回の施策にはどんな意図があるのか理解に苦しむ。

割《わ》り切《き》れない
十分に納得できず、気持ちがすっきりとしない。
▼この件で自分が非難されるとは何とも割り切れない思いだ。

不機嫌な

風向《かざむ》きが悪《わる》い
機嫌が悪い。 →⑥〈有利な・不利な〉
▼今日の社長は風向きが悪いので、近づかないほうが無難だ。

つむじを曲《ま》げる
気分を損ねて、わざと反対する。ひねくれる。
▼自分の案が却下されたぐらいで、つむじを曲げるようでは困る。
【類句】 冠《かんむり》を曲《ま》げる。

臍《へそ》を曲《ま》げる
機嫌を悪くして、意固地になる。
▼祖父が臍を曲げないようにまわりの人が気を遣っている。

虫《むし》の居所《いどころ》が悪《わる》い
機嫌が悪く、些細《ささい》なことにも腹を立てるようす。
▼夫は虫の居所が悪いのか、朝から一言も口をきかない。
【参考】「虫」は体内にあり、さまざまな考えや感情を起こすもとになると考えられていた。

不満・不平・文句

意《い》に満《み》たない
満足できない。気に入らない。
▼あの陶芸家は、意に満たない作品はすべて割ってしまうそうです。
【類句】 意《い》に染《そ》まない。

鰯《いわし》で精進落《しょうじんお》ち
生臭物《なまぐさ》を断って菜食する精進の期間がやっと終わったのに、その祝いを鰯のようなつまらない魚でするという意味から、長期間の努力が十分に報われないこと。また、精進期間中に鰯のようなつまらない魚をうっかり食べて失敗するという意味から、つまらぬことで大事な誓いを破ったり、つまらない者を相手にして不名誉な目に遭うこと。

▼彼の昇進祝いだというのに、会場がいつもの居酒屋というのは、鰯で精進落ちという感がありませんかね。
【参考】鰯は安価な魚の代表だったため、このような表現に使われた。
【同義語】鰯《いわし》で飲《の》んで精進落《しょうじんお》とす。

陰《いん》にこもる

不平、不満が外に出ず、心中にこもっている。→③〈音・声〉
▼彼は長年の社会への不満をすべておのれの体にためこみ、その陰にこもった姿は見るからに恐ろしい。

思《おも》う事《こと》言《い》わねば腹《はら》ふくれる

心に思うことを言わずに我慢していると、思いが内にたまって腹がふくれるような気分ですっきりしないということ。
▼言いたいことがあるなら、今ここで言いなさい。思う事言わねば腹ふくれるで、そんな不満な顔をして続けていたら仕事もはかどらない。
【出典】『徒然草《つれづれぐさ》』。
【同義語】言《い》わねば腹《はら》ふくる。腹《はら》がふくれる。

隔靴掻痒《かっかそうよう》

靴の上から痒《かゆ》い所を掻《か》くように、思いどおりにいかないで、もどかしく、歯がゆい感じ。
▼ベテランの管理職ともなれば、部下の仕事ぶりに隔靴掻痒の感をもつのは当然だが、反面、その場合、どう指導しているのか、管理能力を試されていることを考えねばならぬ。
【出典】『続伝灯録《ぞくでんとうろく》』一二。『無門関《むもんかん》』自序。

気《き》に食《く》わない

自分の気持ちに合わず、不満に思う。気に入らない。
▼色合いはいいが、襟のデザインがちょっと気に食わない。

食《く》い足《た》りない

物足りない。
▼彼がまじめなのはわかるが、仕事ぶりはもう一つ食い足りないね。
【参考】食べ物が足りないの意から。

口《くち》をとがらす

不満そうな顔つきで怒ったり口論したりする。
▼生徒は校則のあまりの厳しさに口をとがらした。
【類句】唇《くちびる》をとがらす。

舌《した》を鳴《な》らす

不満や軽蔑《けいべつ》の気持ちをあらわにする態度。

▼店の建て替えに同意しない父の頑固さに、思わず舌を鳴らした。
【参考】舌打ちをする意。

四《し》の五《ご》の言《い》う

なんのかんのと文句をつける。
▼四の五の言わずに、まず体を動かしなさい。

腹《はら》がふくれる

言いたいことを言わないでいて、不満がたまる。
▼営業先で商品をけなされ我慢して応対していたが、腹がふくれる思いだった。
【類句】思《おも》う事言《ことい》わねば腹《はら》ふくれる。

水《みず》が合《あ》わない

その土地の風土、気風が自分に合わない。
▼都会暮らしは水が合わないので、田舎へ帰ることにした。

文句《もんく》を付《つ》ける

相手に苦情を言い立てる。強いて難点を言いたてる。
▼彼女の作品にあえて文句を付ければ、妙に上手すぎて新鮮味がないということか。

満足する

悦《えつ》に入《い》る

物事が思いどおりにいって心の中で喜ぶ。
▼兄は絵が完成し、一人悦に入っている。

思《おも》いを晴《は》らす

恨みや不快な気持ちの原因をなくす。→②〈仕上げる・完成する〉
▼やっと碁敵《ごがたき》に勝つことができて、思いを晴らした。

気《き》に入《い》る

好みに合う。満足する。
▼何か気に入らないことでもあったのかい。

小気味《こきみ》がいい

痛快に思うこと。→①〈愉快な・爽快な〉
▼プレイボーイの彼が彼女に振られたなんて、なんとも小気味がいい話だ。

心《こころ》にかなう

自分の気持ちにぴったり合う。気に

入る。
▼心にかなう企画に出会い、協力を申し出た。
【類句】意《い》にかなう。

年《とし》に不足《ふそく》はない

十分に長生きしていて、そのことに不満はない。→⑥〈年齢・年相応〉
▼年に不足はないというものの、先立たれるとやはり悲しみは尽きません。

腹《はら》が癒《い》える

恨み、怒りが収まる。うっぷんが晴れる。
▼時がたち、腹が癒えたところで話し合いを再開しよう。

我《わ》が意《い》を得《え》る

物事が自分の思うとおりになる。自分の考えと一致している。
▼彼の遺作が再評価されたことに、我が意を得た思いがする。

夢中になる・熱中する

憂《う》き身《み》をやつす

身のやせるほど物事に熱中する。特に必要でないもの、本業でないことに熱中して、本来の義務をおろそかにすること。
▼私の叔父は骨董収集に憂き身をやつして家業をかえりみず、大金を浪費したため、勘当された。

有頂天《うちょうてん》になる

うれしさのあまり、我を忘れ、夢中になって、他をかえりみないさま。
▼一時、株で儲《もう》けて有頂天になっていた彼だが、最近はまったく元気がない。

現《うつつ》を抜《ぬ》かす

夢中になって本業をかえりみない。
▼彼は、賭《か》け事に現を抜かした挙げ句、借金で首が回らなくなってしまった。

興《きょう》に入《い》る

面白がる。興味を感じて夢中になる。
▼ついつい興に入り、ゲームで夜更かししてしまった。

金《きん》を攫《つか》む者《もの》は人《ひと》を見《み》ず

ただ一つのことに夢中になると、他のことがまったく目に入らなくなるたとえ。
▼バーゲン会場の目玉商品コーナー

には主婦たちが殺到し、怪我人まで出る始末だった。金を攫む者は人を見ずというが、こんなときに本性が出るものだ。

【参考】昔、中国で金を売る店から金をつかみ取って逃げた男が、役人に捕らえられ、尋問されると「金を取る時には人が見えず、金しか見えなかった」と答えたという故事による。

【類句】鹿《しか》を逐《お》う者《もの》は山《やま》を見《み》ず。

【出典】『列子《れっし》』説符《せっぷ》。

心《こころ》を奪《うば》われる

ほかのことに関心が向かないほど、ある対象に夢中になる。

▼学生時代に心を奪われた演劇に生涯かかわり続けた。

凝《こ》っては思案《しあん》に能《あた》わず

物事に熱中しすぎると、かえって冷静な判断ができなくなり、よい考えが出なくなるということ。

▼株の動向も気になるだろうが、勤務時間は仕事に集中しなさい。凝っては思案に能わず、株だけで世の中が動いているわけではない。

【類句】餓鬼《がき》の目《め》に水見《みずみ》えず。

【同義語】凝《こ》っては思案《しあん》に余《あま》る。

根《こん》を詰《つ》める

物事をするために精神を集中する。物事に没頭する。

▼根を詰めてやったので、肩が凝《こ》った。

鹿《しか》を逐《お》う者《もの》は山《やま》を見《み》ず

夢中で鹿を追いかけている人は山の状況が目に入らず、迷ったり、危険な目に遭ったりしがちであるということから、何かに熱中して他のことがわからなくなるたとえ。

▼わが社の不振の最大の理由は、独自に開発した新商品に金と時間をつぎ込みすぎて、従来の稼ぎ頭だったロングセラーへの手当てがおろそかになったことだ。鹿を逐う者は山を見ず、経営陣には猛省を促したい。

【類句】金《きん》を攫《つか》む者《もの》は人《ひと》を見《み》ず。

【出典】『虚堂録《きどうろく》』。

【同義語】鹿《しか》を逐《お》う猟師《りょうし》は山《やま》を見《み》ず。猟師《りょうし》山《やま》を見《み》ず。

寝食《しんしょく》を忘《わす》れる

熱心に努力する。

▼彼は寝食を忘れて、新型ウイルスの研究に取り組んでいる。

【参考】寝ること食べることという日常生活に欠かせない物事さえ忘れてしまうことから。

寸暇《すんか》を惜《お》しむ

わずかな休みさえ惜しんで物事に取

り組む。
▼コンクールを一か月後に控え、寸暇を惜しんでピアノに向かう。

血道《ちみち》を上《あ》げる

異性や道楽などに夢中になる。のぼせ上がる。
▼ゴルフに血道を上げるのも、いいかげんにして欲しい。
【参考】「血道」は血の通う道＝血管のこと。そこから、血気の意にも。

熱《ねつ》に浮《う》かされる

夢中になって見境がなくなる。
▼彼は、サッカー熱に浮かされている。
【参考】高熱のためにうわごとを言う意から。

熱《ねつ》を上《あ》げる

のぼせて夢中になる。
▼彼は一目ぼれの相手に熱を上げている。

話《はなし》が弾《はず》む

次々と話題が広がり、活気ある話が続く。
▼同窓会で久しぶりに再会した友人と話が弾み、帰宅が遅くなった。

話《はなし》に花《はな》が咲《さ》く

興味ある話題が次々と出る。
▼思い出話に花が咲き夜が更《ふ》けてしまった。

話《はなし》に実《み》が入《はい（い）》る

興がわいて話に熱中する。
▼話に実が入らないまま対談は終わった。

本腰《ほんごし》を入《い》れる

本気で物事に取りかかる。
▼今、本腰を入れてやらないと後で後悔することになる。
【参考】「本腰」は、しっかりした腰つき。
【類句】腰《こし》を入《い》れる。

病膏肓《やまいこうこう》に入《い》る

物事に熱中してそこから抜け出せなくなる。
▼祖父の骨董《こっとう》好きもいよいよ病膏肓に入るで、とうとう自宅内にギャラリーまで作ってしまった。
【参考】「膏」も「肓」も体の中の奥深くにあり、治療しにくい所で、治療のほどこしようのないほど病気が重くなる意から転じて。

【誤り】字が似ているため、「肓」を

「盲」と読み間違えて「こうもう」というのは誤り。

我《われ》を忘《わす》れる

物事に心を奪われて無意識状態になる。

▼我を忘れるほど音楽に熱中できるのは幸せなことだ。

やけ・無分別

自暴自棄《じぼうじき》

自分の思いどおりに物事が進まないため、投げやりになること。

▼一度の失敗ぐらいで自暴自棄を起こさないで、もう一度挑戦してみなさい。

【参考】「自暴」は自分自身を粗末にして損なう意味。「自棄」は自分自身を見捨てる意味。

【出典】『孟子《もうし》』離婁《りろう》章句《しょうく》上。『近思《きんし》録《ろく》』為学《いがく》。

前後《ぜんご》を忘《わす》れる

自分の置かれた状況が判断できなくなる。

▼それを聞いた父は腹を立て、前後を忘れて怒鳴りだした。

【類句】前後《ぜんご》を失《うしな》う。前後不覚《ぜんごふかく》。

箍《たが》を外《はず》す

規律や制約を無視して行動する。

▼学生たちは箍を外して飲みかつ歌った。

東西《とうざい》をわきまえず

物事を判断する能力がない。

▼株の運用に関しては、彼はまったく東西をわきまえずだ。

西《にし》も東《ひがし》もわからない

物事の道理をわきまえない。分別がない。

▼彼の意見は、西も東もわからない子どものように幼稚だ。

箸《はし》に当《あ》たり棒《ぼう》に当《あ》たり

腹が立ったそもそもの原因でもない箸や棒に文句をつけることから、腹立ちまぎれに無関係の人や物に当たり散らすたとえ。

▼決定機に三球三振に打ち取られた選手は憤懣《ふんまん》おさまらず、箸に当たり棒に当たりというありさまで、ベンチ内の選手は大迷惑をこうむった。

腹立《はらだ》ち紛《まぎ》れ

腹が立つのに任せて見境なく行動すること。

▼さっきは腹立ち紛れに言いたい放

題を言ったが、何となく後味が悪い。

魔《ま》が差《さ》す

ふと悪い考えを起こす。
▼いつもまじめなあの人が魔が差したのか、賭《か》け事に手を出してしまったらしい。
【参考】悪魔が心の中に入り込む意。

やけを起《お》こす

物事に行き詰まり、投げやりな振舞いをする。
▼親にしかられた彼は、やけを起こして暴れ回った。

憂鬱な

気《き》が重《おも》い

何かを負担に感じて気持ちが沈むようす。
▼明日のテストのことを考えると気が重い。

気《き》が晴《は》れない

不快な気分から抜け出せない。
▼精密検査の結果が出るまで、気が晴れない日が続いた。

愉快な・爽快な

小気味《こきみ》がいい

さわやかな感じを受けること。〈満足する〉↓①
▼高校球児のはつらつとしたプレーは、いつ見ても小気味がいい。
【参考】「小気味」は「気味（心持ち）」の強調。

胸《むね》がすく

今までの不快な気分が消えて、気持ちがすっきりする。
▼ひいきのチームがサヨナラホームランで連敗を脱し、胸がすく思いがした。
【参考】胸につかえていたものが解消する意から。

溜飲《りゅういん》が下《さ》がる

不平、不満、恨みなどが解消されて、気が晴れる。

▼今までの積もり積もった不平・不満を思う存分ぶちまけて、やっと溜飲が下がった。

【参考】「溜飲」とは消化不良で胃に食物がたまったときに込み上げてくる酸っぱい液。それが下りて胸がすっきりすることから。

【類句】溜飲《りゅういん》を下《さ》げる。

【誤り】気が晴れるという意味から「溜飲を晴らす」と用いるのは誤り。

笑《わら》いが止《と》まらない

予想以上の結果を得てうれしくてたまらないようす。

▼競馬で大穴が当たり、笑いが止まらない。

油断する

蟻《あり》の穴《あな》から堤《つつみ》の崩《くず》れ

頑丈に築いた堤防も、小さな蟻の穴が原因となって崩壊することがある。わずかな油断や手違いで重大な物事が駄目になることのたとえ。

▼完璧に見えたプロジェクトだったが、設計図に計算間違いがあってご破算となった。蟻の穴から堤の崩れの教えを生かして、最初から計算し直すべきだった。

【類句】小事《しょうじ》は大事《だいじ》。油断大敵《ゆだんたいてき》。

【同義語】蟻《あり》の穴《あな》から堤《つつみ》も崩《くず》れる。蟻《あり》の一穴天下《いっけつてんか》の破《やぶ》れ。千丈《せんじょう》の堤《つつみ》も螻蟻《ろうぎ》の穴を以《もっ》て潰《つい》ゆ（螻＝けら）。

九仞《きゅうじん》の功《こう》を一簣《いっき》に虧《か》く

長い間の努力も、最後のちょっとした失敗で、すべて駄目になってしまうたとえ。

▼A社と契約ができたそうだが、契約書に不備はないだろうね。九仞の功を一簣に虧いてはどうしようもない。注意を払って見直すことが大切だ。

【参考】本来の意味は、九仞（仞は中国古代の長さの単位で約一六〇センチ）もある築山《つきやま》を築くとき、簣《もっこ》一杯の土が足りなくてもその山は完成しないの意。

【類句】磯際《いそぎわ》で船《ふね》を破《やぶ》る。草履《ぞうり》履《は》き際《ぎわ》で仕損《しそん》じる。

【出典】『書経《しょきょう》』旅獒《りょごう》。

大事《だいじ》の前《まえ》の小事《しょうじ》

大事を行おうとする人は、その前に細かなことに注意して油断をしてはいけないという意味。→②〈関わらない・知らぬふり〉

▼明日は新型車両の試運転だ。大事

の前の小事というから、どのような些細な不具合も見落とさないようにしよう。

【参考】「小事」を大切に考える見方と無視する見方という正反対の意味合いで使われる。

月夜《つきよ》に釜《かま》を抜《ぬ》かれる

明るい月夜に釜を盗まれるという意味で、油断がはなはだしいことのたとえ。
▼大事な集金袋を机の上に放置していたとは呆れた。月夜に釜を抜かれるとはこのことだ。
【参考】「抜かれる」は盗まれる意味。

手《て》を緩《ゆる》める

今まで厳しくしていたやり方や態度を少し緩める。
▼警備の手を緩めたとたん、事件が起こった。

上《のぼ》り坂《ざか》より下《くだ》り坂《ざか》

苦労しているときには大きな間違いは少ないが、楽に事が運んでいるときは、つい油断して思わぬ失敗を犯しやすいということ。
▼苦労して準備したイベントは大成功だったが、会場から会社への帰路、わき見運転で事故を起こしてしまった。上り坂より下り坂、どこかで気が緩んでいたのだろう。

不覚《ふかく》を取《と》る

油断して失敗する。
▼相手チームを甘くみて思わぬ不覚を取った。

目《め》を離《はな》す

視線、注意を別のものに移す。
▼よちよち歩きの子どもを外で遊ばせるときは、片時も目を離してはならない。

山《やま》に躓《つまず》かずして垤《てつ》に躓《つまず》く

人は大きなことには用心するので失敗しないが、小さなことには油断してかえって失敗しやすいということ。
▼海外出張を控えて体調管理を始め万全の態勢を整えていたが、自宅の階段を踏み外して骨折してしまった。山に躓かずして垤に躓くを実践してしまい、代理の人間に行ってもらう羽目になった。
【参考】「垤」は蟻塚《ありづか》。
【出典】『韓非子《かんぴし》』六反《りくはん》。
【同義語】山《やま》に躓《つまず》かずして蟻塚《ありづか》に躓《つまず》く。

落胆する・がっかりする

青菜《あおな》に塩《しお》

元気がなく、うちしおれているようす。

▼がき大将の少年も母親に叱られるとまるで青菜に塩である。

【参考】青菜に塩をふりかけるとしおれることから。

遺憾千万《いかんせんばん》

この上もなく残念であること。「千万」は、程度の甚だしいさま。

▼学校を無断で休んだうえ、夜中まで遊び回っていたとは、じつに遺憾千万なことだ。

【参考】「遺憾」は、憾《うら》みを遺《のこ》す。

【類句】残念至極《ざんねんしごく》。

肩《かた》を落《お》とす

気落ちしてしょんぼりする。

▼初戦で敗れた選手たちは、皆肩を落としていた。

【参考】力が抜けて、肩が垂れ下がる意。

気《き》を落《お》とす

がっかりする。失望する。

▼大学受験に失敗し、気を落としている。

喪家《そうか》の狗《いぬ》

不幸のあった家で、悲しみのために餌《えさ》を与えられず、元気をなくした犬のように、やせ衰えて元気のない人のたとえ。また、失意の人。

▼株に失敗してからの彼をたまに見かけるが、まるで喪家の狗のようにしょんぼりしていて、声をかけても返事もしない。

【出典】『孔子家語《こうしけご》』困誓《こんせい》。

【故事】鄭《てい》の国で弟子とはぐれた孔子が、疲れて城の東門に佇《たたず》んでいるようすを土地の人が形容したことば。

力《ちから》を落《お》とす

がっかりする。落胆する。

▼弟は彼女との交際を断られて、すっかり力を落としてしまった。

なめくじに塩《しお》

苦手なものなどに出あって、すっかり小さくなってしまうこと。

▼威勢のいい彼も、師匠の前では、まるで、なめくじに塩だ。

【参考】なめくじに塩をかけると縮むことから。

目《め》の前《まえ》が暗《くら》くなる
ひどく落胆し、将来に希望がもてない気持ちになる。
▼突然の別れ話に、目の前が暗くなるような思いでその場に立ちつくしていた。
【類句】目《め》の前《まえ》が真《ま》っ暗《くら》になる。

笑う

顎《あご》が外《はず》れる
大笑いをする。
▼彼のひょうきんな身ぶりに皆は顎が外れるほど笑いころげた。
【類句】顎《あご》を外《はず》す。頤《おとがい》を解《と》く。

今《いま》泣《な》いた烏《からす》がもう笑《わら》う
たった今まで泣いていたのに、もう機嫌を直して笑っているということで、子どもなどの感情の変わりやすさをいうことば。
▼大声で泣き叫んでいた次女は、今泣いた烏がもう笑うで、テレビのアニメを見て手を叩いて喜んでいる。

呵《か》呵《か》大笑《たいしょう》
からからと大声を上げて笑うこと。「呵呵」のみでも、同じ意味になる。
▼謹厳な彼も、あまりにおかしな振る舞いに呵々大笑した。
【出典】『景徳伝灯録《けいとくでんとうろく》』八。

白《しろ》い歯《は》を見《み》せる
心を許し笑顔を見せる。
▼祖父はいつも仏頂面で、めったに白い歯を見せたことがない。

相好《そうごう》を崩《くず》す
喜んで顔をにこにこさせる。
▼ふだんは難しい顔ばかりしている父も、孫の無邪気な姿に相好を崩している。
【参考】「相好」とは仏の容貌《ようぼう》の特徴を三十二相八十種好というところから。

破《は》顔《がん》一《いっ》笑《しょう》
顔をほころばせて、にっこり笑うこと。緊張した状況から解放され、にっこり笑うような場合にいう。
▼ボクシングの試合が終わり、緊張した面持ちで判定を待っていたA選手は、自分の勝利を告げられると、破顔一笑してグラブを高く上げた。
【出典】（破顔）李商隠《りしょういん》「贈二歌妓《かぎにおくるの》一詩《し》」。

箸《はし》が転《ころ》んでもおかしい

箸が転がるといった、日常の何でもない出来事をおかしがってよく笑う、十五、六歳の娘の陽気さをいったことば。

▼電車内で女子高生が大声で笑っている。箸が転んでもおかしいというのはわかるが、せめてボリュームを落としてほしいものだ。

【同義語】木《こ》の葉《は》が飛《と》んだのもおかしい。箸《はし》の倒《たお》れたのもおかしい。

腹《はら》を抱《かか》える

おかしくてたまらず大笑いする。

▼彼のおどけたしぐさに腹を抱えて笑った。

腹《はら》をよる

大笑いする。ひどくおかしがる。

▼彼の失敗談に皆は腹をよって笑い転げた。

【類句】腹《はら》の皮《かわ》をよる。腹《はら》の皮《かわ》をよじる。腹《はら》の皮《かわ》がよじれる。

臍《へそ》で(が)茶《ちゃ》を沸《わ》かす

おかしくてたまらないこと、またばかばかしくて、人間や物事をまともに取り合う気もないというときのたとえにもなる。

▼君の成績でこの大学が志望校とは臍が茶を沸かす、と言われた。あの教師を見返すために必死に勉強した。

【同義語】臍茶《へそちゃ》。

抱腹絶倒《ほうふくぜっとう》

腹を抱えて、転げるぐらいに大笑いすること。また、そのさま。

▼彼の失敗談の数々を聞いて、抱腹絶倒して涙を流す者までいた。

【類句】破顔大笑《はがんたいしょう》。

【別表記】捧腹絶倒《ほうふくぜっとう》。

【出典】(捧腹)『史記《しき》』日者列伝《にっしゃれつでん》・(絶倒)『五代史《ごだいし》』晋家人《しんかじん》。

笑《わら》う門《かど》には福来《ふくきた》る

和やかな笑い声がいつも聞かれるような家には、自然に幸福が訪れるものだということ。

▼私たちの理想の家庭像は「笑う門には福来る」で、いつも笑顔の絶えない家庭をつくりたいと思います。

【参考】「門」は家の意味。

【同義語】笑《わら》う家《いえ》に福来《ふくきた》る。笑《わら》う所《ところ》へ福来《ふくきた》る。

2……行動

会う・逢う

会《あ》うは別《わか》れの始《はじ》め

始まりがあれば終わりがあるのと同じで、人に会うのはその人と別れることの始まりであるという意味。

▼四年間の学生生活で友情を育《はぐく》んできたジェームズが明日母国に帰る。会うは別れの始めとはいえ、歓送会では万感胸に迫るものがあった。

【参考】仏教語の「生者必滅《しょうじゃひつめつ》　会者《えしゃ》定離《じょうり》」（生きている者は必ず死に、出会った者は必ず別れる）による。

【類句】合《あ》わせ物《もの》は離《はな》れ物《もの》。

【同義語】会者定離《えしゃじょうり》。会《あ》うは別《わか》れ。

一《いち》期《ご》一《いち》会《え》

一生に一度だけの出会い。「一期」は生まれてから死ぬまで。茶会の心得をいったことば。

▼句会などの趣味的な集まりで顔を合わせる人は、たとえ一期一会の間柄であっても心が通い合うものだ。

【出典】『山上宗二記《やまのうえのそうじき》』。

顔《かお》を合《あ》わせる

人と会う。面と向かい合う。→②〈争う・争い・戦う〉

▼その人とは会議で初めて顔を合わせた。

謦咳《けいがい》に接《せっ》す

面会することのへりくだった言い方。尊敬する立派な人に直接お目にかかって話を聞くこと。

▼初めてその座談会の一員としてノーベル賞受賞者のB先生の謦咳に接した。B先生のお話は忘れがたい感動的な内容だった。

【参考】「謦咳」は咳払《せきばら》いで、間近に咳払いを聞く意味から。

【別表記】「咳」は「欬」とも書く。

面《めん》と向《む》かう

相手と直接顔を合わせる。

▼親に面と向かって感謝のことばを言うのは照れくさい。

あおる

油《あぶら》を注《そそ》ぐ

勢いをさらに激しくさせる。

▼今二人の交際に反対すれば、火に油を注ぐ結果となるだろう。

【参考】火に油を注ぐといっそう激しく燃えることから。

【類句】油《あぶら》をかける。

知恵《ちえ》を付《つ》ける

入れ知恵をする。そそのかす。
▼小学生の兄が知恵を付けるから、最近弟のいたずらがひどくて困る。

寝《ね》た子《こ》を起《お》こす

収まっている事柄を取り上げて、再び面倒な事態にする。
▼たった一言が、寝た子を起こす結果になってしまった。

旗《はた》を振《ふ》る

ある運動などの先頭に立って指揮を執る。
▼組合活動で旗を振っていた人が管理職についた。

御輿《みこし》を担《かつ》ぐ

他人をおだててまつり上げる。
▼皆に御輿を担がれ、世話役を引き受けた。

集まる

顔《かお》が揃《そろ》う

来るべき人が皆集まる。
▼同窓会でいつもの顔が揃い、近況報告に花が咲く。
【類句】 顔《かお》を揃《そろ》える。

首《くび》を揃《そろ》える

関係者が一堂に集まる。
▼責任者全員の首を揃えるよう彼らは要求した。

千客万来《せんきゃくばんらい》

多くの客が、入れかわり立ちかわりやってくること。
▼店の雰囲気がよいので、開店してからずっと千客万来の状態が続いている。
【類句】 門前市《もんぜんいち》を成《な》す。
【対句】 門前雀羅《もんぜんじゃくら》を張《は》る。
【参考】 対句の「雀羅」は雀を獲る網のこと。門の前に網を張っておけるほど人が来ないの意。

とぐろを巻《ま》く

特に用もなさそうな人たちが、長時間一か所にたむろしているようす。
▼学生たちは喫茶店でとぐろを巻いていた。
【参考】 蛇がからだを渦巻きのように巻いてじっとしているようすから。

星《ほし》をつらねる

多くの人が威儀を正して居並ぶよう

す。

▼即位の礼は各国首脳が星をつらねて盛大に執り行われた。

【参考】禁中に公卿《くぎょう》・殿上人《てんじょうびと》が列席するようすから転じて。

門前市《もんぜんいち》を成《な》す

その家に出入りする者が多く、たいへん賑《にぎ》わうことのたとえ。権力、名声が高いさまや、商売が繁盛しているなどのさま。

▼受賞が発表されると、先生のお宅は、連日詰めかける報道関係者で、門前市を成す賑わいになった。

【類句】千客万来《せんきゃくばんらい》。

【対句】門前雀羅《もんぜんじゃくら》を張《は》る。

【出典】『漢書《かんじょ》』鄭崇伝《ていすうでん》。

役者《やくしゃ》が揃《そろ》う

あることをするのに必要な人々が全員集まる。

▼本社の社長が到着し、これで会議の役者が揃った。

寄《よ》ると触《さわ》ると

一緒に寄り集まるたびに。機会があれば。

▼社内は寄ると触るとそのうわさで持ち切りだ。

立錐《りっすい》の余地《よち》なし

細い錐《きり》を立てるほどのわずかな土地もないということで、まったく余裕がないたとえ。人や物が過密状態になっているときの形容に使う。

▼その人気歌手のコンサート会場は全国から集まったファンが押し寄せ、まさに立錐の余地もなかった。

【出典】『呂氏春秋《りょししゅんじゅう》』為欲《いよく》。

【同義語】立錐《りっすい》の地《ち》なし。

甘える

鼻《はな》を鳴《な》らす

鼻にかかった声で甘えたり、すねたりする。

▼息子は鼻を鳴らして小遣いをせびりに来た。

操る・思うままにする

陰《かげ》で糸《いと》を引《ひ》く

自分は裏にいて、思うように人を動かす。

▼彼の裏切りには陰で糸を引く者がいたらしい。

【参考】人形遣いが陰で糸を引いて人形を操るように、の意。

【類句】裏《うら》で糸《いと》を引《ひ》く。

舵《かじ》を取《と》る

物事がうまく進行するように誘導する。
▼彼が舵を取ってくれたので、イベントは円滑に運んだ。
【参考】舵を操作して船を進める意から。

緩急自在《かんきゅうじざい》

遅いことと速いこと、ゆるいことと厳しいことを思いのままにすること。
▼監督のTさんは、全部員の性格、能力をしっかり頭に入れて、試合では、緩急自在の采配を振るった。
【出典】(緩急)『荘子《そうじ》』則陽《そくよう》・(自在)『列子《れっし》』周穆王《しゅうぼくおう》。

権謀術数《けんぼうじゅっすう》

人をうまくだますためのはかりごと。「権謀」は、その場に応じた策略。「術数」は、はかりごと。
▼政権の座をめぐって、権謀術数の限りを尽くした両者であったが、結局別人に漁夫の利を占められた。
【類句】権謀術策《けんぼうじゅっさく》。
【出典】朱熹《しゅき》「大学章句序《だいがくしょうくじょ》」。

匙加減《さじかげん》

薬の調合や料理の味付けの具合。転じて物事の配慮の仕方。
▼若い人の指導は、ちょっとした匙加減で良くも悪くもなるものですから注意してください。

自家薬籠中《じかやくろうちゅう》の物《もの》

自分の薬籠中の薬のように思いどおりに使えるもの。自在に使える技術。「薬籠」は薬箱。
▼彼はせっかく買ったパソコンを使いこなせないとこぼしていたが、いつの間にか自家薬籠中の物にして、このごろではさまざまなことにフル活用しているようだ。
【出典】『唐書《とうじょ》』元行沖伝《げんこうちゅうでん》。

人心収攬《じんしんしゅうらん》

人々の心を集めて取りまとめること。「攬」は持つ。
▼人心収攬の術を心得ている人の多くは、経験と知識が豊富な上に、人格も円満である。

手玉《てだま》に取《と》る

人を自分の思うままに操る。
▼商談ですっかり先方の手玉に取られた。
【参考】お手玉のように投げ上げてもてあそぶことから。

鼻毛《はなげ》を読《よ》む

鼻毛を一本一本数えるという意味で、女が自分にほれ込んだ男の甘い心につけ込んで思うようにあしらうこと。

▼あいつは最近「よく頼まれるから」と、M子さんの宿題を手伝っているらしい。すっかり彼女に鼻毛を読まれているね。

【参考】男の立場からは「鼻毛を読まれる」という。

謝る

泣《な》きを入《い》れる

泣きついてわびる。哀願する。

▼製品の仕上がりが遅れてしまい、先方に泣きを入れて納期を延ばしてもらった。

平身低頭《へいしんていとう》

体をかがめて頭をたれ、ひれ伏して恐れ入ること。非常に恐縮するさま。ひたすら謝ること。

▼部下の失敗を、平身低頭して謝った。

【類句】三拝九拝《さんぱいきゅうはい》。土下座《どげざ》。

争う・争い・戦う

遠交近攻《えんこうきんこう》

遠い国と親しくして近い国を攻め、それからだんだん遠くの国を攻めていく対外政策。

▼A店が始めた廉価《れんか》販売には、とうてい太刀打ちできない。遠交近攻の策を取り、東京のBスーパーと提携することにしよう。

【誤り】遠攻近交。

【出典】『戦国策《せんごくさく》』秦策《しんさく》。

顔《かお》を合《あ》わせる

対戦する。→②〈会う・逢う〉

▼初戦でいきなり強豪と顔を合わせることになった。

蝸角《かかく》の争《あらそ》い

蝸牛《かたつむり》の左右の角《つの》の上にあるような小さな国同士の争い。また、つまらないことで争うこと。

▼会社そのものが危急存亡の秋《とき》を迎えているのに、社長派だとか専務派だとか言って蝸角の争いをしている場合じゃないだろう。

【参考】「蝸牛角上の争い」の略。カタツムリの右の角に位置する蛮氏《ばんし》と左の角に位置する触氏《しょくし》とが、互いに領土を争って戦ったという寓話《ぐうわ》から。

【出典】『荘子《そうじ》』則陽《そくよう》。

合従連衡《がっしょうれんこう》

複数の集団が、互いに連合したり同盟を結んだりして勢力を伸ばすこと。また、外交上の駆け引きをいう。

▼平成の初期、日本の政界では、野党の合従連衡が行われ、与党は、ついに政権の座を譲った。

【故事】中国の戦国時代、南北に連なる韓《かん》・魏《ぎ》・趙《ちょう》・燕《えん》・楚《そ》・斉《せい》の六国が同盟して、西方の秦《しん》に対抗するという蘇秦《そしん》の策を合従といい、蘇秦が殺されたあと、六国が個々に秦と同盟を結び、東西のつながりを強めるという張儀《ちょうぎ》のとった策を連衡といった。「従」は「縦」と同じで南北、「衡」は「横」と同じで東西という意味。

彼《かれ》を知《し》り己《おのれ》を知《し》れば百戦殆《ひゃくせんあや》うからず

敵軍の情勢を知るとともに自軍の情勢を把握して適切な手を打てば、何度戦っても敗れることがないという意味。

▼彼を知り己を知れば百戦殆うからず、敵の短所を突き、自分たちの長所を生かすような攻撃をしよう。

【参考】「殆うい」は「危うい」と同じ。

【出典】『孫子《そんし》』謀攻《ぼうこう》。

皮《かわ》を切《き》らせて肉《にく》を切《き》り肉《にく》を切《き》らせて骨《ほね》を切《き》る

自分も傷つくことを覚悟して、それ以上の重傷を相手に負わせるという意味。強敵に立ち向かうときの心構え。

▼剣豪に剣の極意を尋ねると、「皮を切らせて肉を切り肉を切らせて骨を切る」と答えた。

【参考】「肉を切らせて骨を切る」だけでも使う。

【同義語】肉《にく》を切《き》らせて骨《ほね》を断《た》つ。

群雄割拠《ぐんゆうかっきょ》

戦国時代に多くの武将や実力者たちが各地に勢力を張り、互いに勢力争いをしたことから、多くの実力者が権力を競う状態をいう。

▼今回の選挙では、大物がずらりと名を連ね、まさに群雄割拠の様相を呈している。誰が当選してもおかしくない。

骨肉相《こつにくあ》い食《は》む

親子、兄弟など血縁関係にある者同士が、醜く争うこと。

▼政治家として名を成した父親の地盤を誰が受け継ぐかで、三人の兄弟は骨肉相食む争いを繰り広げることになった。

【出典】『孫子《そんし》』九地《きゅうち》。

子《こ》どもの喧嘩《けんか》に親《おや》が出《で》る

子ども同士の喧嘩に親がくちばしを入れ、自分の子どもに味方すること。その結果、親同士の喧嘩に発展しがちである。したがって、大人げない振る舞いをしたり、余計な口出しをするなという意味。

▼昨今の幼稚園のママ友同士の交際も大変らしく、子どもの喧嘩に親が出る式のトラブルがしょっちゅうあると聞く。

事《こと》を構《かま》える

争いを起こそうとする。争う姿勢を示す。

▼その小国は、隣り合う強大な隣国と事を構えることだけは極力避けたかった。

事《こと》を好《この》む

何か事件が起こるのを喜ぶ。好んで事件を起こしたがる。

▼会社には事を好む連中が必ず何人かいるものだ。

鞘当《さやあ》て

武士が路上などで擦れ違い、互いの刀の鞘が当たって争いになるように、ちょっとした理由で起こるいさかい。転じて、一人の女性をめぐる二人の男性の争い。

▼昨日の会議でC君とD君が論じ合って最後は喧嘩寸前まで行った。ある女性から、あの陰の理由はE子さんをめぐる鞘当てがあったからだと聞いた。

鎬《しのぎ》を削《けず》る

激しく争う。

▼一議席をめぐって両候補が鎬を削る。

【参考】「鎬」は刀の刃のみねに沿って高くなっている所。斬《き》り合うとき、ここが激しく擦れて削り落ちるように感じるため。

衆《しゅう》寡《か》敵《てき》せず

少人数では多人数にとても勝ち目がないこと。この場合の「敵せず」は、敵《かな》わないという意味。

▼会議で新工場建設を力説したが、賛成派は五人、反対派は二十人というありさまで衆寡敵せず、とうとう意見は通らなかった。

【参考】「衆」は多人数、「寡」は少人数。

【類句】多勢《たぜい》に無勢《ぶぜい》。

【出典】『三国志《さんごくし》』「魏志《ぎし》」。

水火《すいか》の争《あらそ》い

水と火のように正反対の性格をもっていたり、相容《い》れない立場にあって、非常に仲の悪い者同士の争いをたとえたことば。

▼A候補とB候補は高校の先輩後輩にあたるが、性格も支持母体もまったく異なる。今回は同じ選挙区で争うことになり、両陣営は水火の争いを繰り広げた。

すったもんだ

物事がさんざんもめること。

▼すったもんだの末、どうにか離婚は避けられた。

【参考】擦ったり揉《も》んだりの意。

先手必勝《せんてひっしょう》

スポーツの試合などで、先に攻撃を仕掛けて先手を取れば、必ず有利になって勝てるということ。

▼事業だって先手必勝だよ。同じ商品の場合には、ライバル会社が態勢を整える前にシェアを広げたほうが勝ちなんだ。

大敵《たいてき》と見《み》て恐《おそ》れず小敵《しょうてき》と見《み》て侮《あなど》らず

敵が強そうに見えても恐れて怯《ひる》んではいけないし、逆に弱そうであっても見くびって油断するようではいけないということ。

▼戦いの極意は大敵と見て恐れず小敵と見て侮らず、にあります。自分の実力を正確に把握し、それを最大限に発揮できなければなりません。

血《ち》で血《ち》を洗《あら》う

悪事に対して悪事で対処する。↓⑦

〈家族・親子・血縁〉

▼血で血を洗うような、やくざどうしの争いが続いている。

【参考】血で血を洗えば、ますます汚れるところから。

中原《ちゅうげん》に鹿《しか》を逐《お》う

政権、または支配権を得ようとする争いの意味。

▼衆議院解散を受けて、与野党拮抗するなかで、中原に鹿を逐う総選挙が行われた。

【参考】「中原」は中国の中心部一帯。「鹿」は帝位のたとえ。一頭の鹿を大勢の猟師が追って争うことから。

【出典】魏徴《ぎちょう》「述懐《じゅっかい》」。

【同義語】逐鹿《ちくろく》。

血《ち》を見《み》る

争いごとで血が流れる。死傷者が出る。

▼このままでは血を見るのは明らかである。

出《で》る所《ところ》へ出《で》る

法廷、警察署など、公的な場所に訴えて対決する。
▼そんな言いがかりをつけるのだったら、出る所へ出ましょうか。

天《てん》下《か》分《わ》け目《め》

敵を圧倒して天下を自分のものにすることができるか、あるいは敵に屈して天下を取られてしまうかの分かれ目の時だという意味。運命をかけた一戦をいう。
▼その決勝戦は東西の代表校ということもあって、天下分け目の戦いと全国から注目された。
【同義語】天《てん》下《か》分《わ》け目《め》の関《せき》ケ《が》原《はら》。

天《てん》の時《とき》は地《ち》の利《り》に如《し》かず

戦いにおいては天が与えてくれた好機も、地理的条件の有利さには及ばないということ。
▼天の時は地の利に如かず、地の利は人の和に如かず、どんな時代や逆境であろうと、団結がいちばん強いのだ。
【参考】後に「地の利は人の和に如かず」と続く。

【出典】『孟子《もうし》』公孫丑 章句《こうそんちゅうしょうく》下。

蟷螂《とうろう》の斧《おの》

カマキリ（蟷螂）が斧に似た前足を振り上げて相手かまわず立ち向かうさまから、力の弱い者が、自分の力をかえりみず、強い者に立ち向かうことのたとえ。
▼小売店は、たとえ蟷螂の斧であっても、スーパーの進出に対抗するくらいの意気込みを持つべきだ。
【類句】小男《こおとこ》の腕立《うでた》て。竜《りゅう》の髭《ひげ》を蟻《あり》が狙《ねら》う。

【出典】『韓詩外伝《かんしがいでん》』。

【故事】斉《せい》の荘《そう》公は、自分の乗った車の車輪を前足で打とうとした虫が、カマキリという、退くことを知らない身の程知らずの虫だと聞いて、人であったら勇士になれたであろうと、車を回り道させ、カマキリを避けてやったという。

難《なん》攻《こう》不《ふ》落《らく》

攻撃するのが困難で、簡単には陥落しないこと。思いどおりにならないこと。
▼その城は絶壁の上に位置しているばかりでなく、周囲には自然の川を利用した深い堀をめぐらしており、難攻不落の名城と呼ばれた。
【類句】金城湯池《きんじょうとうち》。金城鉄壁《きんじょうてっぺき》。

【出典】寺田寅彦《てらだとらひこ》「蓑虫《みのむし》と蜘蛛《くも》」。

謀《はかりごと》を以《もっ》て謀《はかりごと》を討《う》つ

敵が計略をしかけてきたとき、その計略を逆手にとって裏をかくこと。

敵の計略をうまく利用すること。
▼戦争ではこちらの暗号はとうに敵に解読されていた。謀を以て謀を討つの鉄則どおり、向こうは気づいたそぶりを見せなかったため、わが軍は同じ暗号を使い続けた。情報が筒抜けでは勝てるわけがない。

始《はじ》めは処女《しょじょ》の如《ごと》く後《のち》は脱兎《だっと》の如《ごと》し

始めは処女のように弱々しく見せかけて相手を油断させ、後になると逃げ走る兎《うさぎ》のように機敏に攻撃して相手に応じる隙を与えないこと。ぐずぐずしていた者が急に活動的になるたとえ。
▼一揆の制圧に向かった藩士たちは従順そうな農民たちの姿に、すぐに収まるものと判断した。しかし、指導者に知恵者《ちえしゃ》がいたと見えて、始めは処女の如く後は脱兎の如しといった鮮やかな戦いを見せられておおいに苦しめられた。
【出典】『孫子《そんし》』九地《きゅうち》。

火花《ひばな》を散《ち》らす

闘志をあらわにして激しく争う。
▼選挙戦も終盤となり、候補者たちは火花を散らす舌戦を展開した。
【参考】激しく刀を交えて切り合うことから転じて。

向《む》こうを張《は》る

対抗する。張り合う。
▼シード校の向こうを張って堂々と戦った。

胸倉《むなぐら》を取《と》る

怒ったり責めたりして、相手の着衣の胸倉を握る。
▼事故犠牲者の家族は、社長の胸倉を取らんばかりにして詰め寄った。
【参考】「胸倉」は着物の左右の襟の重なり合うあたり。

言う・話す

揚《あ》げ足《あし》を取《と》る

言葉尻《じり》をとらえたり、言い間違いにつけこんだりして相手をやりこめること。
▼会議では他人の揚げ足ばかり取っていないで、自分の意見を述べたらどうかね。
【参考】相撲で、相手の地面から浮いた足を取って倒そうとするところからきたことば。

異口同音《いくどうおん》

多くの人々が口を揃《そろ》えて同じことを言うこと。また、さまざまな人々の意見や考えが一致すること。
▼異口同音の賞賛も、必ずしも全員が心底賛成しているとは限らない。
【誤り】異句同音。

【出典】『宋書《そうじょ》』庾炳之伝《ゆへいしでん》。

一言居士《いちげんこじ》

どんなことにでも自分の意見を言わなければ気のすまない人。
▼一言居士の彼は町内のご意見番のつもりか、行事ともなるといつも批判的な意見を口にするので、世話人たちから煙たがられている。
【参考】「一言こじる」を人物らしくなぞらえたもの。「こじる」は、ひねくれた言い方をしたり、抗議したりするという意味。

【類句】百黙一言《ひゃくもくいちげん》。

【別表記】「一言」は「いちごん」とも読む。

言《い》わぬ事《こと》は聞《き》こえぬ

ことばに出してはっきり言わなければ、こちらの意思や考えが相手に十分に伝わらない。そこで、後になって聞かなかったということがないように、前もって念を押しておくべきだという意味。
▼長年連れ添った夫婦でも、本当にこうしてほしいと思ったらきちんと話してくださいよ。言わぬ事は聞こえぬと言うじゃありませんか。

謳《うた》い文句《もんく》

広告などで、特長を強調することば。
▼温泉付きという謳い文句につい引っかかった。

売《う》り言葉《ことば》に買《か》い言葉《ことば》

相手の暴言に対して、負けずにこちらも暴言でもって言い返すこと。
▼売り言葉に買い言葉で、喧嘩腰になったらだめじゃないか。ここは我慢のしどころだよ。
【参考】「売る」と「買う」は「喧嘩《けんか》を売る」「喧嘩を買う」と同じ。

【同義語】売る言葉《ことば》に買《か》う言葉《ことば》。

老《お》いの繰《く》り言《ごと》

年をとって同じことをくどくど言うこと。
▼祖父の愚痴は、老いの繰り言だと思って聞き流してください。

おだを上《あ》げる

調子に乗って勝手な気炎を上げること。
▼同期入社の連中が居酒屋に集まっておだを上げている。
【参考】「おだ」はお題目の略という。

開口一番《かいこういちばん》

話すために口を開くやいなや。口を開くや、まずはじめに。
▼大学に入ってから、はじめて帰省したとき、母は一目私を見るなり、開口一番「まあ、立派になった」と目を輝かせた。

侃侃諤諤《かんかんがくがく》

遠慮せず正しいと信じる意見を主張し合うこと。盛んに議論すること。
▼審議会では侃侃諤諤の論が交わされたが、結論は次回に持ち越しとなった。
【類句】議論百出《ぎろんひゃくしゅつ》。百家争鳴《ひゃっかそうめい》。
【出典】『史記《しき》』商君列伝《しょうくんれつでん》。

議論百出《ぎろんひゃくしゅつ》

いろいろな意見が数多く出ること。「百出」は、いろいろ、さまざまなものが出ることをいう。
▼文化祭の出し物をめぐって生徒会では議論百出、後日、分科会で検討することになった。
【類句】議論沸騰《ぎろんふっとう》。
【出典】（議論）『史記《しき》』田敬仲完世《でんけいちゅうかんせい》家《か》・（百出）『唐書《とうじょ》』芸文志《げいもんし》。

空理空論《くうりくうろん》

事実から遠く離れた理論。実際の役に立たない理論や議論。
▼徒《いたずら》に空理空論を論じてばかりいないで、現実を直視した討論をすることにしよう。
【出典】末広鉄腸《すえひろてっちょう》『雪中梅《せっちゅうばい》』上二。

くだを巻《ま》く

とりとめのないこと、不平などをくどくど言う。泥酔してぶつぶつ言う状態などに使う。
▼酒を飲んでくだを巻く人には困ったものだ。
【参考】糸車のくだを巻くときぶうぶうと音を立てることから。

口《くち》が滑《すべ》る

ついうっかり言ってしまう。
▼女房はつい口が滑って、へそくりのありかをしゃべってしまった。
【類句】口《くち》を滑《すべ》らす。

口《くち》にする

言葉にする。話題にする。→⑥〈食事・食べ物〉
▼その夜、口にするのも恐ろしい事件が起きた。

口《くち》をきく

ものを言う。→②〈仲介する〉
▼若いくせに偉そうな口をきくな。

口《くち》を切《き》る

大勢のなかで最初に発言する。〈食事・食べ物〉↓⑥

▼会議が始まると、まず彼が口を切った。

口《くち》を極《きわ》める

ことばで最大級に褒《ほ》めたりけなしたりするようす。

▼仲人《なこうど》は新郎新婦を口を極めて褒めたたえた。

口《くち》を叩《たた》く

よくしゃべる。好き勝手なことを言う。

▼最近、息子は生意気な口を叩くようになった。

口《くち》をついて出《で》る

すらすらことばが出る。つい言ってしまう。

▼話に夢中になると、思わず方言が口をついて出る。

口《くち》を開《ひら》く

話を始める。

▼彼はやっと重い口を開いて、事件の真相を語り始めた。

口角泡《こうかくあわ》を飛《と》ばす

激しくしゃべりまくったり、議論したりすることの形容。

▼国会では与野党議員が、その重大な法案について、連日、口角泡を飛ばす激論を交わした。

【参考】「口角」は口の左右の端。そこから唾液《だえき》の泡を飛ばさんばかりに口を動かすようすをいったもの。

甲論乙駁《こうろんおつばく》

甲の論説に乙が反駁するというように、議論がまとまらないこと。

▼ゴミ処理場の移転問題が市議会で取り上げられたが、甲論乙駁で揉《も》めるばかり、移転先はおろか、明確な方針すら決まらなかった。

声《こえ》を殺《ころ》す

声を抑えて低い声で言う。

▼園児のお昼寝の時間なので、先生たちは声を殺して打ち合わせをしていた。

言葉《ことば》を尽《つ》くす

あらん限りのことばを用いて言う。

▼彼女の誤解を解くために言葉を尽くして説明したが駄目だった。

言葉《ことば》を呑《の》む

状況を考えて、言おうとしたことを言わないでおく。→①〈驚く・驚かす・驚き〉

▼興奮している彼には、今何を言っても無駄だろうと思い、言葉を呑んだ。

獅子吼《ししく》

演説会などで熱弁をふるうこと。

▼その国の指導者は、この国難のときこそ国民全員が一致団結して乗り切れ、と演説会で獅子吼して、人々をおおいに鼓舞した。

【参考】獅子が吼《ほ》えることによって百獣を恐れおののかせるように、仏が説法して正しい道理を明らかにし、悪魔や外道《げどう》を恐れさせることから。

【出典】『維摩経《ゆいまぎょう》』。

捨台詞《すてぜりふ》

立ち去るときに、相手の返事も聞かず、勝手に言い放っていくことば。

▼ずいぶん我慢したが、あまりに口うるさく言うので、「自分の好きなようにやったらいい」と捨台詞を吐いて辞めてしまった。

寸鉄人《すんてつひと》を殺《ころ》す

小さな刃物で人を殺すという意味から転じて、警句のような短くて鋭いことばで人の急所を突くことのたとえ。

▼あの批評家は寸鉄人を殺すという鋭さで作品をバッサリ切るので、恨みを抱いた芸術家も多いが、芸術ファンは彼の批評を楽しみにしている。

【出典】羅大経《らたいけい》『鶴林玉露《かくりんぎょくろ》』。

【同義語】寸鉄人《すんてつひと》を刺《さ》す。

立《た》て板《いた》に水《みず》

立てかけた板の上に水を流せばよどみなく流れる。そのことに、弁舌が達者なようすをたとえたもの。

▼彼は政治家志望だけあって、立て板に水といった話し方をする。

【類句】戸板《といた》に豆《まめ》。

啖呵《たんか》を切《き》る

威勢よく歯切れのよい口調で、まくしたてたり脅し文句を言ったりする。

▼彼には前に「世話にはならない」と啖呵を切った以上、いまさら相談するわけにもいかない。

談論風発《だんろんふうはつ》

話や討論が盛んに行われること。また、そのさま。

▼昨夜は久し振りに旧友と会い、政

治問題から果てはラーメンの良し悪しまで、談論風発、時の経《た》つのを忘れていました。

【出典】島崎藤村《しまざきとうそん》『千曲川《ちくまがわ》のスケッチ』。

長広舌《ちょうこうぜつ》

長々としゃべり立てること。「広長《こうちょう》舌《ぜつ》」の転。

▼彼の長広舌をいくら聞いていても、具体的に見えてくるものは何一つない。

【参考】仏の三十二相の一つで、舌を伸ばし広げると顔を覆うほどになるという相を「広長舌」といい、転じて雄弁の意味を表す。

【出典】徳富蘆花《とくとみろか》『思出《おもいで》の記《き》』。

話《はな》し上手《じょうず》の聞《き》き下手《べた》

話すことが上手な人は、人との会話においても自分の話に夢中になってしまい、とかく相手の話を聞かないし、聞いても肝心の内容を把握していないことが多いという意味。

▼C子はいつも自分の言いたいことだけは面白おかしく話してくれるけれど、私たちの話なんて全然聞いていないのよ。話し上手の聞き下手は信用できないわ。

話《はな》し上手《じょうず》は聞《き》き上手《じょうず》

自分だけでしゃべるのではなく、相手の話にもよく耳を傾け、気をそらせないようにするのが本当の話し上手だということ。

▼いいですか、セールスの基本は話し上手は聞き上手ですよ。こちらの言いたいことをいくらうまく説明してもだめで、相手が本当に何を求めているかしっかり聞いてあげることで、初めて信頼が得られるんです。

歯《は》に衣着《きぬき》せぬ

相手の思惑や感情を気にせず、ことばを飾ったりせず、思ったことや言いたいことをずばりと遠慮なく言うこと。

▼歯に衣着せぬその若者の物言いはまったくの予想外で、周囲ははらはらしている。

【同義語】歯《は》に衣《ころも》を着《き》せぬ。

半畳《はんじょう》を入《い》れる

他人の言動をやじったり、茶化したり、非難したりすること。

▼彼が時間をかけて作成した報告書だ、半畳を入れずに、きちんと聞いてやれ。

【参考】「半畳」は昔の芝居小屋で見物人が敷いた小さなござ。役者の芸に不満があるとこれを舞台に投げ入れたことから。

【類句】茶茶《ちゃちゃ》を入《い》れる。

【同義語】 半畳《はんじょう》を打《う》つ。

武士《ぶし》に二言《にごん》はない

武士道は信義を重んじるので、一度口にしたことばを取り消したり変更したりしないということ。いったん約束したことは必ず守るたとえとしても使う。

▼ここは私の言葉を信じてください。必ず約束は守ります。武士に二言はありません。

【類句】 男子《だんし》の一言金鉄《いちごんきんてつ》の如《ごと》し。

下手《へた》の長談義《ながだんぎ》

話の下手な人ほど長々とまずい話をする傾向があり、聞かされるほうでは迷惑するという意味。

▼協会長のスピーチは相変わらずの下手の長談義で、会場には淀んだ雰囲気がただよった。

【類句】 長口上《ながこうじょう》は欠伸《あくび》の種《たね》。

【同義語】 下手《へた》の長口上《ながこうじょう》。

耳《みみ》に入《い》れる

告げ知らせる。→②〈聞く・聞こえてくる〉

▼ご子息のことで、ぜひお耳に入れておきたいことがあります。

無駄口《むだぐち》を叩《たた》く

くだらないおしゃべりをする。

▼そんな所で無駄口を叩いている暇があったら、ちょっと私の仕事を手伝ってよ。

【類句】 無駄口《むだぐち》をきく。

物《もの》は言《い》いなし事《こと》は聞《き》きなし

物事は話し方によって丸くおさまったり角《かど》が立ったりするし、聞き方によってよくも悪くも受け取られるということ。

▼同じことをA課長から聞くのとB課長から聞くのでは、全然印象が違うね。物は言いなし事は聞きなしというけれど、A課長の場合、どんなことでもこちらが怒られているみたいだ。

【参考】「言いなし」は言いよう、「聞きなし」は聞きよう。

物《もの》も言《い》いようで角《かど》が立《た》つ

同じ内容であっても、話の持っていき方やことば遣いで相手の感情を害する場合があるということ。

▼この件はあくまでもこちらが先方にお願いする立場だから、伝え方には十分に注意してくれ。物も言いようで角が立つというから、反感をもたれてはおしまいだ。

【類句】 丸《まる》い卵《たまご》も切《き》りようで四角《しかく》。

【同義語】 物《もの》は言《い》いよう。

呂律《ろれつ》が回《まわ》らない

舌の動きが悪くて、よくしゃべれない。

▼最近、酒に弱くなったのかすぐに呂律が回らなくなる。

話頭《わとう》を転《てん》じる

話題を変える。

▼彼は聴衆が飽きてきたと見るや、巧みに話頭を転じた。

【参考】「話頭」は話の糸口。話題。

威嚇する・威圧する

嵩《かさ》にかかる

強い立場を利用して、威圧的になる。→②〈攻撃する〉

▼あんなに謝っているのに嵩にかかって、相手の非を責める彼のあの態度はどうだ。

【類句】嵩《かさ》に出《で》る。嵩《かさ》から出《で》る。

【参考】嵩は、物の分量や大きさを示すことばで、「嵩にかかる」は、数的な優位や優勢であることに頼って攻めること。

大上段《だいじょうだん》に構《かま》える

威圧的な態度をとる。

▼あの先輩は、いつも大上段に構えて訓示をたれている。

【参考】剣道で竹刀《しない》を頭上に振りかざした構えから。

【類句】大上段《だいじょうだん》に振《ふ》りかぶる。大《だい》上段《じょうだん》に振《ふ》りかざす。

どすが利《き》く

話し方や声の調子に相手を恐れさせるような凄味《すごみ》が感じられる。

▼どすが利く声ですごまれ、うろたえた。

【参考】「どす」は短刀。また、「おどす」の略ともいわれている。

にらみをきかせる

集団内のある者が個人に勝手な行動や発言をさせないように抑えつけていること。集団内に厳しく統制が敷かれているようす。

▼わが大学の柔道部では歴代のOBがにらみをきかせている。

真綿《まわた》で首《くび》をしめる

じわじわと責めて、痛めつけるようす。

▼大型スーパーの出店が、真綿で首をしめるように周辺の小売店を圧迫し始めた。

行く・歩く

足《あし》を延《の》ばす

ある地点から、さらに遠くまで行く。

▼旅のついでに足を延ばして、旧友を訪ねることにした。

お百度《ひゃくど》を踏《ふ》む

頼み事があって同じ所を何度も訪問する。

▼入門を許可してもらうために師匠の家にお百度を踏んだ。

【参考】願い事がかなうように社寺の境内の一定の距離を百回往復し、拝む「お百度参り」から。

顔《かお》を見《み》せる

その場所へ来る。

▼珍しい方たちがこの会場へ顔を見せてくださいました。

股《また》に掛《か》ける

各地を歩き回る。広い地域にまたがって活躍する。

▼彼は特派員として、世界を股に掛けて活躍している。

偽る・嘘

嘘《うそ》つきは泥棒《どろぼう》の始《はじ》まり

嘘をつくのは悪事としては軽いほうかもしれないが、それによって良心が麻痺《まひ》し、やがては盗みのようないちだんと重い悪事を働くようになるという意味。

▼嘘つきは泥棒の始まり、と何遍も叱られた彼は、悪の道には入らなかったものの、虚言癖はなかなか直らないようだ。

【同義語】嘘《うそ》つきは盗人《ぬすびと》の苗代《なわしろ》。嘘《うそ》は盗人《ぬすびと》の始《はじ》まり。

嘘《うそ》で固《かた》める

嘘で話をつくり上げる。

▼彼女の身の上話は嘘で固めたものだった。

嘘八百《うそはっぴゃく》

盛んに嘘を言うこと。嘘だらけであること。まったくのでたらめであること。

▼会社を首になった彼は、友人を訪ね歩いては嘘八百を並べて借金をした。

【参考】「八百」は数が多いことを表

す。また、意味を強調することばでもある。

嘘《うそ》も方便《ほうべん》

嘘がよいはずはないが、物事を円満におさめるには必要な場合もあるということ。

▼急病に倒れたとき、郷里の父には「たいしたことはない」と伝えたが、じつはかなり辛《つら》かった。あのときは嘘も方便で心配をかけたくなかったのだ。

【参考】「方便」は便宜的な手段・方法。仏法を一般大衆に悟らせるために、釈迦《しゃか》も嘘を用いたという仏教の教えから。

【同義語】嘘《うそ》も重宝《ちょうほう》。嘘《うそ》も誠《まこと》も話《はなし》の手管《てくだ》。嘘《うそ》も世渡《よわた》り。

嘘《うそ》を言《い》えば地獄《じごく》へ行《い》く

嘘をつくと死んでから地獄に落とされて、閻魔大王《えんまだいおう》に舌を抜かれるということで、多くの場合、子どもを戒めるのに使う。

▼今の子どもに嘘を言えば地獄へ行くと言ったところで、地獄へはどうやって行けばいい、と減らず口を叩かれるだけだ。

【同義語】嘘《うそ》をつくと閻魔様《えんまさま》に舌《した》を抜《ぬ》かれる。

口《くち》と腹《はら》とは違《ちが》う

言うことと思っていることが違っている。

▼日本人はとかく口と腹とは違うと言われる。

口《くち》に蜜《みつ》あり腹《はら》に剣《けん》あり

口先では蜜のように甘いことばを言うが、腹の中には相手を傷つける剣に似た悪意を持つということ。

▼D理事長は物腰は柔らかだし、批判めいたことは一切言わないけれど、じつはあの人は周りの人間を敵か味方かで分ける人だから、にらまれたらこの大学ではやっていけないと聞いた。口に蜜あり腹に剣あり、ああいう人がいちばん恐い。

【参考】中国唐《とう》の玄宗《げんそう》皇帝に仕えた宰相、李林甫《りりんぽ》を評したことば。

【類句】笑中《しょうちゅう》の刀《かたな》。

【出典】『唐書《とうじょ》』李林甫伝《りりんぽでん》。

【同義語】口《くち》に甘《あま》きは腹《はら》に害《がい》あり。

口《くち》を拭《ぬぐ》う

知っていながら知らぬふりをする。

▼彼らは、仕返しが怖くてA君のいじめについて口を拭っていた。

【参考】悪いことに使う。

心《こころ》にもない

思ってもいない。本心ではない。

▼心にもないお世辞を言われても、

うれしくない。

何《なに》食《く》わぬ顔《かお》

知っているのに何も知らないような顔つき。そしらぬ顔。

▼彼は何食わぬ顔で嘘《うそ》をつくので、注意したほうがいい。

根《ね》も葉《は》もない

何の根拠もない。

▼根も葉もないうわさに振り回されるな。

妄言《もうげん》

根拠もなく、でまかせに言うこと。嘘。

▼あいつは状況が悪くなると、いつも妄言を吐いて責任逃れをする。

【別表記】「ぼうげん」とも読む。

八百長《やおちょう》

勝負事で前もって勝敗を打ち合わせておき、真剣に争っているように見せかけながら、じつは手順どおりにやること。なれあいの勝負。

▼今回のタイトルマッチに八百長疑惑が起こったのは、純粋なファンにとってじつに悲しむべき事態だ。

【参考】昔、八百屋の長兵衛が相撲の年寄と碁を打つときに、ほんとうは勝つ力があるのに、商売のことを考えていつも一勝一敗になるように小細工したことから出たことば。

羊頭狗肉《ようとうくにく》

羊の頭の看板を出し、犬の肉を売る。表面と内容が一致しないこと。また、見かけ倒しの卑劣なことをするたとえ。

▼X予備校の宣伝文句に「有名大学合格を保証する」とあるが、実情は羊頭狗肉もいいところで、有名大学の合格者は何人もいない。

【類句】羊質虎皮《ようしつこひ》。

【出典】『無門関《むもんかん》』六則。

戒める・自戒

頭《あたま》の上《うえ》の蝿《はえ》を追《お》え

他人にたかる蝿を追ってやろうとするおせっかいな人がよくいるが、そんな人にかぎって自分の頭にとまっている蝿に気づかない。他人のことに口出しするよりも、自分のことをしっかりやれという意味。

▼妹にゲーム必勝法などを教えている暇などないだろう。受験生なんだから、まずは自分の頭の上の蝿を追いなさい。

【類句】人《ひと》の事《こと》より我《わ》が事《こと》。

過《あやま》ちて改《あらた》めざる是《これ》を過《あやま》ちと謂《い》う

人は誰でも過失を犯すもので、この過失をよく改めれば取り返すこともできるが、改めようとしなければ過失は過失のままであり、これこそ真の過失であるというべきだという意味。

▼誰にでも間違いはあるものだ。過ちて改めざる、是を過ちと謂う、と古人も言うように、そのあとどうするかが大切なんだ。

【出典】『論語《ろんご》』衛霊公《えいれいこう》。

殷鑑遠《いんかんとお》からず

自分が戒めとすべき前例は、遠くに求めなくても、すぐ身近にあるということ。

▼申し訳ないことですが、今回の成功は先輩の失敗に学んだものです。殷鑑遠からず、と参考にさせていただきました。

【参考】中国夏《か》王朝の桀《けつ》王は、暴虐だったために殷王朝の湯《とう》王に滅ぼされた。殷が同じ失敗をしないためには、夏を見ればよいということ。「鑑」は鏡または手本。「商《しょう》鑑遠からず」ともいう。「商」は「殷」の別名。

【出典】『詩経《しきょう》』「大雅《たいが》」蕩《とう》。

易者身《えきしゃみ》の上《うえ》知《し》らず

他人の身の上について占う易者も、自分のことはわからない。利欲のために自分に対しては正しい判断ができないということ。さらに他人を批判するより自らを反省せよという意味もある。

▼あれだけ他人には的確にアドバイスできるJ課長が、株で大失敗したと聞いた。易者身の上知らず、誰も自分にはアドバイスできないのだろうか。

【同義語】陰陽師《おんみょうじ》身《み》の上《うえ》知《し》らず。人《にん》相見《そうみ》の我《わ》が身《み》知《し》らず。

心《こころ》の駒《こま》に手綱《たづな》許《ゆる》すな

心を馬にたとえ、放っておくと自由奔放に悪いほうへ走りがちなので、手綱で常に制御するようにという意味。

▼受験戦争を勝ち抜いて地方から上京した皆さんには、都会の誘惑に惑わされぬよう心の駒に手綱許すな、と忠告しておきましょう。

【参考】「引かれなば悪しき道にも入《い》りぬべし心の駒に手綱許すな」という古歌より。

思慮分別《しりょふんべつ》

慎重に注意深く考え、情勢を見て適切な判断を下すこと。また、その能力。

▼もう社会人の仲間入りをしたのだ

から、もう少し思慮分別のある行動をとってほしかった。

【類句】熟慮断行《じゅくりょだんこう》。

【対句】軽挙妄動《けいきょもうどう》。軽率短慮《けいそつたんりょ》。

【出典】『国語《こくご》』周語《しゅうご》下。

前車《ぜんしゃ》の覆《くつがえ》るは後車《こうしゃ》の戒《いまし》め

前を行く車がひっくり返るのを見て後の車が注意することから、先人の失敗は後人の戒めになることのたとえ。
▼アフリカの砂漠ラリー競走では、まさに前車の覆るは後車の戒めを地で行き、前の車の転倒を見て、後続車はどこが安全なルートであるかを知ることができた。
【出典】『漢書《かんじょ》』賈誼伝《かぎでん》。

【同義語】前車《ぜんしゃ》の覆轍《ふくてつ》。覆車《ふくしゃ》の戒《いまし》め。

箍《たが》を締《し》める

気持ちや規律を引き締める。
▼新年度に当たりお互い箍を締めていこう。

他山《たざん》の石《いし》

他人の良くない言行や批評を参考にして、自分の人格を磨くのに役立てること。
▼A社の倒産は、新規取引先から不渡手形をつかまされたのが原因だ。我が社もこれを他山の石として用心しよう。
【参考】『詩経』の「他山《たざん》の石以《いしもっ》て玉《たま》を攻《おさ》むべし」（よその山から出た粗悪な石でも、自分の宝石を磨く役には立つ）から。

【類句】前車《ぜんしゃ》の覆轍《ふくてつ》。

【出典】『詩経《しきょう》』「小雅《しょうが》」鶴鳴《かくめい》。

【誤り】ほかの山にある石だから、自分には関係ないものだという意味で用いるのは誤り。

手綱《たづな》を締《し》める

だらけたり勝手なことをしたりしないように厳しい態度をとる。
▼怠け癖が出てきたようなので、少し手綱を締めてかかろう。
【対句】手綱《たづな》を緩《ゆる》める。

単糸《たんし》線《せん》を成《な》さず

紡績糸一本では使いものにならず、何本かを撚《よ》り合わせて糸になるということで、人間は一人では何もできないというたとえ。
▼伝統芸能復活については、とうてい発案者一人では進まなかった。単糸線を成さず、多くの賛同者・協力者を得て、やっと実現にこぎつけた。
【参考】「単糸」は精紡機《せいぼうき》から紡《つむ》ぎ出されたままの糸。

【類句】片手《かたて》で錐《きり》は揉《も》まれぬ。孤掌《こしょう》鳴《な》らし難《がた》し。

近《ちか》くて見《み》えぬは睫《まつげ》

離れた物はよく見える目も近接した睫は見ることができない。人は他人のことについてはわかっても、自分自身のことについてはよくわからないものだというたとえ。

▼自分の投球フォームの癖が敵チームに読まれていたとは気づかなかった。近くて見えぬは睫だが、味方から早めに知らせてほしかった。

【類句】目で目《め》は見《み》えぬ。目《め》は毫毛《ごうもう》を見《み》るも睫《まつげ》を見《み》ず。

【同義語】秘事《ひじ》は睫《まつげ》。

汝自身《なんじじしん》を知《し》れ

自分自身が無知であることを自覚せよの意。また、自分の分限をわきまえよの意味でも使う。

▼まだ君は若くて政治の経験も少ない。汝自身を知れというが、今の君は立候補できる器ではないことを自覚すべきだ。

【参考】ギリシア・デルフォイのアポロン神殿に刻まれていたことば。

ねじを巻《ま》く

だらけた態度や行動などを、注意したり励ましたりしてきちんとさせる。

▼受験勉強中の息子を怒鳴りつけることで、父親はねじを巻いているつもりらしい。

腹立《はらた》てるより義理立《ぎりた》てよ

腹を立ててそれを顔色や素振りで表せば、相手に対して義理を欠く場合がある。そんなときには自分を抑えることが大切だという意味。一般論として、義理の重要さを述べたことばとも解釈できる。

▼なんとも承服しがたい事態ではあったが、ここは腹立てるより義理立てよで、その決定に賛成することにした。

人《ひと》に勝《か》たんと欲《ほっ》する者《もの》は必《かなら》ず先《ま》ず自《みずか》ら勝《か》つ

人に勝とうと思ったら、その前に自分自身の欲望や弱点に打ち勝つ必要があるということ。克己心の大切さを説くことば。

▼なぜつらい練習をするのかという質問に答えよう。それは人に勝たんと欲する者は必ず先ず自ら勝つ、つまり最大の敵は自分の弱さだということだ。自分に勝てない者がどうして敵に勝てるか。

【出典】『呂氏春秋《りょししゅんじゅう》』先己《せんき》。

人《ひと》のふり見《み》て我《わ》がふり直《なお》せ

良きにつけ悪《あ》しきにつけ、他人の振る舞いを見て自分の振る舞いを反省し、改めるべき点は改めよということ。

▼あんな重要なデータのバックアップを怠ったとは、彼もとんだ失敗をしたものだ。人のふり見て我がふり直せ、以後は私もこまめにバックアップを取るようにしている。

【類句】他山《たざん》の石《いし》。人《ひと》を以《もっ》て鏡《かがみ》と為《な》す。

【同義語】人《ひと》の上《うえ》見《み》て我《わ》が身《み》を思《おも》え。

ブレーキをかける

物事の進行を、止めたり抑えたりする。

▼彼の不調が、チームの連勝にブレーキをかけた。

見《み》ざる聞《き》かざる言《い》わざる

自分に直接関係のないことについては、何事も見ない、聞かない、言わないのが賢明だということ。また、そうした生き方。

▼その事件の目撃者はいるはずなのに、なかなか名乗り出なかった。万一害が自分に降りかかることを思えば、見ざる聞かざる言わざるを貫くのも致し方ないことかもしれない。

【参考】「ざる」を猿にかけたことば。目、耳、口を手でふさいだ三匹の猿の像を「三猿《さんえん》」と呼ぶ。

身《み》の程《ほど》を知《し》れ

望みを持ったり、行動に出ようとしたりするときには、自分にふさわしいかどうか、許されるかどうか、自分の能力や立場について考えよということ。

▼彼があの人に向かって先日そのような発言をしたとは驚いた。身の程を知れ、と言ってやりたい。

目《め》は毫毛《ごうもう》を見《み》るも睫《まつげ》を見《み》ず

目は細い毛でも見えるのに、すぐ前の睫を見ることができない。他人については小さな欠点までよくわかるが、自分のことはわからないものだというたとえ。

▼「目は毫毛を見るも睫を見ず」といって、他人の粗探《あら》しをする人ほど自分の欠点には気づかない。「人のふり見て我がふり」が治る人はよほど上等なのだ。

【参考】「毫毛」は細い毛。

【類句】近《ちか》くて見《み》えぬは睫《まつげ》。目《め》で目《め》は見《み》えぬ。

【出典】『史記《しき》』越王勾践世家《えつおうこうせんせいか》。

我《わ》が身《み》を抓《つね》って人《ひと》の痛《いた》さを知《し》れ

自分の体を抓れば痛いが、その痛みを知ることで他人の苦痛が理解できる。思いやりのない態度を取ってはならないという戒め。
▼我が身を抓って人の痛さを知れ、これこそが思いやりの精神の基本です。今の社会には他人に対する想像力が欠けているのではないでしょうか。
【別表記】「抓って」は「つみて」「つめって」ともいう。
【類句】己《おのれ》の欲《ほっ》せざる所《ところ》は人《ひと》に施《ほどこ》すこと勿《なか》れ。

移る

席《せき》を改《あらた》める

改めて別に場所を用意する。場所を変える。
▼正式な婚約発表は席を改めて行う予定だ。

席《せき》を外《はず》す

自分の席や会合の場などを一時離れる。
▼たまたま席を外したときに電話がかかってきた。

人手《ひとで》に渡《わた》る

自分の所有物だったものが他人の物となる。
▼事業に失敗し、工場が人手に渡った。

日《ひ》を改《あらた》める

別の日にする。
▼社長に急な来客があったので、会議は日を改めることにした。

横道《よこみち》にそれる

話題などが本筋から離れる。
▼話がだんだん横道にそれてしまい、結論にたどり着かずにスピーチは終わった。

選ぶ

白羽《しらは》の矢《や》が立《た》つ

多くの人の中から選び出される。
▼今度の主役には、新人のAに白羽

の矢が立った。

【参考】人身御供《ひとみごくう》を求める神が、求める少女の家の屋根に白羽の矢を立てるという俗説から。

【類句】白羽《しらは》の矢《や》を立《た》てる。

二《ふた》つに一《ひと》つ

二つのうちのどちらか一方を選ぶこと。
▼このまま進むのか、引き返すのか、二つに一つの判断を迫られている。

篩《ふるい》にかける

多くのものの中から、よいものだけを選ぶ。
▼応募作は三次に及ぶ審査で篩にかけられた。

大口を叩く・ほら

言《い》うは易《やす》く行《おこな》うは難《かた》し

口ではいくらでも大きなことが言えるが、それを実行するのは難しいという意味。
▼一日わずか十分間の三セットで、みるみる痩せるダイエットだって？　言うは易く行うは難しで、その一日三セットが決して楽ではないんだ。
【類句】口《くち》では大阪《おおさか》の城《しろ》も建《た》つ。

【出典】桓寛《かんかん》『塩鉄論《えんてつろん》』利議《りぎ》。

【同義語】言《い》うは行《おこな》うより易《やす》し。

大口《おおぐち》を叩《たた》く

偉そうなことを言う。
▼あいつは大口を叩く割に大した仕事をしない。
【類句】大《おお》きな口《くち》をきく。

千三《せんみ》つ

千の話のうちで本当のことは三つぐらいしかないという意味で、嘘つき、ほら吹きのこと。また、千件に三件ぐらいしか商談が成立しないという意味で、地所の売買や貸家などの周旋をする者のこともいう。
▼あの男の話は、ほとんど嘘だから信用するな。千三つもいいところだが、あれだけ面白い嘘が次から次に飛び出てくるのはひとつの才能かもしれない。
【同義語】千三《せんみ》つ屋《や》。

大言壮語《たいげんそうご》

できそうにもない大きなことを、いかにもできるように言うこと。威勢のいいことを言うこと。
▼彼には大言壮語癖《へき》があるから、話半分ぐらいに聞いておくのがよい。
【出典】（大言）『書経《しょきょう》』盤庚《ばんこう》上・（壮

語）『荘子《そうじ》』天下《てんか》。

身知《みし》らずの口叩《くちたた》き

身の程もわきまえずに偉そうなことを言ったり、大言壮語をしたりすること。また、そのような人。

▼いつも身知らずの口叩きをしているあの男には、とても責任ある仕事は任せられない。

山《やま》より大《おお》きな猪《いのしし》は出《で》ぬ

いくら大きな猪でも住んでいる山より大きくはないというわけで、入れ物より大きな中身はないというたとえ。また、誇張した言い方もほどほどにしろということ。

▼君の研究発表に五百人も集まったって？　あの会場はせいぜい二百人でいっぱいなんだから、それは嘘だろう。山より大きな猪は出ないよ。

行う・実行する

思《おも》い立《た》ったが吉日《きちじつ》

何かをしようと思ったら、即座に手をつけるのがよい。たとえ暦の上ではその日が凶であっても、実行することで吉日になるという意味。

▼思い立ったが吉日、今ここで契約を結びましょう、というのがあの詐欺師のやり口だ。

【参考】「吉日」は「きちにち」とも読み、暦で縁起がよいとされる日。

【類句】旨《うま》い物《もの》は宵《よい》に食《く》え。善《ぜん》は急《いそ》げ。

【同義語】思《おも》い立《た》つ日《ひ》が吉日《きちじつ》。

義《ぎ》を見《み》てせざるは勇無《ゆうな》きなり

そうするのが人間として正しい道だとわかっていながら、自分の利益や保身のためにしようとしないのは真の勇気がないからだという意味。

▼その災害がニュースで世界中に広まると、多くの義援金《ぎえんきん》が寄せられ、ボランティアも集結した。義を見てせざるは勇無きなり、人間も捨てたものではない。

【出典】『論語《ろんご》』為政《いせい》。

言行一致《げんこういっち》

ことばと行動が同じであること。言うことと実際に行うことがぴったり合うこと。

▼職場における彼は、常に言行一致を実践しているが、他人にもそれを厳しく求めるので上司からもやや煙たがられている。

善《ぜん》は急《いそ》げ

善《よ》いと思ったら、ためらわずに即座

に実行に移すべきだということ。
▼善は急げだ。さっそく仲間を募って、計画を立てることにしよう。
【参考】後に「悪は延《の》べよ＝後にしろ」と続く。
【類句】旨《うま》い物《もの》は宵《よい》に食《く》え。思《おも》い立《た》ったが吉日《きちじつ》。

断《だん》じて行《おこな》えば鬼神《きしん》も之《これ》を避《さ》く

決断をして迷わずに決行すれば鬼神さえも勢いに押されて身を避ける。固い決意のもとに行動を起こせば、誰も妨害できないということ。
▼今回の組織改革には痛みも犠牲も伴うが、断じて行えば鬼神も之を避くで、今はやりとげるしかない。
【出典】『史記《しき》』李斯列伝《りしれつでん》。

昼夜兼行《ちゅうやけんこう》

昼も夜も休まず仕事を続けること。昼・夜の区別なく続けて行うこと。急いで仕事をすること。
▼災害の復旧工事は、昼夜兼行で行われた。
【類句】不眠不休《ふみんふきゅう》。
【出典】『三国志《さんごくし》』「呉志《ごし》」呂蒙伝《りょもうでん》。

直情径行《ちょくじょうけいこう》

感情を隠さず、周囲の事情を考慮することもなく、思ったことを、そのまま行動に移すこと。
▼君は今時珍しい正義漢だが、直情径行に過ぎて失敗も多い。家庭を持つようになったら、行動を慎んで周囲の人々に信頼されるように努めてほしい。
【対句】熟慮断行《じゅくりょだんこう》。
【出典】『礼記《らいき》』檀弓《だんぐう》下。

猪突猛進《ちょとつもうしん》

猪が突進するように、猛烈な勢いで一つのことをやり抜くこと。ただ激しいだけで、向こう見ずなさまをたしなめる意味にも用いる。
▼経験不足の新入社員だったら猪突猛進して失敗するのも仕方がないが、君はもう中堅社員だ。もっと慎重に行動してくれなくては困る。
【類句】直情径行《ちょくじょうけいこう》。匹夫《ひっぷ》の勇《ゆう》。暴《ぼう》虎馮河《こひょうが》。
【出典】『漢書《かんじょ》』食貨志《しょっかし》。

手《て》を下《くだ》す

直接自分でその行為をする。
▼この件は、君が直接手を下す必要はない。

手《て》を汚《よご》す

好ましくないことを実際に自分で行う。
▼手を汚してまで、金儲《かねもう》けがしたいのか。

薄志弱行《はくしじゃっこう》

意志が弱く、物事を実行する気力に乏しいこと。物事に対し、決断し実行する積極的な心構えに欠けること。

▼ギャンブルはやめたほうがいいとは思うんだが、つい競輪場に足が向いてしまう。薄志弱行なんだな、おれは。

【類句】意志薄弱《いしはくじゃく》。

【出典】夏目漱石《なつめそうせき》『こころ』。

旗《はた》を揚《あ》げる

目標を掲げ、新しく事業を起こす。

▼保守新党の旗を揚げる。

【参考】旗印の下に兵を集めて戦いを始める意から。

【類句】旗揚《はたあ》げする。

顰《ひそ》みに倣《なら》う

他人に倣って自分も同じようにすることを謙遜《けんそん》して言うことば。→②〈まねる〉

▼創業者の顰みに倣い、倹約を心がけている。

不言実行《ふげんじっこう》

あれこれ言わずに、黙ってなすべきことを実行すること。

▼口先だけで事を収めようとする人間が多いなかで、彼のような不言実行型は貴重な存在である。

【対句】有言実行《ゆうげんじっこう》。

物《もの》は試《ため》し

何事も実際にやってみなければ成否はわからないのだから、一度やってみることだ。

▼物は試しというから、今度の仕事は思い切って若い者にやらせてみよう。

有言実行《ゆうげんじっこう》

口に出して言ったことは、必ず実行すること。また、特に言いたてておいて実行することをいう。

▼彼はときどき極端と思えるほどの意見を述べるが、有言実行を身をもって体現しているので周囲から信頼されている。

【対句】不言実行《ふげんじっこう》。

終わる・終わり

一巻《いっかん》の終《お》わり

物事の結末がついてしまって、今から何かしようとしても手後れであること。転じて、死ぬこと。

▼あの雪崩《なだれ》に巻き込まれたら、一巻の終わりになるところだった。
【参考】一巻の物語が終わる意から。

手《て》が離《はな》れる

一段落して、その仕事との関係がなくなる。→⑦〈家族・親子・血縁〉
▼自分が手がけた仕事は、手が離れても気になるものだ。

止《とど》めを刺《さ》す

最後の一撃を加え、再起不能にする。→②〈処理する・処置〉
▼落ち込んでいるところへ、さらに彼の一言が止めを刺した。
【参考】「止め」は人を殺すとき、のどなど急所を刺して完全に息の根を止めること。

ピリオドを打《う》つ

物事に決着をつけ、終わりにする。
▼結婚を機にギャンブルにピリオドを打った。
【類句】終止符《しゅうしふ》を打《う》つ。

矛《ほこ》を収《おさ》める

攻撃をやめる。
▼市長が非を認めたので、A議員はやっと矛を収めた。

幕《まく》を閉《と》じる

物事が終わる。
▼二人の関係も私のつまらぬ一言で幕を閉じてしまった。
【参考】芝居が終わって舞台の幕をしめる意から。
【類句】幕《まく》を下《お》ろす。幕《まく》を引《ひ》く。

帰る・戻る

踵《きびす》を返《かえ》す

引き返す。後戻りする。
▼ここまで来たら、もう踵を返すわけにはいかない。
【参考】「踵」はかかとのこと。「くびす」ともいう。
【類句】踵《きびす》を廻《めぐ》らす。踵《きびす》を転《てん》じる。
【誤り】「きびす」はかかとのことだが、「かかとを返す」とはいわない。

尻《しり》を上《あ》げる

立ち上がる。訪問先から立ち去ろうとする。
▼父を訪ねて来た町内の長老は、夕暮れになってやっと尻を上げた。

ミイラ取《と》りがミイラになる

連れ戻しに行った者がそのまま戻って来ない。→②〈説明する・説得する〉

▼酒場に父を迎えに行った兄も、ミイラ取りがミイラになって、いつまでも帰って来ない。

関わらない・知らぬふり

相手《あいて》のない喧嘩《けんか》は出来《でき》ぬ

喧嘩には相手が必要で、いくら喧嘩を売られても、取り合わなければ喧嘩にならない。喧嘩の相手になるなという戒めのことば。

▼あいつが難癖をつけてきても気にするな。ただ文句を言いたいだけなんだから、相手のない喧嘩は出来ぬで、取り合わなければ、そのうち話題にもしなくなるさ。

【類句】相手《あいて》なければ訴訟《そしょう》なし。一人喧嘩《ひとりげんか》はならぬ。

当《あ》たらず障《さわ》らず

どこにも差し障りがないように、どっちつかずであるようす。

▼あいつは、上司の前では、いつも当たらず障らずの意見しか言わない。

拱手傍観《きょうしゅぼうかん》

何もせずに脇《わき》で眺めていること。「拱手」は手をこまねくの意。

▼友人の苦境を拱手傍観していられなくなり、同僚と相談して、援助することにした。

【類句】袖手傍観《しゅうしゅぼうかん》。高《たか》みの見物《けんぶつ》。

【出典】（拱手）『礼記《らいき》』曲礼《きょくらい》上。

局外中立《きょくがいちゅうりつ》

二国家、あるいは二つの勢力の間にあって、どちら側にも与《くみ》しない態度を取ること。紛争などに関与しない立場。

▼第二次世界大戦ではほとんどの国が両陣営に分かれて参戦し、局外中立を守り抜いたのはスイスなどわずかな国にすぎなかった。

【類句】厳正中立《げんせいちゅうりつ》。

触《さわ》らぬ神《かみ》に祟《たた》りなし

神のとがめを受けるのは神と関係をもつからで、離れていれば安全ということから、人間社会でも、関わり合いにならなければ避けられる災難が少なくないということ。

▼今日、お母さんは何かとても嫌なことがあったようで、部屋にずっと閉じこもっている。触らぬ神に祟りなしというから、晩御飯はお父さん

と一緒に外食しよう。
【類句】触《さわ》り三百《さんびゃく》。七日通《なぬかとお》る漆《うるし》も手《て》に取《と》らねばかぶれぬ。寝《ね》ていて転《ころ》んだ例《ためし》はない。
【同義語】知《し》らぬ神《かみ》に祟《たた》りなし。

背《せ》を向《む》ける

相手にしない。無関心な態度をとる。冷淡な態度をとる。
▼恋人に背を向けられ、彼は意気消沈している。
【参考】後ろ向きになる意から。

大事《だいじ》の前《まえ》の小事《しょうじ》

大事をなすには小事にこだわってはいられない。→①〈油断する〉
▼もはや時間の猶予はない。不安要素の検討はこの際大事の前の小事と考えて切り捨て、計画を動かすことに専念してくれ。
【参考】「小事」を重要と考える見方と、あえて無視する見方という正反対の意味合いで使われる。

馬耳東風《ばじとうふう》

馬の耳に東風が吹いても感じないように、人の意見や批評を気に留めないで聞き流すこと。
▼彼は、君たちのせっかくの諫言《かんげん》も、馬耳東風と聞き流してしまう、のんきな性分なのだ。
【出典】『李太白集《りたいはくしゅう》』一九。

風馬牛《ふうばぎゅう》

自分とはまったく関係がないと関心を示さないこと。
▼仕入一課では季節の変わり目でまだごった返しているが、二課は風馬牛を決め込んでもう誰も残っていない。
【参考】「風」は、動物が発情する意。「風馬牛」とはもともと、発情した雄の馬や牛が、雌を追っても雌に追いつくことができないほど遠く離れているということ。そこから転じて、自分とはまったく関係がない意となる。

【出典】『春秋左氏伝《しゅんじゅうさしでん》』僖公《きこう》四年。

頬被《ほおかぶ》りをする

都合の悪いことや人の忠告などに、知らないふりをする。
▼あいつは自分のミスに頬被りをするだけじゃなく、人のせいにもするんだぜ。

耳《みみ》をふさぐ

聞かないようにする。
▼彼は自分に都合の悪い話にはすぐ耳をふさいでしまう。

柳《やなぎ》に風《かぜ》
しなやかな柳の枝が風に従ってなびくように、相手に少しも逆らわないこと。相手の怒りなどを上手に受け流すことのたとえ。
▼大臣は国会答弁で野党側からの厳しい非難も、柳に風と受け流した。
【類句】豆腐《とうふ》に鎹《かすがい》。糠《ぬか》に釘《くぎ》。暖簾《のれん》に腕押《うでお》し。
【同義語】柳《やなぎ》に風《かぜ》と受《う》け流《なが》す。柳《やなぎ》と受《う》ける。

我関《われかん》せず
自分には関係ないと超然としているようす。
▼皆が困っているときに、我関せずの態度で終始した彼には失望した。

関わる・干渉する

一枚嚙《いちまいか》む
ある事柄に一員として加わり、何らかの役割を果たす。
▼今度の興行を打つに当たっては、私も一枚嚙ませてもらった。

嘴《くちばし》をいれる
他人のすることに口出しする。
▼これは営業部内の問題だ。嘴をいれないでくれ。
【類句】嘴《くちばし》を挟《はさ》む。

口《くち》を出《だ》す
他人の話に割り込んで、自分の意見などを言う。
▼夫婦の問題に他人が口を出すべきではない。

口《くち》を挟《はさ》む
他人の会話に割って入る。
▼口を挟んで悪いが、その話は違うと思う。

首《くび》を突《つ》っ込《こ》む
興味や関心を持って、そのことに関係する。
▼彼はろくな知識もないくせに、何にでもすぐ首を突っ込む癖がある。

茶茶《ちゃちゃ》を入《い》れる
冷やかして話を妨げる。
▼まじめな話をしているときに、横から茶々を入れないでくれよ。

手《て》が入《はい》る

加筆、訂正など、ほかの人の考えが加わる。→②〈さがす・捜査〉

▼原稿に編集者の手が入った。

手《て》を出《だ》す

自分から積極的に関わり合う。

▼社長は新事業に次々と手を出していった。

仲《なか》を裂《さ》く

仲のよい者どうしを、無理に引き離す。

▼母は気に染まないらしく、兄と恋人の仲を裂こうとしている。

見《み》るに見《み》かねる

人ごとだと言ってそのまま見過ごすわけにはいかなくなる。

▼彼の危なっかしい運転を見るに見かねて、私がハンドルを握ることにした。

横槍《よこやり》を入《い》れる

はたから文句を付ける。

▼うちの相続問題なんだから横槍を入れないでくれたまえ。

【参考】合戦中に、別の敵軍が側面から槍で突くことから。

老婆心《ろうばしん》

年とった女があれこれ心を尽くすことで、不必要なほど度を越した親切心の意味。また、自分の忠告を遠慮しながら口にする場合にも使う。

▼老婆心ながら申し上げますが、先ほどのスピーチの内容でご気分を害された方がいるかもしれません。今後あのようなたとえ話は慎まれるべきでしょう。

【出典】『景徳伝灯録《けいとくでんとうろく》』二一。

【同義語】老婆心切《ろうばしんせつ》。

書く

朱《しゅ》を入《い》れる

訂正する。添削する。

▼他人の論文に朱を入れるのは気が重い。

【参考】朱筆で訂正、書き入れをする意から。

筆《ふで》が滑《すべ》る

書くべきでないことを、調子に乗ってつい書いてしまう。

▼筆が滑って余計なことを手紙に書いてしまい、かえって相手を心配させてしまった。

筆《ふで》に任《まか》せる

興に任せて思うままに書く。
▼自然の美しさへの感動を筆に任せて書き連ねる。

筆《ふで》を入《い》れる

添削する。文章を直す。
▼駆け出しの記者の原稿に編集長が筆を入れる。
【類句】筆《ふで》を加《くわ》える。

筆《ふで》を擱《お》く

書き終える。書くのをやめる。
▼彼は三年間を費やした長編小説の筆を擱いた。

筆《ふで》を折《お》る

文筆活動をやめる。意志を曲げて執筆を中止する。
▼戦争中、言論統制によって筆を折った作家が何人もいる。
【類句】筆《ふで》を断《た》つ。ペンを折《お》る。

筆《ふで》を染《そ》める

初めて書く。書き始める。
▼大作に筆を染めるのにふさわしい朝だ。
【参考】筆に墨や絵の具を含ませる意。

筆《ふで》を執《と》る

書画や文章を書く。書き始める。
▼彼女はしばらく何やら考えていたが、やおら筆を執った。

筆《ふで》を走《はし》らせる

すらすらと書く。走り書きをする。
▼何かが乗り移ったかのように、一気に筆を走らせる。

筆《ふで》を揮《ふる》う

書や絵画をかく。
▼書き初め大会で大勢の人が筆を揮った。

文《ぶん》は人《ひと》なり

文章の中には、筆者が表現したいと思ったことばかりでなく、その人の人柄まで自然に表れているという意味。優れた人格の人が書いた文章の品位も高いということ。
▼あの哲学者の自叙伝を読むと、まさしく文は人なりと感服せざるを得ない。

墨痕淋漓《ぼっこんりんり》

墨の跡が勢いよく、生き生きしているさま。毛筆の筆跡が元気よいこと。「淋漓」は勢いがあふれ出るさま。

▼彼は、筆を執るやたちまち墨痕淋漓、見事な筆跡で扇に揮毫《きごう》した。

みみずがぬ(の)たくったよう

へたな筆跡の形容。

▼秀才の彼に似合わず、その字はみみずがぬたくったようでとても読めない。

確認する

駄目《だめ》を押《お》す

ほぼ間違いないことを、念のため確認する。また、追加点を加えて勝利を決定的にする。

▼レポートの提出日は必ず守るようにと駄目を押された。

【参考】囲碁で、攻め合いに勝っているので、一手ずつ駄目（双方の境にあってどちらの地《じ》にもならない所）をつめながら勝ちを明らかにする意から。駄目をつめても勝敗にはなんの意味もないことから無駄に念を押す意。

念《ねん》を押《お》す

間違いがないよう、十分確かめる。

▼この件は会社の信用にかかわるので、口外しないよう念を押した。

隠れる・隠す

阿漕《あこぎ》が浦《うら》に引《ひ》く網《あみ》

人に隠れてやることも、回数が多くなると結局は知られてしまうという意味。

▼C支社のたび重なるカラ出張は、阿漕が浦に引く網で、やがて本社の知るところとなった。

【参考】「阿漕が浦」は三重県津市の海岸で、伊勢神宮に供える魚を獲るために一般には禁漁地であった。ところが、一人の漁師が毎夜密漁を繰り返して捕らえられ、海に沈められたという伝説からきたことば。「あこぎ」は欲張り、あくどいといった意味でも使われる。

頭隠《あたまかく》して尻隠《しりかく》さず

自分の悪事や弱点を全部隠したつもりでいるのに、実際は一部分しか隠れていないこと。

▼変装して偽名を使っても、逃走に使った車から簡単に足がついたのだから、あの犯行グループは、頭隠して尻隠さずの類だ。

【参考】追われた雉《きじ》が、草むらに首を突っこんで隠れたつもりになることからきたことば。

【類句】柿《かき》を盗《ぬす》んで核《さね》を隠《かく》さず。雉《きじ》の隠《かく》れ。身《み》を蔵《かく》して影《かげ》を露《あらわ》す。

跡《あと》をくらます

行方を隠す。
▼彼は多額の借金を残して、跡をくらました。

おくびにも出《だ》さない

あることを隠して、そぶりにも見せない。
▼彼とつき合っていることはおくびにも出さなかった。
【参考】「おくび」はげっぷのこと。
【類句】おくびにも見《み》せない。

隠《かく》すより現《あらわ》る

秘密にしておいたつもりでも、隠し事はいつの間にか他人に知られてしまう。隠すことによって、不自然さが目立ってかえって知られるということ。
▼あの二人は婚約したのを隠そうとして、急に私たちの前ではよそよそしくなったの。隠すより現る、で、誰にだってわかっちゃったわ。
【類句】思《おも》い内《うち》にあれば色外《いろそと》に現《あらわ》る。隠《かく》れたるより見《あらわ》るるは莫《な》し。
【同義語】隠《かく》していよいよ現《あらわ》る。隠《かく》す事《こと》は知《し》れ易《やす》し。隠《かく》せばなお現《あらわ》る。

臭《くさ》い物《もの》に蓋《ふた》をする

悪臭を放つ物の入った容器の蓋を閉めて悪臭を漏れなくすることから、醜いことや不正な行為、自分に都合の悪いことや失敗を外部に知られないように一時的な手段で隠すたとえ。
▼上司の不正を知った彼を、臭い物に蓋をするように、子会社に左遷したのだが。
【同義語】臭《くさ》き物《もの》には蓋《ふた》をせよ。

轡《くつわ》をはめる

金銭などを与えて口をつぐませる。
▼事件の真相を隠すため関係者に轡をはめた。
【参考】馬に轡をくわえさせることから。

囁《ささや》き千里《せんり》

囁き声で話したことがたちまち千里も離れた場所に伝わるという意味で、内緒話や秘密の話はとかく漏れやすく、広がりやすいたとえ。
▼本社でのうわさ話が、あの支社にまで伝わっていたのでびっくりした。囁き千里、こういう情報が伝わる早さは想像以上だ。
【類句】王様《おうさま》の耳《みみ》はロバの耳《みみ》。
【出典】『淮南子《えなんじ》』説林訓《ぜいりんくん》。
【同義語】囁《ささや》き八丁《はっちょう》。

天知《てんし》る神知《しんし》る我知《われし》る子知《しし》る

どんな秘密であっても、天と神と私とあなたが知っている。完全な秘密はあり得ないということ。

▼その談合には参加できません。天知る神知る我知る子知るで、必ず世間の知るところとなるでしょう。

【参考】「子（し）」は「あなた」の意味。中国後漢《ごかん》の楊震《ようしん》が、賄賂《わいろ》を贈ろうとした王密《おうみつ》にこう言って断ったという故事から。

【出典】『後漢書《ごかんじょ》』楊震伝《ようしんでん》。

【同義語】四知《しち》。

問《と》うに落《お》ちず語《かた》るに落《お》ちる

人に問われたときには用心して隠したい事実は語らないが、自分から話しているときにはうっかり漏らしてしまうということ。

▼M子は新しいカレのことを全然教えてくれないの。そうしたら、昨日可愛らしいストラップを見せびらかしていたので、どこで買ったの？と聞いたら、この間T君と××ランドに行った記念だと言うのよ。問うに落ちず語るに落ちるというやつね。

【同義語】語《かた》るに落《お》ちる。

どすを呑《の》む

短刀などを懐《ふところ》に隠し持つ。

▼彼はどすを呑んで相手に迫った。

耳《みみ》を掩《おお》うて鐘《かね》を盗《ぬす》む

悪事を行いながら自分の良心を働かせないようにするたとえ。さらに、犯罪を隠そうと稚拙な策を弄《ろう》するたとえ。

▼つまみ食いをしたのはすぐにわかった。今さらお菓子の包み紙を隠そうとしても遅いよ。そういうのを耳を掩うて鐘を盗むと言うんだ、覚えておきなさい。

【参考】大きな鐘を盗むために椎《つち》で割ろうとしたらすごい音がした。そこで、人に聞かれないように自分の耳をふさいだという中国の故事から。

【出典】『呂氏春秋《りょししゅんじゅう》』自知《じち》。

【同義語】耳《みみ》を掩《おお》うて鈴《すず》を盗《ぬす》む。

闇《やみ》から闇《やみ》に葬《ほうむ》る

人目に触れない闇の中の出来事をさらに別の闇に移しておおい隠すことで、世間に知られたら具合の悪いことを証拠を残さないように処置するたとえ。ひそかにもみ消してしまうこと。

▼その不祥事は会社の当時の上層部によって、闇から闇に葬られたので、今その詳細を知る者は誰もいない。

【同義語】闇《やみ》から闇《やみ》。

世《よ》を忍《しの》ぶ

世間に知られないようにする。人目を避けて隠れる。

▼その女優は晩年、世を忍び、ひっそり暮らしていた。

世《よ》をのがれる

俗世間から離れて暮らす。

▼世をのがれる術《すべ》もないまま市井《しせい》に埋もれている。

考える

頭《あたま》をひねる

あれこれと熱心に考える。

▼どう頭をひねっても、いいアイデアが浮かんでこない。

【類句】頭《あたま》を絞《しぼ》る。

遠慮無《えんりょな》ければ近憂有《きんゆうあ》り

目先にとらわれて遠い先のことまでよく考えないで行動すると、必ず近い将来に心配事が起こってくるということ。

▼大学は将来の職業まで考えて選ぶこと。遠慮無ければ近憂有りで、いいかげんに選ぶと入学しても勉強の意義を見失って後悔する。

【参考】「遠慮」は遠い先々について熟慮する意味。

【出典】『論語《ろんご》』衛霊公《えいれいこう》。

思《おも》いを致《いた》す

そのことにまで考えを及ぼす。

▼両親の嘆きに思いを致せば、日本を離れて暮らすことなどとてもできない。

切《き》る手遅《ておそ》かれ

軽率に事を決行したり、決断を下したりせず、その前に熟慮せよという意味。

▼彼の弁明をよく聞きましょう。相手の言い分だけでは証拠不足です。彼を罷免《ひめん》するのはいつでもできますから、ここは切る手遅かれで、慎重に判断しましょう。

思案《しあん》の案《あん》の字《じ》が百貫《ひゃっかん》する

どんな場合にも結論を出す前に熟考することが大切だというたとえ。

▼ゴーサインはいつでも出せるが、どこかにミスやモレがないか、最終チェックを慎重に行おう。思案の案の字が百貫するというから、ここが成功と失敗を分けることになるだろう。

【参考】「一貫」は一文銭一千枚。「百

貫」はその百倍で、非常に価値があることを意味する。
【同義語】分別《ふんべつ》の別《べつ》の字《じ》が百貫《ひゃっかん》する。

千慮《せんりょ》の一得《いっとく》

どんなに愚かな者であっても、多くの考えの中には一つぐらいは役に立つことが含まれているものだということ。
▼聞いてみるものだね。こんなすごいアイデアがまさか彼から飛び出すとは思わなかった。千慮の一得といえば失礼に過ぎるが。
【出典】『史記《しき》』淮陰侯列伝《わいいんこうれつでん》。

知恵《ちえ》を絞《しぼ》る

懸命に考えてよい意見を出そうとする。
▼皆で知恵を絞って企画したイベントなので、一人でも多くの人に来て欲しい。
【類句】無《な》い知恵《ちえ》を絞《しぼ》る。

沈思黙考《ちんしもっこう》

沈黙して、じっくり物事を考えること。深く考え込むさま。
▼話し好きの彼が雑談にも加わらないで、沈思黙考しているときは、必ず奇抜な着想を練っているときだ。
【類句】沈思凝想《ちんしぎょうそう》。
【出典】（沈思）『後漢書《ごかんじょ》』儒林伝《じゅりんでん》。

胸《むね》に聞《き》く

心の中でよく考える。
▼どうしてこんなことになったのか、自分の胸に聞いたほうがいいね。

胸《むね》に手《て》を置《お》く

よく考える。
▼今まであなたがしてきたことを、胸に手を置いてよく考えてみなさい。
【類句】胸《むね》に手《て》を当《あ》てる。

物《もの》は考《かんが》えよう

物事は考え方によって良くも悪くも受け取れる。
▼物は考えようで、この入院もひさびさの休養と思うと気が楽になった。

記憶する

頭《あたま》に入《い》れる

ある事柄を、しっかりと記憶しておく。
▼注意事項を頭に入れて、作業に取りかかってください。

肝《きも》に銘《めい》じる

心に深く刻みつけて、忘れない。
▼今回の失敗を肝に銘じて、今後に備えよう。
【類句】骨《ほね》に刻《きざ》む。

心《こころ》に刻《きざ》む

よく覚えて、忘れないようにする。
▼卒業のときに先生から贈られたことばを今も心に刻んでいる。
【類句】胸《むね》に刻《きざ》む。

心《こころ》に留《と》める

常に意識して忘れないでおく。
▼故郷の両親のことは常に心に留めている。

心《こころ》に残《のこ》る

強い印象を受けて、忘れられずにいる。
▼平和を願う彼らの悲痛な叫び声は、強く私の心に残った。

念頭《ねんとう》に置《お》く

心がけておく。記憶にとどめておく。
▼常に念頭に置いているのは家族の健康のことだ。

耳《みみ》に留《と》まる

聞いたことを心に留めおく。
▼彼女の何気ない一言が耳に留まった。
【類句】耳《みみ》に留《と》める。

聞く・聞こえてくる

耳目《じもく》に触《ふ》れる

見たり聞いたりする。
▼新入生にとっては、耳目に触れるすべてが新鮮だった。

耳《みみ》に入《い》れる

偶然聞いてしまう。→②〈言う・話す〉
▼街角で耳に入れた情報が仕事に役立った。

耳《みみ》にする

自然に聞こえてくる。
▼最近彼についてよからぬうわさを耳にする。

耳《みみ》に付《つ》く

物音が気にかかる。→①〈不快な・不愉快な〉

▼隣にいる二人の話し声が耳に付いて、勉強に集中できない。

耳《みみ》に入《はい》る

自然と聞こえてくる。

▼人込みの中を歩いていたとき、ふと懐かしい故郷のなまりが耳に入ってきた。

耳《みみ》に挟《はさ》む

聞くとはなしに聞く。ちらっと聞く。

▼さっきお店で耳に挟んだのだけど、隣のご主人は海外転勤になったらしいわ。

【類句】小耳《こみみ》に挟《はさ》む。

耳《みみ》を傾《かたむ》ける

熱心に聞く。相手の言うことを親身になって聞く。

▼忙しくて子どもの話に耳を傾ける暇がなかった。

耳《みみ》を澄《す》ます

声や音を聞き取ろうとして注意を集中する。

▼耳を澄ますと、遠くからかすかにせせらぎの音が聞こえてきた。

耳《みみ》をそばだてる

注意して聞き取ろうと構える。

▼隣室から漏れてくる話し声に思わず耳をそばだてた。

【類句】聞《き》き耳《みみ》を立《た》てる。

協力する・共謀する

以心伝心《いしんでんしん》

禅宗で悟りの極意を伝えるのに、心から心に伝えた。転じて、口で言わなくても気持ちが通じること。

▼毎日一緒に仕事をしていると、以心伝心で、いちいち指図しなくても事がてきぱきと運ぶので助かる。

【出典】『景徳伝灯録《けいとくでんとうろく》』一三。

一心同体《いっしんどうたい》

みんなが心を合わせ、一つにまとまること。

▼ヨットのクルーは、一心同体の息の合ったレースをし、一艇身の差で競り勝った。

【類句】異体同心《いたいどうしん》。

片棒《かたぼう》を担《かつ》ぐ
ある計画や仕事に協力する。
▼そんな詐欺のような仕事の片棒を担ぐのはまっぴらごめんだね。
【参考】かごなどの棒の一方を担ぐ意味から。多く悪い仕業について言う。

気脈《きみゃく》を通《つう》じる
ひそかに連絡し合って、意志を通じ合う。
▼彼はライバル会社と気脈を通じて、情報を漏らしていたそうだ。
【参考】「気脈」は互いの気持ちのつながりのこと。

轡《くつわ》を並《なら》べる
多くの人が一緒に揃《そろ》って行動する。
▼仲よし五人組が轡を並べて質問に来た。
【参考】「轡」は口輪の意。馬の口に含ませておく金属の具。馬首を揃える意から転じて。

呉越同舟《ごえつどうしゅう》
仲の悪い者同士、また、敵同士が同じ場所に居合わせること。また、助け合うこと。
▼首相訪米には、日ごろ取材競争に鎬《しのぎ》を削る十数社の記者団が呉越同舟よろしく同行した。
【参考】呉と越は中国の春秋時代に長い間争った国。「同舟」は同じ舟に乗り合わせて嵐に遭ったとき、互いに助け合ったという故事から。

心《こころ》を合《あ》わせる
気持ちを一つにする。協力し合う。
▼父の死後、家族は心を合わせて助け合った。

先棒《さきぼう》を担《かつ》ぐ
人の手先になって動き回る。
▼一味の先棒を担いでいた男が逮捕された。
【参考】棒を使って二人で物を担ぐとき、棒の前を担ぐことを「先棒」、棒の後を担ぐことを「後棒」といった。多くの場合、先棒は後棒の指図に従って動くことから、人の手先になってはたらくことを先棒を担ぐといった。

【同義語】お先棒《さきぼう》を担《かつ》ぐ。

左袒《さたん》する
味方をする。
▼来年の市議会議員選挙には幼なじみが出馬するので、彼に左袒することにした。
【参考】「左袒」は、片肌脱ぎで左肩を出すこと。中国漢《かん》の高祖《こうそ》の死後、皇后の一族である呂氏《りょし》から高祖の一

族の劉《りゅう》氏を守ろうとした周勃《しゅうぼつ》が「劉氏に味方する者は左袒せよ」と軍隊に呼びかけたところ、全軍が左肩を出したという故事による。

【出典】『史記《しき》』呂后本紀《りょこうほんぎ》。

袖《そで》を連《つら》ねる

何人かの人が連れ立って行く。進退を共にする。
▼委員たちは責任を取って袖を連ねて辞職した。
【類句】袂《たもと》を連《つら》ねる。

大同団結《だいどうだんけつ》

多くの党派や団体が共通する目的のために、小さな意見の違いを捨てて団結すること。
▼次の総選挙を有利に戦うために、野党各党は主義主張の違いを乗り越えて大同団結することを決定した。
【出典】小林雄七郎《こばやしゆうしちろう》『薩長土肥《さっちょうとひ》』四藩政党。

手《て》を組《く》む

協力し合う。仲間になる。
▼かっての敵と手を組むことになろうとは思いもしなかった。

手《て》を握《にぎ》る

同盟を結ぶ。和解する。
▼両国の利害が一致して手を握るに至った。
【類句】手《て》を結《むす》ぶ。

腹《はら》を合《あ》わせる

示し合わせる。ぐるになる。心を合わせる。協力する。
▼二人が腹を合わせて、会社乗っ取りを企てたらしい。

船《ふね》は帆《ほ》で持《も》つ帆《ほ》は船《ふね》で持《も》つ

帆掛け船は、帆があるから船は走ることができる。一方、船があるから帆というものの存在理由がある。このように、世の中は持ちつ持たれつなので、人は助け合って生きるべきだというたとえ。
▼町内会では何事も助け合いです。船は帆で持つ帆は船で持つ、負担に思わず協力しましょう。

持《も》ちつ持《も》たれつ

互いに助け合って、両者が成り立つこと。
▼A社とB社は持ちつ持たれつ、事業を進めてきた。

区切りをつける・区切る

一線《いっせん》を画《かく》する

はっきりと境を決める。

▼いくら仲がよくても師弟としての一線を画していた。

けじめを付《つ》ける

道徳や社会的規範に従って、よいことと悪いことの区別をつける。

▼いつまでも二股《ふたまた》かけていないで、そろそろけじめを付けなさい。

黒白《こくびゃく》を争《あらそ》う

相手と対決して、どちらが正しいかをはっきりさせる。

▼こうなったら、法廷で黒白を争うしかないだろう。

【参考】「白」は善、「黒」は悪の意で用いて「黒白」は正邪、有罪と無罪の意。

焦点《しょうてん》を絞《しぼ》る

問題点を重要なものだけに限定する。

▼限られた時間なので、焦点を絞って議論していただきたい。

線《せん》を引《ひ》く

ある物とある物を区別する仕切りをつける。

▼学校教育と家庭教育の役割に線を引くのは難しい。

的《まと》を絞《しぼ》る

問題として取り上げる対象を限定する。

▼日本文化のうち今日の講義では桃山文化に的を絞って話をしよう。

工夫する

換骨奪胎《かんこつだったい》

古人の詩や文章の着想や表現を取り入れ、自分の工夫を加えて独自の作品を作り上げること。

▼蕪村《ぶそん》の句には、人麻呂《ひとまろ》の歌に材を取り、換骨奪胎したものがあるが、それにより蕪村が古典に造詣《ぞうけい》の深かったことがわかる。

【参考】「胎」は「こぶくろ」。

【誤り】他の作品の焼き直しの意味で使われることが多いが、本来は誤りである。

【出典】芥川龍之介《あくたがわりゅうのすけ》『芭蕉雑記《ばしょうざっき》』。

芸《げい》が細《こま》かい

やることに念が入っていて、心遣いが行き届いている。
▼二次会の案内状も凝っていて芸が細かい。

趣向《しゅこう》を凝《こ》らす

面白味や趣《おもむき》を出すために、工夫をする。
▼彼女は料理に趣向を凝らして大事な客をもてなした。

手《て》が込《こ》む

細工が精巧で手間がかかっている。複雑だ。
▼この工芸品は、なかなか手が込んでいる。

必要《ひつよう》は発明《はつめい》の母《はは》

不足や不自由さ、不便さを克服したいといった必要性を感じるからこそ、いろいろな発明がなされる。必要は発明を生み出す母のようなものだという意味。
▼必要は発明の母、数多くの便利な製品が生まれたが、今は必要もないのに無理やり買わせてしまうような製品が多すぎるような気がする。
【参考】英語の格言“Necessity is the mother of invention.”の訳。

百尺竿頭《ひゃくしゃくかんとう》

百尺もある竿《さお》の先端。転じて到達しうる極点をいう。「百尺竿頭一歩を進める」で、さらに努力・工夫を尽くすことをいう。
▼このようなすばらしい郷土資料館が誕生しましたうえは、百尺竿頭に一歩を進めて、史跡の保存などにも尽力していく所存であります。
【別表記】「百尺」は「ひゃくせき」とも読む。
【出典】『景徳伝灯録《けいとくでんとうろく》』一〇。『無門関《むもんかん》』四六則。

目先《めさき》を変《か》える

当座の趣向を変えて、飽きさせないようにする。
▼次の授業は目先を変えて野外観察にしよう。
【類句】目先《めさき》が変《か》わる。

決定する・決着する

意中《いちゅう》の人《ひと》

心の中でこれと決めている人。また、ひそかに思っている異性。
▼候補者が乱立していますが、私に

はすでに絶対にこの人という意中の人がおります。

衆議一決《しゅうぎいっけつ》

ある事柄について、多人数で行った協議などの結論が、一つに決まること。

▼何回となく検討を重ねた案件でしたが、本日めでたく衆議一決し、関係者に通知することができました。

【出典】（衆議）『漢書《かんじょ》』王莽伝《おうもうでん》・（一決）『六韜《りくとう》』竜韜《りゅうとう》。

鶴《つる》の一声《ひとこえ》

小さな鳥が群がって鳴き騒ぐよりも、鶴が一声鳴くほうが威厳があって優れているという意味で、大勢で議論してまとまらなかったことが実力者・権威者の一言で決まることのたとえ。

▼三つのプレゼンは甲乙つけがたくて意見も分かれたが、結局社長の鶴の一声でC案が採用された。

【同義語】雀《すずめ》の千声鶴《せんこえつる》の一声《ひとこえ》。

天王山《てんのうざん》

勝敗の分かれ目になる大事な時、または場所。

▼今日の交渉が天王山とみて、労使共に緊張の面持ちで席に着いた。

【故事】京都盆地と大阪平野の境にある天王山のふもとの山崎は、古来、交通の要地であった。山崎の合戦で羽柴秀吉《はしばひでよし》と明智光秀《あけちみつひで》が戦ったとき、天王山の占有が勝敗を左右したところから、勝負や運命の重大な分かれ目をいう。

話《はなし》が付《つ》く

相談や交渉などがまとまる。

▼利益配分については、関係者の間でもう話が付いている。

【類句】話《はなし》を付《つ》ける。

丸《まる》く収《おさ》まる

もめ事が円満に解決する。

▼隣家との境界線問題も間に入ってくれる人がいて、丸く収まった。

攻撃する

息《いき》の根《ね》を止《と》める

立ち直れないほど相手を打ち負かす。→⑥〈殺生〉

▼密輸品販売組織の息の根を止めるべきだ。

嵩《かさ》にかかる

優勢に乗じて攻めたてる。→②〈威嚇する・威圧する〉

▼先制点を入れたのを機に、嵩にかかって一気に大量得点をした。

急所《きゅうしょ》をつく

物事の最も重要である部分を問題にする。
▼急所をつく問題提起ができれば、委員としても一人前である。

楔《くさび》を打《う》ち込《こ》む

敵陣に攻め入って敵の勢力を二分する。また敵の勢力の中に自分の勢力を打ち立てる。
▼まず敵陣に楔を打ち込み、気勢をそごう。
【参考】「楔」は断面がV字形をした木・石・金属などでつくった道具。組み合わせた木などに打ちこんで離れないようにしたり、木や石を割ったり、重い物を押し上げたりするのに用いる。

手《て》が早《はや》い

すぐ暴力を振るう。→④〈好色な〉
▼父は手が早く、子どものころはよく叩《たた》かれた。

手《て》をかける

手出しをする。暴力をふるう。→②〈世話をする・面倒をみる〉⑥〈悪事・悪人〉
▼お年寄りに手をかけるなんて人間のくずだ。

矛先《ほこさき》を転《てん》じる

攻撃や非難の対象を別のものに変える。
▼野党は閣僚の疑惑追及から矛先を転じ、首相の任命責任を問う戦術に出た。

告白する

口《くち》を割《わ》る

白状する。
▼容疑者は厳しい追及についに口を割った。

底《そこ》を割《わ》る

隠すことなく心中を打ち明ける。
▼高校時代の友人とはよく喧嘩もするが、何でも底を割って話せる仲だ。

手《て》の内《うち》を見《み》せる

心の奥にある考えや計画を、人に示す。
▼交渉の際は、こちらの手の内を見せてはいけない。

泥《どろ》を吐《は》く

隠していた犯罪を白状する。

▼警察の厳しい取り調べに、容疑者はついに泥を吐いた。

腹《はら》を割《わ》る

隠しだてせずに、本心を打ち明ける。真意を明らかにする。

▼思い切って腹を割り、店の経営が苦しいことを打ち明けた。

言葉を慎む

言《い》いたい事《こと》は明日《あす》言《い》え

心に浮かんだことをその場で口にするのではなく、時間をおいてじっくり考えてから言うようにすれば失敗が少ないという意味。特に、感情的になったときに失言しやすいことの戒め。

▼君にも今回の処分には言いたいことは山ほどあるだろう。しかし、まだ全体の状況もわからないのだから、言いたいことは明日言えで、気持ちを整理したらどうだろうか。

【同義語】腹《はら》の立《た》つ事《こと》は明日《あす》言《い》え。

言《い》わぬは言《い》うにまさる

沈黙を守っているほうが、より深い思いや意思を相手に伝えるのに効果的な場合が多いということ。言外の意味を強調することば。

▼すぐ私に声をかけてくるAさんよりも、遠くから私のことをずっと見てくれるBさんに強い愛情を感じていた。言わぬは言うにまさる、軽い男は願い下げだわ。

【類句】言葉《ことば》多《おお》きは品少《しなすく》なし。沈黙《ちんもく》は金雄弁《きんゆうべん》は銀《ぎん》。

蛙《かえる》は口《くち》から呑《の》まるる

蛙が蛇の餌食《えじき》になり、呑み込まれてしまうのも、うるさく鳴き立てるために居場所がわかってしまうからだということ。黙っていればよいものを、人前で余計なことを言ったばかりに、予想もしなかったわざわいを招くことのたとえ。あるいは、お節介や無用な差し出口への戒め。

▼せっかく話がまとまりかけていたのに、君が余計なひと言をいったために先方が気分を害したじゃないか。この交渉が決裂したら責任を問われるよ。蛙は口から呑まるる、を肝に銘じなさい。

【類句】口《くち》は禍《わざわい》の元《もと》。

【同義語】蛙《かえる》は口《くち》から蛇《へび》に呑《の》まるる。かわずは口《くち》ゆえ蛇《へび》に呑《の》まるる。

雉《きじ》も鳴《な》かずば撃《う》たれまい

雉も鳴かなければ居場所が知れずに

鉄砲に撃たれずにすんだろうということで、言わなくてもよいことを言ったために災難を受けるたとえ。

▼あの大臣はテレビ放送中に、サービスのつもりで大失言をやらかし、野党の追及を受けて辞任した。雉も鳴かずば撃たれまいの典型だね。

【類句】口《くち》は禍《わざわい》の元《もと》。鳴《な》く虫《むし》は捕《と》らる。

口《くち》から出《で》れば世間《せけん》

誰かにいったん話してしまえば、その内容は広く世間に知れわたる。だから口を慎めということ。

▼あなたはかつて公の場でA監督の映画を批判しましたね。今年度の受賞作に決まったからといって意見を変えるのは見苦しいですよ。口から出れば世間と言うんですから。

【類句】駟馬《しば》も追《お》う能《あた》わず。吐《は》いた唾《つば》は呑《の》めぬ。人《ひと》の口《くち》に戸《と》は立《た》てられぬ。

口《くち》と財布《さいふ》は締《し》めるが得《とく》

おしゃべりはわざわいを招きやすいし、無駄遣いは後悔のもと。したがって、口も財布もできるだけ開けないほうがよいというたとえ。

▼そんな話題を大声で話すものじゃないよ。口と財布は締めるが得、女性同士のうわさ話だって許されないこともある。

【同義語】口《くち》と財布《さいふ》は閉《と》ずるに利《り》あり。

口《くち》は禍《わざわい》の元《もと》

何気なく言ったことから災難が身にふりかかる例が多いので、ことばは慎めということ。

▼こんな場所であの人の批判なんて冗談にしても言うもんじゃないよ。口は禍の元、用心するに越したことはない。

【参考】「口は是《こ》れ禍の門、舌は是れ身を斬るの刀《かたな》」と続く。

【類句】雉《きじ》も鳴《な》かずば撃《う》たれまい。三寸《さんずん》の舌《した》に五尺《ごしゃく》の身《み》を亡《ほろ》ぼす。舌《した》の剣《つるぎ》は命《いのち》を断《た》つ。

【出典】『宝鑑《ほうかん》』。

【同義語】舌《した》は禍《わざわい》の根《ね》。口《くち》は禍《わざわい》の門《かど》（口《くち》は禍《わざわい》の門《もん》）。

言葉《ことば》多《おお》きは品《しな》少《すく》なし

おしゃべりな人は軽薄で、品位に欠けるという意味。ことば数は少ないほど奥ゆかしいということ。

▼プレゼンテーションではアピールしたい思いが強すぎて、しゃべりすぎてしまったようだ。言葉多きは品少なしで、相手には悪い印象を与えたらしい。

【類句】言《い》わぬは言《い》うにまさる。沈《ちん》黙《もく》は金雄弁《きんゆうべん》は銀《ぎん》。

【出典】『易経《えききょう》』。

沈黙《ちんもく》は金《きん》 雄弁《ゆうべん》は銀《ぎん》

巧みな弁舌は素晴らしいが、それを銀ほどの値打ちとすれば、沈黙を守っているのはそれ以上の金ほども値打ちがあるという意味。

▼もう意見は出し尽くした。意図は十分に伝わっているから、これ以上の発言はいらない。沈黙は金雄弁は銀というだろう。

胸三寸《むねさんずん》に納《おさ》める

言いたいことがあっても心の中にしまいこんで、それを顔色やことばに出さないということ。

▼それで事情はよくわかった。以後は私の胸三寸に納めておくから、君たちはもうそのことで悩まなくていいよ。

【参考】「胸三寸」は胸の中という意味。

【同義語】胸三寸《むねさんずん》に畳《たた》む。胸《むね》に納《おさ》める。

物言《ものい》えば唇寒《くちびるさむ》し秋《あき》の風《かぜ》

人の短所や自分の長所をあれこれ言うと、後悔して唇に秋風の冷たさを感じるという意味。転じて、余計なことを言えば禍《わざわ》いを受けたり、対人関係がまずくなったりしがちだから口は慎めというたとえ。

▼H子さんはふられた腹いせに彼の悪口を言いふらしているけれど、あれではますます彼女は敬遠されるだけだな。物言えば唇寒し秋の風、他人の悪口を言い立てる人間は嫌われるよ。

【参考】江戸時代の俳人、松尾芭蕉《まつおばしょう》の句。

【類句】口《くち》は禍《わざわい》の元《もと》。

物《もの》は言《い》い残《のこ》せ 菜《さい》は食《く》い残《のこ》せ

心にあることを全部言い尽くそうとするとことばが過ぎてしまう。おかずを全部食べなければと思うと食べ過ぎになる。ことばと食事は少し控えめなくらいがいいということ。

▼この子だって十分反省しているから、物は言い残せ菜は食い残せだ。これ以上怒ったところで何もいいことはない。

綸言汗《りんげんあせ》の如《ごと》し

天子がいったん発言したことは、汗が体内に戻らないように取り消せないものであるという意味。

▼あの大臣は何度も失言を繰り返してはそのたびに国民・マスコミから非難される。綸言汗の如しということばをいつまでたっても覚えないようだ。

【参考】「綸」は組み糸。もとは糸のように細くても、下に達するときは組み糸のように太いということで、「綸言」は天子のことばをいう。

【出典】『礼記《らいき》』。

ごまかす

煙幕《えんまく》を張《は》る
真実を隠すために別の言動をしてごまかす。
▼煙幕を張ることで、相手の追及をうまくかわす。
【参考】「煙幕」は戦闘の際、敵の目をくらますために幕のように放散させる煙のこと。

お茶《ちゃ》を濁《にご》す
いいかげんにその場をごまかす。
▼借金を申し込まれたが、お茶を濁して断った。

顧《かえり》みて他《た》を言《い》う
答えに困ったときにあたりを見回して関係のないことを言い、ごまかすこと。
▼その企業説明会では、安全対策の質問が出ると、担当者が顧みて他を言うような話をし始めたために、出席者は怒りの声を上げた。
【参考】孟子《もうし》に質問された斉《せい》の宣王《せんおう》が答えに窮して左右の侍臣たちを見て話題をそらせた故事による。もとは「左右《さゆう》を顧《かえり》みて他《た》を言《い》う」。

【類句】お茶《ちゃ》を濁《にご》す。

【出典】『孟子《もうし》』梁恵王章句《りょうけいおうしょうく》下。

下駄《げた》を履《は》かせる
本来の数量に水増しして、実質以上によく見せる。
▼試験の点数に下駄を履かせてもらい、やっと進級できた。

煙《けむ》に巻《ま》く
大げさなことや相手の知らないようなことを言って戸惑わせる。
▼おとぼけで報道陣を煙に巻き、追及を逃れた。
【誤り】この成句の場合は「けむり・にまく」とは読まない。

言葉《ことば》を濁《にご》す
はっきりと言わずに、あいまいにする。
▼彼は、肝心な部分になると言葉を濁して記者の追及を逃れようとしている。

鯖《さば》を読《よ》む
利益を考えて実数をごまかす。

▼この集会の参加人数は、鯖を読んで発表していることが多いよ。
【参考】魚市で、鯖は傷みやすいので、数えるのに急いで数え、数をごまかすことが多かったことからという。

舌先三寸《したさきさんずん》

口先だけの弁舌で相手をごまかすこと。
▼舌先三寸で言いくるめようとしても、もう誰も彼のことを信用していない。
【参考】三寸ほどの小さい舌の意で、内実の伴わない、という気持ちを含む。

舌《した》の先《さき》

口先。言葉の上だけ。
▼褒《ほ》め言葉も舌の先だけと承知して応対する。

尻《しり》をはしょる

話や、文章の終わりを簡単にすませる。
▼提出論文の規定枚数をオーバーしそうだったので、尻をはしょったら教授に叱られた。

朝三暮四《ちょうさんぼし》

目先の差異にとらわれて全体では同じことになるのに気づかないこと。また、ことば巧みに人をだますこと。
▼所得税の減税を打ち出したかと思えば新税を創設するというのでは朝三暮四、納税者を欺くものだ。
【出典】『荘子《そうじ》』斉物論《せいぶつろん》。『列子《れっし》』黄《こう》帝《てい》。

【故事】中国の春秋時代、宋《そう》の狙公《そこう》が、飼っている猿にトチの実を朝に三つ、暮に四つ与えようとしたら非常に怒ったので、朝に四つ、暮に三つ与えることにしたら大いに喜んだという。

ばつを合《あ》わせる

つじつまを合わせる。調子を合わせる。
▼うまくばつを合わせてその場をごまかしました。

懲らしめる

勧善懲悪《かんぜんちょうあく》

善行《ぜんこう》を勧め、悪行《あくぎょう》を戒め懲《こ》らしめること。
▼単純な勧善懲悪の物語とわかっているのに、最後まで読みふけってしまった。
【出典】『春秋左氏伝《しゅんじゅうさしでん》』成公《せいこう》十四年。

灸《きゅう》を据《す》える

戒めとして、強く注意したり罰を与えたりする。

▼娘は毎晩帰宅が遅く、とうとう父親から灸を据えられた。

【参考】「灸」は漢方療法の一つ。体表のつぼに、もぐさを置いて燃やす。「お灸《きゅう》を据《す》える」ともいう。

面《つら》の皮《かわ》を剝《は》ぐ

ずうずうしい人をやりこめて恥をかかせる。

▼誠実さを装いながら二股《ふたまた》をかけていたA氏の、面の皮を剝いでやった。

【類句】面皮《めんぴ》を剝《は》ぐ。

鉄槌《てっつい》を下《くだ》す

厳しい制裁を加える。

▼諸悪の根元を断つには鉄槌を下すしかない。

【参考】「鉄槌」は大形のかなづち。

天罰覿面《てんばつてきめん》

天の下した罰の現れるのが速《すみ》やかであること。悪事に対してその報いを即座に受けること。

▼天罰覿面、不正取引がばれて公正取引委員会の摘発を受けた。

【出典】（天罰）『書経《しょきょう》』胤征《いんせい》・（覿面）『景徳伝灯録《けいとくでんとうろく》』。

鼻《はな》を折《お》る

高慢な相手の気持ちをくじく。

▼肩書きをひけらかすあの男を論破して、鼻を折ってやった。

【類句】面目《めんぼく》を失《うしな》わせる。鼻《はな》っ柱《ばしら》を折《お》る。

目《め》に物見《ものみ》せる

ひどい目に遭わせてはっきり思い知らせる。

▼あの嘘つきめ。今度会ったら、目に物見せてくれる。

さがす・捜査

鵜《う》の目《め》鷹《たか》の目《め》

何かをさがし出そうとして目を鋭くするようす。

▼他人の欠点を鵜の目鷹の目でさがしてどうするつもりだ。

【参考】鵜が魚を追い、鷹が小鳥をさがすときの目から。

金《かね》の草鞋《わらじ》で尋《たず》ねる

鉄で作った草鞋は擦り切れることが

ない。それを履いて尋ね回るという意味で、根気よく人や物をさがすこと。
▼彼のような優秀な技術者は金の草鞋で尋ねても、そうそう出会えるものではありません。
【参考】「金」は鉄。
【同義語】鉄《かね》の下駄《げた》で尋《たず》ねる。金《かね》の草鞋《わらじ》でさがす。

鉦《かね》や太鼓《たいこ》でさがす

皆で大騒ぎして方々さがし回る。
▼鉦や太鼓でさがしたが埋蔵金はとうとう見つからなかった。
【参考】昔、迷子などをさがすとき、大勢で鉦や太鼓を打ち鳴らしたことから。

草《くさ》の根《ね》を分《わ》けて(も)さがす

隅から隅まで徹底的にさがす。
▼どこへ隠しても、草の根を分けてもさがし出すよ。
【類句】草《くさ》を分《わ》けてさがす。

手《て》が入《はい》る

警察官などが、捜査、逮捕のために入ってくる。→②〈関わる・干渉する〉
▼捜査の手が入る前に、その会社の幹部たちは、関係書類を廃棄したらしい。

先んじる

音頭《おんど》を取《と》る

先頭に立って物事の計画、指導をする。
▼彼が音頭を取って十年ぶりに同窓会が開かれた。
【参考】合唱で先に歌って調子をとることから。

駒《こま》を進《すす》める

次の段階へ進み出る。
▼初戦に勝って、二回戦に駒を進めた。

先《さき》を争《あらそ》う

人より先になろうと争って進む。
▼開門と同時に人々は先を争って場内へなだれ込んだ。

先《さき》を越《こ》す

相手より先に手を打つ。先に物事を行う。
▼ポスト争いでは、同期入社の彼に先を越されてしまった。
【類句】先手《せんて》を打《う》つ。

先《さき》んずれば人《ひと》を制《せい》す

他人より先に物事を行えば、相手よ

り有利な立場に立てる。機先を制すれば、相手を制圧することができる。

▼Ａ社で同様の製品を開発中という情報が入った。先んずれば人を制す、わが社の製品を先に市場に出せるよう、早急《さっきゅう》に仕上げよう。

【参考】「先んずれば人を制す、後《おく》るれば人に制せらる」と続く。

【類句】先手必勝《せんてひっしょう》。

【出典】『史記《しき》』項羽本紀《こううほんぎ》。

先見《せんけん》の明《めい》

将来どうなるかを、前もって見抜くことができる、鋭い眼力・見識。

▼景気が低迷することを前々から予測していた彼の先見の明には驚いている。

【類句】先見《せんけん》の識《しき》。

【類語】天眼通《てんがんつう》。

【出典】『後漢書《ごかんじょ》』楊彪伝《ようひょうでん》。

先手《せんて》を打《う》つ

予想される事態に備えて、あらかじめ対策を講じる。相手の機先を制する。

▼台風シーズンを前に、先手を打って屋根の補強工事を行った。

【参考】囲碁や将棋で相手より先に着手する意から。

【類句】先手《せんて》を取《と》る。

先頭《せんとう》を切《き》る

一番先に始める。真っ先にする。

▼わが社は、業界の先頭を切って二酸化炭素排出量を削減する方策に取り組んだ。

先鞭《せんべん》をつける

ほかの人よりも先に馬に鞭《むち》をあてて進撃し、手柄を立てること。転じて、他に先んじて着手するたとえ。他に先がけること。

▼この県における風力発電はわが村が先鞭をつけたので、一時期多くの訪問者が視察に訪れた。

トップを切《き》る

他に先立って物事を始める。

▼わが社は業界のトップを切って新システムを導入した。

【参考】競走で先頭に立つことから転じて。

抜《ぬ》け駆《が》けの功名《こうみょう》

戦場で味方の陣をこっそり抜け出し、敵陣に一番乗りで攻め入って立てた武功。転じて、人を出し抜いて立てた手柄や利益のこと。

▼わが高校のマドンナ・Ｇさんをわれわれ三人が大事にガードしてきたはずなのに、Ａのやつが抜け駆けの功名で急接近してカップルになって

しまった。小学校以来の友情はあのとき終わった。

早《はや》い者《もの》勝《が》ち

先にした者が利益を得ること。

▼このサービス品は先着十名限りの早い者勝ちだ。

さぐる

アドバルーンを揚《あ》げる

世間の反響や相手の反応を見るため、計画をほのめかしたり一部を漏《も》らしたりする。

▼あの企業は新製品を出す前に、必ずアドバルーンを揚げて市場の反応を見る。

【参考】「アドバルーン」は広告用の軽気球。

顔色《かおいろ》をうかがう

相手の反応を気にして、ようすをみる。

▼気が小さいので、人の顔色をうかがってばかりいる。

【類句】顔色《かおいろ》を見《み》る。

鎌《かま》をかける

相手に本当のことを言わせようと、上手に問いかける。

▼母に鎌をかけられ、うっかり口を滑らせてしまった。

さぐりを入《い》れる

それとなく相手のようすや反応をみる。

▼彼の本心を知ろうとさぐりを入れてみたが、うまくはぐらかされてしまった。

試行錯誤《しこうさくご》

新しい課題について、試みと失敗を繰り返しながらも見通しを立て、解決していくこと。

▼私たちの事業は今年になってやっと軌道に乗りましたが、ここまで来るには、まさに試行錯誤の連続だったと言ってよいでしょう。

【参考】学習様式の"trial and error"に当てた訳語。

寝息《ねいき》をうかがう

人の眠っているようすを確かめる。

▼子どもの寝息をうかがうようにしながら枕《まくら》元にプレゼントを置いた。

鼻息《はないき》をうかがう

人の意向や機嫌を確かめる。

▼彼はいつも上司の鼻息をうかがってばかりいる。

腹《はら》をさぐる

相手の真意を知ろうとする。

▼会議は互いの腹をさぐり合うことに終始した。

腹《はら》を見《み》られる

心の中を探られる。心底を見破られる。

▼自分だけ楽をしようとした腹を見られ、その案は誰からも支持されなかった。

腹《はら》を読《よ》む

相手の心の中を推測する。

▼いつまでたっても、腹の読めない、得体の知れない人だ。

誘う・誘惑

気《き》を引《ひ》く

それとはなしに相手の心をさぐったり、関心を向けさせたりする。

▼セールスマンの気を引くようなことばに乗せられて、高価なサプリメントを買ってしまった。

口《くち》がかかる

招かれたり、仕事に就くよう誘われたりする。

▼手腕をかわれて、他社から口がかかった。

【参考】芸人が客から座敷に呼ばれる意から転じて。

【類句】口《くち》をかける。

声《こえ》がかかる

会合や宴席などに招かれる。誘われる。→⑥〈出世・成功〉

▼声がかかって、彼は十八番《おはこ》の歌をみんなに披露した。

袖《そで》を引《ひ》く

他人に気づかれないようにそっと注意したり、誘ったりする。

▼相談したいことがあったので昼休みに彼の袖を引いて廊下に出た。

【参考】袖を引いて相手の注意を促す意から。

引《ひ》く手《て》あまた

誘う人が非常に多いこと。

▼あのくらいの選手になると、プロから引く手あまただろう。

水《みず》を向《む》ける

相手の関心を引くようにそれとなく誘いをかける。

▼真相が知りたくて彼に水を向けたが、何も聞き出せなかった。

【参考】巫女《みこ》が霊《れい》を呼び出すときに水を差し向けることから。

モーションをかける

相手に働きかける。特に異性の関心を引くため積極的に動く。

▼プレイボーイの彼は、新入社員の女性たちにしきりにモーションをかけている。

妨げる・邪魔をする

足《あし》を引《ひ》っ張《ぱ》る

不利になるように邪魔をする。物事の進行を妨げる。

▼けがをしてチームの足を引っ張ってしまった。

好《こう》事《じ》魔《ま》多《おお》し

よいこと、あるいはうまく運びそうなことには、とかく邪魔が入りやすいという意味。

▼順風満帆の矢先、好事魔多しでこの事故だ。

【参考】「好事魔、多し」ではなく、「好事、魔多し」と読む。

【類句】旨《うま》い事《こと》は二度《にど》考《かんが》えよ。

【出典】高明《こうめい》『琵琶記《びわき》』。

腰《こし》を折《お》る

話や仕事などを途中で妨げたり、勢いをくじいたりする。

▼彼はいつも途中で割り込み、人の話の腰を折るので嫌われている。

権《ごん》兵《べ》衛《え》が種《たね》蒔《ま》きゃ烏《からす》がほじくる

農民の権兵衛が蒔くそばから、その種を烏がほじくるということで、骨折ってしたことを別の人がすぐにぶち壊すたとえ。

▼まったくあの専務ときたら、今まで何回計画をつぶしてきたことか。権兵衛が種蒔きゃ烏がほじくる式で、粗《あら》探しをされて苦労が水の泡になる身にもなってほしいね。

【参考】「権兵衛が種蒔きゃ烏がほじくる。三度に一度は追わずばなるまい」という俗謡の歌詞から。

月《つき》に叢雲《むらくも》花《はな》に風《かぜ》

月見をすればせっかくの名月を雲が隠してしまい、花見をすれば風が満開の花を散らしてしまう。よい状況を期待しているときには、とかく邪魔が入るものだというたとえ。

▼やっと取れた休暇に憧れの宿も予約できたと思ったら、当日の朝、緊急呼び出しがかかった。まったく月に叢雲花に風だ。

【類句】花《はな》に嵐《あらし》。

出端《でばな》をくじく

機先を制する。意気込んでやり始めたところを邪魔する。

▼試合に勝つには敵の出端をくじくしかない。

【参考】「出端」とは出ようとするとたんの意。

【類句】出端《でばな》を折《お》る。

花《はな》に嵐《あらし》

桜の花が満開になったと思うと強い風が吹いて散らしてしまうように、よいことには邪魔が入って、うまくいかないのが人生だということ。

▼日本人の心性には、いいこと続きだと不安になるというものがあります。いわゆる花に嵐というものですね。

【類句】月《つき》に叢雲《むらくも》花《はな》に風《かぜ》。

【同義語】花《はな》に風《かぜ》。

水《みず》を差《さ》す

順調にいっている物事に邪魔を入れる。

▼彼女は二人の仲に水を差すようなことを言った。

目《め》の上《うえ》の瘤《こぶ》

目の上にできた瘤ということで、自分よりも能力や地位が上で、何かにつけて目障り、または邪魔になる人のたとえ。

▼秀吉《ひでよし》は信長《のぶなが》亡きあと、目の上の瘤となった柴田勝家《しばたかついえ》を、清州《きよす》会議で完全に退けることに成功した。

【同義語】目《め》の上《うえ》のたん瘤《こぶ》。

芽《め》を摘《つ》む

これから成長、発展しようとするものの成長や発展を妨げる。

▼あれも駄目、これも駄目と子どもたちの自主性の芽を摘んでしまうような指導は好ましくない。

指一本《ゆびいっぽん》(も)差《さ》させない

他人からの非難、干渉を絶対許さない。

▼これはすでに皆で決めたことです。もはや他人には指一本も差させません。

参加する

顔《かお》を出《だ》す

会合などに出席する。その場所に来る。→③〈現れる〉

▼忙しいとは思うが、総会には君もちょっとだけ顔を出して欲しい。

顔《かお》をつなぐ

忘れられないように、出席しておく。→②〈仲介する〉

▼顧客と顔をつないでおくことが販売促進の第一歩だ。

名乗《なの》りを上《あ》げる

競争に参加したり進んで立候補することを表明したりする。→③〈公然とした〉

▼A県は次期国体開催地に名乗りを上げた。

【参考】武士が戦場で敵に自分の家系や名前を大声で告げることから。

一口《ひとくち》乗《の》る

金儲《かねもう》けの話や何人かでする仕事に加わる。

▼そんなにいい話なら私も一口乗ります。

末席《まっせき》を汚《けが》す

同席したり仲間に加わったりすることを謙遜《けんそん》して言うことば。

▼この名誉ある会の末席を汚すことができて光栄です。

身《み》を投《とう》じる

事業や活動などに加わる。

▼彼は若くして社会福祉事業に身を投じた。

仕上げる・完成する

思《おも》いを晴《は》らす

望みを遂げる。→①〈満足する〉

▼長年の研究が実ってやっと思いを晴らした。

終《お》わり良《よ》ければすべて良《よ》し

物事は結果さえよければ、途中の失敗や苦労は取るに足りない。締めくくりが大切であるということ。

▼われらが演劇集団の初公演は、台詞が飛んだり、お客の野次に対応したりするなど、予想外のことが続出したが、ラストは大いに盛り上がり、終わり良ければすべて良しで、

結果的には上々の成功といえた。

【参考】イギリスの劇作家、シェークスピアに『終わり良ければすべて良し』という同名の有名な作品がある。

画竜点睛《がりょうてんせい》

最後に大切な一点に手を加えて、その物事を完成させること。最後の仕上げ。
▼今月一杯でいよいよ最後の工事になりました。ここで事故などを起こして画竜点睛を欠くことのないよう、細心の注意を払っていただきたい。
【参考】読み下しは、竜《りゅう》を画《えが》いて睛《ひとみ》を点《てん》ず。絵の名手、梁《りょう》の張僧《ちょうそう》繇《よう》が、金陵《きんりょう》の安楽寺の壁に竜を描いて、最後に睛《ひとみ》をかき入れたら、たちまち竜が天に昇ったという故事から。また「画竜点睛を欠く」は、全体としてよい状態でありながら、最後の仕上げに不十分な箇所があることのたとえ。

【出典】『歴代名画記《れきだいめいがき》』七。

【誤り】画竜点睛。「睛《ひとみ》」。また「画竜」は「がりょう」と読み、「がりゅう」とは読まない。

「晴《は》れ」でなく

尻切《しりき》れ蜻蛉《とんぼ》

尾の部分が切れた蜻蛉のように、物事が途中で中断されていること。未完結のたとえ。
▼息子は小説に挑戦しているようだが、アイデアは浮かんでもそれをストーリーにまとめられず、ほとんどが尻切れ蜻蛉に終わるらしい。
【参考】細長い蜻蛉の尾は切れやすく、切れると飛べなくなることから。

【同義語】尻切《しりき》れ鳶《とんび》。

大願成就《たいがんじょうじゅ》

大きな願いが叶《かな》えられること。神仏の加護によって願いが叶えられたときなどに用いる。
▼初恋の女性と結婚したいというのが彼の念願だったが、三十歳で大願成就、めでたく華燭《かしょく》の典《てん》を挙げた。
【別表記】「大願」は「だいがん」とも読む。

【出典】十返舎一九《じっぺんしゃいっく》『東海道中膝栗《とうかいどうちゅうひざくり》毛《げ》』六。

百里《ひゃくり》を行《ゆ》く者《もの》は九十里《くじゅうり》を半《なか》ばとす

百里の行程を旅するときは最後になるほど苦しいので、九十里で半分と考えるくらいにしないと無事に到達できない。同じように、何事をするにも、残り少しのところで気を引き締めないと失敗するという戒め。
▼ここまで来たらもう完成したも同

じだなどと油断しないように。百里を行く者は九十里を半ばとす、最終結果が出るまでは道半ばと心得なさい。

【出典】『戦国策《せんごくさく》』秦策《しんさく》。

【同義語】百里《ひゃくり》の道《みち》は九十里《くじゅうり》が半《なか》ば。

物《もの》にする

世間に通じるものに仕上げる。→②〈取得する・獲得する〉⑤〈技量〉
▼新入社員を物にするには少なくとも三年はかかる。

有終《ゆうしゅう》の美《び》

最後までやり遂げて、結果が立派であること。終わりをまっとうすること。立派な成果を上げること。
▼その現役最年長のピッチャーは最後の試合で見事勝ち投手となって、有終の美を飾った。
【参考】「有終」は最後をまっとうする意味。

【類句】仕上《しあ》げが肝心《かんじん》。

【対句】竜頭蛇尾《りゅうとうだび》。

【誤り】優秀の美。

ローマは一日《いちにち》にして成《な》らず

強大なローマ帝国も一日で建設されたのではなく、長い年月をかけた努力の結果であるということ。大事業は短期間で完成するものではないというたとえ。
▼この事典はN先生の生涯をかけた大偉業だった。完成に三十年、まさにローマは一日にして成らずである。
【参考】英語の格言“Rome was not built in a day.”の翻訳。

叱る

油《あぶら》を絞《しぼ》る

厳しく責める。ひどく叱る。
▼今度の失敗で、部長にたっぷりと油を絞られた。

大目玉《おおめだま》を食《く》らう

ひどく叱られる。
▼キャッチボールでガラスを割ってしまい、母から大目玉を食らった。
【類句】お目玉《めだま》を食《く》う。

雷《かみなり》が落《お》ちる

大声で怒鳴りつけられる。
▼いつまでもいたずらをしていると、お父さんの雷が落ちるよ。

叱咤激励《しったげきれい》

大声で励ますこと。大声を出して励まし指図すること。また、大声を上げて叱りつけながら指図すること。

▼いかに叱咤激励しても、本人にやる意欲がなければ糠《ぬか》に釘《くぎ》だ。

【類句】叱咤督励《しったとくれい》。

【類語】鼓舞《こぶ》。

【出典】（叱咤）『史記《しき》』淮陰侯列伝《わいいんこうれつでん》。

目《め》が飛《と》び出《で》る

ひどく叱られるようす。→①〈驚く・驚かす・驚き〉

▼ほんの少し前に目が飛び出るほど叱られたのに、もうけろっとしている。

従う

唯唯諾諾《いいだくだく》

何事についても自分の判断を交じえずに、人の意見や命令に「はいはい」と従うさま。他人の言いなりになること。

▼無理を言われても先輩だからと思って、唯々諾々と従っていたらいい気になって、次々と勝手なことを言うから頭にくる。

負《お》うた子《こ》に教《おし》えられて浅瀬《あさせ》を渡《わた》る

幼い子を背負って川を渡る場合、どこが浅いかを子に教えられて楽に対岸にたどり着くことがある。賢い者や熟練した者が、愚かな者や未熟な者から教えられるたとえ。

▼O教授は、古典文法の新理論を教え子の大学院生から提示された。負うた子に教えられて浅瀬を渡るというが、この師にしてこの弟子ありか。

【同義語】負《お》うた子《こ》に浅瀬《あさせ》を習《なら》う。負《お》うた子《こ》に教《おし》えられる。

驥尾《きび》に付《ふ》す

名馬の尻尾にくっついた蠅《はえ》が速く、遠くに達することから、平凡な人が優れた人に従って行動したり、後輩が先輩に従ったりして業績をあげるたとえ。

▼A先生の驥尾に付してこの研究室で研鑽を重ねたことが、あの発見につながりました。

【参考】謙遜して使うことが多いことば。「驥」は一日に千里も走るという名馬。

【出典】『史記《しき》』伯夷列伝《はくいれつでん》。

草木《くさき》もなびく

威勢が強く、まわりのものがすべてなびき従う。

▼草木もなびく勢いは、つかの間であった。

後塵《こうじん》を拝《はい》する

地位や権力のある人に付き従う。↓⑦〈敬服する・敬意〉⑦〈負ける・屈服する〉

▼本日は帰郷された大臣の後塵を拝することができ、大変光栄に存じます。

【参考】「後塵」は人や車馬などが走った後に立つ土ぼこり。

股肱《ここう》の臣《しん》

「股肱」は、「もも」と「ひじ」。転じて、主君の手足となって働く、最も頼りとなる家臣。

▼彼を子飼いの部下で股肱の臣と信頼していただけに、裏切られたときのK氏の失望ぶりは見ていられないくらいだった。

【類語】側近《そっきん》。懐刀《ふところがたな》。右腕《みぎうで》。

【出典】『史記《しき》』太史公《たいしこう》自序。

言葉《ことば》に甘《あま》える

相手の好意的なことばにそのまま従う。相手の親切な申し出を素直に受ける。

▼友人の言葉に甘えて、一晩泊めさせてもらった。

節《せつ》を折《お》る

やむを得ない事情で自分の意思を曲げて人に従う。

▼集団の和を保つため、節を折って大勢《たいせい》に従う。

【類句】節《せつ》を屈《くっ》する。

節《せつ》を曲《ま》げる

外部からの圧力に屈したり欲にかられて自分の信念を変えたりする。

▼彼は脅かされても節を曲げなかった。

角《つの》を折《お》る

それまでとっていた強情な態度をやめる。

▼同郷人のとりなしで、角を折って話し合うことにした。

亭主《ていしゅ》の好《す》きな赤烏帽子《あかえぼし》

一家の主人が好むのであれば、それが赤い烏帽子のように風変わりなものでも家族は従わざるを得ないということ。

▼家ではフライにはお醤油をかけるの。亭主の好きな赤烏帽子で、お父さんの好みが食卓に反映してるって

わけ。

【参考】「烏帽子」は昔、成人の男子が用いたかぶり物で、黒塗りが普通だった。

【類句】亭主《ていしゅ》が好《す》きなら薦《こも》でも被《かぶ》れ。

付和雷同《ふわらいどう》

自分にしっかりとした判断がなく、むやみに他人の意見や行動に同調すること。
▼自分に信念があれば、安易に付和雷同するようなことはしないはずだ。
【誤り】不和雷同。

【出典】（雷同）『礼記《らいき》』曲礼上《きょくらいじょう》。

操《みさお》を立《た》てる

忠誠を貫く。→⑦〈夫婦〉
▼会長に操を立てて、去就《きょしゅう》を共にする。

水《みず》は方円《ほうえん》の器《うつわ》に随《したが》う

水は容器が方形であれば方形に、円形であれば円形になる。人民は為政者の善悪によって善《よ》くも悪くもなるというたとえ。さらに、環境や交友によって善くも悪くもなるということ。
▼水は方円の器に随うというが、うちの娘もあの高校に入ったら、ずいぶん礼儀正しく、おとなしくなったね。
【類句】朱《しゅ》に交《まじ》われば赤《あか》くなる。善《ぜん》悪《あく》は友《とも》による。

【出典】『韓非子《かんぴし》』。

【同義語】水《みず》は入《い》れ物《もの》に従《したが》う。

身《み》を任《まか》せる

相手のするがままに任せる。
▼相手の言うとおりに身を任せず、自分の意見を伝えなさい。

修練

蛍雪《けいせつ》の功《こう》

蛍の光と雪の光で勉強に励むこと。苦労して勉学に励むこと。苦学の成果。
▼彼は祖国からの送金もたびたび途絶えたが、なお勉学への志《こころざし》やみ難く、蛍雪の功を積み、ついにその道の世界的な研究者として不動の地位を築いた。
【類句】蛍窓雪案《けいそうせつあん》。

【出典】『晋書《しんじょ》』車胤伝《しゃいんでん》。

【故事】貧乏で油も買えなかった中国晋《しん》の車胤《しゃいん》は蛍を集めてその光で書物を読み、やはり貧しかった孫康《そんこう》は窓辺に雪を積んでその雪明かりで勉学に励んだという。

好《す》きこそ物《もの》の上手《じょうず》なれ

自分が好きなことだと飽きないし、熱も入るので、自然に上達も早くなるという意味。

▼バラの画家ルドゥーテは幼いころから花の絵だけをずっと描いて、兄からは「また花か」と呆れられたが、好きこそ物の上手なれで、その卓越した画才が認められ、皇后お抱えの植物画家となった。

【類句】道《みち》は好《この》む所《ところ》によって易《やす》し。

【同義語】好《す》きは上手《じょうず》のもと。

切磋琢磨《せっさたくま》

石や玉などを切り磨くように知徳を練り磨くこと。また、仲間同士が励まし合って、共に向上すること。

▼合宿の目的はチームワークの養成と、お互いの切磋琢磨による一人ひとりの技量の向上にある。

【類句】刻苦勉励《こっくべんれい》。

【出典】『詩経《しきょう》』衛風《えいふう》。『礼記《らいき》』大学《だいがく》。

玉磨《たまみが》かざれば光《ひかり》なし

宝石も、地から掘り出したままで磨かなければ光を放たない。同じように、人も優秀な素質を持って生まれても、学問や修練を積まなければ大成しないということ。

▼三年前のドラフト一位投手は期待外れだった。玉磨かざれば光なしで、なまじ才能があるのが災いして努力を惜しんだらしい。

【類句】玉磨《たまみが》かざれば器《うつわ》を成《な》さず。

胆《たん》を練《ね》る

物事に恐れ驚かないように、修練すること。

▼彼は、胆を練るために座禅を始めた。

習《なら》い性《せい》となる

同じことを繰り返し、習慣として身につくと、それが生まれつきのようになる。善行はよい性格を培《つちか》い、悪行は悪い性格の原因になるという意味。

▼習い性となるで、長年校正の仕事をしていると、テレビのテロップや新聞のちらしの誤字誤植が気になってしかたがない。

【類句】習慣《しゅうかん》は第二《だいに》の天性《てんせい》なり。

【出典】『書経《しょきょう》』太甲上《たいこうじょう》。

習《なら》うより慣《な》れろ

物事は人に教えてもらうよりも、自分で経験を積んだほうがしっかりと身につくものだということ。

▼免許取り立てのころは道路に出るのが恐かったが、生活上車を使わざるを得ず、習うより慣れろで場数《ばかず》をこなすうちに恐怖心を克服した。

【類句】経験《けいけん》は学問《がくもん》に勝《まさ》る。

磨《みが》きをかける

才能や技術などをいっそう優れたものにする。
▼コックの兄は、フランスで修業して腕に磨きをかけてきた。
【類句】磨《みが》きがかかる。

身《み》につける

学問、技術などを習得する。自分のものにする。
▼この資格を身につけておけば将来きっと役に立ちますよ。

胸《むね》を借《か》りる

力の下の者が上の者に相手をしてもらう。
▼この一年、兄弟子の胸を借りて練習してきた成果があった。
【参考】相撲で上位の力士に稽古《けいこ》をつけてもらう意から。

面壁九年《めんぺきくねん》

長い間、一心不乱に勉学に励むことのたとえ。何事か成そうとして、長い間忍耐強く取り組むこと。
▼面壁九年、彼は寝食を忘れて『古事記《こじき》』と『日本書紀《にほんしょき》』に取り組み、ついに日本古代史を新しい角度から書きかえた。
【参考】六世紀のはじめにインドから中国に渡った禅宗の始祖達磨《だるま》大師は、嵩山《すうざん》の少林寺で、壁に向かって九年間座禅を続けて悟りを開いた。

【出典】『景徳伝灯録《けいとくでんとうろく》』三。

焼《や》きを入《い》れる

気の緩んだ者に気合いを入れて鍛える。
▼後輩に焼きを入れるのもいいが、行きすぎて暴力を振るうのは絶対許せない。
【参考】刃物などの金属を熱してたたき、水に入れて冷やすことを繰り返して、かたく鍛える意から。

六十《ろくじゅう》の手習《てなら》い

年をとってから勉強や稽古《けいこ》事を始めること。晩学のたとえ。
▼定年後の彼は六十の手習いだと言って大学の通信教育に挑戦し始めた。
【参考】六十歳になって初めて習字を始めるという意から。

手段・方法・方策

新《あたら》しい酒《さけ》は新《あたら》しい革袋《かわぶくろ》に盛《も》れ

新しい思想や内容は新しい形式で表現すべきだという意味。

▼わが社で最初の外国人社長は就任の際に、伝統にあぐらをかかず、新たな方針を打ち出すべきで、新しい酒は新しい革袋に盛れを、実践すべきだと力説した。

【参考】イエス・キリストのことば。新しい酒（ぶどう酒）を古い革袋に入れれば、袋は張り裂けるということで、「新しい酒」はキリストの教え、「古い革袋」はユダヤ教を意味する。

【出典】『新約聖書《しんやくせいしょ》』マタイ伝《でん》。

急《いそ》がば回《まわ》れ

成果を急ぐなら一見遠回りでも、着実な方法をとったほうがよい。

▼スランプに陥ったときには、急がば回れでゆっくり休養をとったほうがいい。

【参考】室町時代の連歌師宗長《そうちょう》が詠《よ》んだ「もののふの矢橋《やばせ》の舟は速けれど急がば回れ瀬田《せた》の唐橋《からはし》」が語源。陸路よりも水路を行くのが速いが、水路には危険もともなうので、急ぐときこそ安全な手段を選べと示したもの。

【類句】急《せ》いては事《こと》を仕損《しそん》じる。

奥《おく》の手《て》

隠していたとっておきの手段。学問などの秘訣《ひけつ》。奥義《おうぎ》。

▼彼は奥の手を使って政治家に取り入ったらしい。

活路《かつろ》を開《ひら》く

窮地から抜け出す方法を見出す。

▼彼は事故で半身不随になったが、絵の世界に活路を開いた。

【参考】「活路」は命の助かる道。

【類句】活路《かつろ》を見出《みいだ》す。

間隙《かんげき》を縫《ぬ》う

切れ目なく続いている物事のすきまをとらえて何事かを行う。

▼戦闘の間隙を縫って逃げ惑う人々の姿が映し出された。

切《き》り札《ふだ》を出《だ》す

とっておきの最も強力な手段を使う。最後の決めて。

▼同点で迎えた九回裏に、相手チームは代打の切り札を出してきた。

【参考】「切り札」はトランプで最も強いカード。

苦肉《くにく》の策《さく》

いろいろ悩んだ末に出した策略。苦しまぎれにひねり出した策略。

▼苦肉の策で打った一手で、何とか勝つことは勝った。

【誤り】狗肉の策。

【故事】敵を欺くために、故意に味方から肉体的な苦痛を受けて敵陣に逃れ込み、内情を探ったという。

細工《さいく》は流々《りゅうりゅう》仕上《しあ》げを御覧《ごろう》じろ

物事のやり方はいろいろあるのだから、やり方についてあれこれ言わずに出来上がった結果を見てくれということ。

▼この販売計画には私なりの秘策がある。まあ細工は流々仕上げを御覧じろ、だ。

【参考】「流々」はさまざまな流儀があるという意味。

【同義語】細工《さいく》は流々《りゅうりゅう》仕上《しあ》げが肝《かん》腎《じん》（肝心《かんじん》）。

策《さく》を弄《ろう》する

必要以上にはかりごとを用いる。

▼彼は、彼女の気を引こうといろいろ策を弄したが、結局振られてしまったようだ。

常套手段《じょうとうしゅだん》

同じような場合に、いつも決まって使われる手段。ありふれた方法。

▼具合の悪いことが起きると病院に緊急避難するのが政治家の常套手段となっている。

【誤り】常当手段。

将《しょう》を射《い》んとせば先《ま》ず馬《うま》を射《い》よ

敵将を討ち取ろうと思ったら、まずその敵将の乗っている馬を射倒せということで、目標に直接ぶつからずに周囲から攻略するほうが効果的だという意味。

▼彼は彼女の母親の信頼を勝ち得てから、彼女にプロポーズした。母が迷う娘を後押ししたというから、将を射んとせば先ず馬を射よの作戦は大成功だった。

【出典】杜甫《とほ》「前出塞《ぜんしゅつさい》」。

【同義語】将《しょう》を射《い》んと欲《ほっ》せば先《ま》ず馬《うま》を射《い》よ。人《ひと》を射《い》んとせば先《ま》ず馬《うま》を射《い》よ。

すべての道《みち》はローマに通《つう》ず

ローマ帝国の盛んであったころ、首都ローマには各地からの道路が通じていた。そのように、ある目的を達する手段は幾通りあっても行きつく所は同じであるということ。また、真理は一つであることのたとえ。

▼その時代の研究者には、ジャンルの違いはあれ、自身の研究が人類の明るい未来に通じるものとの共通認識があった。すべての道はローマに通ず、だったわけだが、今日では価値観の多様化で状況は様変わりしている。

【参考】英語の格言“All roads lead to Rome.”の翻訳。

善後策《ぜんごさく》

起こった物事の後々がよいように立てた方策、手段。

▼社員が新聞種《だね》になるような不祥事を起こしたので、総務部長は善後策に苦慮している。

【誤り】前後策。

【出典】(善後)『孫子《そんし》』作戦《さくせん》。

手《て》がない

手段や方法がない。やりようがない。→⑥〈仕事・商売〉

▼病気の進行が早く、施す手がなかった。

手《て》を打《う》つ

問題の解決に必要な処置、対策を講じる。→②〈処理する・処置〉

▼ふだんから災害に備えた手を打っておくことが大切だ。

手《て》を尽《つ》くす

あらゆる手段、方法を試みる。

▼八方手を尽くして、やっと材料を調《ととの》えることができた。

手《て》を回《まわ》す

ひそかに必要な手配りをする。

▼なんとか手を回して、事件が表沙《ざ》汰《た》になるのを防いだ。

伝家《でんか》の宝刀《ほうとう》

家宝として代々伝わってきた名刀の意味から転じて、いざというときに用いる物や手段のこと。とっておきの切り札。「伝家の宝刀を抜く」という形でよく使う。

▼会社側の態度を不満として、労働組合は十年ぶりに伝家の宝刀であるストライキという手段に訴えた。

灯心《とうしん》を少《すく》なくして油《あぶら》を多《おお》くせよ

灯油で明かりをともすとき、灯心だけを長くしても駄目で、多量の油が必要である。物事は目先のことにとらわれずに根本から手をつけるべきだというたとえ。

▼この手の事故を減らすには、精神論や罰則の強化などでは効果は上がりません。ここは灯心を少なくして油を多くせよというように、資本を

投入してでも全社的な安全体制を確立すべきです。

【参考】「灯心」は灯油に浸して火をともす紐《ひも》状のもの。

時《とき》を稼《かせ》ぐ

有利な情勢になるまで、ほかのことで時間を引き延ばす。

▼犯人の電話を逆探知するまで、なるべく時を稼ぐように指示された。

【類句】時間《じかん》を稼《かせ》ぐ。

毒《どく》をもって毒《どく》を制《せい》す

毒の効果を減殺するために他の毒を用いる。悪を除くのに別の悪を利用することのたとえ。

▼人体に有害な放射線は有効な治療法にもなりうる。いわば、毒をもって毒を制するということだ。

【類句】火《ひ》は火《ひ》で治《おさ》まる。

【出典】『普灯録《ふとうろく》』。

二匹目《にひきめ》の泥鰌《どじょう》を狙《ねら》う

以前成功したことに味をしめて、また同じ方法を用いる。

▼映画が大ヒットするとよく「パート2」が作られるが、二匹目の泥鰌を狙ってもそううまくはいかない。

【同義語】柳《やなぎ》の下《した》にいつも泥鰌《どじょう》は居《お》らぬ。

根回《ねまわ》しをする

物事を実現しやすいように、あらかじめ関係者に話をつけておく。

▼関係部署に根回しをしたので、会議はスムーズに進んだ。

【参考】「根回し」は木を移植する二、三年前に根の周囲を切り詰めて細根を発生させ、移植を容易にすること。

背水《はいすい》の陣《じん》

絶体絶命の立場で決戦に臨むこと。決死の覚悟で事に当たること。

▼今年の受験に落ちたら進学はやめて就職する覚悟、いわば背水の陣で臨みます。

【出典】『史記《しき》』淮陰侯列伝《わいいんこうれつでん》。

弥縫策《びほうさく》

失敗を補う一時しのぎの対策。

▼飛行機の延着で公開討論会ができなくなり、慌てた主催者側は、とりあえず弥縫策としてA教授と評論家のB氏との対談で穴埋めをした。

間《ま》を持《も》たす

空いた時間を退屈しないよう何か適当なことをして潰《つぶ》す。

▼次の目的地に向かうバスの中で間を持たすためにゲームをした。

無為無策《むいむさく》

物事が生じたときに、適切な方策を持たず、何の手も打たないでぶらぶらしていること。
▼経営状態がここまで悪化しているのに、無為無策で腕を拱《こまね》いていたのでは倒産は間違いなしだ。

予防線《よぼうせん》を張《は》る

後で非難されたり責任を問われたりしないように、前もって手段を講じておく。
▼彼は用心深い性格で、どんな点からも突っ込まれないように予防線を張っている。
【参考】「予防線」は警戒や監視のためにあらかじめ手配しておく区域の境界。

ワンクッション置《お》く

間に一段階入れてショックを和らげる。
▼あの会社とは直接交渉しないでワンクッション置いたほうが賢明だ。

取得する・獲得する

金的《きんてき》を射止《いと》める

誰もがあこがれているものを自分のものにする。
▼弱冠二十歳の無名の作家が新人賞という金的を射止めた。
【参考】「金的」は射的の一種で金紙を貼《は》った小さな的。
【類句】金的《きんてき》を射当《いあ》てる。金的《きんてき》を射《い》落《お》とす。

手中《しゅちゅう》に収《おさ》める

確実に自分のものにする。
▼悪戦苦闘の末、勝利を手中に収めた。
【類句】手中《しゅちゅう》にする。

手《て》が届《とど》く

ある段階にもう少しで達する。→①〈気を配る・配慮〉
▼合格ラインに、なかなか手が届かない。

手《て》に落《お》ちる

ある人の所有物となる。支配下に入る。
▼その絵はオークションで、彼の手に落ちた。

手《て》にする

自分の所有とする。

▼彼は宝くじで思わぬ大金を手にした。

物《もの》にする

手に入れる。所有物にする。↓②〈仕上げる・完成する〉⑤〈技量〉

▼彼は、ようやく念願のオフロードバイクを物にした。

両手《りょうて》に花《はな》

よい物、美しい物を二つ同時に得ること。特に、一人の男性が二人の女性を独り占めするときに使うことば。

▼新人王と打点王のタイトルを得た彼は、まさに両手に花だ。

【同義語】梅《うめ》と桜《さくら》を両手《りょうて》に持《も》つ。両《りょう》の手《て》に花《はな》と紅葉《もみじ》。

準備する

足場《あしば》を固《かた》める

物事を成すときのよりどころを確実なものにする。

▼地方議会で足場を固めてから、国会に出馬するつもりだ。

【参考】「足場」は高い所で工事をするとき、足がかりのために丸太などで組み立てる構造物。

一旦緩急《いったんかんきゅう》あれば

ひとたび、緊急なことが起こった場合。

▼化学工場の防災課員は、一旦緩急あれば、何を置いても機敏な処置を取らねばならない。

【参考】「一旦」はひとたび、「緩急」は危急の出来事の意味。

【出典】『史記《しき》』袁盎《えんおう》鼂《ちょう》錯《そ》列伝《れつでん》。

お膳立《ぜんだ》てが揃《そろ》う

いつでも始められるように、また物事がうまく運ぶように準備が整えられる。

▼満塁になり、ホームランバッター登場のお膳立てが揃った。

【参考】食膳が整え終わり、すぐに食事ができることから。

外堀《そとぼり》を埋《う》める

ある目的を達成する方法として、まずその周囲の障害から取り除く。

▼その交渉成立のためには、まず外堀を埋めることが肝心だ。

【参考】城を落とすために、まず外堀を埋めたことから。

爪《つめ》を研《と》ぐ

相手を倒すための用意をする。

▼彼は仕返しの機会をうかがい、爪を研いでいた。

【参考】猫などが、獲物を得ようとして爪を磨いて鋭くして待ち構える意から。

手回《てまわ》しがいい

事前に必要な準備、手配をぬかりなくすませること。

▼講演会の準備は、何事も手回しがいい彼女に任せておけば安心です。

濡《ぬ》れぬ先《さき》の傘《かさ》

雨に濡れる前に傘をさすということで、失敗しないように手回しよく準備するたとえ。

▼あの秘書の心がけのよさは見習いたいね。濡れぬ先の傘で、どんな場合にも対応できるように準備しているんだ。

【類句】転《ころ》ばぬ先《さき》の杖《つえ》。良《よ》い内《うち》から養生《ようじょう》。

【同義語】降《ふ》らぬ先《さき》の傘《かさ》。

伏線《ふくせん》を張《は》る

後で物事がうまく運ぶように、あらかじめ準備しておく。

▼彼は、後の事態に備えて伏線を張るのがうまい。

【参考】小説や劇で、後の展開に備え、あらかじめほのめかしておくことから。

【類句】伏線《ふくせん》を敷《し》く。

二股《ふたまた》をかける

どっちに決まってもいいように二つ同時にかかわりをもつ。

▼彼は就職活動でA社とB社に二股をかけていた。

満《まん》を持《じ》す

十分に準備して機会を待ち受ける。

▼満を持して会社を立ち上げた。

【参考】弓を十分に引いて、矢を放つ時を見計らっている意から。

身《み》を固《かた》める

十分に身づくろいする。→⑦〈縁と結婚〉

▼防寒服に身を固めて救助に向かった。

レールを敷《し》く

物事が順調に進むように、前もって準備をしておく。

▼前任者がレールを敷いておいてくれたおかげで仕事が楽にできた。

処理する・処置

彼方《あちら》立《た》てれば此方《こちら》が立《た》たぬ

物事は両立しにくく、一方をよくすればもう一方が悪くなるというたとえ。また、二人の主人に仕えるのはうまくいかないということ。

▼中間管理職の悲哀は上司と部下の板挟み。彼方立てれば此方が立たぬ、というケースばかりだ。

【類句】出船《でふね》によい風《かぜ》は入《い》り船《ふね》に悪《わる》い。両方《りょうほう》立《た》てれば身《み》が立《た》たぬ。

一刀両断《いっとうりょうだん》

一太刀《ひとたち》で真っ二つに切ることから、物事を思い切りよく決断し、速やかに処理すること。

▼新社長は懸案事項の処理を一刀両断に行い、役員の注目を浴びた。

大鉈《おおなた》を振《ふ》るう

全体を整理するために大胆な処置や改革や削減を行う。

▼不況のため合理化の大鉈を振るう会社が続出した。

折《お》り合《あ》いをつける

交渉においてどちらかが一方的に主張を通すのではなく、お互いにあるていど譲り合って妥協点・決着点を見出すこと。

▼熟練の係官は双方の話をよく聞いて、両家のもめ事にうまく折り合いをつけた。

【類句】落《お》とし所《どころ》を見《み》つける。

快刀乱麻《かいとうらんま》

切れ味のよい刀でもつれた麻を断ち切ることから、複雑な物事を鮮やかに処理することをいう。

▼新しく就任した支店長は、快刀乱麻の活躍ぶりで、長年紛糾していた問題を一挙に解決した。

【参考】文の表現によって「快刀乱麻を断つ」とも使う。

【誤り】快刀乱魔。

喧嘩両成敗《けんかりょうせいばい》

喧嘩をした者がいたら、どちらがよくても悪くても、両方を同じように処罰するということ。

▼忠臣蔵で有名な赤穂浪士《あこうろうし》討ち入り事件の原因は、吉良《きら》と浅野《あさの》の処分を喧嘩両成敗にしなかったことだというのが通説だ。

事《こと》に当《あ》たる

ある事柄にたずさわる。

▼これは危険な作業だから、注意し

て事に当たって欲しい。

十把《じっぱ》一絡《ひとから》げ

いろいろなものをひとまとめにして扱う。よいものと悪いもの、あるいは多くの種類のものを区別せずに、すべてを値打ちのないものとして同じ扱いにすること。

▼祖父の遺品をその古道具屋は十把一絡げにして引き取ろうとした。

尻《しり》が来《く》る

関係者として苦情や処理を押し付けられる。

▼彼にやらせると、結局こっちに尻が来るので閉口する。

【類句】尻《しり》が持《も》ち込《こ》まれる。

尻《しり》を拭《ぬぐ》う

他人の失敗の後始末をする。

▼他人の失敗の尻を拭うのは、まっぴらごめんだ。

【類句】尻拭《しりぬぐ》いをする。

尻《しり》を持《も》ち込《こ》む

不始末の後処理を迫る。

▼関連会社のもめ事の尻を持ち込まれ社長は困り切っている。

是《ぜ》是《ぜ》非《ひ》非《ひ》

公正な立場から、是は是、非は非として正しい判断を下すこと。

▼指導者は、一つ一つの物事を是々非々の立場で判断することが肝要だ。

【参考】もとは「是を是とし、非を非とす、之を知と謂《い》う。是を非とし、非を是とす、之を愚《ぐ》と謂う」。

【類句】是非曲直《ぜひきょくちょく》。理非曲直《りひきょくちょく》。

【出典】『荀子《じゅんし》』修身《しゅうしん》。

大概《たいがい》にする

ほどほどにする。いいかげんなところでやめておく。

▼悪ふざけも大概にしないと、後で痛い目を見るぞ。

帳尻《ちょうじり》を合《あ》わせる

過不足なく物事の結末をつける。

▼今日はノルマを達成できなかったから、明日頑張って帳尻を合わせよう。

【参考】「帳尻」は帳簿の最後に記す収支計算の結果。

【類句】帳尻《ちょうじり》が合《あ》う。

手《て》を打《う》つ

交渉などで、譲歩して折り合いをつける。→②〈手段・方法・方策〉

▼仕方がない、その金額で手を打ちましょう。

【参考】両方の手を打って合点の意志を表すところから。

止《とど》めを刺《さ》す

後から問題が生じないように、核心を突いておく。→②〈終わる・終わり〉

▼家主から月末までに家賃を払うよう、止めを刺された。

煮《に》ても焼《や》いても食《く》えぬ

どのように料理しても食えない食物ということで、始末に困るもののたとえ。扱い方や処置の方法がないこと。世間ずれした、したたか者をもてあますときなどに使う。

▼煮ても焼いても食えぬやつ、とマスコミに言われるようになったら、あなたも大物になった証拠ですよ。

【類句】海千山千《うみせんやません》。

【同義語】酢《す》でも蒟蒻《こんにゃく》でも食《く》えぬ。

俎《まないた》に載《の》せる

議論などの対象として取り上げる。

▼定例会で彼の新作が俎に載せられ、厳しい批評を受けた。

【類句】俎上《そじょう》に載《の》せる。

丸《まる》い卵《たまご》も切《き》りようで四角《しかく》

同じ内容でも話の仕方によって円満に受け取られることもあれば、険悪な状態になることもある。それを卵の切り方にたとえたことば。

▼あの人は親切そうにあれこれ教えてくれるが、いつも上から目線の物言いなので腹が立つ。丸い卵も切りようで四角で、反感を覚えてしまう。

【参考】あとに「物も言いようで角《かど》が立つ」と続く。

メスを入《い》れる

物事を根本から是正するために、思い切った手段を取る。

▼政財界の癒着には早急にメスを入れるべきだ。

【参考】医者がメスで患部を切開する意から。

止《や》むに止《や》まれぬ

やめようとしても、やめられない。そうしないではいられない。

▼酷なようですが、これも止むに止まれぬ処置としてご了解ください。

推測する・想像する

一事《いちじ》が万事《ばんじ》

一つのことがすべてのことという意

味で、一つの出来事や現象を見れば、表面に現れない他のすべてまで推察できるということ。ふつう、好ましくない一面によって、隠れた面を想像するときに使われる。

▼また、あいつの遅刻で仕事が動かない。一事が万事、この調子だ。

【類句】一斑《いっぱん》を見《み》て全豹《ぜんぴょう》を卜《ぼく》す。

一斑《いっぱん》を見《み》て全豹《ぜんぴょう》を卜《ぼく》す

豹の毛皮には斑《まだら》の模様があるが、その斑の一つを見るだけで一匹の豹全体が美しいかどうかを判断するということから、物事の一部分によって全体を推量することのたとえ。

▼彼が二、三球キャッチボールをするのを見ただけで、K氏は彼の才能を見抜いた。一斑を見て全豹を卜す、というが、専門家の眼力はすごい。

【類句】一事《いちじ》が万事《ばんじ》。

【出典】『晋書《しんじょ》』王献之伝《おうけんしでん》。

【同義語】一斑《いっぱん》を見《み》て全豹《ぜんぴょう》を評《ひょう》す。豹《ひょう》の一斑《いっぱん》。

意《い》を汲《く》む

相手の気持ちや考えを推察する。

▼創業者である祖父の意を汲んで、店を継ぐことにした。

鬼《おに》が出《で》るか蛇《じゃ》が出《で》るか

出てみなければ、それが鬼か蛇かわからないということ。結果が予測不可能で薄気味が悪いとき、あるいは人の好奇心をそそるときに使うことば。

▼あの村に古くから伝わる奇祭を見てきたが、当日の夜真っ暗な野原に集められたわれわれ観光客は、鬼が出るか蛇が出るかで、期待と不安が半々だったよ。

【同義語】鬼《おに》が出《で》るか仏《ほとけ》が出《で》るか。

思《おも》い半《なか》ばに過《す》ぎる

思い当たることが半分以上だという意味で、全部を見たり聞いたりしなくても十分に推察できること。思い当たること、想像できることが多い場合に使うことば。

▼大きな苦労を乗り越えて結ばれた二人だ。結婚式でのご両親の喜びは思い半ばに過ぎるよ。

【出典】『易経《えききょう》』繋辞《けいじ》下。

皮算用《かわざんよう》

物事がまだ決まらないうちに、あれこれと計算すること。「捕《と》らぬ狸《たぬき》の皮算用」の略。

▼父は買った絵が十年後には倍の値段になると皮算用している。

【類句】飛《と》ぶ鳥《とり》の献立《こんだて》。

【同義語】捕《と》らぬ狸《たぬき》の皮算用《かわざんよう》。

行間《ぎょうかん》を読《よ》む

文字では表現されていない筆者の真意や意向を読み取る。
▼行間を読むことによって、より深い感動が得られる。

桐《きり》一葉《ひとは》落《お》ちて天下《てんか》の秋《あき》を知《し》る

梧桐《あおぎり》の大きな葉が他の木より早く落ちるのを見て、秋の訪れた気配を察すること。わずかな前兆によって、やがてやって来る大事を予知するたとえ。
▼戦国武将武田信玄《たけだしんげん》は、子の勝頼《かつより》の食事の場面を見て武田が長くないことを悟ったという。桐一葉落ちて天下の秋を知る、というように没落の予感がはたらいたんだね。
【同義語】一葉《いちよう》落《お》ちて天下《てんか》の秋《あき》を知《し》る。

気《き》を回《まわ》す

あれこれと余計なことまで心配したり想像したりする。
▼夫の帰宅が遅いと、つい気を回しすぎてしまう。

計算《けいさん》に入《い》れる

あらかじめそのことを予測して計画を立てる。
▼それくらいの予算オーバーは計算に入れてあるので大丈夫だよ。

心《こころ》に描《えが》く

将来のことなどを想像する。
▼彼女との幸せな家庭を心に描く。

先《さき》が見《み》える

将来の予想がつく。将来を見通す力がある。
▼このところ、景気の先が見えず不安定です。

揣摩臆測《しまおくそく》

他人の心中や事情を、あれこれと勝手に推し測る。物事を、しっかりした根拠によらずに推察する。当て推量。
▼A氏が私財を投げうってこの会を設立されたのは深いお考えがあってのことだ。選挙目当てではないかなどという揣摩臆測は慎んでもらいたい。
【別表記】「臆測」は「憶測」とも書く。

壺《つぼ》にはまる

まんまと図に当たる。予想どおりになる。→⑥〈正義・正当・道理〉
▼彼女の立てた作戦はぴたりと壺にはまった。

二度《にど》あることは三度《さんど》ある

二度あったことはもう一度あるということ。物事はよく繰り返されるものだから、失敗を重ねないように注意せよという戒め。悪いことは続くから用心せよという意味もある。
▼二度あることは三度あるというが、こう立て続けに事故に遭うのなら、しばらく外出は避けようか。
【同義語】一災起《いっさいお》これば二災起《にさいお》こる。

目《め》に浮《う》かぶ

頭の中に思い描くことができる。
▼電話の向こうの慌てぶりが目に浮かぶようだ。

目《め》に見《み》える

確実に成り行きが推測できる。→③
〈明らかな・明白な〉
▼この計画がいずれ失敗することは目に見えている。

目鼻《めはな》が付《つ》く

物事がだいたい出来上がる。物事のおおよその見通しが立つ。
▼新規事業の資金繰りにもどうやら目鼻が付いた。

目星《めぼし》を付《つ》ける

おおよその見当を付ける。
▼警察は犯人の目星を付け、張り込みを始めた。

目安《めやす》が付《つ》く

物事のだいたいの見当が付く。
▼一日の売り上げの目安が付けば、仕入れが楽になる。
【類句】目安《めやす》を付《つ》ける。

山《やま》が見《み》える

困難を乗り切って、先の見通しが付く。
▼与野党の話し合いが付き、法案策定も山が見えてきた。

山《やま》をかける

万一の幸運を当てにして、物事を行う。
▼初球はストレートに違いないと山をかけて、思い切りバットを振りぬいたら見事にホームランとなった。
【類句】山《やま》を張《は》る。

夜目遠目笠《よめとおめかさ》の内《うち》

夜の薄暗い光で見るとき、遠くから見るとき、かぶった笠で顔の一部が隠れているときには女性の容貌《ようぼう》はよくわからず、かえって実際より美しく感じられるものだということ。

▼夜目遠目笠の内といって、女性は部分的に見えないほうが男性の想像力をかきたてる。雨傘をさした後ろ姿もこれと同じだね。
【同義語】遠《とお》目《め》山越《やまご》し笠《かさ》の内《うち》。

説明する・説得する

因果《いんが》を含《ふく》める
よく事情を話して聞かせ、納得させる。あきらめさせる。
▼君しかいないと因果を含められて、しかたなく単身赴任するはめに陥った。

引導《いんどう》を渡《わた》す
最終的な結論を言い渡し、あきらめさせる。
▼辞任するよう、会長に引導を渡す役を頼まれて気が重くなった。
【参考】仏教で葬式のとき、迷わず仏のもとへ行くよう僧が経を唱え手引きする意から。

噛《か》んで含《ふく》める
十分に理解するように詳しく丁寧に言う。
▼噛んで含めるように言って聞かせたのに、ちっともわかっていないようだ。

檄《げき》を飛《と》ばす
自分の主張を広く人々に知らせて同意を求め、行動を促す。
▼本年の目標を達成しようと、彼は全国の支社や支店に檄を飛ばした。
【参考】「檄」は昔、中国で政府が人を呼び集めるために出した木札の文書。

【誤り】激を飛ばす。上に立って指導的立場にある者が部下や選手などを強い調子で叱咤激励《しったげきれい》するという意味で使用するのは誤り。ただし最近では誤用の慣用として激励の意味で用いることを認める考えもある。

博引旁証《はくいんぼうしょう》
多くの例を引用し、それらを証拠として挙げて説明すること。
▼郷土芸能の発生に関する彼の説には二、三の異論も出たが、彼は博引旁証によって反論し、自説の正しさを立証した。
【類句】考証該博《こうしょうがいはく》。

ミイラ取《と》りがミイラになる
説得しに行った者が、逆に説得される。→②〈帰る・戻る〉
▼社長に退陣を迫った彼は、ミイラ取りがミイラになって、今や社長派の急先鋒《きゅうせんぽう》だ。

世話をする・面倒をみる

汗馬《かんば》の労《ろう》

戦場で馬に汗をかかせて走って立てた手柄、軍功。転じて物事をまとめるときに奔走した苦労をいう。
▼社内とりまとめのために汗馬の労をとってくれたからこそ、今日のわが社の繁栄があるのです。
【類句】犬馬《けんば》の労《ろう》。
【出典】『史記《しき》』蕭相国世家《しょうしょうこくせいか》。『戦《せん》国策《ごくさく》』楚策《そさく》。

肝煎《きもい》り

人の世話をしたり、周旋をしたりすること。人と人の間を取り持って神経を使う＝肝を煎ることから。
▼この合併工作は部長の肝煎りにより粛々と進められた。

犬馬《けんば》の労《ろう》

主人や他人のために力を尽くすこと。「犬馬」は犬や馬のように人に使われるという意味。自分を謙遜《けんそん》していう。
▼あなたをあの方にお引き合わせするためには、私は犬馬の労をいといません。
【類句】汗馬《かんば》の労《ろう》。薪水《しんすい》の労《ろう》。
【出典】羅貫中《らかんちゅう》『三国志演義《さんごくしえんぎ》』。

死《し》に水《みず》を取《と》る

臨終まで面倒をみる。
▼息子に死に水を取ってもらえれば本望です。
【参考】「末期《まつご》の水」を死者の口に注ぐ意から。

世話《せわ》が焼《や》ける

手数がかかって面倒である。
▼まだ幼くて世話が焼ける子どもがいるので、クラス会は欠席した。
【類句】手《て》が掛《か》かる。

世話《せわ》になる

厄介になる。援助を受ける。
▼老後も子どもの世話になるつもりはない。

世話《せわ》を焼《や》く

あれこれと人の面倒をみる。
▼祖母は孫の世話を焼くのが楽しみのようだ。

手塩《てしお》にかける

自分で直接世話して育てる。
▼手塩にかけて育てた娘を手放すのはつらい。

手《て》をかける

時間や労力を惜しまずに世話をする。→②〈攻撃する〉⑥〈悪事・悪人〉

▼この店は手をかけた料理を出している。

手《て》を煩《わずら》わす

人に面倒をかける。

▼今回は先生のお手を煩わすまでもなく、解決することができそうです。

身《み》になる

その人の立場になる。→⑦〈役立つ〉

▼彼はこちらの身になって相談に乗ってくれる。

身《み》を寄《よ》せる

ある人の家に同居させてもらい世話になる。

▼受験のため上京した妹は、叔母の家に身を寄せている。

目《め》を掛《か》ける

特別にかわいがる。世話をする。

▼彼は、明確な目標に向かって努力する青年だったから特別に目を掛けてきた。

労《ろう》を執《と》る

他人のために骨を折る。

▼このたびは、土地の取引に関して仲介の労を執っていただき感謝しております。

相談する

意見《いけん》と餅《もち》はつくほど練《ね》れる

餅は搗《つ》けば搗くほど練れてうまくなるが、それと同じで意見を出せば出すほど考えが練れてよい結果になるということ。

▼まず結論ありきで論を進めるのは早すぎます。意見と餅はつくほど練れるというように、もう少し時間をかけて結論を出しましょう。

【参考】「つく」は「搗く」と「付く」の掛詞《かけことば》。

【同義語】意見《いけん》と餅《もち》はつくほど練《ね》れが良《よ》い。

口裏《くちうら》を合《あ》わせる

事前に打ち合わせて話の筋道が合う

ようにする。

▼彼を知る人たちは、まるで口裏を合わせたかのように彼のことを擁護した。

【類句】口《くち》を合《あ》わせる。

知恵《ちえ》を借《か》りる

人に相談してよい考えや方法を教えてもらう。

▼会社設立のため、法律の専門家としての君の知恵を借りたい。

話《はなし》に乗《の》る

人の相談事に応じる。

▼仕事のことで君に話に乗ってもらいたいことがある。

膝《ひざ》を突《つ》き合《あ》わせる

じっくりと話をするために膝が触れるほど近くに向かい合って座る。

▼君とは一度、膝を突き合わせて話し合う必要がありそうだ。

額《ひたい》を集《あつ》める

多数の人が寄り集まって相談する。

▼各国の研究者が額を集めて協議したが、解決策は容易に見つからない。

耳《みみ》を貸《か》す

人の話を聞こうとする。相談に乗る。

▼彼は周囲の人の忠告にまったく耳を貸そうとしない。

物《もの》は相談《そうだん》

何事も人に相談してみると、案外よい結果が得られるものだ。

▼物は相談だが、今度の日曜日、引っ越しの手伝いをしてくれないか。

【参考】相談を切り出すとき、相手に呼びかける語。

【類句】物《もの》は談合《だんごう》。

耐える・忍耐・我慢

欠伸《あくび》を噛《か》み殺《ころ》す

退屈なことを我慢する。

▼母のお供で芝居を見に行ったが、欠伸を噛み殺すのに精いっぱいだった。

【参考】出かかった欠伸を無理にとめる意。

石《いし》の上《うえ》にも三年《さんねん》

辛抱していれば、必ず成功するということ。

▼今度こそ、腰を据えて頑張りなさい。石の上にも三年というでしょ

う。

【参考】冷たい石の上でも三年座り続ければあたたまるという意から。

一寸《いっすん》延《の》びれば尋《ひろ》延《の》びる

差し当たっての苦労や困難を耐え忍んで切り抜ければ、それから先は楽になって万事うまくいくという意味。苦しんでいる人に前途の希望を持たせるときに使う。

▼今日が駄目でも明日はうまくいく、明日がだめでも明後日ならうまくいく、と考えよう。一寸延びれば尋延びると言うではないか。

【参考】「一尋《ひとひろ》」は六尺（約一・八メートル）で「一寸（約三センチメートル）」の六十倍に当たる。今我慢して一寸延びておけば、将来一尋延びることができるということから。

【同義語】寸《すん》延《の》びて尺《しゃく》となる。

隠忍自重《いんにんじちょう》

辛《つら》いことを、じっとこらえて、軽はずみな行動をしないこと。

▼君はいつも一つ仕事に専念しようとしない。心を入れ替え、辛いことがあっても隠忍自重して事に当たるようにしなさい。

【対句】軽挙妄動《けいきょもうどう》。

【出典】（隠忍）『史記《しき》』伍子胥列伝《ごししょれつでん》。

恨《うら》みを呑《の》む

恨めしい気持ちをこらえる。

▼けがのため、恨みを呑んで試合出場を断念した。

臥薪嘗胆《がしんしょうたん》

仇《あだ》を討つため、また、恥をすすぐために苦労を重ねること。目的達成のために、辛抱強く努力すること。

▼司法試験に挑戦して六回目、臥薪嘗胆の末ついに合格したときの喜びは、生涯忘れないだろう。

【参考】中国の春秋時代、越王勾践《えつおうこうせん》に父を殺された呉王夫差《ごおうふさ》は薪《まき》の上に寝て苦痛を味わい、復讐《ふくしゅう》心を培《つちか》った。その夫差に会稽山《かいけいざん》で敗れた勾践は苦い胆《きも》を嘗《な》めることで恥を忘れないようにし、ついに夫差を滅ぼしたという故事による。

【出典】『史記《しき》』越王勾践世家《えつおうこうせんせいか》。

韓信《かんしん》の股《また》くぐり

将来に大望をいだく者は、目前の恥辱を耐え忍ぶべきだということ。

▼その試合ではいいところなく大差で負けた。敵と味方の応援団から屈辱的な非難を浴びたが、ここは韓信の股くぐりと我慢して球場を後にした。

【参考】中国漢《かん》の功臣、韓信が若いときに、ならず者の股の下をくぐらされるという辱めを受けたが、我慢したという故事による。
【出典】『史記《しき》』淮陰侯列伝《わいいんこうれつでん》。

唇《くちびる》を噛《か》む
悔しさや憤りをじっとこらえる。
▼反論もせずに彼女はじっと唇を噛んで下を向いていた。

堅忍不抜《けんにんふばつ》
じっと我慢して心を動かさないこと。「不抜」は抜けないこと。堅くて動かないこと。
▼彼は幾多の試行錯誤を繰り返しながらも、堅忍不抜の精神を発揮して実験を成功させた。
【類句】堅忍持久《けんにんじきゅう》。
【出典】（堅忍）『国語《こくご》』晋語《しんご》。

腰《こし》が強《つよ》い
精神力が強く、なかなか人に屈しない。→⑥〈食事・食べ物〉
▼彼は腰が強いから、あんなミスはまたすぐ取り戻すさ。

痺《しび》れを切《き》らす
長い間待って、一刻も我慢できないようす。
▼三十分待っても相手が来ないので、痺れを切らして帰って来た。

雌伏《しふく》
雌鳥《めんどり》が雄鳥《おんどり》に服するように、他の人におとなしく服従していること。転じて、活躍する時機が到来するのをじっとたえて待つという意味。
▼まだ君は実力不足だから、いま彼と戦ってもとうてい勝ち目はない。今は雌伏の時だ、じっくり自分の技を磨きなさい。
【出典】『後漢書《ごかんじょ》』帳温伝《ちょうおんでん》。

鳴《な》くまで待《ま》とう時鳥《ほととぎす》
好機が到来するまで辛抱強く待つということ。
▼わが社の方針は基本的に「鳴くまで待とう時鳥」だが、時にようすを見過ぎて失敗することもあるから難しいものだ。
【参考】戦国時代末期の織田信長《おだのぶなが》、豊臣秀吉《とよとみひでよし》、徳川家康《とくがわいえやす》の三人の武将の性格を、「鳴かぬなら」ということばに続けた句で表したもので、信長は「鳴かぬなら殺してしまえ時鳥」、秀吉は「鳴かぬなら鳴かしてみしょう時鳥」、家康は「鳴かぬなら鳴くまで待とう時鳥」としたことから。

涙《なみだ》を呑《の》む
泣きたいほどの無念の思いに耐える。
▼彼女は家庭の事情で涙を呑んで進学をあきらめた。

ならぬ堪忍《かんにん》するが堪忍《かんにん》

これ以上は我慢できないというところをじっと我慢するのが、本当の意味での我慢だという意味。

▼その仕打ちに怒りははちきれそうだったが、自分ひとりに家族の生活がかかっていたので、ここはならぬ堪忍するが堪忍と、ひたすら耐えた。

【参考】「堪忍のなる堪忍は誰もする、ならぬ堪忍するが堪忍」と続けてもいう。

【類句】忍《にん》の一字《いちじ》は衆妙《しゅうみょう》の門《もん》。

腹《はら》を据《す》える

怒りを抑える。→①〈覚悟する・決断する〉

▼彼のあまりの言いぐさには腹を据えかねる。

【参考】「～かねる」、「～がたい」と否定の語をともなって使われる場合が多い。

歯《は》を食《く》いしばる

苦痛や無念さなどを、じっとこらえる。

▼入幕を目指して、歯を食いしばって稽古《けいこ》に励んでいる。

人《ひと》の一生《いっしょう》は重荷《おもに》を負《お》うて遠《とお》き道《みち》を行《ゆ》くが如《ごと》し

重い荷を背負って長い道のりを歩み続けるように、人生は苦労の連続なので忍耐が大切ということ。

【参考】徳川家康《とくがわいえやす》の遺訓の一部。「人の一生は重荷を負うて遠き道を行くが如し。急ぐべからず。不自由を常と思えば不足なし」と続く。

風雪《ふうせつ》に耐《た》える

世の中の厳しい試練や非常な苦しみにくじけず、それを乗り越える。

▼彼は風雪に耐えてきた人間だけあって、気骨がある。

笑《わら》いを噛《か》み殺《ころ》す

笑いそうになるのを、必死にこらえる。

▼日ごろはずうずうしい彼が彼女の前で赤くなるのを見て、笑いを噛み殺すのに苦労した。

【類句】笑《わら》いを殺《ころ》す。

助ける・援助

陰《かげ》になり日向《ひなた》になり

表へ出たり、裏へ回ったりして。絶えず。

▼新入社員の後輩を、陰になり日向になりしてかばう。

【類句】陰《いん》に陽《よう》に。

肩《かた》を入《い》れる

特別に贔屓《ひいき》して応援する。
▼彼は同郷の後輩なので、特に肩を入れるつもりだ。
【参考】かつぐためにその物の下へ肩を当てる意から。
【類句】肩入《かたい》れする。

力《ちから》になる

助力する。→②〈頼る・頼む〉
▼私でよければ力になりましょう。

力《ちから》を貸《か》す

援助する。手伝う。
▼私一人の手には余るので、力を貸してください。

手足《てあし》となる

ある人の思いどおりに働く。
▼手足となって働いてくれた部下を失った。
【参考】「てあし」は「しゅそく」ともいう。

梃子《てこ》入《い》れをする

下り坂の状態にあるものに外部から援助したり、軌道を修正したりする。
▼子会社の経営不振に対し、親会社が梃子入れをするようだ。
【参考】相場の勢いを人為的に操作すること。特に下落を食い止めることから転じて。

手《て》を貸《か》す

助力する。手伝う。
▼荷物が重いので、すみませんが手を貸していただけませんか。
【対句】手《て》を借《か》りる。

一肌脱《ひとはだぬ》ぐ

力仕事で肌脱ぎになるさまから、本気になり、力を尽くして困っている人を援助すること。
▼あなたのご提案をうかがい、おおいに感服しました。それではあなたのために一肌脱ぐことにしましょう。
【類句】片肌脱《かたはだぬ》ぐ。
【同義語】一肩脱《ひとかたぬ》ぐ。

だます・出し抜く

足《あし》をすくう

相手のすきにつけ入って、失敗や敗北に導く。

▼彼には足をすくわれないように、気をつけた方がいいよ。

一杯《いっぱい》食《く》わす

うまくだます。
▼うまい話に一杯食わされて、高い買い物をしてしまった。

裏《うら》の裏《うら》を行《い》く

相手の計略を見抜き、さらにそれを越える計略で出し抜く。
▼裏の裏を行った計画が大当たりした。

裏《うら》をかく

予想外の行動に出て相手を出し抜く。
▼裏をかいたつもりが相手の思惑にはまってしまった。

虚《きょ》虚《きょ》実《じつ》実《じつ》

相手の虚をつき、実を避けて、秘術を尽くして戦うこと。
▼法案の採決をめぐって、与野党間の虚々実々の攻防が続いた。
【参考】「虚」は備えの隙《すき》、「実」は堅い備え。
【出典】滝沢馬琴《たきざわばきん》『南総里見八犬伝《なんそうさとみはっけんでん》』四。

口車《くちぐるま》に乗《の》る

うまい言い回しにだまされる。
▼セールスマンの口車に乗って高い品を買わされた。
【類句】口車《くちぐるま》に乗《の》せる。

自《じ》作《さく》自《じ》演《えん》

自分で作ったものを自分自身で演じること。「自作」と「自演」の合成語。
▼警察官は、一目《ひとめ》で自作自演の狂言強盗であることを見抜いた。

芝居《しばい》を打《う》つ

作りごとで人をだます。
▼二人の結婚を認めてもらうために両親の前で芝居を打った。
【類句】一芝居《ひとしばい》打《う》つ。

術中《じゅっちゅう》に陥《おちい》る

仕掛けにまんまとはまってしまう。
▼相手の術中に陥り、新しい企画を漏らしてしまった。
【類句】術中《じゅっちゅう》にはまる。

手《て》に乗《の》る

相手の計略に、うまうまと引っかかる。
▼みんなは、さんざん彼にだまされたので、さすがにもうその手に乗ら

なかった。

手練手管《てれんてくだ》

人を思うままに操りだます手段・技法。意味の似た「手練」「手管」を重ねて強めたもの。
▼君は正直すぎて政治家向きじゃないと思うね。政治家には、必要とあれば、ありとあらゆる手練手管を用いる図太さも必要なんだ。
【出典】談義本『艶道通鑑《えんどうつがん》』。

二枚舌《にまいじた》

しゃべるときに舌を使い分けるかのように、言うことが前後矛盾していること。前に言ったことと違うことを平気で言う。
▼あの人は事情が変わると、平気で二枚舌を使うような人だから注意したほうがよい。

寝首《ねくび》を掻《か》く

油断させておいて、卑劣な手段を用いて相手をおとしいれる。
▼お人好しですぐ人を信用するから寝首を掻かれることになるのだ。
【参考】眠っている人を襲って、その首を切り取る意から。

鼻毛《はなげ》を抜《ぬ》く

相手のすきをうかがって出し抜く。だます。
▼この業界は油断していると鼻毛を抜かれる。

腹《はら》に一物《いちもつ》

心中に何かたくらみを持っていること。
▼彼のあのしゃべり方は、きっと腹に一物あるからだ。
【参考】「腹に一物、背中に荷物」とも続ける。
【類句】胸《むね》に一物《いちもつ》。

ぺてんにかける

人を偽り、だます。
▼お年寄りをぺてんにかけるなんて許せない。
【参考】「ぺてん」は中国語の「beng-zi」のなまりからといわれる。

眉唾物《まゆつばもの》

だまされる心配のあるもの。また、疑わしいこと。
▼この風景画が大家の傑作だというが、どう考えても眉唾物だ。
【参考】「眉唾」は眉に唾をつけると狐《きつね》などに化かされないという俗信から。

面従腹背《めんじゅうふくはい》

上辺《うわべ》は服従するように見せかけ、心の中では反抗していること。
▼派閥の長は、派閥内の誰に面従腹背の性向があるかを見抜いておかないと、いざというときに必ず裏切られて手痛い目に遭うそうだ。
【出典】（面従）桓寛《かんかん》『塩鉄論《えんてつろん》』。

罠《わな》にかかる

策略にはまる。
▼今回の出来事は、敵方の罠にかかったとしか言いようがない。
【類句】罠《わな》にはまる。罠《わな》に落《お》ちる。

頼る・頼む

命《いのち》を預《あず》ける

人や物を信頼して生死を任せる。
▼彼に命を預けて、苦難の道でも共に歩くつもりだ。

溺《おぼ》れる者《もの》は藁《わら》をも掴《つか》む

溺れかけているときには、人は役に立たない藁でも掴んで助かろうとあがく。切羽詰《せっぱつ》まった危急の際は、それを脱するために何にでも頼るということのたとえ。
▼溺れる者は藁をも掴むというけれど、僕にまで借金を申し込むとは、状況はかなり深刻なようだね。
【同義語】切《せつ》ない時《とき》は茨《いばら》をも掴《つか》む。藁《わら》にも縋《すが》る。

苦《くる》しい時《とき》の神頼《かみだの》み

信仰心のない人が、困ったことが起きて苦境に立たされると神仏に助けを祈り求めるということ。人間の身勝手さをいうことば。また、日ごろは近寄らない人に苦しくなると泣きつくたとえ。
▼普段は話しかけもしない大先輩のWさんに、こういう時だけは神妙な顔をして相談しに行くんだね。そういうのを苦しい時の神頼みっていうんだよ。
【類句】事《こと》ある時《とき》は仏《ほとけ》の足《あし》を戴《いただ》く。
【同義語】かなわぬ時《とき》の神頼《かみだの》み。切《せつ》ない時の神頼み。

下駄《げた》を預《あず》ける

相手に、その処置などの一切を任せる。
▼今さら進退について会長に下駄を預けるとは無責任だ。

【参考】下駄を預けてしまうと自由に動くことができなくなるところから。

三拝九拝《さんぱいきゅうはい》

何度も頭を下げて人に頼み事をすること。また、敬意を表す語として手紙文の末尾に書くこともある。

▼借金の保証人になってくれるように三拝九拝して頼みこんだのだが、彼はどうしても引き受けてくれなかった。

袖《そで》**にすがる**

人の同情心に訴えて助けを求める。

▼落ちぶれても人の袖にすがるようなことはしたくない。

頼《たの》**みの綱**《つな》

苦境のなかで、頼りになる人や物。

▼君だけが頼みの綱だ。少し仕事を回してもらえないだろうか。

他力本願《たりきほんがん》

阿弥陀《あみだ》仏の力に頼って極楽往生すること。転じて、他人の力に頼って事を成すこと。他人任せにすること。

▼他力本願でこの難局を乗り切ろうとするのは甘い考えである。

【出典】『源平盛衰記《げんぺいせいすいき》』四八。

力《ちから》**になる**

頼りにできる。→②〈助ける・援助〉

▼いざというとき、力になってくれる友人がいるので心強い。

杖《つえ》**とも柱**《はしら》**とも頼**《たの》**む**

非常に頼りにする。

▼母は一人息子を杖とも柱とも頼んでいた。

杖《つえ》**に縋**《すが》**るとも人**《ひと》**に縋**《すが》**るな**

疲れたり、足を痛めたりしたときに杖に頼って歩くのはよいが、困ったからといってむやみに人の助けを求めてはいけないという戒め。

▼杖に縋るとも人に縋るなといいます。このパソコン教室上級では、なるべくご自身で考えるようにして、いつまでも講師の私に頼らないでください。

手《て》**を合**《あ》**わせる**

心から頼む。→⑦〈勝負・勝敗〉

▼会社再建に力を貸してくれるよう、手を合わせて頼んだ。

寄《よ》**らば大樹**《たいじゅ》**の陰**《かげ》

雨宿りをするにも、暑い日差しを避けるにも、小さな木より大きな木のほうがよいということで、どうせ頼るなら勢力のある人に頼るべきだというたとえ。

▼寄らば大樹の陰とばかりに大企業への就職をめざしたがる若者の多いなか、若くして起業した彼は特別な存在だ。

【類句】箸《はし》と主《しゅう》と（＝舅《しゅうと》の掛詞《かけことば》）は太《ふと》いがよい。

【同義語】立《た》ち寄《よ》らば大樹《たいじゅ》の陰《かげ》。

藁《わら》にもすがる

追い詰められたときには、どんな物にでも助けを求めたくなること。

▼西洋医学に見放され、藁にもすがる思いで漢方医の門を叩《たた》いた。

仲介する

挨拶《あいさつ》は時《とき》の氏神《うじがみ》

喧嘩や口論をしているときに上手に仲裁してくれる人が現れると、双方の面目が立ってその場がおさまりやすい。氏神様と同じで仲裁人はありがたいものだから、調停には従ったほうがよいということ。

▼深刻な夫婦喧嘩でお互い口も利かないでいたら、共通の友人が個別に原因や心境を聞き出してくれた。挨拶は時の氏神とはよく言ったもの、彼のおかげで元の鞘《さや》におさまった。

【参考】古くは「挨拶」は仲裁・とりなしの意味。

【同義語】仲裁《ちゅうさい》は時《とき》の氏神《うじがみ》。時《とき》の氏《うじ》神《がみ》。

間《あいだ》に入《はい》る

人と人との仲を取り持つ。仲介する、周旋する。

▼知人に間に入ってもらったおかげで、安く土地を手に入れることができた。

【類句】間《あいだ》に立《た》つ。

顔《かお》をつなぐ

知らない人どうしを、引き合わせる。→②〈参加する〉

▼ぜひとも、あの先生に顔をつないでいただきたい。

口《くち》をきく

仲を取り持つ。紹介、あっせんする。→②〈言う・話す〉

▼知人に口をきいてもらって就職が内定した。

時《とき》の氏神《うじがみ》

ちょうどよいときに現れて、仲裁などをしてくれる人。
▼彼の出現はまさに時の氏神といったもので、皆が救われた。
【類語】 仲裁人《ちゅうさいにん》。口添《くちぞ》え人《にん》。

仲《なか》に入《はい》る

対立している双方の間に入って、その関係がうまくいくようにする。
▼だれかが仲に入らないと当事者どうしではまとまらない。
【類句】 仲《なか》に立《た》つ。

橋《はし》を渡《わた》す

仲立ちをする。
▼首相はAB両国間に友好親善の橋を渡すため出発した。
【類句】 橋《はし》をかける。 橋渡《はしわた》しをする。

渡《わた》りを付《つ》ける

人、組織などと交渉するきっかけをつくる。
▼前任者が渡りを付けてくれたおかげで、交渉はスムーズに進んだ。

忠告する

釘《くぎ》をさす

あとで問題を起こさないように、あらかじめ注意しておく。
▼この次も遅刻したら、もう待っていないからと、彼女に釘をさされた。
【参考】 釘をさし込んで固定しておく意から。
【類句】 釘《くぎ》を打《う》つ。

口《くち》が酸《す》っぱくなる

何回も同じことを繰り返し言う。
▼口が酸っぱくなるほど言ってきかせたのに、まだわかっていないようだ。
【類句】 口《くち》を酸《す》っぱくする。

忠言耳《ちゅうげんみみ》に逆《さか》らう

たとえ真心から出たものだとわかってはいても、忠告は耳に痛いので聞き入れにくいものだということ。
▼妻から日々きつくダイエットを命じられ、自分でももっともだと思っているが、忠言耳に逆らうで具体的な方策は何も取りたくない。
【類句】 良薬《りょうやく》は口《くち》に苦《にが》し。
【出典】『孔子家語《こうしけご》』六本《りくほん》。
【同義語】 諫言耳《かんげんみみ》に逆《さか》らう。 金言耳《きんげんみみ》に逆《さか》らう。

頂門《ちょうもん》の一針《いっしん》

人の急所をついた戒め。適切な教訓・忠告。頭の上に刺した一本の針という意味。
▼ただ今のご叱正《しっせい》を、頂門の一針として銘記いたします。
【出典】蘇軾《そしょく》『荀卿論《じゅんけいろん》』。

【参考】「頂門」は頭の頂上にある鍼《はり》治療のツボのひとつで、ここに針を打つことを「頂門の一針」と呼ぶことから。

良薬《りょうやく》(は)口《くち》に苦《にが》し

病気によく効く薬は、苦くて飲みにくい。自分への忠言は、ためになるが聞くのが辛《つら》いということのたとえ。
▼彼の鋭い指摘に頭の痛かった人も多かったろうが、会社の再建のためには良薬は口に苦しということだろう。
【類句】忠言耳《ちゅうげんみみ》に逆《さか》らう。
【出典】『資治通鑑《しじつがん》』魏紀《ぎき》。

捕らえる

一網打尽《いちもうだじん》

一度打った網でそこにいる魚を全部捕獲すること。転じて、悪者などの一味を一度に全員捕らえ尽くすという意。
▼悪いやつらは一網打尽にしろと簡単に言うが、実際にはなかなか至難の業だよ。
【出典】『宋史《そうし》』范純仁伝《はんじゅんじんでん》。

釘付《くぎづ》けにする

その場所から動きのとれないようにする。
▼彼女はその美貌で男性の視線を釘付けにした。
【参考】釘を打ち付けて物を固定させる意から。
【類句】釘付《くぎづ》けになる。

手《て》が後《うし》ろに回《まわ》る

悪事をはたらいて警察などに捕まる。
▼悪事を重ねた彼はついに手が後ろに回った。
【参考】罪人が昔、手を後ろで縛られたことから。

星《ほし》を挙《あ》げる

犯人や容疑者を検挙する。→⑦〈勝負・勝敗〉
▼その事件の星を挙げたのは新米刑事だった。
【参考】「星」は、容疑者を指す隠語。

取り繕う・体裁

表《おもて》を飾《かざ》る

内容はいいかげんなのに、外見だけを取り繕う。

▼表を飾るばかりでなく、内面を磨きなさい。

体《たい(てい)》を成《な》す

それらしくまとまった形式、形態になる。

▼卒論は百枚を超え、それなりに体を成した。

辻褄《つじつま》を合《あ》わす

辻や褄を合わせて着物を仕立てるように、話の筋道や前後が矛盾しないように取り繕うこと。

▼体調不良を理由に休暇を取ったが、じつはドライブを楽しんできた。翌日、上司から具合を聞かれて辻褄を合わすのに苦労した。

【参考】「辻」は縫い目の十文字になった部分。「褄」は着物の裾《すそ》の左右両端の部分。

俄仕込《にわかじこ》み

当座の間に合わせに、技芸や知識を短期間で覚えること。

▼旅行の前に俄仕込みで英会話教室に通った甲斐《かい》があった。

武士《ぶし》は食《く》わねど高楊枝《たかようじ》

貧しさのために食事が取れないようなことがあっても、気位を高く保ち、食べたふりをして悠然と楊枝を使うという意味。苦しい状況にあっても慌てたり、弱味をさらけ出したりしないことのたとえ。

▼父の死後、わが家の家計は火の車だったが、武士は食わねど高楊枝で従来どおりのつき合いを重ねた。

【類句】渇《かつ》しても盗泉《とうせん》の水《みず》を飲《の》まず。鷹《たか》は飢《う》えても穂《ほ》を摘《つ》まず。

【同義語】侍《さむらい》食《く》わずに高楊枝《たかようじ》。

努力する

悪戦苦闘《あくせんくとう》

強い敵と必死で戦うこと。また、困難な状況を乗り切ろうと、苦しみながら懸命に努力すること。

▼新会社設立後、彼は悪戦苦闘しながらも徐々に顧客を獲得し、着実にシェアを広げていった。

【類句】苦心惨憺《くしんさんたん》。

【出典】羅貫中《らかんちゅう》『三国志演義《さんごくしえんぎ》』。

雨垂《あまだ》れ石《いし》を穿《うが》つ

軒にしたたる雨の滴《しずく》でも長い間には石に穴をあけてしまう。どんなに小さな努力でも、続けていれば大きな仕事ができるということ。

▼一日十分の基本エクササイズですが、これを数か月続ければ、雨垂れ石を穿つで、凄い効果が出てきますよ。

【同義語】点滴石《てんてきいし》を穿《うが》つ。涓滴石《けんてきいし》を穿《うが》つ。

腕《うで》を磨《みが》く

腕前を上げるために努力する。

▼腕を磨いて、いつの日か自分自身でも納得のいく作品を作り出したい。

鴨《かも》の水掻《みずか》き

のんびりと水に浮かぶ鴨も、水面下では絶えず足で水を掻き続けている。よそ目にはわからないが、人にはそれぞれ苦労があるということのたとえ。

▼幼いころから天才バッターと呼ばれてきたI選手だが、人の見ていない所で猛練習をしている。鴨の水掻きの努力あってのあの打撃なのだ。

艱難汝《かんなんなんじ》を玉《たま》にす

困難や苦労を重ねてこそ、人間は大成されるという意味。

▼この計画を成功させるまでにずいぶん苦労を重ねてきましたが、艱難汝を玉にす、を座右の銘に、がんばってやってきました。

【参考】「玉にす」は立派にすること。

今日《きょう》の一針《ひとはり》明日《あす》の十針《とはり》

今日なら一針縫えばすむほころびも、明日には大きくなって十針も縫わなければならなくなる。わずかの労を惜しむと後で大変になるというたとえ。

▼あの二人の不和は気づいた時点で早めに仲直りさせるべきだった。わずか一か月でチーム内に対立が起きて、もはや収拾不能だ。今日の一針明日の十針、悔やんでも悔やみきれない。

【出典】『フランクリン自伝《じでん》』。

狂瀾《きょうらん》を既倒《きとう》に廻《めぐ》らす

荒れ狂い、崩れた大波を押し返して元の状態にしようとするという意味から、傾いた形勢を回復しようとするたとえ。時勢の衰えたのを立て直す意味でも使う。

▼江戸時代の名君上杉鷹山《うえすぎようざん》は、財政難に苦しむ米沢藩の九代目藩主として率先して指導に当たり、ついに藩を再生させた。狂瀾を既倒に廻らすための工夫と努力は今でも語り草

だ。
【参考】「狂瀾」は荒れ狂う大波。
【類句】起死回生《きしかいせい》。
【出典】韓愈《かんゆ》「進学解《しんがくかい》」。
【同義語】回瀾《かいらん》を既倒《きとう》に反《かえ》す。

愚公山《ぐこうやま》を移《うつ》す

地味な努力でも、たゆまず続ければ、どんな大事でも成し遂げることができるというたとえ。
▼わが中学校では、夏休みの間にドミノ倒しの日本記録に挑戦した。気の遠くなるような作業や、失敗を乗り越え、ついに記録を達成した。愚公山を移す、で全員の努力が実を結んだ。
【参考】昔、愚公という九十歳の老人が家の前の邪魔になる山を取り除こうと働き始めたところ、天帝が感心して助けてやったという話から。

【出典】『列子《れっし》』湯問《とうもん》。

孤軍奮闘《こぐんふんとう》

援軍もなく孤立してよく戦うこと。また、一人で懸命に努力すること。
▼創業時からの同志に去られたが、孤軍奮闘すること十年、今や業界の注目企業にまで成長した。
【出典】(孤軍)『後漢書《ごかんじょ》』呂布伝《りょふでん》。

刻苦勉励《こっくべんれい》

力を尽くしてひたすら努力をすること。「刻苦」は心身を苦しめて努めること。
▼刻苦勉励を重ねて、彼女はついに最難関といわれる司法試験を突破することができた。
【出典】(刻苦)韓愈《かんゆ》「柳子厚墓誌銘《りゅうしこうぼしめい》」・(勉励)『後漢書《ごかんじょ》』儒林伝《じゅりんでん》下。

死《し》して後《のち》已《や》む

死んで、はじめてやめるということ。つまり、生きている間は精一杯努力しつづけるという意味。
▼B先生の古典文学研究は常人には真似のできないもので、死して後已むということばがふさわしい、人生のすべてをかけたものだった。
【類句】斃《たお》れて後《のち》已《や》む。
【出典】『論語《ろんご》』泰伯《たいはく》。

獅子奮迅《ししふんじん》

獅子が奮《ふる》いたつように、すさまじい勢いで奮闘すること。
▼社員の獅子奮迅の活躍で、業績は大きく伸びた。
【出典】『源平盛衰記《げんぺいせいすいき》』二八。

人事《じんじ》を尽《つ》くして天命《てんめい》を待《ま》つ

全力を出し尽くしてやれるだけのことはやったのだから、結果がどうなろうと天の意志に任せるしかないという心境をいったもの。
▼オリンピック招致運動では、人と金をつぎ込み、プレゼンテーションも工夫した。今はただ人事を尽くして天命を待つ、その結果はいかに。
【類句】天《てん》は自《みずか》ら助《たす》くる者《もの》を助《たす》く。

【出典】貝原益軒《かいばらえきけん》『初学知要《しょがくちよう》』中。

【同義語】人事《じんじ》を尽《つ》くして天命《てんめい》に聴《き》いて可《か》なり。

精神一到《せいしんいっとう》何事《なにごと》か成《な》らざらん

精神を一つのことに集中して全力を尽くせば、何事でも成し遂げられるという意味。
▼司法試験を受けると言ったら、女房は無理だという顔をしたが、今に見ておれと精神一到何事か成らざらん、勤務の合い間に勉強して、一発で合格した。
【類句】石《いし》に立《た》つ矢《や》。一念《いちねん》天《てん》に通《つう》ず。

【出典】『朱子語類《しゅしごるい》』学二。

精《せい》を出《だ》す

根気よく働く。熱心に励む。
▼息子がアルバイトに精を出しているのは、車を買うためらしい。

斃《たお》れて後《のち》已《や》む

倒れて死んだらやめるということで、生きている限り全力を尽くして何事かをやり抜くという意味。

【参考】「後」は元は「后」だが、ふつう「後」と書く。

【出典】『礼記《らいき》』表記《ひょうき》。

【同義語】死《し》して後《のち》已《や》む。

力瘤《ちからこぶ》を入《い》れる

熱意をこめて行う。
▼今回の企画には力瘤を入れて取り組んでいる。

力《ちから》を入《い》れる

努力する。一生懸命になる。
▼これからは作るだけでなく、売るほうにも力を入れよう。

天《てん》は自《みずか》ら助《たす》くる者《もの》を助《たす》く

天、あるいは神は、他人の助力を頼みとせず、自分自身で努力する者に力を貸してくれるということ。
▼異国の地にあって、頼りになるのは自分ひとり。天は自ら助くる者を助くを信じて、夢中で働いた。
【類句】人事《じんじ》を尽《つ》くして天命《てんめい》を待《ま》つ。

【出典】イギリスの作家スマイルズの『自助論《じじょろん》』（明治時代の中村正直《まさなお》の訳題は『西国立志編《さいごくりっしへん》』）にある一文。原文は、“Heaven (God) helps those who help themselves.”

駑馬《どば》に鞭打《むちう》つ

自分の精いっぱい努めることをへりくだっていう語。
▼復帰したからには、駑馬に鞭打って頑張るつもりです。
【参考】「駑馬」は歩みののろい馬。才能の劣っている者のたとえ。

為《な》せば成《な》る

その気になってがんばれば、どんなことでもできるということ。
▼為せば成るは金言にはちがいないが、できそうもない目標を掲げられて精神論を説かれても困る。
【参考】江戸時代後期の米沢藩主、上杉鷹山《うえすぎようざん》の「なせばなるなさねばならぬ何事もならぬは人のなさぬなりけり」という歌からのことばといわれる。

馬力《ばりき》を掛《か》ける

一段と精を出して仕事をする。
▼馬力を掛けて新年度の予算編成に取り組む。
【参考】「馬力」は、仕事率の単位で、一馬力は馬一頭の力に相当するものの意。「何馬力の発動機」などと使う。転じて、能力、精力、体力の意。

ピッチを上《あ》げる

作業などの進み具合を速くする。
▼ピッチを上げて今週中に仕上げてくれ。
【参考】「ピッチ」はボートで一定時間内にオールをこぐ回数。

不撓不屈《ふとうふくつ》

どんな困難にあっても、くじけないで、終わりまでやり通すこと。
▼この難局を打開するために、社員一人ひとりが不撓不屈の精神で頑張ってほしい。
【誤り】不倒不屈。
【出典】『漢書《かんじょ》』叙伝《じょでん》下。

不眠不休《ふみんふきゅう》

眠ったり休んだりしないで続けること。休まずに精一杯努力すること。
▼不眠不休で作成した報告書を提出して、責任を果たすことができた。
【類句】昼夜兼行《ちゅうやけんこう》。

粉骨砕身《ふんこつさいしん》

骨を粉《こ》にするほど、力の限りを尽くすこと。
▼当選させていただいた暁には、公約を守り、粉骨砕身皆様のために尽くす覚悟でございます。
【出典】『禅林類纂《ぜんりんるいさん》』。

奮励努力《ふんれいどりょく》

気力を奮《ふる》って、物事に努め励むこと。勇み立って元気に行い励むこと。

▼所員が一丸となって奮励努力したかいあって、プロジェクトは成功した。

【出典】（奮励）『後漢書《ごかんじょ》』第五倫伝《だいごりんでん》。

ベストを尽《つ》くす

自分の全力を出し切る。

▼ベストを尽くしたが、残念ながら試合に負けてしまった。

仏《ほとけ》も昔《むかし》は凡夫《ぼんぷ》なり

釈迦《しゃか》も最初は煩悩に苦しむ普通の人間だったが、修行を積み重ねることによって悟りを開いた。そこから、誰でも精進すれば仏になれるという教え。さらに、努力によって立派な人間になれるという広い意味でも使う。

▼あの名人の域に達するのは絶対無理だなどとあきらめるな。仏も昔は凡夫なりといって、努力したからこそあの技術を習得できたのさ。

【同義語】凡夫《ぼんぷ》も悟《さと》れば仏《ほとけ》。

骨身《ほねみ》を削《けず》る

一生懸命に努力する。身が痩《や》せ細るほど苦労する。

▼名誉回復のため、骨身を削る努力をした。

骨《ほね》を折《お》る

精を出して仕事に励む。面倒くさがらずに力を尽くす。

▼彼はこの三者会談の成立に骨を折った。

蒔《ま》かぬ種《たね》は生《は》えぬ

収穫を期待するのであれば、まず種を蒔いて発芽させることからはじめなければならない。原因がなければ結果は生じないということ。また、何かを得ようと思ったらそのための努力が必要だというたとえ。

▼最近スポーツ界で有望な若手選手が数多く出てきた。これは金と人手をかけた若手育成のプロジェクトの成果だという。蒔かぬ種は生えぬ、突然有望な若者が出現したわけではないのだ。

【類句】物《もの》がなければ影《かげ》ささず。

身《み》を粉《こ》にする

骨身を惜しまず、懸命に働くこと。

▼彼は身を粉にして稼いだ資金をもとに、新しい事業を始めた。

【誤り】「身を粉《こな》にする」と読むのは誤り。

ラストスパートをかける

最後の頑張りをかける。

▼冬休みに入り、受験生はいっせいにラストスパートをかけた。

【参考】競走などでゴール近くに来たとき、最後の力を振り絞る意から。

粒粒辛苦《りゅうりゅうしんく》

米を作る農民の苦労をいう。物事を完成させるために、こつこつと苦労を重ねること。

▼A博士は二十年に及ぶ粒々辛苦の末、やっと完成した研究成果を学会で発表した。

【類句】千辛万苦《せんしんばんく》。

老骨《ろうこつ》に鞭打《むちう》つ

年をとって衰えた身を励まし努力する。

▼彼は老骨に鞭打って、フルマラソンに挑戦した。

逃げる

後《あと》は野《の》となれ山《やま》となれ

当面のことさえ何とかなれば、あとはどうなろうとかまわないという意味。作物を収穫した後の耕地が荒れはてて野や山になろうと知ったことではないということから。

▼自分の担当地域はすべて回った。他の人の地域の面倒までは見ていられない。後は野となれ山となれ、だ。

【類句】旅《たび》の恥《はじ》は掻《か》き捨《す》て。

後《うし》ろを見《み》せる

背中を見せて逃げる。相手に自分の弱みを見せる。

▼企業戦争では、ライバル社に後ろを見せては負けだ。

蜘蛛《くも》の子《こ》を散《ち》らす

四方八方ちりぢりに逃げるようす。

▼大声で怒鳴られた子どもたちは、蜘蛛の子を散らすように逃げ出した。

【参考】親蜘蛛が抱えている袋を破るとたくさんの子蜘蛛が四方八方に散ることから。

雲《くも》を霞《かすみ》と

一目散に走り逃げて姿をくらますようす。

▼パトカーが近付いて来ると、暴走族は雲を霞と消えてしまった。

虎口《ここう》を脱《だっ》する

虎の口のようなきわめて危険な場所や状態からなんとか逃れること。

▼その特殊部隊はターゲットとなる重要人物の救出に向かい、危険な要塞に侵入した。重要人物とともに夜明けに国境を越え、ついに彼らは虎口を脱した。

【出典】『荘子《そうじ》』盗跖《とうせき》。

【同義語】虎口《ここう》を逃《のが》れる。

三十六計《さんじゅうろっけい》逃《に》げるに如《し》かず

あれこれ作戦を練るよりも、逃げるべきときは逃げ、後日の再挙を図るのがいちばんよいということ。

▼ここは下手をすると大火傷《おおやけど》をして元も子もなくなる恐れがある。三十六計逃げるに如かずだ。

【類語】三十六策《さんじゅうろくさく》。

【出典】『冷斎夜話《れいさいやわ》』九。

尻《しり》に帆《ほ》を掛《か》ける

慌てて逃げ出す。

▼勝ち目がないとわかり、尻に帆を掛けて退散した。

【参考】足だけではなく帆まで掛けての意。

とかげの尻尾《しっぽ》切《き》り

事件の責任などを、上位の者が下位の関係者にかぶせて逃れること。

▼政界の汚職事件では、相変わらずとかげの尻尾切りで大物はなかなか捕まらない。

【参考】尾を押さえられたとかげがそれを切り離して逃げることから。

逃《に》げを打《う》つ

逃げる用意をする。責任などを逃れるための策を講じる。

▼彼は予算がないと逃げを打ち、相談に応じない。

【類句】逃《に》げを張《は》る。

這《ほ》う這《ほ》うの体《てい》

さんざんな目に遭ってやっとのことで逃げるようす。

▼彼は一言わびると、這う這うの体で帰っていった。

【参考】這《は》うようなみじめな姿で、かろうじて逃げるようす。

もぬけの殻《から》

人が逃げ出した後の寝床や家。

▼警察が踏み込んだとき、その部屋はもうもぬけの殻だった。

【参考】「もぬけ」は脱皮すること。また、その皮。

担う・負担

一翼《いちよく》を担《にな》う

一つの大事な持ち場を責任を持って担当する。

▼町内の歳末助け合い運動の一翼を担って街頭に立つ。

苦《く》になる

重荷になる。負担に思われる。

▼彼は徹夜も苦にならないほど、仕事に熱中している。

自腹《じばら》を切《き》る

自分で代金を負担する。

▼彼は自腹を切って取引先を接待した。

【参考】必ずしも自分で支払うには及ばない金を、あえて自分で負担する場合にいう。

背負《しょ》って立《た》つ

組織、団体の中心となって活動、発展の支えとなる。また、全責任を一身に負う。

▼あいつは十年後にはこの会社を背負って立つ男だ。

責《せ》めを負《お》う

責任を取る。

▼業績不振で社長自ら責めを負って辞任した。

泥《どろ》をかぶる

他人が負うべき責任を負う。損な役割を引き受ける。

▼彼は上司の不始末の泥をかぶって辞任した。

荷《に》が重《おも》い

能力に対して仕事の負担、責任が大きい。

▼この仕事は、新人の彼には荷が重いだろう。

【類句】荷《に》が勝《か》つ。

一役《ひとやく》買《か》う

自分から一つの役割を引き受ける。手助けする。

▼社内での立場上、事態収拾に一役買うことにした。

矢面《やおもて》に立《た》つ

質問、非難、攻撃などをまともに受ける立場に身を置く。

▼秘書はその汚職事件で、証人喚問の矢面に立たされた。

【参考】敵の矢が飛んで来る正面に立つ意。

励ます

活《かつ》を入《い》れる

気力を失った人に刺激を与えて元気づける。

▼監督はだらけてきた選手たちに活を入れた。

【参考】 気絶した人の息を吹き返させることから。

気合《きあい》を入《い》れる

叱りつけるなどしてやる気を起こさせる。 →④〈集中する・熱中する〉

▼試合前にロッカールームで先輩に気合いを入れられたが、結果は惨敗だった。

尻《しり》を叩《たた》く

励ます。せきたてる。

▼監督は連敗を止めるため、チームの尻を叩き、次の試合へ向けて猛練習を開始した。

発破《はっぱ》をかける

激しい言葉で気合をかけたり、励ましたりして奮起させる。

▼営業成績の上がらぬ社員に発破をかけた。

【参考】「発破」は鉱山や土木工事で爆破に用いる火薬の類。

始める・始まる

足下《あしもと》から鳥《とり》が立《た》つ

急に何かを始める。 →①〈驚く・驚かす・驚き〉

▼彼は足下から鳥が立つように事業を始めた。

産声《うぶごえ》を上《あ》げる

新しくつくられた組織などが、活動を始める。

▼当社がこの地に産声を上げてから、三十年がたちます。

【参考】 赤ちゃんが生まれたときに初めて出す泣き声から。

隗《かい》より始《はじ》めよ

何事も手近なところから手をつけるべきだということ。また、まず言い出した人が実行するべきだということ。

▼隗より始めよ、ということなので、まずはこの安全装置の導入を提案した私が最初に試してみることにします。

【参考】中国戦国時代の燕《えん》の昭王《しょうおう》が、賢人を招く方法を郭隗《かくかい》に問うと、「この隗から重用することを始めれば、隗以上の賢人が集まるでしょう」と答えたという故事から。

【類句】死馬《しば》の骨《ほね》を買《か》う。

【出典】『戦国策《せんごくさく》』燕策《えんさく》。

口火《くちび》を切《き》る

一番先に始めて、きっかけをつくる。

▼説明が終わるとA君が質問の口火を切った。

【参考】「口火」は爆発物や火縄銃の点火に使う火。

嚆矢《こうし》

元来は鏑矢《かぶらや》のこと。転じて、すべて物事の最初のものの意味。

▼競技としての駅伝は大正六年の東海道駅伝徒競走を嚆矢とし、このときは京都の三条大橋から上野の不忍池までを三日かけて走ったという。

【参考】鏑矢は矢尻《やじり》に蕪《かぶ》の形に似た物をつけていて、飛ぶと音を発する。昔、中国で開戦の合図にこの矢を敵陣に向けて射たことから。

【出典】『荘子《そうじ》』在宥《ざいゆう》。

端《たん》を発《はっ》する

そこから物事が始まる。

▼些細《ささい》なことに端を発してその事件は起こった。

手《て》を染《そ》める

新しい事柄にかかわる。着手する。

▼この仕事に手を染めてから三年になる。

【類句】指《ゆび》を染《そ》める。

手《て》をつける

取りかかる。物事に着手する。→⑥

〈悪事・悪人〉

▼まだ、夏休みの宿題に少しも手をつけていない。

【類句】手《て》がつく。

火《ひ》の手《て》が上《あ》がる

行動が開始される。

▼汚職追及の火の手が上がり、ついに政府要人が逮捕された。

火蓋《ひぶた》を切《き》る

戦闘や競技を開始する。

▼準備が整い、ついに戦いの火蓋を切った。

【参考】「火蓋」は火縄銃の火皿を覆う蓋。その蓋を開けて発砲の用意をする意から。

蓋《ふた》を開《あ》ける

物事を実際に始める。劇場などで興行を始める。
▼蓋を開けたら前評判どおり新人が当選した。

幕《まく》が開《あ》く

物事が始まる。
▼今年もスキーシーズンの幕が開いた。
【参考】幕が開いて芝居が始まる意から。
【類句】幕《まく》を開《あ》ける。

幕《まく》を切《き》って落《お》とす

物事を華々しく始める。
▼国際大会は本日華やかに幕を切って落とされた。

御輿《みこし》を上《あ》げる

じっとしていた者がやっと立ち上がる。物事を開始する。
▼お店の閉店時間になり、彼もようやく御輿を上げた。
【参考】「輿」を「腰」にかけていう。「輿」は二本の長柄に屋形を乗せて人を運ぶ乗り物。

【類句】腰《こし》を上《あ》げる。

濫觴《らんしょう》

物事の起源、始まり。揚子江のような大河も、その水源は觴《さかずき》を濫《うか》べるほどの、または觴に濫《あふ》れるほどの小さな流れであるという意味。
▼その発見こそ近代生理学の濫觴と言われている。
【出典】『荀子《じゅんし》』子道《しどう》。

反逆する・逆らう

あまのじゃく

常に人や体制に逆らう言動をする人。ひねくれ者。
▼もともとその案には特に問題を感じていなかったのだが、生来のあまのじゃくの気質が災いして強硬な反対意見を展開して、多くの人々を敵に回してしまった。
【参考】天邪鬼《あまのじゃく》は、日本の妖怪の一種。

鼬《いたち》の最後《さいご》っ屁《ぺ》

追い詰められた鼬が尻から悪臭を放ち、相手がひるむ間に逃げることから、窮したときに思い切った非常手段で打開しようとするたとえ。
▼あいつの悪事をいろいろ責めたて

たら、前の上司に命令されたと白状した。鼬の最後っ屁かもしれないが、事実としたら大問題だ。

一矢《いっし》を報《むく》いる

相手に反撃する。

▼延長タイムにゴールを奪い、一矢を報いることができた。

【参考】敵に矢を射返す意から。

異《い》を唱《とな》える

その考えに反対であることを表明する。

▼賛成多数のなかで異を唱えることは勇気のいることだ。

【類句】異《い》を立《た》てる。

窮鼠《きゅうそ》猫《ねこ》を噛《か》む

追い詰められた鼠《ねずみ》は猫に噛みつく。弱者でも窮地に追い込まれれば、必死で強者に反撃するというたとえ。

▼こう税金が高くては、働いても働いても生活は楽にならない。窮鼠猫を噛むで、納税拒否一揆でも始めたくなるよ。

【参考】『太平記《たいへいき》』四に「窮鼠却《かえ》って猫を噛む」とある。

【出典】桓寛《かんかん》『塩鉄論《えんてつろん》』詔聖《しょうせい》「窮《きゅう》鼠齧ㇾ貍《そむじなをかむ》」。

食《く》ってかかる

激しい口調、態度で反抗する。

▼彼女は自分が正しいと思うと部長にでも食ってかかるんだからすごい。

言葉《ことば》を返《かえ》す

口答えをする。

▼お言葉を返すようですが、それは間違いではないかと思います。

逆手《さかて》に取《と》る

相手の非難や攻撃などを利用してやり返す。通常とは逆の方法で対処する。不利な状況をうまく活かす。

▼小柄なのを逆手に取って彼は騎手になった。

【参考】「さかて」は「ぎゃくて」ともいう。

盾《たて》を突《つ》く

反抗する。逆らう。手向かう。

▼思春期の子どもは何かと親に盾を突くものだ。

【参考】地上に盾を突き立てる（防御の態勢をとる）意から。

【類句】盾突《たてつ》く。

反旗《はんき》を翻《ひるがえ》す

謀反《むほん》を起こす。反逆する。

▼彼は機をうかがい、ついに反旗を

翻した。

【参考】「反旗」は謀反人の立てる旗。

右《みぎ》と言《い》えば左《ひだり》

他人の言うことに、何でも反対すること。

▼右と言えば左と言う彼はまわりから嫌われている。

【類語】あまのじゃく。

弓《ゆみ》を引《ひ》く

目上の人や恩のある人に背く。反抗する。敵対する。

▼面倒をみた部下にまで弓を引かれるとは彼も気の毒だ。

非難する

いい面《つら》の皮《かわ》

あてつけられた人に対して、迷惑、あるいは可哀そう。とんだ恥さらし。

▼あんな汚職議員を支持していたなんて、われわれ市民のほうこそいい面の皮だ。

【参考】自分や他人の失敗や不幸を自嘲気味にあるいは同情して言うことば。

風当《かぜあ》たりが強《つよ》い

社会や世間からの非難や攻撃が激しい。

▼汚職事件で与党にはいちだんと風当たりが強い。

口《くち》がうるさい

ちょっとしたことに小言《こごと》や文句をよく言う。→⑦〈評判〉

▼両親は最近何かと口がうるさい。

けちを付《つ》ける

相手の欠点を上げて非難する。→⑥〈縁起〉

▼あの人は何にでもけちを付けたがる。

死屍《しし》に鞭打《むちう》つ

死んだ人について生前の行為やことばを非難し、悪口を言うこと。

▼その政治家の葬儀では生前のよい点ばかりが紹介され、敵対していた議員たちも死屍に鞭打つような発言はしなかった。

【参考】「死屍」は死体。中国の春秋時代、伍子胥《ごししょ》が父と兄を殺した楚《そ》の平王《へいおう》の墓をあばいて死体を鞭打ったという故事から。
【出典】『史記《しき》』伍子胥列伝《ごししょれつでん》。
【同義語】死者《ししゃ》に鞭打《むちう》つ。

斜《しゃ》に構《かま》える

正面から対応せず、皮肉やからかいの態度をとる。→④〈用心する・慎重な〉
▼議員の斜に構えた態度には腹が立つ。
【参考】刀を敵に対して斜めに構えることから。

重箱《じゅうばこ》の隅《すみ》を楊枝《ようじ》でほじくる

楊枝で重箱の隅までつついて食物のかすを取るように、つまらないことまでせんさくしたり、問題にしたりするたとえ。
▼重箱の隅を楊枝でほじくるようなことばかり言っていないで、建設的な意見を出してください。
【同義語】重箱《じゅうばこ》の隅《すみ》をつつく。

出《で》る杭《くい》は打《う》たれる

並んでいる杭のうちの一本だけが高ければ、そろうように打ち込まれる。そこから、頭角を現す者が人から憎まれたり、出すぎた振る舞いをする者が非難されたりすることのたとえ。
▼彼は切れ者すぎて、上の人間は警戒して引き上げようとしない。気の毒だが、出る杭は打たれるという状況だ。
【類句】喬木《きょうぼく》は風《かぜ》に折《お》らる。
【同義語】出《で》る釘《くぎ》は打《う》たれる。

非《ひ》を鳴《な》らす

激しく非難する。
▼マスコミはこぞって弱腰《よわごし》外交に非を鳴らした。

野次《やじ》を飛《と》ばす

人の言動を大きな声で非難したりあざけったりする。
▼野次を飛ばしてばかりいないで、真剣に討論してください。

槍玉《やりだま》にあげる

攻撃、非難の対象とする。
▼住民は再開発問題で町長を槍玉にあげた。
【参考】「槍玉」とは槍の穂先で突き刺すこと。

指《ゆび》を差《さ》す

陰で悪口を言う。
▼私は、人に指を差されるようなことは何もしていない。
【類句】後指《うしろゆび》を指《さ》す。

待つ

網《あみ》を張《は》る

人をつかまえる手はずを整えて待ち構える。
▼警察は網を張って容疑者が現れるのを待った。
【参考】鳥や魚をとるために網を仕かける意。

今《いま》や遅《おそ》しと

今か今かと待ち遠しいようす。
▼母は電話の前で、娘の合格の報を今や遅しと待っていた。

倚門《いもん》の望《ぼう》

家の門によりかかって息子の帰りを待ちわびている親の心情。「倚門」は門に倚《よ》りかかるさま。
▼老い先短い母親の倚門の望を見過ごすことができず、親孝行な彼は大学を卒業すると故郷に近い企業に就職した。
【類句】倚門《いもん》の情《じょう》。倚閭《いりょ》の望《ぼう》。

【出典】『戦国策《せんごくさく》』斉策《せいさく》下。

【故事】中国の戦国時代、衛《えい》の王孫《おうそん》賈《か》の母親は外出して夜遅く帰ってくる息子を家の門に倚り掛かって待ちわびた。

今日《きょう》か明日《あす》か

日数を数えて心待ちにするようす。

↓③〈差し迫った〉
▼田舎《いなか》の祖父母は孫たちが来るのを今日か明日かと待っている。

首《くび》を長《なが》くする

あることの実現を待ち焦がれるようす。
▼高校の合格通知を首を長くして待っていた。
【類句】首《くび》を伸《の》ばす。

手薬煉《てぐすね》引《ひ》く

十分に準備して、機会が来るのを待ち構える。
▼彼は、社長が失脚して実権がころがり込むのを手薬煉引いて待っている。
【参考】「薬煉」は松脂《まつやに》を油で煮て練り混ぜたもので、弓の弦を強くするのに用いた。「手薬煉」は手に薬煉を塗ること。

時《とき》を待《ま》つ

好機が来るのを待つ。
▼この計画を成功させるために、今は辛抱して時を待とう。

待《ま》ちぼうけを食《く》う

待っていた人がついに現れないで、無駄に時間を過ごす。
▼あれだけ念を押したのに、結局待ちぼうけを食わされてしまった。

指折《ゆびお》り数《かぞ》える

その日が来るのが待ち遠しく、あと何日と数える。
▼指折り数えて遠足の日を待っていた子どものころが懐かしい。

まねる

鵜《う》の真似《まね》する烏《からす》

水に潜って魚を捕るのが鵜だが、烏がまねをしたら溺《おぼ》れてしまう。自分の能力を考慮しないで人のまねをすると失敗するという戒め。
▼二、三冊本を読んだくらいで専門家づらはしないほうがいい。鵜の真似する烏はいつかひどい目に合うことになるよ。
【類句】雁《がん》が飛《と》べば石亀《いしがめ》も地団駄《じだんだ》。
【同義語】鵜《う》の真似《まね》する烏《からす》は大水《おおみず》を呑《の》む。鵜《う》の真似《まね》する烏水《からすみず》に溺《おぼ》れる。

鸚鵡返《おうむがえ》し

人から言いかけられたことばをそっくりまねて言い返すこと。
▼幼児は母親の言うことを鸚鵡返しにしながらことばを覚えていく。
【誤り】間髪をいれずに返事をする意に用いるのは誤り。

雁《がん》が飛《と》べば石亀《いしがめ》も地団駄《じだんだ》

雁が飛び立つのを見た石亀が自分も飛ぼうとするが、飛べないので悔しがって地団駄を踏む。身の程を忘れて他のまねをしようとする愚かさのたとえ。
▼ライバルに負けじと海外勤務を志願したが、外国語と当地の習慣に慣れることができず、仕事も不首尾に終わった。雁が飛べば石亀も地団駄、自分の実力を過信した罰だろうか。
【参考】「石亀」は日本特産の、川などにふつうに見られるカメ。
【類句】鵜《う》の真似《まね》する烏《からす》。
【同義語】石亀《いしがめ》の地団駄《じだんだ》。

猿真似《さるまね》

何の考えもなく他人のまねをすること。
▼作品に自分の個性を生かそうと努力しないで、ただ上手な人のまねをするだけなのを、猿真似と言うんだ。

爪《つめ》の垢《あか》を煎《せん》じて飲《の》む

優れた人にあやかり、学ぶようにする。

▼遊んでばかりいないで、まじめに勉強しているお姉ちゃんの爪の垢を煎じて飲みなさい。

【参考】優れた人からは、爪の垢も薬としてありがたくもらうくらいの気持ちをもてという意から。

顰《ひそみ》に倣《なら》う

いたずらに人のまねをする。→②〈行う・実行する〉

▼先輩の顰に倣うのもいいが、そればかりでは進歩がない。

【参考】「顰」は眉《まゆ》を寄せ顔をしかめること。「顰に倣う」は中国の越《えつ》の美女西施《せいし》が病のために苦痛で眉をしかめた顔が美しいとして、女性たちがまねをしたという故事から。

【誤り】他人を見習うように勧める場合に用いるのは誤り。

右《みぎ》へ倣《なら》え

他人のまねをすること。

▼会議で意見を聞いても、皆右へ倣えをするばかりだ。

【参考】右の人（自分より偉い人）に揃《そろ》えて列を正していくことから。

見栄を張る

内裸《うちはだか》でも外錦《そとにしき》

貧しさのために家の中では裸同然のかっこうで生活していても、外出するときは上等の衣服を身に着ける見栄っ張りのこと。または、そのようにして世間体《せけんてい》を繕《つくろ》うのが世渡りを上手にする秘訣《ひけつ》だということ。

▼古い木造アパート住まいで高級外車を乗り回している彼は、内裸でも外錦の現代版といえよう。

【類句】世間《せけん》は張《は》り物《もの》。

伊達《だて》の薄着《うすぎ》

おしゃれな人は着ぶくれして不格好になるのを嫌うので、寒い冬の日でも見栄を張って薄着で通すということ。

▼私の娘は、おしゃれのつもりか真冬でも伊達の薄着で通すので、家族は風邪でもひかないかと心配している。

【参考】「伊達」とは伊達者（しゃれ者）のこと。

【類句】遠慮《えんりょ》ひだるし伊達《だて》寒《さむ》し。

【同義語】伊達《だて》の素足《すあし》。伊達《だて》の素《す》袷《あわせ》。

見栄張《みえは》るより頬張《ほおば》れ

体裁を考えて食べたい物を食べない

で我慢するよりも、遠慮なく口に入れたほうが得だということ。世間体《せけんてい》を飾るかわりに実利を考えるべきだというたとえ。

▼君たちが私のためにカンパしてくれた貴重なお金だ。ここは見栄張るより頬張れで、ありがたく使わせてもらうよ。

【類句】詩《し》を作《つく》るより田《た》を作《つく》れ。花《はな》の下《した》より鼻《はな》の下《した》。花《はな》より団子《だんご》。

【同義語】義理《ぎり》張るより頬張《ほおば》れ。

導く

率先垂範《そっせんすいはん》

他の人の先に立って模範を示すこと。

▼彼女はボランティア活動の仲間を募り、率先垂範して一人暮らしのお年寄りに食事を配り始めた。

【出典】（率先）『史記《しき》』絳侯周勃世家《こうこうしゅうぼっせいか》・（垂範）『宋書《そうじょ》』謝霊運伝論《しゃれいうんでんろん》。

道《みち》を付《つ》ける

後進の者に手引きをする。また、進むべき方向の糸口をつくる。

▼彼は民俗学の研究に道を付けた最初の人だ。

【参考】通路をこしらえる意から。

見る

穴《あな》のあくほど

目もそらさずじっと見つめる。

▼子どもはかぶと虫の動きを穴のあくほど見ていた。

瞳《ひとみ》を凝《こ》らす

じっと見つめる。

▼花にとまった蝶《ちょう》に瞳を凝らしている幼女の表情が、とてもかわいらしかった。

見《み》ぬ物清《ものきよ》し

実際は汚い物であっても、自分の目で確かめなければわからない。きれいだと思いこんでいるものだということ。

▼外国のある国で見つけた菓子が気に入ってよく食べていたが、その製造方法を聞いて驚いた。見ぬ物清しで、今まで平気で食べていたものが食べられなくなってしまった。

【同義語】見《み》ぬ事清《こときよ》し。見《み》ぬほど奇麗《きれい》な物《もの》はなし。

見《み》るからに

一目見るだけで。一見するだけで。
▼彼女は見るからに高そうな装飾品を身につけている。

目《め》に染《し》みる

色彩や印象が鮮やかなようす。
▼地平線に沈む真っ赤な太陽が目に染みる。

目《め》にする

実際に見る。見かける。
▼公園では散歩を楽しむ老夫婦の姿をよく目にする。

目《め》に付《つ》く

目立って見える。
▼新製品はもっと目に付くところに並べてください。

目《め》に入《はい》る

自然に目に見える。
▼散歩の道すがらふと目に入ったものは、小学生の描いた運動会のポスターだった。

目《め》に触《ふ》れる

自然に見える。視野に入る。
▼北欧の国々の景色は、目に触れるものすべてがすばらしかった。

目《め》を落《お》とす

下を向く。
▼あまりの恥ずかしさに机に目を落としたまま、しばらくは顔が上げられなかった。

目《め》を配《くば》る

あちこちに注意を向けてよく見る。
▼担任の教師は一人ひとりの生徒に目を配っている。

目《め》を凝《こ》らす

じっと見つめる。
▼先輩の演技を目を凝らして見守った。

目《め》をさらす

じっと、くまなく見入る。
▼宝石の真贋《しんがん》を見極めようと必死に目をさらしたが、素人には無理な話だった。

目《め》を皿《さら》のようにする

目を大きく見開いてよく見ようとする。
▼大切な書類が見当たらず、目を皿のようにして辺りをさがし回った。
【参考】驚いたり、物をさがし求め

たりするときの目つきをいう。「目を皿にする」ともいう。

目《め》を据《す》える

一つの所をじっと見つめる。

▼彼は一枚の絵に目を据えて、ぴくりとも動かなくなった。

目《め》を注《そそ》ぐ

注意してよく見る。

▼母は咲き初めた梅の花にじっと目を注いでいる。

目《め》を通《とお》す

一とおり、ざっと見る。

▼毎朝、新聞にはざっと目を通すことにしている。

目《め》をやる

目を向けて見る。

▼何気なく戸外に目をやると、雨上りの空には虹が出ていた。

約束する

契《ちぎ》りを結《むす》ぶ

約束を取り交わす。→①〈愛する・恋する〉

▼二人は義兄弟の契りを結んだ。

休む・くつろぐ

息《いき》をつく

ほっとする。一休みする。

▼重要な会議が無事に終わり、息をつくことができた。

息《いき》を抜《ぬ》く

気分転換のため休息をとる。

▼責任の重い仕事に息を抜く暇がない。

【類句】息抜《いきぬ》きをする。

命《いのち》の洗濯《せんたく》

息抜きや気晴らしをすること。

▼ゆっくりと温泉につかって命の洗濯をした。

気《き》が紛《まぎ》れる

何か別のことを考えたりしたりすることで、一時的に嫌な気分を忘れる。

▼忙しい日中は気が紛れているが、夜、床に入ると涙がこぼれる。

【類句】 気《き》を紛《まぎ》らす。

手足《てあし》を伸《の》ばす

力を抜いてゆっくりと休む。
▼年末年始は郷里に帰り、のんびりと手足を伸ばしてきた。

羽《はね》を伸《の》ばす

抑圧された状態から解放され、のびのびと振る舞う。
▼今日は課長が出張なので羽を伸ばせる。

膝《ひざ》を崩《くず》す

きちんとした姿勢を崩して、楽に座る。
▼膝を崩して、どうぞお楽《らく》にしてください。

一《ひと》息《いき》入《い》れる

ちょっとひと休みする。
▼ここで一息入れてから頂上を目指すことにしよう。

水《みず》が入《はい》る

相撲で長く組み合ったまま勝負がつかないとき、一時中断して休息させる。
▼千秋楽の優勝決定戦は両者互角で、ついに水が入った。
【類語】 水《みず》入《い》り。

辞める・退く

足《あし》を洗《あら》う

悪い行いをやめる。
▼親の説得により、暴走族から足を洗うことができた。

座《ざ》を外《はず》す

会合などに出ていた人が、そこから離れる。
▼二人だけで話し合いたいので、皆さんは座を外してください。

進《すす》むを知《し》りて退《しりぞ》くを知《し》らず

時機や状況によっては退いて対応するほうがよいのに、がむしゃらに前進することばかりが頭にあるという意味。
▼君の将棋は、進むを知りて退くを知らずというやつで、強いときは無類に強いが、守りに入るともろいね。
【出典】『易経《えききょう》』乾《けん》。

立《た》つ鳥《とり》後《あと》を濁《にご》さず

水鳥は飛び立っても水を濁さないということから、人も立ち去るときはきちんと後始末をしておくべきだということ。また、引き際はいさぎよくあるべきということ。

▼あいつはやりたい放題仕事をやり散らかして、さっさと退職していった。立つ鳥跡を濁さず、という最低限のルールを知らないのか。

【同義語】立《た》つ鳥《とりあと》後をけがさず。飛《と》ぶ鳥《とりあと》後を濁《にご》さず。

花道《はなみち》を飾《かざ》る

最後に華々しい活躍をして、人に惜しまれて引退する。

▼監督は今期優勝を果たし、引退の花道を飾った。

【参考】「花道」は歌舞伎《かぶき》の劇場で、客席を縦に貫いて設けられた俳優の出入りする通路。

腹《はら》を切《き》る

責任を取って辞任する。

▼まさかのときには、腹を切る覚悟はできている。

【参考】切腹する意から。

不退転《ふたいてん》

固く信じて何事にも屈しないこと。

▼このプロジェクトの成功は、各分野の研究者と技術者の不退転の努力の結果にほかならない。

野《や》に下《くだ》る

公職を辞めて民間人になる。

▼彼は、国立大学の職を辞して野に下った。

やり直す

過《あやま》ちては改《あらた》むるに憚《はばか》ること勿《なか》れ

間違いを犯したと気づいたときは、体裁や体面にこだわらず、すぐに改めよということ。

▼M教授が長年唱えてきた説に誤りがあることを指摘されたとき、教授はその場で謝り、指摘した人に感謝の弁を述べた。過ちては改むるに憚ること勿れとはよく言うが、それをすぐに実践できる教授こそ、真の学者と言うべきだろう。

【出典】『論語《ろんご》』学而《がくじ》。

心《こころ》を入《い》れ替《か》える

今までの態度を反省して改める。

▼遊び人の兄が、最近心を入れ替え

たようだ。

姿勢《しせい》を正《ただ》す

本来の姿に戻るために今までのやり方を反省して、新たな心構えをする。

▼昇進辞令を受けて、思わず姿勢を正した。

心機《しんき》一転《いってん》

あることを契機として、気持ちが変わること。よい方向へ、明るい方向へと変化する。

▼失敗は成功の母ということばもあります。いつまでもくよくよしないで、心機一転して出直しなさい。

【誤り】心気一転。

駄目《だめ》を出《だ》す

相手の仕事などの欠点を指摘し、やり直させる。

▼編集長は何度も駄目を出し、原稿の書き直しを命じた。

【参考】演劇などで、演出者が演技者の演技の欠点を指摘すること。転じて仕事のやり直しを命ずるときにも用いられる。

白紙《はくし》に戻《もど》す

何もなかった元の状態に戻す。

▼彼は突然、先日の話を白紙に戻してくれと言ってきた。

【類句】白紙《はくし》に返《かえ》す。

面目《めんもく》を一新《いっしん》する

ようすが以前とすっかり変わってよくなること。外見や内容に手を加えて、見違えるようにすること。

▼駅前のスーパーは外装だけでなく内装や陳列棚まで変えて面目を一新したよ。まるで一流デパート並みになったから行ってごらん。

【別表記】「面目」は「めんぼく」とも読む。

許す

大目《おおめ》に見《み》る

多少の不正や欠点をとがめないで、寛大に扱う。

▼悪気があったわけではないので、今回のことはどうぞ大目に見てやってください。

情状酌量《じょうじょうしゃくりょう》

裁判で刑を決定するとき、犯罪に至った事情の同情すべき点を考慮して、刑罰を軽くすること。

▼被告の置かれた状況を参酌《さんしゃく》すれば、情状酌量の余地はある。

【参考】「酌量」は、酒や米などの量をはかることから、決定、処分などで事情を適当に考慮すること。

【類句】酌量減軽《しゃくりょうげんけい》。

手心《てごころ》を加《くわ》える

事情を考慮して適当に取り計らう。
▼当然のことながら、答案の採点は手心を加えず、厳格に行った。
【参考】「手心」とは手もとに残っている感じや、身についた技。転じて、事情に応じて案配《あんばい》する意。

不問《ふもん》に付《ふ》す

取り立てて問題にせず見逃す。
▼子どものいたずらだったということで、注意しただけで不問に付すことにした。

水《みず》に流《なが》す

過去のいきさつを一切なかったことにして、とやかく言わない。
▼昔のことは水に流し、彼に協力することを約束した。

見《み》て見《み》ぬふりをする

厳しくとがめず、見逃してやる。実際には見ても見なかったように振る舞う。
▼違反をこの目で見たからには、見て見ぬふりをすることはできない。

目《め》をつぶる

欠点や過失をとがめない。
▼子どもの小さな失敗には目をつぶることにしている。

利用する

行《い(ゆ)》きがけの駄賃《だちん》

あることをするついでに、自分に有益なことをする
▼行きがけの駄賃とばかりに、彼は同窓会で自分の会社の新商品の売り込みをしている。
【参考】馬子《まご》が問屋へ馬を引いて荷物を取りに行くついでによその荷物を運び、余分に運び賃を稼いだことから。

出《だ》しにする

自分のために、ほかのものを利用する。
▼議員たちの視察を出しにした観光旅行が問題となった。
【参考】料理は出し汁を利用して味

が良くなる。このように他を利用して（だしにして）うま味を得ること。

人《ひと》の褌《ふんどし》で相撲《すもう》を取《と》る

自分の褌は使わずに他人のを使って相撲を取るということから、他人の物や立場などを利用して自分の目的を成し遂げるたとえ。

▼この合併話のためにフィクサーに登場願ったが、その謝礼は高くついた。人の褌で相撲を取るようなものだが、誰にでもできることではない、必要悪ということだろう。

【類句】他人《たにん》の念仏《ねんぶつ》で極楽詣《ごくらくまい》り。人《ひと》の牛蒡《ごぼう》で法事《ほうじ》する。

踏《ふ》み台《だい》にする

自分の目的を達成する足がかりとして、一時的に利用する。

▼今の仕事を踏み台にして、次の大きな仕事への跳躍をはかる。

骨《ほね》までしゃぶる

人を徹底的に利用する。

▼弱味に付け込んでの、骨までしゃぶるような行為は許すことができない。

弱《よわ》みに付《つ》け込《こ》む

相手の弱点を利用し、自分の利益を得る。

▼人の弱みに付け込んで、取引相手は不当な要求をしてきた。

禍《わざわい》(を)転《てん》じて福《ふく》と為《な》す

身に受けた災難に耐えるだけでなく、逆に積極的に利用して幸運に変えてしまうということ。

▼社の方針で専門外の課に異動となり、一時は不遇を嘆いたが、ここで自分でも気づかなかった才能が発揮できたのだから、禍を転じて福と為すといったところかな。

【類句】失敗《しっぱい》は成功《せいこう》の本《もと》。七転《ななころ》び八《や》起《お》き。

【出典】『戦国策《せんごくさく》』燕策《えんさく》。

3……様子

明らかな・明白な

言《い》うも愚《おろ》か
当然のことでわざわざ言う必要もない。言うまでもない。
▼彼の行為は言うも愚かで、明らかな犯罪行為だ。

一目瞭然《いちもくりょうぜん》
ちらりと見ただけで、すべてがよくわかること。
▼本物と比べてみれば、偽物であることは一目瞭然です。
【出典】坪内逍遥《つぼうちしょうよう》『当世書生気質《とうせいしょせいかたぎ》』。

言《い》わずと知《し》れた
言わなくてもわかっている。言うまでもない。
▼このような事故を、二度と起こしてはならないことは、言わずと知れたことです。

絵《え》にかいたよう
物事の典型であること。→③〈美しい〉
▼あの二人は、幸せを絵にかいたようなカップルだ。

旗幟鮮明《きしせんめい》
態度や主義などをはっきりさせること。「旗幟」は旗とのぼりで目印になるもの。
▼形勢をうかがう風見鶏《かざみどり》はやめて、旗幟鮮明にすべきである。
【誤り】「旗幟」を「きしょく」と読むのは誤り。
【出典】（旗幟）『列子《れっし》』黄帝《こうてい》・（鮮明）『漢書《かんじょ》』王吉伝《おうきつでん》。

自明《じめい》の理《り》
証明や説明をするまでもなく、おのずとはっきりしていること。明らかな道理。
▼科学の進歩は、自明の理と思われている事象に、もう一度「なぜ」と問いかけることから始まる。
【類句】明明白白《めいめいはくはく》。
【出典】夏目漱石《なつめそうせき》『明暗《めいあん》』。

掌《たなごころ》を指《さ》す
きわめて明白で疑問の余地がないようす。
▼人一倍努力をする彼の業績がよいのは、掌を指すより明瞭《めいりょう》な事実だ。
【参考】手の平にあるものを指し示すことのように、という意から。

手《て》に取《と》るよう
物事がはっきりとわかるようす。

▼彼の説明で、会議のようすが手に取るようにわかった。
【参考】手の中にあるもののようにの意。

歯切《はぎ》れがいい

物の言い方が明瞭《めいりょう》でわかりやすいようす。
▼A先生の講義は歯切れがいいのでわかりやすいと、学生たちに人気がある。
【対句】歯切《はぎ》れが悪《わる》い。

火《ひ》を見《み》るよりも明《あき》らか

火が燃えていれば誰が見ても火とわかる。そのように、明白で疑う余地がない現象のこと。道理がはっきりしている場合にも使う。
▼まだこんな準備段階でこれだけのミスを起こしていたら、この計画が失敗することは火を見るよりも明らかだ。
【出典】『書経《しょきょう》』盤庚《ばんこう》。

紛《まぎ》れもない

間違いようもない。明白だ。
▼遺書の文字は紛れもなく父の筆跡だった。

目《め》に見《み》える

目で見て明らかにわかる。→②〈推測する・想像する〉
▼祖母の病状は目に見えて回復し、もうじき退院できそうだ。

論《ろん》を俟《ま》たない

論じるまでもなく、明白である。言うまでもない。
▼彼が腕のいい医者であることは論を俟たない。

危ない・危険

赤信号《あかしんごう》が付《つ》く

危険な状態になる。
▼会社の経営状態に、赤信号が付いたらしい。

足下《あしもと》に火《ひ》が付《つ》く

危険なことが身に迫る。
▼犯人は足下に火が付いてきたことに気がついただろう。

危《あぶ》ない橋《はし》を渡《わた》る

危険な方法、手段を取る。
▼あいつは、金儲《かねもう》けのためならどんな危ない橋を渡るのも平気だ。

危《あや》うきこと累卵《るいらん》の如《ごと》し

高く積み上げた卵がいつ崩れるかわからないように、非常に危険で見ていられないこと。

▼彼の世界旅行の計画ときたら、ろくな資金もなく危険な地域を巡ることなど、とても賛成できない。危うきこと累卵の如し、だ。

【参考】「累卵」は積み重ねた卵。

【類句】虎《とら》の尾《お》を踏《ふ》む。薄氷《はくひょう》を履《ふ》むが如《ごと》し。

【出典】『史記《しき》』范雎蔡沢列伝《はんしょさいたくれつでん》。（累卵）『韓非子《かんぴし》』十過《じっか》。

【同義語】累卵《るいらん》の危《あや》うき。

板子《いたご》一枚下《いちまいした》は地獄《じごく》

船乗りの仕事が非常に危険なことをいったたとえ。

▼三代続く漁師の家を彼は、板子一枚下は地獄、と嫌って、都会に出た。

【参考】「板子」は和船の底にある上げ板。その下が船底で海に接している。船から投げ出されたらまず助からぬ海を、地獄に見立てたもの。

【同義語】一寸下《いっすんした》は地獄《じごく》。

一刻《いっこく》を争《あらそ》う

事態が切迫していて時間がない状態にある。

▼一刻を争う事態に、役員全員が緊急招集された。

一触即発《いっしょくそくはつ》

ちょっと触っただけで大爆発するという意味で、わずかなきっかけが大事件に発展しそうな危険な状態をいう。

▼全面戦争の危機を回避したいという両国国民の願いにもかかわらず、政府は互いに非難声明を続けていて、今や一触即発の状態になった。

【類句】危機一髪《ききいっぱつ》。

一寸先《いっすんさき》は闇《やみ》

真っ暗闇の中では、つい目の前の物も見ることができない。人生はこうした状況に置かれているのと同じで、間近な未来についてもまったく予測できないというたとえ。

▼自身の建言が実って大政奉還が成立してわずか一か月後に坂本龍馬《さかもとりょうま》は暗殺された。一寸先は闇、誰も明日のことはわからない。

【参考】「一寸」は約三センチメートル。

【類句】無常《むじょう》の風《かぜ》は時《とき》を択《えら》ばず。

【同義語】一寸先《いっすんさき》は闇《やみ》の世《よ》。

送《おく》り狼《おおかみ》

女性をうわべは親切そうに送る途中で悪さをする危険な人物。

▼忘年会からの帰りには、送り狼に気をつけなさい。

砂上《さじょう》の楼閣《ろうかく》

砂の上に建てられた高い建物は容易に倒壊するところから、基礎がしっかりしていなくてすぐに崩れてしまいそうなもののたとえ。また、実現が不可能なことのたとえ。

▼その場所はかつての大リゾート地だったが、今はいくつもの巨大な施設が廃墟となっており、砂上の楼閣だったバブル経済の墓石のように見える。

【類句】空中楼閣《くうちゅうろうかく》。

綱渡《つなわた》りをする

危険を冒して物事を行う。

▼彼は幾度となく危ない綱渡りをして、ようやく会社をここまで大きくした。

虎《とら》の尾《お》を踏《ふ》む

強暴な虎の尾を踏めば、怒った虎にかみ殺されてしまう。そこから、非常に危険なこと、無謀なことをするたとえ。

▼黒田官兵衛《くろだかんべえ》は、単身敵の城に乗り込んで交渉に当たった。まさに虎の尾を踏むような行為だ。

【類句】危《あや》うきこと累卵《るいらん》の如《ごと》し。薄氷《はくひょう》を履《ふ》むが如《ごと》し。

【出典】『易経《えききょう》』履《り》。

【同義語】危《あや》うきこと虎《とら》の尾《お》を踏《ふ》むが若《ごと》し。

虎《とら》を野《の》に放《はな》つ

危険な虎を広い野に自由に放つということで、猛威を振るうもの、危険なものを野放しにして災いのもとにするたとえ。

▼こんなに危険なものがネットで簡単に手に入るのはひどい話だ。虎を野に放つも同じことをしているのだから、法規制や対策などを講ずべきだ。

【同義語】千里《せんり》の野《の》に虎《とら》を放《はな》つ。虎《とら》の子《こ》を野《の》に放《はな》し竜《りゅう》に水《みず》を与《あた》う。虎《とら》を赦《ゆる》して竹林《ちくりん》に放《はな》つ。

飛《と》んで火《ひ》に入《い》る夏《なつ》の虫《むし》

夏の夜、灯火などを慕って集まる虫が火中に自分から飛び込んで焼け死ぬことから、勝手に危険なことに身を投じて災難を招くことのたとえ。

▼大型火器を密かに備えた要塞に敵兵が押し寄せてきた。飛んで火に入る夏の虫とばかりに守備兵は敵をなぎ倒していった。

【出典】『梁書《りょうしょ》』。

【同義語】夏《なつ》の虫《むし》飛《と》んで火《ひ》に入《い》る。

盗人《ぬすびと》に鍵《かぎ》を預《あず》ける

鍵は盗難を防ぐものなのに、それを

盗人に預けるというわけで、悪事の便宜を与えて被害を大きくするたとえ。
▼窃盗団の一味には会社の守衛が含まれていた。盗人に鍵を預けてしまっては、犯罪など防げるはずがない。
【類句】猫《ねこ》に鰹節《かつおぶし》。
【同義語】盗人《ぬすびと》に鍵《かぎ》。盗人《ぬすびと》に糧《かて》。盗《ぬす》人《びと》に倉《くら》の番《ばん》。

猫《ねこ》に鰹節《かつおぶし》

猫のそばに大好物の鰹節を置けばいつ食べられるかわからない。そこから少しの油断もできないことのたとえ。また、過ちが起こりやすいことのたとえ。
▼彼に酒を預けるなんて、猫に鰹節というものだ。
【類句】盗人《ぬすびと》に鍵《かぎ》を預《あず》ける。
【同義語】猫《ねこ》に鰹節《かつおぶし》の番《ばん》。

薄氷《はくひょう》を踏《ふ》む

川や湖、池などに張った薄い氷の上を歩くように、非常に危険な場面に臨むようす。
▼薄氷を踏む思いで、どうにか株主総会を乗り切った。
【参考】『詩経《しきょう》』の「戦々兢々《せんせんきょうきょう》として、深淵《しんえん》に臨《のぞ》むが如《ごと》く、薄氷《はくひょう》を履《ふ》むが如《ごと》し」から。
【出典】『詩経《しきょう》』「小雅《しょうが》」小旻《しょうびん》。
【同義語】氷《こおり》を歩《あゆ》む。春氷《しゅんぴょう》を渡《わた》る。

風前《ふうぜん》の灯《ともしび》

危険が迫っていて、生命などが危うい状態。
▼あの会社は赤字続きで、今や風前の灯だ。
【参考】風が吹けば消えるような灯火。風（危険）はすぐ近くに迫っている。
【類句】風《かぜ》の前《まえ》の塵《ちり》。
【出典】『倶舎論疏《くしゃろんそ》』。
【同義語】風中《ふうちゅう》の灯《ともしび》。

降《ふ》りかかる火《ひ》の粉《こ》は払《はら》わねばならぬ

火の粉が降りかかるのを払わずにいれば火傷《やけど》をしてしまう。人に危害を加えられそうになれば防がないわけにはいかないというたとえ。
▼争い事は好まないが、そんな言いがかりはとうてい受け入れるわけにはいかない。降りかかる火の粉は払わねばならぬだ。
【類句】売《う》られた喧嘩《けんか》は買《か》わねばならぬ。

現れる

頭《あたま》をもたげる

隠れていた物事や考え、疑いなどが表に出て来る。→⑦〈評判〉

▼昔の野心が頭をもたげ、彼は脱サラして事業を興した。

雨後《うご》の筍《たけのこ》

似たような物事が続々と現れ出るようす。

▼ミニ政党が雨後の筍のように出現してきた。

【参考】筍は雨後に一斉に生えてくることから。

【誤り】成長が早いという意で用いるのは誤り。

顔《かお》を出《だ》す

表面に現れる。→②〈参加する〉

▼事件をきっかけに彼の狂暴な性格が顔を出した。

神出鬼没《しんしゅつきぼつ》

鬼神のように自由自在に出没し、所在がつかめないこと。素早く現れたり隠れたりすること。

▼第二次世界大戦中、連合国の艦船は神出鬼没のドイツの潜水艦Uボートに悩まされたものである。

【類句】変幻自在《へんげんじざい》。千変万化《せんぺんばんか》。

【出典】『唐戯場語《とうぎじょうご》』。『正法眼蔵《しょうぼうげんぞう》』阿羅漢《あらかん》。

氷山《ひょうざん》の一角《いっかく》

明るみに出たものは、全体のほんの一部分にすぎないこと。

▼密輸入された麻薬が摘発されたが、これは氷山の一角にすぎない。

【参考】氷山のうち、海面上に見えるのは全体の一部分であるところから。

片鱗《へんりん》を示《しめ》す

学識や才能などの一部分をちらりと見せる。

▼彼の少年期の作品は、すでに〝色の魔術師〟の片鱗を示している。

勢い

上《あ》げ潮《しお》に乗《の》る

好機にめぐり合って物事が順調に進む。

▼事業は上げ潮に乗って予想以上に発展した。

頭《あたま》でっかち尻《しり》つぼみ

はじめは大きく堂々としているが、次第に小さく貧弱になること。また、盛んな意気込みで威勢がよかったのが、だんだんに勢いを失って意気地《いくじ》がなくなること。

▼息子の毎年の夏休みの自由研究は、いつも頭でっかち尻すぼみで、最初は大きな目標を立てるが、まともな成果を出したことがない。

【類句】 竜頭蛇尾《りゅうとうだび》。

【同義語】 頭《あたま》でっかの腰細《こしぼそ》。

炒《い》り豆《まめ》に花《はな》

炒った豆に芽が出て花が咲くということは常識から考えてもあり得ない。そこから、ありそうにない、非常に珍しいことのたとえ。また、衰えたものが再び栄えることのたとえにも使う。

▼彼があの難関大学にストレートで合格するとは思わなかった。炒り豆に花とはこのことか。

【類句】 埋《う》もれ木《ぎ》に花《はな》が咲《さ》く。老《お》い木《き》に花《はな》咲《さ》く。枯《か》れ木《き》に花《はな》。

鰻登《うなぎのぼ》り

鰻には身をくねらせながら水中を垂直に登って行く習性がある。そこから、物価の値上がり、温度の上昇、人の出世などが急速なことをたとえていうことば。

▼朝のドラマ番組のヒロイン役の少女は、愛くるしさとひたむきな演技で人気はたちまち鰻登りとなった。

風《かぜ》を切《き》る

勢いよく進む。

▼部長になったとたん、肩で風を切って歩いている。

【参考】「肩で風を切る」は、大威張りで歩くようす。

勝《か》ちに乗《じょう》じる

勝ってさらに勢いづく。

▼勝ちに乗じてそのチームはついに優勝杯を手にした。

【類句】 勝《か》ちに乗《の》る。

騎虎《きこ》の勢《いきお》い

物事の勢いが盛んになって、行き掛かり上、途中で止められなくなっている状態。

▼今の彼は騎虎の勢いで止めようがない。忠告しても無駄だから、時期をみて話すとしよう。

【参考】 虎に乗って走り出すと、途中で降りれば食われてしまうので、行きつくところまで走るに任せざるを得ない、ということから。

【出典】『隋書《ずいしょ》』独孤皇后紀《どっここうごうき》。

旭日昇天《きょくじつしょうてん》

朝日が昇るように勢いの盛んなこと。「旭日昇天の勢い」などと使う。

▼大派閥のトップに立った彼は、いまや旭日昇天の勢いで、政権の掌握もそれほど遠くないと見られている。

【類句】破竹《はちく》の勢《いきお》い。

気《き》を呑《の》まれる

相手の勢いに圧倒される。

▼相手チームに気を呑まれて惨敗した。

捲土重来《けんどちょうらい》

敗者が再び勢力を盛り返し攻め寄せること。また、失敗した者が非常な勢いでやりなおすこと。

▼失敗したからといってくよくよするな。それより、捲土重来を期して頑張れよ。

【参考】「捲土」は土煙を巻き上げる様子。「重来」は「じゅうらい」とも読む。

【出典】杜牧《とぼく》「題㆓烏江亭㆒《うこうていにだいす》」。

生彩《せいさい》を欠《か》く

元気がなく、まったくよい点が見られない。

▼何となく生彩を欠いていて、いつもの活発な彼女とは別人のようだ。

【同義語】生彩《せいさい》がない。

生彩《せいさい》を放《はな》つ

生き生きとして目立つ。

▼身贔屓《みびいき》だろうが、わが子の絵が多くの作品の中で最も生彩を放って見えた。

堰《せき》を切《き》る

抑えられていた物事が、一気に激しく動き出す。

▼こらえていた涙が堰《せき》を切ったようにあふれだした。

【参考】川の水が堰を破って流れ出る状態から。

脱兎《だっと》の勢《いきお》い

逃げ出す兎《うさぎ》のように、行動の素早いたとえ。

▼校庭で喧嘩《けんか》をしていた子どもたちは、向こうから走ってくる先生の姿を一目見るや、脱兎の勢いで逃げ出した。

【参考】『孫子《そんし》』は、「始めは処女のごとくにすれば敵人は戸を開く。後には脱兎のごとくすれば敵は防ぐことができない」と教える。

【出典】(脱兎)『孫子《そんし》』九地《きゅうち》。

天《てん》をつく
きわめて意気が盛んであること。→③〈高い〉
▼彼女はコンディションがよく、天をつくような勢いで連勝記録を伸ばしている。

所《ところ》を得《え》る
好機に出会って、勢いが盛んである。→③〈ふさわしい〉
▼彼の作品は所を得てベストセラーとなった。

飛《と》ぶ鳥《とり》を落《お》とす勢《いきお》い
空を飛んでいる鳥でさえも圧倒されて地に落ちるほどの勢い。権力や威勢が盛んな様子のたとえ。
▼彼女は、飛ぶ鳥を落とす勢いのIT企業家のM氏と結婚した。

波《なみ》に乗《の》る
勢いに乗る。→③〈好調な・順調な〉
▼わが校のサッカー・チームは波に乗り、破竹の十連勝を達成した。

拍車《はくしゃ》をかける
物事の進行を一段と速める。
▼納期が迫って来たので、作業に拍車をかける。
【参考】「拍車」は馬に乗るとき靴のかかとに取り付ける金具で、馬の腹部を圧迫して御《ぎょ》すのに用いる。

【類句】拍車《はくしゃ》を加《くわ》える。

破竹《はちく》の勢《いきお》い
竹は一方の端を二つに割ると、後は刃を入れていくだけで容易に一気に割れていく。そこから、止めるに止められない猛烈な勢いで事が進むたとえ。軍勢が勝ちに乗じて進撃する形容などに使う。
▼武田の軍勢は破竹の勢いで信州に攻め込んだ。
【類句】疾風迅雷《しっぷうじんらい》。
【出典】『晋書《しんじょ》』。『北史《ほくし》』周高祖紀《しゅうこうそぎ》。

日《ひ》の出《で》の勢《いきお》い
朝日が差し昇るような、盛んな勢い。
▼日の出の勢いで発展したA社は、不正取引問題を起こしてから株価が急落した。

火《ひ》を吹《ふ》く
勢いよく燃え出す。転じて、激しい勢いを表す。
▼主軸打線が火を吹き、チームはやっと最下位を脱した。

物《もの》の弾《はず》み

その場のちょっとした成り行き。
▼友だちと昔話をしているうちに、物の弾みで同窓会の役員を引き受けることになってしまった。

余《よ》勢《せい》を駆《か》る

何かをやり遂げた勢いに乗る。
▼初戦に快勝した余勢を駆って、このまま優勝に向けて突っ走ろう。

竜《りゅう》頭《とう》蛇《だ》尾《び》

頭は竜で尾は蛇ということから、最初は勢いがよく終わりはふるわない様子。
▼順調な滑り出しをみせたA大学チームだったが、リーグ戦を終えてみると竜頭蛇尾という結果であった。
【類句】頭《あたま》でっかち尻《しり》すぼみ。
【対句】画竜点睛《がりょうてんせい》。
【出典】『碧巌録《へきがんろく》』一〇則。

燎《りょう》原《げん》の火《ひ》

勢いが盛んで、防ぎ止めようがないもののたとえ。非常な勢いで広がっていくようす。
▼農民の一揆《いっき》に端を発した領主への反抗運動は、燎原の火のごとく国中に広がっていった。
【出典】『春秋左氏伝《しゅんじゅうさしでん》』隠公《いんこう》六年。

忙しい

席《せき》の暖《あたた》まる暇《いとま》もない

非常に忙しいようす。
▼A部長は最近出張が多く、席の暖まる暇もない。

手《て》がふさがる

すでにあることをしていて、これ以上ほかのことをやる余裕がない。
▼手がふさがっていて、電話に出られない。
【参考】断る場合に使うことが多い。

東《とう》奔《ほん》西《せい》走《そう》

ある仕事や目的のために、あちこち忙しく走りまわること。「奔」は勢いよく走ること。
▼選挙戦の終盤で、候補者は東奔西走の追い込みに懸命である。
【類句】南船北馬《なんせんほくば》。

猫《ねこ》の手《て》も借《か》りたい

非常に忙しくて手不足なようす。
▼注文が殺到して、猫の手も借りたいくらいだ。

忙中閑《ぼうちゅうかん》有《あ》り

忙しい中でも、ちょっとした暇はあるものであるということ。

▼N氏はテレビで引っ張りだこの人気教授だが、忙中閑有りで今日はスイミングクラブに顔を出している。

【類句】忙中閑日月《ぼうちゅうかんじつげつ》。

盆《ぼん》と正月《しょうがつ》が一緒《いっしょ》に来《き》たよう

非常に忙しいことのたとえ。また、吉事が重なることのたとえ。

▼結婚と昇進が重なり、盆と正月が一緒に来たようです。

【参考】お盆と正月は何かと忙しく、また皆が顔を揃《そろ》えて楽しい時期であることから。

目《め》が回《まわ》る

非常に忙しいようす。

▼年末の書き入れどきには、目が回るほど忙しくなる。

【類句】目《め》を回《まわ》す。

いつも・絶えず

明《あ》けても暮《く》れても

何日も同じ状態が続くようす。毎日、毎日。

▼父は、明けても暮れても金の心配ばかりしている。

首尾一貫《しゅびいっかん》

物事のはじめから終わりまで一つの主義や方針などを貫き通すこと。

▼彼は周囲の雑音に振り回されることなく、首尾一貫してそのテーマに沿って基礎研究を続けた。

【類句】終始一貫《しゅうしいっかん》。

四六時中《しろくじちゅう》

二十四時間中。一日中。昼も夜も。日夜。いつも。常に。始終。

▼作曲の勉強を始めてから、頭の中で四六時中メロディーが聞こえているような感じがしている。

【参考】「四六時」は「四掛ける六は二十四」で二十四時間。昔の「二六時中」を言いかえたもの。昔は、一日を十二刻に分けたことから「二掛ける六は十二」で「二六時中」と言った。

昼夜《ちゅうや》をおかず

昼も夜も休まずに。

▼崩れた道路の復旧作業は昼夜をおかず続けられた。

寝《ね》ても覚《さ》めても

いつも。四六時中。

▼寝ても覚めても野球のことだけ考えていた。

のべつ幕《まく》なし

休みなく続くようす。

▼彼女はのべつ幕なし一人でしゃべっている。

【参考】芝居で幕を下ろさずに演じ続ける意から。

肌《はだ》身《み》離《はな》さず

いつも体から離さないで。

▼家族の写真を肌身離さず持っている。

三日《みっか》にあげず

間をあけずに。毎日のように。しげしげと。

▼そば屋の看板娘に一目ぼれした彼は、三日にあげずその店に通い詰めた。

美しい

絵《え》にかいたよう

非常に美しいことのたとえ。→③〈明らかな・明白な〉

▼海辺の街の風景は絵にかいたような美しさだった。

絵《え》になる

そのまま絵の題材になりそうな風情《ふぜい》がある。→③〈ふさわしい〉

▼AさんとB君は立っているだけで絵になるカップルだ。

解語《かいご》の花《はな》

ことばを理解する花ということで、美人のたとえ。

▼新婦はまさに解語の花、無骨者《ぶこつもの》の彼がいつの間にこのような美人を射止めていたのかと、親友の私は不思議でたまりません。

【参考】中国唐《とう》の玄宗《げんそう》皇帝が楊貴妃《ようきひ》について「池の蓮の花もこの解語の花には及ぶまい」と言った故事から。

【出典】『開元天宝遺事《かいげんてんぽういじ》』。

【同義語】物言《ものい》う花《はな》。

錦上《きんじょう》花《はな》を添《そ》える

金糸、銀糸の絹織物の上に美しい花を置くように、立派な物を重ねるという意味で、よいこと、めでたいことが重なること。

▼満開の桜を背景に「ミスさくらコンテスト」に出場する美女たちが居並んだところは、まさしく錦上花を添えるの趣があったね。

【出典】『文明本節用集《ぶんめいほんせつようしゅう》』。王安石《おうあんせき》

『即時《そくじ》』。
【同義語】錦上《きんじょう》に花《はな》を敷《し》く。

豪華絢爛《ごうかけんらん》

きらびやかに飾り立てられ光り輝いて美しいさま。「絢」は織物の美しい模様。「爛」は光り輝くさま。
▼スポットライトを浴びながら彼女が舞台に登場したとき、その豪華絢爛な衣装に満員の観客席は大きくどよめいた。
【類句】綾羅錦繡《りょうらきんしゅう》。
【出典】（絢爛）朱徳潤《しゅとくじゅん》「飛霞楼詩《ひかろうのし》」。

光彩陸離《こうさいりくり》

きらきらする光が乱れ交じって美しく輝くさま。まぶしいばかり、輝かしいこと。「陸離」は入り乱れた光の形容。
▼日本近代史を振り返るとき、欧米との国際外交で彼が上げた業績は光彩陸離たるものがある。

立《た》てば芍薬《しゃくやく》座《すわ》れば牡丹《ぼたん》歩《ある》く姿《すがた》は百合《ゆり》の花《はな》

芍薬も牡丹も百合もいずれ劣らぬ美しい花で、美人の立ち居振る舞いを形容したもの。
▼そのミス・T市は、昔風の表現でいえば、立てば芍薬座れば牡丹歩く姿は百合の花というやつで、容姿・気品・物腰とすべてに群を抜く美しさだった。

沈魚落雁《ちんぎょらくがん》

その美しさを見ては動物までも恥じらい、魚も水中に沈み、雁も空から落ちるほどに恥じらうという意味で、絶世の美女の形容に使う。
▼正月とあって振袖《ふりそで》姿で街を歩く女性たちのあでやかなようすは、いずれ劣らぬ沈魚落雁といった風情《ふぜい》である。
【参考】後に「閉月羞花《へいげつしゅうか》」と続く。
【出典】『荘子《そうじ》』斉物論《せいぶつろん》。

百花繚乱《ひゃっかりょうらん》

さまざまな花が美しく咲き乱れていること。また、一時期に多くの優れた人物が現れ、立派な業績を上げること。
▼現代の工芸は、陶芸にしろ、染織にしろ才能ある若手作家が次々と作品を発表し、まさに百花繚乱の盛況である。
【類句】百花斉放《ひゃっかせいほう》。
【別表記】「繚乱」は「撩乱」とも書く。
【出典】鮑照《ほうしょう》「舞鶴賦《ぶかくのふ》」。

目《め》もあや

まぶしいほど美しいようす。
▼その女優は目もあやな舞台衣装に

身を包んで舞台狭しと踊った。

多い・過剰な

蜿蜿長蛇《えんえんちょうだ》の列《れつ》

蛇がうねるように、行列が長く続いているようす。
▼味が評判と多くのグルメ本に紹介された店に行ってみたが、店の前には蜿々長蛇の列ができ、長時間待たないと入れなかった。
【出典】（蜿蜿）『楚辞《そじ》』離騒《りそう》。

腐《くさ》るほど

あり余るほどたくさんあるようす。
▼腐るほど金があるのに義援金《ぎえんきん》となると出し惜しんでいる。

十指《じっし》に余《あま》る

数え上げていくと、かなりの数になる。
▼彼の肩書きは、十指に余るほどある。
【参考】十本の指では数えきれない意から。

束《たば》になってかかる

大勢の人が一緒になって一つの物事に対処する。
▼関取に小学生が束になってかかっても、びくともしなかった。

掃《は》いて捨《す》てるほど

あり余るほどたくさんあってありふれているようす。
▼今どき、英語を話せる人間など、掃いて捨てるほどいる。

浜《はま》の真砂《まさご》

浜辺にある細かい砂のことで、数えきれないほどあることのたとえ。
▼彼についてのその手のエピソードなら、事実か作り話かは問わず浜の真砂ほどもありますよ。
【参考】「石川や浜の真砂は尽きるとも世に盗人の種は尽きまじ」という安土桃山時代の大盗賊、石川《いしかわ》五《ご》右衛《え》門《もん》の辞世の句で有名。

下手《へた》な鉄砲《てっぽう》も数撃《かずう》てば当《あ》たる

鉄砲が下手な人でも何発も撃っていれば一発ぐらいは命中する。数多くやるうちには成功することもあるというたとえ。また、何事も根気よくやることが大切だという意味。
▼それだけの数の大学を受けるのかい。下手な鉄砲も数撃てば当たるというけれど、かえって気力・体力

を消耗しないかと心配になるね。
【類句】下手《へた》な鍛冶屋《かじや》も一度《いちど》は名剣《めいけん》。

枚挙《まいきょ》にいとまがない
多すぎて一つ一つ数え上げることができない。
▼彼の受賞歴は、枚挙にいとまがない。

山《やま》ほどある
処理しきれないくらい、たくさんある。
▼買いたい物は山ほどあるがウインドーショッピングで我慢しよう。

音・声

陰《いん》にこもる
音などの陰気なようす。→①〈不満・不平・文句〉
▼古寺の鐘の音が陰にこもって響いてくる。

音吐朗朗《おんとろうろう》
詩などを読み上げるときに、声量が豊かであるさま。「朗朗」は、月などの明るいさまにもいう。
▼祖父は詩吟で鍛えた声で、音吐朗々と百人一首を読み上げた。
【出典】『南史《なんし》』斉廃帝鬱林王伝《せいはいていうつりんおうでん》。

黄色《きいろ》い声《こえ》
女性や子どものかん高い声。きいきい声。
▼ファンの黄色い声と共に、人気投手がマウンドに上がった。

声《こえ》を落《お》とす
話す声を小さくする。小声で話す。
▼人々は声を落として事件について話した。

声《こえ》を立《た》てる
声を発する。
▼試験中、答えが浮かんだとたん、つい声を立ててしまった。

声《こえ》を励《はげ》ます
一段と声を大きくして言う。
▼弁護人は、彼は無実だと声を励まして主張した。

声《こえ》を振《ふ》り絞《しぼ》る

できる限り声を張り上げる。

▼声を振り絞って助けを求める。

鈴《すず》を転《ころ》がすよう

女性の声が美しく澄んでよく響くようす。

▼あの女性アナウンサーは鈴を転がすような声をしている。

衰える・弱る

油《あぶら》が切《き》れる

活動の原動力がなくなる。

▼すっかり油が切れたようで、いつもの元気が出ない。

意気消沈《いきしょうちん》

すっかり元気がなくなって、しょげかえる様子。

▼思わぬ大敗に応援団も意気消沈して、皆うつむきながら帰り支度を始めた。

【類句】意気阻喪《いきそそう》。

【対句】意気軒昂《いきけんこう》。意気衝天《いきしょうてん》。意気《いき》揚揚《ようよう》。

【別表記】「意気銷沈」とも書く。

【出典】内田魯庵《うちだろあん》『社会百面相《しゃかいひゃくめんそう》』。

色《いろ》があせる

以前の魅力や新鮮さがなくなる。

▼あのアイドル歌手も、スキャンダル発覚後はまったく色があせてしまった。

【参考】古くなって、色がさめる意から。

がたが来《く》る

年月を経て、機械・道具などの調子が悪くなること。転じて、人間が年を取って健康を損ねたり、体を思うように動かせなくなったりすること。

▼丈夫が取り柄《とえ》だったのに最近ではさすがにがたが来て、階段を上がるのも難儀だ。

気息奄奄《きそくえんえん》

息も絶え絶えなさま。今にも死にそうなさま。また、物事が非常に苦しい状態にあるさま。

▼気息奄々でゴールを目前にしたマラソンランナーは、ゴールに着くや、その場に倒れてしまった。

【出典】『文選《もんぜん》』李密《りみつ》「陳情表《ちんじょうひょう》」。

麒麟《きりん》も老《お》いては駄馬《だば》に劣《おと》る

一日に千里を走るという麒麟も、老いぼれると駄馬（荷物運搬用の馬）にも劣る。どれほど優れた人間でも年をとると知力・体力が衰えて、働きが一般の人にも劣るようになるというたとえ。

▼A教授は博覧強記《はくらんきょうき》で知られた学者だったが、最近の講義では物忘れがひどく、学生に確認を求めるほどだ。麒麟も老いては駄馬に劣るというが、その姿は悲しい。

腰《こし》が砕《くだ》ける

物事をしている途中で勢いがなくなり、後が続かない。

▼夢が大きいのはいいが、腰が砕けないように実現可能な計画を立てたほうがいい。

【参考】腰の力が抜けて、崩れる意から。

性《しょう》が抜《ぬ》ける

本来の形、性質が失われる。気力などが衰える。

▼彼女は最近性が抜けたようにおとなしく議論を聞いているばかりだ。

箍《たが》が緩《ゆる》む

気分的にだらけたり、年を取ったりして鈍くなり、しまりがなくなること。組織の結合・規律が緩む場合にも使う。

▼最近どうも官公庁の箍が緩んでいるとしか思えないような事件が相次いでいる。

【参考】「箍」は、桶《おけ》や樽《たる》の周囲にはめて、その胴が分解しないように押さえ付けてある竹や金属で作った輪。

年《とし》には勝《か》てぬ

年をとると、気力はあっても体力や健康がともなわなくなる。

▼あの名選手も年には勝てぬと見えて、とうとう引退した。

年《とし》は争《あらそ》えない

気持ちはまだ若くても、年をとると、体力や頭脳の衰えが出てしまう。

▼こんなこともできなくなるとは、年は争えないものだ。

ねじが緩《ゆる》む

緊張が緩んでだらしなくなる。

▼遅刻者が多くなったのは、夏休み明けでねじが緩んでいるせいだ。

矛先《ほこさき》が鈍《にぶ》る

相手を攻撃したり非難したりするこ

とばに鋭さがなくなる。
▼相手がかつての親友では追及の矛先が鈍るのも仕方がない。
【参考】「矛」とは長柄の先に両刃の剣を付けた古代の武器。

虫《むし》の息《いき》

呼吸が今にも途絶えそうに弱々しいこと。また、その呼吸。
▼私たちが病院に駆けつけたとき、祖父はもう虫の息だった。

焼《や》きが回《まわ》る

頭の回転や腕前などが衰える。
▼さすがの名人も焼きが回ったのか、仕事が遅くなり、ミスも目立つようになった。
【参考】刃物を鍛えるとき、火が行き渡りすぎて切れ味が鈍くなる意から。

回復する

息《いき》を吹《ふ》き返《かえ》す

駄目だと思っていたものが、また勢いづく。
▼新製品が売れ行き好調で、今にもつぶれそうだった会社が息を吹き返した。
【参考】生き返る意から。

薄紙《うすがみ》をはぐよう

病気が少しずつ快方に向かう。
▼転地療養をしたところ、薄紙をはぐように回復していった。

枯《か》れ木《き》に花《はな》

一度衰えたものが再び栄えること。
▼テレビではなく舞台で、彼は枯れ木に花を咲かせようと張り切っている。
【類句】枯《か》れ木《き》に花咲《はなさ》く。

起死回生《きしかいせい》

死にそうな病人を生き返らせること。また、滅びかけているものを回復させること。
▼起死回生の具体策は、機構改革以外にはなさそうだ。
【出典】『国語《こくご》』呉語《ごご》。

気《き》を取《と》り直《なお》す

気落ちした状態から、思い直して元気を出す。
▼気を取り直して再挑戦したところ、今度は成功した。

恥《はじ》をすすぐ

失った名誉を取り戻す。

▼彼は疑いを自ら晴らし、恥をすすいだ。
【類語】雪辱《せつじょく》。
【参考】「すすぐ」は「そそぐ」ともいう。「雪辱」は「恥（辱）を雪《すす》ぐ」の意。

必ず

雨《あめ》が降《ふ》ろうが槍《やり》が降《ふ》ろうが

どんなことがあってもやり遂げる決意。
▼彼は、雨が降ろうが槍が降ろうが毎朝のジョギングを欠かさない。

いやでも応《おう》でも

無理にでも。
▼いやでも応でも娘を一緒に連れて行くつもりだ。
【類句】いやが応《おう》でも。

【参考】いやは「ノー」、応は「イエス」の意。つまり承諾しようとしまいと、の意となる。

何《なに》が何《なん》でも

どんなことがあっても。絶対に。
▼今度の試合には、何が何でも勝たなければならない。

簡単な・容易な

赤子《あかご》の手《て》をひねるよう

か弱い者は、たやすく負かすことができる。容易にできることのたとえ。
▼初心者相手の碁《ご》は、赤子の手をひねるようなものだ。
【類句】赤子《あかご》の手《て》をねじるよう。

朝飯前《あさめしまえ》

きわめて容易なこと。
▼彼女にとってこんな数学の問題は朝飯前だ。
【参考】朝飯前のちょっとした時間でできることから。

案《あん》ずるより生《う》むが易《やす》し

出産が近づいた妊婦はあれこれと心配するが、実際はそれほど困難なものではなくて簡単にすむことが多い。ほかの物事も似たようなもので、取り越し苦労をするには及ばないことをいったもの。
▼オーディションの直前では、落ちたときのことばかり考えていたが、案ずるより生むが易しで、ステージに立ったら震えが止まり、普段どおりの演技ができた。
【類句】窮《きゅう》すれば通《つう》ず。
【別表記】「生む」は「産む」とも書

く。

【同義語】案《あん》じる子《こ》は生《う》み易《やす》い。思《おも》うより生《う》むが易《やす》し。

お茶《ちゃ》の子《こ》

たやすくできることのたとえ。

▼こんな簡単な修理だったら、お茶の子でできますよ。五分お待ちください。

【参考】「お茶の子」はお茶菓子。腹にたまらないことから、容易にできること。

【類句】朝飯前《あさめしまえ》のお茶漬《ちゃづ》け。朝駆《あさが》けの駄賃《だちん》。

【同義語】お茶《ちゃ》の子《こ》さいさい。

お手《て》の物《もの》

慣れていて容易にできるもの。得意な技。

▼彼女はピアノならお手の物だから、結婚式の余興に一曲弾いてもらおう。

【参考】自分の手の中に収めたという意から。

苦《く》もなく

苦労することなく。容易に。

▼秀才の彼は、苦もなく難問を解いた。

世話《せわ》がない

手間がかからないようす。→①〈あきれる〉

▼夫は私がいないときは自分で料理を作るので世話がない。

掌《たなごころ》を返《かえ》す

物事がきわめてたやすくできること。→⑦〈裏切る・背反〉

▼彼を説得するのは掌を返すより、簡単なことだ。

【参考】「掌」は手の平のこと。手の平を返すように容易な意から。

【類句】手《て》の裏《うら》を返す。

単純明快《たんじゅんめいかい》

論理や行動などが、複雑でなく、はっきりしてわかりやすいこと。物事がこみいっていないさま。

▼君の提案理由はこみいっていて、どうもわかりにくい。もっと筋道を立てて整理し、出席者全員がわかるよう単純明快に説明してほしい。

【類句】簡単明瞭《かんたんめいりょう》。直截簡明《ちょくせつかんめい》。事《じ》理明白《りめいはく》。

【対句】複雑怪奇《ふくざつかいき》。複雑多岐《ふくざつたき》。盤根《ばんこん》錯節《さくせつ》。不得要領《ふとくようりょう》。

囊中《のうちゅう》の物《もの》を探《さぐ》るが如《ごと》し

まるで自分の袋の中の物を手探りして取るように簡単だということで、物事が非常にたやすくできることのたとえ。

▼S課長のショベルカーの操縦技術は神業だね。まるで手足のように動かすようすは、嚢中の物を探るが如しで、ちょっとしたショーを見るようだった。

【参考】「嚢」は袋。

【出典】『五代史《ごだいし》』南唐世家《なんとうせいか》。

一《ひと》たまりもない

ちょっとの時間も持ちこたえられない。

▼こんな家は、台風が来たら一たまりもないよ。

屁《へ》でもない

非常にたやすいことである。取るに足りないことである。

▼二度や三度断られるのは、営業マンにとっては屁でもないことだ。

屁《へ》の河童《かっぱ》

何とも思わないこと。容易なこと。平気であること。

▼こんな簡単な問題は彼には屁の河童だと思いますよ。

厳しい・厳重な

蟻《あり》の這《は》い出《で》る隙《すき》もない

少しの隙もなく、警戒が厳重なようす。

▼町は敵軍に包囲されて、蟻の這い出る隙もなかった。

木端微塵《こっぱみじん》

粉々《こなごな》になること。きわめて細かい状態に砕けること。粉《こな》みじん。

▼「木端微塵にいたしてくれるぞ」と大音声《だいおんじょう》を張り上げながら、鬼のような豪傑が太い鉄棒を振り回して襲いかかってきた。

【類句】落花微塵《らっかみじん》。微塵粉灰《みじんこっぱい》。

自然淘汰《しぜんとうた》

生物界の自然選択をいう進化論の用語。転じて、時代の推移についてゆけない者が自然に滅び去ること。

▼この業界も御多分に漏れず、優勝劣敗あり、自然淘汰ありの厳しい世界です。

【類句】自然選択《しぜんせんたく》。優勝劣敗《ゆうしょうれっぱい》。

【出典】坪内逍遥《つぼうちしょうよう》『小説神髄《しょうせつしんずい》』。

秋霜烈日《しゅうそうれつじつ》

秋の霜や夏の激しい日差しのように、刑罰、権力などが厳しく用いられること。また、権威が厳《おごそ》かであったり、信念がきわめて強固だったりすること。

▼彼は秋霜烈日の気性を持っているように思われるが、じつは細やかな感性の持ち主であることはあまり知られていない。
【対句】春風駘蕩《しゅんぷうたいとう》。

水《みず》も漏《も》らさぬ

警戒、防衛などが非常に厳しく、少しの油断もないようす。
▼殺人犯の逃げ込んだ区画一帯に水も漏らさぬ包囲網が張られた。

目《め》が光《ひか》る

不正や過ちを見逃さない。しっかり監視する。
▼警察の目が光るなか、その怪盗はまんまとその宝石を盗み出すことに成功した。
【類句】目《め》を光《ひか》らす。

苦境・窮地

足《あ》掻《が》きが取《と》れない

解決方法がなく、これ以上どうしようもない。
▼事業の失敗で、どうにもこうにも足掻きが取れない状態になった。
【参考】「足掻き」は手足の動き、身動き。

角番《かどばん》に立《た》つ

今後の運命を左右する重大な局面を迎える。
▼今場所、東の大関は角番に立たされている。
【参考】「角番」は囲碁や将棋などで負け越しが決まってしまう局番。相撲で負け越せばその地位から転落してしまう局面。

壁《かべ》に突《つ》き当《あ》たる

困難や障害にぶつかって、行き詰まる。
▼すばらしい企画だったが、資金調達のめどが立たず、壁に突き当たってしまった。
【類句】壁《かべ》にぶつかる。

木《き》から落《お》ちた猿《さる》

自分の得意な分野、あるいは頼りとするものから離れて、どうしていいかわからず途方に暮れている人のたとえ。また、その状態のたとえ。
▼営業一筋だったA氏は退職後畑違いの商売を始めた。しかし、会社で築き上げた人脈がまるで生かせず、木から落ちた猿だと嘆いていた。
【類句】陸《おか》に上《あ》がった河童《かっぱ》。
【出典】『説苑《ぜいえん》』談叢《だんそう》。
【同義語】木《き》を離《はな》れたる猿《さる》。猿《さる》が木《き》から落《お》ちたよう。

危急存亡《ききゅうそんぼう》の秋《とき》

危険が迫り、生き残れるか滅びるかの重大な瀬戸際をいう。

▼今や国家経済は危急存亡の秋《とき》であり、われわれ公務員は率先して、経費の節約に力を尽くし、安易に税収に依存してはならない。

【参考】「秋」は重大な意味を持つ時、の意味。

【出典】『文選《もんぜん》』諸葛亮《しょかつりょう》「出師表《すいしのひょう》」。

唇亡《くちびるほろ》びて歯寒《はさむ》し

唇がなくなると歯が寒くなるということで、助け合っている者の一方が滅びると他方まで危うくなるというたとえ。

▼A社の製品を一手に引き受けているわが社は、A社とは唇亡びて歯寒し、の関係にある。A社の不振はわが社にとってじつに痛い。

【類句】唇歯輔車《しんしほしゃ》。

【出典】『春秋左氏伝《しゅんじゅうさしでん》』僖公《きこう》五年。

【同義語】唇竭《くちびるつ》きて歯寒《はさむ》し。

自縄自縛《じじょうじばく》

自分の縄で自分を縛ること。自分の言葉・行動・心掛けで、自分自身の動きがとれなくなってしまうこと。

▼彼は頼まれたことは断らない主義を貫いてきたが、今度ばかりは、それが災いして自縄自縛で動きが取れなくなった。

【類句】自業自得《じごうじとく》。

【出典】(自縛)『景徳伝灯録《けいとくでんとうろく》』。

四面楚歌《しめんそか》

周囲がすべて敵で、完全に孤立してしまうこと。一人の味方もいないこと。

▼彼の周りは、反対派で占められ、四面楚歌の状態で仕事を続けなければならなかった。

【類句】孤立無援《こりつむえん》。

【出典】『史記《しき》』項羽本紀《こううほんぎ》。

【故事】楚の項羽の砦《とりで》が漢《かん》の劉邦《りゅうほう》の軍に包囲されたとき、漢軍が城壁の周りでさかんに哀調のこもった楚の歌を歌うのを聞いて、楚の人々が漢に降伏してしまったのかと絶望したという。

唇歯輔車《しんしほしゃ》

唇と歯、頬骨《ほおぼね》と歯茎《はぐき》のように相互の利害が密接で、一方が駄目になると他方も危ないといった関係。

▼御社と弊社はいわば唇歯輔車の関係にあります。あなた方の窮地は決して見捨てません。

【参考】「輔車」は頬骨と歯茎のほかに車の添《そ》え木《ぎ》と車を指すという説もある。

【類句】唇亡《くちびるほろ》びて歯寒《はさむ》し。

【出典】『春秋左氏伝《しゅんじゅうさしでん》』僖公《きこう》五年。

進退《しんたい》きわまる

どうすることもできない困難な状態に追い込まれる。

▼責任問題で進退きわまり、彼は失踪《しっそう》した。

【参考】進むことも退くこともできないの意から。「進退《しんたい》これきわまる」ともいう。

絶体絶命《ぜったいぜつめい》

追い詰められて、どうすることもできない状況。逃れることのできない困難な立場にあること。

▼背水の陣ということもある。もう後がない絶体絶命の立場に追い込まれてこそ活路も見出せるというものである。

【類句】風前《ふうぜん》の灯《ともしび》。

【誤り】絶対・絶命。

【出典】浄瑠璃《じょうるり》「女殺油地獄《おんなごろしあぶらのじごく》」。

奈落《ならく》の底《そこ》

底の知れないほど深い所。また、抜け出すことができそうにない困難な状態。

▼火事ですべてを失い、奈落の底に突き落とされたような思いです。

【参考】「奈落」は地獄の意。

抜《ぬ》き差《さ》しならない

身動きがとれない。どうしようもない。どうにも事態の進展するきざしが見えない。

▼小さなボタンの掛け違いから、その交渉はこじれにこじれて、事態は抜き差しならない羽目に陥った。

【参考】刀を鞘《さや》から抜いたり差したりできない状態のことから。

八方塞《はっぽうふさ》がり

占いでどの方角に行くのも凶と出たように、困難を打開する方法がどこにも見いだせない状態。頼る所がなく、途方に暮れていること。

▼銀行などの金融機関にも、親戚にも、また恥をしのんで会社にも掛け合ったが、その大借金は補填《ほてん》できない。八方塞がりで目の前が真っ暗になった。

【参考】「八方」は東、西、南、北、北東、南東、南西、北西であらゆる方角の意味。

袋《ふくろ》の鼠《ねずみ》

追い詰められて逃げられない状態。

▼犯人はもう袋の鼠だ。

【類句】袋《ふくろ》の中《なか》の鼠《ねずみ》。

弁慶《べんけい》の立《た》ち往生《おうじょう》

非常に困難な状態に陥ること。「往生」は死ぬこと。

▼立ち退き交渉が難航し、弁慶の立

ち往生となった。
【参考】衣川《ころもがわ》の合戦で、弁慶が大なぎなたを杖《つえ》につき、矢を何本も受けながら、橋の中央に立ったまま死んだということから。

弓《ゆみ》折《お》れ矢《や》尽《つ》きる

力が尽きて、もうどうすることもできない。
▼社長は資金繰りに奔走したが、ついに弓折れ矢尽き会社は倒産することとなった。
【参考】戦いにさんざんに敗れる意から転じて。
【類句】刀《かたな》折《お》れ矢《や》尽《つ》きる。万策《ばんさく》尽《つ》きる。

比べ物にならない

足下《あしもと》にも及《およ》ばない

相手が優れていて自分とは比べようもない。
▼先生の業績に比べれば、私の研究など足下にも及びません。
【類句】足下《あしもと》へも寄《よ》りつけない。

雲泥《うんでい》の差《さ》

天にある雲と地にある泥との隔たり。天と地ほどもある違いのこと。非常にかけ離れていることのたとえ。
▼囲碁や将棋の世界では、プロとアマの実力には雲泥の差があるので、強いからといってプロに転向したいと考えるのは甘い。
【類句】雲泥万里《うんでいばんり》。鷺《さぎ》と烏《からす》。

【出典】『後漢書《ごかんじょ》』逸民伝《いつみんでん》。

提灯《ちょうちん》に釣《つ》り鐘《がね》

提灯と釣り鐘はよく似た形をしているが、大きさも重さもまったく違う。そこから、全然釣り合わないこと、まったく比べものにならないことのたとえ。
▼社内運動会の合同選抜チームに選ばれた私だが、体育会系の多い部署からきた選手とは提灯に釣り鐘で、おおいに気おくれがした。
【類句】月《つき》とすっぽん。
【同義語】瓢簞《ひょうたん》に釣《つ》り鐘《がね》。

月《つき》とすっぽん

二つのものの違いがひどく大きいこと。
▼二人の実力を比べれば、まるで月とすっぽんだ。
【参考】すっぽん（亀《かめ》の仲間。甲が

丸い）も月も丸いという点では似ているが、大差があるという意から。また、別の説として、「月と朱盆《しゅぼん》」のなまりともされる。赤く塗った丸いお盆（朱盆）と月とでは同じ丸いものでも比べ物にならないことに由来する。

【類句】雲泥《うんでい》の差《さ》。天《てん》と地《ち》の開《ひら》き。

同日《どうじつ》の論《ろん》にあらず

あまりに違いすぎて同じ日に論ずることはできないということから、差が大きすぎて比較にならないという意味。

▼同じ作曲家仲間だが、彼と私とでは才能に違いがありすぎて、私などとうてい同日の論ではありません。

【出典】『史記《しき》』游俠列伝《ゆうきょうれつでん》。

【同義語】同日《どうじつ》の談《だん》にあらず。

継承する

後釜《あとがま》に据《す》える

前任者が辞めた後の地位や職務に誰かを就かせる。

▼彼は自分の息子を会長職の後釜に据えた。

【参考】「後釜」とはかまどの火が消えないうちにかける次の釜のこと。

一子相伝《いっしそうでん》

学問や技芸などの奥義を、自分の子の一人だけに伝えること。

▼その釉薬《うわぐすり》のかけ方は一子相伝とされる秘法だった。

【類句】父子相伝《ふしそうでん》。

【出典】狂言伝書《きょうげんでんしょ》『わらんべ草《ぐさ》』四。

衣鉢《いはつ》を伝《つた》う

仏教で師が弟子に法を伝えることから、一般に学問や技術などの奥義、秘伝といったものを師匠が弟子に伝えること。

▼昭和の大名人とうたわれた宮大工《みやだいく》は、一番弟子にその衣鉢を伝えた。

【参考】「衣」は袈裟《けさ》、「鉢」は食器。法を伝えた証拠として師僧が弟子僧に与えた。「衣鉢」は「えはつ」とも読む。

【出典】『景徳伝灯録《けいとくでんとうろく》』。

席《せき》を譲《ゆず》る

自分の就《つ》いていた地位やポストにほかの人を就かせる。

▼社長は、息子に席を譲って相談役に退いた。

流《なが》れを汲《く》む

その系統、血統に属する。その流儀、流派を受け継ぐ。
▼古流《こりゅう》の流れを汲む華道の各流派合同の展覧会が開かれた。

バトンを渡《わた》す

後任者に引き継ぐ。
▼私はいつ引退してもいいのだが、バトンを渡す適任者がいない。
【参考】「バトン」はリレー競技で、走者が持って走り次の走者に渡す筒状の棒。

父子相伝《ふしそうでん》

茶道や華道、または学問や芸能など技芸の奥義を、父から子へと何代にもわたって伝えること。転じて、子へ伝えられる財産・秘伝。
▼彼は父子相伝の作陶技法に改良を加えて、名品を次々に生み出した。
【類句】相伝専一《そうでんせんいつ》。一子相伝《いっしそうでん》。
【出典】『水滸伝《すいこでん》』。

結局・つまり

挙《あ》げ句《く》の果《は》て

いろいろな経験を経て結局のところ。最後の最後。
▼無理を重ねた挙げ句の果てに入院となってしまった。
【参考】「挙げ句」は、連歌・連句の最後の句。好ましくない結果に用いることが多い。

大団円《だいだんえん》

物語や事件などが、めでたく解決する最後の場面。
▼はじめのうちはどうなることかと心配したが、皆の努力でめでたく大団円を迎えることができた。
【出典】滝沢馬琴《たきざわばきん》『椿説弓張月《ちんせつゆみはりづき》』。

大《だい》なり小《しょう》なり

大小の程度にかかわらず。程度の差はあっても。
▼誰でも、大なり小なり悩みを持っている。
【類句】多《おお》かれ少《すく》なかれ。

とどのつまり

つまるところ。結局。
▼とどのつまり、交渉には応じないということですか。
【参考】魚の鯔《ぼら》は幼魚から成魚に成長するにつれて、「オボコ」「スバシリ」「イナ」「ボラ」と名称が変わり、最終的に「トド」と呼ばれることから。

【類句】挙《あ》げ句《く》の果《は》て。

何《なに》はともあれ

ほかのことはどうでも。それはそれとして。ともかく。

▼何はともあれ、命が助かってよかった。

早《はや》い話《はなし》が

端的に言うと。てっとり早く言えば。つまり。

▼早い話が、金が欲しいということです。

元気・活気

意気軒昂《いきけんこう》

意気込みが盛んで、威勢がいいようす。

▼彼は七十を越えてなお意気軒昂で、最近はマラソンに挑戦し始めた。

【参考】「軒」は、「挙」と同義で、高くあがる、また、高くあげる意。

【類句】意気衝天《いきしょうてん》。意気揚揚《いきようよう》。

【対句】意気消沈《いきしょうちん》。

【別表記】「軒昂」は「軒高」とも書く。

老《お》いてはますます壮《さかん》なるべし

年を取ったからといって自分から老《ふ》け込んでしまっては駄目で、むしろ若者をしのぐほど意気盛んでなければならないということ。

▼冒険家のM氏は八十歳でヒマラヤ登山に挑戦した。老いてはますます壮なるべし、なかなかまねできることではない。

【出典】『後漢書《ごかんじょ》』馬援伝《ばえんでん》。

浩然《こうぜん》の気《き》

天地の間に満ちている盛んな精気。転じて、何事にもこだわらないゆったりとした心をいう。

▼三日間のキャンプ中は、大自然の空気を胸一杯に吸い込んで、浩然の気を養ってください。

【類句】正大《せいだい》の気《き》。

【出典】『孟子《もうし》』公孫丑《こうそんちゅう》章句《しょうく》上。

明朗闊達《めいろうかったつ》

明るく朗らかで、細かい物事にこだわらないこと。表情や言動に陰《かげ》りがなく、性格がおおらかであること。

▼その青年のスポーツマンらしい明朗闊達な振る舞いを見ているうちに、彼女の心は次第に惹《ひ》きつけられていった。

【類句】闊達明朗《かったつめいろう》。明朗快活《めいろうかいかつ》。

【別表記】「闊達」は「豁達」とも書く。

見当はずれの

当《あ》てが外《はず》れる

予想や見込みが外れる。

▼入賞すると思っていたが当てが外れた。

【参考】「当て」は頼みにしている見込み。

お門違《かどちが》い

目指す方向などが見当違いであること。

▼私を非難するのは、お門違いというものだ。

【参考】訪ねる家や人を間違えることから。

的《まと》が外《はず》れる

要点からそれている。

▼的が（の）外れた質問は、時間の無駄というものだ。

【参考】「的《まと》」は弓や銃の練習で目標として立てておくもの。それが外れること。

【類句】的《まと》を外《はず》す。

公然とした

公《おおやけ》にする

世間に公表する。

▼市長は新しい美術館の建設計画を公にした。

表《おもて》に立《た》つ

公然と、あることに関係があるとわかる行動をとる。

▼この件で社長は自ら表に立つ覚悟を決めた。

公明正大《こうめいせいだい》

心が公平で正しい様子。「公明」は公正で明白なこと。「正大」は、正しく堂々としていること。

▼このたびの嫌疑はまったく事実無根、身に覚えのないことであります。私は公明正大、天地神明に恥じるところはありません。

【類句】公平《こうへい》無《む》私《し》。

天《てん》下《か》晴《は》れて

世間に気兼ねなく。公然と。

▼二人はようやく、天下晴れて夫婦となった。

【参考】「天下」は国家、国中など。ここでは世間。

名乗《なの》りを上《あ》げる

その存在を世間に公表する。→②〈参加する〉

▼彼は薬害エイズの被害者の一人として名乗りを上げた。

【参考】武士が戦場で敵に自分の家系や名前を大声で告げることから。

好調な・順調な

脂《あぶら》が乗《の》る

仕事などの調子が出て、意欲的に取り組んでいる。

▼入社して五年がたち、仕事に脂が乗ってきた。

【参考】魚などの脂肪が増して味がよくなる意から。

得手《えて》に帆《ほ》を上《あ》げる

順風のときに帆を上げれば船は快調に走る。このことから、待ち受けた好機の到来を利用して得意な分野で存分に力をふるうことのたとえ。

▼商談相手がクラシック好きとわかり、M課長は得手に帆を上げて熱く語り出した。両者の意気投合から話が弾み、商談は成功した。

【参考】「得手」は得意とすること。

【類句】順風満帆《じゅんぷうまんぱん》。流《なが》れに棹《さお》さす。

【同義語】得手《えて》に帆《ほ》。得手《えて》に棒《ぼう》。追《おい》風《て》に帆《ほ》を上《あ》げる。

エンジンがかかる

物事を始める意欲がわき、調子よく進む。

▼三年生になって、彼もようやく勉強にエンジンがかかったようだ。

【類句】エンジンをかける。

軌道《きどう》に乗《の》る

計画どおりに物事が順調に進むようになる。

▼新事業が、三年目にしてようやく軌道に乗りだした。

【参考】「軌道」は汽車、電車の線路、レール。

順風満帆《じゅんぷうまんぱん》

追い風に帆を上げて出帆すること。物事が順調に進むこと。

▼人生は順風満帆のときばかりではない。人は逆風にさらされたときにこそ、その真価が現れるものだ。

【類句】追風《おいて》に帆《ほ》を上《あ》げる。流《なが》れに棹《さお》さす

【誤り】「じゅんぷうまんぽ」と読むのは誤り。

【出典】（順風）『荀子《じゅんし》』勧学《かんがく》。

上首尾《じょうしゅび》

物事が思いどおりに運ぶこと。「首尾」は物事の成行き。結果。

▼多少の赤字は覚悟の上でコンサートを開いたが、結果は上首尾で、満席になった。

時流《じりゅう》に乗《の》る

その時代の風潮を利用して物事を進める。

▼そのスーパーマーケットは、時流に乗って次々に店舗を増やした。

筋書《すじが》きどおり

物事が前もって決めておいたとおりに進む。

▼こう筋書きどおりに、うまくいくとは思わなかった。

調子《ちょうし》に乗《の》る

仕事などが順調に進む。→④〈軽はずみな・軽率な〉

▼故障者も復帰し、打線も調子に乗ってきた。

流《なが》れに棹《さお》さす

好都合なことが重なって物事が順調に運ぶたとえ。機会をつかんで時流に乗る。

▼その会社は流れに棹さして、新製品を次から次に売り出し、業界のトップに躍り出た。

【参考】棹を水底に突いて、流れに乗って走る舟にさらに勢いをつけることから。

【類句】得手《えて》に帆《ほ》を上《あ》げる。追風《おいて》に帆《ほ》を上《あ》げる。順風満帆《じゅんぷうまんぱん》。

【誤り】時流に逆らうという意味に取るのは誤り。

【同義語】流《なが》れに棹《さお》。

波《なみ》に乗《の》る

時流にうまく乗って進展する。→③〈勢い〉

▼彼の事業は時代の波に乗って拡張された。

好都合な

願《ねが》ってもない

望んでもかないそうもないことが、思いがけず起こること。

▼元プロ野球選手に指導してもらえるとは、子どもたちにとって願ってもないチャンスだ。

話《はなし》が早《はや》い

話そうとする内容を相手が容易に理解し、短い時間で結論が出る。

▼あなたがそこまでご存じなら話が早くて助かります。

間《ま》がいい

何かをするのに都合がよい。

▼会議を抜け出す頃合いを見計らっていたら、間がいいことに来客があった。

渡《わた》りに船《ふね》

何かをしようとしているとき、望んでいるものが都合よく与えられること。

▼イベントのスポンサーをさがしているところへ寄付の申し出があるとは、渡りに船だ。

【同義語】渡《わた》りに船《ふね》を得《え》る。

異なる

十人十色《じゅうにんといろ》

一人一人の姿形《すがたかたち》が異なっているように、人は十人いれば十人とも個性が違い、好みや考え方なども違うという意味。

▼提案内容に対する評議員の反応は十人十色で、短時間のうちに意見を集約することができなかった。

【類句】人《ひと》の心《こころ》は面《おもて》の如《ごと》し。

【出典】夏目漱石《なつめそうせき》『吾輩《わがはい》は猫《ねこ》である』。

【同義語】十人十腹《じゅうにんとはら》。十人寄《じゅうにんよ》れば十色《といろ》。

千差万別《せんさばんべつ》

多くのものが、それぞれ種々に異なっていること。非常に多くの種類があるさま。

▼環境汚染について生徒に小論文を書かせたところ、そのとらえ方は千差万別だが、共通して具体的な事柄をとらえているのには感心した。

【類句】十人十色《じゅうにんといろ》。種種様様《しゅじゅさまざま》。

【別表記】「万別」は「まんべつ」とも読む。

【出典】徳富蘆花《とくとみろか》『思出《おもいで》の記《き》』。

同床異夢《どうしょういむ》

同じ寝床で異なる夢を見るという意味から、仕事や立場が同じでも意見や目標が異なっていること。

▼A社とB社の合併がうわさされているが、まったく体質の違う両社が一つになったところで、しょせん同床異夢ではなかろうか。

似《に》て非《ひ》なる者《もの》

見かけは似ているが、実質は違っているもののこと。まがいもの。

▼政治家と政治屋は似て非なる者。その言動を見れば、どちらなのかはすぐに見分けがつく。
【出典】『孟子《もうし》』尽心《じんしん》。

細かい・いろいろの

玉石混交《ぎょくせきこんこう》

宝石が石ころに混じっていて見分けにくいことから、優れたものと劣ったものが一緒に混じっているさま。
▼玉石混交の意見の中から、優れたものだけを選び出すには、豊かな経験と知識が必要である。
【類句】種種雑多《しゅじゅざった》。味噌《みそ》も糞《くそ》も一緒《いっしょ》。
【別表記】「混交」は「混淆」の書き換え。
【出典】『抱朴子《ほうぼくし》』外編《がいへん》。

何《なに》やかや

あれやこれや。いろいろ。
▼引っ越しの準備で何やかやと忙しい。

箸《はし》の上《あ》げ下《お》ろし

細かな一挙一動。
▼母は箸の上げ下ろしまで口うるさく注意する。
【参考】つまらないことに、いちいち口やかましく言う場合に用いる。

微《び》に入《い》り細《さい》をうがつ

きわめて細かい点まで念入りに気を配る。
▼微に入り細をうがつ説明で、私にもよく理解できた。

百花斉放《ひゃっかせいほう》

いろいろな花が一斉に咲くこと。転じて、さまざまな議論を自由に行ったり、学問・芸術活動を活発に行うこと。
▼ルネサンス期のイタリアでは、文学・芸術・科学などさまざまな分野に多くの天才・俊才が登場し、百花斉放の絢爛たる文化を築き上げた。
【類句】百家争鳴《ひゃっかそうめい》。百花繚乱《ひゃっかりょうらん》。

百家争鳴《ひゃっかそうめい》

さまざまな立場の学者や文化人などが、自由に意見を発表し、活発に論じ合うこと。
▼新たな方針をめぐって社内は百家争鳴といった状態になり、収拾がつかなくなった。
【参考】かつて中国で、学術・思想面における積極性を引き出すために提起された文化政策のスローガン。

【類句】百花斉放《ひゃっかせいほう》。侃侃諤諤《かんかんがくがく》。

困る・困難な

足《あし》を取《と》られる
酒に酔ったり、足場が悪かったりで歩きにくい。
▼ぬかるみに足を取られて転倒してしまった。

頭《あたま》が痛《いた》い
心配事などで苦しみ悩むようす。
▼子どもたちの教育のことで頭が痛い。
【類句】頭《あたま》を痛《いた》める。

頭《あたま》を抱《かか》える
よい考えが浮かばず考えこむ。困り果てる。
▼事業を拡大したのはいいが採算が合わず、日夜頭を抱えている。

茨《いばら》の道《みち》
苦難の多い境遇や人生のたとえ。
▼代表選手に選ばれるまで、茨の道が続いた。

事《こと》を欠《か》く
必要なものが不足していて不自由する。
▼被災地では飲み水にも事を欠く生活を強いられている。

始末《しまつ》に負《お》えない
どうにも処理できない。
▼あの新人は、優しくすればつけ上がる、厳しくすれば泣くで、どうにも始末に負えない。
【類句】手《て》に負《お》えない。

できない相談《そうだん》
とてもまとまるはずのない無理な相談。
▼この土地を提供するなんて、とてもできない相談だ。

手《て》に余《あま》る
物事が自分の能力を超えていて、処理できない。
▼やんちゃなあの子を預かるのは、私の手に余る。
【類句】手《て》に負《お》えない。力《ちから》に余《あま》る。

手《て》も足《あし》も出《で》ない
自分の能力をはるかに超えていて、どうにもできない。手段がなくて困る。
▼レベルの高い問題で、私には手も

足も出なかった。

手《て》を焼《や》く

処置や対応に窮する。持て余す。てこずる。
▼彼女のわがままには手を焼いている。

東西《とうざい》を失《うしな》う

途方に暮れる。
▼不景気で親会社が倒産し、子会社や孫会社は東西を失うありさまです。
【参考】西も東もわからなくなるの意から。

【類句】東西《とうざい》暮《く》れる。

途方《とほう》に暮《く》れる

どうしたらよいか方法がわからず、困り果てる。
▼仕事のうえで途方に暮れるようなことがあったら、いつでも相談に来なさい。

内憂外患《ないゆうがいかん》

国内の心配事と国際上の煩《わずら》わしい事態という意味で、心配事の尽きない状態をいう。
▼子どもが交通事故で入院したと思ったら、今度は取引先が倒産しちゃってね。内憂外患とはこのことだよ。
【出典】『管子《かんし》』戒《かい》。

のっぴきならない

どうにもならない。動きがとれない。進退きわまる。
▼遅れて申し訳ない。のっぴきならない用件があったんだ。
【参考】「のっぴき」は「退《の》き引《ひ》き」の転じ。避けることも後へ引くこともできないの意から。

盤根錯節《ばんこんさくせつ》

複雑に絡まり合った木の根と入り組んだ木の節のことで、容易には解決できない面倒な事柄のたとえ。
▼田舎の選挙を手伝った際は、地縁・血縁・嫉妬・利害などが複雑に絡まり、盤根錯節でほとほと神経をすりへらした。
【類句】複雑多岐《ふくざつたき》。

【対句】単純明快《たんじゅんめいかい》。

【参考】「盤根錯節に遇《あ》わずんば何を以《もっ》て利器を別《わか》たんや（複雑な問題に直面すれば切れる道具＝大人物がわかるの意）」とも使う。

【出典】『後漢書《ごかんじょ》』。

引《ひ》っ込《こ》みがつかない

行きがかり上、途中で引くことができない。

▼仲裁人を買ってでた以上、二人が仲直りしてくれなくては引っ込みがつかない。

一筋縄《ひとすじなわ》ではいかない

ふつうのやり方では思うようにならない。

▼今度の担当者は経験豊富で手ごわい人物だから、一筋縄ではいかない。

間《ま》が持《も》てない

話題に詰まって気まずい時間ができる。→⑦〈無益・効果がない〉

▼彼はとても無口なので、一緒にいても間が持てない。

差し迫った

間一髪《かんいっぱつ》

一本の髪の毛ほどの隙間《すきま》という意味から、物事が非常に差し迫っていることのたとえ。

▼電車が遅れたが、ターミナル駅から出る観光バスの発車時刻に間一髪で間に合った。

【類句】危機一髪《ききいっぱつ》。
【誤り】間一発。
【出典】福沢諭吉《ふくざわゆきち》『福翁自伝《ふくおうじでん》』。

危機一髪《ききいっぱつ》

髪の毛一本ほどの差で危険が迫っている状態。一つ間違えれば、大変な危険に陥りそうなこと。

▼リーダーの機転によって、危機一髪のところで重大な事故を防ぐことができた。

【類句】間一髪《かんいっぱつ》。
【誤り】危期一発。
【出典】韓愈《かんゆ》「与二孟尚書一書《もうしょうしょにあたうるしょ》」。

今日《きょう》か明日《あす》か

その日が近くに迫ったようす。→②〈待つ〉

▼この気温では、桜の咲くのも今日か明日かだろう。

事《こと》ここに至《いた》る

事態が差し迫った状態になる。

▼事ここに至ってはもう、反対しても仕方がない。

焦眉《しょうび》の急《きゅう》

眉《まゆ》が焦げるほどに火が迫っていることの意から、危険が差し迫っていること。非常に切迫して急を要する事態。
▼危急存亡の秋《とき》を迎えたわが社にとり、この案件の解決は焦眉の急なのです。できるだけ早く採決に入りましょう。
【類句】轍鮒《てっぷ》の急《きゅう》。
【出典】福沢諭吉《ふくざわゆきち》『文明論之概略《ぶんめいろんのがいりゃく》』。

尻《しり》に火《ひ》が付《つ》く

事態が差し迫ってきている。
▼尻に火が付き、締め切り前夜にやっと原稿を仕上げた。

轍鮒《てっぷ》の急《きゅう》

轍《わだち》の水たまりの中で鮒《ふな》があえいでいるように、差し迫った難儀のたとえ。
▼給料日前に旧友と飲み明かして大散財をした私は、翌日、轍鮒の急を訴えて妹に借金をした。
【類句】涸轍《こてつ》の鮒魚《ふぎょ》。焦眉《しょうび》の急《きゅう》。
【出典】『荘子《そうじ》』外物《がいぶつ》。

時《とき》を争《あらそ》う

わずかな時間も無駄にできない。少しでも早く物事をしようとする。
▼患者の容体《ようだい》が悪化し、時を争う事態となった。
【類句】一刻《いっこく》を争《あらそ》う。

秒読《びょうよ》みに入《はい》る

あることが間近に迫っている。
▼試作品の実験開始は、秒読みに入った。
【参考】何かの開始または終了時刻が近づいたときに、残った時間を秒単位で読むことから。

分秒《ふんびょう》を争《あらそ》う

一分一秒というように、きわめて急を要する。
▼大けがを負って分秒を争う患者が病院に担ぎ込まれた。

欲《よく》も得《とく》もない

損得のことなど考えている余裕がない。
▼三日三晩徹夜したので、欲も得もなく眠り込んでしまった。

雑然とした

麻《あさ》の如《ごと》し

麻糸がもつれるように物事がひどく乱れているありさまのたとえ。心がひどく乱れるようすにも用いる。
▼時は戦国、世は麻の如く乱れ、ここに尾張《おわり》の風雲児、織田信長《おだのぶなが》が天下布武の理念を掲げて天下取りの道を歩み始めた。

芋《いも》を洗《あら》うよう

多くの人が集まって混雑しているようす。

▼海水浴場は芋を洗うようなこみ具合だった。

【参考】里芋などについた泥を落とす際に、桶に入れて棒で掻きまぜて洗うようすから。

【同義語】芋《いも》の子《こ》を洗《あら》うよう。

上《うえ》を下《した》へ

慌てふためいて混乱するようす。

▼地下街で出火し、上を下への大混乱となった。

【参考】上にあるべきものが下に、下にあるべきものが上になる意から転じて。

押《お》すな押《お》すな

大勢の人が先を争って押しかけるようす。

▼開店初日は押すな押すなの大盛況だった。

杯盤狼藉《はいばんろうぜき》

酒宴の後の杯や皿が散乱しているさま。

▼予定をはるかに越える参加者のせいか、同窓会は殊《こと》のほか乱れて、終わってみると杯盤狼藉、足の踏み場もないほどだった。

【参考】「狼藉」はオオカミが草を藉《し》いて寝たあとの乱れたさま。

【類句】落花狼藉《らっかろうぜき》。

【出典】『史記《しき》』滑稽列伝《こっけいれつでん》。蘇軾《そしょく》「前赤壁賦《ぜんせきへきのふ》」。

蜂《はち》の巣《す》をつついたよう

大勢の人が騒いで手のつけられないようす。

▼アイドル歌手の突然の婚約報道に、蜂の巣をつついたような騒ぎになった。

落花狼藉《らっかろうぜき》

花を散らすような乱暴をすること。また物が入り乱れて、散らかっているさま。

▼単身赴任の夫の宿舎を訪ねましたところ、部屋も台所も落花狼藉、片付けが大変でした。

【出典】『和漢朗詠集《わかんろうえいしゅう》』上。

寂しい

閑古鳥《かんこどり》が鳴《な》く

閑古鳥（郭公《かっこう》）は人気《ひとけ》のない山中で鳴く。そこから、人が集まらずに閑散としているようすや、商店に客が来なくてさびれているようすをいう。

▼一時はテレビ番組にも取り上げられたその店は、評判にあぐらをかいて味を落として客が離れ、今では閑古鳥が鳴くありさまだ。

【類句】門前雀羅《もんぜんじゃくら》を張《は》る。

【同義語】閑古鳥《かんこどり》が歌《うた》う。

櫛《くし》の歯《は》が欠《か》けたよう

並んでいるべきものが、ところどころ欠けているようす。

▼地元の商店街は店を閉める所が多く、櫛の歯が欠けたような状態だ。

【類句】歯《は》の抜《ぬ》けたよう。

孤影悄然《こえいしょうぜん》

独りぼっちで、寂しそうにしている姿。「影」は姿・かたち。「悄然」は元気がないさま。憂えているさま。

▼もう再び船に乗ることもなくなった老船長は、孤影悄然と波止場から立ち去った。

【類句】孤影寥寥《こえいりょうりょう》。

火《ひ》の消《き》えたよう

急に活気がなくなり、寂しくなるようす。

▼母親の入院で家の中は火の消えたようになってしまった。

騒がしい

女三人寄《おんなさんにんよ》れば姦《かしま》しい

おしゃべりな女が三人も集まると、騒々しくてかなわないということ。

▼母と娘と叔母の三人は揃いも揃っておしゃべりで声も大きいので、女三人寄れば姦しいどころか、騒音公害に近い。

【参考】「女」という字を三つ合わせると「姦（やかましいの意味）」の字になることからできたことば。

【同義語】女三人寄《おんなさんにんよ》ると富士《ふじ》の山《やま》でも言《い》いくずす。　女三人寄《おんなさんにんよ》れば囲炉裏《いろり》の灰《はい》飛《と》ぶ。

喧喧囂囂《けんけんごうごう》

やかましく騒がしいさま。

▼司会の不手際で会議が混乱し、しばらくの間は喧喧囂囂となり、収拾がつかなくなった。

【参考】「喧喧囂囂」と「侃侃諤諤《かんかんがくがく》」が混同されて、「喧喧諤諤《けんけんがくがく》」として、「いろいろな人が意見を出して騒がしいさま」を表すようになった。

【出典】（喧喧）『釈名《しゃくみょう》』釈薬器《しゃくやくき》・（囂囂）『詩経《しきょう》』「小雅《しょうが》」車攻《しゃこう》。

滑《すべ》ったの転《ころ》んだの

つまらないことを、あれこれとうる

さく言うようす。
▼年ごろの娘が三人いると、滑ったの転んだのとうるさくてしょうがない。

静かな・静かになる

嵐《あらし》の前《まえ》の静《しず》けさ

台風のとき、大荒れになる直前に風が止まって静寂が訪れることから、紛争、動乱、または大事件が起きる前に感じる静けさをたとえたもの。人が怒りを激発させる前の抑えた状況でも使う。
▼三年連続して売り上げを減らしているわが出張所に社長がやって来た。その日の朝、所内は嵐の前の静けさで、私語を交わす者は誰一人いなかった。

雀原《すずめはら》へ礫《つぶて》

野原の群雀《むらすずめ》に石を投げると一時に鳴きやむことから、騒がしかったのが一瞬にして静まること。
▼パーティー会場のざわめきは、主賓のNさんの挨拶の第一声が響くと、雀原へ礫よろしく一瞬にして静まりかえった。

鳴《な》りを静《しず》める

物音を立てずに静かにする。
▼壇上に上がる来賓を、列席者は鳴りを静めて見つめていた。
【類句】鳴《な》りを潜《ひそ》める。

猫《ねこ》の子《こ》一匹《いっぴき》いない

まったく人影のないようす。
▼猫の子一匹いない休日のオフィス街を歩く。

ほとぼりが冷《さ》める

事件などの後に残っていた興奮が収まったり、関心が薄れたりする。
▼事件のほとぼりが冷めるまで身を隠していたほうが賢明だ。
【参考】「ほとぼり」は余熱。

水《みず》を打《う》ったよう

大勢の人が、物音一つ立てずに静まりかえっているようす。
▼彼の証言に法廷内は水を打ったように静かになった。

自由な

自由闊達《じゆうかったつ》

心が広くて小さな物事にこだわらず、のびのびしているさま。度量が大きく、頼りがいのあるさま。
▼自由闊達な校風で知られるA高校ではクラブ活動も盛んで、生徒たちが個性を最大限に発揮している。
【類句】闊達自在《かったつじざい》。天空海闊《てんくうかいかつ》。
【出典】（自由）『漢書《かんじょ》』五行志《ごぎょうし》・（闊達）『史記《しき》』斉太公世家《せいたいこうせいか》。

自由奔放《じゆうほんぽう》

世間の常識や習慣などにとらわれず、自分の思いのままに振る舞うこと。また、そのさま。
▼天才と呼ばれた芸術家の中には、自由奔放な生活を、選ばれた人間の特権と見なしていた者もいるようだ。
【類句】不羈奔放《ふきほんぽう》。
【出典】（奔放）『後漢書《ごかんじょ》』文苑《ぶんえん》下。

重要・重視・重大な

命《いのち》の綱《つな》

生命や生活の支えとして大事と頼むもの。
▼離島で暮らす人たちにとって、定期船は命の綱だ。

重《おも》きを置《お》く

重視する。
▼高齢者福祉に重きを置いた政策を掲げて立候補する。

重《おも》きをなす

重んじられる。重要な地位にある。
▼彼はこの地方の経済界では重きをなす存在である。

後生大事《ごしょうだいじ》

仏教語で来世の安楽を第一に考えること。転じて、何かを非常に大切にすること。物事に一所懸命努めること。
▼「地震だ！」という声に庭に飛び出したまではよかったが、気がついてみると枕を後生大事に抱えているんだから、われながらあきれたね。
【出典】井原西鶴《いはらさいかく》『日本永代蔵《にっぽんえいたいぐら》』四。

千鈞《せんきん》の重《おも》み

きわめて重いこと。非常に価値が高いこと。または、そのようなもの。「鈞」は重量の単位。
▼わが社の社長は重役会議でもあまり発言しない。しかし、適宜さし挟む短いことばは千鈞の重みを感じさせる。
【参考】「一鈞」は三十斤《きん》とされる。「一斤」は現代日本の尺貫法では一

六〇匁《もんめ》（六〇〇グラム）だが、「千鈞」として非常に重いことを表している。
【出典】『淮南子《えなんじ》』説林《ぜいりん》。

土壇場《どたんば》

罪人を斬首《ざんしゅ》する刑場。仕置場。転じて、切羽詰まった最後の瞬間や場面。
▼こんな土壇場になって、今まで何もしておりませんでした、ではすまされない。

虎《とら》の子《こ》

大事にして手離さないもの。
▼虎の子の百万円をだまし取られた。
【参考】虎はその子を非常にかわいがることから。

門外不出《もんがいふしゅつ》

秘蔵して、家の門から外に出さないこと。大事な物品や書物、絵画などを他人に貸し出さないこと。
▼旧家の門外不出の家宝が、市の文化財に指定されたのを機に一般公開されるそうだ。
【出典】森鷗外《もりおうがい》『護持院原《ごじいんがはら》の敵討《かたきうち》』。

山場《やまば》を迎《むか》える

物事の今後を決める最も重要な場面になる。
▼春闘の労使交渉は、今日、山場を迎える。

笑《わら》い事《ごと》ではない

笑ってすませられるような問題ではない。
▼空き巣を捕まえてみたら警察官だったなんて、笑い事ではない。

順序

お鉢《はち》が回《まわ》ってくる

自分の所へ順番がくる。
▼やっとお鉢が回ってきて、会長になれる。
【参考】飯《めし》びつが回ってきて、よそう順番がくる意から。よい意味にも悪い意味にも使う。

起承転結《きしょうてんけつ》

漢詩の構成法の一つ。起で言い起こし、承で受け、転で一転し、結で全体をまとめる。散文の構成にも適用される。
▼無駄がなく、ぴしっと起承転結が利いたいいスピーチだ。
【参考】起承転結を説明する際に、次の頼山陽《らいさんよう》が作ったとされる俗謡が

よく挙げられる。（出典により差異がある）
（起）京の三条の糸屋の娘
（承）姉は十六妹十四
（転）諸国大名は弓矢で殺す
（結）糸屋の娘は目で殺す

長幼《ちょうよう》の序《じょ》有《あ》り

大人は子どもより、年長者は年少者より立場が上である。こうした順序が道徳的にも社会的にもあるということ。
▼この会では長幼の序を重んじる慣例になっておりますから、まず最年長のAさんからご発言願いましょうか。
【類句】長幼《ちょうよう》の序《じょ》。
【出典】『礼記《らいき》』経解《けいかい》。

二《に》の次《つぎ》にする

重要なことではないとして後回しにする。
▼夫は仕事優先の一点張りで家庭のことは二の次にしてきた。

年功序列《ねんこうじょれつ》

勤続年数や年齢に応じて職場での地位や賃金が決まること。
▼公務員や教員などの職業では、まだ年功序列の給与体系が大勢を占めている。

純粋な・清らかな

純真無垢《じゅんしんむく》

心に汚れがなく、真っ直《す》ぐなこと。純粋で邪《よこしま》な心がなく清らかなこと。特に子どもについていう。
▼幼い子どもたちの純真無垢な笑顔は、民族の違いを超えて人々を魅了する。
【類句】純情可憐《じゅんじょうかれん》。清浄無垢《せいじょうむく》。天真爛漫《てんしんらんまん》。

罪《つみ》がない

無邪気である。悪気がない。憎めない。
▼幼い子のいたずらは罪がないのでかわいらしい。

泥中《でいちゅう》の蓮《はちす》

仏教語（この場合は、蓮ははちすと読む）。泥の中に生える蓮《はす》の花。どんなに汚れた環境にあっても、染まらずに正しく生きているもののたとえ。
▼朱に交われば赤くなるのが通例だが、泥中の蓮のように、境遇に負けずに大成した人も多い。
【類句】濁《にご》りに染《そ》まぬ蓮《はす》。
【出典】『維摩経《ゆいまぎょう》』。

天真爛漫《てんしんらんまん》

明るく飾り気のないさま。ありのままの無邪気なようす。
▼天真爛漫な少女の笑顔が、その場の険悪な空気を吹き飛ばした。
【類句】 純真無垢《じゅんしんむく》。
【出典】 陶宗儀《とうそうぎ》『輟耕録《てっこうろく》』。

親密な・密接な

切《き》っても切《き》れない

切ろうとしてもどうしても切れないほど深い関係にあること。
▼いつの世も政治家と金が切っても切れない関係にあるというのは困ったことだ。

車《くるま》の両輪《りょうりん》

車の両側の車輪は二つそろわないと役に立たないことから、二つのうちの片方が欠けても成り立たないような密接な関係のたとえ。
▼わが出版社にとって営業部と編集部は車の両輪、お互い助け合って発展していこう。
【類句】 鳥《とり》の両翼《りょうよく》。

すぐ・すぐに

一《いち》も二《に》もなく

とやかく言うまでもなく。即座に。
▼すばらしい提案に一も二もなく賛成した。

押《お》っ取《と》り刀《がたな》

大急ぎで駆けつけること。
▼休日に緊急連絡が入ったため、押っ取り刀で私服のまま現場に取材に向かった。
【参考】 武士が急用のために刀を腰に差す間もなく、勢いよく手につかみ取って（押し取って）駆けつけるさまから来たことば。「おっとり」をゆっくり・のんびりの意味で用いるのは誤り。

間髪《かんはつ》を容《い》れず

髪の毛一本入れる余地もないことから、事が差し迫っている状況、また、間をおかずに直ちにするたとえ。すかさず。とっさに。
▼希望者を募ると間髪を容れず数人が手を挙げた。
【誤り】「かん、はつをいれず」と読み、「かんぱつをいれず」と読むの

は誤り。

【出典】『説苑《ぜいえん》』正諫《せいかん》。

昨日《きのう》の今日《きょう》

そのことがあった昨日に続く今日。あまり日のたっていないこと。

▼昨日の今日では、まだショックから立ち直っていまい。

舌《した》の根《ね》の乾《かわ》かぬうちに

言ったすぐ後で。

▼禁煙すると誓った舌の根の乾かぬうちに、もう煙草を吸っているのか。

【参考】前言に反する言動を非難するときに用いる。

短兵急《たんぺいきゅう》

短い武器（短兵。刀剣の類）を持って敵を急に攻めるという意味から、きわめて急に物事をするようすをいう。出し抜け。

▼短兵急に事を運んで、後々臍《ほぞ》を噛《か》むことのないように注意を望む。

取《と》る物《もの》も取《と》りあえず

急な事態に際して、ほかのことは何もせず、それを最初に。大急ぎで。

▼恩師が倒れたと聞き、取る物も取りあえず駆けつけた。

二《ふた》つ返事《へんじ》で

すぐに快く承知するようす。

▼いつも二つ返事で承諾してくれるのに、今日に限って首を縦に振らない。

【参考】はいはいと重ねて返事をすることから。

ぶっつけ本番《ほんばん》

練習や打ち合わせをしないでいきなり物事を始めること。

▼時間がなかったので、ぶっつけ本番で試合に臨むことになった。

【参考】映画・演劇などで練習しないでいきなり撮影や上演をする意から。

待《ま》ったなし

少しの猶予もできないこと。やり直しのきかないこと。

▼彼は待ったなしの場面で急におじけづいた。

【参考】囲碁・将棋・相撲などで「待った」（相手が仕かけてきた手や立ち合いを待ってもらうこと）をしないで勝負する意から。

右《みぎ》から左《ひだり》

受け取ったものをすぐ他人に渡してしまう。即座に。

▼給料は右から左へ出ていき、少しも残らない。

少ない・わずか

兎《う》の毛《け》で突《つ》いたほど

兎《うさぎ》の毛は非常に細くて柔らかい。その毛先で突いた程度だという意味で、きわめてわずかなこと、かすかなことのたとえ。「兎の毛で突いたほどにもけがをさせない」のようにいう。

▼あの男の度胸には恐れ入る。公の場で話す際にも兎の毛で突いたほどの緊張感も見せない。

【同義語】兎《う》の毛《け》の先《さき》ほど。兎《う》の毛《け》の末《すえ》。

紙《かみ》一《ひと》重《え》の差《さ》

ごくわずかな違い。

▼彼は紙一重の差で敗れて二位となった。

【参考】紙一枚の厚さほどわずかという意。

【同義語】紙一重《かみひとえ》。

九牛《きゅうぎゅう》の一毛《いちもう》

多くの牛の毛のうちの一本の毛。多数の中のごく少数という意味で、物の数にならないたとえ。

▼このプロジェクトの成功に関しましては、私の貢献度などは九牛の一毛にしかすぎません。

【類句】滄海《そうかい》の一粟《いちぞく》。大海《たいかい》の一滴《いってき》。

【出典】『漢書《かんじょ》』司馬遷伝《しばせんでん》。

薬《くすり》にするほど

非常に少ないことのたとえ。

▼まったけ狩りの収穫は、薬にするほどもなかった。

雀《すずめ》の涙《なみだ》

雀が流す涙ほどのもの。ごくわずかなものやきわめて少ないことのたとえ。

▼月々のローンの支払いが多く、生活費は雀の涙ほどしか残らない。

【類句】蚊《か》の涙《なみだ》。

大海《たいかい》の一滴《いってき》

海の中の一滴の水のように、非常に広大な所にきわめて小さなものがあることのたとえ。

▼その夜も澄み切った夜空には満天の星が輝いていた。人間など大海の一滴にすぎない、そんな思いを確認

しに私は毎年その南の島に足を運ぶ。
【類句】九牛《きゅうぎゅう》の一毛《いちもう》。滄海《そうかい》の一粟《いちぞく》。

爪《つめ》の垢《あか》ほど
爪の先にはいくら垢がたまっても知れている。そこから、ほんのわずかな量のたとえ。
▼あのときはあれが最善の方法だと思った。不安など爪の垢ほども感じなかったんだ。

猫《ねこ》の額《ひたい》
場所が非常に狭いようす。
▼母は猫の額のような畑で野菜を作っている。
【参考】猫の額が狭いところから。

すべての

一《いち》から十《じゅう》まで
何から何まですべて。
▼彼は一から十まで母親の言いなりだった。

一部始終《いちぶしじゅう》
一部の書物の始めから終わりまでということから、ある事柄の始めから終わりまで。また、物事の詳しい事情。
▼ずっと黙秘状態を続けていた容疑者は、取調官の親身のことばに心を開き、事件の一部始終を語り始めた。
【類句】一伍一什《いちごいちじゅう》。
【出典】『私聚百因縁集《しじゅうひゃくいんねんしゅう》』八。

森羅万象《しんらばんしょう》
宇宙に存在する数限りないすべてのもの。「森羅」は、多く並ぶという意味。
▼大自然の中で暮らしていると、辺りの森羅万象に畏敬の念を感じるようになる。
【出典】『法句経《ほっくぎょう》』。

何《なに》から何《なに》まで
何もかも残らず全部。
▼日本に滞在中は何から何までお世話になり、ありがとうございました。

猫《ねこ》も杓子《しゃくし》も
誰もかれも皆。
▼流行となれば猫も杓子も同じ格好で街を闊歩《かっぽ》する。
【参考】杓子はごはんや汁物をすく

い取る道具。この成句の語源は、「女子《めこ》も弱子《じゃくし》も」「禰宜《ねぎ》も釈子《しゃくし》も」（「神も仏も」を意味する）など諸説あって定かではない。

万事万端《ばんじばんたん》

考えられるあらゆる事柄や手段・方法など。ある物事についてのすべてのこと。さまざまなこと。
▼試験当日の朝になって慌てないように、着て行く物、受験票、筆記用具、交通費などを、前日のうちに万事万端整えておこう。

ピンからキリまで

始めから終わりまで。最上等から最下等まで。
▼彼は実業家だそうだが、実業家といってもピンからキリまである。
【参考】「ピン」はカルタ、さいころの目などの一の数。「キリ」は切り、終わり。ピンとキリではどちらが最高を示すかについては議論があり、「ピンは一《いち》なので最初だから最低、そしてキリは終わりなので最高」とする考えと、「ピンは一番なので最高、キリは終わりなので最低」とする考えがある。

骨《ほね》の髄《ずい》まで

徹底したようす。とことん。
▼彼は骨の髄まで研究者だ。
【参考】体の奥の奥までの意から転じて。

整然とした

足並《あしな》みを揃《そろ》える

大勢がまとまって物事を進める。
▼各社は足並みを揃えて共同システムの運用を開始した。
【類句】足並《あしな》みが揃《そろ》う。
【対句】足並《あしな》みが乱《みだ》れる。

一糸乱《いっしみだ》れず

全体の秩序が整って少しも乱れないでいる。
▼マスゲームは、一糸乱れずに見事な出来栄えだった。

正反対

主客転倒《しゅかくてんとう》

本来の立場や物事の軽重などが逆になること。主となるものと付随しているものとの位置関係が入れ替わること。
▼A氏の講演で人を集めておきながら、スポンサーの宣伝が主で、講演

が従の時間配分とは主客転倒もはなはだしいではないか。
【誤り】主格転倒。
【別表記】「顚倒」とも書く。「主客」は「しゅきゃく」とも読む。
【出典】里見弴《さとみとん》『大道無門《たいどうむもん》』。

氷炭相愛《ひょうたんあいあい》す

氷は冷たく、炭火《すみび》は熱い。この両者が愛し合うということで、性質がまったく違う者同士が愛し合ったり、仲良くしたりするたとえ。
▼あのコンビは何から何まで正反対だが、氷炭相愛すで、相手を補完しあう関係でうまくいっている。
【出典】『淮南子《えなんじ》』説山訓《せつざんくん》。

氷炭相容《ひょうたんあいい》れず

氷と炭火《すみび》のように正反対の性質をもつものは一致も調和もしないし、共存もできないということ。
▼あの二人は昔から反《そ》りが合わない。同じチームで仕事をさせても、氷炭相容れずで、決していいことはないだろう。
【類句】水《みず》と油《あぶら》。
【出典】『韓非子《かんぴし》』。

本末転倒《ほんまつてんとう》

根本になる大切なことと、末節のつまらないことを取り違えて、反対に扱うこと。
▼仕事をほっぽりだして、何日も慰安会の準備で騒いでいるとは本末転倒だ。
【類句】主客転倒《しゅかくてんとう》。
【対句】本末相順《ほんまつあいしたが》う。
【別表記】「転」は「顚」の書き換え字。
【出典】（本末）『易経《えききょう》』大過《だいか》。

明暗《めいあん》を分《わ》ける

喜びと悲しみ、幸不幸などがはっきり分かれる。
▼この事故では、乗客の座席の位置が生死の明暗を分けた。

洗練された

灰汁《あく》が抜《ぬ》ける

洗練されている。癖やあくどさがとれてすっきりする。
▼彼も年のせいか、すっかり灰汁が抜けて顔つきまで穏やかになってきたね。
【参考】「灰汁」は植物中に含まれる渋み、えぐみなどのある成分。

気《き》が利《き》く

しゃれている。いきである。↓④〈機転をきかす〉

▼親友の結婚の贈り物に、気が（の）利いた品をさがしているんだ。

大小・長短

独活《うど》の大木《たいぼく》

体が大きいばかりで役に立たないもののたとえ。

▼大きな体をして、こんな荷物一つ運べないなんて、独活の大木もいいところだ。

【参考】独活は茎は太いが柔らかくて役に立たず、成長すると食用にもならないことから。

大木《おおき》の下《した》に小木《おぎ》育《そだ》たず

大きな木の下は日光が遮《さえぎ》られたりする関係で、小さな木も育たない。そこから、権勢のある者の庇護《ひご》を受けていては立派な人物になれないというたとえ。

▼スペインの名門サッカーチームでエースの陰でくすぶっていたフォワードがドイツのチームに移籍したら、目覚ましい活躍を遂げた。大木の下に小木育たず、彼の移籍という決断は吉と出た。

大遣《おおづか》いより小遣《こづか》い

大きくまとまった一時の出費より、むしろ日常のこまごました出費のほうが結果的には多額になるので注意すべきだということ。大事より小事に心を配れという戒め。

▼あのテーブルは大きな出費だったけれど、あなたの毎日の煙草代のことも考えてみてよ。大遣いより小遣いといって、とうてい馬鹿にならない金額になっているはずよ。

【同義語】出遣《でづか》いより小遣《こづか》い。

大摑《おおづか》みより小摑《こづか》み

一時的な大もうけよりも少しずつ着実にもうけていくほうが堅実で、結果的には成功するということ。

▼フライドチキンの創業者はチキン一個につき、五セントをもらうという契約でフランチャイズ展開をした。これがあのような大企業になったのだから、大摑みより小摑みということばも納得できる。

【同義語】大取《おおど》りより小取《こど》り。大取《おおど》りよりは小儲《こもう》け。

帯《おび》に短《みじか》し襷《たすき》に長《なが》し

帯には短くて使えないし、といって襷には長すぎて邪魔になる。そこから、中途半端で役に立たないもののたとえにしたことば。

▼今回のドラマで新人女優を探しているのだが、応募者の顔ぶれを見ると、みな帯に短し襷に長し、の印象だ。

小事《しょうじ》に拘《かか》わりて大事《だいじ》を忘《わす》るな

目先の小事にこだわって肝心な大事を忘れてはならない。枝葉末節のために本来の目的からそれてはいけないという戒め。

▼小事に拘わりて大事を忘るなで、その懸念は無視して進めるしかない。これだけの大プロジェクトのスタートを遅らせるわけにはいかないんだ。

【参考】「小事」は、小さな事柄。細事。

【類句】大事《だいじ》の前《まえ》の小事《しょうじ》。

針小棒大《しんしょうぼうだい》

針のように小さな物を棒のように大きく言う意から、物事を誇張して大げさに言うこと。

▼彼はいつも針小棒大に話すということが定評になり、誰も彼の話をそのままは信用しなくなった。

【出典】『甲陽軍鑑《こうようぐんかん》』。

大功《たいこう》を論《ろん》ずる者《もの》は小過《しょうか》を録《ろく》せず

大きな手柄を論じて賞を与えようとする場合には、たとえ一方に小さな過失があっても問題にしないということ。

▼確かに彼にはいくつかのルール違反はあったが、ともかくそれでこの大成果を挙げたんだから、大功を論ずる者は小過を録せずということで、そのことは不問に付そう。

【出典】『漢書《かんじょ》』陳湯伝《ちんとうでん》。

大《だい》は小《しょう》を兼《か》ねる

小さい物は大きい物の代わりに用いることはできないが、大きい物は小さい物の役目も果たせる。大きい物のほうが効用が広いという意味。

▼ビジネスバッグには、大は小を兼ねるで大き目のものを使っている。いざというときの収容力が安心できるからだ。

【同義語】大《だい》は小《しょう》を叶《かな》える。

胆大心小《たんだいしんしょう》

人は大胆さが必要だが、その一方では細心の配慮も欠かしてはいけないということ。

▼その軍師の作戦は、敵の動きを何通りにも予測して手を打つ胆大心小の見事なもので、不利な状況の中で大勝利を得た。

【出典】『旧唐書《くとうじょ》』孫思邈伝《そんしばくでん》。

【同義語】胆《たん》は大《だい》ならんことを欲《ほっ》し

心《こころ》は小《しょう》ならんことを欲《ほっ》す。

高い

雲《くも》をつく

非常に背の高いようす。

▼雲をつくほどのビルが建ち並んでいる。

天《てん》をつく

天に届くほど高い。↓③〈勢い〉

▼そのゴシック建築の大聖堂は天をつく偉容を誇っていた。

小さい

コップの中《なか》の嵐《あらし》

大げさに騒いでいても、大局には関係ないもめ事。

▼組合内での派閥争いなど、コップの中の嵐にすぎない。

取《と》るに足《た》りない

取り上げるだけの値打ちがない。

▼そんな失敗は取るに足りないことだから気にするな。

紅葉《もみじ》のような手《て》

幼児の小さくかわいい手。

▼娘は紅葉のような手に、拾った団栗《どんぐり》をしっかりと握り締めていた。

小さなものから

小事《しょうじ》は大事《だいじ》

些細《ささい》なことが大事を引き起こす例は少なくない。小事だからといって物事をおろそかにしてはいけないという戒め。

▼綿密な準備期間を経てマラソン大会に参加した。しかし走り出してから十数キロで靴ひもが切れ、リズムが狂って完走もできなかった。小事は大事、用具の点検をなぜしなかったのか、後悔したときはもう遅かった。

【類句】大事《だいじ》の前《まえ》の小事《しょうじ》。蟻《あり》の穴《あな》から堤《つつみ》の崩《くず》れ。油断大敵《ゆだんたいてき》。

【同義語】小事《しょうじ》を軽《かろ》んずる勿《なか》れ。

千里《せんり》の行《こう》も足下《そっか》より始《はじ》まる

千里もあるような遠い旅も足もとの第一歩から始まるということで、どんなに大きな仕事や目標も小さなところから始まるというたとえ。

▼一八〇〇年、伊能忠敬《いのうただたか》は自宅から蝦夷地への最初の一歩を踏み出した。千里の行も足下より始まる、これがのちに見事な日本地図に結実するスタートにほかならなかった。

【類句】高《たか》きに登《のぼ》るは卑《ひく》きよりす。遠《とお》きに行《ゆ》くは必《かなら》ず近《ちか》きよりす。

【出典】『老子《ろうし》』守微《しゅび》。

【同義語】千里《せんり》の道《みち》も一歩《いっぽ》から。

大事《だいじ》は小事《しょうじ》より起《お》こる

非常な大事とされることもいきなり発生するのではなくて、原因や前兆となる小さな事が必ずあるから注意しなくてはならないという戒め。

▼あの迷宮入りになった事件は、証拠品が多すぎて初動捜査が雑になったことが原因のひとつという。大事は小事より起こる、細心の注意を怠ると、のちのち取り返しのつかないことになる。

【同義語】大事《だいじ》は小事《しょうじ》より顕《あらわ》る。大事《だいじ》は小事《しょうじ》より過《あやま》つ。

塵《ちり》も積《つ》もれば山《やま》となる

塵のようにわずかなものでも、積もり積もれば山のように大きくなるということ。どんなに小さなことでもおろそかにするなという戒め。

▼小学生の息子の工作用に家族でペットボトルの蓋を集めてみたら、塵も積もれば山となるでかなりの数が集まった。息子はこれで大作を作り上げた。

【類句】雨垂《あまだ》れ石《いし》を穿《うが》つ。砂《いさご》長《ちょう》じて巌《いわお》となる。

【出典】『大智度論《だいちどろん》』。

【同義語】土積《つちつ》もりて山《やま》を成《な》す。

近い

目《め》と鼻《はな》の先《さき》

距離が非常に近いこと。

▼自宅から目と鼻の先の所に公園がある。

【類句】目《め》と鼻《はな》の間《あいだ》。

疲れる

顎《あご》を出《だ》す

ひどく疲れる。

▼富士登山でも顎を出さずにいる元気な老人だ。

【参考】疲れると腰がひけ、顎が前

に出る格好になることから。

気骨《きぼね》が折《お》れる

いろいろと神経を使って、気疲れする。

▼社長が気難しいので、秘書は気骨が折れるだろう。

神経《しんけい》をすり減《へ》らす

あれこれと気を遣って、心身共に疲れる。

▼急カーブの連続で、運転には神経をすり減らした。

精《せい》も根《こん》も尽《つ》き果《は》てる

精力も気力も使い果たしてしまう。

▼いつ果てるとも知れない議論に、精も根も尽き果てた。

疲労困憊《ひろうこんぱい》

くたくたに疲れきってしまうこと。何をやる気力もなくなり、ぐったりして動けない状態。

▼朝から慣れない肉体労働をして、口もきけないほど疲労困憊してしまった。

【誤り】疲労困敗。

身《み》が持《も》たない

健康が保てない。体力が続かない。

▼二日続けて徹夜なんて、とても身が持たないよ。

綿《わた》のように疲《つか》れる

ひどく疲れて、くたくたになるようす。

▼私は数日来の長時間残業で綿のように疲れていた。

続く

息《いき》が切《き》れる

物事を長く続けられなくなる。↓⑥〈生死〉

▼準備期間中に息が切れ、計画を大幅に縮小することになった。

息《いき》が続《つづ》く

一つのことを長く続けられる。

▼朝のジョギングを始めてから二十年、われながらよく息が続いていると思う。

【参考】一息で長く声が出せることや、水中などで息が長くもつことから。

息《いき》が長《なが》い

価値のある期間や活動期間が長いこと。→⑧〈表現・言葉〉

▼彼の息が（の）長い歌手活動に対して、特別賞が贈られた。

一再《いっさい》ならず

たびたび。何度も。

▼銀行へ融資を頼みに一再ならず足を運んだ。

踵《きびす》を接《せっ》する

いくつかの物事が間をおかずに引き続いて起こる。

▼コンピュータからのデータ流出事件が、踵を接するように起こっている。

【参考】前後の人の踵（かかと）が接するほど、人が引き続いて来る意から転じて。

櫛《くし》の歯《は》をひく

物事が絶え間なく次々と続くこと。

▼櫛の歯をひくように、問題が起こる。

【参考】櫛の歯を作るとき、次々にひいて削っていくことから。

数珠《じゅず》つなぎ

たくさんの人や物が、数珠のようにひとつなぎになること。

▼事故による渋滞で、車が数珠つなぎになっている。

徹頭徹尾《てっとうてつび》

頭の上から尾の先まで、貫き通す意。はじめから終わりまでずっと。どこまでも。あくまで。

▼徹頭徹尾、攻勢に出ろ。絶対に守勢にまわるな。勝機を得るには、それしかない。

【参考】「徹」は、貫き通す。

【類句】首尾一貫《しゅびいっかん》。

【出典】『朱子語類《しゅしごるい》』大学《だいがく》四。

乗《の》りかかった船《ふね》

乗って動き出した船からは途中で降りることができないことから、いったん手をつけてやり出した以上は、途中でやめたり、手を引いたりできないということのたとえ。

▼この少年野球チームの結成のためにここまで苦労してきたんだから、乗りかかった船で最後まで面倒を見てあげよう。

夜《よ》を日《ひ》に継《つ》ぐ

昼も夜も休みなく続けて。昼夜兼行。

▼救助隊は、夜を日に継ぐ強行軍で遭難現場に到着した。

強い

思《おも》う念力《ねんりき》岩《いわ》をも通《とお》す

強い思いをもてばどんなことでも必ず達成できるというたとえ。
▼絶対に合格すると強く念じて努力すれば、思う念力岩をも通すで、あの大学も夢ではないよ。
【類句】石《いし》に立《た》つ矢《や》。精神一到何事《せいしんいっとうなにごと》か成《な》らざらん。

気骨《きこつ》がある

自分の信念を貫き通す強い意志をもつ。
▼彼は見た目は頼りないが、なかなか気骨がある青年だ。
【類句】骨《ほね》がある。
【参考】「気骨《きぼね》が折れる」と「気骨《きこつ》がある」、同じ漢字でも読みが異なる。

筋金入《すじがねい》り

思想や体が鍛え抜かれていて堅固なこと。
▼かつては筋金入りの組合活動家がここには集まったものだ。
【参考】「筋金」は物を丈夫にするために入れる金属の棒や線。

的中する

核心《かくしん》をつく

物事の本質的な急所を指摘する。
▼事故原因の核心をついた専門家の見解が発表された。

図《ず》に当《あ》たる

計画や予想がそのとおりになる。
▼作戦が図に当たって、一方的な勝利を収めた。

正鵠《せいこく》を射《い》る

物事の急所・勘所《かんどころ》を正しくおさえる。核心をつく。
▼彼の意見は常に正鵠を射たもので、非常に説得力がある。
【参考】「正鵠」は、弓の的の中央の黒い丸のことで、的の中心を正確に射抜くことから。

【類句】正鵠《せいこく》を得《え》る。的《まと》を射《い》る。

的《まと》を射《い》る

物事の核心をつく。要点をつかむ。
▼彼は、口数は多くないが的を射たことを言うので、同僚は皆一目置いていた。

山《やま》が当《あ》たる

万一の幸運を期待した見当が適中す

る。

▼期末試験で山が当たり、予想外のよい点をとることができた。

【参考】「山」は鉱山の意。うまく埋蔵物のある山を掘り当てる意から。

【対句】山《やま》が外《はず》れる。

でたらめな・いいかげんな

荒《こう》唐《とう》無《む》稽《けい》

何の根拠もなくでたらめで、大げさなこと。

▼この遺跡の発掘調査の結果、従来荒唐無稽な神話と考えられていたものが、じつは歴史的事実をかなり正確に反映して伝えられたものであることがわかった。

【参考】「荒」「唐」は、嘘《うそ》。とりとめない。「稽」は、考える。「無稽」は、考えがない。よりどころがない。でたらめの意。

【出典】坪内逍遥《つぼうちしょうよう》『小説神髄《しょうせつしんずい》』。

四《し》角《かく》な座《ざ》敷《しき》を丸《まる》く掃《は》く

四隅《よすみ》の塵《ちり》や埃《ほこり》はかまわずに座敷の真ん中だけを丸く掃くように、細かな所は手抜きをして、いいかげんな仕事をすること。横着《おうちゃく》をきめこんだ、ごまかし仕事。

▼息子に自分の部屋の整理を命じたが、以前とあまり変わりがない。四角な座敷を丸く掃いているようでは、とても小遣いはあげられない。

自《じ》家《か》撞《どう》着《ちゃく》

同じ人の言動や文章が、前と後とで矛盾していること。「撞着」は突き当たること。「自家」は自分のこと。

▼足腰を鍛えるためだと称して日曜日には必ずゴルフに出掛けるくせに、近くに行くにも車を使うというのは自家撞着もいいところだ。

【類句】自己矛盾《じこむじゅん》。

【出典】『禅林類聚《ぜんりんるいじゅう》』看経門《かんきんもん》。

自《じ》己《こ》矛《む》盾《じゅん》

自分自身の内部で論理や行動が食い違うこと。内部で、いくつかの事柄が対立したり、つじつまが合わないこと。

▼健康第一と無農薬野菜しか食べないようにしているくせに、煙草《たばこ》を一日に四十本も吸うというのは自己矛盾ではないか。

【類句】自家撞着《じかどうちゃく》。

【出典】（矛盾）『韓非子《かんぴし》』難《なん》。

支《し》離《り》滅《めつ》裂《れつ》

筋道が通っておらず、まとまりがないこと、ばらばらで統一がとれていないこと。

▼事故を起こした運転者は極度の興奮状態で、警官の質問に対しても支離滅裂な返事をするばかりだった。

【類句】四分五裂《しぶんごれつ》。

【対句】理路整然《りろせいぜん》。

手《て》を抜《ぬ》く

手順や作業を省いて、いいかげんにする。

▼忙しいのを理由に、つい掃除の手を抜いてしまう。

道聴塗説《どうちょうとせつ》

道で聞いた話をそのまま人に話すこと。いいかげんな受け売りの話。

▼同じような話を昨日も彼が話していたよ。君は道聴塗説の傾向があるから人の受け売りばかりを話しているんだね。

【参考】「塗」は「途」と同じ。

【出典】『論語《ろんご》』陽貨《ようか》。

野放図《のほうず》

締まりがないこと。また、物事に際限がないこと。→④〈ずうずうしい・恥知らず〉

▼彼の家は昔から裕福だったので、彼は子どものころから野放図な金の使い方をして、まわりの人間を驚かせている。

半可通《はんかつう》

いい加減な知識で知ったかぶりをすること。

▼彼は半可通の文学論を振り回して得意がっているが、誰も取り合わない。

【類句】一知半解《いっちはんかい》。

味噌《みそ》も糞《くそ》も一緒《いっしょ》

外見が似ているというだけでいっしょくたにして、性質が異なっていることや価値の違うことを無視して同じように扱うという意味。

▼あの大学の出身だからといって、誰もがお金持ちのボンボンというわけではないのです。そういう味噌も糞も一緒にしたような先入観で私を見ないでください。

【類句】玉石混交《ぎょくせきこんこう》。

闇夜《やみよ》に(の)鉄砲《てっぽう》

目標の見えない暗闇で鉄砲を撃つことから、当てずっぽうやでたらめに行動することのたとえ。

▼彼の仕事ぶりは場当たり的・無計画で、闇夜の鉄砲もいいところだよ。

【類句】闇夜《やみよ》の礫《つぶて》。

同様な・同じ

相手《あいて》変《か》われど主変《ぬしか》わらず

相手がいろいろ変わっても、やっていることはいつも同じだということ。同じことが繰り返されることを意味することば。
▼相手変われど主変わらずで、誰とペアを組んでももめ事を起こすのはいつもあいつだ。

鋳型《いがた》にはめる

規則などで縛って人間を個性のない一定の型につくり上げる。
▼管理教育は、人間を鋳型にはめる結果となった。
【参考】「鋳型」とは鋳物をつくるときに溶かした金属を流し込む型。

一脈通《いちみゃくつう》じる

何かしら共通するものがある。
▼常日ごろ考えていたことと一脈通じる意見を言う評論家に、親しみを感じた。
【同義語】一脈相通《いちみゃくあいつう》じる。

一本調子《いっぽんぢょうし》

歌の調子に抑揚がなく、変化の乏しいこと。転じて、文章や会話、または行動などが単調であること。
▼この文章で言わんとしている内容は決して悪くはないのだが、表現が一本調子で、要点がつかみにくいのが欠点だ。
【類句】千編一律《せんぺんいちりつ》。

同《おな》じ穴《あな》の貉《むじな》

一見無関係に見えてもじつは同類であること。同類の悪者。
▼正義を振りかざしている彼も、結局同じ穴の貉だ。
【参考】「貉」は穴熊の異称。また、狸の誤称。
【類句】一《ひと》つ穴《あな》の貉《むじな》。同《おな》じ穴《あな》の狐《きつね》（狸《たぬき》）。

型《かた》にはまる

一定の形式に従って新鮮味に欠ける。→⑤〈技量〉
▼型にはまった長々とした祝辞は味気ない。

軌《き》を一《いつ》にす

前車が通った車輪の上をなぞるように後車が進むという意味で、同じ行き方、同じ立場を取ること。
▼政府の一方的な決定に対して、多くの人々が軌を一にして立ち上がり、東京でデモ行進が行われた。
【参考】「軌」は車が通ってつけた跡、

わだち。

【出典】韓愈《かんゆ》「秋懐詩《しゅうかいし》」。

口《くち》を揃《そろ》える

複数の者が同じことを言う。
▼妹の結婚には、両親をはじめとして親戚《しんせき》中が口を揃えて反対した。

五十歩百歩《ごじっぽひゃっぽ》

五十歩逃げた者と百歩逃げた者とでは逃げたという意味では同じということから、少しの違いはあっても、本質的に同じことをいう。
▼家電売り場で新型パソコンを勧められたけれど、あまりにも種類が多くて、しかも説明を聞いたら、どこの機能も五十歩百歩なんだから、値段で選ぶことにしたわ。
【参考】中国梁《りょう》の恵王《けいおう》が自国《じこく》の善政を隣国の政治と比較したとき、孟子《もうし》が、「戦場で五十歩逃げた者が百歩逃げた者を笑うようなもので大した違いはない」と戒めたという故事による。

【類句】大同小異《だいどうしょうい》。団栗《どんぐり》の背競《せいくら》べ。

【出典】『孟子《もうし》』梁恵王章句上《りょうけいおうしょうくじょう》。

渾然一体《こんぜんいったい》

別々だったものが、一つにとけ合って区別がつかない様子。
▼千人余りの少年少女が、渾然一体になってすばらしいパフォーマンスを演じた。
【出典】（渾然）『後漢書《ごかんじょ》』文苑《ぶんえん》下。

千編一律《せんぺんいちりつ》

どの詩も皆同じ調子で作られていること。転じて、多くのものが皆同じ調子で面白味がないこと。
▼彼女は千編一律のサスペンスドラマを見るともなく見続けていた。
【誤り】千編一率。

【出典】『芸苑巵言《げいえんしげん》』「白楽天詩《はくらくてんし》」。

大同小異《だいどうしょうい》

少しだけ違っているが、だいたいは同じであること。大差ないこと。似たりよったりであること。
▼正月のテレビ番組は、どのチャンネルを見てもやっていることは大同小異だ。
【類句】同工異曲《どうこういきょく》。五十歩百歩《ごじっぽひゃっぽ》。

【出典】『荘子《そうじ》』天下《てんか》。

同工異曲《どうこういきょく》

見かけは異なっているが中身は同じであること。
▼社員から提出された企画書を審査した結果、同工異曲のものばかりで傑出したアイデアはないという結論になった。
【参考】音楽や詩文などで手法は同じだが趣が異なるという意から。

【類句】大同小異《だいどうしょうい》。
【誤り】同巧異曲。
【出典】韓愈《かんゆ》「進学解《しんがくかい》」。

似《に》たり寄《よ》ったり

どれも同じぐらいで大した違いのないもの。
▼遺跡めぐりツアーは、どの旅行社の企画も似たり寄ったりだ。
【類句】大同小異《だいどうしょうい》。

判《はん》で押《お》したよう

いつも同じで決まりきっているようす。
▼判で押したような朝礼講話に飽き飽きしている。

遠いと近い

江戸《えど》の敵《かたき》を長崎《ながさき》で討《う》つ

江戸の地で自分をひどい目に遭わせた相手に対して、遠く離れた長崎で敵討ちするという意味。意外な場所や領域、あるいは筋違いのことで仕返しをすること。関係のないことをして気を晴らす場合にも使う。
▼その毒物混入事件は、待遇に不満をもつ社員の仕業だった。江戸の敵を長崎で討つとはいえ、その行為はとうてい認められるものではない。

遠《とお》い親戚《しんせき》より近《ちか》くの他人《たにん》

いざというときには遠く離れた場所に住む親戚よりも、近くに住む他人のほうが頼りになるということ。
▼私が下宿で寝込んでいると、隣人が食事を作ったり、雑用をこなしたりしてくれた。遠い親戚より近くの他人、人の親切が身にしみた。
【類句】遠水近火《えんすいきんか》を救《すく》わず。
【出典】『五灯会元《ごとうえげん》』。

遠《とお》きを知《し》りて近《ちか》きを知《し》らず

自分に関係ない他人についてはよくわかるが、自分自身についてはわからないということ。また、遠大なことはわかっても卑近なことはわからないという意味。
▼君は彼のことを理屈っぽい頑固者というけれど、われわれから見たら君がまさにそれだよ。遠きを知りて近くを知らず、たまには他人の意見も聞いたらどうだい。
【類句】自分《じぶん》の盆《ぼん》の窪《くぼ》は見《み》えず。灯台下暗《とうだいもとくら》し。
【出典】『淮南子《えなんじ》』説山訓《せつざんくん》。

耳《みみ》を尊《たっと》び目《め》を賤《いや》しむ

人から聞いたことは重視するが、自分の目で見たことは軽んじるという意味で、遠くのものをありがたがり、近くのものをないがしろにするたとえ。また、昔のことを尊重し、今のことを軽蔑《けいべつ》するたとえ。

▼評判のアーティストの作品を見てもまったく感心しなかった。しかしそれは自分の感性に問題があるからだろうと思っていたが、妻ははっきりとつまらないと言った。二人の審美眼はともかく、私は耳を尊び目を賤しむという落とし穴に陥っていたのかもしれない。

【出典】張衡《ちょうこう》「東京賦《とうけいのふ》」。

【同義語】貴耳賤目《きじせんもく》。耳《みみ》を信《しん》じて目《め》を疑《うたが》う。

突然に

暗夜《あんや》の礫《つぶて》

闇夜《やみよ》に飛んで来る小石の意から、不意打ちで防ぎようがない襲撃。さらに、当たるかどうかおぼつかないこと。

▼妻の別居宣言は彼にとってまさに暗夜の礫、愕然《がくぜん》として妻の顔を見つめるばかりだった。

【類句】闇夜《やみよ》の礫《つぶて》。

急転直下《きゅうてんちょっか》

事態や状況が急に変化すること。また、解決に向かうこと。

▼さすがの難事件も、犯人の自供によって急転直下の解決をみ、市民は胸をなでおろした。

【出典】夏目漱石《なつめそうせき》『三四郎《さんしろう》』。

青天《せいてん》の霹靂《へきれき》

快晴に、急に雷が鳴ることから、人を驚かすような突然に起こった出来事のたとえ。

▼このたびの受賞はまったく青天の霹靂でありまして、私ごときがこの栄誉を受けようとは夢にも思っておりませんでした。

【誤り】晴天の霹靂。

【出典】陸游《りくゆう》「九月四日　鶏《にわとり》　未レ鳴《いまだなかざるに》　起作詩《おきてつくれるし》」。

不意《ふい》を食《く》う

思いもよらないことを仕掛けられる。突然に何かをされる。

▼横道からボールが転がってくるものだから、不意を食って転んでしまったよ。

【類句】不意打《ふいう》ちを食《く》う。

不意《ふい》を突《つ》く

相手に対して出し抜けに予期しないことを行う。

▼大胆なミドルシュートに不意を突かれて味方の連携が乱れた。

【類句】不意《ふい》を討《う》つ。

降《ふ》って湧《わ》く

物事が思いがけずに起こる。

▼降って湧いた儲《もう》け話に彼は夢中になった。

藪《やぶ》から棒《ぼう》

前触れや前置きがなく、出し抜けに物事をすること。

▼父は写真を取り出して、藪から棒に見合いを勧めた。

【参考】藪の中から唐突に棒を突き出されたような驚きの意から。

【類句】寝耳《ねみみ》に水《みず》。

滞る・停滞

足留《あしど》めを食《く》う

一定の期間、外出や通行を禁止される。

▼悪天候で船が欠航し、二日間も足留めを食った。

足踏《あしぶ》みをする

物事が進まないで、同じような状態が続く。

▼彼岸を過ぎたが寒い日が続き、春は足踏みをしている。

暗礁《あんしょう》に乗《の》り上《あ》げる

思わぬ事態で進行が止まる。

▼資金調達のめどがつかず計画は暗礁に乗り上げた。

【参考】「暗礁」は海中に隠れて見えない岩。

牛《うし》の歩《あゆ》み

進む速度の遅いようす。

▼牛の歩みながら語学の勉強を続けている。

船頭《せんどう》多《おお》くして船《ふね》山《やま》へ上《のぼ》る

船頭が多くいて、それぞれがまちまちな指図をすると、船が山へ上るようなとんでもないことが起こりかねない。指図する者が何人もいて方針の統一がとれず、物事がうまく進行しないたとえ。

▼船頭多くして船山へ上るというが、要はこのグループには傑出したリーダーがいなくて、口出しをしたい連中が多いということだ。

宙《ちゅう》に浮《う》く

物事が中途半端になる。

▼その計画は担当者の交替で宙に浮いた状態です。

歯車《はぐるま》が噛《か》み合《あ》わない

複数の人または組織の動きが互いに食い違って順調に進まない。

▼彼とはどうも歯車が噛み合わず、仕事がスムーズに進まない。

平行線《へいこうせん》をたどる

両者の意見などが互いに歩み寄らず、一致しないままの状態が続く。

▼経営陣と組合側の話し合いは、平行線をたどったままだ。

埒《らち》が明《あ》かない

物事の決まりや片がつかない。

▼彼と話していても埒が明かないから部長を出してくれ。

【参考】「埒」とは囲い、仕切り、馬場の柵《さく》。

なくす・なくなる・ない

雲散霧消《うんさんむしょう》

雲や霧が、風や日光によって消えてしまうように、跡形もなく消えるさま。

▼お話をうかがって、今までの疑問点がすべて雲散霧消しました。

【類句】雲散鳥没《うんさんちょうぼつ》。四分五裂《しぶんごれつ》。

【誤り】雲散無消。

【出典】末広鉄腸《すえひろてっちょう》『花間鶯《かかんおう》』。

お蔵《くら》になる

完成した作品の発表や企画が取りやめになる。

▼新企画は実現間際に社長の反対でお蔵になった。

【参考】蔵にしまい込むことから。

【同義語】お蔵にする。お蔵入《くらい》りになる。

お釈迦《しゃか》になる

製作途中で失敗して出来損ないの品になる。使い物にならなくなる。

▼コンピュータ制御による最新の工作機械で、お釈迦になる製品は少なくなった。

【参考】地蔵や阿弥陀《あみだ》の像を鋳《い》るのに間違って釈迦像を鋳てしまったことから。

【類句】お釈迦《しゃか》にする。

影《かげ》も形《かたち》もない

何ひとつ形跡をとどめない。

▼昔商業で栄えたという古い街並み

は、今や影も形もない。

薬《くすり》にしたくてもない

ほんの少しもない。まったくない。

▼わがままに育てると、感謝の気持ちなど薬にしたくてもない大人になる。

底《そこ》を突《つ》く

蓄えがなくなる。空になる。

▼売れ行き好調で在庫が底を突いてしまった。

地《ち》を掃《はら》う

完全になくなってしまう。

▼失策が重なり先代の遺産は地を掃うに至る。

徒手空拳《としゅくうけん》

手に何も持っていないこと。転じて、地位、資本などを持たないこと。

▼学歴は中学校卒、徒手空拳の職人が業を興して半世紀、今や世界でも屈指の企業に成長した。

【類句】裸一貫《はだかいっかん》。

【出典】(徒手)蘇軾《そしょく》「観二捕レ魚一《うおをとらうるをみる》詩《し》」・(空拳)桓寛《かんかん》『塩鉄論《えんてつろん》』険固《けんこ》。

梨《なし》の礫《つぶて》

連絡を取ろうとして便りを出したりしても、小石を投げた場合のように返ってくる返事・応答がないこと。音沙汰がないこと。

▼社会人は忙しいのか、先輩は卒業してからは梨の礫だ。

【参考】「梨」は「無し」に掛けた語《ご》呂《ろ》合わせ。

【同義語】梨《なし》も礫《つぶて》もせぬ。

裸一貫《はだかいっかん》

自分の体以外には何もないということ。財産も地位もなく、元手もない状態。

▼先代の商店主は、縁もゆかりもない土地からやってきて、裸一貫から身を起こした、立志伝中の人である。

【参考】「一貫」は一文銭で千枚。体の値打ちを一千文にたとえたもの。

【類句】腕一本《うでいっぽん》。

匂う・におい

鼻《はな》が曲《ま》がる

悪臭があまりにひどいこと。

▼A川のそばに近づくと、鼻が曲がりそうなにおいがしてきた。

鼻《はな》を突《つ》く

臭気が鼻を刺激する。
▼実験室内には鼻を突くような薬品のにおいがたちこめていて、気分が悪くなった。
【類句】鼻《はな》を刺《さ》す。

初めての

空前絶後《くうぜんぜつご》

過去にも例がなく、今後も起こりそうもないと思われるような、きわめて稀《まれ》なこと。
▼大相撲で空前絶後の記録といえば、なんといっても昭和の名横綱双《ふた》葉山《ばやま》の六十九連勝だろう。
【類句】前代未聞《ぜんだいみもん》。未曾有《みぞう》。

【出典】矢野竜渓《やのりゅうけい》『経国美談《けいこくびだん》』。

前人未到《ぜんじんみとう》

いまだかつて誰も到達したことがないこと。誰もやったことがないこと。
▼その選手は前人未到の記録に挑戦した。
【参考】「未到」は、まだ誰も到達していないことで、独創的な業績などにいう。「未踏」は、足を踏み入れたことがないことで、地理的なことにいう（「未踏峰」など）。

【類句】人跡未踏《じんせきみとう》。前人未踏《ぜんじんみとう》。破天荒《はてんこう》。

【誤り】前人未倒。

【出典】小林秀雄《こばやしひでお》『西行《さいぎょう》』。

前代未聞《ぜんだいみもん》

昔から今までに聞いたこともないような、変わったことや珍しいこと。
▼その事件を揉《も》み消すために、前代未聞の大金が流れたとの風評が立っている。
【類句】空前絶後《くうぜんぜつご》。未曾有《みぞう》。

【出典】『保元物語《ほうげんものがたり》』。

破天荒《はてんこう》

それまで、誰も思いもよらなかったことや、成し得なかったことをすること。
▼その演目は興業が一年を越す破天荒なロングランになった。
【類句】前代未聞《ぜんだいみもん》。未曾有《みぞう》。

【出典】『北夢瑣言《ほくむさげん》』四。

【故事】「天荒」とは、天地が混沌《こんとん》として開けない状態のことで、転じて、未開の荒地のこと。唐《とう》の時代、荊州《けいしゅう》の地方で、毎年官吏登用試験の合格者がなかったので、世間ではこれを天荒と言っていたが、やがて劉蛻《りゅうぜい》が合格したとき、人々が「天荒を破った」と言った。

未曾有《みぞう》
今までに一度もなかったこと。非常に珍しいこと。
▼未曾有の好景気に浮かれていたが、一転して不況の波が押し寄せてきた。
【読み下し】未《いま》だ曾《かつ》て有《あ》らず。
【出典】『墨子《ぼくし》』親士《しんし》。

はなはだしい

嫌《いや》というほど
飽きるほど。ひどく。
▼大好きな桃を嫌というほど食べてみたい。

気《き》が遠《とお》くなるよう
物事の規模がはなはだしく大きいようす。
▼ピラミッド建造の過程を考えると気が遠くなるようだ。
【参考】意識が薄れてぼうっとなるような感じ、の意から。

桁《けた》が違《ちが》う
価値や程度に格段の差がある。比べものにならない。
▼カナダの大自然の雄大さは、日本とは桁が違う。
【参考】「桁」は数の位。位取り。転じて規模。

言語《げんご》に絶《ぜっ》する
ことばで言い表せないほどはなはだしい。
▼大地震に襲われた町の悲惨さは、言語に絶するものがある。

常軌《じょうき》を逸《いっ》する
ふつうには考えられないことを言ったり、したりする。
▼彼は酒に酔うと常軌を逸するから要注意だ。
【参考】「常軌」とはふつうに行われる方法。

過《す》ぎたるは猶《なお》及《よ》ばざるが如《ごと》し
何事においても度を過ぎることはよくないことで、少し足りないのと同じようなものだという意味。過不足のない中庸がよいということ。
▼M先生は熱血指導のあまり、問題を起こした生徒を叱りすぎる傾向がある。そのためある生徒は非行に走り、別の生徒はすっかり萎縮して不登校になった。何事も過ぎたるは猶及ばざるが如しだ。
【類句】薬《くすり》も過《す》ぎれば毒《どく》になる。分《ふん》

別《べつ》過《す》ぐれば愚《ぐ》に返《かえ》る。
【出典】『論語《ろんご》』先進《せんしん》。

度《ど》が過《す》ぎる

許容できる範囲を超えている。
▼今度のことはいたずらにしては度が過ぎる。
【参考】「度」は物事の基準、標準とすべきもの。

途轍《とてつ》もない

常識では考えられない、並外れた。
▼まったくあいつときたら、よくもまあ途轍もないアイデアを次から次へと繰り出してくるものだ。
【参考】「途」は道、「轍」は車の通った跡＝「わだち」の意。途轍は物事の筋道や道路を表す。「途轍もない」は、常識や筋道を外れるほどはなはだしいこと。

途方《とほう》もない

道理に外れる。筋道にあわない。
▼途方もない無理難題を命じられ、頭を痛めている。

羽目《はめ》を外《はず》す

度を超して騒ぐ。調子に乗って度を過ごす。
▼修学旅行先であまり羽目を外さないように。
【参考】「羽目」は「馬銜《はみ》」の意といわれる。「馬銜」は轡《くつわ》の馬の口にくわえさせる所。また、あばれ馬を制するために口に縄をかませて頭頂に縛っておくこと。

筆舌《ひつぜつ》に尽《つ》くしがたい

文章（筆）とことば（舌）では言い尽くせない。何とも言えない、どうにも表現することができない。
▼その巨匠があふれる思いと、持てる技量のすべてをふるって描き上げた大作の素晴らしさは筆舌に尽くしがたく、見る者はただ圧倒された。
【類句】筆紙《ひっし》に尽《つ》くしがたい。

人並《ひとな》み外《はず》れる

一般の人と程度がかけ離れている。
▼彼女は子どものころから人並み外れた才能をもっていた。
【類句】並外《なみはず》れる。

目《め》に余《あま》る

程度がひどすぎて見過ごすことができない。
▼ごみの不法投棄が目に余るので、市役所に連絡した。

目《め》も当《あ》てられない

あまりにひどくて見るに堪えない。

▼目も当てられないほどひどい台風の爪痕《つめあと》が、テレビに映し出された。

輪《わ》をかける

程度がいっそうはなはだしくなる。

▼親ものん気ですが、子どもがまた輪をかけてのんびり屋なので困ったものです。

早い・速い

韋駄天走り《いだてんばしり》

「韋駄天」は仏法守護神の名で、非常に足の速い神。その韋駄天のように走るということで、全速力で、しかも猛烈な勢いと速さで走る様子をいう。

▼私の担任のA先生は昔陸上選手だったそうで、運動会のリレーでは見事な韋駄天走りを披露した。

一気呵成《いっきかせい》

「呵」は息を吹きかけるさま。文章や詩を一息で書き上げること。また、物事を大急ぎで成し遂げる意。

▼気に入った仕事に取り組んで、一気呵成にやり遂げたときの気分は最高だ。

【類句】一瀉千里《いっしゃせんり》。

【誤り】一気加勢。

【出典】李漁《りぎょ》『閑情偶寄《かんじょうぐうき》』。

一瀉千里《いっしゃせんり》

川が勢いよく流れて千里にも及ぶことから、物事が速やかに運ぶこと。また文章や弁舌がよどみないこと。

▼その建設プロジェクトはしばらく停滞していたが、工事に入ってからは一瀉千里に事が運んだ。

【類句】一気呵成《いっきかせい》。

【出典】『福恵全書《ふくけいぜんしょ》』二九。

巧遅《こうち》は拙速《せっそく》に如《し》かず

出来がよくても遅いのは、出来は悪いが速いのには及ばないということ。下手より上手にこしたことはないが、巧みにやろうとして遅くなるより、少しぐらいまずくても早くやったほうがよいということ。

▼この際は、巧遅は拙速に如かずで、気に入らない細部はそのままでいい。看板全体の体裁を、早くスポンサーに見せなくちゃならないんだ。

【出典】『孫子《そんし》』作戦《さくせん》。

疾風迅雷《しっぷうじんらい》

強い風と激しい雷。また、そのように行動などが、非常に素早く、すさまじいようすをいう。

▼昨年、駅前にコンビニエンススト

アをオープンさせたA社だったが、疾風迅雷の勢いで、沿線の各駅に、その数を増やしていった。

【類句】疾風怒濤《しっぷうどとう》。

【出典】『礼記《らいき》』玉藻《ぎょくそう》。『書言字考節《しょげんじこうせつ》用集《ようしゅう》』二。

疾風怒濤《しっぷうどとう》

強い風と激しい波。また、そのように速くてすさまじいさまをたとえる語。

▼チンギス・ハンに率いられたモンゴルの騎馬軍団は、中央アジアからヨーロッパを疾風怒濤の勢いで攻めまくった。

【参考】十八世紀後半にドイツで興った文学革新運動をいうSturm und Drang（シュトゥルム・ウント・ドランク）の訳。

【類句】疾風迅雷《しっぷうじんらい》。破竹《はちく》の勢《いきお》い。

尻《しり》が軽《かる》い

動きが素早い。→①〈愛する・恋する〉④〈軽はずみな・軽率な〉

▼彼は尻が軽いので皆の世話役にぴったりだ。

【対句】尻《しり》が重《おも》い。

迅速果敢《じんそくかかん》

素早く決定を下し、思い切って行動に出るさま。物事を行う場合に、速やかで決断力があるさま。

▼彼の将棋は迅速果敢な攻めが特徴だが、ペースが狂うと自滅してしまうのが欠点だ。

電光石火《でんこうせっか》

稲妻や火打石の火という意味から、非常に短い時間のたとえ。また、行動が非常に素早いことのたとえ。

▼このたびの内閣改造人事は、横槍《よこやり》の入らぬよう電光石火の早業であった。

【類句】紫電一閃《しでんいっせん》。

【出典】『鉄眼禅師仮字法語《てつげんぜんじかじほうご》』四。

早《はや》い者《もの》に上手《じょうず》なし

仕事が早いということは長所には違いないが、その反面、仕事が下手で仕上がりも雑になる例が多いという意味。拙速《せっそく》を戒めたことば。

▼あの作家は書くのが早いだけが取《と》り柄《え》だけれど、正直言えば早い者に上手なしで、いいものはほとんどないね。

目《め》にも留《と》まらぬ

非常に早いようす。

▼ステージ上のパフォーマーの目にも留まらぬ早業《はやわざ》に観客は舌を巻いた。

ばれる

足《あし》が付《つ》く
身元や足取りがわかる。
▼捜査が難航していた事件だったが、意外なところから足が付いて、犯人が捕まったそうだ。

壁《かべ》に耳《みみ》あり
秘密の話はこっそりとしているつもりでも、誰かがどこからか聞いている可能性があるということ。隠し事の漏れやすいたとえ。
▼ここでその話はやめておこう。壁に耳あり、だ。外に出て話そう。
【参考】後に「障子に目あり」と続けることもある。
【類句】石《いし》の物言《ものい》う世《よ》の中《なか》。
【同義語】壁《かべ》に耳天《みみてん》に口《くち》。

地金《じがね》が出《で》る
ふだんは隠していた本性が現れる。
▼服装で上品を装っていてもことば遣いで地金が出てしまう。
【参考】「地金」はメッキの下地になる金属。
【類句】地金《じがね》を出《だ》す。
【同義語】メッキが剝《は》げる。

尻尾《しっぽ》を出《だ》す
隠し事や悪事がばれる。化けの皮がはがれる。
▼隠しおおせるものではない。今にきっと尻尾を出すよ。
【参考】化けていた狐《きつね》や狸《たぬき》が尻尾を出して正体を見破られる意から。

尻《しり》が割《わ》れる
悪事、秘密などが露見する。
▼簡単に尻が割れるような嘘《うそ》を平気で言う。

底《そこ》が割《わ》れる
嘘《うそ》や隠しておきたいことなどが、すぐに見透かされてしまう。
▼容疑者のアリバイは、杜撰《ずさん》な証拠隠しのせいですぐに底が割れてしまった。

馬脚《ばきゃく》を露《あらわ》す
芝居で馬の脚《あし》をつとめている人が姿を見せてしまうということから、隠していた正体がばれたり、偽り事が露見するたとえ。
▼稀代《きだい》の天才画家と評判だった男は、つまらぬミスから馬脚を露し、代作者に描かせていたことがわかって大騒ぎになった。
【参考】中国元《げん》代の古典劇が出典で、「露出馬脚来」を翻訳したものといわれる。

【類句】 尻尾《しっぽ》を出《だ》す。 化《ば》けの皮《かわ》が剥《は》がれる。

化《ば》けの皮《かわ》が剥《は》がれる

隠していた正体や素性《すじょう》、あるいは物事の真相などが露見してしまうこと。

▼自称ピアニストの彼が、じつは音符が読めないことがわかって、すっかり化けの皮が剥がれた。

【類句】 尻尾《しっぽ》を出《だ》す。馬脚《ばきゃく》を露《あらわ》す。

【同義語】 化《ば》けの皮《かわ》を現《あらわ》す。

腸《はらわた》が見《み》え透《す》く

心の中で考えていることがよくわかる。本心がはっきりとわかる。

▼いくらお世辞を言っても、腸が見え透いているからだまされないよ。

【類句】 腹《はら》が見《み》え透《す》く。

襤褸《ぼろ》が出《で》る

隠していた欠点や短所が露見する。

▼しゃべりすぎて襤褸が出てしまった。

メッキが剥《は》げる

中身を隠していた外面が剥がれて悪い中身が見えること。本性が現れる。

▼その失敗により、彼のメッキが剥がれ、彼の輝かしい経歴はほとんど嘘であることがわかった。

【同義語】 地金《じがね》が出《で》る。

暇な・退屈な

体《からだ》が空《あ》く

仕事などが終わって暇になる。

▼店をやっておりますので、体が空くのは毎晩十時過ぎです。

手《て》が空《あ》く

仕事の片がついて、暇になる。

▼やっと手が空いたので、久しぶりに友人と映画でも見に行こうかと思う。

【類句】 手《て》がすく。

暇《ひま》を潰《つぶ》す

何かをして空いている時間を費やす。

▼待ち合わせの時間まで喫茶店で暇を潰した。

暇《ひま》を盗《ぬす》む

忙しいなかを無理して必要な時間をつくる。

▼彼は車好きで、暇を盗んではドラ

イブを楽しんでいる。

無聊《ぶりょう》をかこつ

することがなく、退屈さをもてあますようす。

▼休日に無聊をかこっていたら、飲み会の電話があったので快諾した。

【参考】無聊は退屈なこと。「かこつ」は、ぐちをこぼす、嘆く、恨む意。

ふさわしい

板《いた》に付《つ》く

動作や態度、服装が職業や地位に合っている。

▼彼も入社三年目になり、制服姿も板に付いてきた。

【参考】俳優の演技が舞台（板）に調和する意から。

絵《え》になる

ぴったりその場に合っている。↓③〈美しい〉

▼花火大会にゆかた姿の女性はやっぱり絵になるね。

蟹《かに》は甲羅《こうら》に似《に》せて穴《あな》を掘《ほ》る

大きい蟹は大きな穴を、小さい蟹は小さな穴を甲羅に合わせて掘って入る。そこから、人も自分の分《ぶん》に応じた考え方や行動をするというたとえ。また、不相応の願望を戒めるときにも使う。

▼蟹は甲羅に似せて穴を掘るというよ。まだ若い君がそんな高級外車を欲しがるのは分不相応だとは思わないかい。

様《さま》になる

それらしいようすになる。格好がつく。

▼こうして見ると、君も結構、様になっているじゃないか。

所《ところ》を得《え》る

その人にふさわしい地位や仕事に就《つ》く。↓③〈勢い〉

▼長年希望していた部署にやっと異動できたあの男は、まさに所を得ていきいきと働いている。

不振

陸《おか》に上《あ》がった河童《かっぱ》

河童は水の中では思う存分活動できるが、陸上では無力だとされる。そこから、環境が変わったり、得意な仕事などから離れたりして能力が発揮できなくなった人のたとえ。

▼根っからの研究者タイプのG君を営業部に回しても、陸に上がった河童ですよ。彼の才能を生かさないのはもったいない。

【類句】魚《うお》の水《みず》を離《はな》れたよう。木《き》から落《お》ちた猿《さる》。

【同義語】陸《おか》に上《あ》がった船頭《せんどう》。

影《かげ》が薄《うす》い

何となく元気がなく見える。また、目立たない。

▼彼女はおとなしくて、会社でも影が薄い。

三年《さんねん》飛《と》ばず鳴《な》かず

三年もの期間（長い間）、じっと機会の来るのを待ってたえていること。

▼三年飛ばず鳴かずといわれ、忘れかけられた作家のM先生は五年目にして、あの大作をものして世間を驚かせた。

【参考】中国の春秋時代、即位して何もせずに三年間が過ぎた楚《そ》の荘王《そうおう》に伍挙《ごきょ》が言ったことばで、これを聞いた荘王は「この鳥は飛べば天まで昇り、鳴けば人を驚かすだろう」と言って国政に力を入れだしたという故事による。

【出典】『史記《しき》』滑稽列伝《こっけいれつでん》。

【同義語】鳴《な》かず飛《と》ばず。

ぱっとしない

見栄《みば》えがしない。目立たない。

▼お見合い写真はぱっとしなかったが、実際に会って話をしてみると魅力ある人だった。

左前《ひだりまえ》になる

経済状態が悪くなる。落ち目になる。物事が順調にいかなくなる。

▼家業が左前になって、父は心労で倒れた。

【参考】「左前」は着物の前をふつうと反対に合わせて着ること。死者の装束に用い、不吉なものとされる。

不相応な

柄《がら》にもない

その人にふさわしくないようす。

▼妹は柄にもなくお茶とお花を習い始めた。

桂馬《けいま》の高上《たかあ》がり

将棋の駒の桂馬が進みすぎて取られ

てしまうように、調子に乗って行動したり、実力不相応の地位に上がったりして失敗すること。
▼あの会社の前社長はずっと経理畑にいた人で、一昨年大抜擢された。しかし悲しいかな、桂馬の高上がりで経営センスのなさを露呈し、ついに新社長就任となったらしい。
【参考】桂馬は将棋盤の目を一つ飛び越して斜め前に進む駒であることから。
【同義語】桂馬《けいま》の高飛《たかと》び歩《ふ》の餌食《えじき》。

鱓《ごまめ》の魚交《ととま》じり

能力のない者がすぐれた人々の中に交じっていること。
▼私ごときが入会しては鱓の魚交じりになります。
【参考】「鱓」はかたくちいわしを干したもの。
【類句】雑魚《ざこ》の魚交《ととま》じり。海老《えび》の鯛《たい》交《ま》じり。

出《で》る幕《まく》ではない

出て行って余計なことをする場面ではない。かかわりがない。
▼ここは君の出る幕ではないから他の人の邪魔をしないように、後ろに控えていなさい。

畑《はたけ》が違《ちが》う

専門とする分野と違う。
▼文科系出身の彼は、畑が違う生命科学の研究室に回されて苦労しているらしい。

分不相応《ぶんふそうおう》

分《ぶん》（身分・地位、力量）を越えている、ふさわしくないという意味。ある人間が地位や能力にふさわしくないにもかかわらず、その地位や役割についていることを示す。
▼私のような若輩者が、次期会長に指名されたのは誠に光栄ながら、分不相応と十分に承知しております。

身《み》に余《あま》る

身分に釣り合わない。過分である。
▼身に余るお役を拝命し恐縮です。

身《み》に過《す》ぎた果報《かほう》は災《わざわ》いの基《もと》

分《ぶん》不相応の幸せは災難を招くことになりやすいから気をつける必要があるということ。また、分相応の幸せがよいという意味もある。
▼大型契約を取って部長に抜擢されたあの男は、心身を酷使しつづけて長期入院した。かつて周りはやっかんだが、身に過ぎた果報は災いの基を見るようで、凡人のありがたみを感じている。
【類句】大吉《だいきち》は凶《きょう》に還《かえ》る。

身《み》の程《ほど》知《し》らず

自分の地位や能力をわきまえないこと。また、その人。

▼その程度の実力で全国大会に参加しようとは、身の程知らずだ。

古い

因循姑息《いんじゅんこそく》

古い習慣に従って、改めず一時逃れをすること。また、決断力に欠けてぐずぐずすること。

▼因循姑息なその場しのぎはやめて、根本的な改革に着手すべきときが来た。

【誤り】因盾古息。

【出典】仮名垣魯文《かながきろぶん》『安愚楽鍋《あぐらなべ》』。

黴《かび》が生《は》える

古くなって、使い物にならなくなる。

▼あの教授は黴が生えたような学説を、今でも講義に使っている。

旧態依然《きゅうたいいぜん》

もとの状態のままで、少しも進歩、発展がなく、変化が見られないこと。

▼旧態依然とした慣習を払拭《ふっしょく》しない限り、この組織の再建は無理だろう。

【誤り】旧体以前。

【出典】泉鏡花《いずみきょうか》『琵琶伝《びわでん》』。

旧套墨守《きゅうとうぼくしゅ》

古い方法や、ありきたりの形式などをそのまま守ること。「旧套」は昔のままの方法や形式。「墨守」は固く守る。

▼ぼくの故郷では村長はA家の当主と決まっている。村中がまとまる点では便利なんだが、やはりいろいろな面で旧套墨守の弊害が出てきているね。

【類句】旧慣墨守《きゅうかんぼくしゅ》。旧習墨守《きゅうしゅうぼくしゅ》。墨《ぼく》守成規《しゅせいき》。

古色蒼然《こしょくそうぜん》

見るからに年月を経たように古びたさま。「蒼然」には、あおあおとしているさま、薄暗いさまの意味もある。

▼外観は古色蒼然たる中世のシャトーですが、内部は近代的なホテルに改装されています。

【類句】古色蒼蒼《こしょくそうそう》。

【出典】坪内逍遥《つぼうちしょうよう》『当世書生気質《とうせいしょせいかたぎ》』。

時代錯誤《じだいさくご》

現在の時勢に合わない古い考えややり方を守っていること。時代遅れであること。

▼昔の軍隊を真似《まね》て、会社内に合宿訓練所を作ろうなどと考えるのは、まったく時代錯誤としか言いようがない。

【出典】芥川龍之介《あくたがわりゅうのすけ》『侏儒《しゅじゅ》の言葉《ことば》』。

平穏な・不穏な

縁起《えんぎ》でもない

幸先《さいさき》が悪い。とんでもない。

▼縁起でもない話だが、試験会場に行く途中で滑って転んだ。

影《かげ》が差《さ》す

不吉な兆しが現れる。

▼幸せの絶頂の二人に、突然、影が差す出来事が起こった。

雲行《くもゆ》きが怪《あや》しい

形勢が悪くなりそうなようす。

▼和平交渉は難航し、雲行きが怪しくなった。

【参考】今にも天気が崩れそうな雲のようすから。

事《こと》なきを得《え》る

大したこともなく無事に終わる。

▼電車が遅れたが、早目に家を出たので会議には何とか間に合って事なきを得た。

風雲急《ふううんきゅう》を告《つ》げる

ただちに異変が起こりそうな緊迫した状況になること。

▼首相の踏み込んだ発言をきっかけに、風雲急を告げる空気が張り詰め、国会はたちまち政局を迎えた。

平穏無事《へいおんぶじ》

何事もなく、穏やかで安全なこと。

▼十日間に及ぶ旅行も平穏無事に終了し、主催者の一人として喜んでおります。

【類句】平安無事《へいあんぶじ》。

【対句】多事多難《たじたなん》。

【出典】国木田独歩《くにきだどっぽ》『女難《じょなん》』。

平凡な・ありふれた

可《か》もなく不可《ふか》もなし

特によくもなく、悪くもない。ふつうである。

▼このデザインは可もなく不可もなしだと思ったが、意外なことによく売れた。

沈香《じんこう》も焚《た》かず屁《へ》もひらず

沈香を焚くような芳香を放つわけでもないし、臭い屁をひるわけでもないということで、可もなく不可もない平凡な人物や生き方のたとえ。

▼今度の町会長は穏やかな人柄だが、沈香も焚かず屁もひらずといったところなので、活動にも支障が出るようになってきた。

【参考】「沈香」は天然香料の一つ。

【類句】毒《どく》にも薬《くすり》にもならない。

【同義語】線香《せんこう》も焚《た》かず屁《へ》もひらず。

団栗《どんぐり》の背競《せいくら》べ

団栗はどれもほとんど差がなく、同じような形と大きさをしている。その団栗が背競べをしても優劣は決め難いことから、どれもこれも平凡で、抜きん出たものがないたとえ。

▼今年のコンクール応募作品はどれもみな団栗の背競べで、審査していても張り合いがない。

【類句】五十歩百歩《ごじっぽひゃっぽ》。大同小異《だいどうしょうい》。

【同義語】一寸法師《いっすんぼうし》の背競《せいくら》べ。

日常茶飯《にちじょうさはん》

ふだんの食事。転じて、平凡でありふれていること。ありきたりなこと。

▼日常茶飯のことと見過ごしているなんでもないことが、じつは最も大事なことなのかもしれない。

【類句】家常茶飯《かじょうさはん》。尋常茶飯《じんじょうさはん》。

二番煎《にばんせん》じ

何度か同じことが行われ、新鮮味のないもの。

▼あの小説は以前の評判作の二番煎じのにおいがする。

【参考】一度煎じたものをもう一度煎じた薬や茶の意から。

変哲《へんてつ》もない

特に変わったところもなく、ありふれているようす。

▼何の変哲もないこの石が十万円とは驚きだ。

変化する・有為転変

明日《あす》ありと思《おも》う心《こころ》の仇桜《あだざくら》

今日は美しく咲き誇っている桜だが、明日もまた見られるだろうと思っていても、その夜のうちに強い風を受けて散ってしまうかもしれないということ。人生の無常を説いたことば。未来の不確実さ、明日をあてにしていると機会を失うということ。

▼些細な用事を優先させて、招待券があるのに女優Hの公演に行くのをやめた。すると、昨夜彼女が大怪我をしてやむなく引退と聞いた。明日ありと思う心の仇桜、無理をしてでもあの日に行くべきだった。

【出典】親鸞《しんらん》の「明日ありと思う心の仇桜夜半《よわ》に嵐《あらし》の吹かぬものかは」という歌の前半。

一進一退《いっしんいったい》

物事が進んだり退いたりすること。また、病状などがよくなったり悪くなったりすること。

▼父の病状は一進一退を続けており、今のところ楽観はできない。

【出典】『管子《かんし》』覇言《はげん》。

有為転変《ういてんぺん》

仏教語で「有為」は、この世の生滅変化を表す。転じて、物事が激しく移り変わるさまをいう。

▼有為転変は世の習い、いつも悪いことばかりではないでしょう。そのうちよいこともありますよ。気を取り直して頑張ってください。

【類句】諸行無常《しょぎょうむじょう》。

【出典】『太平記《たいへいき》』三六。

浮《う》き世《よ》は回《まわ》り持《も》ち

幸不幸、栄枯盛衰、苦楽、貴賤《きせん》、貧富などは時とともに移っていって、決して一か所にとどまらないこと。この世の定めのないことをいう。

▼バブル期に町の一等地に大邸宅を構えたF氏は、いつの間にか姿をくらました。浮き世は回り持ちとはいうものの、その邸宅跡の空き地を見るのはむなしい。

【類句】昨日《きのう》は人《ひと》の身《み》今日《きょう》は我《わ》が身《み》。

移《うつ》れば変《か》わる世《よ》の習《なら》い

時勢によって世の中の状況はさまざまに変化する。この目まぐるしい移り変わりも世の常のことであり、怪しむにたりないという意味。

▼昔の日本のアニメはオタク文化とやや軽蔑されていたが、今はクール・ジャパン・ブームの中心として世界中の若者を魅了している。移れば

変わる世の習い、だ。
【出典】『平家物語《へいけものがたり》』一〇。
【同義語】移《うつ》り変《か》わる習《なら》い。移《うつ》り変《か》わるは浮《う》き世《よ》の習《なら》い。

紆余曲折《うよきょくせつ》

道などがうねうねと曲がりくねるさま。転じて面倒な事情があって、複雑な経過をたどること。
▼どんなに平凡な人生でも、決して平坦な道のりではなく、それなりに紆余曲折があるものだ。
【類句】盤根錯節《ばんこんさくせつ》。羊腸小径《ようちょうしょうけい》。
【出典】柳宗元《りゅうそうげん》『石渠記《せっきょき》』。

生生流転《しょうじょうるてん》

万物が、次々と別の状態に移り変わり、絶えず変化すること。
▼あっという間に移り変わる季節の様相に、生々流転を感ぜずにはおれない。
【別表記】「生生」は「せいせい」とも読む。

諸行無常《しょぎょうむじょう》

世の中のすべてのものは、常に変化し、不変なものはないということ。仏教の根本思想の一つ。
▼季節の移り変わりにも、諸行無常を感ぜずにはおられない。
【類句】有為転変《ういてんぺん》。万物流転《ばんぶつるてん》。
【誤り】諸行無情。
【出典】『平家物語《へいけものがたり》』一。

千変万化《せんぺんばんか》

事態やようすなどが次々とさまざまに変わること。
▼世界情勢は千変万化の様相を呈しているので、一日ニュースを聞かないと取り残されたような気がする。
【類句】変幻自在《へんげんじざい》。
【出典】『列子《れっし》』周穆王《しゅうぼくおう》。

滄海《そうかい》変《へん》じて桑田《そうでん》となる

青海原《あおうなばら》が変わって桑畑《くわばたけ》になるということで、世の中の移り変わりの激しいたとえ。
▼第二次世界大戦前の写真と、ビルが乱立する市街の現状を比べると、滄海変じて桑田となるの感を深くする。
【同義語】滄海桑田《そうかいそうでん》。滄桑《そうそう》の変《へん》。桑田碧海《そうでんへきかい》。桑田《そうでん》変《へん》じて滄海《そうかい》となる。

朝令暮改《ちょうれいぼかい》

朝に下した命令を夕方には改めるという意味。命令や法令が、頻繁に変更されて、当てにならないこと。
▼責任者の指示が朝令暮改といったありさまでは、現場が混乱するのは当然である。
【類句】朝変暮改《ちょうへんぼかい》。朝立暮廃《ちょうりつぼはい》。
【出典】『漢書《かんじょ》』食貨志《しょっかし》。

所変《ところか》われば品《しな》変《か》わる

土地が変わると、品物の名称や形状、用途などが異なり、また、風俗や習慣なども変わるということ。▼インド旅行をしたら、ＯＫのサインは首を傾げることだったので最初はとまどった。所変われば品変わる、こういう発見が海外旅行の楽しみだ。【類句】難波《なにわ》の葦《あし》は伊勢《いせ》の浜荻《はまおぎ》。

猫《ねこ》の目《め》

物事がよく変わること。▼為替レートは猫の目のように変動している。【参考】猫の瞳《ひとみ》が明るさによって形が変わることから。

波瀾万丈《はらんばんじょう》

物事が激しく変化に富んでいること。「波瀾」は大小の波。転じて変化、曲折をいう。▼波瀾万丈の生涯を送った彼女の伝記は、読者に深い感動を与えた。

変幻自在《へんげんじざい》

急に姿を現してはたちまち消えたり、変化したりするのが思いのままであること。▼さすがに、プロのバスケットボールだけあるね、球を変幻自在に扱う選手たちには目を見張ったよ。【類句】出没《しゅつぼつ》。神出鬼没《しんしゅつきぼつ》。千変万化《せんぺんばんか》。変幻《へんげん》出没《しゅつぼつ》。【出典】（変幻）頼山陽《らいさんよう》『耶馬渓《やばけい》図巻《ずかん》記《き》』。

物盛《ものさか》んなれば則《すなわ》ち衰《おとろ》う

世の中の物事はすべて、盛んになったと思ったら、その後は衰えるもので、いつまでも盛んなものはないので心すべきであるということ。▼かつてその紡績工場で多くの女性が働いていたものだが、今はとてつもない広さの跡地に雑草が生えている。物盛んなれば即ち衰う、時代は変わるものだ。【類句】驕《おご》る平家《へいけ》は久《ひさ》しからず。盈《み》つれば虧《か》く。盛《じょう》者必衰《しゃひっすい》。【出典】『史記《しき》』平準書《へいじゅんしょ》。【同義語】物盛《ものさか》りなるときは衰《おとろ》う。

世《よ》の中《なか》は三日《みっか》見《み》ぬ間《ま》の桜《さくら》かな

たった三日間家にこもっていたら、その間に桜が満開になっていたということで、世の中の移り変わりの激しさをいったもの。▼二年ぶりに訪れたその町は駅と駅前の街並みがすっかり変わっていた。世の中は三日見ぬ間の桜かな、昔の面影はどこにもなかった。【参考】江戸時代の俳人、大島蓼《おおしまりょう》太《た》の句。
【類句】有為転変《ういてんぺん》は世《よ》の習《なら》い。
【同義語】三日見ぬ間《みっかみぬま》の桜《さくら》。

密集する

軒《のき》を連《つら》ねる

軒と軒が接するほど家がぎっしり立ち並んでいるようす。
▼参道には土産物《みやげもの》店が軒を連ねており、参拝客でにぎわっている。

鼻《はな》を突《つ》き合《あ》わせる

狭い場所で向かい合う。いつも同じ人が顔を寄せ合っている。
▼彼とは職場でいつも鼻を突き合わせているのでよく知っているよ。
【参考】互いに顔を近づける意。

目白押《めじろお》し

多くの人や物が込み合っていること。鳥のメジロが木の枝に押し合うように並んでとまることを「目白の押し合い」と呼び、この様子をまねた子どもの遊びの「目白押し」から起こったことば。
▼その人気歌手のコンサート会場には全国から集まったファンが目白押しになり、身動きも取れないありさまだった。

目立つ

紅一点《こういってん》

たくさんの中で、一つだけ異彩を放つもののこと。転じて、多くの男性の中に女性が一人いること。また、その女性。
▼うちの課で紅一点のBさんは、明るい性格でよく気も利くので、部屋の雰囲気は常に和やかである。
【参考】「万緑叢中紅一点《ばんりょくそうちゅうこういってん》」の上を略したことば。
【出典】王安石《おうあんせき》「詠二柘榴一《ざくろをえいず》」。

光彩《こうさい》を放《はな》つ

優れていてひときわ目立つ。
▼新入社員のころから、彼は光彩を放っていた。

掃《は》き溜《だ》めに鶴《つる》

ごみの捨てられた場所に美しい鶴がいるということで、その場所に似つかわしくないほど際立って美しいもの、ずばぬけて優秀な者がいるたとえ。
▼こんな山奥の診療所で、かいがいしく働く看護師さんのCさんはまさに掃き溜めに鶴という存在だった。

【類句】鶏群《けいぐん》の一鶴《いっかく》。
【同義語】塵溜《ごみた》めに鶴《つる》。

人目《ひとめ》に余《あま》る

言動が行きすぎだと人に思われるほど、目を引く。
▼最近の彼の言動は人目に余るので要注意だ。

人目《ひとめ》に付《つ》く

目立つ。よく目に付く。
▼拾った落とし物は人目に付く所に置いておこう。

水際立《みずぎわだ》つ

一段と鮮やかに際立つ。
▼コック長は水際立った手並みで料理を仕上げていった。

目《め》に立《た》つ

特に目につく。
▼その鳥は真っ白な体に黄色いくちばしで目に立つ。

容姿・容貌

色《いろ》の白《しろ》いは七難隠《しちなんかく》す

色白は美人の大きな条件であり、容貌《ようぼう》に少しぐらいの欠点があっても覆い隠してくれるほどの利点であるという意味。
▼色の白いは七難隠すというのに、北国育ちの君が美点を生かさず、山登りに夢中なのは少し残念な気もするね。
【参考】「七難」は七つの欠点。
【類句】米《こめ》の飯《めし》と女《おんな》は白《しろ》いほどよい。
【同義語】色《いろ》の白《しろ》きは十難隠《じゅうなんかく》す。

鬼面仏心《きめんぶっしん》

外見は怖い顔でも、仏のように優しい心を持っていること。また、そのような人。
▼こわもてのする男だが、じつは鬼面仏心、涙もろくて、子どもにも優しいんだ。
【類句】外面似菩薩内心如夜叉《げめんじぼさつないしんにょやしゃ》。
【対句】人面獣心《じんめんじゅうしん》。

小股《こまた》が切《き》れ上《あ》がる

すっきりと足が長く、すらりとしていて粋《いき》な感じがする女性の形容。
▼S子さんは、背が高くて姿勢もいいし、気性もさっぱりとしている。昔風な表現をするなら、小股が切れ上がったいい女というところかな。

他人《たにん》の空似《そらに》

まったく血のつながりがない者同士なのに、肉親であるかのように顔つきがよく似ていること。

▼私の弟は俳優のMに似ているので、よくサインをせがまれる。両親は他人の空似を悪用しないように注意している。

【参考】「空」は「見せかけだけの」、「外見上だけの」の意味。

【同義語】他人《たにん》の猿似《さるに》。

肉《にく》が落《お》ちる

痩《や》せる。

▼父はこのごろ急に肉が落ちたようで、どこか悪いのではないかと心配だ。

花《はな》も恥《は》じらう

若い女性の初々しく美しいようす。

▼その人との出会いは、花も恥じらう十九の春でした。

【参考】美しい花さえ引け目を感じるようなの意。

眉目秀麗《びもくしゅうれい》

顔かたちが端正で美しいこと。また、そのさま。ふつうは女性にいう「容姿端麗」に対して、男性の場合にいう。

▼人気のある俳優は眉目秀麗でなくても、際立つ個性を持っている。

【類句】容姿端麗《ようしたんれい》。

【出典】内田魯庵《うちだろあん》『社会百面相《しゃかいひゃくめんそう》』閨閥《けいばつ》。

馬子《まご》にも衣装《いしょう》

馬の手綱を取る馬方のような者でも着飾れば立派に見えるということ。衣装で人品が変わるというたとえ。

▼結婚式に出席するためのドレスを娘に初めて作ってやったが、馬子にも衣装で、少しは娘を見直したよ。

【参考】「馬子にも衣装髪形《かみかたち》」と続けても言う。

【類句】鬼瓦《おにがわら》にも化粧《けしょう》。

【同義語】切株《きりかぶ》にも衣装《いしょう》。猿《さる》にも衣《い》装《しょう》。

水《みず》の滴《したた》るよう

みずみずしくて美しい美男、美女の形容。

▼その歌舞伎役者は水の滴るようないい男と評判だ。

明眸皓歯《めいぼうこうし》

澄んだひとみと白く美しい歯のことから、美人のこと。「眸」はひとみ、「皓」は白いの意。

▼彼が一度会ってくれと言った女性は、明眸皓歯の美人であった。

【類句】朱唇皓歯《しゅしんこうし》。皓歯《こうし》蛾眉《がび》。

【出典】曹植《そうち》「洛神賦《らくしんのふ》」。杜甫《とほ》「哀《あい》江頭《こうとう》」。

雪《ゆき》を欺《あざむ》く

極めて白いようす。雪と見間違うほど白い。
▼彼女の肌の白さは雪を欺くばかりだ。
【参考】特に女性の肌の白さを雪の白さにたとえていう。

容姿端麗《ようしたんれい》

顔かたち、姿かたちが整っていて美しいこと。ふつうは男性にいう「眉目秀麗」に対して、女性の場合にいう。
▼彼女は容姿端麗で、服装にもセンスがある。そのうえ、優しくてよく気がつくというすてきな女性だ。
【類句】眉目秀麗《びもくしゅうれい》。
【出典】『後漢書《ごかんじょ》』虞延伝《ぐえんでん》。

弱い

弱肉強食《じゃくにくきょうしょく》

力の弱い者が強い者の餌食《えじき》になること。弱い者が強い者の犠牲になること。
▼大国が小国を併合する、いわゆる弱肉強食の時代は過去のものとなった。これからはすべての国家が共存共栄を図る時代である。
【出典】韓愈《かんゆ》「送二浮屠文暢師一序《ふとぶんちょうしをおくるのじょ》」。

吹《ふ》けば飛《と》ぶよう

頼りなげなようす。貧弱なようす。
▼吹けば飛ぶような、町の零細企業で働いています。
【参考】ちょっと風が吹いただけで飛んでしまいそうなの意から。

弁慶《べんけい》の泣《な》き所《どころ》

力を持っている者の、人に触れられたくない弱点。
▼会長の弁慶の泣き所は行状の悪い息子だ。
【参考】武蔵坊《むさしぼう》弁慶ほどの豪傑でも打たれれば痛がって泣き出すという急所で、普通は向こう脛《ずね》のこと。中指の第一関節から先の部分ともいわれる。転じて、その人の弱点や急所。

わからない・不明瞭な

曖昧模糊《あいまいもこ》

説明や手順などがぼんやりとして、はっきりしないようす。全体がぼやけて、よくわからないこと。
▼選挙法改正についての各党の案は、いずれも複雑な党内事情を浮き

彫りにして肝心な点が曖昧模糊としている。
【類句】有耶無耶《うやむや》。
【出典】坪内逍遥《つぼうちしょうよう》『当世書生気質《とうせいしょせいかたぎ》』。

有耶無耶《うやむや》

物事が有るのか無いのかはっきりせず、曖昧《あいまい》であること。「耶」は疑問の意味を表す。
▼こんな大事なことを有耶無耶にしておくのはよくない。早く決着をつけるべきだ。
【類句】曖昧模糊《あいまいもこ》。
【出典】式亭三馬《しきていさんば》『浮世風呂《うきよぶろ》』。

お先真《さきま》っ暗《くら》

先の見通しがまったくつかない。
▼経営状態が悪化し、もうお先真っ暗だ。

音沙汰《おとさた》がない

ある人との連絡がないこと。「音沙汰」は便り、消息、音信。単に「沙汰」だけでも消息の意味がある。
▼近ごろ彼からさっぱり音沙汰がないので心配していたが、伊豆の方で静養しているそうだ。
【出典】浄瑠璃《じょうるり》「博多小女郎波枕《はかたこじょろうなみまくら》」。

雲《くも》を摑《つか》む

雲を摑もうとしてもとらえどころがない。そのように、物事が漠然《ばくぜん》としていることのたとえ。人の話や空想的な計画を評するときに使う。
▼そんな雲を摑むような計画に出資をする会社があると、あなたは本気で考えているのですか。

心神喪失《しんしんそうしつ》

精神機能の障害により、物事の善悪の判断や行動を制御することができない状態。
▼一過性の心神喪失と考えられるので、しばらく様子を見ましょう。
【類句】心神耗弱《しんしんこうじゃく》。

前後不覚《ぜんごふかく》

前後の判断がつかなくなるほど正体を失うこと。また、そのさま。
▼彼は前後不覚になるまで酩酊《めいてい》した。
【出典】『御堂関白記《みどうかんぱくき》』。

灯台下暗《とうだいもとくら》し

身近なことは、かえってわかりにくいということ。
▼灯台下暗しで自分の住んでいる地域のことは案外知らないものだ。
【参考】「灯台」は室内照明器具の一つで上に油皿を載せ灯心を立てて点火する台。岬の灯台ではない。回り

は明るくなるが、その真下はかえって暗いことから。

▼父の夜のジョギング用に明るい色のランニングウェアを買ってあげた。闇夜に烏雪に鷺という服装では事故が心配だからだ。

瓢簞《ひょうたん》で鯰《なまず》を押《お》さえる

ぬるぬるした鯰を瓢簞で押さえようとしても逃げられてしまう。そこから、ぬらりくらりしたとらえ所のない態度や要領を得ないことのたとえ。

▼その問題の責任を追及された大臣は、瓢簞で鯰を押さえるような答弁を繰り返して、なんとか野党の矛先《ほこさき》を変えようとした。

要領《ようりょう》を得《え》ない

何が要点なのかさっぱりわからない。筋道が立たない。

▼要領を得ない回答を繰り返す担当者に、住民の怒りが爆発した。

闇夜《やみよ》に烏《からす》雪《ゆき》に鷺《さぎ》

真っ暗な夜には黒い烏の所在ははっきりせず、真っ白な雪の上では白い鷺はよく見えない。そこから、周囲の状況と似ていて判別しにくいもののたとえ。また、混沌《こんとん》としていて見当がつかないこと。

4……性格・態度

威厳のある

威風堂堂《いふうどうどう》

威厳に満ちていて立派なさま。
▼初陣《ういじん》とも思えず、源氏の御曹子《おんぞうし》は馬上ゆたかに威風堂々、従う者どもはうれしさのあまりに感極まって涙ぐむ者までいた。
【参考】「堂」は立派なさま、盛んなさまをいう。
【類句】威風凜凜《いふうりんりん》。
【出典】夏目漱石《なつめそうせき》『虞美人草《ぐびじんそう》』。

大御所《おおごしょ》

ある分野の第一人者として、大きな勢力をもっている実力者。
▼日本映画界の大御所、A監督の新作がこの週末公開される。
【参考】もとは、親王や前将軍など高貴な人の隠居所。また、その人の敬称であった。江戸時代には将軍職を譲った後も実権を握っていた徳川《とくがわ》家康《いえやす》、家斉《いえなり》をいい、明治以降になると政界から引退後も隠然とした勢力をもっている人物をいった。

押《お》しが利《き》く

人を押さえつけて自分の考えどおりにする力がある。
▼押しが利く人を営業に一人欲しいところだ。

押《お》しも押《お》されもせぬ

誰からも力を認められ、堂々としている。
▼今や、彼はこの業界での押しも押されもせぬ地位を築いた。

顔《かお》が利《き》く

名が知れていて、無理が利く。
▼彼はこの業界には多くの友人を持っているので、いざというときに顔が利く。
【類句】顔《かお》を利《き》かす。

裃《かみしも》を脱《ぬ》ぐ

四角ばった態度をやめて、相手に対して打ち解ける。
▼お互い裃を脱いで本音で話し合いましょう。
【参考】「裃」は肩衣《かたぎぬ》と袴《はかま》を組み合わせたもので江戸時代の武士の礼装。

勿体《もったい》を付《つ》ける

必要以上に重々しい態度をとる。
▼勿体を付けていないで早く答えを教えてくれ。

【参考】「勿体」は、本来は「物体」で、物の本体の意。態度などが重々しいこと。
【類句】勿体《もったい》ぶる。

一生懸命な

一意専心《いちいせんしん》

一つの事に熱心であること。ひたすら。
▼お受けしたからには、一意専心、職務に精励いたします。
【類句】一心不乱《いっしんふらん》。
【出典】『管子《かんし》』内業《ないごう》。

骨身《ほねみ》を惜《お》しまず

苦労をいとわない。
▼部長のためなら、誰も骨身を惜しまないでしょう。

身《み》が入《はい》る

一生懸命に打ち込む。真剣になる。
▼テレビの音が気になり勉強に身が入らない。

威張る・高慢な

顎《あご》で使《つか》う

高慢な態度で人に指図する。
▼人を顎で使うような態度は許せない。
【類句】顎《あご》の先《さき》で使《つか》う。

居丈高《いたけだか》

怒ったり、威張ったりして相手を押さえつけるような態度をとるさま。
▼叔父は、気に入らないことがあると、急に居丈高になって文句を言う悪い癖がある。
【別表記】「威丈高」とも書く。

威《い》を振《ふ》るう

自分の威力を発揮する。
▼上杉謙信《うえすぎけんしん》は、北陸地方一帯に威を振るっていた。

上見《うえみ》ぬ鷲《わし》

他の鳥よりも高い所を飛ぶ鷲は、上空からの攻撃を警戒する必要がない。そこから、他の者をはばからず傍若無人に振る舞うこと。また、そうできる地位や身分、権勢をたとえてもいう。
▼今度の支社長は会長の覚えめでたい人物だから、やることなすこと、上見ぬ鷲で、仕事にあたっている。

有無《うむ》を言《い》わせず

本人の意向に関係なく。無理やりに。否応なしに。

▼兵士は有無を言わせず村人たちを連行した。

お高《たか》くとまる

気位を高くもってすましたり、人を見下した態度をとったりする。

▼一流企業に就職したとたん、お高くとまるようになった彼女に失望した。

お山《やま》の大将《たいしょう》

小さな集団や仲間内で偉そうに得意顔に振る舞う。

▼あの人はどこに行ってもお山の大将になりたがる。

笠《かさ》に着《き》る

権力や勢力がある者の後援を頼りにして威張る。

▼社長の親類であることを笠に着た彼の態度は、許しがたい。

肩《かた》を怒《いか》らす

肩を高く張って、人を威圧する態度をとる。

▼肩を怒らせ、にらみつけている父親の前で、子どもたちは小さくなって震えていた。

【類句】肩《かた》をそびやかす。

眼中人《がんちゅうひと》なし

周囲の人が眼に入らないということで、人を無視した、おごり高ぶった振る舞いをいう。人を人とも思わないこと。

▼世襲三代目の若社長の言動は眼中人なしであり、役員の言うことも聞かないありさまだった。

【類句】傍若無人《ぼうじゃくぶじん》。

傲岸不遜《ごうがんふそん》

おごり高ぶった態度で、へりくだろうとしないこと。威張り返っていて、自分を決して曲げようとしないさま。

▼いくら本社の人間とはいえ、会議の席で人の発言を無視して自分だけしゃべりまくる、あの傲岸不遜な態度には腹が立つじゃないか。

【類句】傲岸無礼《ごうがんぶれい》。傲岸不屈《ごうがんふくつ》。傲慢《ごうまん》無礼《ぶれい》。

高慢《こうまん》は出世《しゅっせ》の行《ゆ》き止《ど》まり

自分の出世を自慢して高ぶり、他人を見下すようになっては、それ以上の出世は見込みがないということ。

他人から嫌われたり、足を引っ張られたりするだけでなく、自己満足して向上心を忘れるからである。
▼Z専務は若くして役員となり社長の椅子を狙ったが、専横の振る舞いが多くて敵を作り、子会社へ出向となった。高慢は出世の行き止まり、彼を惜しむ声はない。

頭《ず》が高《たか》い

礼を欠き、横柄である。
▼頭が高い新入社員だと思われたくない。
【参考】おじぎをするとき、頭の下げ方が足りない意から。

態度《たいど》が大《おお》きい

分《ぶん》をわきまえずに、態度が横柄である。
▼やけに態度が大きいと思ったら、あの人が後ろ盾だったのか。

高飛車《たかびしゃ》

将棋をする場合に飛車を自陣の前にいきなり出して戦う（高く構えて威圧する）攻撃的な戦法から、相手に対して高圧的な態度を見せるたとえ。
▼こちらに落ち度があるからと、相手は高飛車に出てきた。
【参考】飛車は縦横に自在に動ける駒《こま》で、斜めに動く角行《かくぎょう》（かく）と共に攻撃する場合に使いやすい。

幅《はば》を利《き》かせる

地位などを利用して勢力を振るう。
▼作業場では、古参の作業員が幅を利かせていた。
【類句】羽振《はぶ》りを利《き》かせる。幅《はば》が利《き》く。

人《ひと》を食《く》う

人を人とも思わない態度をとる。
▼誠意をこめて話したのに、人を食ったような答えしか返ってこなかった。

唯我独尊《ゆいがどくそん》

世の中で尊いのは自分一人だという意味。自分だけが優れていると自負することであり、ひとりよがりの意味で使う。
▼彼は大学を優秀な成績で卒業したことを鼻にかけ、何でも知っていて、どんな仕事でもできるかのような唯我独尊の態度をとるので、同期仲間の評判は最悪だ。

我《わ》が物顔《ものがお》

自分の所有物だというように勝手に振る舞う態度。

▼社長の息子の我が物顔な態度が顰《ひん》蹙《しゅく》を買っている。

浮ついた・散漫な

浮《う》き足立《あしだ》つ

不安を感じて逃げ腰になる。落ち着きがなくなる。

▼アナウンスが流れると、場内はにわかに浮き足立った。

気《き》が多《おお》い

あれこれと心が移りやすい。浮気である。

▼彼は気が多いから、そのつもりで付き合ったほうがいいよ。

気《き》が利《き》いて間《ま》が抜《ぬ》ける

機転をきかせすぎた結果、肝心なところでかえって手落ちが生じてしまうこと。また、よく気が利くのに、どこか不注意なところがあること。

▼H子さんは気が利いて間が抜けるところがある。先方のお好みの菓子を聞き出して注文したまではよかったが、先方が来社する当日には間に合わないことを確認しなかった。

【同義語】気《き》が利《き》き過《す》ぎて間《ま》が抜《ぬ》ける。

気《き》が散《ち》る

注意が散漫になって、一つのことに集中できない。

▼窓から聞こえる校庭の歓声に気が散って、私は授業に集中できない。

【類句】気《き》を散《ち》らす。

気《き》を取《と》られる

ほかのことに注意を奪われる。

▼対向車に気を取られてカーブを曲がり損ねたらしい。

軽佻浮薄《けいちょうふはく》

言動が軽はずみで、しっかりしていない。「軽佻」も「浮薄」も、上滑りで落ち着きのないさま。

▼あまりにも軽佻浮薄な番組が多いため、テレビを見ることも稀《まれ》になった。

【類語】軽薄《けいはく》。

心《こころ》ここに在《あ》らざれば視《み》れども見《み》えず

心がうわの空でいると、目では見ているようでも実際は肝心なことが見えない。精神の集中が大切だという意味。

▼こんな重大なミスを見落とすなんて君らしくもない。心ここに在らざれば視れども見えず、何か心配事でもあるのかい。
【参考】後に「聴けども聞こえず、食《く》らえども其《そ》の味わいを知らず」と続く。
【出典】『大学《だいがく》』。

締《し》まりがない

だらしがない。きりっとしていない。緊張感がない。
▼今日はエラー続出で、ゲームに締まりがなかった。

手《て》に付《つ》かない

ほかのことに心を奪われて集中できない。
▼娘の病気が気になり、仕事が手に付かない。
【類句】手《て》が付《つ》かない。

右《みぎ》の耳《みみ》から左《ひだり》の耳《みみ》

右の耳から入ってきたものが、素通りして左の耳へ抜けていくということ。たった今聞いた内容をすぐに忘れてしまったり、人の忠告や意見を聞き流したりするたとえ。
▼まったくあなたはいつも右の耳から左の耳と聞き流して、人の注意もろくに聞かないんだから、そういう失敗を繰り返すのよ。
【類句】尻《しり》から抜《ぬ》ける。

臆病な・小心の

尻《けつ》の穴《あな》が小《ちい》さい

度量がない。小心である。
▼そんな小銭にこだわるとは尻の穴が小さいやつだ。
【参考】「尻《けつ》」は「穴《けつ》」とも書く。

い。
【類句】尻《けつ》の穴《あな》が狭《せま》い。
【対句】尻《けつ》の穴《あな》が太《ふと》い。尻《けつ》の穴《あな》が広《ひろ》

腰《こし》が弱《よわ》い

弱気で意気地《いくじ》がない。→⑥〈食事・食べ物〉
▼彼は部下に注意ひとつできないほど腰が弱いのだから本当に困ってしまう。

小心翼翼《しょうしんよくよく》

気が小さくてびくびくしているさま。もともとは、慎み深く、細かい配慮をすることをいう。
▼小心翼々として周囲の目をうかがってばかりいては、大きな仕事ができないだろう。
【参考】「翼翼」は敬い慎むさま。
【出典】『詩経《しきょう》』「大雅《たいが》」烝民《じょうみん》。

落ち着かない

右往左往《うおうさおう》

大勢の人があちらこちらに動きまわって混乱するさま。うろたえること。

▼この程度の注文で右往左往するな。機械を三日もフル回転させれば、期日には十分納品できる。

【類句】周章狼狽《しゅうしょうろうばい》。

【出典】『平治物語《へいじものがたり》』上。

気《き》が急《せ》く

心があせって落ち着かない。

▼気が急いてネクタイを結ぶのももどかしい。

周章狼狽《しゅうしょうろうばい》

慌てふためくこと。うろたえて騒ぎ立てること。

▼火災報知器が鳴り響く中で、彼は少しも周章狼狽することなく、冷静に事態を見極め、一同を屋外へ誘導した。

【参考】「狼」も「狽」もオオカミの一種。一説に、狼は前脚が長くて後脚が短く、狽は逆に後脚が長くて前脚が短いとされ、両者は常に行動を共にしているが、離れると共に倒れてうろたえるとされることに由来するという。

【類句】右往左往《うおうさおう》。

【誤り】周章狼敗。

【出典】（周章）『文選《もんぜん》』左思《さし》「呉都《ごとの》賦《ふ》」・（狼狽）『漢記《かんぎ》』。

度《ど》を失《うしな》う

ひどく驚いて落ち着きをなくす。

▼母は息子の事故の知らせに度を失い、受話器を取り落とした。

矢《や》も楯《たて》もたまらず

矢を射ても楯で防いでも勢いが押さえきれないということで、思いつめて、あるいは気が急《せ》いてじっとしていられない心理状態の形容。

▼一日中炎天下の外回りで大汗をかいた。退社後は矢も楯もたまらずビヤホールに駆け込んだ。

落ち着く

腰《こし》が据《す》わる

落ち着いて一つの物事に専念する。

▼あの男は新人ながら、なかなか腰が据わった男だ。

【参考】腰がしっかりと安定してい

る意から。

腰《こし》を落《お》ち着《つ》ける

居所や地位、職業など、ある場所に定着する。

▼今度こそ腰を落ち着けて働いてくれるといいんだが。

【類句】尻《しり》を据《す》える。

尻《しり》が暖《あたた》まる

長い間同じ場所に居る。

▼二、三年ごとの転勤で尻が暖まる暇がなかった。

【類句】尻《しり》を暖《あたた》める。

尻《しり》が長《なが》い

話し込んで長居する。

▼隣の奥さんが遊びに来ると尻が長くて困る。

泰然自若《たいぜんじじゃく》

どのような事態に直面しても、落ち着いていて少しも動じないさま。落ち着き払って対処するさま。

▼監督はどのような乱戦になろうとも、泰然自若としていなければならない。

【類句】冷静沈着《れいせいちんちゃく》。

【対句】周章狼狽《しゅうしょうろうばい》。

【出典】（泰然）『心箴《しんしん》』・（自若）『国《こく》語《ご》』越語《えつご》。

沈着大胆《ちんちゃくだいたん》

物事に対して動揺することがなく、しかも臆《おく》せずに事態に対処すること。落ち着いていて、度胸が据わっていること。

▼政治に必要なのは沈着大胆ということではなかろうか。外国の圧力が強まったからといって、対策に慌てふためくようでは情けない。

【類句】沈着冷静《ちんちゃくれいせい》。大胆不敵《だいたんふてき》。

根《ね》を下《お》ろす

新しい物事が世の中に定着する。不動の位置を占める。

▼彼らの活動はすっかり地域に根を下ろした。

根《ね》を生《は》やす

長い間、一つの場所を動かずにいる。

▼この地に根を生やして生涯を終わろうとは思ってもみなかった。

御輿《みこし》を据《す》える

どっしりと腰を下ろして動かない。

▼母を訪ねてきた客は、御輿を据えてなかなか帰らなかった。

【類句】腰《こし》を据《す》える。

余裕綽綽《よゆうしゃくしゃく》

ゆったりとして落ち着き払っているさま。悠然として少しも焦らないさま。

▼彼は対戦を前にしても余裕綽綽として、少しの焦りや気負いもなかった。

【出典】『孟子《もうし》』公孫丑《こうそんちゅう》章《しょう》句《く》下。

おとなしい・穏やかな

温厚篤実《おんこうとくじつ》

人柄が穏やかで誠実であること。「温厚」と「篤実」という似た語を合わせたことば。

▼温厚篤実な上司の下では、職場にも和気藹々《あいあい》の雰囲気が漂う。

角《かど》が取《と》れる

人柄が円熟して穏やかになる。

▼仕事に厳しかった彼女も、角が取れ後輩にも優しくなったね。

【類句】丸《まる》くなる。

毒気《どっき(け)》を抜《ぬ》かれる

対抗心や気負った気持ちをそがれて、おとなしくなる。

▼文句を言いに行ったらいきなり謝られて毒気を抜かれたよ。

虫《むし》も殺《ころ》さない

性質が穏やかでおとなしいようす。

▼虫も殺さないような愛らしい顔をした少女が、陰であんな残忍なことをしていたなんて信じられない。

堅苦しい・堅物

石部金吉鉄兜《いしべきんきちかなかぶと》

極端に物堅く、生真面目《きまじめ》な人のこと。融通のまったく利《き》かないたとえ。また、お金や女性に心を惑わされない人の形容。

▼あいつに限って女性問題はありえません。小さいころから石部金吉鉄兜を地で行く男ですよ。

【参考】「石」も「金」も堅い物の代表。それを人名にしたような人が鉄の兜をかぶっているほど堅いということから。

【類句】石《いし》に裃《かみしも》。木《き》の股《また》から生《う》まれる。木仏金仏石仏《きぶつかなぶついしぼとけ》。

【同義語】石部金吉《いしべきんきち》。

肩肘張《かたひじは》る

気負ったり、威張ったりして堅苦しい態度をとる。

▼面接では肩肘張らずに、ありのままの自分を出したほうがよい。

木《き》の股《また》から生《う》まれる

人間からではなくて木の股から生まれたのかと思われるほど、人情を解さないということ。特に男女間の機微がわからない人のたとえ。

▼ここは長居をせずに彼と彼女を二人きりにしてあげよう。相手の気持ちも読まずに、いつまでも話し込んでいるなんて、君も木の股から生まれたような男だね。

【類句】石《いし》に裃《かみしも》。石部《いしべ》金吉《きんきち》鉄兜《かなかぶと》。木仏金仏石仏《きぶつかなぶついしぼとけ》。

木仏金仏石仏《きぶつかなぶついしぼとけ》

木や金属、あるいは石でできた仏像のように、堅い一方で人情を解さない人のたとえ。特に、女性に心を動かさない人の場合によく使う。

▼小さいころから昆虫ひとすじで研究者になった男だから、同僚のY子さんの思いにまったく気づかなかったという。彼のような木仏金仏石仏を地で行くような男は独身のほうが気が楽なのだろう。

【類句】石《いし》に裃《かみしも》。石部《いしべ》金吉《きんきち》鉄兜《かなかぶと》。木《き》の股《また》から生《う》まれる。

硬骨漢《こうこつかん》

気骨《きこつ》のある男。正義漢で、強い意志と固い信念を持っている男。「漢」は男という意味。

▼硬骨漢で鳴らした彼だが、結婚してからは人間に丸みが出てきて、人あたりも物柔らかになった。

【類語】硬漢《こうかん》。

杓子定規《しゃくしじょうぎ》

いつでも同じ基準や形式で、物事を処理しようとすること。応用・融通のきかないこと。

▼家賃の滞った老夫婦に、規定による退去処分を決定した市の処置は、いかにも杓子定規だ。

【対句】臨機応変《りんきおうへん》。融通無碍《ゆうずうむげ》。

【出典】俳諧《はいかい》『崑山集《こんざんしゅう》』二。

軽はずみな・軽率な

一知半解《いっちはんかい》

一つのことを聞いて、半分ぐらいしか理解しないこと。生かじりで十分に理解していないこと。

▼一知半解がいちばんいけない。し

っかり納得がいくまで説明を聞きなさい。

【類語】半可通《はんかつう》。

【出典】『滄浪詩話《そうろうしわ》』詩弁《しべん》。

鵜呑《うの》み

物事を十分理解、確認せずにそのまま受け入れること。

▼人の話を鵜呑みにするから悪徳商法に引っかかったりするんだよ。

【参考】鵜は、魚を丸呑みすることから。

軽挙妄動《けいきょもうどう》

物事を深く考えず、軽々しく行動すること。軽率な行い。

▼一人の部員の軽挙妄動によって、地区代表としての名誉が奪われたばかりか、チームは一年間の対外試合禁止という厳しい処分を受けた。

【出典】『日本政記《にほんせいき》』九条廃帝論《くじょうはいていろん》。

尻馬《しりうま》に乗《の》る

無批判に他人の言動に同調する。

▼人の尻馬に乗って騒ぎたてるなんて軽率だ。

尻《しり》が軽《かる》い

軽はずみである。→①〈愛する・恋する〉③〈早い・速い〉

▼彼は尻が軽いので、考える前に行動を起こして失敗することが多い。

調子《ちょうし》がいい

相手の言動に合わせて振る舞うのがうまい。

▼彼は調子がいいので話を聞くときは気をつけたほうがいいよ。

調子《ちょうし》に乗《の》る

得意になって軽はずみな言動をとる。→③〈好調な・順調な〉

▼皆がおだてるので、彼は調子に乗って歌い続けた。

若気《わかげ》の至《いた》り

若さに任せて無分別な行動をしてしまうこと。また、その結果。

▼退学したのも、暴走族のリーダーとなったのも、若気の至りだったと言うほかない。

犠牲を払う

一将功成《いっしょうこうな》りて万骨枯《ばんこつか》る

一人の将軍が功名を立てた陰には、多くの無名の兵士たちの犠牲があるということ。功績は上層部の目立つ人のものになり、その下で働いた多くの人たちは報われないという意味で使う。

▼A部長の栄転の陰には、一将功成りて万骨枯るで、多くの人々の犠牲と忍従が隠されている。

【参考】「万骨枯る」は兵士たちの数多くの屍《しかばね》が戦場に打ち捨てられたまま白骨と化したありさま。

【出典】曹松《そうしょう》「己亥歳《きがいのとし》」。

一殺多生《いっせつたしょう》

もとは仏教語で、一人の人を犠牲にすることによって、多くの人を助けるという意味。

▼あの国のクーデターの成功は、一殺多生で、独裁者の暴虐に民衆が立ちあがったからだ。

【参考】仏教では殺生《せっしょう》を禁じている。しかし多くの人を救うために、一人を殺すことはあり得るという考え方で、菩薩《ぼさつ》が一人の大悪人を殺したのも、多数の善人を救うためであった。

【別表記】「いっさつたしょう」ともいう。

【類句】小《しょう》の虫《むし》を殺《ころ》して大《だい》の虫《むし》を助《たす》ける。

【対句】一将功成《いっしょうこうな》りて万骨枯《ばんこつか》る。

【出典】『瑜伽師地論《ゆかしじろん》』四一。

体《からだ》を張《は》る

一身をなげうって行動する。命懸けで事に当たる。

▼彼は、体を張って自分の主張を貫いた。

産《さん》を傾《かたむ》ける

あることに全財産を差し出す。↓⑥

〈浪費する〉

▼資産家の老婦人は福祉事業に産を傾けた。

身命《しんめい》を賭《と》する

命懸けで頑張る。

▼彼は今度の任務に身命を賭する覚悟でいる。

【参考】「賭する」は大切なものをある物事の犠牲に供する意。

【類句】不惜身命《ふしゃくしんみょう》。

捨《す》て身《み》

自分の命を捨てる覚悟で全力をふるって事に取り組むこと。命懸けの行動。

▼その国の軍隊は祖国防衛のため、全員捨て身の覚悟で敵の総攻撃に耐え、ついに撃退した。

背《せ》に腹《はら》は代《か》えられぬ

腹には内臓が入っていて、背中よりも大切である。その腹を背と取り替えることはできないという意味で、重大なことや切羽詰《せっぱつ》まったことのためには他の犠牲もやむを得ないというたとえ。
▼背に腹は代えられぬと、父は大事にしていた掛軸を手放した。
【同義語】背《せ》より腹《はら》。

泣《な》いて馬謖《ばしょく》を斬《き》る

規律を保つためには、私情を交えず最愛の者であっても処断する。
▼プロ野球選手としての素質は惜しいが、監督批判をしてチームの和を乱したことは許せない。泣いて馬謖を斬る思いで、トレードに出すことにした。
【類句】涙《なみだ》を揮《ふる》って馬謖《ばしょく》を斬《き》る。

【出典】『三国志《さんごくし》』「蜀志《しょくし》」馬謖伝《ばしょくでん》。

【故事】三国時代、蜀の諸葛孔明《しょかつこうめい》の部下の馬謖が命に背いて大敗したとき、孔明は馬謖の才能を愛していたが、その責任を追及して斬罪に処した。

不惜身命《ふしゃくしんみょう》

仏法を修めるためには、自分の身も命もささげ尽くして惜しまないという心構え、また、態度。
▼困窮していた私を助けてくださった社長に報いるため、不惜身命の覚悟で働かねばならないと思っております。
【参考】仏教語で「不惜」は「ふじゃく」とも読む。

【出典】『法華経《ほけきょう》』。

機転をきかす

味《あじ》なことをやる

気の利いたことをやる。
▼季節によって献立を変えるなんて、この店もなかなか味なことをやるね。

気《き》が利《き》く

注意や配慮が行き届く。→③〈洗練された〉
▼さっと、おしぼりを出すなんて、とても気が利いているね。
【類句】気《き》を利《き》かす。

気《き》が回《まわ》る

細かなところまで注意が行き届く。
▼彼は気が回るので幹事役にぴったりだ。

機知《きち》に富《と》む

その時々に応じた受け答えをしたり、その場の雰囲気を和らげたりする才能がある。
▼彼女の機知に富んだ司会で披露宴は和やかに進んだ。

機転《きてん》が利《き》く
その状況に応じた適切な行動がとれる。
▼出火のさいにとっさに座布団で火を消したとは、母はよく機転が利いたものだ。
【類句】機転《きてん》を利《き》かす。

知恵《ちえ》が回《まわ》る
頭の回転が早く、よく気がつく。
▼彼は、仕事はできないくせに遊びのことにはよく知恵が回る。

当意即妙《とういそくみょう》
その場にふさわしい素早い機転。当座の機転。
▼記者団から意地の悪い質問が飛んだが、大臣は当意即妙な受け答えをしてその場をしのいだ。
【出典】『日蓮遺文《にちれんいぶん》』。

目《め》から鼻《はな》へ抜《ぬ》ける
頭がよくて機転が利く。抜け目がない。
▼彼女は小さいころから目から鼻へ抜けるようだったので、しばしば大人たちからも頼りにされた。

融通《ゆうずう》が利《き》く
その場その場で適切な応対や処理ができる。
▼役所の窓口にはどういうわけか融通が利かない人が多い。

臨機応変《りんきおうへん》
時や場所に対応して、ふさわしい処置をすること。
▼とっさの出来事に対して、臨機応変に対応した彼の態度は大きく評価された。
【出典】『南史《なんし》』梁宗室伝《りょうそうしつでん》。

気長な

長《なが》い目《め》で見《み》る
先を考えて気長に見る。
▼長い目で見ればきっと安い買物になる。

気短な

気《き》が早《はや》い
せっかちである。
▼出産予定日は半年先だというのに、おもちゃを買ってくるなんてずいぶん気が早いね。

短気《たんき》は損気《そんき》

短気を起こすと交渉事に失敗したり、仕事などを投げ出したりしてしまいがちなので、自制や忍耐が大切だという意味。
▼先方のつっけんどんな物言いに、こちらもつい喧嘩腰になったため、交渉は決裂した。短気は損気、なにごとも辛抱が大事だ。
【参考】「損気」の「気」は「短気」に語呂《ごろ》を合わせたもの。
【類句】腹《はら》は立《た》て損喧嘩《ぞんけんか》は仕損《しぞん》。

虚勢・空威張り

犬《いぬ》の遠吠《とおぼ》え

弱い犬は遠くから人に吠えかかる。同じように、弱い者や臆病《おくびょう》な者が面と向かっては何も言えない相手に対して、陰で虚勢をはって悪口を言うこと。
▼A教授の大発明に対して、最初に思いついたのは私だ、と言い立てる人が二人出てきた。しかし、それを実用化できたのはA教授だけなのだから、彼らの主張は犬の遠吠えにすぎない。
【同義語】負《ま》け犬《いぬ》の遠吠《とおぼ》え。

内弁慶《うちべんけい》

家の中では威張っているが、外では意気地がないこと。
▼小さいときから内弁慶と言われてきたものですから、社会に出てからが心配でなりません。
【参考】「弁慶《べんけい》」は強い者のたとえ。
【類句】陰弁慶《かげべんけい》。家《うち》の前《まえ》の痩《や》せ犬《いぬ》。

ええかっこしい

人前で自分の良い部分をことさらに強調したり、自分を実力以上に見せようとしたりする人（＝いい格好をしたがる人）を表す関西方面での表現。
▼あいつは若い女性の前では、自分の実力を何倍にも膨らませて自慢するええかっこしいなんだが、悲しいのは、それがすぐに見抜かれてしまうことに、本人が気づいていないところなんだ。

鬼面《きめん》人《ひと》を驚《おど》かす

鬼の顔（または鬼の面）のような見せかけの怖さで人を威嚇したり、びっくりさせたりすること。こけおどし。
▼世界も注目する気鋭の映画監督と評判だが、私はあの監督の鬼面人を驚かすような演出はどうも好きになれない。
【同義語】鬼《おに》の面《めん》で小児《しょうに》を嚇《おど》す。

口《くち》ほどにもない

口で言っているほどのことはない。大したことはない。
▼運動部出身だと聞いたが、もう弱音を吐くとは、口ほどにもないやつだ。

喧嘩過《けんかす》ぎての空威張《からいば》り

喧嘩の最中にはびくびくしていたくせに、喧嘩が終わったとたんに強がってみせること。
▼本陣の奥で震えていた大将は、形勢逆転で勝ちいくさを味方が収めると、とたんに大口を叩き、家来たちは喧嘩過ぎての空威張りと、内心軽蔑した。
【同義語】喧嘩過《けんかす》ぎての向《む》こう鉢巻《はちま》き。

虎《とら》の威《い》を藉《か》る狐《きつね》

自分には力がないのに、権力者の威光をかさに着て威張る小人物のたとえ。
▼あの教授は理事長がバックについているからやりたい放題だ。虎の威を藉る狐だが、抵抗できないのが腹立たしい。
【参考】虎が狐を捕えて食おうとした。狐は自分が百獣の長だと言い、その証明として虎の前を歩いた。行き合う獣たちは虎を見て逃げたが、虎はそれが狐の威によると信じたという中国の寓話《ぐうわ》から。

【類句】家《うち》の前《まえ》の痩《や》せ犬《いぬ》。内弁慶《うちべんけい》。

【出典】『戦国策《せんごくさく》』楚策《そさく》。

【同義語】狐《きつね》虎《とら》の威《い》を藉《か》る。

鳥《とり》なき里《さと》の蝙蝠《こうもり》

鳥のいない所では、鳥でもない蝙蝠が鳥のような顔をして威張って飛び回っているという意味。転じて、優れた者がいない所ではつまらない人間が幅をきかせるというたとえ。
▼名物教授で売っていた大学からその教授が去ると、弟子を自称する教授が、鳥なき里の蝙蝠よろしく暗躍しはじめた。
【類句】鼬《いたち》のなき間《ま》の貂誇《てんぼこ》り。

張《は》り子《こ》の虎《とら》

張り子で作った虎は虎であっても怖くない。そこから実力もないのに虚勢を張ったり威張ったりする人のたとえ。また、首を振る構造なので、首を振る人のこともいう。
▼あの課長はいい体格をしているけれど、気が弱くていつも上司の言いなりだ。張り子の虎と陰口を叩かれてもしかたないな。
【参考】「張り子」は竹で形を作り、紙を貼《は》って仕上げたおもちゃ。

引《ひ》かれ者《もの》の小唄《こうた》

罪を犯して捕まった者が縄をかけられて連行されるとき、平気を装って小唄などを歌うことで、どうにもならなくなった者の強がり、虚勢のたとえ。

▼新天地でまた大きなことをやりますよ、と元気そうに言ってみせた彼だったが、それはどうみても引かれ者の小唄にしか聞こえなかった。

吠《ほ》えつく犬《いぬ》は嚙《か》みつかぬ

弱くて嚙みつく勇気のない犬にかぎって騒々しく吠えたてるということで、虚勢を張って強がったり、むやみに文句を言ったりする者ほど自信も実力もないというたとえ。

▼あの議員の発言は気にすることはない。吠えつく犬は嚙みつかぬ、というやつだ。問題は一言も発しないあの大物が何を考えているかだ。

【類句】鳴《な》く猫《ねこ》は鼠《ねずみ》を捕《と》らぬ。

謙虚

頭《あたま》が低《ひく》い

誰に対しても高ぶらない。

▼あの地位で、あんなに頭が低い人は珍しい。

【類句】腰《こし》が低《ひく》い。

【対句】頭《ず》が高《たか》い。

下手《したて》に出《で》る

相手に対してへりくだった態度をとる。

▼あいつはこちらが少しでも下手に出るとすぐつけ上がって、始末に負えない。

【対句】上手《うわて》に出《で》る。

実《みの》るほど頭《こうべ》を垂《た》れる稲穂《いなほ》かな

稲の穂は実が入れば入るほど穂先が垂れるが、そのように人も内容が充実した立派な人物ほど謙虚な態度を見せるものだというたとえ。

▼今回当選した新市長は謙虚な人柄で知られ、相手が誰でも腰が低く丁寧に応対する。実るほど頭を垂れる稲穂かなで、たちまち周囲の信頼を獲得した。

【同義語】実《みの》る稲田《いなだ》は頭《あたま》を垂《た》れる。

強情・意地・頑固

頭《あたま》が固《かた》い

柔軟な考え方ができない。融通が利かない。

▼彼のように頭が固くては、新しい

企画は出せないよ。

頭《あたま》が古《ふる》い

考え方が古くて、今の時代に合わない。

▼今どき「男子厨房《ちゅうぼう》に入らず」だなんて、父はあまりに頭が古い。

意気地《いきじ》

自分の考えを通そうとする強い気性。

▼先月部長が倒れた後、次長は、ここが意気地の見せどころと頑張っていたが、最近は貫禄《かんろく》もついてきたようじゃないか。

【類語】意地《いじ》。気骨《きこつ》。根性《こんじょう》。

【参考】「いくじ」とも読むが、その場合は「いくじなし」「いくじがない」などと否定的に使われる。

依怙地《いこじ》

意地になって自分の考えを通そうとすること。

▼何が気に入らなかったのか、姉はすっかり依怙地になって、口もきいてくれない。

【別表記】「えこじ」とも読む。「意固地」とも書く。

石《いし》に漱《くちすす》ぎ流《なが》れに枕《まくら》す

間違いを強いて押し通すこと。負け惜しみの強いこと。

▼彼は若いころから頑固で、本当に「石に漱ぎ流れに枕す」の類《たぐい》の言い逃れをする奴だ。

【参考】中国晋《しん》の孫楚《そんそ》が山中に隠れ住もうと思い、「石に枕し、流れに漱ぐ」と言うつもりで「石に漱ぎ、流れに枕す」と言い間違えた。それを人に指摘されると、「石に漱ぐのは歯を磨《みが》くため、流れに枕するのは耳を洗うため」と言い逃れたという故事による。夏目漱石《なつめそうせき》の号や「さすが」に「流石」をあてるのはこの故事に由来しているとされている。

【出典】『晋書《しんじょ》』孫楚伝《そんそでん》。

【同義語】漱石枕流《そうせきちんりゅう》。

意地《いじ》を張《は》る

自分の考えを無理をしても通そうとする。

▼今さら意地を張ってもはじまるまい。

【類句】片意地《かたいじ》を張《は》る。

老《お》いの一徹《いってつ》

老人のいったん決めたらあくまで押し通そうとする頑固さ。

▼会長は老いの一徹ぶりをいかんなく発揮している。

【参考】「一徹」は思い込んだら、あくまでそれを通そうとすること。

押《お》しが強《つよ》い

自分の主張を無理に押し通そうとする。

▼会議では結局押しが(の)強い人の意見が通ってしまった。

我《が》が強《つよ》い

自分の考えや意志を押し通そうとして、他人と協調しないようす。

▼我が強くて自説を曲げないのも困る。

我《が》を張《は》る

自分の考えや主張を押し通す。

▼我を張ってばかりいると嫌われますよ。

【類句】我《が》を通《とお》す。

頑迷固陋《がんめいころう》

考え方が頑《かたく》なで、視野の狭いこと。また、そのような人。

▼彼は若いときから何事にも一家言《いっかげん》をもってはいたが、定年近くになって、やや頑迷固陋になってきた。

【類句】頑冥不霊《がんめいふれい》。卑陋頑固《ひろうがんこ》。

情《じょう》が強《こわ》い

強情で意地っぱりだ。

▼彼は情が強くてつき合いづらい。

梃子《てこ》でも動《うご》かない

どんな手段を使っても、動かせない。どんなことがあっても、決心や信念などを変えようとしない。

▼よし、こうなったら梃子でも動かないぞ。

這《は》っても黒豆《くろまめ》

黒い物が床の上や地面にあるのを見て黒豆だと言った人が、それが這い出して黒い虫だったとわかっても、あくまで黒豆だと主張すること。はっきり誤りだとわかっているのに強情を張るたとえ。

▼あの国はどんなことにもクレームをつけてくる。ビデオ判定で反則を犯していることが明らかになっても、這っても黒豆でぜったいに非を認めない。

【類句】鷺《さぎ》を烏《からす》。鹿《しか》を指《さ》して馬《うま》と為《な》す。

鼻《はな》っ柱《ぱしら》が強《つよ》い

負けん気が強く、人に譲らない。

▼彼女は鼻っ柱が強いと近所でも評判だ。

向《む》きになる

ちょっとしたことにも本気になる。

▼彼女は、すぐ向きになるので冗談も言えやしない。

好色な

英雄色《えいゆういろ》を好《この》む

英雄と呼ばれるような人は精力的で征服欲が旺盛《おうせい》であり、また常識的な道徳観念を超越していることが多いので、しきりに女色《にょしょく》を追求する傾向があるという意味。

▼B社長は仕事では抜群の行動力を示すが、英雄色を好むという傾向が強く、何か大きな失敗をしなければいいのだが。

手《て》が早《はや》い

すぐ女性と関係をもつ。→②〈攻撃する〉

▼あの人はまじめそうに見えて、案外手が早いと評判だから、気をつけなさい。

鼻《はな》の下《した》が長《なが》い

好色で女性に甘い。

▼美人となるとすぐ鼻の下が長くなるようでは仕方がない。

目尻《めじり》を下《さ》げる

女性に見とれて表情にしまりがなくなる。→①〈うれしい〉

▼美人のお酌を受けて、目尻が下がった顔なんてとても見られたものではないね。

心変わり

君子豹変《くんしひょうへん》

君子は、過ちをただちに改め、素早く善に向かう。転じて思想や態度が急変することをいう。

▼彼は状況が不利になるや否や、君子豹変して、あれほど固執していた提案内容をいとも簡単に変更してしまった。

【誤り】前言をすぐに翻《ひるがえ》したり、態度をころころと変えたりするような意味で用いるのは誤り。

【出典】『易経《えききょう》』革《かく》。

心《こころ》を翻《ひるがえ》す

心変わりする。改心する。

▼主催者の熱心な態度に彼は心を翻し、協力することを約束した。

宗旨《しゅうし》を変《か》える

今までの主義や主張、職業、趣味などを捨てて、ほかのものに変える。
▼ジャズ一辺倒だった彼は最近クラシックに宗旨を変えたらしい。

誇張する・大げさな

大風呂敷《おおぶろしき》を広《ひろ》げる

大げさなことを言う。
▼彼にはすぐ大風呂敷を広げる悪い癖がある。

大見得《おおみえ》を切《き》る

大げさな態度で自信のほどを示す。
▼この仕事は任せろと大見得を切って引き受けた手前、後には引けない。
【参考】「見得」は歌舞伎で見せる大げさな動作や表情。

尾鰭《おひれ》が付《つ》く

事実以外のことが付け加えられる。
▼病気の話に尾鰭が付いて、いつの間にか重病人にされてしまった。

舌《した》が伸《の》びる

口に任せて大きなことを言う。
▼酒の勢いで、つい舌が伸びてしまった。

芝居《しばい》がかる

言動が芝居をしているかのように大げさである。
▼彼女は、立ち居振る舞いが芝居がかっている。
【類句】芝居染《しばいじ》みる。

鳴《な》り物入《ものい》り

大げさな宣伝などを行うようす。
▼大型ルーキーと鳴り物入りで入団したにもかかわらず、今季の成績はさっぱりだった。
【参考】歌舞伎などで、笛や太鼓などの鳴り物を入れてにぎやかにする意から。

法螺《ほら》を吹《ふ》く

でたらめを言う。大げさな話をする。
▼君の実家は億万長者だって? 法螺を吹くのもいいかげんにしろ。
【参考】法螺貝を吹いて大きな音を出すことから。
【類句】喇叭《らっぱ》を吹《ふ》く。

こびる・へつらう

阿諛追従《あゆついしょう》

相手の気に入ることばを口にして、おもねりへつらう。「阿諛」はお世辞を言うこと。「追従」はおべっかを使う意。

▼いくら営業マンだからといっても、彼のように心にもない阿諛追従ばかり口にしていては、得意先の信用を失ってしまうよ。

意《い》を迎《むか》える

気に入られようとして言いなりになる。

▼相手の意を迎えるために、口先だけで賛成すると後々困ったことになる。

えせ者《もの》の空笑《そらわら》い

いかがわしい人間は、おかしくもない話を聞いても追従《ついしょう》笑いをするものだということ。軽薄な者が他人のご機嫌取りに笑ったり、悪巧みをしている者がごまかし笑いをするのを卑しんだことば。

▼自分の職場ではいつもしかめ面のP部長は、社長の前では笑顔を見せてよく笑う。えせ者の空笑いは本当に見苦しい。

【参考】「えせ」は偽《にせ》の意味。

【類句】えせ侍《ざむらい》の刀《かたな》いじり。

【同義語】曲者《くせもの》の空笑《そらわら》い。

お愛想《あいそ》を言《い》う

相手の機嫌を取るためにお世辞を言うこと。

▼あいつは誰にでもお愛想を言うんだが、それがわざとらしくて言われた者はあまりいい気持ちがしない。

【参考】愛想は人に対する好意・信頼の気持ちで、「愛想がいい」など、人に接するときの態度のことも言い、気に入られようとして、お世辞を言うことが「お愛想を言う」となった。

尾《お》を振《ふ》る

相手に気に入られようとこびへつらう。

▼権力に尾を振る学者は、御用学者とさげすまれる。

【参考】犬が尾を振って人にこびることから。

【類句】尻尾《しっぽ》を振《ふ》る。

歓心《かんしん》を買《か》う

人に気に入られるように努める。

▼贈り物で彼女の歓心を買おうとしても無駄だよ。

【参考】「歓心」はうれしく思う心。

曲学阿世《きょくがくあせい》

「曲学」は、道理を曲げた学問。「阿世」は、世間におもねるの意。道理を曲げて世間に迎合すること。

▼いつの時代にも、権力側の意志を代弁してばかりいる曲学阿世の輩《やから》ともいうべき学者がいるものだ。

【出典】『史記《しき》』儒林列伝《じゅりんれつでん》。

巧言令色《こうげんれいしょく》

ことばを巧みに操り、こびへつらってよい顔をすること。「巧言令色　鮮《すくな》し仁《じん》」の略。

▼部下の巧言令色と真実の声とを、冷静に聞き分けることが大事だ。

【類句】花多《はなおお》ければ実少《みすく》なし。

【対句】剛毅木訥《ごうきぼくとつ》。

【出典】『論語《ろんご》』学而《がくじ》。

五斗米《ごとべい》のために腰《こし》を折《お》る

わずかな俸給のために腰を低くして人にへつらうこと。

▼こういう商売をしていると、五斗米のために腰を折るような経験もしなければならないときがある。しかし、それを耐えてこそ、いいことも巡ってくるんだ。

【参考】「五斗米」は俸給としてもらう五斗（現在の五升）の米で、少ない俸給の意味。中国の東晋《とうしん》の時代、詩人の陶淵明《とうえんめい》は県知事の地位にあったが、上役が視察に来るので礼服を着るように求められたとき、五斗米のために腰を折るのは嫌だと言って辞職し帰郷したという故事による。

【出典】『晋書《しんじょ》』陶潜伝《とうせんでん》。

胡麻《ごま》をする

人におもねりへつらって、利益をはかろうとする。

▼彼は上司に胡麻をすって、とうとう係長になった。

【参考】あちこちに付いてへつらうようすを、胡麻をするときにすり鉢の内側にくっついて離れなくなることにたとえたもの。

上手《じょうず》を使《つか》う

うまいお世辞を言って相手の機嫌を取る。

▼上手を使う彼の態度に同僚はあきれている。

太鼓《たいこ》を叩《たた》く

他人の言うことに、調子を合わせて気に入られようとする。

▼上司の太鼓を叩いた甲斐《かい》あって昇進した。

【類句】太鼓《たいこ》を持《も》つ。太鼓《たいこ》を打《う》つ。

提灯《ちょうちん》を持《も》つ

進んでその人の手足となって動き回ったり、宣伝して回ったりする。

▼彼は社長の提灯を持ち、ご機嫌取りをしている。

【参考】提灯を持って先頭を歩くことから。

八方美人《はっぽうびじん》

誰からも好かれようとして如才なく振る舞う人。

▼彼女はいわゆる八方美人なので、親友がいない。

【参考】「八方」はすべての方向。そのどこから見ても欠点のない美人の意から。

鬚《ひげ》の塵《ちり》を払《はら》う

上司や権力者の鬚についた塵を取ることから、媚《こ》びへつらうことのたとえ。

▼D部長はC専務の鬚の塵を払ってばかりいて、部下には厳しい。まあ反面教師としてはいいのかもしれない。

【参考】中国の宋《そう》の時代、会食の途中で丁謂《ていい》が、宰相《さいしょう》の寇準《こうじゅん》の鬚についた汁を取り除いてやり、大臣のくせに上役の鬚を払うのかと寇準に言われて恥じたという故事による。

【類句】首《くび》を垂《た》れて尾《お》を振《ふ》る。胡麻《ごま》をする。

【出典】『宋史《そうし》』寇準伝《こうじゅんでん》。

味噌《みそ》をする

お世辞を言う。へつらう。

▼先輩に味噌をすってばかりいる彼の態度は感心しない。

自信

意《い》を強《つよ》くする

支持してくれる人がいることを知って自信をもつ。

▼ご賛同を得て、意を強くいたしました。

腕《うで》が鳴《な》る

自分の才能などを発揮したくてむずむずする。

▼遠来のお客様においしい料理をさし上げたいと、今から腕が鳴っています。

【類句】腕《うで》を撫《ぶ》す。腕《うで》を摩《さす》る。

腕《うで》に覚《おぼ》えがある

身につけた技能に自信がある。

▼体力は衰えたとはいえ、卓球ならば腕に覚えがある。

胸《むね》を張《は》る

堂々とした態度をとる。
▼たとえ世間から認められなくても、胸を張って自分の信じる道を歩いていこう。

集中する・熱中する

息《いき》を凝《こ》らす

呼吸を静かにして、そのことに集中する。
▼観客は息を凝らして手品師の手元を見つめている。
【類句】 息《いき》を殺《ころ》す。

息《いき》を詰《つ》める

呼吸を止めて注意を集中する。
▼観客は息を詰めて、両者の壮絶な闘いを見守った。

一心不乱《いっしんふらん》

一つのことに心を向け、他のことに心を乱さないこと。
▼そのマラソンランナーは他の選手のことなど念頭になく、一心不乱に走り続けた。
【類句】 一意専心《いちいせんしん》。
【出典】『阿弥陀経《あみだきょう》』。

気合《きあい》を入《い》れる

精神を集中して物事に当たる。↓②〈励ます〉
▼試験が近いので気合を入れて勉強しよう。

無我夢中《むがむちゅう》

ある物事に熱中しすぎて、他のことが行き届かなくなること。
▼会社創立以来十年間、出資者の皆様や社員とその家族に迷惑を掛けてはならないと、無我夢中で働いてまいりました。
【類句】 一心不乱《いっしんふらん》。
【誤り】 無我無中。

脇目《わきめ》も振《ふ》らず

一つのことに心を集中して取り組むようす。
▼目標達成のため、脇目も振らずに働いた。
【参考】 よそ見もしないで何かをする意から。
【類句】 面《おもて》も振《ふ》らず。

消極的

足《あし》が重《おも》い

行かなければならないのに、その気になれないでいるようす。

▼検査結果を聞きに行くのは足が重い。

気《き》が進《すす》まない

そのことをしようという意欲がわかない。

▼先輩が紹介してくれた就職口だが、気が進まないので断った。

気《き》が無《な》い

関心や興味がなく、その気にならない。

▼夫は家族旅行の話に気が無いようすだ。

気《き》が引《ひ》ける

やましい感じがして気後れする。

▼一度断っておきながら、今さら頼みに行くのは気が引ける。

腰《こし》が重《おも》い

なかなか行動を起こさない。

▼年のせいか、最近何をするにも腰が重くなってしまった。

【類句】尻《しり》が重《おも》い。

逃《に》げ腰《ごし》になる

責任などを逃れようとする態度をとる。

▼責任の重大さに驚いて、思わず逃げ腰になった。

【参考】「逃げ腰」は今にも逃げ出しそうなようす。

ずうずうしい・恥知らず

大《おお》きな顔《かお》をする

威張った顔つきやようすをする。

▼ふだんは大きな顔をしているくせに、いざというときは全然頼りにならないんだよ。

臆面《おくめん》もなく

遠慮したようすもなく平然と。

▼謹慎中の身でありながら、あいつは臆面もなくパーティーに出席している。

厚顔無恥《こうがんむち》

他人の迷惑などかまわず、自分を押し通してゆく、厚かましくずうずうしいさま。

▼明らかに規則違反をしていながら、黒を白と言いくるめようとする彼の厚顔無恥な態度に、その場にいた人々はあきれてしまった。

【類句】面《つら》の皮《かわ》が厚《あつ》い。面《つら》の皮《かわ》の千《せん》枚張《まいば》り。鉄面皮《てつめんぴ》。

【対句】純情可憐《じゅんじょうかれん》。

心臓《しんぞう》が強《つよ》い

気恥ずかしさを知らない。厚かましい。

▼こんな状況でスピーチを買って出るんだから、あの男も心臓が強い。

面《つら》の皮《かわ》が厚《あつ》い

ずうずうしい。厚かましい。

▼ちゃんと証拠もあるのにまだしらばっくれるとは、なんて面の皮が厚いんだ。

【類句】面《つら》の皮《かわ》の千枚張《せんまいば》り。面張《めんちょう》牛皮《ぎゅうひ》。

面《つら》の皮《かわ》の千枚張《せんまいば》り

普通の人の顔面の皮膚が一枚だとしたら、それが千枚も張ってあるようだということ。厚かましくて、恥知らずな人のたとえ。

▼前の借金も返していないのに、今度はその倍額貸してくれと言うのかい。まったく君ときたら面の皮の千枚張りだね。

【類句】厚顔無恥《こうがんむち》。鉄面皮《てつめんぴ》。

鉄面皮《てつめんぴ》

鉄でできている面《つら》の皮。恥知らずで、ずうずうしいこと。その人。

▼彼の鉄面皮は尋常のものではなく、嘘《うそ》をつくことなど何とも思っていないらしい。

【類句】面張牛皮《めんちょうぎゅうひ》。厚顔無恥《こうがんむち》。

野放図《のほうず》

態度が横柄でずうずうしいこと。↓③〈でたらめな・いいかげんな〉

▼いくら親会社から来たとはいえ、彼のあんな野放図な振る舞いを許してはいけませんよ。

【類句】傍若無人《ぼうじゃくぶじん》。

破廉恥《はれんち》

恥ずかしいことをして平気でいること。

▼彼は自分に不利となれば、友だちとの約束を破るという破廉恥なことを平気でやる男だ。

虫《むし》がいい

自分の都合ばかり考えて、自分勝手である。

▼ふだん便りもないのに、金の無心とは虫がいいにもほどがある。

ずる賢い・悪賢い

足下《あしもと》を見《み》る

相手の弱点を見抜いてつけこみ、増長すること。

▼この機会を逃したら二度とこんな品には出会えませんよ、という骨董屋は、私の足下を見て、価格を少しだけ値引きして購入を勧めた。

【参考】昔の駕籠《かご》かきが、旅人の足の疲れぐあいを見て法外な駕籠賃を要求したことによる。

【類句】内兜《うちかぶと》を見透《みす》かす。

【同義語】足下《あしもと》を見《み》てつけ上《あ》がる。足下《あしもと》へ付け込《こ》む。

いい子《こ》になる

自分だけがよく思われるように振る舞う。

▼あの子は先生の前ではいつもいい子になる。

生《い》き馬《うま》の目《め》を抜《ぬ》く

人を出し抜いて素早く利益を得る。

▼彼の生き馬の目を抜くようなやり方に、同業者から批判の声が上がっている。

【類句】生《い》き馬《うま》（牛《うし》）の目《め》をえぐる。

海千山千《うみせんやません》

世の中でいろいろな経験を積み、老《ろう》獪《かい》であること。また、そのような人。単に「海千」とも。

▼向こうは海千山千の強者《つわもの》だから、相手のペースに乗せられないように注意しなさい。

【参考】海に千年、山に千年住み着いた蛇は竜になるという言い伝えからきたことば。世の中を知り尽くして、それだけしたたかに、ずる賢くなったという意味なので、褒め言葉としては使わない。

【類句】千軍万馬《せんぐんまんば》。百戦錬磨《ひゃくせんれんま》。

腹《はら》が黒《くろ》い

不正なこともする性格である。根性が悪い。

▼あの人はいつもにこにこしているが、結構腹が黒いようだから気をつけたほうがいい。

誠実な

潔《いさぎよ》しとしない

自分で許せない。立派だとは思わない。

▼他人の弱みにつけ込むのは潔しとしない。

襟《えり》を正《ただ》す

気持ちを引き締め真面目《まじめ》に物事に対処する。

▼事故の再発防止のために、襟を正して一から出直すと社長は陳謝した。

【参考】服装の乱れを整え、きちんとする意から転じて。

去華就実《きょかしゅうじつ》

外見の華やかさを捨て去り、中身の充実ぶりを第一義とすること。

▼ベテランの彼はいかにも去華就実という態度で仕事を進めるので、上司からもまた仕事先の人からも大きな信頼を得ている。

謹厳実直《きんげんじっちょく》

「謹厳」は、慎み深くて、厳格なこと。「実直」は、誠実で正直なこと。

▼日ごろ謹厳実直な父も、こと相撲となるとまるで別人になったように、テレビに向かって大声を上げている。

剛毅木訥《ごうきぼくとつ》

意志が強く、物事に屈しない精神をもち、無骨で飾り気のないこと。

▼社長の剛毅木訥な性格が社員たちに影響し、そのまま社風になっている。

【類句】質実剛健《しつじつごうけん》。

【対句】巧言令色《こうげんれいしょく》。

【別表記】「剛毅」は「豪毅」、「木訥」は「朴訥」とも書く。

【出典】『論語《ろんご》』子路《しろ》。

心《こころ》がこもる

その人の気持ちや真心がうかがわれる。

▼どんなにすばらしい褒《ほ》めことばでも、心がこもらなければむなしく響く。

【類句】心《こころ》をこめる。

質実剛健《しつじつごうけん》

飾り気がなく真面目《まじめ》で、心身が強く、たくましいこと。

▼物質的な豊かさが精神の豊かさを招くとは限らない。今こそ質実剛健の気風を振興することが社会的な課題ではないだろうか。

【類句】剛毅木訥《ごうきぼくとつ》。

誠心誠意《せいしんせいい》

嘘《うそ》偽りのない、まことの心。真心。不正を嫌い、私利私欲を抑えて、真《ま》面目《じめ》に物事に接する心。

▼いったん引き受けた仕事ですから、誠心誠意やらせていただくつもりです。

【出典】〈誠心〉『荀子《じゅんし》』不苟《ふこう》・〈誠意〉

『大学《だいがく》』。

丹誠《たんせい》をこめる

物事をするのに労を惜しまず心をこめてする。
▼父が丹誠をこめて育てた盆栽が、金賞を取った。
【参考】「丹誠」は真心の意。

積極的

買《か》って出《で》る

自分から進んで物事を引き受ける。
▼誰も手を挙げないので幹事を買って出た。

気《き》を入《い》れる

物事に積極的に取り組もうとする。
▼もっと気を入れて練習すれば上達するのに。

率直な

忌憚《きたん》のない

忌《い》み憚《はばか》ることがない、遠慮なく、余計な気遣いをせずにという意味。
▼この議題については、どなたでも結構ですから忌憚のないご意見をお聞かせ下さい。

虚心坦懐《きょしんたんかい》

心に何のわだかまりもなくさっぱりして穏やかな様子。「坦」は平らか。「坦懐」は、広く平らかな心。
▼彼はたいそう人間ができていて、誰とでも虚心坦懐につき合うことができる。

竹《たけ》を割《わ》ったよう

竹は縦に刃物を入れるときれいに割れる。それを真正直で、さっぱりした気性にたとえたことば。
▼あの課長は口は悪いが、腹にはなにもない。竹を割ったような性格だから、部下には好かれている。

単刀直入《たんとうちょくにゅう》

一人で敵陣に切り込むという意味から、前置きや遠回しな言い方はせずに、直接本題に入ること。
▼単刀直入に申せば、非はあなたにあると言わざるを得ません。
【類句】短兵急《たんぺいきゅう》。
【誤り】短刀直入。
【出典】『景徳伝灯録《けいとくでんとうろく》』。

直截簡明《ちょくせつかんめい》

まわりくどくなく、きっぱりしてい

ること。はっきりしていること。物事の核心をずばりと言うこと。
▼直截簡明に言わせてもらうが、君のこの報告書は情報不足で新企画の参考資料としてはまったく役に立たない。
【類句】単純明快《たんじゅんめいかい》。
【対句】婉曲迂遠《えんきょくうえん》。

腹蔵《ふくぞう》ない

心の中の考えを包み隠さない。
▼あなたとは一度、腹蔵ない話をしたいものだ。

本音《ほんね》を吐《は》く

思わず本心が口をついて出る。
▼本音を吐くと、私も一緒に旅行に行きたかったのよ。

大胆な・度胸がある

肝《きも》が据《す》わる

度胸があって、めったなことでは驚かない。
▼彼は修羅場をくぐってきただけあって、肝が据わっている。
【類句】度胸《どきょう》が据《す》わる。

肝《きも》が太《ふと》い

何事にも驚いたり物おじしたりしない。
▼新人ながら肝が太いので、将来を期待されている。
【類句】肝《きも》が大《おお》きい。

豪放磊落《ごうほうらいらく》

物事にこだわらず、朗らかなさま。「豪放」も「磊落」も心が大きく、細かいことにこだわらないこと。
▼A部長の魅力は部下のミスを笑い飛ばすような豪放磊落さにあり、あの人のためなら何でもするという若い社員が少なくない。
【類句】磊磊落落《らいらいらくらく》。大胆不敵《だいたんふてき》。
【対句】小心翼翼《しょうしんよくよく》。
【出典】（豪放）『北史《ほくし》』張彝伝《ちょういでん》・（磊落）『北史』李謐伝《りひつでん》。

清濁併《せいだくあわ》せ呑《の》む

清い流れも濁った流れも同じように呑み込む大海のように、心が広く、善でも悪でも区別することなく受け入れること。度量が大きいこと。
▼大政治家といわれる人の多くは、寄って来る人間を誰でも受け入れるといった、清濁併せ呑む度量をもっている。
【出典】『史記《しき》』酷吏列伝《こくりれつでん》。

腹《はら》が太《ふと》い
度量が大きい。
▼あの社長は腹が太いから社員は文句を言いつつも、ついていくんだよ。

融通無碍《ゆうずうむげ》
考えや行動が、決まった型にとらわれず、滞りなく対応できること。
▼他分野の研究成果でも自由に取り入れるA教授の融通無碍の指導のせいか、あの研究室では優秀な若手学者がどんどん育っている。
【類句】融通自在《ゆうずうじざい》。
【別表記】「無碍」は「無礙」とも書く。

調和する・協調する

阿吽《あうん》の呼吸《こきゅう》
何人かで物事を行うときに気持ちが一致する微妙な調子。「阿吽」は吐く息と吸う息。
▼会議となると、いつもA部長とB部長が阿吽の呼吸で進めてしまう傾向が強く、他の人間はなかなか口をさしはさめない。
【参考】梵語《ぼんご》で「阿」は口を開いて出す声、「吽」は口を閉じて出す声。寺院の山門の仁王や狛犬《こまいぬ》などの相で、口を開いたものと閉じたもので一対を成す。
【別表記】「吽」は「呍」とも書く。

調子《ちょうし》を合《あ》わせる
相手の気に入るように、話を合わせる。
▼早く話を切り上げたかったので、適当に調子を合わせておいた。
【参考】音楽で楽器の音の高低を調節する意から。

肌《はだ》が合《あ》う
気が合う。気持ちがよく通じる。
▼あの男とは肌が合うので、一緒に組んで仕事をするのは大歓迎だ。

歩調《ほちょう》を合《あ》わせる
大勢がまとまって行動するときの調子、方針を揃《そろ》える。
▼与野党は、その政策については歩調を合わせた。
【参考】足並みを合わせることから。
【類句】歩調《ほちょう》が合《あ》う。

和気藹藹《わきあいあい》

和やかで明るい気分が、辺りに満ちあふれているさま。

▼私の会社は規模は小さいのですが、社長からアルバイトの学生までが和気藹藹と仕事をしていて、毎日の出勤がとても楽しいのです。

【出典】（和気）『礼記《らいき》』祭義《さいぎ》。

和《わ》を以《もっ》て貴《とうと》しと為《な》す

人々が仲良く、和合して事を行うのが最も尊いという意味。

▼聖徳太子《しょうとくたいし》が「和を以て貴しと為す」と語ったのは、まさに日本人が協調性を尊重する民族にほかならないからだろう。

【参考】聖徳太子が制定した「十七条憲法」にあることば。

沈黙する

言《い》わぬが花《はな》

はっきり言わないほうが味がある。またそのほうが差し障りがない。

▼この壺《つぼ》をいくらで手に入れたかなど言わぬが花だ。

口《くち》が重《おも》い

無口である。口数が少ない。

▼ふだんは口が重い夫だが、お酒を飲むとよくしゃべる。

【対句】口《くち》が軽《かる》い。

口《くち》が腐《くさ》っても

絶対に、どんなことがあってもしゃべらないという決意を示すことば。

▼この件に関しては口が腐っても言ってはいけない。

【参考】下に「……ない」と否定形がくる。

【類句】口《くち》が裂《さ》けても。

口《くち》をつぐむ

何も言わず黙っている。

▼彼は事件への関与については、口をつぐんで何も語ろうとしなかった。

【類句】口《くち》を閉《と》ざす。

無言《むごん》の行《ぎょう》

口をきかず黙り込んでいること。

▼こっぴどく叱られた息子はふてくされ、最近何を聞いても常に無言の行を決め込んでいる。

【参考】無言で行う仏道修行の意から転じて。

丁寧な・丁重な

痒《かゆ》い所《ところ》に手《て》が届《とど》く

細かい所にまで、注意が行き届いている。

▼その旅館は、痒い所に手が届くもてなし方だった。

事《こと》を分《わ》ける

きっちりと筋道を立てて、詳しく説明する。

▼君が最初から事を分けて話していれば、こんなふうに誤解されずにすんだのに。

下《した》にも置《お》かない

非常に丁重にもてなす。

▼主催者側の下にも置かない応対に、出席者たちはいたく感激した。

【参考】丁重に扱い、下座《しもざ》に置かないことから。

手《て》取《と》り足《あし》取《と》り

丁寧に指導すること。

▼先輩社員は新人を手取り足取り指導した。

【参考】相手の手や足を取って教える意から。

得意になる

顎《あご》をなでる

得意になっているようす。

▼祖父は顎をなでながら盤面と相手を見比べている。

意気揚揚《いきようよう》

大得意で威勢がよく、いかにも誇らしげなさま。もとは、誇らしげに振る舞うさまをいった。

▼彼はライバルに圧勝して、万雷の拍手の中を意気揚揚と引き上げた。

【類句】意気軒昂《いきけんこう》。

【対句】意気消沈《いきしょうちん》。

【出典】『史記《しき》』管晏列伝《かんあんれつでん》。

鬼《おに》の首《くび》を取《と》ったよう

この上もない功績を立てたように得意がっているようす。

▼彼は契約を取り付けて、まるで鬼の首を取ったように喜んでいる。

【参考】得意になっている者を冷やかして言うことば。

肩身《かたみ》が広《ひろ》い

世間に対して誇らしく思う。

▼営業成績がトップになり、所長として肩身が広い。

【誤り】自我自賛。

小鼻《こばな》をうごめかす

得意そうにするようす。

▼小鼻をうごめかして、また彼の息子自慢が始まった。

【参考】「小鼻」は鼻の左右の鼻孔の高い所。

手前味噌《てまえみそ》

自分が作った味噌の味をうまいと褒めることから、自分のことや自分のやったことなどを自慢すること。

▼これを言うと手前味噌になりますが、じつは最初にこの製品を手掛けたのは弊社であり、しかもお客様の評判でも弊社が一番とおほめをいただいています。

【類句】自画自賛《じがじさん》。

【同義語】手前味噌《てまえみそ》で塩辛《しおから》い。

鼻《はな》にかける

自慢する。得意がる。

▼彼女は自分の美貌《びぼう》を鼻にかけている。

自画自賛《じがじさん》

自分の絵を褒めたたえることばを、自分で書くこと。転じて、自分で自分のことを褒めること。

▼豆の選定に始まる苦労話をひとしきりした後、マスターは自分の淹《い》れるコーヒーのおいしさを自画自賛した。

【参考】「賛」は絵に調和した詩文で、普通は他人に書いてもらう。

【類句】手前味噌《てまえみそ》。

鼻《はな》が高《たか》い

誇りに思い得意である。

▼息子がオリンピック代表選手に選ばれ、私も親として鼻が高い。

【類句】鼻《はな》を高《たか》くする。

とぼける

知《し》らぬ顔《かお》の半兵衛《はんべえ》

何もかも知っているのに、とぼけて知らないふりをすること。または、そうする人。

▼私とS子さんはすでに昨年には将来を誓っていたが、そのことを上司のB部長には、婚約発表の本日まで知らぬ顔の半兵衛を決め込んでいただきました。

【参考】「半兵衛」には特別の意味はない。

【同義語】半兵衛《はんべえ》をきめる。

白《しら》を切《き》る

知っていても、知らないふりをする。しらばっくれる。

▼彼は白を切るのが巧みで、なかなか尻尾《しっぽ》を出さない。

【参考】「白」は「知らぬ」の「しら」の意。

空《そら》を使《つか》う

知らないふりをする。空とぼける。

▼大臣は空を使ってマスコミの追及を避けた。

猫《ねこ》をかぶる

本性を隠しておとなしそうに見せかける。

▼初めて会った人の前では、猫をかぶって静かにしている。

なまける・怠惰な

あぐらをかく

いい気になっていて努力や事態の改善をしない。

▼現状にあぐらをかいていては進歩がない。

【参考】足を組んで楽に座り、動かないことから。

油《あぶら》を売《う》る

やらなければならない仕事を中途半端にしたまま、無駄話などをして時間をつぶすこと。

▼子どもに買い物を言いつけたが、いつまでたっても帰ってこない。どこで油を売っているんだろう。

【参考】昔、髪油《かみあぶら》売りが、女客相手に世間話をしながらのんびりと商ったことから。また、油商人が柄杓《ひしゃく》でくんで油を売るときに、油が長く尾を引くところから出たことばともいう。

縦《たて》の物《もの》を横《よこ》にもしない

縦になっている物をちょっと横にするくらいのことさえしないほどなまけ者だということ。

▼T部長の奥様から、部長は家では縦の物を横にもせず、家事もまったく手伝ってくれないという不満を聞かされた。

【同義語】横《よこ》の物《もの》を縦《たて》にもしない。

手《て》が空《あ》けば口《くち》が開《あ》く

手が空くと無駄話ばかりして仕事がはかどらないという意味。↓⑥〈生活・暮らし〉

▼さあ、いつまでも無駄話をしていないで仕事をしましょう。手が空け

ば口が開く、ですよ。

手《て》を濡《ぬ》らさず

自分は直接何もしないで。苦労しないで。

▼手を濡らさずに楽をしようとしては駄目だ。

骨《ほね》を惜《お》しむ

苦労することを嫌がる。なまける。

▼若いうちから骨を惜しんでいては、ろくな者にならない。

【類句】骨惜《ほねお》しみをする。

軟弱・柔弱

線《せん》が細《ほそ》い

見たところ、いかにも弱々しい感じを与えるようす。

▼壇上に上がった青年は、いかにも線が細い印象を与えた。

煮《に》え切《き》らない

決断がつかず、態度がはっきりしないようす。

▼旅行に行くのか行かないのか、いつまでも煮え切らない返事だ。

音《ね》を上《あ》げる

もう耐えられないと弱音を吐く。

▼彼は一念発起《ほっき》して寒稽古《かんげいこ》を始めたが、周囲の予想どおり三日で音を上げた。

箸《はし》より重《おも》い物《もの》を持《も》たない

箸を持つ以上の労働をしないという意味で、金持ちの家で大事に育てられることをいう。

▼まさか初日のこんな訓練でへこたれるんじゃないだろうね。それとも君は箸より重い物は持たせてもらわなかったとでも言うのかい。

【参考】「箸より重い物を持ったことがない」という形で使うことが多い。

【類句】堅《かた》い物《もの》は箸《はし》ばかり。

三日《みっか》坊主《ぼうず》

物事に飽きやすくて長続きしないこと。また、そのような人をあざけっていうことば。

▼日記帳を買ってきた彼は、今年こそは三日坊主に終わらせないと家族に宣言した。

【類句】意志《いし》薄弱《はくじゃく》。

優柔《ゆうじゅう》不断《ふだん》

ぐずぐずして、決断力がないさま。なかなか決定しないさま。

▼将《しょう》たる者に優柔不断は禁物、剛毅果断でなければならぬ。
【対句】即断即決《そくだんそっけつ》。剛毅果断《ごうきかだん》。
【出典】坪内逍遥《つぼうちしょうよう》『当世書生気質《とうせいしょせいかたぎ》』。

弱音《よわね》を吐《は》く

意気地《いくじ》のないことを言う。
▼頑張り屋の彼女が弱音を吐くのを聞いたことがない。

脇《わき》が甘《あま》い

守りが弱い。相手に付け込まれやすい。
▼彼は仕事を強引に進めてきたが、脇の甘さを突かれ、大きな損失を出してしまった。
【参考】相撲で脇を締めつける力が弱いと相手力士の有利な組み手になりやすい意から。

反応

相槌《あいづち》を打《う》つ

相手の話にうなずく。
▼聴衆は皆、彼の話に相槌を打った。
【参考】鍛冶《かじ》で師匠の打つ槌《つち》（鎚）に合わせて弟子が槌（鎚）を打つ意から。

打《う》てば響《ひび》く

すぐに反応がある。
▼どんなことでも打てば響くような受け答えをするので、彼女との仕事はやりやすい。

笛吹《ふえふ》けども踊《おど》らず

手を尽くして誘っても応じない。
▼かつて政府は省エネ・スーツを提唱したが、笛吹けども踊らずで、なかなか普及しなかった。

非情な

足蹴《あしげ》にする

人にひどい仕打ちをする。
▼人を足蹴にして会長のご機嫌を取り、自分は甘い汁を吸うとは、嫌な男だ。

心《こころ》を鬼《おに》にする

かわいそうだとか、気の毒だという気持ちになったとき、人間の情を持たない鬼のようなつもりになって、相手のために強いて非情な態度に出ること。
▼基礎体力がないことがその青年の弱点とみて、心を鬼にして部活以外

にも朝と夜の追加練習を命じた。よくついてきてくれたものだ。

人面獣心《じんめんじゅうしん》

人の顔をしているが、心は獣のような人という意味から、恩義や情けを知らない冷酷な人をののしっていう語。

▼いたいけな幼児をかどわかして殺害するとは、人面獣心の人でなしである。

【対句】鬼面仏心《きめんぶっしん》。

【別表記】「人面」は「にんめん」とも読む。

【出典】『史記《しき》』匈奴列伝《きょうどれつでん》。

血《ち》も涙《なみだ》もない

血のあたたかみも他人に同情して流す涙もないということで、冷酷で人間らしい思いやりが少しもないようす。

▼行政の血も涙もない処置に批判が集中した。

涙《なみだ》を振《ふ》るって

個人的な同情や私情を抑えて。

▼修業中の息子が舞い戻って来たが、涙を振るって追い返した。

密かな・秘密の

口《くち》が堅《かた》い

秘密や重要なことを軽々しく人に話さない。

▼彼女は口が堅いので、友人たちのよき相談相手として信頼されている。

【対句】口《くち》が軽《かる》い。

声《こえ》を潜《ひそ》める

周囲の人に聞こえないように声を小さくする。

▼二人は、部屋の隅で何事か声を潜めて話している。

謀《はかりごと》は密《みつ》なるを貴《たっと》ぶ

計略は外部に漏れないように、しっかりと秘密を守ってこそ成功するということ。

▼この計画についてはここにいる者以外には他言無用だ。謀は密なるを貴ぶ、他社はもとより社内にも知られないように慎重に進めてくれ。

【類句】謀《はかりごと》泄《も》るるは事功《ことこう》無《な》し。

【出典】『童蒙抄《どうもうしょう》』。

【同義語】謀《はかりごと》は密《みつ》なるをよしとす。

人目《ひとめ》を忍《しの》ぶ

人に見られないように行動に心を配る。

▼二人はいつしか人目を忍ぶ仲になった。

人目《ひとめ》を盗《ぬす》む

他人に見つからないように、こっそりとする。

▼人目を盗んで早朝お百度参りをした。

人目《ひとめ》をはばかる

他人に見られたくないと心を配る。

▼人目をはばかるようなことは何もしていない。

胸《むね》に納《おさ》める

見聞きしたことや感じたことを心の中にしまっておいて、表に出さない。

▼このたびのことは、私だけの胸に納めることにします。

【類句】胸《むね》に畳《たた》む。胸三寸《むねさんずん》に納《おさ》める。

胸《むね》に秘《ひ》める

誰にも言わず心の中にしまっておく。

▼胸に秘めた思いをついに彼に打ち明けた。

目《め》を盗《ぬす》む

人に見つからないようにこっそり何かをする。

▼学生時代は教師の目を盗んで授業中によく漫画を読んだものだ。

無遠慮

大手《おおで》を振《ふ》る

他人に遠慮せずに行動する。

▼前の失敗はもうすんだことなのだから、大手を振って会議に臨めばいい。

【参考】大きく手を振って、歩く意から。

口《くち》が悪《わる》い

憎まれ口をきく。

▼彼の口が悪いのは、気の弱さを隠すためらしい。

口《くち》には関所《せきしょ》がない

通行人を検査したり、遮《さえぎ》ったりする関所のようなものは口にはないので、何を言おうとかまわないということ。

▼自分でやってみもしないで、文句ばかり言う人は多い。しかし口には関所がないのだから、言いたい人には言わせておけばいい。

【類句】口《くち》に年貢《ねんぐ》はかからぬ。口《くち》には税金《ぜいきん》がかからぬ。

独断専行《どくだんせんこう》

自分一人の判断で決めて、勝手に物事を行うこと。

▼この仕事を完成させるために必要なのはチームワークであり、リーダーの独断専行は許されない。

【出典】（独断）『戦国策《せんごくさく》』趙策《ちょうさく》・（専行）『淮南子《えなんじ》』主術訓《しゅじゅつくん》。

所嫌《ところきら》わず

どこでも構わず。場所に構わず。

▼彼は所嫌わず大声で笑うので、一緒にいて恥ずかしいよ。

【類句】所構《ところかま》わず。

無礼

慇懃無礼《いんぎんぶれい》

ことば遣いや態度が丁寧すぎてかえって失礼なこと。また、外面だけ丁寧で、じつは無礼なこと。

▼心にもないお世辞を並べたて、慇懃無礼もいい加減にしてもらいたい。

【参考】「慇懃」は、丁寧に気を配ること。

口《くち》が過《す》ぎる

言ってはならないことまで言ってしまう。

▼話し好きなのはいいけれど、ちょっと口が過ぎるのが君の欠点だ。

【類句】言葉《ことば》が過《す》ぎる。

平然・平気

痛《いた》くも痒《かゆ》くもない

少しも困らない。平気である。

▼値引交渉のこじれたA店からの注文が途絶えたところで、痛くも痒くもない。

【類句】痛痒《つうよう》を感《かん》じない。

意《い》に介《かい》さない

気にかけない。

▼彼は陰で何を言われようとも意に介さず、自分の思うとおりに突き進んでいく。

牛《うし》の角《つの》を蜂《はち》が刺《さ》す

角を蜂に刺されたとしても、牛は少しも痛痒《つうよう》を感じない。そこから、何も感じないこと、あるいは効果がないことのたとえ。

▼彼の時間のルーズさにはあきれる。どんなに叱っても牛の角を蜂が刺すで、全然こたえていないようだ。

【類句】石《いし》に灸《きゅう》。蛙《かえる》の面《つら》に水《みず》。

【同義語】鹿《しか》の角《つの》を蜂《はち》が刺《さ》す。

蛙《かえる》の面《つら》に水《みず》

水をかけられても平気でいる蛙のように、何をされても、何を言われても平気で少しも感じないことのたとえ。

▼後からやってきて、自分だけいいとこ取りなんて手際がいいね、と言ってやったら、あいつはこれが僕のスタイルです、とのたまった。蛙の面に水、嫌みもまったく通じない。

【類句】石《いし》に灸《きゅう》。牛《うし》の角《つの》を蜂《はち》が刺《さ》す。

涼《すず》しい顔《かお》

何の関わりもないような、そしらぬ顔。

▼三日も所在がわからなかった息子が家族の心配をよそに涼しい顔で帰宅した。

どこ吹《ふ》く風《かぜ》

他人が言うことを、まったく気にしないようす。

▼受験生なのに、親の心配などどこ吹く風でのんきなものだ。

平気《へいき》の平左《へいざ》

何が起きようと少しも気にせず落ち着いていること。

▼ほかの人ならおじけづくようなことを、彼女は平気の平左でやってのける。

【参考】「平気の平左衛門」の略。平気であることを人名めかしていった語。

物《もの》ともせず

困難や危険を問題にしない。何とも思わない。

▼アナウンサーは激しい風雨を物ともせず、中継のレポートを続けた。

傍観する

岡目《おかめ》八目《はちもく》

傍観者のほうが真相がよく見えるということ。

▼岡目八目、時には部外者の立場から見直してみることも大事だと思

う。

【参考】囲碁で、脇《わき》で気楽に見ているる人のほうが八目先までも読めるということからいう。また、俗に、無責任な放言をいうこともある。

【別表記】「岡目」は「傍目」とも書く。

【出典】浄瑠璃《じょうるり》「傾城浅間嶽《けいせいあさまがたけ》」。

対岸《たいがん》の火事《かじ》

自分には何の関係もないこととして、苦痛を感じたり、危機感を抱いたりすることがまったくない。
▼A社の事件は、対岸の火事だと静観していると、わが社にも危険が及ぶ。
【参考】対岸の火事は、こちらに飛び火する心配がないところから。

【類句】高《たか》みの見物《けんぶつ》。

【同義語】川向《かわむ》こうの火事《かじ》。

高《たか》みの見物《けんぶつ》

高い所にいて下のほうの騒ぎを見物するように、自分には直接利害関係のないことを安全な立場から傍観すること。
▼どうせA社とB社の争いだから、わが社は高みの見物をしていればいい。

手《て》をこまねく

あることが起こっているときに、何もしないで見ている。何もできないでいる。
▼川は見る見る増水して、あっという間に畑は水に浸《つ》かったが、人々はただ手をこまねくだけであった。
【参考】「こまねく」は「こまぬく」の転。「手をこまねく」とは腕組みをしていること。転じて、手を出さない意。

【類句】手《て》を束《つか》ねる。腕《うで》をこまねく。

真面目な

生一本《きいっぽん》

純粋で混じりけがないこと。また、純真で物事にまっすぐ打ち込んでいく性格。
▼父は生一本な性格で、人の好き嫌いも激しかったが、大病後は、すっかり人が変わってしまった。

品行方正《ひんこうほうせい》

行いがきちんとしていて正しく立派なこと。また、その人。
▼あの品行方正の評判高い彼が、公金横領をしたとは信じられないことだ。
【出典】(品行)『紅楼夢《こうろうむ》』三四・(方正)『管子《かんし》』形勢解《けいせいかい》。

真面目《まじめ》くさる

真面目一方なようすをする。
▼彼は真面目くさった顔でよく冗談を言う。

抹香臭《まっこうくさ》い

説教じみて、真面目くさった感じがする。
▼今日は抹香臭い話はやめて、楽しく飲みましょう。
【参考】抹香は粉末状の香のこと。現在では主に焼香の際に用いられる。抹香は仏教と関わりが深いため、仏教の説教を思わせるような内容や話のことをこう呼んだ。

真《ま》に受《う》ける

ことばどおりに受け取る。本当にする。
▼彼女は何でも真に受けるので、うっかり冗談も言えない。

未熟な・幼稚な

嘴《くちばし》が黄色《きいろ》い

年が若くて未熟なこと。
▼そんなことを言うとは、彼もまだ嘴が黄色いね。
【参考】鳥のひなの嘴が黄色いところから。

呉下《ごか》の阿蒙《あもう》

学問のない、つまらない者。あるいは、進歩のない、昔のままの人物。
▼君の後輩のほうが次々に論文を発表している。先輩の君がいつまでも呉下の阿蒙では困るよ、わが研究室の聞こえも悪くなる。
【参考】中国の三国時代、無学だった呂蒙《りょもう》が学問に打ち込み、再会した魯粛《ろしゅく》に、昔、呉《ご》にいたころの呂蒙ではない（「呉下の阿蒙に非《あら》ず」）と賞賛されたという故事による。「呉下」は中国の呉地方、「阿」は親しみを示す語。

【出典】『三国志《さんごくし》』「呉志《ごし》」呂蒙伝《りょもうでん》。

無視する

眼中《がんちゅう》にない

気にしない。問題にしない。関心がない。
▼彼以外の男性なんて、今の私には眼中にありません。

袖《そで》にする

すげなくする。粗末に扱う。
▼彼女に袖にされたのを、彼は恨み

に思った。

【参考】「袖」は「身」に対する付属物の意から、おろそか、いいかげんの意味となる。

【類句】袖《そで》になす。袖《そで》にあしらう。

棚上《たなあ》げにする

ある問題の解決、処理をしばらく保留にする。
▼緊急事態が発生したので、この件は一時棚上げにします。
【類句】棚《たな》に上《あ》げる。

棚《たな》に上《あ》げる

不都合なことには触れないで、そのままにしておく。
▼彼は、自分のミスは棚に上げて、人のミスはどんなに些細《ささい》なものでも許さない。
【参考】棚に上げてしまっておく意から。

【類句】棚上《たなあ》げにする。

洟《はな》も引《ひ》っかけない

まったく相手にしない。無視する。
▼その政治家は、駆け出しの記者など洟も引っかけない。
【参考】「洟」は、はなみず。

屁《へ》とも思《おも》わぬ

眼中におかない。何とも思わない。
▼先輩を屁とも思わぬ彼の態度に、一同はあきれかえった。

反故《ほご》にする

約束や取り決めなどを無視する。
▼契約を反故にするような会社とは、今後取り引きはできない。
【参考】「反故」は書画などを書き損じた不要の紙。

目《め》もくれない

関心をもたず、無視する。
▼そのランナーは、沿道の応援の人々には目もくれないで黙々と走っている。

横《よこ》を向《む》く

拒絶したり、無視したりする。相手にしない。
▼この新商品はなぜか若者に横を向かれている。
【類句】そっぽを向《む》く。

無節操な・日和見

右顧左眄《うこさべん》

周囲のことにばかり気を配り、迷いためらうこと。決断しないこと。

▼政策の決定に際し、徒《いたずら》に右顧左眄して党内の混乱を招いたため、彼の存在は無視されるようになった。
【類句】内股膏薬《うちまたごうやく》。首鼠両端《しゅそりょうたん》。

【出典】『文選《もんぜん》』曹植《そうち》。

【同義語】左顧右眄《さこうべん》。

首鼠両端《しゅそりょうたん》

鼠《ねずみ》が穴から首を出して左右の両端《りょうはし》や周囲をうかがっているようすから、形勢を見ながら決断を下しかねているたとえ。
▼播磨《はりま》の城主は織田《おだ》軍につくか毛利《もうり》軍につくか首鼠両端の態度を見せ、家臣たちも大いに悩んだ。
【類句】内股膏薬《うちまたごうやく》。洞ヶ峠《ほらがとうげ》を決《き》め込《こ》む。両端《りょうたん》を持《じ》す。

【出典】『史記《しき》』魏其武安侯列伝《ぎきぶあんこうれつでん》。

二股膏薬《ふたまたごうやく》

そのときの情勢であちらについたり、こちらについたりと定見がないこと。また、その人。節操のない人。
▼現政権に反対を唱えて当選しておきながら、政権政党に入党するような二股膏薬は許されない。
【類句】首鼠両端《しゅそりょうたん》。両端《りょうたん》を持《じ》す。洞《ほら》ヶ峠《とうげ》を決《き》め込《こ》む。

【同義語】内股膏薬《うちまたごうやく》。

洞《ほら》ヶ《が》峠《とうげ》を決《き》め込《こ》む

対立する二つの勢力の有利なほうにつこうと、形勢をうかがっていること。日和見《ひよりみ》主義の態度。
▼あの新人市会議員は人の顔色ばかりうかがい、常に多数派につこうとしている。あの若さで洞《ほら》ヶ《が》峠《とうげ》を決め込むのではたいしたことはないな。
【参考】羽柴秀吉《はしばひでよし》と明智光秀《あけちみつひで》が対戦した山崎の合戦で、筒井順慶《つついじゅんけい》が洞《ほら》ヶ《が》峠《とうげ》に陣取って双方を見比べた末に、優勢な羽柴方に味方したという故事による。

両端《りょうたん》を持《じ》す

両方の端《はし》を持つということから、有利なほうに味方しようとして形勢をうかがい、あいまいな態度をとること。二心《ふたごころ》を抱くこと。

【類句】二股膏薬《ふたまたごうやく》。首鼠両端《しゅそりょうたん》。洞《ほら》ヶ《が》峠《とうげ》を決《き》め込《こ》む。

【出典】『史記《しき》』鄭世家《ていせいか》。

目つき

眼光炯炯《がんこうけいけい》

眼が鋭く光るさま。輝くさま。
▼剣道の達人というだけあって、その老人は眼光炯々として人を射るようであった。
【類句】双眸炯炯《そうぼうけいけい》。

虎視眈眈《こしたんたん》

虎《とら》が獲物を狙《ねら》ってにらむさまをいい、機会を狙って状況をうかがうたとえ。

▼B選手は黙々と努力を重ねながら、虎視眈々とトップの座を狙っていた。

【出典】『易経《えききょう》』頤《い》。

秋波《しゅうは》を送《おく》る

色目を使って相手の関心を引く。

▼彼女が秋波を送っているのに、彼はまったく気づかない。

【参考】「秋波」は秋の澄み切った波の意で、こびを表す目つき、美人の涼しい目もと。

目顔《めがお》で知《し》らせる

目の動きや表情で相手に伝える。

▼気をつけろと目顔で知らせたのだが、彼には通じなかったようだ。

目《め》が据《す》わる

怒り、酔いなどで一点を見つめたまま、目を動かさずにいるようす。

▼彼はその話を聞くや、怒りで目が据わり、恐ろしい形相となった。

目《め》に物言《ものい》わせる

目つきで人に気持ちを伝える。

▼彼は目に物言わせて、私の発言を押しとどめた。

【類句】目《め》で物《もの》を言《い》う。目《め》が物《もの》を言《い》う。

目引《めひ》き袖引《そでひ》き

目くばせしたり袖を引いたりしてひそかに意を通じるようす。

▼野次馬は目引き袖引きしながら事件現場を取り巻いている。

【参考】非難やあざ笑う気持ちを伝えるときに用いることが多い。

勇敢な・勇気ある

血気《けっき》にはやる

勢い込んで、向こう見ずな行動をとる。

▼若いころ、血気にはやって大失敗したことがある。

匹夫《ひっぷ》の勇《ゆう》

血気にはやるばかりで、思慮分別のない勇気。「匹夫」は道理に暗い者。

▼相手が悪いからといって、暴力団員みたいな男と殴り合いの喧嘩をするとは、匹夫の勇以外のなにものでもない。

【類句】小人《しょうじん》の勇《ゆう》。

【出典】『孟子《もうし》』梁恵王《りょうけいおう》下。

勇往邁進《ゆうおうまいしん》

自らの目的に向かって、恐れずためらわずに、勇ましく突き進んでいくこと。
▼新しく開設された営業所の担当地域は他社のシェアだが、君たちが勇往邁進することにより、必ずや多大の業績が上がるものと確信している。
【出典】『歩兵操典《ほへいそうてん》』。『戦陣訓《せんじんくん》』。

勇猛果敢《ゆうもうかかん》

勇ましくて強く、決断力も備えていること。勇気があって、行いも思い切りがよいこと。
▼消防士は燃え盛る火炎の中に、勇猛果敢に飛び込んでいった。
【類句】勇壮活発《ゆうそうかっぱつ》。
【出典】『管子《かんし》』枢言《すうげん》。

勇《ゆう》を鼓《こ》す

勇気を奮い起こす。
▼彼は勇を鼓して彼女に真実を告げた。
【参考】「鼓す」は太鼓を叩《たた》いて勇気などを奮い起こす意。

用心する・慎重な

浅《あさ》い川《かわ》も深《ふか》く渡《わた》れ

浅いことがわかっている川であっても、深い川を渡るつもりで用心して渡れということ。ささいなことでも油断をしてはいけないという戒めのことば。
▼この基礎問題は何度もやっているから安心と油断するな。浅い川も深く渡れ、確実に取り組め。
【類句】石橋《いしばし》を叩《たた》いて渡《わた》る。三遍回《さんべんまわ》って煙草《たばこ》にしょ。念《ねん》には念《ねん》を入《い》れよ。

危《あぶ》ない事《こと》は怪我《けが》のうち

危険なことはすでに怪我そのものであると考え、最初から用心すれば間違いないということ。
▼危ない事は怪我のうちとは言うけれど、いつまでも男性を怖がってばかりではいい人に巡り会えませんよ。
【参考】「怪我」には失敗・過ちの意味もある。

石橋《いしばし》を叩《たた》いて渡《わた》る

石でできた丈夫な橋を渡るときでも、渡る前に叩いて安全を確かめるように、念には念を入れて用心するということ。
▼石橋を叩いて渡るが家訓とはいえ、会う人ごとに毎回不安要素を聞

き出すのでは、とうていこの問題は解決しませんよ。

【類句】浅《あさ》い川《かわ》も深《ふか》く渡《わた》れ。三遍回《さんべんまわ》って煙草《たばこ》にしょ。念《ねん》には念《ねん》を入《い》れよ。

【同義語】石《いし》の橋《はし》も叩《たた》いて渡《わた》れ。

勝《か》って兜《かぶと》の緒《お》を締《し》めよ

たとえ成功しても、気を許してはいけないという戒め。

▼野球大会の一回戦突破は敵のミスに助けられたことが大きい。勝って兜の緒を締めよ、この次からが本当の試合だ。心してかかろう。

【参考】戦いに勝って油断し、兜を脱いだときに不意に敵が来襲してこないとも限らないので、勝っても兜の緒を締め直せ、ということから。

瓜田《かでん》に履《くつ》を納《い》れず李下《りか》に冠《かんむり》を整《ただ》さず

瓜畑《うりばたけ》で脱《ぬ》げた靴を履《は》こうとかがめば瓜を盗んでいるかと疑われる。李《すもも》の木の下で手を上げると果実を盗んでいるのではないかと疑われるので、冠が曲がっていても直さないということから人から疑われるような行動はするなという意味。

▼「瓜田に履を納れず、李下に冠を整さず」ということばがあるとおり、この試験会場では誤解を招くような行動は慎んでもらいたい。

【出典】『文選《もんぜん》』古楽府《こがふ》「君子行《くんしこう》」。

君子《くんし》危《あや》うきに近寄《ちかよ》らず

教養や徳を備えた人格者である君子は、思慮深いので危険に不用意に近づいて災難を招いたりしないものだという意味。

▼いくらあなたに勧められても、株で儲《もう》けようという気にはなれませんね。君子危うきに近寄らず、慣れないことはしたくないんです。

【類句】臭《くさ》しと知《し》りて嗅《か》ぐは馬鹿《ばか》。

【同義語】聖人《せいじん》は危《あや》うきに近寄《ちかよ》らず。

転《ころ》ばぬ先《さき》の杖《つえ》

失敗しないように、前もって十分に用心しておくこと。

▼転ばぬ先の杖と、常に雨具を携帯している。

【参考】転ぶ前から杖を突いて用心することから。

斜《しゃ》に構《かま》える

物事に対して十分に身構える。改まった態度をとる。→②〈非難する〉

▼相談があるというので、何事かと斜に構えて待っていた。

深謀遠慮《しんぼうえんりょ》

遠い将来のことまで深く考え計画を立てること。「遠慮」は、遠いところまでよく考えるという意味。

▼目先の利益に目を眩《くら》ますことなく、先々までの深謀遠慮をはかるべきときです。

【出典】『文選《もんぜん》』賈誼《かぎ》「過秦論《かしんろん》」。

急《せ》いては事《こと》を仕損《しそん》じる

物事はあまり急いでやると失敗して、急いだことが意味をなさなくなってしまいがちである。急ぐときは、かえって落ち着いてやれという意味。

▼この魚の漁は仕掛けを投下して待つことにある。引き上げのタイミングは漁師の勘だよりだが、成功の秘訣は「急いては事を仕損じる」なのだそうだ。

【類句】慌《あわ》てる乞食《こじき》は貰《もら》いが少《すく》ない。急《いそ》がば回《まわ》れ。

瀬《せ》を踏《ふ》んで淵《ふち》を知《し》る

川を渡る場合、まず歩いて渡れるような浅い所に足を踏み入れて、深い淵の確認をするということ。前もって危険なことを調べてみる慎重さのたとえ。

▼まずは平地で短い距離から足慣らしをしよう。瀬を踏んで淵を知る、そこからこのワイルドなコースの攻略を考えよう。

大事《だいじ》を取《と》る

無理をせずに慎重に行動する。

▼たいしたことはなかったが大事を取って入院した。

念《ねん》を入《い》れる

落ち度がないように十分に注意して慎重に物事を行う。

▼来客があるので念を入れて掃除した。

【類句】念《ねん》が入《い》る。念《ねん》には念《ねん》を入《い》れよ。

話半分《はなしはんぶん》

面白いうわさ話などには尾ひれがついているのが普通だから、半分ぐらいに割引きすればちょうどよいということ。また、儲《もう》け話などのうまい話を全面的に信用するのではなく、半分ぐらいに聞いておけということ。

▼彼の外国放浪記はいつ聞いても面白いけれど、いくつかは小説で読んだのと同じものもあったぞ。まあ話半分に聞き流そう。

【類句】話半分嘘半分《はなしはんぶんうそはんぶん》。

腫《は》れ物《もの》に触《さわ》るよう

おそるおそる物事に接するようす。▼うちの両親は受験生の兄をまるで腫れ物に触るように扱う。

人《ひと》を見《み》たら泥棒《どろぼう》と思《おも》え

他人と交渉をもつ場合、軽々しく信じるとひどい目に遭いかねないので、泥棒を相手にするつもりで用心してかかれということ。▼海外旅行で憂鬱な要素は盗難の被害だよ。人を見たら泥棒と思えとは、相手には失礼な話だが、大損害を受けてからでは遅いから用心するに越したことはない。

【類句】火《ひ》を見《み》たら火事《かじ》と思《おも》え。

【対句】渡《わた》る世間《せけん》に鬼《おに》はない。

眉《まゆ》に唾《つば》を塗《ぬ》る

欺かれないように用心する。▼うまい話は眉に唾を塗って聞くんですよ。

【参考】眉に唾を付けると狐《きつね》などに化かされないといわれているところから。

【類句】眉《まゆ》に唾《つば》する。眉《まゆ》に唾《つば》を付《つ》ける。睫《まつげ》を濡《ぬ》らす。

用意周到《よういしゅうとう》

用意が十分整っていて、手抜かりがないこと。手落ちなく用意すること。また、そのさま。▼大地震を経験した母は用意周到で、いざというときに持ち出す食料や荷物の点検を定期的に行っている。

【類句】準備万端《じゅんびばんたん》。万全《ばんぜん》の備《そな》え。万全《ばんぜん》の態勢《たいせい》。

【出典】（用意）『論衡《ろんこう》』順鼓《じゅんこ》・（周到）『紅楼夢《こうろうむ》』。

礼儀正しい

衣食《いしょく》足《た》りて礼節《れいせつ》を知《し》る

人間は着る物や食う物に不自由しなくなって生活に余裕が生じると、自然に礼節や節度をわきまえるようになるという意味。▼衣食足りて礼節を知る、とはよくいったもので、収入の不安がなくなると、彼は進んでわれわれにもきちんと挨拶するようになった。

【類句】恒産《こうさん》なくして恒心《こうしん》なし。

【出典】『管子《かんし》』牧民《ぼくみん》。

【同義語】衣食《いしょく》足《た》りて栄辱《えいじょく》を知《し》る。倉廩《そうりん》実《み》ちて礼節《れいせつ》を知《し》る。

折《お》り目《め》正《ただ》しい

行儀作法をわきまえ、礼儀正しいようす。

▼彼は近ごろ珍しい折り目正しい青年だ。

親《した》しき中《なか》にも礼儀《れいぎ》あり

親密な交際をするようになっても、礼儀は守らなければならないということ。遠慮が失われることは不和の原因になりかねないという戒め。

▼いくら同期入社とはいえ、彼は君より四歳も年上なんだから「ため口」はまずいよ。親しき中にも礼儀ありだ。

【類句】心安《こころやす》いは不和《ふわ》の基《もと》。

【同義語】近《ちか》しき中《なか》にも礼儀《れいぎ》あり。

膝《ひざ》を正《ただ》す

きちんとした姿勢で座る。

▼新入社員は、社長の話を膝を正して聞いている。

礼《れい》も過《す》ぎれば無礼《ぶれい》になる

礼儀正しいのも度を越すとかえって不自然となり、馬鹿《ばか》にされていると相手に思われかねない。礼儀も節度を守り、ほどほどにするのがよいということ。

▼確かに彼女は礼儀正しいのだけれど、こちらの気分を害することもある。打ち解けないのか、壁をつくっているのか、一度、礼も過ぎれば無礼になる、ということを言って聞かせたほうがいいな。

【同義語】礼過《れいす》ぐれば諛《へつら》いとなる。

冷静な

頭《あたま》を冷《ひ》やす

興奮をさまし、冷静になる。

▼自分が何をしたのか、頭を冷やして考えてみなさい。

心《こころ》を澄《す》ます

よこしまな気持ちや余計な考えを捨て、心を平静にする。

▼目先の利害にとらわれないで、心を澄まして考えれば正しい判断が得られる。

熱《ねつ》が冷《さ》める

のぼせて熱中していた状態から、元どおりになる。

▼熱が冷めてみると、以前のことが嘘《うそ》のように思える。

我《われ》に返《かえ》る

正気に戻る。意識を取り戻す。

▼疲れて電車で寝込んでしまい、車掌から肩を叩《たた》かれてやっと我に返った。

冷淡な・無愛想な

木《き》で鼻《はな》をくくる

ひどく無愛想で、冷淡な態度を示すこと。「木で鼻をくくったような返事」のように使う。

▼その事故が起こると、会社は会見を開いて謝罪したが、木で鼻をくくるような不誠実な態度の答弁が全国放送され、さらなる非難を受けた。

【参考】「くくる」は「縛る」とか「結ぶ」の意味だが、「こくる」の変化した形ともいう。「こくる」は「こする」の意味。

取《と》り付《つ》く島《しま》がない

相手がつっけんどんで、親しく近づくきっかけが見つからない。

▼彼女はお高くとまっていて、取り付く島がない。

にべもない

愛想がない。人情味がない。そっけない。

▼相談に行ったが、にべもない応対ぶりだった。

【参考】「にべ」はニベ科の魚の浮き袋を原料とするにかわ。粘着力が強い。転じて、愛相、世辞などの意。

白眼視《はくがんし》

人を冷淡な目で見ること。また冷淡に扱うこと。

▼下駄《げた》履きのサングラスといういでたちで電車に乗ったら、周囲の人に白眼視されているような気がしてきて、恥ずかしい思いをした。

鼻《はな》であしらう

真面目《まじめ》に対応しない。冷たく扱う。

▼専務は部下の言い分を鼻であしらった。

【参考】鼻先《はなさき》でふんと応答すること。

【類句】鼻先であしらう。

人《ひと》が悪《わる》い

他人が困るのを見て喜ぶような意地の悪いところのあるようす。

▼他人の失敗を横目で見て、ほくそ笑むとは人が悪い。

【参考】この場合の「人」は人柄・人格・性質から見た人間の意。

朴念仁《ぼくねんじん》

無口で無愛想な人。道理がわからない頑固な人。気が利かない人。わからず屋。

▼彼とは長年つき合ってきたが、あ

んなに頑固な朴念仁だとは思わなかった。

わがままな・放縦な

得手勝手《えてかって》

他人の立場や思惑などをいっさい考えずに、自分に都合のよいようにすること。自分本位でわがままなこと。

▼この会としては、君の得手勝手な言動ははなはだ迷惑だ。他のメンバーのことも考えてほしい。

【類句】自分勝手《じぶんかって》。勝手気儘《かってきまま》。勝手放題《かってほうだい》。

我田引水《がでんいんすい》

自分の田にだけ水を引くの意から、自分に都合のよいように言ったり、したりすること。自分勝手なこと。

▼あの社長の言うことは、いつも我田引水で、自分勝手なことが多くて困る。

駄《だ》駄《だ》をこねる

子どもが親などに甘えてわがままを言い張り、すねる。

▼少女はぬいぐるみが欲しいと駄々をこねて泣いていた。

憎《にく》まれっ子《こ》世《よ》に憚《はばか》る

世間から嫌われ、憎まれている者にかぎって世渡りが巧みで、幅をきかせているということ。

▼あの社長は同郷で高校まで一緒だったからよく知っているが、昔から憎まれっ子世に憚るというタイプで、生涯あんな感じを貫くんだろうね。

【参考】「憚る」は幅をきかせたり、威勢を振るったりするという意味。

【同義語】憎《にく》まれ者《もの》世《よ》に憚《はばか》る。

傍若無人《ぼうじゃくぶじん》

周囲に人がいないかのように自分勝手に振る舞うこと。

▼彼の傍若無人な振る舞いに、厳しい批判が集中した。

【類句】傲岸不遜《ごうがんふそん》。

【出典】『史記《しき》』刺客列伝《しかくれつでん》。

横紙破《よこがみやぶ》り

常識や慣習を無視して、自分の思いどおりに押し通す。

▼上司のいつもの横紙破りに、部下はみな閉口している。

【参考】和紙は縦にすき目があって横には裂きにくいことから。

横車《よこぐるま》を押《お》す

道理に合わないことを無理に押し通す。

▼権力を笠《かさ》に着て横車を押すとはけしからん。

【参考】無理に車を横に押す意から。

5……学問・才能

愚か・能力がない

浅瀬《あさせ》に仇波《あだなみ》

川は浅い所ほど波が立ち騒ぎ、深い所は波が立たない。そこから出たたとえで、思慮の浅い軽薄な者ほどつまらないことにやかましく騒ぐという意味。
▼今度の人事異動と組織改編は、数年前からの既定路線だというのに、なぜあの連中は浅瀬に仇波のように騒ぎ立てるのかね。
【類句】空《あ》き樽《だる》は音《おと》が高《たか》い。食《く》いつく犬《いぬ》は吠《ほ》えつかぬ。
【別表記】「仇波」は「徒波」とも書く。

井《い》の中《なか》の蛙《かわず》大海《たいかい》を知《し》らず

井戸の中の狭い世界に住んでいる蛙は広大な海というものを知らないという意味で、自分の狭い知識や経験にとらわれて、広い世界が他にあることを知らないことのたとえ。
▼初めて行った海外留学で、今までの自分が井の中の蛙大海を知らずであることを思い知った。
【参考】「井《い》の中《なか》の蛙《かわず》」だけでも使う。
【類句】井蛙《せいあ》の見《けん》。井底《せいてい》の蛙《あ》。
【出典】『荘子《そうじ》』秋水《しゅうすい》。『淮南子《えなんじ》』。
【同義語】井蛙《せいあ》は以《もっ》て海《うみ》を語《かた》るべからず。

烏合《うごう》の衆《しゅう》

烏《からす》の集まりという意味から、規律もなくただ無為に集う多くの人々。また統制のとれていない軍勢。
▼相手チームは寄せ集めの烏合の衆。チームプレーが得意なわがチームの敵ではない。
【類句】瓦合烏集《がごううしゅう》。
【出典】『後漢書《ごかんじょ》』耿弇伝《こうえんでん》。『漢書《かんじょ》』酈食基伝《れきいきでん》。

有象無象《うぞうむぞう》

仏教語で、この世の有形無形のすべてのものをいうが、一般的には、種々雑多なつまらない人間やものを軽蔑《けいべつ》していう。
▼乱世では、有象無象と卑しめられていた者の中から、しばしば、とんでもない傑物が現れた。

燕雀安《えんじゃくいず》んぞ鴻鵠《こうこく》の志《こころざし》を知《し》らんや

小さな鳥には大きな鳥がいだいている志がどうして理解できようかという意味で、小人物には大人物の心がわからないことのたとえ。

▼夢を語って嘘つきよばわりされた彼はその小さな町を出て、のちに大事業を起こした。燕雀安んぞ鴻鵠の志を知らんや、町の人は過去の仕打ちを悔いた。

【参考】「鴻鵠」は大形の鳥と白鳥。秦《しん》が滅亡するきっかけとなった乱を起こした陳勝《ちんしょう》がまだ若く貧しかったころ、「将来富貴になってもお互い忘れないでいよう」と言ったことばを笑った人々に、「燕《つばめ》や雀《すずめ》のような小鳥には、大きな鳥の大志はわからないだろう」と言った。

【類句】升《しょう》を以《もっ》て石《こく》を量《はか》る。

【出典】『史記《しき》』陳渉世家《ちんしょうせいか》。

大男総身《おおおとこそうみ》に知恵《ちえ》が回《まわ》りかね

体が大きすぎて全身に知恵が行き渡らないという意味で、大男で愚かな者や仕事ぶりのはかばかしくない者に対する悪口。

▼草食恐竜には体長が二十メートルを越えるものがあり、動きはスローモーだったと推測される。大男総身に知恵が回りかね、という状態だったのだろう。

【類句】独活《うど》の大木《たいぼく》。大男《おおおとこ》の殿《しんがり》。

机上《きじょう》の論《ろん》

実情に基づかず、机上で考えた理論。理屈では正しいが、実際の役には立たない理論や議論。

▼大学の先生に考えてもらった地場《じば》産業の育成策を実行したが、収益という面でいま一つなんだ。机上の論に終わらせない方法はないものかね。

【類句】空理空論《くうりくうろん》。紙上談兵《しじょうだんぺい》。

木《き》を見《み》て森《もり》を見《み》ず

森は木の集合だが、その一本一本に注意を奪われて全体を見ないということ。物事の細部に気を取られて大局を見失うたとえ。

▼これだけの大プロジェクトなんだから、まずは全体像を全員で理解することにしよう。ディテールはもちろん大事だが、さしあたって木を見て森を見ずという失敗だけは避けるようにしたい。

【同義語】木《き》を数《かぞ》えて林《はやし》を忘《わす》れる。

管《くだ》を以《もっ》て天《てん》を窺《うかが》う

細い管を通してのぞくと、広大な天の一部分しか見えない。狭い見識で大きな問題を論じたり、判断したりすることのたとえ。自分の意見を発表する際などに謙遜の意味合いを込めて使われる。

▼ここで私が意見を申し上げるのは、管を以て天を窺うの類で恐縮ですが、今までの皆様の考えとは別の視点を提示したいと思います。

【類句】貝殻《かいがら》で海《うみ》を測《はか》る。針《はり》の穴《あな》から天《てん》を覗《のぞ》く。葦《よし》の髄《ずい》から天井《てんじょう》を覗《のぞ》く。
【出典】『荘子《そうじ》』秋水《しゅうすい》。
【同義語】管《くだ》の穴《あな》から天《てん》を覗《のぞ》く。管見《かんけん》。

コンマ以下《いか》

標準以下であるもの。
▼そんなコンマ以下の成績では推薦はおぼつかない。
【参考】小数点以下の意から転じて。

釈迦《しゃか》に説法《せっぽう》

釈迦に仏法を説くように、よく知らないことを優れた専門家に教える愚かさのたとえ。
▼ツアーで観光旅行をしただけでイギリスがいかに素晴らしいかなどと、あの人に熱弁をふるった。後で聞いたらあの人はイギリスに十年住んでいて去年帰ってきたばかりだそうだ。とんだ釈迦に説法で大恥をかいた。
【類句】河童《かっぱ》に水練《すいれん》。極楽《ごくらく》の入《い》り口《ぐち》で念仏《ねんぶつ》を売《う》る。猿《さる》に木登《きのぼ》り。
【同義語】孔子《こうし》に論語《ろんご》。釈迦《しゃか》に経《きょう》。

蜀犬《しょっけん》日《ひ》に吠《ほ》ゆ

無知な者が優れた人の言行を理解できず、非難すること。
▼基礎知識もない人があの教授の業績を批判するとは、蜀犬日に吠ゆもいいところだ。
【参考】蜀は現在の中国四川省《しせん》。山中にある蜀では雲や霧に閉ざされる日が多く、太陽が出ると、犬が怪しんで吠えるということから。

尻《しり》から抜《ぬ》ける

頭のほうから入ったことが、そのまますぐに尻のほうから抜けるという意味で、見たり聞いたりしても片っ端から忘れるたとえ。
▼親に何度同じことを言わせるんだ。聞いた話が尻から抜けるのは本気で聞こうとしていないからだ。まず聞く態度を改めなさい。
【類句】右《みぎ》の耳《みみ》から左《ひだり》の耳《みみ》。
【同義語】尻抜《しりぬ》け。

針《はり》の穴《あな》から天《てん》を覗《のぞ》く

糸を通すための針の穴から天を覗いて見たら、ほんのわずかな部分しか目に入らない。狭い見識で大きな問題について判断する愚かさをたとえたことば。
▼先方の指摘はこちらはとうに解決済みだ。このグローバル化の時代に、針の穴から天を覗くような旧弊な姿勢は改めるべきだ。
【類句】貝殻《かいがら》で海《うみ》を測《はか》る。管《くだ》を以《もっ》て天《てん》を窺《うかが》う。葦《よし》の髄《ずい》から天井《てんじょう》を覗《のぞ》く。

舟《ふね》に刻《きざ》みて剣《けん》を求《もと》む

世の中の移り変わりに気づかず、古い習慣や考え方を守る愚かさのたとえ。

▼戦後間もなく決まった法律にいまだ縛られているとは、まるで舟に刻みて剣を求めるようなものです。

【参考】揚子江《ようすこう》を舟で渡っていて剣を水中に落とした楚《そ》の人が、舟べりに目印を刻みつけておき、舟が対岸についてからその下を探したが見つからなかったという中国の故事による。

【類句】株《かぶ》を守《まも》りて兎《うさぎ》を待《ま》つ。

【出典】『呂氏春秋《りょししゅんじゅう》』。

下手《へた》の考《かんが》え休《やす》むに似《に》たり

よい思案の出るはずもない人が考え込むのは休んでいるのと同じで、時間の無駄だということ。

▼君のヘボ将棋には進歩のかけらも見られないね。下手の考え休むに似たり、いいかげん負けを認めたらどうかね。

【参考】将棋の下手な人をからかうのによく使う。

【同義語】下手《へた》な考《かんが》え休《やす》むに如《し》かず。下手な思案《しあん》は休《やす》むに同《おな》じ。

間《ま》が抜《ぬ》ける

やることに手抜かりがある。愚かにみえる。→⑦〈意外な・予想外の〉

▼盗んだ金品を落とすとは間が抜けた泥棒だ。

無知蒙昧《むちもうまい》

知恵がなく、愚かで、ものの道理に暗いこと。また、そのさま。

▼民衆を無知蒙昧と決めてかかった指導者は、やがて自分自身の無知蒙昧を思い知ることとなった。

【出典】（無知）『老子《ろうし》』・（蒙昧）『晋書《しんじょ》』。

目糞鼻糞《めくそはなくそ》を笑《わら》う

自分の欠点には気づかずに、他人の欠点をあざ笑う。

▼君が彼を批判するなんて目屎鼻屎を笑うのたぐいだよ。どっちもどっちだね。

夜郎自大《やろうじだい》

自分の力量を知らずに、仲間のうちで威張っていること。実力もないのに尊大に振る舞うたとえ。

▼社内では有能だと自惚《うぬぼ》れていた彼が、合同研修会で同業他社の優秀な社員たちを知り、自分が夜郎自大だったことに気づいてショックを受けたらしい。

【類句】遼東《りょうとう》の豕《いのこ》。唯我独尊《ゆいがどくそん》。

【出典】『史記《しき》』西南夷《せいなんい》列伝《れつでん》。

【故事】漢《かん》の時代、西南の夜郎国の王が、漢がけた違いの大国であることを知らず、漢の使者に自分の国が大きいことを自慢して、夜郎国と漢とはどちらが大きいかと尋ねたという。

葦《よし》の髄《ずい》から天井《てんじょう》を覗《のぞ》く

葦《あし》の茎の細い管を通して天井を覗いたのでは、わずかな部分しか見ることができない。そこから、狭い知識や経験で大きな問題を判断するたとえ。
▼私はあの男よりもこの仕事について長いし、彼の指摘する問題点も経験済みだ。彼の忠告はありがたいが、葦の髄から天井を覗くような意見は願い下げだね。
【参考】「よし」は水辺に生える草「あし」の別名。

【類句】貝殻《かいがら》で海《うみ》を測《はか》る。鍵《かぎ》の穴《あな》から天《てん》を覗《のぞ》く。管《くだ》を以《もっ》て天《てん》を窺《うかが》う。針《はり》の穴《あな》から天《てん》を覗《のぞ》く。

遼東《りょうとう》の豕《いのこ》

世間知らずで、自分一人で偉いと思い込んで自惚《うぬぼ》れていること。
▼小さい町の研究会で天狗《てんぐ》になっていたが、中央の大きな会合に出席して、自分が遼東の豕だったことを思い知らされた。
【参考】遼東に住む男が、白頭の豚（豕）が生まれたのを珍しいと思い、朝廷に献上して褒美をもらおうと出かけたところ、他の地方ではありふれていることを知って恥じたという。

【類句】夜郎自大《やろうじだい》。唯我独尊《ゆいがどくそん》。

【出典】『後漢書《ごかんじょ》』朱浮伝《しゅふでん》。

論語《ろんご》読《よ》みの論語《ろんご》知《し》らず

『論語』の文章はすらすら読めるが、その中に説かれている内容や精神はわかっていないという意味で、書物を表面的にしか理解していないことのたとえ。書物から得た知識を実行しない人にもいう。
▼政府のブレーンの経済学者たちの政策が景気回復に効果がないとしたら、その人たちこそ論語読みの論語知らずではないのか。

学成り難し

一寸《いっすん(の)》光陰《こういん》軽《かろ》んずべからず

わずかの時間も無駄に費やしてはいけないということ。「光陰」は日と月で、月日、年月、歳月。
▼彼は学生時代には、ろくに勉強もしなかったそうだが、うちの会社に入社してからは一寸の光陰軽んずべからずとばかり頑張って、同期生の中でも目立つ存在になっている。

【出典】朱熹《しゅき》「偶成《ぐうせい》」。

学問《がくもん》に王道《おうどう》なし

学問には段階、もしくは過程というものがあり、学問を志す者は誰もがそれを経なければならない。王といえども、一足飛びに修得できる近道はないということ。

▼フランス語の文法が難しいから、簡単な覚え方を教えてくれだって？　学問に王道なし、こつこつ基礎から学ぶしかないよ。

【参考】エジプト王から幾何学を手軽に学べる方法はないかと問われたユークリッドが「幾何学に王道なし」と答えた故事から。

【同義語】学問《がくもん》に近道《ちかみち》なし。

尽《ことごと》く書《しょ》を信《しん》ずれば即《すなわ》ち書《しょ》無《な》きに如《し》かず

書物を読むときに、そこに書かれていることを全部信じ込むくらいなら、かえって書物などまったく読まないほうがよい。どんな書物も完全無欠ではないのだから、批判精神が必要だということ。

▼君の意見はいつもマニュアルどおりだから、どんな発言をするか予想できるくらいだ。勉強熱心はわかるが、尽く書を信ずれば即ち書無きに如かずだよ、自分の思ったままを聞かせてほしいな。

【出典】『孟子《もうし》』尽心《じんしん》。

歳月《さいげつ》人《ひと》を待《ま》たず

年月は人の都合などに関係なく、どんどん過ぎ去ってしまい、少しも待ってくれない。だから、今という時を大切にして勉強せよということ。

▼暇があれば本格的に古代史の勉強をしようと多くの資料を買いそろえたが、一冊として通読しないまま十年が過ぎた。積み上げた未読の資料図書を前に、歳月人を待たずの後悔の念に襲われた。

【類句】光陰《こういん》に関守《せきもり》なし。光陰《こういん》矢《や》の如《ごと》し。白駒《はっく》の隙《げき》を過《す》ぐるが若《ごと》し。

【出典】陶淵明《とうえんめい》「雑詩《ざっし》」。

【同義語】光陰《こういん》人《ひと》を待《ま》たず。

少年《しょうねん》老《お》い易《やす》く学成《がくな》り難《がた》し

月日のたつのは早く、年若い者もすぐに年をとってしまうが、学問のほうは成就しにくい。若いうちに時間を無駄にしないで勉強すべきことをいう。

▼学生時代は、勉強だけしていても許される特別な期間だ。この時期に勉強をおろそかにしていると、昔の人が少年老い易く学成り難しといっているように、社会に出てから勉強の遅れを取り戻すのは大変なことなんだ。

【参考】後に「一寸の光陰軽んずべからず」と続く。
【出典】朱熹《しゅき》「偶成《ぐうせい》」。

学《まな》びて思《おも》わざれば則《すなわ》ち罔《くら》し

知識を得るだけで自分の頭で考えないような学問では、道理を明確には把握できないという意味。
▼欧米の学説の引用ばかりしているあの人はとても信用できない。学びて思わざれば即ち罔し、自分の言葉で学問を語れないのはえせ学者だ。
【参考】後に「思いて学ばざれば則ち殆《あやう》し」と続く。「罔し」は「暗し」と同じ意味。
【出典】『論語《ろんご》』為政《いせい》。

学《まな》ぶに暇《いとま》あらずと謂《い》う者《もの》は暇《いとま》ありと雖《いえど》も亦学《またまな》ぶ能《あた》わず

学問はしたいけれども暇がないという人はもともと意欲がないのであって、暇ができたところで学ぶことはできないという意味。勉強しないで言い訳ばかりをしている人に対する戒め。
▼勤めていたころは、寝る間を削ってでも勉強し、早く自由な時間が欲しいと思ったものだが、いざ退職してみると学ぶ意欲が起きない。学ぶに暇あらずと謂う者は暇ありと雖も亦学ぶ能わずで、忙しいときのほうがはるかに勉強していたものだ。
【出典】『淮南子《えなんじ》』説山訓《せつざんくん》。

学問・知識

朝《あした》に道《みち》を聞《き》かば夕《ゆう》べに死《し》すとも可《か》なり

朝《あさ》、人としての正しい生き方である道を聞いて悟ることができたら、その晩に死んでもよいという意味。
▼朝に道を聞かば夕べに死すとも可なりの志で哲学科に入学したが、人生の奥義などそうそう簡単に理解できるはずもなかった。
【出典】『論語《ろんご》』里仁《りじん》。

一家言《いっかげん》

その人の独自の意見や学説。またひとかどの学識。
▼氏は音楽に関しては洋の東西を問わず一家言をもっておられるので、お話をうかがっていても、とても楽しく拝聴できます。
【誤り】「いっかごん」と読むのは誤り。

一丁字《いっていじ》を識《し》らず

たった一個の文字さえも知っていないということ。
▼日本の教育水準は高く、かつては

一丁字を識らずという人もいたが、今は識字率は百パーセントに近い。

【参考】「一丁字」は「一個字」の誤り。個は个とも書くが、个と字画が似ているために伝写の間に丁としてしまったもの。

【出典】『唐書《とうじょ》』。

【同義語】目《め》に一丁字《いっていじ》なし。

蘊蓄《うんちく》を傾《かたむ》ける

自分の持っている知識技能を精いっぱい発揮する。
▼熱帯魚の飼育方法について、彼は延々と蘊蓄を傾けた。
【参考】「蘊蓄」は深く積み蓄えた知識の意。

奥行《おくゆ》きがない

知識、思慮、人柄などに深みがないようす。
▼あの講師はまだ若いので、話に奥行きがないのも仕方がない。

教《おし》うるは学《まな》ぶの半《なか》ば

人に教えるには自分がよく理解していなくてはならない。また、教えているうちに自分の知識の曖昧《あいまい》さがはっきりして、確認する必要が出て来る場合もある。したがって、教えることは、半分は自分も学ぶことだという意味。
▼子どもに明治維新のことを聞かれ、得意になって教えていたら、子どもの素朴な質問に何一つ答えられなかった。教うるは学ぶの半ば、改めて歴史書を読んで勉強し直した。

下学上達《かがくじょうたつ》

手近な人間社会のことから勉強し始め、次第に天命・天の道まで知るようになるということで、手近なところから学んで、高遠な学問に達すること。
▼B君は、初めて行ったその国の初級会話から興味を覚え、どんどん勉強しているうちに上達して、今では通訳もこなせる。下学上達の見本だね。
【出典】『論語《ろんご》』憲問《けんもん》。

【同義語】下学《かがく》して上達《じょうたつ》す。

勧学院《かんがくいん》の雀《すずめ》は蒙求《もうぎゅう》を囀《さえず》る

勧学院にいつもいる雀は学生たちが『蒙求』を読む声を聞き覚えて、その文句を囀るようになる。身近に見たり聞いたりすることは自然に覚えるというたとえ。
▼外国人がよく泊まる日本旅館の経営者は、簡単な会話なら十数か国語を話せるが、「勧学院の雀は蒙求を囀るの類《たぐい》ですよ」と謙遜《けんそん》されていた。
【参考】「勧学院」は平安時代にでき

た藤原氏《ふじわら》の学校。『蒙求』は中国の唐《とう》時代に書かれた歴史書。年少者向きで暗唱しやすい韻文になっていた。

【類句】見《み》よう見真似《みまね》。門前《もんぜん》の小僧《こぞう》習《なら》わぬ経《きょう》を読《よ》む。

故事来歴《こじらいれき》

習慣やことばの起源になるものとして、古くから伝わっている出来事やいわれ。
▼わが家に遺《のこ》されている槍《やり》の故事来歴を調べているうちに、先祖が昔、郷土の長であったことなどがわかってきて興味が尽きなかった。
【出典】『書言字考節用集《しょげんじこうせつようしゅう》』九。

衆知《しゅうち》を集《あつ》める

多くの人々の知恵や意見を求める。
▼地球温暖化の問題は衆知を集めて対策を練る必要がある。

知《し》らざるを知《し》らざると為《な》せ 是《これ》知《し》るなり

知っていることと知らないことをはっきり区別し、知らないことは知らないと認めるのが本当に知ることだという意味。知ったかぶりへの戒めとしても使われる。
▼あの大学者は、自分の専門外の領域に関しては年少者にも進んで教えを乞う。「知らざるを知らざると為せ是知るなり」を実践する、あの姿勢こそ学者の理想だろう。
【出典】『論語《ろんご》』為政《いせい》。

知《し》る者《もの》は言《い》わず 言《い》う者《もの》は知《し》らず

物事をよく知っている者は、そのことについて語ろうとしない。知識をひけらかしてしゃべりたがるのはよく知らない者であるということ。
▼あの問題に誰も手をつけないのは、何度も前任者が失敗しているからさ。知る者は言わず言う者は知らずで、今度の担当者の意気込みは買うけれど、本質が見えていないいんじゃないかな。
【出典】『老子《ろうし》』玄徳《げんとく》。
【同義語】言《い》う者《もの》は知《し》らず知《し》る者《もの》は黙《もく》す。

浅学非才《せんがくひさい》

学問・知識が浅く未熟であること。また、その人。自分のことを謙遜《けんそん》して言うときに用いることば。
▼ご指名をいただきましたからには、浅学非才を顧みず、ご負託に応《こた》えるべく努力いたします。
【類句】浅学短才《せんがくたんさい》。
【対句】博学多識《はくがくたしき》。博覧強記《はくらんきょうき》。
【別表記】「非才」は「菲才」とも書く。

造詣《ぞうけい》が深《ふか》い

学問や芸術などに関する深い知識や優れた技量を持つ。学問や技芸に深く達していること。

▼彼は詩人であるが音楽にも造詣が深い。

象牙《ぞうげ》の塔《とう》

俗世界から離れて芸術を至上とする立場。現実離れした学究生活や研究室。転じて、学者の世間知らずにも用いる。

▼A先生は大学教授を定年退官後は民間会社の顧問になられるそうだが、象牙の塔を出ると苦労されるだろうね。

【参考】フランスの批評家サント・ブーヴが詩人ヴィニーの態度を評した言葉（原語は tour d'ivoire）。大学や研究所などを指す。

大智《たいち》は愚《ぐ》の如《ごと》し

真の知恵を身につけた人はそれをひけらかさないので、凡人には偉大さが理解できず、かえって愚か者に見えるということ。

▼その高僧の絵や書はまるで子どもの手になるもののようだ。そのことばも当たり前のことしか言っていないように見えるが、大智は愚の如し、われわれ凡人の論ずるところではないのだろう。

【類句】大巧《たいこう》は拙《せつ》なるが若《ごと》し。

【出典】蘇軾《そしょく》「欧陽少師《おうようしょうし》の致仕《ちし》を賀《が》するの啓《けい》」。

【同義語】大賢《たいけん》は愚《ぐ》なるが如《ごと》し。

多岐亡羊《たきぼうよう》

学問の道がいろいろに分かれていて、針路に迷うこと。転じて、方針がいろいろで、どれに従うか思案すること。

▼大学に入ってやがて三年目、いよいよ教養課程から専門課程に進むわけですが、多岐亡羊、どの学科にするか迷っています。

【類句】岐路《きろ》亡羊《ぼうよう》。亡羊《ぼうよう》の嘆《たん》。

【出典】『列子《れっし》』説符《せっぷ》。

【故事】中国、戦国時代、逃げた一匹の羊を大勢で追いかけたが、枝道が多くて見失った。楊朱《ようしゅ》がこれを見て、学問の道もあまりいろいろに分かれていると容易に真理が得られなくなると嘆いたという。

知恵《ちえ》と力《ちから》は重荷《おもに》にならぬ

知恵も力も貴重なものだが、いくらあっても荷物にならない。あればあるほどよいので、できるだけ身につけるべきだということ。

▼体力づくりも大事だが、勉強をおろそかにしてはいけない。知恵と力は重荷にならぬといって、それがす

べて君の実力になる。

知行合一《ちこうごういつ》

「知行合一説」の略。知（認識）と行（実践）は不可分の関係にあるとする、王陽明《おうようめい》の学説。実践を重視することば。

▼交通規則は知っていても、守らなければ意味はない。言ってみれば知行合一ということだ。

【出典】王陽明《おうようめい》『伝習録《でんしゅうろく》』上・中。

独壇場《どくだんじょう》

その人が思うままに力をふるえる場所。一人舞台。

▼海釣り、川釣りを問わず、釣りの話となると彼の独壇場である。

【参考】元は「独擅場」（どくせんじょう）だが、「どくだんじょう」と誤読され、「独壇場」と書き慣用されている。

博学多才《はくがくたさい》

広い分野の知識を身につけ、種々な方面の才能を備えていること。学識や才能が豊かであること。

▼難しい古代史の話をするかと思えば、最新流行のファッション情報にも通じている。彼の博学多才ぶりはたいしたものだな。

【類句】博学多識《はくがくたしき》。博覧強記《はくらんきょうき》。

博覧強記《はくらんきょうき》

広く古今東西の書物を読み、物事をよく記憶していること。

▼こと日本の古典文学に関しては、博覧強記、彼の右に出る者はない。

【類句】博学多才《はくがくたさい》。

【出典】『韓詩外伝《かんしがいでん》』三。

話《はなし》がわかる

物の道理や人情の機微をわきまえている。

▼彼は苦労人で話がわかるから何でも相談するといい。

飛耳長目《ひじちょうもく》

広範囲にわたって事物に精通していること。また、そのために役立つ書物。

▼彼は政治経済から文化一般、スポーツから芸能まで、ありとあらゆるジャンルの情報に通じ、その飛耳長目ぶりは公私にわたって重宝がられている。

【参考】「飛耳」は遠方のことをよく聞き取る耳。「長目」は遠くまで見通す目。

【出典】『管子《かんし》』九守《きゅうしゅ》。

故《ふる》きを温《たず》ねて新《あたら》しきを知《し》る

昔のことをよく研究して、そこから新しい知識や道理を発見すること。

▼わが社の三十年史を編集いたしましたのは、ただ回顧するためではありません。故きを温ねて新しきを知ると申しますように、これからのわが社の進むべき道を探るためでもあるのです。

【参考】「温」は、習ったことを復習する意で、「たずねる」または「あたためる」と読む。

【対句】記問《きもん》の学《がく》。

【出典】『論語《ろんご》』為政《いせい》。

【同義語】温故知新《おんこちしん》。

ペンは剣《けん》よりも強《つよ》し

思想や文学が発揮する力は、武力よりも偉大であるという意味。

▼御用マスコミばかりとなっては、ペンは剣よりも強しということばが泣く。ここは言論の力をみせつけてやろう。

【参考】「ペン」は思想や文学、「剣」は武力の意。

【類句】文《ぶん》は武《ぶ》に勝《まさ》る。

【出典】イギリスの作家ブルワー＝リットンの戯曲『リシュリュー』の一節による（原文は"The pen is mighter than the swords."）。

迷《まよ》わぬ者《もの》に悟《さと》りなし

宗教、思想、学問、技芸などのすべてにおいて、迷いは疑問から生じるものであるから、迷い抜いてこそ悟りの境地に達し、大きく前進するきっかけになるということ。

▼いくら難しいといっても、そこで諦めたらだめだ。迷わぬ者に悟りなし、壁にぶつかった今こそ成長のチャンスだと考えなさい。

【類句】大疑《たいぎ》は大悟《たいご》の基《もと》。

【同義語】疑《うたが》わぬ者《もの》に悟《さと》りなし。

耳学問《みみがくもん》

他人から話を聞いて物事を知ること。また、聞きかじりの知識。

▼彼は耳学問に、生半可な自己流の解釈を加えて、もっともらしく話すから、うっかり聞いていられない。

【類句】口耳《こうじ》の学《がく》。

【出典】滑稽本《こっけいぼん》『花暦八笑人《はなごよみはっしょうじん》』。

孟母三遷《もうぼさんせん》

孟子《もうし》の母が環境を考えて住居を三度も移し替えたことから、子どもの教育には環境が大切だということ。

▼夫がロンドン支店に転勤になると聞いて、彼女は「孟母三遷ではないけれど、子どもに語学力をつけさせるにはぴったりの環境ね」と喜んだ。

【出典】『列女伝《れつじょでん》』母儀《ぼぎ》。

【故事】孟子は幼少のころ、墓の近くに住んでいて、葬式の真似《まね》ばかりするので、母は市場の近くに移転した。すると今度は商人の真似をするようになったので、さらに学校の前に転居すると礼儀作法の真似をして遊ぶようになったので、喜んでやっとそこに居を定めた。

孟母断機《もうぼだんき》

物事（特に学問）は中途でやめると何の役にも立たなくなるという教え。

▼ここで修業をやめたら、これまで苦労したことが意味をなさなくなる。孟母断機の逸話を思い出して考え直したらどうだ。

【出典】『列女伝《れつじょでん》』母儀《ぼぎ》

【故事】孟子《もうし》が学業半ばで帰省したところ、孟子の母は織りかけの機《はた》の糸を断ち切り、学問を途中でやめるのは、このようなもので何の役にも立たないと戒めた。

文殊《もんじゅ》の知恵《ちえ》

文殊菩薩《ぼさつ》の知恵のように優れた知恵。優れた、よい知恵であることのたとえ。

▼納期に間に合わせるにはどうしたらいいか、君たちで相談してみてくれ。三人寄れば文殊の知恵、何とかいい考えがひねり出せるんじゃないかな。

【参考】特に「三人寄れば文殊の知恵」（一人では平凡な考えしか浮かばなくとも、三人で相談すればいい知恵が出てくる）としてよく使われる。

門前《もんぜん》の小僧《こぞう》習《なら》わぬ経《きょう》を読《よ》む

寺の門前に住んでいる子どもはいつも僧侶《そうりょ》たちの読経《どきょう》を聞いており、特に習わなくても自然に経が読めるようになるということ。環境の影響や、ふだん接している人の感化が大きいことのたとえ。

▼門前の小僧習わぬ経を読むというが、毎年正月に家族で百人一首をやっているうちに、小学生の娘はかなりの歌を暗唱できるようになった。

【類句】勧学院《かんがくいん》の雀《すずめ》は蒙求《もうぎゅう》を囀《さえず》る。

和魂漢才《わこんかんさい》

日本人固有の精神を維持しつつ、中国の学問を修めること。また、そのようにすべきであるという意味。

▼大和《やまと》心を失わずに中国の学問を学ぶという和魂漢才の考え方が、独自の日本文化を築くベースになったといえるだろう。歴史の本をひもとくと、そういった先人の苦労が偲《しの》ばれる。

【類句】和魂洋才《わこんようさい》。

【出典】『菅家遺誡《かんけいかい》』一。

和魂洋才《わこんようさい》

「和魂漢才」をもじって、明治以降

にできた語。わが国固有の精神を持って、西洋の学問を学び活用すること。
▼明治維新以来、福沢諭吉《ふくざわゆきち》らの先覚者は和魂洋才を実践し、日本文化の発展に寄与した。
【類句】和魂漢才《わこんかんさい》。

【出典】森鷗外《もりおうがい》『なのりそ』。

賢い・能力がある

一《いち》を聞《き》いて十《じゅう》を知《し》る

一つのことを聞くと、それだけで十の事柄を理解するほど賢いことのたとえ。
▼羽柴秀吉《はしばひでよし》に仕えた小姓時代の石田《いしだ》三成《みつなり》は、一を聞いて十を知る俊英と評判だった。
【参考】孔子《こうし》の弟子の子貢《しこう》が同門の顔回《がんかい》を評したことば。

【出典】『論語《ろんご》』公冶長《こうやちょう》。

【同義語】一事《いちじ》を聞《き》きては十事《じゅうじ》も知《し》る。一《いち》を以《もっ》て万《まん》を察《さっ》す。

一頭地《いっとうち》を抜《ぬ》く

頭一つほど普通の人々より高く出ているということで、一段と優れているという意味。
▼彼の画才は非常に高く、美術学校の中でも一頭地を抜いていた。
【参考】「地」は語尾に添えて調子を整える無意味の字。従って「一頭地」は「一頭」と同じ。

【出典】『宋史《そうし》』蘇軾伝《そしょくでん》。

【同義語】一頭地《いっとうち》を出《い》だす。

大《おお》きい薬缶《やかん》は沸《わ》きが遅《おそ》い

大きい薬缶は水がたくさん入るのでなかなか沸かないことから、大人物が大成するには普通の人よりも時間がかかるということのたとえ。
▼まだヒット作が出ないと焦る必要はありませんよ。大きい薬缶は沸きが遅い、といいます。小手先のうまさでなく、骨太《ほねぶと》な構想を立てて勝負してください。
【類句】大器晩成《たいきばんせい》。

咳唾《がいだ》珠《たま》を成《な》す

何気なく口にするようなことばが玉のように美しいということで、詩文の才能が豊かなことのたとえ。
▼彼は天性の詩人で、講演会では原稿など一切なしで、咳唾珠を成すような美しいことばを連ねていった。
【参考】「咳唾」はせきとつば。他人の言語を敬っていう。

【出典】『晋書《しんじょ》』夏侯湛伝《かこうたんでん》。

口八丁手八丁《くちはっちょうてはっちょう》

言うことも、やることも達者なこと。

▼彼は口八丁手八丁で、言うことも言うが仕事もできるやり手だ。

【誤り】軽率だとか、油断のできない人だというニュアンスがあるので、褒《ほ》めことばに用いるのは誤り。

【同義語】口《くち》も八丁《はっちょう》手《て》も八丁《はっちょう》。

【出典】『晋書《しんじょ》』嵆紹伝《けいしょうでん》。

群《ぐん》を抜《ぬ》く

多くの中で特に優れている。

▼高校生の中では群を抜く剛球の投手だ。

【同義語】抜群《ばつぐん》。

鶏群《けいぐん》の一鶴《いっかく》

鶏の群れの中に一羽だけ鶴が交じっているように、凡人の中に際立って優れた人が一人いて目立っていること。

▼彼はわれわれ仲間の中では鶏群の一鶴ともいうべき大秀才だった。

【類句】鶏群孤鶴《けいぐんこかく》。掃《は》き溜《だ》めに鶴《つる》。

才気煥発《さいきかんぱつ》

優れた頭脳の働きが、盛んに外に現れ出ること。また、そのようす。

▼彼は、幼いころから才気煥発で、周囲からもその将来を嘱望されていた。

【類句】才気横溢《さいきおういつ》。

【出典】（才気）『史記《しき》』項羽本紀《こううほんぎ》。

才色兼備《さいしょくけんび》

女性が、すばらしい才能と、美しい容姿との両方を合わせもっていること。

▼学生時代から才色兼備の誉れが高かった彼女は、やがてニュースキャスターとして華々しくデビューした。

【出典】（才色）『後漢書《ごかんじょ》』皇后紀《こうごうき》。

山椒《さんしょう》は小粒《こつぶ》でもぴりりと辛《から》い

山椒の実は小さくて辛い。そこから、体が小さくても激しい気性をもち、能力的にも優れていて侮《あなど》りがたい人間のたとえ。

▼そのフォワードの選手は決して身長は高くないが、きれのあるドリブル、正確なシュートと、山椒は小粒でもぴりりと辛いにぴったりのプレースタイルだ。

【類句】細《ほそ》くても針《はり》は呑《の》めぬ。

三拍子《さんびょうし》揃《そろ》う

必要な三つの条件、つまりあらゆる条件が備わっていること。

▼今年入団したあの新人野手は、打力・走力・守備力の三拍子そろった有望株だ。

【参考】「三拍子」は能楽で、小鼓《こつづみ》、大鼓《おおかわ》、太鼓《たいこ》（または笛）の三つの楽器で拍子をとること。

地獄耳《じごくみみ》

他人の秘密や情報を素早く聞き込んでしまう能力をもつ人。
▼彼は地獄耳だから必ず何か知っていると思うよ。それとなく聞いてみるといい。

縦横無尽《じゅうおうむじん》

思う存分に、自由自在に物事を行うこと。また、そのさま。あらゆる方面に力が及ぶさま。
▼昨日の対抗試合でわが校が勝利を収めたのは、A選手の投打にわたる縦横無尽の活躍があったからである。
【類句】縦横自在《じゅうおうじざい》。縦横無碍《じゅうおうむげ》。
【出典】（縦横）『後漢書《ごかんじょ》』李固伝《りこでん》。

素人離れ《しろうとばなれ》

素人らしくなく、専門家のようである。
▼父の日曜大工の腕は素人離れしている。

筋《すじ》がいい

才能、素質がある。
▼少し筋がいいと褒《ほ》められたぐらいでプロの絵描きを目指すとは考えが甘すぎる。

隅《すみ》に置《お》けない

意外に才知や力量があって油断できない。
▼あんな美人の奥さんがいたなんて、彼も隅に置けないいね。

栴檀《せんだん》は双葉《ふたば》より芳《かんば》し

香木の栴檀は双葉が出たころから芳香を放つということで、大成する人物は幼時から優秀な素質を示すたとえ。
▼栴檀は双葉より芳しといえば、モーツァルトがその典型で、その天才ぶりを多くのエピソードが伝えている。
【参考】このことわざの「栴檀」は香料の原料である白檀《びゃくだん》のこと。
【類句】蛇《じゃ》は寸《すん》にして人《ひと》を呑《の》む。実《み》の生《な》る木《き》は花《はな》から知《し》れる。

大器晩成《たいきばんせい》

大人物は、普通より遅れて大成するということ。偉大な人物は、大成するのに時間がかかるということ。
▼テストの点が悪かろうとも、あの子なら心配はあるまい。大器晩成の子だと思って見守っていけばよい。

【類句】大才晩成《たいさいばんせい》。

【出典】『老子《ろうし》』同異《どうい》。

大魚《たいぎょ》は小池《しょうち》に棲《す》まず

大きな魚は狭い池の中には棲んでいないということで、大人物はつまらない地位や仕事で満足していないというたとえ。
▼地方の大学の研究者だったC氏は、優れた研究が認められてアメリカの大学に招かれた。大魚は小池に棲まず、今は世界を股に活躍している。
【同義語】大魚《たいぎょ》は小水《しょうすい》に棲《す》むことなし。

泰山北斗《たいざんほくと》

学問や芸術などの道で、最も仰ぎ尊ばれる大家。第一人者。「泰山」は中国の名山、「北斗」は北斗星。略して「泰斗」として使われる。
▼東洋史学の泰山北斗、B博士の論文は海外の学術専門誌にも紹介されている。
【出典】『唐書《とうじょ》』韓愈伝《かんゆでん》賛。

多士済済《たしせいせい》

優秀な人物が多く集まっているようす。「多士」は多くの人材、「済済」は多くて盛んなさま。
▼本日の企画会議は多士済々、必ずや多くのユニークなご意見をいただけるものと期待しております。
【誤り】多士斉斉。

【別表記】「済済」は「さいさい」とも読む。

【出典】『詩経《しきょう》』「大雅《たいが》」文王《ぶんおう》。

多多益益弁《たたますますべん》ず

多ければ多いほど巧みに処理することができる。多ければ多いほど都合がよい。才能・手腕にゆとりがあるさま。
▼仕事が多すぎてたいへんだとぼやきながら仕事をするよりは、多々益々弁ずとばかり頑張って片づけていくほうが気持ちがよい。
【類句】多多益《たたますます》善《よ》し。

【出典】『漢書《かんじょ》』韓信伝《かんしんでん》。

【故事】漢の高祖劉邦《りゅうほう》と名将韓信が語り合ったときに、韓信が高祖は十万人程度の用兵能力だが、自分は多ければ多いほど巧みに使いこなすと誇った。

端倪《たんげい》すべからず

測り知ることができないということ。スケールの大きさや深さが測り知れない人や事物についていう。
▼あのわずかな手がかりからそこまで全体像を把握できるとは、あの男は端倪すべからざる才能の持主だね。
【参考】「端」は山頂、「倪」は水辺。

「端倪」で物事の始めと終わり。物事の始めも終わりもわからないので全体を把握・推測できないという意味から。

【出典】『荘子《そうじ》』大宗師《だいそうし》。

天《てん》馬《ば》空《くう》を行《ゆ》く

天帝が天上で乗ると伝えられる馬が空を駆けるように、着想や行動が奔放で自由自在なようすのたとえ。

▼彼の発想は天馬空を行くがごときで、常人はとてもついていけない。

【類句】無人《むじん》の野《の》を行《ゆ》く。

頭《とう》角《かく》を現《あらわ》す

人々の中で頭の先が高く抜き出て目立つという意味から、才能や学識が群を抜いて優れること。

▼今期入社の仲間の中では、彼が真っ先に頭角を現すに違いない。

【参考】「頭角」は頭の先のこと。

【出典】韓愈《かんゆ》「柳子厚墓誌銘《りゅうしこうぼしめい》」。

嚢中《のうちゅう》の錐《きり》

袋（嚢）の中に入れた錐が外に突き出ることから、才能のある人は自然と外に現れることのたとえ。

▼彼は自己宣伝を決してしない人だが、嚢中の錐のたとえどおり、その才能は隠れもない。

【出典】『史記《しき》』平原君虞卿列伝《へいげんくんぐけいれつでん》。

白眉《はくび》

多くの同類のものの中で最も優れた人物や物のこと。

▼異論もあるでしょうが、ゲーテの作品中の白眉は『ファウスト』だと私は考えます。

【参考】中国の三国時代、蜀《しょく》の馬氏《ばし》に優秀な五人兄弟がいたが、特に長兄の馬良《ばりょう》が優れ、その眉《まゆ》に白い毛がまじっていたという故事から。

【出典】『三国志《さんごくし》』「蜀志《しょくし》」馬良伝《ばりょうでん》。

八面六臂《はちめんろっぴ》

八つの顔と六つの臂《ひじ》。転じて一人で何人分もの活躍、あるいは多方面にわたる活躍をすること。

▼彼の名刺を貰《もら》ったが、ずらりと並んだ肩書を見て、その八面六臂の活躍ぶりに驚いたよ。老いてますます盛んといったところだね。

【類句】三面六臂《さんめんろっぴ》。

【出典】獅子文六《ししぶんろく》『自由学校《じゆうがっこう》』。

万卒《ばんそつ》は得易《えやす》く一将《いっしょう》は得難《えがた》し

兵士はいくらでも集められるが、名将は一人でも見つけるのは難しいという意味で、平凡な人間は多いが優れた人材はなかなかいないことのたとえ。

▼サッカーなどスポーツでは監督次

第でチームが大きく変わる。万卒は得易く一将は得難しで、名将ともなると国やスポンサー、多額の金が動くというのも理解できる話だ。

【同義語】千軍《せんぐん》は得易《えやす》く一将《いっしょう》は求《もと》め難《がた》し。万卒《ばんそつ》は求《もと》め易《やす》く一将《いっしょう》は求《もと》め難《がた》し。

右《みぎ》に出《で》る者《もの》がない

その人より優れている者がいない。

▼ゴルフの腕にかけては、社内で彼の右に出る者がない。

【参考】漢の時代、高官が並ぶとき右の方から偉い人の席にしたため。

【類句】並《なら》ぶ者《もの》がない。

見所《みどころ》がある

将来期待できる素質がある。

▼この子の演技にはなかなか見所がある。

耳《みみ》が早《はや》い

うわさなどを聞きつけるのが早い。

▼耳が早い彼は、人事異動を事前に知っていた。

【類句】耳《みみ》ざとい。

目先《めさき》が利《き》く

先の見通しがよく利く。

▼あの人は目先が利く分、変わり身も早い。

【類句】目端《めはし》が利《き》く。

物《もの》がわかる

人情や道理を心得ている。

▼物がわかる両親だったので、私に好きな進路を選ばせてくれた。

【類句】物《もの》わかりがいい。

要領《ようりょう》がいい

物事をうまく処理したり、うまく立ち回ったりする術《すべ》を心得ている。

▼彼は上司の前でだけ張り切って仕事をする、要領がいいやつだ。

【対句】要領《ようりょう》が悪《わる》い。

瑠璃《るり》も玻璃《はり》も照《て》らせば光《ひか》る

石ころなどに交じっていたとしても、瑠璃や玻璃は光が当たれば輝きを放つ。優れた者はどこにいても目立つというたとえ。また、能力のある者は機会を与えられれば真価を発揮するという意味もある。

▼この店のオーナーシェフは修業時代に多くの店を渡り歩き、瑠璃も玻璃も照らせば光るというとおり、どの店でもその才能を発揮していたのは有名な話である。

【参考】「瑠璃」は青色の宝玉で現代

名はラピスラズリ。「玻璃」は水晶。

切り抜ける

命拾《いのちびろ》い

危ういところを、なんとか命だけは助かること。また、窮地を脱した際にも用いる。

▼あちこち駆けずり回って、ぎりぎりのところで資金繰りのめどがついて、どうにか命拾いができた。

九死《きゅうし》に一生《いっしょう》を得《え》る

九分どおり助からないはずの命が助かること。ほとんど死ぬかと思われた危険な状態から生き延びるということ。

▼ブレーキが利かなくなった車は崖《がけ》の一歩手前で奇跡的に止まり、運転席の彼は九死に一生を得た。

【類句】死中求活《しちゅうきゅうかつ》。身《み》を捨《す》ててこそ浮《う》かぶ瀬《せ》もあれ。

【出典】滝沢馬琴《たきざわばきん》『椿説弓張月《ちんせつゆみはりづき》』。

窮《きゅう》すれば通《つう》ず

絶体絶命の窮地に追い込まれると、おのずから活路が開けるということ。土壇場になっても、人は切り抜ける方法をなんとか見いだすものだということ。

▼アルキメデスが浮力の法則を発見したのは、伝説によれば、王から難題を出されたときに、窮すれば通ずで風呂場でひらめき、「エウレーカ」(発見したぞ)と叫んだという。

【参考】「窮する」は、困難にぶつかって、どう処置したらよいかわからなくなる意。

【類句】案《あん》ずるより生《う》むが易《やす》し。

【出典】『易経《えききょう》』繋辞伝《けいじでん》下。

急場《きゅうば》をしのぐ

一時しのぎで差し迫った場合や事態を何とか切り抜ける。

▼責任者不在ながら、関係者は協力して急場をしのいだ。

死中《しちゅう》に活《かつ》を求《もと》める

死ぬよりほかないような絶望的な状況にあって、なお生きる道を探し求めること。せっぱつまった場合に、必死で打開の方法を見いだそうとするたとえ。

▼関ケ原《せきがはら》の戦いで西軍がみな敗走する中で、島津義弘《しまづよしひろ》率いる薩摩《さつま》兵はあえて敵中突破を試みた。死中に活を求めた薩摩軍の勇猛さは「島津の退《ひ》き口《ぐち》」と語り草になった。

【類句】死中《しちゅう》に生《せい》を求《もと》める。九死《きゅうし》に一生《いっしょう》を得《え》る。身《み》を捨《す》ててこそ浮《う》かぶ瀬《せ》もあれ。

【出典】『晋書《しんじょ》』呂光載記《りょこうさいき》。

体《たい》をかわす

相手からの非難や仕掛けられる面倒事から巧妙に逃れる。
▼矛先《ほこさき》がこちらに向いてきたので、さりげなく体をかわして退散した。
【参考】体の位置を変えて攻撃や衝突を避ける意から。

一山越《ひとやまこ》す

物事の難所を乗り越える。
▼この仕事も一山越したので、一緒に旅行でもしようか。

柳《やなぎ》に雪《ゆき》折《お》れなし

柳の枝はよくしなうので、雪が積もっても振り落としてしまって折れない。そこから、柔軟なものは堅固なものより適応性があって困難に耐えるというたとえ。
▼私の祖母はさまざまな苦労に直面しながら、いつも柳に雪折れなしで事態を受け止めては、時間をかけて乗り越えていった。
【類句】柔《じゅう》能《よ》く剛《ごう》を制《せい》す。歯《は》亡《ほろ》びて舌存《したそん》す。
【同義語】柳《やなぎ》に風《かざ》折《お》れなし。

技量

息《いき》が通《かよ》う

精神がこもって充実する。→⑥〈生死〉
▼この人物画には画家の息が通っている。

一騎当千《いっきとうせん》

一騎で千人の敵と戦えるほど、強力だという意。一騎は馬に乗った一人の将兵。
▼先生は、今マスコミで一騎当千のつわものと評価の高い論客でありますから、どうぞ思い切ったご意見をお出しください。
【出典】『太平記《たいへいき》』五。
【同義語】一人当千《いちにんとうせん》。

腕《うで》が上《あ》がる

技能が上達する。
▼単身赴任のおかげで家庭料理の腕が上がった。
【類句】手《て》が上《あ》がる。腕《うで》を上《あ》げる。

腕《うで》が利《き》く

優れた能力や技術を発揮することができる。
▼彼のように腕が（の）利く職人は、今どき珍しい。

腕《うで》が立《た》つ

技量が優れている。

▼彼は、腕が（の）立つ外科医として全国にその名が知られている。

お株《かぶ》を奪《うば》う

人の得意とすることをほかの人がうまくやってのける。

▼彼はプロのお株を奪うほど歌がうまい。

十八番《おはこ》

得意とする芸。得手《えて》。その人が、よく言ったり、したりする、ことばや動作。

▼Bさんの十八番のものまねが出たところで、宴会はお開きになった。

【参考】歌舞伎の七代目市川団十郎《いちかわだんじゅうろう》が、初代・二代目・四代目の団十郎の得意とした荒事《あらごと》の演目十八種を選び、これが「歌舞伎十八番」と呼ばれ、得意とする芸の代名詞になった。これと、箱に入れて大切に保存する意味が組み合わさり、「十八番」と書いて「おはこ」と呼ぶようになった。

型《かた》にはまる

職業などによるきまったタイプが身につく。→③〈同様な・同じ〉

▼修業のかいあって、彼も最近やっと大工姿が型にはまってきた。

肩《かた》を並《なら》べる

対等な地位に立つ。同じような力や勢いを持つ。

▼一流選手に肩を並べるほどの成績を残した。

間然《かんぜん》する所《ところ》なし

完璧で、非難すべき欠点がないということ。

▼D画伯の新作は熟練の技の冴えに人柄がにじみでた大作で、まったく間然する所がなかった。

【参考】「間」はすきま、「然」は状態。「間然」はあれこれ非難するすきまのあるさま。

【出典】『論語《ろんご》』泰伯《たいはく》。

弘法《こうぼう》(は)筆《ふで》を択《えら》ばず

書の名人であった弘法大師はどんな悪い筆を用いても立派な字を書いたということで、物事に巧みな人は道具などに文句をつけないというたとえ。

▼あの伝説の野球選手は他人のバットでホームランをよく打ったらしい。弘法筆を択ばず、バットの重さやバランスにこだわる連中にはとうてい真似できない。

【参考】「択ばず」は「選ばず」と同じ。「弘法」は名筆家として知られる弘法大師（空海《くうかい》）のこと。

【類句】良工《りょうこう》は材《ざい》を択《えら》ばず。

【同義語】能書筆《のうしょふで》を択《えら》ばず。

神韻縹緲《しんいんひょうびょう》

詩文などの芸術作品が筆舌に尽くしがたいほど優れて、奥深い境地に到達しているさま。「縹緲」は遠くはるか。

▼たっぷり墨を含ませた老師の筆先が畳一枚ほどの白紙の上を自在に走ったと見るや、たちまち神韻縹緲たる文字が書き上げられた。

【別表記】「縹緲」は「縹眇」「縹渺」とも書く。

神《しん》に入《い》る

技芸が非常に優れていて、人間技とは思えないほどである。

▼あの書家の筆さばきは神に入っている。

真《しん》に迫《せま》る

いかにも本物らしく見える。

▼彼は真に迫った演技で観客を魅了した。

潰《つぶ》しが利《き》く

本来の仕事だけでなく、別な仕事でも十分やっていける能力がある。

▼世間に出てから潰しが利く学部を選ぶ受験生が多い。

【参考】「潰し」は金属製の器物をとかして地金《じがね》にすること。地金にすれば再び役に立つことから。

天衣無縫《てんいむほう》

詩文などが、ごく自然で美しく書かれていること。また、飾り気がなく自然でありのままの無邪気な性格。

▼良寛《りょうかん》のやわらかにしてのびのびとした筆遣いは、天衣無縫の名品と呼ぶにふさわしい。

【参考】天人の衣には縫い目のような人工の跡がないこと。転じて、技巧の跡の見えない詩や文章をいう。

【類句】天真爛漫《てんしんらんまん》。

【出典】『霊怪録《れいかいろく》』。

堂《どう》に入《い》る

物事に熟達している。

▼場数《ばかず》を踏み、彼の演技も堂に入ってきた。

【参考】「堂《どう》に升《のぼ》りて室《しつ》に入《い》らず（上達はしたがまだ室＝奥の間まではいっていない）」から転じて、堂に入りて室に入る＝学術や技芸などが奥深い域にまで達している意。

年季《ねんき》が入《はい》る

長年そのことに打ち込み、習熟している。

▼年季が（の）入った職人なので、

安心して任せられる。
【参考】「年季」は昔の奉公人を雇う年限。一年を一季とした。

鼻《はな》が利《き》く
わずかな兆候から、役に立つことを見つけ出す能力をもっている。
▼彼は妙に鼻が利くので、この話を内緒にしておくのは難しいだろう。

百戦錬磨《ひゃくせんれんま》
多くの戦いによって経験を積み、心身が鍛えられていること。
▼三年ぶりに帰国した登山家には百戦錬磨の貫禄《かんろく》が備わっていた。
【出典】（百戦）『呉子《ごし》』料敵《りょうてき》。

筆《ふで》が立《た》つ
文章を書くことが上手である。
▼筆が立つ父は、新聞に投稿することを楽しみにしている。

耳《みみ》が肥《こ》える
音楽などをよく聞いていて、味わう力や優劣を判断する力がつく。
▼聴衆は耳が肥えていたので、演奏家が奏でる微妙な音の違いを聴き漏《も》らさなかった。

昔取《むかしと》った杵柄《きねづか》
以前鍛えて身につけた技能や腕前。
▼お見事なサーブ、さすがに昔取った杵柄ですね。

目《め》が利《き》く
いい悪いを見分ける能力がある。
▼彼女がこの作品を選ぶとは、若いのに目が利くね。
【類句】目《め》が高《たか》い。

目《め》が肥《こ》える
いいものを多く見て、鑑賞する能力が増す。
▼名画に囲まれて育ったので、彼は目が肥えている。

申《もう》し分《ぶん》がない
不満に思うところや非難すべき点がない。
▼技術者としても、経営者としても、社長は申し分がない指導者だ。

物《もの》にする
努力して技術・技芸を習得する。↓②〈仕上げる・完成する〉②〈取得する・獲得する〉
▼会話学校に通い、複数のネイティヴの友人とつき合い、なんとか英会話を物にした。

物《もの》になる

人物や仕事が世間に通用するちゃんとしたものになる。ひとかどのものになる。

▼子どもに音楽教室、スポーツ教室と通わせたがどれも物にならなかった。

山葵《わさび》が利《き》く

表現などがぴりっとしまっていて、鋭く人の心を打つ。

▼この随筆は適度に山葵が利いていて絶妙だ。

読書

韋編三絶《いへんさんぜつ》

書物の綴《と》じ糸が幾度も切れるくらい、繰り返し熟読すること。

▼『論語』は古臭い書物と思われているようだが、韋編三絶、読めば読むほど味わい深い内容を持っている。

【参考】「韋編三度《みたび》絶つ」ともいう。「韋編」は竹の札を革ひもで綴じた古代中国の書物。孔子は『易経《えききょう》』を好み、何度も繰り返し読んだために、綴じひもが三度も切れた。

【出典】『史記《しき》』孔子世家《こうしせいか》。

汗牛充棟《かんぎゅうじゅうとう》

蔵書が非常に多いことのたとえ。また、世に出された書物の多いこと。

▼先生の研究範囲は非常に広いので、お宅の書庫は汗牛充棟を絵に書いたような状態です。

【参考】車に積んで引かせると牛が汗をかき、室内に積み重ねると棟木《むなぎ》に届くほどであるという意味で、蔵書が非常に多いことのたとえ。

【出典】柳宗元《りゅうそうげん》「陸文通《りくぶんつう》墓《ぼ》表《ひょう》」。

眼光紙背《がんこうしはい》に徹《てっ》す

読書の理解力が深いさま。紙の裏側まで見通す意で、作者の意図を見抜くこと。

▼大学生になったら、多読する一方で、これぞと思う一冊の本を眼光紙背に徹するまで読むことを勧めたい。

熟読玩味《じゅくどくがんみ》

文章を繰り返し読み、その意味や内容などをよく考えて十分に味わうこと。

▼この古典文学は熟読玩味してほしいものの一つである。

【出典】『羅山先生文集《らざんせんせいぶんしゅう》』。

灯《とう》火《か》親《した》しむべし

秋になると涼しくなり、夜も長くなるので、灯《ともしび》の下で読書するのに適しているということ。

▼灯火親しむ季節、楽しみにしていた作家の最新作を読み始めたが、あまりの面白さに徹夜して読み通してしまった。

【誤り】「灯下」と書くと誤り。

【出典】韓愈《かんゆ》「符書《ふしょ》を城南《じょうなん》に読《よ》む」。

読《どく》書《しょ》三《ざん》昧《まい》

読書に熱中すること。読書にふけること。「三昧」は一心不乱にするさま。

▼受験の重圧から解放されて、彼は好きな読書三昧に明け暮れた。

【参考】「三昧」は、仏教語で、雑念を離れて心を一つの対象に集中した状態をいうが、「読書三昧」「贅沢《ぜいたく》三昧」などのように接尾語としたときは、あることを、したい放題にすることをいう。

【類語】耽読《たんどく》。繙読《はんどく》。

【出典】（読書）『礼記《らいき》』文王世子《ぶんおうせいし》。

読《どく》書《しょ》百《ひゃっ》遍《ぺん》義《ぎ》自《おのずか》ら見《あらわ》る

難しいと思われる書物でも、何度も繰り返して読めば内容が自然に理解できるということ。

▼この本は最初は何を言っているのかわからないかもしれない。しかし読書百遍義自ら見るというから、面白さや深さがそのうちわかってくるよ。

【類句】読《どく》書《しょ》百《ひゃっ》遍《ぺん》意《い》自《おのずか》ら通《つう》ず。

【出典】『三国志《さんごくし》』「魏志《ぎし》」王粛伝《おうしゅくでん》。

見抜く

尻尾《しっぽ》をつかむ

他人が隠している秘密や悪事の証拠を握る。

▼彼が飛ばされたのは、社内の横領事件の尻尾をつかんだと口をすべらしたからだ。

【参考】化けた狐《きつね》や狸《たぬき》の尻尾をつかんで正体を暴く意から。

大地《だいち》を見抜《みぬ》く

非常に優れた眼識で物事を見破る。

▼あの経営者は大地を見抜く見識の持ち主だ。

腹《はら》をえぐる

相手の心の中を見通して、鋭く追及

するようす。
▼腹をえぐるような質問に、彼は一瞬答えにつまった。
【参考】刀などを腹に突き立てて回す意から。

腹《はら》を見抜《みぬ》く

相手の隠している考えやたくらみを見破る。
▼もともと無口な彼の腹を見抜くのは容易ではない。
【類句】腹《はら》を見透《みす》かす。

見《み》る目《め》がある

物事を判断したり見抜いたりする能力がある。
▼この商品を選ぶとは、さすがに見る目がありますね。
【対句】見《み》る目《め》がない。

読《よ》みが深《ふか》い

物事の真相や成り行き、人の心の中などを見抜く力が優れている。
▼彼は首位打者だけあって、さすがに球筋の読みが深い。

6……社会・生活

悪事・悪人

頭《あたま》の黒《くろ》い鼠《ねずみ》

主人の家の金や物をくすねる雇い人のこと。また、金や物がなくなったとき、その家の人間が盗んだとほのめかすときに使うことば。

▼大金持ちの屋敷から宝石が奪われると、真っ先に頭の黒い鼠が疑われるが真犯人ではない、というのは安っぽい推理小説の常套《じょうとう》手段だね。

【参考】鼠は物を天井裏などに引いていくが、それに頭の毛の黒い人間を引っ掛けたもの。

頭《あたま》をはねる

他人の利益の一部をかすめ取る。

▼親方に頭をはねられて、手取りが二割がた減ってしまった。

【類句】上前《うわまえ》をはねる。ピンをはねる。ピンはねをする。

網《あみ》にかかるは雑魚《ざこ》ばかり

魚網を引き揚げると大きな魚は逃げて小さな雑魚だけがかかっていることがある。この魚網を法の網にたとえて、悪事の張本人である大物は逃げてしまい、逮捕されるのは小物ばかりだということをいったもの。

▼世間を騒がせた汚職事件も、逮捕者の顔ぶれを見たら、網にかかるは雑魚ばかりだ。これで幕引きをさせてはならない。

【類句】皿《さら》嘗《な》めた猫《ねこ》が科《とが》を負《お》う。

上前《うわまえ》をはねる

人に取り次ぐべき賃金、代金の一部を着服する。

▼賄賂《わいろ》の上前をはねるとは、間に立った男も図太い。

【参考】「上前」は「上米《うわまい》」が転じたもの。類句の「ピン」はカルタやさいころの目の一の意。

【類句】ピンをはねる。ピンはねをする。頭《あたま》をはねる。

薩摩守《さつまのかみ》

ただ乗り。無賃乗車のこと。

▼最近の駅の改札口はほとんど電子化されているとはいえ、薩摩守の悪事を働く不届き者の数は少なくないという。

【参考】平家一門の薩摩守忠度《さつまのかみただのり》の「忠度」に「ただ乗り」を掛け、「薩摩守」としゃれて言ったもの。「薩摩守をきめこむ」といった使い方をする。

小人閑居《しょうじんかんきょ》して不善《ふぜん》を為《な》す

小人物（度量の狭い人）は、暇でいると、とかくよくないことをするということ。
▼間もなく定年退職しますが、小人閑居して不善をなすようでは困るので、何かやりがいのあるライフワークをもちたいと考えています。
【出典】『礼記《らいき》』大学《だいがく》。

大姦《たいかん》は忠《ちゅう》に似《に》たり

小悪人と違って、大悪人は自分のねらいや本性を隠して主君にへつらうので、あたかも忠臣のように見えるということ。
▼大姦は忠に似たりとはよく言ったもので、最も信頼している支配人に店の有り金全部を奪われたときは何かの間違いだとして、まったく信じられなかった。
【参考】「大姦」は非常に邪悪な人間。中国宋《そう》の宰相だった王安石《おうあんせき》を呂誨《りょかい》が評したことば。

【出典】『宋史《そうし》』呂誨伝《りょかいでん》。

叩《たた》けば埃《ほこり》が出《で》る

目に見えなかった埃が叩くことによって見えてくるという意味。誰でも細かく探せば欠点や弱点、悪行などがあるものだというたとえ。
▼あのアルバイトは一見真面目《まじめ》そうだから雇ってみたが、どうもおかしい。よく調べたらいろいろな悪さをやらかして、多くの勤め先を解雇されていたんだ。叩けば埃が出る体というわけだ。
【類句】垢《あか》は擦《こす》るほど出《で》る。

【同義語】新《あたら》しい畳《たたみ》も叩《たた》けば埃《ほこり》が出《で》る。

魑魅魍魎《ちみもうりょう》

いろいろの化け物。また、人を惑わし苦しめる悪者ども。「魑魅」は山林の精。「魍魎」は山・水・木・石などの精。
▼X国の政界は、一部財界人や暴力団と結びついた魑魅魍魎のような悪徳政治家が支配する暗黒世界であった。
【類句】妖怪変化《ようかいへんげ》。百鬼夜行《ひゃっきやこう》。

【出典】『春秋左氏伝《しゅんじゅうさしでん》』宣公《せんこう》三年。

跳梁跋扈《ちょうりょうばっこ》

自分の力を誇示して思うままに振る舞うこと。悪人が好き勝手をすること。
▼一九二〇年代のシカゴといえば、酒の密造業者やギャングといった無法者が跳梁跋扈していたことで知られる。
【参考】「跳梁」は、梁（はり。屋根を支えるための横木）を跳ね越えて逃げる。「跋扈」は、扈（魚を取る水中の竹籠《かご》）を大魚が躍り越えて逃げること。好ましくない者が動き回ること。

【類句】跋扈跳梁《ばっこちょうりょう》。横行跋扈《おうこうばっこ》。横《おう》行闊歩《こうかっぽ》。

手《て》をかける

ものを盗む。→②〈攻撃する〉②〈世話をする・面倒をみる〉

▼町内の積立金に手をかけるとは、あの人もよほど切羽詰まっていたのだろう。

手《て》をつける

不正に使いこむ。→②〈始める・始まる〉

▼彼は会社の金に手をつけたことが発覚して解雇された。

毒《どく》を食《く》らわば皿《さら》まで

一度悪いことをやってしまった以上はどうせ罰せられるのだから徹底的にやる。

▼毒を食らわば皿までと、強盗は侵入した家に火を放って逃げたらしい。

【参考】いったん毒を食らうからには、それを盛った皿までなめるという意。

盗人猛猛《ぬすびとたけだけ》しい

盗みや悪事を働いておきながら、ずぶとく平然としているさま。また、盗みや悪事を見咎《みとが》められて居直ったり、逆に食ってかかることをいう。

▼自転車泥棒をつかまえたが、借りただけで返すつもりだったとか、他のやつらもやっているなどと、反省の色もなかったので、盗人猛々しいと怒って警察へ突き出した。

【別表記】「盗人」は「ぬすっと」とも読む。

猫糞《ねこばば》を決《き》め込《こ》む

猫は糞《ふん》をしたあと土や砂をかけて隠す習性がある。そのように、悪事を隠して素知らぬ顔でいること。拾った落とし物を自分のものにしてしまう場合などによく用いる。

▼幹事を任せたDは、今回の送別会では人数分割り勘で会費を徴収していた。後から聞いたら部長から多額の補助金をいただいていたそうだ。このまま猫糞を決め込むつもりなら承知しないぞ。

【同義語】猫糞《ねこばば》。猫糞《ねこばば》する。

腸《はらわた》が腐《くさ》る

精神が腐敗堕落する。心がけが人道に背《そむ》く。

▼腸が腐ったような根性をたたき直さないといけない。

火《ひ》は火《ひ》で治《おさ》まる

野火《のび》が燃え広がるのを防ぐには反対の方向に火をつければよいということで、悪人を押さえたり除いたりするには、別の悪人を利用するとうまくいくというたとえ。

▼江戸時代の警察組織の末端にあたる岡っ引きの多くは、元犯罪者だった。彼らをうまく使って犯罪防止に当たらせた知恵はまさに火は火で治まるを地でいったものだろう。

【類句】毒《どく》をもって毒《どく》を制《せい》す。

百鬼夜行《ひゃっきやこう》

さまざまな妖怪が行列して夜中に歩くこと。転じて多くの人が、怪しい行いや、不正な行いをすること。

▼華やかなニューヨークも裏通りに行けば百鬼夜行、凶悪犯罪に巻きこまれた日本人旅行者も少なくない。

【類句】妖怪変化《ようかいへんげ》。魑魅魍魎《ちみもうりょう》。

【別表記】「夜行」は「やぎょう」とも読む。

【出典】『大鏡《おおかがみ》』巻三。

不逞《ふてい》の輩《やから》

道義に従わない人。勝手気ままに、不法な振る舞いをする人。無法者。

▼彼は正義感が強く、不逞の輩が許せないのだ。

【出典】（不逞）『春秋左氏伝《しゅんじゅうさしでん》』襄《じょう》公《こう》十年。

懐《ふところ》を肥《こ》やす

不当な利益を得る。

▼公的立場を利用して懐を肥やすのは許されない。

【類句】私腹《しふく》を肥《こ》やす。

梁上《りょうじょう》の君子《くんし》

泥棒のこと。転じて、鼠《ねずみ》のこともいう。

【参考】中国後漢《ごかん》の陳寔《ちんしょく》が梁《はり》の上に隠れている泥棒をさして、「人間は悪を行うことが癖になると、梁上の君子みたいになる」と子どもたちを戒めたという故事から。

【出典】『後漢書《ごかんじょ》』陳寔伝《ちんしょくでん》。

因果応報

因果応報《いんがおうほう》

仏教語で「因果」とは原因と結果。善い行いには善い報いがあり、悪い行いには悪い報いがあるということ。

▼志賀直哉《しがなおや》は『暗夜行路《あんやこうろ》』の中で「人智におもいあがっている人間は、いつかそのためにひどい罰をこうむることがある」と因果応報の理を説いている。

【類句】善因善果《ぜんいんぜんか》。悪因悪果《あくいんあっか》。

【出典】『太平記《たいへいき》』二七。仮名垣魯文《かながきろぶん》『安愚楽鍋《あぐらなべ》』。

陰徳《いんとく》あれば陽報《ようほう》あり

人の見ていないところで善いことをすれば、必ず人々の目に留まるようなよい報いがあるものだという意味。
▼ある偉人は、あなたにとって幸せとはと聞かれて、「昔隠れて行った善行が後になって褒められることだ」と答えた。これを古人は「陰徳あれば陽報あり」と評したのだろう。
【参考】「陰徳」は陰《かげ》で行う徳行。「陽報」は公に示される報い。
【類句】積善《せきぜん》の家《いえ》には必《かなら》ず余慶《よけい》あり。
【出典】『淮南子《えなんじ》』人間訓《じんかんくん》。

自業自得《じごうじとく》

自分のした善事悪事の報いを、自分の身で受けること。一般には悪事の報いを受けることをいう。
▼何の努力もせずに遊んでいた彼が入試に失敗したとしても、それは自業自得というものである。
【類句】因果応報《いんがおうほう》。身《み》から出《で》た錆《さび》。悪事身《あくじみ》にかえる。
【出典】『愚迷発心集《ぐめいほっしんしゅう》』。

積悪《せきあく》の家《いえ》には必《かなら》ず余殃《よおう》あり

悪事が積もり積もると、その家では報いを受けて、必ず災いが子孫にまで及ぶということ。
▼あの企業のやり口にはみな苦しめられた。あんな商法を続けていたらいつか仕返しされる。積悪の家には必ず余殃ありだ。
【参考】「余殃」は悪事の報いとして子孫に及ぶ災い。
【対句】積善《せきぜん》の家《いえ》には必《かなら》ず余慶《よけい》あり。
【同義語】積悪《せきあく》の余殃《よおう》。

積善《せきぜん》の家《いえ》には必《かなら》ず余慶《よけい》あり

何代にもわたって善行を積み重ねた家は、その報いとして子孫によいことがあるという意味。
▼曾祖父の代からわが家には、苦しいときには必ず救いの手を差し伸べる人が現れた。積善の家には必ず余慶ありというから、これを子孫にもよく言って聞かせよう。
【参考】「余慶」は先祖の功徳《くどく》として子孫が受ける幸福。
【類句】陰徳《いんとく》あれば陽報《ようほう》あり。
【対句】積悪《せきあく》の家《いえ》には必《かなら》ず余殃《よおう》あり。
【出典】『易経《えききょう》』坤《こん》。
【同義語】積善《せきぜん》の余慶《よけい》。

天《てん》の配剤《はいざい》

天は一人ひとりの行いを見て、ちょうど病気に合わせて薬を調合するように、善行にはよい報いを、悪行には懲らしめを与えるということ。
▼苦学生だった父の下宿先に、天の配剤か「家庭教師求む」の張り紙があり、父はこの仕事に応募して生活

費が助かったという。
【参考】「配剤」は薬を調合すること。
【類句】天《てん》は見通《みとお》し。

情《なさ》けは人《ひと》の為《ため》ならず

人に同情し情けをかけておけば、その人の益になるのはもちろん、めぐりめぐって自分にもよい報いをもたらすということ。
▼世界の民話の特徴的な構造のひとつに、親切に対してはよい報いがあるというものがあり、このことを古人は「情けは人の為ならず」と端的に表現した。
【誤り】「情けをかけると人のためにならない」という解釈は誤り。

人《ひと》を呪《のろ》わば穴二《あなふた》つ

他人を呪い殺して墓穴に入れようとする者は、自分もその報いで同じ目に遭ってもう一つの墓穴に入るようになる。他人の不幸を願えば自分も不幸になるという戒め。
▼一方的な非難はそのへんでやめたほうがいい。人を呪わば穴二つ、いつか自分に返ってこないとも限らない。
【同義語】人《ひと》を祈《いの》らば穴二《あなふた》つ。人《ひと》を呪《のろ》わば身《み》を呪《のろ》う。

百里《ひゃくり》来《き》た道《みち》は百里《ひゃくり》帰《かえ》る

行くのに百里の道のりを歩けば、戻るにもそれだけ歩かなくてはならない。それと同じで、自分の行為にはすべてそれ相応の報いがあるということ。
▼人を踏みつけて登りつめた社会的地位から、部下の告発によってどん底まで落とされたとしても、何を恨むというのだ。昔から百里来た道は百里帰るというように人には相応の報いがある。

身《み》から出《で》た錆《さび》

刀身から生じた錆が刃物の価値を損なうことで、自分の悪行が原因になって悪い結果が自分に振りかかるたとえ。
▼いつもだらしなさを指摘されていたあの男が大事な書類を紛失した。身から出た錆だから、厳しい処分を受けたとしても同情はしないね。
【類句】悪事《あくじ》身《み》にかえる。因果応報《いんがおうほう》。自業自得《じごうじとく》。平家《へいけ》を滅《ほろ》ぼすは平家《へいけ》。

失う・損失

穴《あな》をあける

金銭を不正に使い込んだり、経済的な損失を出したりすること。→⑦〈失敗〉
▼会社の帳簿に穴をあけて、その地

位を追われた。

烏《う》有《ゆう》に帰《き》す

何もかもなくなってしまうこと。火事で家が全焼したときなどによく使われることば。

▼信長《のぶなが》の夢と権力の象徴だった安土《あづち》城は、本能寺《ほんのうじ》の変の数日後、謎の出火により、豪壮な天守閣ほかすべてが烏有に帰した。

【参考】「烏有」は「烏《いずく》んぞ有らんや」と読み、「何かあるだろうか（何もない）」という意味。

水《すい》泡《ほう》に帰《き》す

あっけなく消え失せてしまう水の泡のようになるという意味で、それまでの努力や苦労がすべて無駄になることのたとえ。

▼本能寺《ほんのうじ》の変で謀反に倒れた信長《のぶなが》の天下取りの夢は、はかなくも水泡に帰した。

【類句】棒《ぼう》に振《ふ》る。

【同義語】水《みず》の泡《あわ》になる。

鳶《とび》に油揚《あぶらあ》げをさらわれる

鳶はいつも空高く舞っているが、それがさっと降りて油揚げをさらっていくということから、不意に横合いから大切な物を奪われるたとえ。入手したばかりの物や入手直前の物を横取りされたときなどに使う。

▼T先生は無名のときからわが社が大事に育ててきた作家だ。それが人気になると、複数の大手出版社からも作品を出してそちらのほうがよく売れているのだから、まったく鳶に油揚げをさらわれた心境だよ。

【参考】「鳶」は「とんび」ともいう。

【類句】犬骨折《いぬほねお》って鷹《たか》の餌食《えじき》。

ふいになる

やっとつかんだ幸運や今までの努力が無駄になる。

▼当日熱を出して、せっかく手に入れた演奏会のチケットがふいになった。

【類句】ふいにする。

棒《ぼう》に振《ふ》る

今まで積み重ねてきた努力や苦心が無駄になる。駄目になる。

▼飲酒運転による事故を起こし、彼は人生を棒に振った。

無下《むげ》にする

捨てて顧みない。無駄にする。

▼先輩たちが築き上げた伝統を、無下にするわけにはいかない。

無《む》に帰《き》する

なくなってしまう。無駄になる。
▼父が半生をかけて集めた美術品が、その夜の火事で無に帰してしまった。

元《もと》も子《こ》も失《うしな》う

元手の金も利息も失うという意味で、何もかもなくしてしまうこと。
▼わずかな資金を競馬につぎ込んで儲《もう》けたことが仇《あだ》になり、負けを取り返そうとしてとうとう貯金まで手をつけ、元も子も失ってしまった。
【同義語】元子《もとこ》失《うしな》う。元《もと》も子《こ》もなくす。

元《もと》も子《こ》もない

今までの努力が何もかも無駄になること。
▼卒論の内容をどれほどレベルアップさせても、提出日に間に合わなければ元も子もない。
【参考】元金も利子もなくなる意から。

運・運命

煽《あお》りを食《く》う

ある出来事の影響を受けて痛手をこうむる。
▼不況の煽りを食い、零細企業の倒産が続く。
【参考】「煽り」は扇で風を起こし火勢を強める意。
【類句】傍杖《そばづえ》を食《く》う。

一《いち》か八《ばち》か

結果はどうあろうと、吉か凶か、運を天に任せて思い切ってやってみること。
▼五社共同プロジェクト案には不安要素が少なくなかったが、一か八か、わが社も参画することにした。
【参考】丁《ちょう》（偶数）か半（奇数）かを争う賽子博奕《さいころばくち》から出たことばで、「一」は「丁」の字の上部、「八」は「半」の字の上部を取ったもの。

【類句】伸《の》るか反《そ》るか。乾坤一擲《けんこんいってき》。

一蓮托生《いちれんたくしょう》

よくも悪くも、行動や運命を共にすること。同一の蓮華《れんげ》に生を任せること。
▼こうなったからには一蓮托生、会社の再建にみんなが力を合わせるより道はない。
【誤り】一連托生。
【出典】『浮世草子《うきよぞうし》』新色五巻書。

魚《うお》の釜《ふ》中《ちゅう》に遊《あそ》ぶが若《ごと》し

煮られる運命にあるのも知らず釜《かま》の中で泳ぎ回っている魚のように、滅亡が近いことも知らずに生活を楽しんでいること。また、もうすぐ死が近づいていることのたとえ。

▼環境破壊が進むと地球には住むことができないと言われているのに、魚の釜中に遊ぶが如しの類で、人類は便利な工業製品を求めてますます地球を汚染している。

【同義語】釜《ふ》中《ちゅう》の魚《うお》。

運《うん》否《ぷ》天《てん》賦《ぷ》

吉か凶かの運は天が決めるものだから、あがいても仕方がない。運命、または成り行きに任せるしかないという意味。賭《か》けなどの勝負によく使う。

▼Mさんは若いころ、なけなしの金を鞄に詰めて上京して商売を始めたという。運否天賦でやるしかなかったと述懐している。

【参考】「運否」は運不運、「天賦」は天の与えるもののこと。

【類句】運《うん》は天《てん》に在《あ》り。富《ふう》貴《き》天《てん》に在《あ》り。命《めい》は天《てん》に在《あ》り。

栄《えい》枯《こ》盛《せい》衰《すい》

草木が茂ったり枯れたりすることから、栄えたり衰えたりすること。世の無常を意味する。

▼中国四千年の歴史をひもときますと、栄枯盛衰ということばがしみじみと思われます。

【類句】盛《じょう》者《しゃ》必《ひっ》衰《すい》。

【出典】（栄枯）『後《ご》漢《かん》書《じょ》』馮《ふう》異《い》伝《でん》・（盛衰）『荘《そう》子《じ》』天《てん》道《どう》。

禍《か》福《ふく》は糾《あざな》える縄《なわ》の如《ごと》し

わざわいが福となったり、福がわざわいのもとになったりするように、災厄と幸運とは縒《よ》り合わせた縄のように表裏一体をなしていて、代わるがわるやってくるものだということ。

▼希望の会社の入社試験に落ちたときはショックだったが、今の会社で将来の伴侶に出会い、経営まで任されるようになったんだから、禍福は糾える縄の如し、を実感している。

【類句】塞《さい》翁《おう》が馬《うま》。沈《しず》む瀬《せ》あれば浮《う》かぶ瀬《せ》あり。楽《らく》は苦《く》の種《たね》苦《く》は楽《らく》の種《たね》。

【出典】『史《し》記《き》』南《なん》越《えつ》列《れつ》伝《でん》。

塞《さい》翁《おう》が馬《うま》

人生では何が幸せになるか、何が不幸せになるかわからないというたとえ。

▼新会社に行くのも悪くはないよ。人間万事塞翁が馬、案外いいことが待っているんじゃないかな。

【参考】中国北辺の塞《とりで》の近くに住む

老人の馬が逃げたが、やがて駿馬《しゅんめ》を連れて帰ってきた。この馬から落ちて足を折ってしまったが、そのために兵役を免れて命を長らえたという故事による。

【類句】禍福《かふく》は糾《あざな》える縄《なわ》の如《ごと》し。沈《しず》む瀬《せ》あれば浮《う》かぶ瀬《せ》あり。楽《らく》は苦《く》の種《たね》苦《く》は楽《らく》の種《たね》。

【出典】『淮南子《えなんじ》』人間訓《じんかんくん》。

【同義語】人間万事《にんげんばんじ》塞翁《さいおう》が馬《うま》。

沈《しず》む瀬《せ》あれば浮《う》かぶ瀬《せ》あり

人の運命には浮き沈みがあるから、不運もあれば幸運もある。悪いことがあったところで絶望するにはあたらないという意味。

▼今年の不合格は残念だったが、沈む瀬あれば浮かぶ瀬ありだ。今日からやり直せば、きっと来年は合格できるさ。

【類句】禍福《かふく》は糾《あざな》える縄《なわ》の如《ごと》し。塞《さい》翁《おう》が馬《うま》。楽《らく》は苦《く》の種《たね》苦《く》は楽《らく》の種《たね》。

【同義語】沈《しず》めば浮《う》かぶ。

捨《す》てる神《かみ》あれば拾《ひろ》う神《かみ》あり

自分を見捨てる神がある一方で、助けてくれる神もある。同じように、世間でも自分を相手にしない人がいるかと思うと、面倒を見てくれる人もいる。くよくよしなくてもいいということ。

▼そのサッカー選手は監督と折り合いが悪くて出場機会に恵まれなかったが、別のチームの監督に引き抜かれると、そこで大活躍した。捨てる神あれば拾う神あり、評価してくれた人の恩義に報いるためがんばったんだね。

【類句】渡《わた》る世間《せけん》に鬼《おに》はない。

【同義語】捨《す》てる神《かみ》あれば助《たす》ける神《かみ》あり。

俎上《そじょう》の魚《うお》

俎板《まないた》の上にのせられた魚は、料理されるとわかっていても、いまさらどうしようもない。そこから、ただ死が来るのを待つ運命にある者のたとえ。さらに、相手のなすがままの状態にあるたとえ。

▼判決の日、あれほど世間を騒がせた被告は、さすがに俎上の魚のごとく、覚悟した表情を見せていた。

【同義語】俎板《まないた》の魚《うお》。俎板《まないた》の鯉《こい》。

時《とき》の運《うん》

その時のめぐり合わせ。その時々の運命。

▼デザイナーとして成功するか否かは、実力以外に時の運も大きく影響する。

泣《な》いても笑《わら》っても

どうしてみても。どんなにあがいても。

▼泣いても笑っても、入学試験まであと二日だ。

【参考】物事を変えることが不可能である場合に使われる。

伸《の》るか反《そ》るか

成功するか、失敗するか。

▼劣勢を一挙に盛り返そうと、新製品の発売で伸るか反るかの大勝負に出た。

【参考】「伸る」は長く伸びる、「反る」は反対側に反り返る意。

【類句】一《いち》か八《ばち》か。

富貴天《ふうきてん》に在《あ》り

人が富を築くのも貴い身分に上がるのも、すべては天が定めるものであって、本人がいくら望んでもどうしようもないということ。

▼ごく少数の才能と運のある人が一攫千金の幸運の恩恵に浴するが、たいていは富貴天に在りで世の中は定まっている。

【参考】「死生命《しせいめい》有り富貴天に在り」と続く。

【類句】運《うん》は天《てん》に在《あ》り。運否天賦《うんぷてんぷ》。命《めい》は天《てん》に在《あ》り。

【出典】『論語《ろんご》』顔淵《がんえん》。

命運《めいうん》が尽《つ》きる

生き延びる手段がなくなる。

▼資金繰りのめどがつかず、ついにこのプロジェクトも命運が尽きたようだ。

世《よ》は回《まわ》り持《も》ち

金銭にしても運不運にしても、すべては世の中を回っているのであって、誰にでもめぐってくる。だから、今が不運だからといって絶望せず、幸運だからといって有頂天にならないことだという意味。

▼世は回り持ちといいます。今は彼らに花をもたせておきましょう。いずれわれわれにも運がまわってきます。

縁起

当《あ》たるも八卦《はっけ》当《あ》たらぬも八卦《はっけ》

易などの占いは当たることもあり、当たらないこともある。あまり気にするなという意味。

▼朝のテレビ番組で、今日運勢が最悪だったなんて気にしているのかい。当たるも八卦、当たらぬも八卦、いい運勢のときだけ信じればいいん

だよ。
【参考】「八卦」は易の基礎となるもので、陰（⚋）と陽（⚊）を示す三個の算木《さんぎ》を組み合わせてできる八種類の形。
【同義語】合《あ》うも不思議《ふしぎ》合《あ》わぬも不思議《ふしぎ》。当《あ》たるも不思議《ふしぎ》当《あ》たらぬも不思議《ふしぎ》。

一《いち》富士《ふじ》二《に》鷹《たか》三《さん》茄子《なすび》
初夢に見るもので、縁起が一番よいのが富士山、二番目が鷹、三番目が茄子であるということ。
【参考】江戸時代から伝わることわざだが根拠ははっきりしない。徳川氏と縁の深い駿河《するが》（今の静岡県）の名物を並べたにすぎないという説もある。

縁起《えんぎ》を担《かつ》ぐ
つまらないことでも縁起がいい、悪いと気にする。
▼縁起を担いで試合の前にトンカツを食べた。

鬼門《きもん》
陰陽道《おんみょうどう》で鬼が出入りするとされる不吉な方角のことで、艮《うしとら》（北東）に当たる。転じて、ろくな目に遭わないので避けたい場所、あるいは苦手な人の意味に使われることば。
▼部長も課長も怖くないN君だが、同僚のS女史だけは鬼門らしい。何か弱みでも握られているのかな。

けちを付《つ》ける
縁起が悪くなるようなことをしたり、言ったりする。→②〈非難する〉
▼計画の最初の段階からけちを付けるなよ。
【類句】けちが付《つ》く。
【参考】「けち」は縁起が悪いこと。また、不吉の前兆。

御幣担《ごへいかつ》ぎ
御幣で不吉なものを祓《はら》うのを好むことから、つまらない迷信を気にしたり、縁起をかついだりする人のこと。
▼あの人に旅先で妙なことを吹き込むのはやめたほうがいい。御幣担ぎもいいところなんだから、こっちへ行くの、あそこへは行かないのと大騒ぎになる。
【参考】「御幣」は白、金、銀、五色の紙を段々に切って、竹や木にはさんだもの。神主がお祓いに用いたり、神前に供えたりする。

幸先《さいさき》がいい
物事を始めるにあたって何かよいことがあり、うまくいきそうな感じがする。

▼初戦に快勝し幸先がいいスタートを切った。

【対句】幸先《さいさき》が悪《わる》い。

鶴《つる》は千年《せんねん》 亀《かめ》は万年《まんねん》

鶴の寿命は千年、亀の寿命は万年といわれていることから、寿命が長くてめでたいこと。縁起のよい祝いことばとしてよく用いる。

【参考】鶴や亀が千年も万年も生きるというのは中国の伝説による。

落ちぶれる・零落

驕《おご》る平家《へいけ》は久《ひさ》しからず

平家は栄華を極め、権勢を誇ったが、源氏《げんじ》の台頭であっけなく滅びた。このように、驕り高ぶる人は破滅を招くということ。

▼独裁者は市民革命で追放された。無人の豪勢な宮殿が公開されたが、日本人の感覚からして、驕る平家は久しからず、の感を強くした。

【参考】『平家物語』の「驕《おご》れる人《ひと》も久《ひさ》しからず」より。

【類句】盛者必衰《じょうしゃひっすい》。盈《み》つれば虧《か》く。物盛《ものさか》んなれば則《すなわ》ち衰《おとろ》う。

【同義語】驕《おご》る平家《へいけ》に二代《にだい》なし。驕《おご》る者久《ものひさ》しからず。

尾羽打《おはう》ち枯《か》らす

鷹の尾や羽が傷んでみすぼらしくなるという意味で、隆盛を誇っていた者が地位や財産を失って落ちぶれてしまうことのたとえ。

▼E元議員は強力な若手対抗馬と戦って敗れ、その後も続けて落選して、すっかり尾羽打ち枯らした様子で声もかけにくい。

孤城落日《こじょうらくじつ》

敵に囲まれ、孤立している城と西に傾く落日。勢いが衰えて、心細いさま。

▼権勢を極めた元大統領も、今や亡命先で孤城落日の身をかこっている。

【類句】孤立無援《こりつむえん》。

【別表記】「孤城」を「古城・故城・湖上」と書くのは誤り。

【出典】王維《おうい》「送二韋評事《いひょうじにおくるし》一詩」。

盛者必衰《じょうしゃひっすい》

勢いが盛んな者も、やがては必ず衰えるということ。世の無常をいうことば。

▼売上高減少の現状を、盛者必衰は世の常などと諦《あきら》めていないで、早急に対策を講じるべきだ。

【類句】生者必滅《しょうじゃひつめつ》。栄枯盛衰《えいこせいすい》。驕《おご》る平家《へいけ》は久《ひさ》しからず。

【別表記】「盛者」は「しょうじゃ」とも読む。
【出典】『大般涅槃経《だいはつねはんぎょう》』第二寿命《じゅみょう》品《ぼん》。

髀肉《ひにく》の嘆《たん》

功名を立てたり実力を発揮したりする機会のないことを嘆くこと。「髀肉」は股《もも》の肉。
▼彼は自分の専門知識をまったく生かせない部署に回され、髀肉の嘆をかこっている。
【出典】『三国志《さんごくし》』「蜀志《しょくし》」先主伝注《せんしゅでんちゅう》。

【故事】蜀の劉備《りゅうび》が志を得ず、寄寓《きぐう》の生活を送っていたころ、長く戦場に出ないため、股に肉がつきすぎ、功名も立てずに時間ばかりが過ぎていくのを嘆いたという。

盈《み》つれば虧《か》く

満月になった月は、それからは欠けていくしかない。人も最盛期を迎えたり、栄華の絶頂に達したならば、次には衰えていくものだということ。
▼天才打者といわれたあの選手でも寄る年波には勝てない。盈つれば虧くのが世の習い、引退もやむなしか。
【参考】「盈」は「満」、「虧」は「欠」のこと。
【類句】驕《おご》る平家《へいけ》は久《ひさ》しからず。盛者必衰《じょうしゃひっすい》。物盛《ものさか》んなれば則《すなわ》ち衰《おとろ》う。
【出典】『史記《しき》』范雎蔡沢列伝《はんしょさいたくれつでん》。
【同義語】月満《つきみ》つれば則《すなわ》ち虧《か》く。

見《み》る影《かげ》もない

以前の面影がすっかり変わって、ひどく哀れな状態になっているようす。
▼映画の大スターだった彼も、かつての人気がまるで嘘だったかのように、晩年は見る影もなかった。

身《み》を持《も》ち崩《くず》す

よくない行いを続けてだらしのない生活を送るようになる。
▼若いころは才気にあふれていた作家は、しだいに酒と女性におぼれ、ついに身を持ち崩した。

痩《や》せても枯《か》れても

たとえどんなに落ちぶれていようとも。
▼痩せても枯れても男一匹、人に恥じるような仕事ができるか。

解雇

御払《おはら》い箱《ばこ》

使用人を解雇すること。また、不用品を処分すること。

▼長年仕えてきた彼が、このコンピュータ時代に対処できないことを理由にやむなく御払い箱になったが、救済策はないものだろうか。

【参考】伊勢神宮の御祓《おはらい》の札を入れた箱を「御祓箱」といい、毎年新しいものが来て古いものを処分することから、「祓い」と「払い」をかけていう。

首《くび》が危《あぶ》ない

免職されそうである。

▼このところ売り上げの成績が伸びずに、ちょっと首が危ない。

首《くび》がつながる

免職をまぬがれる。

▼営業成績を挽回《ばんかい》し、何とか首がつながった。

【類句】首《くび》をつなぐ。

首《くび》が飛《と》ぶ

失敗などで免職になる。

▼不正融資の責任を問われ、支店長の首が飛んだ。

首《くび》になる

免職になる。

▼合理化を理由に多くの従業員が首になってしまった。

【類句】首《くび》にする。首《くび》を切《き》る。

暇《ひま》を出《だ》す

使用人を解雇する。

▼店もこんな状態だから、使用人に暇を出すのも仕方がない。

金銭・損得

悪銭《あくせん》身《み》につかず

不正な手段やギャンブルなどで得た金は浪費してしまいがちだという意味。苦労してかせいだ金ではないので、つまらないことに使ってしまうということ。

▼先週の競馬で儲《もう》けた金を少し貸してくれ、だって？　悪銭身につかず、たった二日でなくなったよ。

足《あし》が出《で》る

出費が予算を超過する。

▼特別料理を頼んだために、予定より一万円足が出てしまった。

【類句】足《あし》を出《だ》す。

明日《あす》の百《ひゃく》より今日《きょう》の五十《ごじゅう》

明日くれるという百文（百両）よりも今日くれる五十文（五十両）のほうが値打ちがあるという意味。明日のことは当てにならないということ。また、さし迫っている今日、少なくてももらうほうがよいという意味でも使われる。

▼明日の百より今日の五十、と言います。来月にまとめて、などと言わず、せめて先月分のアルバイト代だけでもいただけませんか。

【類句】即時《そくじ》一杯《いっぱい》の酒《さけ》。

有《あ》る時《とき》払《ばら》いの催促《さいそく》なし

金銭の貸借における返済条件。貸したほうからは返済の催促を一切せず、借りたほうでは金の余裕ができたときに返せばよいということ。

▼今日の私があるのも、貧しい私を進学させようと、お金を出し合い、しかも有る時払いの催促なしでいいよ、と骨折ってくださった村の人々のおかげです。

【類句】出世払《しゅっせばら》い。

一銭《いっせん》を笑《わら》う者《もの》は一銭《いっせん》に泣《な》く

たかが一銭だと軽蔑《けいべつ》して粗末に扱う人は、やがてその一銭が足りずに困ったり、たった一銭の金もなくなって困ったりするものだ。わずかな額でも金銭は大切にせよという戒め。

▼ちゃんとお釣りはもらっておきなさい。一銭を笑う者は一銭に泣く、だよ。

【参考】「一銭」は一円の百分の一。この場合はきわめて少額ということ。

入《い》るを量《はか》りて出《い》ずるを為《な》す

収入をよく計算して、それに応じた支出をするということ。健全な経済の道を説いたもの。

▼この不景気の時代では、社の経営方針の基本としては、入るを量りて出ずるを為すを徹底するしかない。

【出典】『礼記《らいき》』王制《おうせい》。

【同義語】入るを量《はか》りて出《い》ずるを制《せい》す。

江戸《えど》っ子《こ》は宵越《よいご》しの銭《ぜに》は持《も》たぬ

その日に稼いだ金はその日に使ってしまって翌日に残さないという、金離れのよい江戸っ子気質《かたぎ》を表現したことば。

▼江戸っ子は宵越しの銭は持たぬ、というけれど、そんなまねができるのも若いうちだけだ。

【参考】この場合の江戸っ子は、主に職人のこと。

親子《おやこ》の仲《なか》でも金銭《きんせん》は他人《たにん》

金銭の問題がからんでくると、血肉を分けた親子でも他人に対するように水臭く、よそよそしい感情が生じるということ。また、金銭に関しては親子でも他人同様にけじめをつけるべきだという意味。

▼これから家族や家のために使ったお金は出納簿をつけて管理しましょう。親子の仲でも金銭は他人というから、あとあとトラブルが起こらないようにするのよ。

【同義語】金《かね》に親子《おやこ》はない。銭金《ぜにかね》は親子《おやこ》でも他人《たにん》。

金《かね》がうなる

あり余るほど金を持っている。

▼金がうなるほどあるから、あんな贅沢《ぜいたく》もできるのだろう。

金《かね》が敵《かたき》

金銭はわざわいのもとで敵のようなものだということ。また、敵討ちに出かけても敵に巡り合うのが困難なように、金を稼ぐのは難しいということ。

▼学生時代は無二の親友で、ベンチャービジネスを立ち上げた彼らが決裂したのは、利益配分が原因だという。金が敵の世の中だね。

【同義語】金《かね》が恨《うら》みの世《よ》の中《なか》。金《かね》が敵《かたき》の世《よ》の中《なか》。

金《かね》が物《もの》(を)言《い》う

物事を解決、進展させるのにお金が威力をもつ。

▼金が物を言う世の中では、本当の民主政治は育たない。

金《かね》で面《つら》を張《は》る

金銭の力で無理やりに相手を抑えつけたり、服従させたり、手なずけたりすること。

▼業界最大手のA社はそのエンジニアに対して金で面を張るような態度が明らかだったため、エンジニアは二番手ながら堅実なB社と契約を結んだ。

【同義語】小判《こばん》で面《つら》張《は》る。札《さつ》びらでほおを叩《たた》く。

金《かね》の切《き》れ目《め》が縁《えん》の切《き》れ目《め》

男女関係でもその他の関係でも、一方に金があることで続いている関係は、その金がなくなると相手が冷淡になり去っていくということ。

▼彼女もあからさまだわ。彼の会社が倒産したら、さっさと彼と別れたわ。金の切れ目が縁の切れ目というやつね。

【類句】愛想尽《あいそづ》かしも金《かね》から起《お》きる。

金《かね》は天下《てんか》の回《まわ》り物《もの》

世間をぐるぐる回っているのが金だから、今は持っていなくても、あるいは使ってしまったところで、いずれは戻ってくるという意味。

▼友人にいくらか金を工面してやった。私だって決して余裕があるわけではないが、まあ金は天下の回り物と考えて、友情を優先したよ。

【類句】金《かね》は湧《わ》き物《もの》。

【同義語】金《かね》は天下《てんか》の回《まわ》り持《も》ち。

金《かね》は湧《わ》き物《もの》

あたかも湧いて出るように、金は思いがけないときに思いもしなかった所から入ってくるものだから、金がないといってくよくよするなという意味。

▼押入れに仕舞い込んであった祖父の骨董品を欲しがる人が現れ、予想外の大金で引き取っていった。金は湧き物というけれど、おかげで念願の家族旅行ができた。

【類句】金《かね》は天下《てんか》の回《まわ》り物《もの》。

【同義語】金《かね》と虱《しらみ》は湧《わ》き物《もの》。

金《かね》を寝《ね》かす

金を活用しないで、そのままにしておく。

▼遺産の金を寝かしておくんだったら、貸してくれ。

借《か》りる時《とき》の地蔵顔《じぞうがお》返《かえ》す時《とき》の閻魔顔《えんまがお》

人は勝手で、金などを借りる時は地蔵菩薩《ぼさつ》に似たやさしい笑顔なのに、返す時は閻魔大王のような険しい不機嫌な顔になるということ。

▲昔から借りる時の地蔵顔返す時の閻魔顔というが、実際には、借りる時は卑屈な顔、返す時はありがとうの笑顔なんだがな。

【同義語】借《か》りる時《とき》の恵比須顔《えびすがお》済《な》す時《とき》の閻魔顔《えんまがお》。

地獄《じごく》の沙汰《さた》も金次第《かねしだい》

罪人を厳しく裁く地獄の裁判でも金を出せば手加減してもらえるということで、金の力は万能であるというたとえ。

▼わが社はかなり不利な状況だったが、大金を支払うことでなんとかその契約を取れた。地獄の沙汰も金次第、最後は金の力だ。

【参考】「沙汰」は裁き。

【類句】金《かね》が物言《ものい》う。金《かね》の光《ひかり》は阿弥陀《あみだ》ほど。

【同義語】冥途《めいど》の道《みち》も金次第《かねしだい》。

袖《そで》の下《した》

賄賂《わいろ》。心付け。

▼彼は、袖の下を使って出世したという、もっぱらのうわさだ。
【参考】他人に気づかれないように袖の下からそっと贈る意。

ただより高《たか》い物《もの》はない

ただで何かをもらうと負い目が残り、相手から無理なことを求められても応じなければならなくなる。したがって、結果的に高いものにつくという意味。
▼うっかり彼女に御馳走になったら、とんでもない頼みごとをもちこまれた。ただより高い物はない、と用心すべきだった。
【同義語】物《もの》を貰《もら》うはただより高《たか》い。

時《とき》は金《かね》なり

時間は非常に貴重で、金銭と同じようなものだということ。時間を無駄使いするなという戒め。
▼彼の努力は買うけれど、いかんせん時間がかかりすぎる。時は金なり、この仕事は外部に出したほうがいい。
【参考】出典には諸説あるが、起源は古代ギリシャにまでさかのぼる。このことばを有名にした十八世紀アメリカの政治家・著述家ベンジャミン・フランクリンによる『貧しきリチャードの暦』で、原文は“Time is money.”である。

無《な》い袖《そで》は振《ふ》れぬ

実際にないものはどうしようもないということ。金銭的な援助をしたいが資力がなくてできない場合によく使う。
▼最近は物入りが多くてね。とてもじゃないけれど、無い袖は振れないよ。金以外なら相談に乗るよ。
【参考】昔は着物の袖（袂《たもと》）に財布を入れていた。袖がないとは財布がないということ。

【同義語】有《あ》る袖《そで》は振《ふ》れど無《な》い袖《そで》は振《ふ》れぬ。

二束三文《にそくさんもん》

数が多くて、そのうえ値段がきわめて安いこと。品物をひとまとめにして、投げ売りするときなどにも使う。
▼新刊本の氾濫《はんらん》する時代に、読み古しの文庫本などは二束三文にもならない。
【参考】わらなどで作った金剛草履《こんごうぞうり》が、二足で三文だったことからいう。「二束」は「二足」とも書く。

【類句】十把一絡《じっぱひとから》げ。

【出典】井原西鶴《いはらさいかく》『西鶴織留《さいかくおりどめ》』。

値《ね》が張《は》る

値段が並の物よりかなり高い。
▼この品物は値が張るだけあって品

質がいい。

鐚一文《びたいちもん》

ごくわずかな金銭。否定的な表現で使う。

▼こんなだらしのない仕事をして、手間賃をくれと言われても鐚一文払えない。

【参考】「鐚」は鐚銭《せん》のことで、質の悪い銭《ぜに》。

【出典】浄瑠璃《じょうるり》「難波橋心中《なにわばししんじゅう》」。

仏《ほとけ》の光《ひかり》より金《かね》の光《ひかり》

仏のありがたさも金の力には及ばないという意味で、万事金の世の中だということのたとえ。

▼あの寺は昔はもっと広かったんだが、パチンコ屋や駐車場などに土地を売ってずいぶん狭くなった。「仏の光より金の光」をお寺が実践しているんだから世話はないね。

【類句】金《かね》が物《もの》(を)言《い》う。地獄《じごく》の沙汰《さた》も金次第《かねしだい》。

【同義語】阿弥陀《あみだ》の光《ひかり》より金《かね》の光《ひかり》。

身銭《みぜに》を切《き》る

自分個人の金を出して支払う。

▼営業の仕事では、身銭を切ることもある。

耳《みみ》を揃《そろ》える

金銭などを不足なく揃える。

▼お借りしたお金は必ず約束の期日までに耳を揃えてお返しします。

【参考】小判などの縁を揃えることから。主に借金の返済の意に使う。

胸算用《むなざんよう》

心の中でひそかに計算すること。心積もり。

▼宝くじを買う楽しみは、抽せんの日まで、あれこれと使い道を胸算用をすることだ。

【類語】心算《しんざん》。

【別表記】「むなさんよう」とも読む。

【出典】井原西鶴《いはらさいかく》『世間胸算用《せけんむねさんよう》』一、四。

安物買《やすものか》いの銭失《ぜにうしな》い

値の安い物を買って得をしたと思っていると、使い物にならなかったり、壊れたりしがちで、すぐに買い替える羽目になるので、かえって損失になるということ。

▼祖父はスーパーの見切り品をよく買ってくるが、長くしまいこんだり、食べきれなかったりでほとんど捨てることになる。安物買いの銭失いはいいかげんにやめてもらいたい。

【類句】安《やす》い物《もの》は高《たか》い物《もの》。

景気

天井《てんじょう》知《し》らず

物価や相場などの高騰が止まらないこと。
▼ひどいインフレで、物価の上昇は天井知らずだ。

経験

一日《いちじつ》の長《ちょう》

一日だけ先に生まれたこと。少しの年長。転じて、経験・知識・技能などが相手にわずかながら勝っていること。
▼二人とも流暢《りゅうちょう》に会話できる英語力をもってはいるが、アメリカ人に言わせると発音ではA君のほうに一日の長があるそうだ。
【別表記】「一日」は「いちにち」とも読む。

【出典】『論語《ろんご》』先進《せんしん》。

老《お》いたる馬《うま》は道《みち》を忘《わす》れず

老馬は通った道をよく覚えているように、経験が豊かな人は物事の判断を誤らないということ。旧主の恩義を忘れないたとえにも使う。
▼菜園に害虫が発生したが、できるだけ農薬は使いたくない。老いたる馬は道を忘れずというから、隣りの老人の知恵をかりよう。
【参考】中国春秋時代、斉《せい》の管仲《かんちゅう》の軍勢が帰り道に迷ったとき、老馬を先に立てて無事に帰国した故事から。

【類句】亀《かめ》の甲《こう》より年《とし》の劫《こう》。年寄《としよ》りの言《い》うことと牛《うし》の鞦《しりがい》は外《はず》れない。老馬《ろうば》の智《ち》。

【出典】『韓非子《かんぴし》』説林《ぜいりん》。

亀《かめ》の甲《こう》より年《とし》の劫《こう》

人生経験の豊富な年長者の経験は尊ぶべきであるということ。一万年も生きるという亀の「甲（甲ら）」と「年の劫」をかけて言ったもの。
▼あのときの合併の経緯を知る者はもう私くらいでしょうか。亀の甲より年の劫といいますから、私の思い出話も何かのご参考になるかもしれません。
【参考】「劫」は仏教語で、サンスクリット語の「カルパ」を漢訳したもの。きわめて長い時間を表し、仏典の教説に従って計算すると、一劫は四三億二〇〇〇万年に相当する。

【類句】老《お》いたる馬《うま》は道《みち》を忘《わす》れず。年寄《としよ》りの言《い》うことと牛《うし》の鞦《しりがい》は外《はず》れない。

【別表記】「劫」は「功《こう》」とも書く。

【同義語】烏賊《いか》の甲《こう》より年《とし》の劫《こう》。蟹《かに》の甲《こう》より年《とし》の劫《こう》。

苦杯《くはい》を嘗《な》める

苦しく辛《つら》い経験をする。
▼優勝を目指して激しい練習を続けたが、今年は苦杯を嘗める結果となった。
【参考】「苦杯」は苦い汁を入れた杯のこと。

甲羅《こうら》を経《へ》る

長い年数を経て熟練する。世間ずれする。
▼彼なりに甲羅を経て、若いころの荒々しさがなくなった。

蛇《じゃ》の道《みち》は蛇《へび》

おろち、うわばみといった大蛇《だいじゃ》の通り道は普通の蛇にもわかるという意味で、同類の者のすることは同類の者によくわかるたとえ。さらに、その道の専門家はその道のことに詳しいたとえ。
▼駅に着いてすぐにタクシーに飛び乗り、時間がないことを告げた。すると運転手は思いもよらないルートをいくつも使って時間前に会場に着いた。蛇の道は蛇というが、あんな芸当はカーナビがあっても私にはできなかっただろう。
【類句】海《うみ》の事《こと》は漁師《りょうし》に問《と》え。船《ふね》は船頭《せんどう》に任《まか》せよ。餅《もち》は餅屋《もちや》。

酸《す》いも甘《あま》いも嚙《か》み分《わ》ける

酸っぱい味と甘い味を味わい分け、そのよい所も悪い所も知っているという意味で、人情の機微に通じるほど人生経験が豊富だということ。
▼そういう人事上のトラブルはＤ顧問に相談したらいいよ。酸いも甘いも嚙み分けた人だから、きっといい解決策を教えてくれるだろう。
【同義語】酸《す》いも甘《あま》いも知《し》り抜《ぬ》く。

世間《せけん》が広《ひろ》い

世の中のことをよく知っている。↓⑦〈交際・つき合い〉
▼彼は経験豊かで世間が広いので皆の信頼が厚い。

年《とし》の功《こう》

年をとって経験が豊かなこと。また、その経験の力。
▼こじれにこじれたあの一件を解決するとは、さすがに年の功だ。

場数《ばかず》を踏《ふ》む

「場数」は実地経験の度数のことで、直面する場面や状況に詳しく、場慣れしていること。実際に何度も同じようなことをやって経験を積み、よく慣れているさま。
▼場数を踏んだベテラン司会者だけあって、少々のハプニングも軽く受

け流し、式の進行をなめらかにさばいていった。

百聞《ひゃくぶん》は一見《いっけん》に如《し》かず

何回も繰り返し人から聞くよりも、一度自分の目で実際に見たほうが確実であること。

▼この雄大な景観のすばらしさは、百聞は一見に如かずで、実際に見た者でなければわからない。

【類句】千聞《せんぶん》は一見《いっけん》に如《し》かず。耳聞《じぶん》は目見《もっけん》に如《し》かず。

【出典】『漢書《かんじょ》』趙充国伝《ちょうじゅうこくでん》。

見《み》よう見真似《みまね》

教えられたわけでもないのに、他人のしているのを見て覚え、自分でも一通りできるようになること。

▼田舎の父は昔から蕎麦《そば》打ちが得意で、幼いころからその味に親しんできた。自分でも見よう見真似で打てないこともないのだが、その味は父にはとうていかなわない。

【類句】勧学院《かんがくいん》の雀《すずめ》は蒙求《もうぎゅう》を囀《さえず》る。門前《もんぜん》の小僧《こぞう》習《なら》わぬ経《きょう》を読《よ》む。

計算高い

思《おも》う壺《つぼ》

期待したとおりになること。

▼ここで左投手に代えたりしたら、相手チームの思う壺だ。

【参考】さいころ賭博《とばく》で予想どおりの目が出る意から。

恩《おん》を売《う》る

相手からの見返りを予期して恩をほどこす。

▼損を承知の売り値で恩を売り、取り引きの継続をねらう。

算盤高《そろばんだか》い

まず損得のことを考え、損にならないようにする。

▼あそこの社長は算盤高くて、お金にならないことは一切しない性格です。

【類句】算盤《そろばん》ずく。勘定高《かんじょうだか》い。

算盤《そろばん》をはじく

不利にならないよう損得を考える。

▼算盤をはじいてから行動する男だから、見返りを期待しての親切だろう。

損得《そんとく》ずく

自分の利益、不利益を十分計算したうえで行動すること。

▼彼は初めから損得ずくで彼女に近づいた。

原因・契機

種《たね》をまく

ある物事を引き起こす原因をつくる。

▼彼女が根も葉もないうわさの種をまいた張本人です。

引《ひ》き金《がね》になる

物事を引き起こす原因となる。

▼ある番組が引き金になって、マスコミの姿勢を問いただす気運が高まった。

【参考】「引き金」は、小銃、ピストルなどを撃つとき引く金具。

呼《よ》び水《みず》になる

ある物事を引き起こすきっかけとなる。

▼景気回復の呼び水になったのは、公定歩合の引き下げだった。

【類句】誘《さそ》い水《みず》になる。

健康

医食同源《いしょくどうげん》

医薬と食事は、もともと同じものだという東洋医学の思想。病気の予防にも食生活が大事ということ。

▼彼は高血圧の薬をあれこれ飲んでいるようだが、医食同源というか、肉類を控えて野菜を多くとるとか、もっと食生活に注意するほうがいいと思うね。

【参考】「医《い》食《しょく》は源《みなもと》を同《おな》じうす」と読む。

一病息災《いちびょうそくさい》

持病が一つぐらいあったほうが、体をいたわって無理をせず、かえって長生きをするということ。

▼中年を過ぎたら、一病息災ぐらいのほうが不摂生な生活を避けるので、かえって健康的な生活を送ることができるという。

【類句】無病息災《むびょうそくさい》。

体《からだ》が続《つづ》く

体力を維持している。

▼連日、徹夜してよく体が続くね。

身体髪膚《しんたいはっぷ》之《これ》を父母《ふぼ》に受《う》く

自分の体は頭の先から足の爪先《つまさき》まですべてを父母から授かったものであり、大切にしなければならないということ。

▼刺青《いれずみ》を入れたり、整形手術を受けたり、いったい彼らは親からもらった身体髪膚之を父母に受くをどう考えているのだろう。

【参考】「髪膚」は髪の毛と皮膚。後に「敢《あ》えて毀傷《きしょう》せざるは孝の始めなり」と続く。

【出典】『孝経《こうきょう》』開宗明義章《かいそうめいぎしょう》。

頭寒足熱《ずかんそくねつ》

頭を冷たく、足を温かくすること。また、その状態。そのようにすると、よく眠れ健康によいとされる。

▼頭寒足熱を心掛けるのは、簡単な健康法の一つである。

【出典】夏目漱石《なつめそうせき》『吾輩《わがはい》は猫《ねこ》である』。

泣《な》く子《こ》は育《そだ》つ

大声をあげて泣くような赤ん坊は元気なので、丈夫に育つということ。泣くからといって心配するなという意味もある。

▼赤ん坊に泣かれると本当に大変ですが、昔から泣く子は育つといいます。元気な子に育つためにそのくらいは我慢してやってください。

【同義語】赤子《あかご》は泣《な》き泣《な》き育《そだ》つ。泣《な》く子《こ》は利口《りこう》。

寝《ね》る子《こ》は育《そだ》つ

よく眠る子どもは健康なので、すくすくと大きく育つものだということ。

▼寝る子は育つというけれど、子どもに朝寝坊の習慣をつけさせてはいけないよ。

【同義語】寝《ね》る子《こ》は息災《そくさい》。寝《ね》る子《こ》は太《ふと》る。

早寝早起《はやねはやお》き病知《やまいし》らず

早寝早起きを習慣づければ、健康の維持に効果があって病気が防げるという意味。

▼夜ふかしが体にいいはずがありません。早寝早起き病知らずといいますから、生活サイクルを変えてみませんか。

腹八分目《はらはちぶんめ》に医者《いしゃ》要らず

暴飲暴食はもちろんいけないが、さらに満腹も避けたほうがよいという意味。満腹の一歩手前の八分目にしておけば胃に負担がかからず、健康が保てるということ。

▼腹八分目に医者要らず、私はあなたのためを思って、ごはんのお代わりを勧めないんです。

【類句】腹《はら》も身《み》の内《うち》。

【同義語】腹八分《はらはちぶ》に病《やまい》なし。

腹《はら》も身《み》の内《うち》

腹も自分の体の一部なのだから、こわせば自分が苦しむことになる。暴飲暴食によって痛めつけず、いたわってやるべきだということ。

▼いくら好きなものでも腹も身の内だ、腹をこわすほど食べるとは何事だ。

【類句】腹八分目《はらはちぶんめ》に医者《いしゃ》要《い》らず。

身《み》にしみる

体に強くこたえる。→①〈感動する・感慨〉

▼病み上がりの体には寒さが身にしみる。

無病息災《むびょうそくさい》

病気にもかかることなく、達者なこと。「息災」は仏教語で、神仏の力で衆生《しゅじょう》の災いをなくすこと。

▼無病息災を誇っている人よりも、一病息災で摂生している人のほうが長生きするそうだ。

【類句】無事息災《ぶじそくさい》。一病息災《いちびょうそくさい》。

【出典】『漢書《かんじょ》』王嘉伝《おうかでん》。

倹約・けち

財布《さいふ》の口《くち》を締《し》める

無駄な金を使わないようにする。節約する。

▼来年の海外旅行に備えて今から財布の口を締めておかなくては。

【類句】財布《さいふ》の紐《ひも》を締《し》める。

爪《つめ》に火《ひ》を点《とも》す

ろうそくの代わりに爪に火をつけて明かりにするということで、極端に倹約すること、非常にけちなことのたとえ。

▼爪に火を点すような生活を重ねて、やっと念願のマイホームを買った。

【類句】けちん坊《ぼう》の柿《かき》の種《たね》。袖《そで》から手《て》を出《だ》すも嫌《きら》い。

幸運

余《あま》り茶《ちゃ》に福《ふく》あり

人の残したものに思わぬ幸福が潜んでいるという意味で、先を争って手を出すのは賢明でないという戒めにも使う。

▼私に与えられたのは誰も手を出さなかった新規開拓の地区だったが、余り茶に福ありで、思わぬ優良顧客を何人も確保できて、社長賞まで貰えることになった。

【参考】「余り茶」は残り物の茶。

【類句】残《のこ》り物《もの》に福《ふく》がある。

一陽来復《いちようらいふく》

陰が極まって陽に転ずることから、冬が去り春が来る。新年を迎える。悪運からよい運勢に向かうなどの意味。

▼昨年は不況の波を受けて減産を余儀なくされましたが、一陽来復、今年に入って景気も回復の兆しを見せ、業績も再び伸びてまいりました。

【誤り】一陽来福。

【出典】『太平記《たいへいき》』四。

有卦《うけ》に入《い》る

好運に恵まれた時期に入って、することなすことがうまくいくこと。

▼出す小説はすべてヒット、家では子宝にも恵まれ、あの作家はまさに有卦に入っている。

【参考】「卦」は運勢占いの用語で、人の生年を木・火・土・金・水に分け、その性《しょう》によって決めた年回りで「有卦」に入ると吉事が七年間続き、「無卦《むけ》」に入ると凶事が五年間続くとされる。

埋《う》もれ木《ぎ》に花《はな》が咲《さ》く

土中に埋もれていた木が日の目を見て芽を出し、花を咲かせること。世間から忘れ去られていた不遇の人に思いがけない機会がめぐってきて、再び世に出て活躍するたとえ。

▼あの歌手は長く不遇をかこっていたが、十五年前に出した歌がテレビドラマで使用されて一躍脚光を浴びた。埋もれ木に花が咲くとはこのことか。

【類句】炒《い》り豆《まめ》に花《はな》。老《お》い木《き》に花咲《はなさ》く。枯《か》れ木《き》に花《はな》。

果報《かほう》は寝《ね》て待《ま》て

幸運は求めても得られるものではない。焦って動き回ったりせず、気長に待っていればやって来るという意味。

▼今はヒットに恵まれなくても、どんどん小説を書き続けてください。果報は寝て待て、そのうちにファンがついてきますよ。

【参考】「果報」はしあわせ。

【類句】石《いし》の上《うえ》にも三年《さんねん》。待《ま》てば海路《かいろ》の日和《ひより》あり。

【同義語】運《うん》は寝《ね》て待《ま》て。福《ふく》は寝《ね》て待《ま》て。

鴨《かも》が葱《ねぎ》を背負《しょ》って来《く》る

鴨鍋《なべ》にされる鴨がいっしょに煮る葱まで背負って来るということで、おあつらえ向きのうまい話が重なるたとえ。お人好しが食い物にされかねないような情況についてよく使う。

▼家電の新製品なら何でも買ってくれるSさんが、この春から東京で一人暮らしをするお孫さんを応援した

いと来店した。鴨が葱を背負って来たようなものだ。
【同義語】鴨葱《かもねぎ》。葱《ねぎ》が鴨《かも》を背負《しょ》って来《く》る。

地獄《じごく》で仏《ほとけ》

鬼ばかりいる恐ろしい地獄で苦しめられているときに、情け深い仏様にたまたま出会って助けてもらったようだということ。非常な困難や危険に対して思いがけない助けを得て喜ぶたとえ。
▼人里離れた道で車が故障し、途方に暮れたが対向車が現れたときには地獄で仏の思いだった。
【類句】地獄《じごく》で仏《ほとけ》に会《あ》う。旱《ひでり》に雨《あめ》。闇夜《やみよ》に提灯《ちょうちん》。渡《わた》りに船《ふね》。
【同義語】地獄《じごく》で地蔵《じぞう》。

知《し》らぬが仏《ほとけ》

知っていたら腹を立てたり、心配したりというふうに心を労するが、知らなければ仏のように無心で、平気でいられるということ。
▼こんなひどい状態の車で高速道路をよく長時間飛ばしてきましたね。知らぬが仏とはいいますが、事故が起きても不思議ではないくらい危険だったんですよ。
【類句】聞《き》けば聞《き》き腹《ばら》。聞《き》けば気《き》の毒《どく》見《み》れば目《め》の毒《どく》。
【同義語】知《し》らぬが仏《ほとけ》見《み》ぬが神《かみ》。

棚《たな》から牡丹餅《ぼたもち》

棚の下でのんびり寝ていたらたまたま牡丹餅が落ちてくるということから、思いがけない幸運が舞い込んでくることのたとえ。
▼スケートのショートトラック決勝では、前の三人が最後のカーブで全員転倒し、大きく水をあけられた四位の選手が優勝したため、棚から牡丹餅の金メダルと冷やかされた。
【同義語】開《あ》いた口《くち》へ牡丹餅《ぼたもち》。棚《たな》ぼた。

濡《ぬ》れ手《て》で粟《あわ》

濡れた手を粟の中に入れてつかむと、つかんだ分だけでなく手の甲のほうにまで粟粒がくっついてくることから、大した骨折りもしないで大きな利益を得るたとえ。
▼彼は一日二時間ほどコンピュータの前で数字をいじるだけで、大きな金を動かす。こんなやり方で濡れ手で粟だというのだから恐れ入る。
【類句】一攫千金《いっかくせんきん》。
【同義語】濡《ぬ》れ手《て》で粟《あわ》の摑《つか》み取《ど》り。

願《ねが》ったり叶《かな》ったり

願った物事がすぐにかなえられたということで、相手の出した条件などがこちらの期待を十分に満たし、さらにそれ以上であること。物事が思った以上にうまくいくこと。
▼こんな山奥の地に住みたいというアメリカ人がいて、しかも英語を教えたいというんだから、わが中学校としたら願ったり叶ったりだ。
【同義語】願《ねが》ってもない。

残《のこ》り物《もの》に福《ふく》がある

人々の取り残した物にしばしば利得があるということ。争って手を出したりしない遠慮深い人に、かえって幸運が訪れるということ。
▼デパートで最後の福袋一個を入手できた。最初に手に入れた友人と中身を確認したら断然私の勝ち。残り物には福があるのねと羨《うらや》ましがられた。
【類句】余《あま》り茶《ちゃ》に福《ふく》あり。
【同義語】余《あま》り物《もの》に福《ふく》がある。

不幸中《ふこうちゅう》の幸《さいわ》い

不幸な中にあって、少しは慰められるようなこと。
▼あれだけの大事故でかすり傷だけとは不幸中の幸いだった。

芽《め》が出《で》る

幸福がめぐってくる。成功の兆しが見える。
▼苦節十年、その作品で新人賞を受賞し、ようやく彼も芽が出て来た。
【参考】類句の「目」はさいころの都合のいい目。
【類句】目《め》が出《で》る。いい目《め》が出《で》る。

勿怪《もっけ》の幸《さいわ》い

思いがけない幸せ。意外な幸運。
▼その夜は親の留守を勿怪の幸いと、友だちを呼んでドンチャン騒ぎをした。
【参考】「勿怪」は異変、災害、不幸、意外の意。

柳《やなぎ》の下《した》にいつも泥鰌《どじょう》は居《お》らぬ

一度柳の下でたまたま泥鰌をとったからといって、同じ柳の下でまた見つかるとは限らない。同じように、一度うまいことがあって味をしめても、同じようなことは何度も起こらないという意味。
▼最近のテレビ番組がつまらないのは、ヒット作が生まれると各局が類似企画を量産するからだ。柳の下にいつも泥鰌は居らぬで、二番煎じ三番煎じがオリジナルを超えることはめったにないのに。
【類句】朔日《ついたち》ごとに餅《もち》は食《く》えぬ。二《に》匹目《ひきめ》の泥鰌《どじょう》を狙《ねら》う。
【同義語】いつも柳《やなぎ》の下《した》に泥鰌《どじょう》は居《お》らぬ。柳《やなぎ》の下《した》の泥鰌《どじょう》。

闇夜《やみよ》に提灯《ちょうちん》

真っ暗闇で道を歩けないでいるときに提灯が手に入るという意味で、困っているときに頼りになるものに巡り合うことや、切望していたものに巡り合うことのたとえ。

▼大雪で二日間道路上で立往生を余儀なくさせられたとき、付近の人から温かいもてなしを受けて、闇夜に提灯と深く感謝した。

【類句】 地獄《じごく》で仏《ほとけ》。旱《ひでり》に雨《あめ》。渡《わた》りに船《ふね》。

【同義語】 闇夜《やみよ》の灯火《ともしび》。

渡《わた》る世間《せけん》に鬼《おに》はない

世の中には鬼みたいに無情な人ばかりでなく、困ったときに助けてくれるような情け深い人もいるものだということ。

▼見知らぬ土地に転勤になったが、ご近所の人にいろいろとお世話になり、妻は渡る世間に鬼はない、と感謝している。

【類句】 捨《す》てる神《かみ》あれば拾《ひろ》う神《かみ》あり。

【同義語】 地獄《じごく》にも鬼《おに》ばかりは居《い》ない。知《し》らぬ他国《たこく》にも鬼《おに》はない。

災難

痛《いた》む上《うえ》に塩《しお》を塗《ぬ》る

悪いことが起こって悩んでいるのに、さらに悪いことが起こるたとえ。傷口に塩を塗るとしみて痛みがひどくなることから。

▼彼の新作は批評家からさんざんにこき下ろされた。この場でさらに内容の誤りを指摘するのは、痛む上に塩を塗る行為だ。

【類句】 損《そん》して恥《はじ》かく。泣《な》き面《つら》に蜂《はち》。弱《よわ》り目《め》に祟《たた》り目《め》。

【同義語】 傷口《きずぐち》に塩《しお》。切《き》り目《め》の塩《しお》。

一難《いちなん》去《さ》ってまた一難《いちなん》

一つ災難を切り抜けたと思ったら、また別の災難に直面するというように、次々に災難が襲ってくること。

▼Aさんのクレームを片づけたら、Bさんから難題をもちかけられ、海外添乗員にとって、一難去ってまた一難が日常茶飯事のようだ。

【類句】 虎口《ここう》を逃《のが》れて竜穴《りゅうけつ》に入《い》る。前門《ぜんもん》の虎《とら》後門《こうもん》の狼《おおかみ》。火《ひ》を避《さ》けて水《みず》に陥《おちい》る。

犬《いぬ》も歩《ある》けば棒《ぼう》に当《あ》たる

犬も出歩くから棒で打たれるわけで、災難に遭うまいと思ったら、なまじ何かに手を出したり、出しゃばったりしないほうがよいということ。これが元来の意味だが、現在では、積極的に行動すれば思いがけない幸運にぶつかるという意味でも多く使われる。

▼初めての土地での最初の夜はむやみに出歩かないほうがいい。犬も歩けば棒に当たるというじゃないか。

喬木《きょうぼく》は風《かぜ》に折《お》らる

高い木が強い風によって折られるように、人も地位が高くなると批判や攻撃を受けて、身にわざわいが及びやすいという意味。

▼地方の名医としてマスコミに取り上げられて有名人になったK先生は、詐欺商品の推薦者として訴えられた。喬木は風に折らるで、有名税というには大きすぎるマイナスを背負った。

【類句】出《で》る杭《くい》は打《う》たれる。

【同義語】高木《こうぼく》は風《かぜ》に嫉《ねた》まる。大木《たいぼく》は風《かぜ》に折《お》らる。高《たか》い木《き》は風当《かぜあ》たりが強《つよ》い。

虎口《ここう》を逃《のが》れて竜穴《りゅうけつ》に入《い》る

虎に食われそうな危険から逃れたら竜のすむ穴に入り込んだということで、次々に災難に遭遇すること。

▼今話題の冒険活劇映画は、虎口を逃れて竜穴に入るというストーリーが息つく暇もなく展開し、見終わった後は疲労感を覚えたほどだ。

【類句】一難《いちなん》去《さ》ってまた一難《いちなん》。前門《ぜんもん》の虎後門《とらこうもん》の狼《おおかみ》。火《ひ》を避《さ》けて水《みず》に陥《おちい》る。

前門《ぜんもん》の虎《とら》後門《こうもん》の狼《おおかみ》

前門の虎を防いだと思ったら後門に狼が現れたということで、一つの災難を逃れたら、すぐに別の災難に襲われることのたとえ。

▼出題ミスの指摘に集団カンニングと、わが大学は、まるで前門の虎後門の狼のような災難をこうむっている。

【類句】一難《いちなん》去《さ》ってまた一難《いちなん》。虎口《ここう》を逃《のが》れて竜穴《りゅうけつ》に入《い》る。火《ひ》を避《さ》けて水《みず》に陥《おちい》る。

【出典】趙雪航《ちょうせっこう》『評史《ひょうし》』。

【同義語】前虎後狼《ぜんここうろう》。前門《ぜんもん》に虎《とら》を防《ふせ》ぎ後門《こうもん》に狼《おおかみ》を進《すす》む。

傍杖《そばづえ》を食《く》う

杖で殴り合って喧嘩《けんか》をしている人たちの傍にいたために、杖がそれて打たれることから、自分とはかかわりのないことで思わぬ災難を受けるたとえ。無関係な事件に巻き込まれること。

▼たまたまそこに同じような服装をして居合わせたために、自分も窃盗団の仲間だと誤解されて警察に連行された。容疑が晴れたのはその日の夕方で、とんだ傍杖を食わされた。

【類句】池魚《ちぎょ》の殃《わざわい》。

池魚《ちぎょ》の殃《わざわい》

思いがけないことで池の水が汲《く》み出されて魚が死んでしまうように、不慮の災難に巻き込まれるたとえ。

▼道路工事が原因で水道管が破裂して、一日中断水となった。池魚の殃もいいところで、台所も風呂もトイレも使えず、ひどい目にあった。

【参考】中国楚《そ》の国の城門が火事になり、消火用に池の水が使われてしまったので魚が死んだという故事による。

【類句】傍杖《そばづえ》を食《く》う。

【出典】杜弼《とひつ》「梁《りょう》に檄《げき》する文」。

【同義語】池魚《ちぎょ》の憂《うれ》い。殃《わざわい》池魚《ちぎょ》に及《およ》ぶ。

泣《な》き面《つら》に蜂《はち》

泣いている顔をさらに蜂に刺されるということで、不幸や不運が続けざまに襲ってくることのたとえ。

▼泥棒に入られたうえに火事を出すなんて、泣き面に蜂だ。

【類句】痛《いた》む上《うえ》に塩《しお》を塗《ぬ》る。損《そん》して恥《はじ》かく。弱《よわ》り目《め》に祟《たた》り目《め》。

盗人《ぬすびと》に追《お》い銭《せん》

盗人に物を盗まれたうえに、銭を追加して与えること。損をしたうえに、さらに損をするたとえ。

▼その寸借詐欺の作り話に同情し、家に上げて食事を与え、大金まで渡したのだから、とんだ盗人に追い銭だった。

【同義語】泥棒《どろぼう》に追《お》い銭《せん》。盗人《ぬすびと》に追《お》いを打《う》つ。

弾《はず》みを食《く》う

思いがけなく、他のものの余勢を受ける。

▼関連会社の倒産の弾みを食い、危機に陥った。

不可抗力《ふかこうりょく》

天災地変など。また、ふつう必要と思われる注意や予防方法を講じていても、なお損害を防ぐことができないこと。

▼火山の噴火によって、村が焼失したことは不可抗力ではあるが、諦《あきら》めきれない思いが残る。

【出典】森鷗外《もりおうがい》『大塩平八郎《おおしおへいはちろう》』。

踏《ふ》んだり蹴《け》ったり

ひどい仕打ちを重ねて受けるようす。さんざんな目に遭うこと。

▼酒をかけられるわ、酔っぱらいにからまれるわ、踏んだり蹴ったりの花見だった。

巻《ま》き添《ぞ》えを食《く》う

自分には関係のない事件などに巻き込まれて被害や損害をこうむる。

▼タクシーに乗ったばかりに、交通事故の巻き添えを食い、約束の時間に遅れた。

藪《やぶ》をつついて蛇《へび》を出《だ》す

つつく必要のない藪をつついたために蛇が出てきたということで、余計なことをしてわざわいを招くたとえ。
▼今は当面の問題の解決に集中しなさい。余計なことまで手を広げて、藪をつついて蛇を出すの愚は犯してはならない。
【同義語】藪蛇《やぶへび》。

弱《よわ》り目《め》に祟《たた》り目《め》

それでなくても困っているのに、さらに神仏の祟りまで受けるという意味で、不運の上に不運、災難の上に災難が重なること。
▼仕事の打ち合わせに向かう途中、乗っている電車が事故で動かず、携帯電話を忘れて相手に連絡が取れなくておおいにあせった。弱り目に祟り目とはあのことだった。
【類句】痛《いた》む上《うえ》に塩《しお》を塗《ぬ》る。損《そん》して恥《はじ》かく。泣《な》き面《つら》に蜂《はち》。
【同義語】落《お》ち目《め》に祟《たた》り目《め》。

時機・機会

いざ鎌倉《かまくら》

「一大事が発生した。さあ、鎌倉へ」という意味で、平時に緊急事態が生じた場合に使う。
▼いざ鎌倉というその時に備えて、三日分の着替えと備品はいつでも鞄に用意しています。
【参考】鎌倉幕府の執権職《しっけん》を辞した北条時頼《ほうじょうときより》が諸国を視察中、大雪の夜に佐野源左衛門尉常世《さのげんざえもんのじょうつねよ》の家に泊まり、梅・松・桜の鉢の木を焚《た》いてもてなされる。そのときに常世が語る「是《これ》は只今《ただいま》にてもあれ、鎌倉《かまくら》に御《おん》大事《だいじ》あらば……一番《いちばん》に馳《は》せ参《さん》じ」ということばによる。

【出典】謡曲「鉢《はち》の木《き》」。

一席設《いっせきもう》ける

宴会や集まりを催す。
▼快気祝いに友人たちが一席設けてくれた。

旨《うま》い物《もの》は宵《よい》に食《く》え

うまい物でも一晩たつと味が落ちるから、取っておかずにその宵のうちに食べてしまったほうがよい。同じように、よいことはためらわずに早くやるべきだということ。
▼息子がやっと私から学ぼうという気になったのに、私は多忙でかまってやれなかった。今はもう引き継ぐ

意志もなくしたようで、旨い物は宵に食えを実践しておけばよかった。

【類句】思《おも》い立《た》ったが吉日《きちじつ》。善《ぜん》は急《いそ》げ。

【同義語】旨《うま》い物《もの》は宵《よい》のうち。

鬼《おに》の居《い》ぬ間《ま》に洗濯《せんたく》

気詰まりな人や怖い人を鬼にたとえ、そのような人がいない間に思う存分気晴らしをし、楽しもうということ。

▼姑が海外旅行に行っている間、妻は寝坊したり、映画を見に入ったり、外食をしたりと、鬼の居ぬ間の洗濯を存分に満喫したようだ。

【参考】「洗濯」は「命の洗濯」のことで、気晴らしをすること。

【同義語】鬼《おに》の来《こ》ぬ間《ま》に洗濯《せんたく》。鬼《おに》の留守《るす》に洗濯《せんたく》。

鬼《おに》も十八《じゅうはち》番茶《ばんちゃ》も出花《でばな》

醜い鬼の娘でも年ごろの十八歳ともなればそれなりに美しくて魅力的だし、粗末な番茶でも湯を注いだばかりの出花は香りがよい。どんなものにでも盛りがあるものだというたとえ。

▼従妹のS子さんは、しばらく見ないうちにずいぶん可愛らしくなった。鬼も十八番茶も出花よ、と伯母さんは謙遜《けんそん》するが、内心は誇らしいに違いない。

【類句】薊《あざみ》の花《はな》も一盛《ひとさか》り。蕎麦《そば》の花《はな》も一盛《ひとさか》り。

【同義語】鬼《おに》も十七番茶《じゅうしちばんちゃ》も煮《に》ばな。鬼《おに》も十八柴茶《じゅうはちしばちゃ》も出花《でばな》。

奇貨居《きかお》くべし

将来値の出そうな珍しい品だから仕入れておこうということ。値の上がりそうな品には費用を惜しむなという意味と、好機を逃すなという意味がある。

▼その少年は名門サッカーチームのテストを受けに行ったが、才能は誰の目にも明らかで、「奇貨居くべし」とばかり、当日仮契約が結ばれた。

【参考】不遇だった子楚《しそ》（秦《しん》の始皇帝《しこうてい》の父）を援助した呂不韋《りょふい》のことば。

【類句】好機逸《こうきいっ》すべからず。

【出典】『史記《しき》』呂不韋列伝《りょふいれつでん》。

機《き》が熟《じゅく》す

物事をするのにちょうどよい時機になる。

▼その計画は機が熟すまで待ったほうがいい。

機《き》に乗《じょう》じる

物事の推移をうまく見極めて、その状況を利用して行動する。

▼景気上昇の機に乗じて彼は事業を

拡張した。

機《き》に因《よ》りて法《ほう》を説《と》け

仏教の真理を説く場合、機会に応じた適切な説き方をすべきだということから、臨機応変の処置をとれという意味。

▼あの名僧は相手が学者のときは高度な学説について語り、子ども相手の法話のときにはじつにわかりやすいたとえ話をする。機に因りて法を説く姿は見事なものだ。

【類句】人《にん》を見《み》て法《ほう》を説《と》け。

孔子《こうし》も時《とき》に遇《あ》わず

聖人とされる孔子でさえも世の中にいれられなかった時期があるように、どんなに優れた人物でも時勢に乗れなければ不遇に終わるということ。

▼B政党の政策は将来の日本の歩むべき道を示している。現在は孔子も時に遇わずというところだが、時代の潮流が変われば支持者も増えることだろう。

【出典】『荀子《じゅんし》』宥坐《ゆうざ》。

【同義語】聖人《せいじん》も時《とき》に遇《あ》わず。

潮時《しおどき》を見《み》る

物事をするのに最適な時機を見計らう。

▼株の売り買いには潮時を見ることが肝要だ。

時期尚早《じきしょうそう》

ある事を行うのに、よい時期になっていないこと。行動に移すには、まだ早すぎること。

▼この計画がいずれわが社の発展に寄与することは確かだろう。しかし、実行に移すのは時期尚早と考える。

【誤り】時機尚早。

正念場《しょうねんば》

物事の真価を発揮する重要な場面。ここぞという大事な場面。

▼相手の態度に気をのまれていたが、ここが正念場だと気を取り直して、相手をにらみつけるようにして要件を告げた。

【参考】「正念」は仏教語で、心の乱れを去った安らかな心。また、一心に念ずること。またこのことばは歌舞伎や浄瑠璃などの最も重要な場面にも用いられるようになった。

千載一遇《せんざいいちぐう》

千年に一度しかめぐり合えないような絶好の機会。二度とないような好機。また、思いがけない幸福。

▼千載一遇の好機など座して待っていて来るわけがない。好機は自らの

努力によって作るものであり、運命は自ら開拓するものである。

【参考】「千載」は千年、長い年月。「一遇」は一度めぐり合うこと。

【類句】盲亀浮木《もうきふぼく》。優曇華《うどんげ》。

【出典】『文選《もんぜん》』袁宏《えんこう》「三国名臣頌《さんごくめいしんしょう》序賛《じょさん》」。

鉄《てつ》は熱《あつ》いうちに打《う》て

硬い鉄も赤熱して柔らかい状態のときはいろいろな形に作り上げることができる。そこから、人も若いうちに鍛錬すべきだというたとえ。また、物事を行うには時期を逸してはいけないというたとえ。

▼あえて新入社員には高い目標を設定した。鉄は熱いうちに打てというから、成果は問わずその努力や工夫を見たいのだ。

【参考】もとは英語のことわざで、原文は“Strike while the iron is hot”

【類句】老《お》い木《き》は曲《ま》がらぬ。矯《た》めるなら若木《わかぎ》のうち。好機《こうき》逸《いっ》すべからず。

峠《とうげ》を越《こ》す

盛りの時期や重大な時期、または危険な状態を過ぎる。

▼意識も取り戻し、彼の症状は峠を越した。

時《とき》に合《あ》う

いい時機にめぐり合って栄える。

▼彼の著した本は時に合って、その年のベストセラーになった。

時《とき》は得難《えがた》くして失《うしな》い易《やす》し

よい機会はめったにつかむことができないし、つかんだとしても十分に活用する前に失ってしまいがちなので用心しなくてはいけないという戒め。

▼あのとき転職の誘いを断ったのは返すがえすも失敗だった。時は得難くて失い易し、あんないい話は二度とまわってこない。

【出典】『史記《しき》』淮陰侯列伝《わいいんこうれつでん》。

人《ひと》を見《み》て法《ほう》を説《と》け

釈迦《しゃか》は相手の教養、性格、境遇などに合ったやり方で仏法を説いたことから、道理を説くにも相手に合わせなければならないという意味。また、相手によって臨機応変の処置が大切だということ。

▼この男は激励すれば発憤するタイプ、あの男は強く叱ると萎縮するタイプと、上司たる者、人を見て法を説く技術を磨かねばならない。

【参考】「人《ひと》」は「にん」とも読む。

【類句】機《き》に因《よ》りて法《ほう》を説《と》け。

【同義語】人《ひと》に依《よ》りて法《ほう》を説《と》け。

待《ま》てば海路《かいろ》の日和《ひより》あり

じっと待っていれば航海によい天候になって船出することができる。今は状況が思わしくなくても、きっと順調にいく機会がめぐってくるので焦らずに待てばよいということ。

▼いい作品を書き続ければ、いつか評価されるでしょう。昔から待てば海路の日和あり、というじゃないですか。

【類句】石《いし》の上《うえ》にも三年《さんねん》。果報《かほう》は寝《ね》て待《ま》て。

【同義語】待《ま》てば甘露《かんろ》の日和《ひより》あり。

物《もの》には時節《じせつ》

何事にも時機というものがあり、時機を外せば思うようには成功しないということ。状況判断が大切との戒めでもある。

▼物には時節というものがある。まだ利益を出していた一昨年ならともかく、今年のこの厳しい状況ではそのプランに大きな予算は割けないな。

【同義語】事《こと》は時節《じせつ》。物《もの》に時節《じせつ》あり。

世《よ》に合《あ》う

時勢に乗って栄える。

▼石川啄木《たくぼく》は世に合うことなく早世した。

時機に遅れる

後《あと》の祭《まつ》り

祭りの終わった翌日に来た人は祭りに参加することも、見物することもできないことから、時機を失って手遅れであること。

▼軽率な行動を今さら後悔しても後の祭りだ。

【参考】祭りのすんだ後の山車《だし》は役に立たない意からとする説、また生前に大切にしなかった人を死んでから手厚く祭っても手遅れだとする説などがある。

【類句】証文《しょうもん》の出《だ》し遅《おく》れ。六日《むいか》の菖蒲《あやめ》十日《とおか》の菊《きく》。

遅《おそ》かりし由良之助《ゆらのすけ》

待ちかねていたのに間に合わず、時機に遅れた場合に残念がって使うことば。

▼期待された四番打者は大事な場面でまったく打てず、勝敗の行方が決まった九回表にホームランを打つと、応援席から「遅かりし由良之助」の野次が飛んだ。

【参考】歌舞伎「仮名《かな》手本《でほん》忠臣蔵《ちゅうしんぐら》」の一場面で、大星由良之助の到着を待ちかねて切腹した塩谷判官《えんやはんがん》が、遅れてかけつけた大星に言ったせりふから。

火《か》事《じ》後《あと》の火《ひ》の用心《ようじん》

火の用心は火事を起こさないためにするものであり、火事の後では手遅れということから、時機に遅れて間に合わないことのたとえ。

▼わが事務所では、先月の盗難被害の後で防災システムを取りつけたけど、火事後の火の用心という感は否めないね。

【類句】 諍《いさか》い果《は》てての乳切《ちぎ》り木。生《う》まれた後《あと》の早《はや》め薬《ぐすり》。六日《むいか》の菖蒲《あやめ》十日《とおか》の菊《きく》。

【同義語】 焼《や》けた後《あと》の火《ひ》の用心《ようじん》。

機《き》を逸《いっ》する

物事をするのによい時機を逃がす。

▼ピッチャー交代の機を逸して、大量リードを許してしまった。

【類句】 機《き》を失《しっ》する。

下種《げす》の後思案《あとじあん》

心の卑しい者、知恵のない者は、必要なときにはよい考えが浮かばないで、すべてが終わってから考えつくということ。

▼A社と契約を結んだ後で、B社から仕入れたほうがこれだけコストが下がるなんて、今ごろ報告するなよ。下種の後思案は言いっこなしだ。

【参考】「下種は済んでからあれこれ言う」という意味もある。

【同義語】 下種《げす》の後知恵《あとぢえ》。

証文《しょうもん》の出《だ》し遅《おく》れ

証拠となる文書でも出すべきときに出し遅れれば効力を失うことから、時機に遅れて役に立たないたとえ。

▼今ごろ、あの会社の不安要素を言い立てても、もう証文の出し遅れだ。

【類句】 後《あと》の祭《まつ》り。六日《むいか》の菖蒲《あやめ》十日《とおか》の菊《きく》。

【同義語】 支証《ししょう》の出《だ》し遅《おく》れ。

時《とき》を失《うしな》う

好機をにがす。

▼子どもを叱るのも時を失うと逆効果だ。

盗人《ぬすびと》を見《み》て縄《なわ》を綯《な》う

盗人を見つけてから捕らえるための縄を綯うのでは手遅れということから、必要に迫られてあわてて準備する不用意さや、時機に遅れて間に合わないことのたとえ。

▼電子機器を使った犯罪が横行している。対策はいつも後手に回り、盗人を見て縄を綯うという状態だ。

【類句】 軍《いくさ》見《み》て矢《や》を矧《は》ぐ。

【同義語】 泥縄《どろなわ》。泥棒《どろぼう》を見《み》て縄《なわ》を綯《な》う。盗人《ぬすびと》を捕《と》らえて縄《なわ》を綯《な》う。

バスに乗《の》り遅《おく》れる

社会の時流に取り残される。

▼情報に疎いとバスに乗り遅れてしまうぞ。

【参考】"miss the bus"（時流に遅れる、好機を逸する）から。

屁《へ》を放《ひ》って尻窄《しりすぼ》める

ほかの人々がいる所でうっかりおならをして、もう遅いと知りながら尻をすぼめること。失敗をしてから、あわてて人前を取り繕うために無益な努力をするたとえ。

▼天下にわが身の無知をさらしたその社長があとでどう言い繕おうとも、屁を放って尻窄めるで、世間は納得しなかった。

六日《むいか》の菖蒲《あやめ》十日《とおか》の菊《きく》

五月五日は端午《たんご》の節句で菖蒲を、九月九日は重陽《ちょうよう》の節句で菊を飾るが、節句に一日遅れた菖蒲と菊は役に立たない。そこから、時機に遅れてしまったことのたとえ。

▼ぎりぎりになって発注したドレスは、結婚式には間に合わなかった。六日の菖蒲十日の菊という結果に、自分の手際の悪さを恥じた。

【類句】後《あと》の祭《まつ》り。証文《しょうもん》の出《だ》し遅《おく》れ。

【同義語】十日《とおか》の菊《きくむいか》六日の菖蒲《あやめ》。

仕事・商売

商《あきな》い上手《じょうず》の仕入《しい》れ下手《べた》

客扱いがうまくて売るのが上手なので商売が繁盛しているようだが、実は仕入れが下手で利益があがっていないこと。また、そのような商売をする人。人間には得手不得手があるという意味でも使う。

▼町内で人気のYさんの店は、意外に経営は苦しいらしい。商い上手の仕入れ下手なんだろうか。

商人《あきんど》と屏風《びょうぶ》は直《す》ぐには立《た》たぬ

まっすぐに伸ばした屏風が倒れるように、正直一方の商人は商売を繁盛させることができないということ。屏風は稲妻形に折り曲げれば立つが、商人も自分の感情を殺し、筋を曲げてでも客に合わせる必要があるという意味。

▼いくら先方に非があろうと、まずは納期が遅れたことのお詫びを言うものだよ。商人と屏風は直ぐには立たぬ、と言うじゃないか。

【類句】曲《ま》がらねば世《よ》が渡《わた》られぬ。

【同義語】商人《あきんど》と屏風《びょうぶ》は曲《ま》がらねば立たぬ。人《ひと》と屏風《びょうぶ》は直《す》ぐには立《た》たぬ。

看板《かんばん》を下《お》ろす

商店が廃業する。

▼創業百年の店も後継者難で、とうとう看板を下ろした。

【類句】暖簾《のれん》を下《お》ろす。

紺屋《こうや》の白袴《しろばかま》

染めるのが仕事の紺屋が、自分は染めていない袴をはいていることから、他人のためにばかり働いて自分自身には手が回らないたとえ。

▼彼の事務所は若いころに借りた使い勝手の悪い借家だった。有名建築家になった今は忙しすぎて引っ越す暇もとれず、紺屋の白袴だと苦笑していた。

【参考】「紺屋」は「こんや」、「白袴」は「しらばかま」とも読む。

【類句】医者《いしゃ》の不養生《ふようじょう》。大工《だいく》の掘《ほ》っ立《た》て。

産《さん》を成《な》す

資産をつくる。

▼運も手伝って一代で産を成した。

すまじきものは宮仕《みやづか》え

勤めは気苦労が多く、自由も束縛されるのでするものではないという意味。

▼大学の研究室を出て企業に就職したが、定時出社、会議の多さと長さ、厳しいノルマなどで体を壊してしまった。すまじきものは宮仕え、やはり自分には研究室が向いていた。

【参考】「宮仕え」は宮中や貴人の邸に奉公することで、現在では会社勤めなどの意に広く使われる。

【同義語】さすまいものは宮仕《みやづか》え。

算盤《そろばん》が合《あ》う

採算がとれる。

▼大量生産でコストを下げれば算盤が合う。

手《て》がない

仕事があるのに働く人がいない。→②〈手段・方法・方策〉

▼今日は手がないので配達ができません。

手《て》を広《ひろ》げる

事業などの規模や、関係する範囲を広げる。

▼異業種にまで手を広げすぎて倒産した。

【類句】手《て》を伸《の》ばす。

二足《にそく》の草鞋《わらじ》を履《は》く

二種類の職業にたずさわること。両立しないような二つの仕事を一人で兼ねること。

▼彼は銀行マンと作家という二足の草鞋を履いている。

【参考】昔は博徒《ばくと》の親分が捕吏《ほり》として十手《じって》をあずかる目明かしをかねる場合があり、それから出たことば。

暖簾《のれん》を分《わ》ける

商家で、店員に店を出させて、同じ屋号を名乗らせたり、顧客の一部を分けたりする。

▼暖簾を分けてもらって郊外に店を持つ。

羽《はね》が生《は》えて飛《と》ぶよう

商品の売れ行きが非常によいようす。物のなくなるのが早いようす。

▼人気俳優の写真集は羽が生えて飛ぶように売れた。

船《ふね》は船頭《せんどう》に任《まか》せよ

船のことに熟達しているのは船頭であるように、何事にも専門家がいる。素人があれこれ言わず、その道の専門家に任せたほうがうまくいくというたとえ。

▼このルートを詳しく知るのはガイドのAさんだけです。行くか戻るか留まるか、ここは船は船頭に任せよですから、Aさんの判断に従います。

【類句】海《うみ》の事《こと》は漁師《りょうし》に問《と》え。蛇《じゃ》の道《みち》は蛇《へび》。餅《もち》は餅屋《もちや》。

【同義語】船《ふね》に乗《の》れば船頭任《せんどうまか》せ。

星《ほし》を戴《いただ》く

朝早く星が見えているうちから夜遅くまで働く。

▼星を戴くほどに働いても生活は苦しかった。

【類句】星《ほし》を被《かず》く。

店《みせ》を畳《たた》む

商売をやめる。

▼借金が重なり、ついに店を畳むことになった。

店《みせ》を張《は》る

店を開いて商売する。

▼ここに店を張ったらきっと繁盛すると思いますよ。

餅《もち》は餅屋《もちや》

物事には各専門家があって、素人のかなうものではないこと。

▼餅は餅屋というから、修理は専門家に任せたほうがいい。

【参考】餅は餅屋のついたものがいちばんおいしいの意から。「餅は餅屋」ともいう。

事情

裏《うら》には裏《うら》がある

事情が複雑で、簡単には推測できない。

▼裏には裏があり、事件は複雑怪奇の様相だ。

風《かぜ》の吹《ふ》き回《まわ》し

そのときの事態の成り行き。

▼兄がこんなに親切なのは、どういう風の吹き回しだろう。

【参考】「吹き回す」は、風が方向を定めず回るように吹くようす。

是非《ぜひ》もない

やむを得ない。

▼そんなやり方では彼が怒るのは是非もない。

【類句】是非《ぜひ》ない。是非《ぜひ》に及《およ》ばず。

根《ね》が深《ふか》い

問題になっている事柄の背後には複雑な事情があり、解決することが難しい。

▼彼の、この問題に対するこだわりは、想像以上に根が深い。

出世・成功

一念天《いちねんてん》に通《つう》ず

固い決意を抱いて一心に取り組めば、その努力は必ず天に聞き届けられ、物事を成し遂げることができる。

▼祝福されて彼と結婚したいと願った彼女は、反対する両親に説得を続けるうち、一念天に通ず、両親もやっと結婚に賛成してくれた。

【類句】精神一到何事《せいしんいっとうなにごと》か成《な》らざらん。至誠天《しせいてん》に通《つう》ず。石《いし》に立《た》つ矢《や》。

一家《いっか》を成《な》す

学問、技芸の分野で独自の権威、一派をつくり上げる。

▼いかに好きな道とはいえ、一家を成すまでの精進は並たいていのものではない。

一世一代《いっせいちだい》

役者が一生のしおさめとして立派な芸をすること。転じて生涯に一度の立派なこと。

▼宇宙飛行に成功したB氏が郷里の駅に降り立ったとき、一世一代の晴れ姿を一目見るために押し寄せた群衆の歓声がとどろいた。

運鈍根《うんどんこん》

成功するために必要な要素。幸運と愚鈍と根気。「運根鈍」ともいう。

▼運鈍根のうち、運は恵まれるもので、自分でつかみ取れるものではない。

栄耀栄華《えいようえいが》

華やかで、贅沢《ぜいたく》の限りを尽くした生活をすること。栄えときめくこと。また、おごり高ぶること。

▼平家《へいけ》は栄耀栄華を誇っていたが、壇ノ浦《だんのうら》で滅ぼされて、「驕《おご》る平家は久しからず」と言われた。

【参考】「栄耀」は「えよう」とも読む。

大立者《おおだてもの》

ある分野のなかで最も実力があり、指導的な役割をする人。重鎮《じゅうちん》。

▼新作でAさんが主演する劇に、新劇の大立者のBさんが友情出演することが決まったそうで、大変よいお話ですね。

【参考】もとは、歌舞伎《かぶき》の一座の中で中心になる、技量の特に優れた役者をいった。

【誤り】「大物《おおもの》」という語の連想から「大立物」と書くと誤りになる。

共存共栄《きょうぞんきょうえい》

二つ以上のものが、共に生存し、共に繁栄すること。

▼スーパーなどの大規模店と、地元の小売店が共存共栄することは可能である。

【対句】弱肉強食《じゃくにくきょうしょく》。不倶戴天《ふぐたいてん》。

【別表記】本来は「共存」は「きょうそん」と読む。

下克上《げこくじょう》

身分の下の者が上の者を抑えて勢力、権力をもつこと。

▼能力主義の社会にあっては、後輩に先を越されて下克上だなどと不平を鳴らすのは愚かなことだ。

【参考】南北朝時代の末期から戦国時代にかけての日本で、下層階級の者が、国守《くにのかみ》や主家《しゅか》など上層の者を倒して実権を握る風潮が盛んになったことをいう。「下剋上」とも書き、「克（剋）」は「かつ」という意味。

【出典】『源平盛衰記《げんぺいせいすいき》』二六。

鯉《こい》の滝登《たきのぼ》り

中国の黄河《こうが》にある竜門《りゅうもん》という急流を登った鯉は竜になるという伝説から、人のめざましい立身出世をたとえたことば。

▼文武両道で人望のあった先輩は、あの会社に入社してからさらに才能

を発揮して鯉の滝登りのような出世を遂げた。

【同義語】竜門《りゅうもん》の滝登《たきのぼ》り。

功《こう》成《な》り名《な》遂《と》げる

人に評価されるような仕事をやり遂げて名声を得る。手柄を立てて、誉れを得る。人生に成功して満足できる状態。

▼逆境に育って、教育らしい教育も受けられなかっただけに、彼が事業家として功成り名遂げるまでには人知れぬ苦労があった。

【出典】『老子《ろうし》』運夷《うんい》。

声《こえ》がかかる

目上の者から特別のはからいを受ける。また、推薦される。→②〈誘う・誘惑〉

▼彼には次期部長の声がかかっている。

故郷《こきょう》に錦《にしき》を飾《かざ》る

故郷を離れていた人が立身出世をして、立派な衣服を着、晴れがましい思いで帰郷すること。

▼その選手は見事にオリンピックで金メダルを獲得し、郷里では凱旋パレードが行われた。故郷に錦を飾った彼の表情は晴れがましかった。

【参考】「錦」は高価な絹織物。

【類句】衣錦《いきん》の栄《えい》。

【出典】『南史《なんし》』。

【同義語】故郷《こきょう》へ錦《にしき》を着《き》て帰《かえ》る。故郷《こきょう》へ花《はな》を飾《かざ》る。錦《にしき》を衣《き》て郷《きょう》に還《かえ》る。

三度目《さんどめ》の正直《しょうじき》

物事は一度目や二度目はうまくいかなくても、三度目はうまくいくということ。占いなどで、一度目、二度目はあてにならないが、三度目は確実であるという意味もある。

▼二回の失敗であきらめるのはまだ早い。三度目の正直というんだから、今度こそうまくいくと信じよう。

【同義語】三度目《さんどめ》は定《じょう》の目《め》。

少年《しょうねん》よ大志《たいし》を抱《いだ》け

洋々たる前途を持つ若者たちは大きな志を持って勉学に努め、希望を持って世の中に出るべきだという励ましのことば。

▼少年よ大志を抱けとは有名なことばだが、原文に忠実に訳せば、少年よ野心的であれ、だ。このほうが現代の若者にはわかりやすいだろう。

【参考】明治時代、札幌農学校（現在の北海道大学）で教鞭《きょうべん》を執ったアメリカの教育家、クラーク博士が教え子たちとの別れに臨んで残したもの。英語では“Boys, be ambitious.”

青雲《せいうん》の志《こころざし》

立身出世して高位高官の地位に昇ろうとする大きな志のこと。また、世俗から離れようとする志の意味もある。

▼その小説は、明治時代の若者たちが青雲の志を抱いて奮闘する群像が描かれていて高い人気を保っている。

【参考】「青雲」は高位高官、または俗世間の上に超然としていること。

【類句】凌雲《りょううん》の志《こころざし》。

【出典】王勃《おうぼつ》「滕王閣序《とうおうかくじょ》」。

前途洋洋《ぜんとようよう》

将来の道が大きく開けて、希望に満ちているさま。若者の門出を祝うときなどに使う。

▼Aは今回の美術展で入選したが、審査員たちの評価はきわめて高く、前途洋々たるこれからがいっそう楽しみである。

【対句】前途《ぜんと》多難《たなん》。

地歩《ちほ》を固《かた》める

自分の地位、活動する立場をゆるぎないものにする。

▼彼はデビュー作以来、綿密な取材と考証に基づく堅実な作品を出しつづけ、新しい歴史小説の担い手としての地歩を固めていった。

【類句】地歩《ちほ》を築《きず》く。地歩《ちほ》を占《し》める。

天下《てんか》を取《と》る

一国家の政権を自由にできる地位につく。→⑦〈権力・支配〉

▼本能寺《ほんのうじ》の変がなければ、秀吉《ひでよし》が天下を取ることはなかったであろう。

登竜門《とうりゅうもん》

有力者に取り立てられて有名になること。転じて、困難だが、そこを突破すれば立身出世ができるという関門。

▼芥川《あくたがわ》賞は作家の登竜門として、相変わらず権威を保っている。

【参考】竜門（黄河《こうが》の上流の急流）に集まる多くの鯉《こい》のうち、そこを登り切るものは竜になるという言い伝えがある。

【出典】『後漢書《ごかんじょ》』李膺伝《りようでん》。

七転《ななころ》び八起《やお》き

何度失敗してもくじけず、立ち上がって努力すること。失敗して落ち込んでいる人間に対して、努力していれば必ずいつかは成功すると励ますときに用いられる。また、人生の浮沈が激しいこと。

▼この世は七転び八起き、それくらいの失敗でくよくよすることはない。

【類句】不撓不屈《ふとうふくつ》。失敗《しっぱい》は成功《せいこう》の元《もと》。禍《わざわ》い転《てん》じて福《ふく》と為《な》す。

【別表記】「転」は「顚」の書き換え字。
【出典】坪内逍遥《つぼうちしょうよう》『当世書生気質《とうせいしょせいかたぎ》』。

一花《ひとはな》咲《さ》かせる

一時的に華やかに栄える。
▼ここで一花咲かせてから引退したいものだ。

一山《ひとやま》当《あ》てる

万一をねらって成功し、儲《もう》ける。
▼一山当てることばかり考えないで、地道に働きなさい。
【参考】「山」は鉱山で、鉱脈を掘り当てる意から。

身《み》を立《た》てる

世の中に出て立派な地位につく。↓⑥〈生活・暮らし〉
▼この一件で発憤した彼は政界で身を立てようと決意した。

世《よ》に出《で》る

世間に認められる。出世して有名になる。
▼政治家として世に出るまでは長い道のりだ。

凌雲《りょううん》の志《こころざし》

俗世間を超越した高い志のこと。また、立身出世をしようという志。
【参考】「凌雲」は高い雲を凌《しの》ぐこと。
【類句】青雲《せいうん》の志《こころざし》。
【別表記】「凌雲」は「陵雲」とも書く。
【出典】『漢書《かんじょ》』揚雄伝《ようゆうでん》。

食事・食べ物

居候《いそうろう》の三杯目《さんばいめ》

他人の家に世話になっている者が、食事のときには三杯目のお代わりの茶碗を気兼ねしながら差し出すようす。
▼親戚の高校生を預かっているが、居候の三杯目ということばは相撲部のホープである彼にはまったく通じない。
【参考】「居候三杯目にはそっと出し」という川柳より。

色気《いろけ》より食《く》い気《け》

優先順位からいって、色欲よりも食欲のほうを満たしたいということ。さらに、色気より食欲が盛んな年ごろをいう場合があるし、外見より実質を重んじる意味でも使われる。
▼うちの娘ときたら、まだまだ色気より食い気で、結婚なんて全然考えていないよ。
【類句】花《はな》より団子《だんご》。

飢《う》えては食《しょく》を択《えら》ばず

飢えに苦しんでいる者は、どんなに粗末な食べ物であっても、あるいは嫌いな食べ物であっても、より好みせずに食べるということ。
▼飢えては食を択ばずというが、数時間山中をさまよって見つけたコケモモの味は忘れがたい。
【類句】ひもじい時《とき》にまずい物《もの》なし。
【出典】『景徳伝灯録《けいとくでんとうろく》』一。

牛飲馬食《ぎゅういんばしょく》

牛や馬のように、一度にたくさんのものを飲んだり食べたりすること。
▼調子に乗ってそんなに牛飲馬食をしては、身がもたないよ。
【類句】暴飲暴食《ぼういんぼうしょく》。鯨飲馬食《げいいんばしょく》。

口《くち》がおごる

おいしいものを食べ慣れていて、よほどよいものでないとおいしいと感じなくなる。
▼口がおごっている人に出す料理は気を遣う。
【類句】口《くち》が肥《こ》える。

口《くち》に合《あ》う

飲食物の味が食べる人の好みと一致する。
▼先方の口に合いそうな品を選んで贈った。

口《くち》にする

食べる。飲む。→②〈言う・話す〉
▼彼女はお酒を少し口にしただけで、赤くなってしまった。

口《くち》を切《き》る

初めて、缶の蓋《ふた》や瓶の栓を開ける。→②〈言う・話す〉
▼今日は父の誕生日なので、とっておきのワインの口を切ろう。

腰《こし》が強《つよ》い

麺類などの食感を表す表現で、粘り気や弾力性、歯ごたえがあること。→②〈耐える・忍耐・我慢〉
▼本場のうどんは腰が強いので、歯ごたえも味覚のひとつと実感する。

腰《こし》が弱《よわ》い

粘り気や弾力性が乏しい。→④〈臆病な・小心の〉
▼この餅は腰が弱くて食感があまりよくない。

魚《さかな》は殿様《とのさま》に焼《や》かせよ 餅《もち》は乞食《こじき》に焼《や》かせよ

魚はゆっくり焼くほうがいいので、おっとりとした殿様に焼かせるのがよい。餅は何度もひっくり返して焼くのがいいので、がつがつした乞食向きだ。何事にも適任者がいるということ。

▼彼は性格上、動き回って成果がすぐに出る仕事が向いているようだ。魚は殿様に焼かせよ餅は乞食に焼かせよというから、今度の部署では本来の実力が発揮できるんじゃないかな。

【類句】瓜《うり》の皮《かわ》は大名《だいみょう》に剝《む》かせよ柿《かき》の皮《かわ》は乞食《こじき》に剝《む》かせよ。

【同義語】餅《もち》は乞食《こじき》に焼《や》かせよ魚《さかな》は殿様《とのさま》に焼《や》かせよ。

舌《した》が肥《こ》える

味のよしあしを識別する能力が高くなる。

▼料理番組のディレクターだけあって、彼は舌が肥えている。

【類句】口《くち》が肥《こ》える。

酒《しゅ》池《ち》肉《にく》林《りん》

酒をたたえた池と、肉をぶら下げて林のようになしたという意味。酒や肉が豊富な宴をいう。

▼中国を旅して殷《いん》の紂《ちゅう》王が酒池肉林の贅《ぜい》を極めたという都城の跡に立ち、諸行無常、盛者必衰の思いを深くしました。

【参考】「肉林」を性的な意味に解釈して使う場合もある。『史記』の該当箇所には、「裸の男女」も登場しているので、この解釈も間違いとはいえない。

【類句】肉山《にくざん》脯林《ほりん》。

【出典】『史記《しき》』殷本紀《いんほんぎ》。

【故事】殷の紂王は、酒池肉林の中で豪奢《ごうしゃ》な遊びの限りを尽くしたが、周《しゅう》の武《ぶ》王に滅ぼされた。

食《しょく》が進《すす》む

食欲があり、たくさん食べられる。

▼テニスを始めてから食が進み体調も万全だ。

食《しょく》が細《ほそ》い

あまり食べない。少食である。

▼彼女は食が細く瘦《や》せているが、病気一つしたことがないという。

食指《しょくし》が動《うご》く

食欲を覚えること。転じて、あるものが欲しいという気持ち、あることをしたいという気持ちが起こることのたとえ。

▼ご当地の名物を多くの人から勧められたが、私は甘い物にはどんなものにも食指が動かない。

【参考】「食指」は人差指。中国の春秋時代、鄭《てい》の公子宋《こうしそう》が自分の人差指が動くのを人に見せて、御馳走《ごちそう》にありつく前兆だと言ったという故事から。

【類句】食指《しょくし》を動《うご》かす。

【出典】『春秋左氏伝《しゅんじゅうさしでん》』宣公《せんこう》四年。

醍醐味《だいごみ》

醍醐のような最高の美味。転じて、物事の本当のすぐれた味わい、面白味のこと。
▼このスポーツの醍醐味は、もっとスピードが出てからですよ。こんなもので満足したと言わないでください。
【参考】「醍醐」は牛乳や羊乳を精製して作った食品。この味を仏教では仏法の真髄にたとえた。仏教では乳の精製過程を五段階に分けて「五味」といった。それが「乳《にゅう》」「酪《らく》」「生酥《しょうそ》」「熟酥《じゅくそ》」「醍醐《だいご》」で、この五番目の醍醐が最高の味であることから、仏教の最上の教えを醍醐味と呼び、ここから物事の本当の味わいもこのように呼ぶようになった。

【出典】『涅槃経《ねはんぎょう》』。

鯛《たい》も一人《ひとり》はうまからず

鯛は魚の中で最高の美味とされているが、それでも一人で食べたのではうまくない。料理は家族や仲間などと一緒に食べてこそおいしいものだということ。
▼仕事のお礼に依頼主から豪華なディナーをふるまわれたが、鯛も一人はうまからずで、正直どんな味かあまり覚えていない。

茶腹《ちゃばら》も一時《いっとき》

わずかなものでも一時しのぎにはなるということ。
▼茶腹も一時と申します。粗末なものしかございませんが、召し上がってください。
【参考】茶を飲んでも一時空腹をしのぐことができることから。

箸《はし》をつける

食べ始める。食べかける。
▼彼女は料理に少し箸をつけただけだった。

箸《はし》を取《と》る

食事を始める。食事をする。
▼母の病気も快方に向かい、やっと箸を取ることができるようになった。

初物七十五日《はつものしちじゅうごにち》

その季節の最初にとれた魚、野菜、果物、穀物などを食べると、寿命が七十五日延びるということ。

▼祖母はよく初物七十五日と言っていたので、小さいころから初物という意識はあったのだが、最近ではどんなものでも一年中手に入るので、ありがたみがなくなってしまった。

早飯《はやめし》も芸《げい》のうち

速く飯を食うことも芸の一つに挙げられるという意味と、特別な芸のない者にとっては速く飯を食うことが芸になるという意味がある。
▼われわれ営業の外回りの人間にとっては早飯も芸のうちだ。
【類句】早飯《はやめし》早糞《はやぐそ》早支度《はやじたく》。
【同義語】早飯《はやめし》早糞《はやぐそ》芸《げい》のうち。

腹《はら》ができる

食事をして腹が一杯になる。↓①〈覚悟する・決断する〉
▼腹ができたところで仕事に取りかかろう。

腹《はら》が減《へ》っては戦《いくさ》ができぬ

空腹状態では戦争などできないということで、何事においてもまず腹ごしらえをしてからでないとよい結果が得られないというたとえ。
▼緊張で食欲がないかもしれないが、腹が減っては戦ができぬ、何か軽い物でも口にしておかないと、この長丁場《ながちょうば》はもたないよ。

腹《はら》をこしらえる

以後の行動に備えて食事を取る。
▼今晩は忙しくなるから、今のうちに腹をこしらえておこう。

火《ひ》を通《とお》す

煮たり焼いたりして食物に熱を加える。
▼豚肉は中までよく火を通して食べたほうがよい。

河豚《ふぐ》食《く》う無分別《むふんべつ》河豚《ふぐ》食《く》わぬ無分別《むふんべつ》

命を失うかもしれない危険を冒して、猛毒をもつ河豚をむやみに食うのは無分別だが、といって河豚の毒を恐れてばかりいて、その美味を一生味わわずに過ごすというのも無分別だということ。
▼君の冒険を決して応援はしないが、河豚食う無分別河豚食わぬ無分別といって、若いうちにチャレンジしたいのなら、やってみたほうがいいだろう。

頬《ほお》が落《お》ちる

食べたものが非常においしいこと。
▼たまには頬が落ちるような料理が食べたいものだ。
【類句】頬《ほ》っぺたが落《お》ちる。顎《あご》が落《お》

ちる。

処世

明日《あした》は明日《あした》の風《かぜ》が吹《ふ》く

明日のことは明日の運にまかせて、現在を十分に楽しむほうがよいという意味。

▼今日の発表での失敗なんて早く忘れたほうがいいよ。明日は明日の風が吹く、だよ。

【参考】本来は明日に希望を託するように励ます意味であったが、なるようになるという意味合いが強くなった。映画「風とともに去りぬ」で主人公のスカーレット・オハラが語るせりふ "Tomorrow is another day."（明日は別の日）を意訳したことばと言われている。

【類句】明日《あす》の事《こと》は明日《あす》案《あん》じよ。

風見鶏《かざみどり》

定見を持たず、周囲の大勢に意見、態度を順応させる人。

▼人を風見鶏だと言い触らす人に限って、自分も人以上に他人の顔色を見るようだ。

鶏口《けいこう》と為《な》るも牛後《ぎゅうご》と為《な》る勿《なか》れ

小さな組織の長になって支配するほうが、大きな組織の末端で支配されるよりもましだということ。

▼彼は最近の若い人には珍しく、「鶏口と為るも牛後と為る勿れ」とする気概を持っている。

【参考】「鶏口」は鶏の口で小組織の長を表し、「牛後」は牛の尻で大組織の末端を表す。中国の戦国時代に蘇秦《そしん》が小国を連合して大国の秦に対抗しようとして説いたことば。

【類句】鯛《たい》の尾《お》より鰯《いわし》の頭《かしら》。

【対句】寄《よ》らば大樹《たいじゅ》の陰《かげ》。

【出典】『史記《しき》』蘇秦列伝《そしんれつでん》。

【同義語】鶏口牛後《けいこうぎゅうご》。

郷《ごう》に入《い》っては郷《ごう》に従《したが》え

人は住んでいる土地の風俗や習慣に従った生活をするのが、上手に世間を渡るやり方であるということ。

▼エスカレーターに乗る際に、関東と関西では立つ位置が反対だ。郷に入っては郷に従えだが、最初はとまどった。

【参考】「郷」は田舎、地方。

【類句】所《ところ》の法《ほう》に矢《や》は立《た》たぬ。人《ひと》の踊《おど》る時《とき》は踊《おど》れ。

【同義語】其《そ》の国《くに》に入《い》れば其《そ》の俗《ぞく》に従《したが》う。

出処進退《しゅっしょしんたい》

身の振り方や身の処し方。官職に就くか、野《や》に下るか。また、今の職や地位に留まるか、辞めて退《ひ》くかということ。

▼ここで出処進退を誤れば政治生命を失うばかりか、人間としての資質まで問われることになりかねない。

【誤り】出所進退。

【出典】徳富蘆花《とくとみろか》『黒潮《くろしお》』。

世故《せこ》にたける

世間の事情をよく知り、世渡りがうまい。

▼部長は世故にたけているから、いい解決方法を知っているかもしれない。

【参考】「世故」は世の中の習慣や実情。

【類句】世知《せち》にたける。

知恵《ちえ》は小出《こだ》しにせよ

もっている知恵を一度に出してしまうと、もっと知恵を必要とする苦境に立たされたときに打つ手がなくなる。必要に応じて少しずつ出すのが得策だということ。

▼先方の説得材料はこのくらいに留めておこう。どうにもならなくなったときに、A君のアイデアを最終手段で示そう。知恵は小出しにせよだ。

【類句】能《のう》ある鷹《たか》は爪《つめ》を隠《かく》す。

【同義語】知恵《ちえ》の小出《こだ》し。

時《とき》の花《はな》を挿頭《かざし》にせよ

季節季節に咲き誇る花を頭の飾りにするのがよいということで、人は時流に合わせたり、その時の権威者に従ったりして生きるのが無難だというたとえ。

▼私もそんな商品を売るのは反対なんですが、時の花を挿頭にせよ、ですから、これは稼いでもらう商品と割り切りましょう。

【参考】「挿頭」は髪や冠などに挿す飾り。

得《とく》を取《と》るより名《な》を取《と》れ

金を儲《もう》けるといったような実利よりも、名誉や名声のほうを重視するべきだという考え方。

▼わが社の植林活動は手間暇、お金もかかります。しかし、これで企業イメージが高まれば、優秀な人材も集まることでしょう。ここは得を取るより名を取れで、長い目で考えてください。

長《なが》い物《もの》には巻《ま》かれろ

手に負えないほど長い物には、抵抗しても仕方がないから巻かれるままになっていたほうがいいということで、権力や勢力の大きい者に対してはおとなしく従ったほうが得策だという意味。

▼言いたいことは山ほどあるが、こ

こで抵抗しても仕方ない。長い物には巻かれろとあきらめよう。

【類句】大《おお》きな者《もの》には呑《の》まれよ。

能《のう》ある鷹《たか》は爪《つめ》を隠《かく》す

鷹は鋭い爪をもっているが、必要な時以外は隠していることから、優れた才能や実力をもつ者はみだりにそれをひけらかしたりしないというたとえ。

▼今回のフランス企業から会社訪問があったとき、経理課の彼女が流暢なフランス語で案内していたのには驚いた。まったく能ある鷹は爪を隠す、だったね。

【類句】知恵《ちえ》は小出《こだ》しにせよ。

【同義語】能《のう》ある猫《ねこ》は爪《つめ》を隠《かく》す。猟《りょう》する鷹《たか》は爪《つめ》を隠《かく》す。

船《ふね》は帆《ほ》任《まか》せ帆《ほ》は風《かぜ》任《まか》せ

帆掛け船が進むのは帆によるのであり、帆が役に立つのは風による。帆や風に任せるしかないというわけで、すべては成り行き任せにするしかない状態、または成り行きに任せようという考え方のたとえ。

▼事件の全貌は明らかになり、判断は司直の手に委ねられた。当事者としては世間を味方につけたいが、こうなれば船は帆任せ帆は風任せで臨むしかない。

不《ふ》偏《へん》不《ふ》党《とう》

どちらにも味方しないで、自由で公正な立場を取ること。どの主義、どの党にも加わらないこと。また、そのさま。

▼衆議院、参議院を問わず、国会の議長は不偏不党の立場を取ることになっている。

【出典】『呂氏春秋《りょししゅんじゅう》』士容《しよう》。

理《り》詰《づ》めより重《じゅう》詰《づ》め

同じ「詰め」でも、お互いに理屈を言い合う理詰めより、ごちそうの入った重詰めのほうが楽しいということ。また、ごちそうしてなごやかに話し合うほうが、理屈で責めるよりもうまくいくということ。

▼議論はそのくらいにして、会食に移りましょう。理詰めより重詰めで、おいしいものでも食べればいい案も浮かぶでしょう。

【参考】「重詰め」はごちそうを詰めた重箱のこと。

和《わ》して同《どう》ぜず

主体性を保ちながら、人と協調するが、無定見に付和雷同することはない。

▼Aさんが諸手《もろて》を挙げて賛成だというのだったら、この計画はうまくいくと思う。あの人は和して同ぜず、心にもないお世辞は言わないからね。

【対句】同《どう》じて和《わ》せず。

【出典】『論語《ろんご》』子路《しろ》。

信仰・教え

頭《あたま》を丸《まる》める

僧侶《そうりょ》になる。

▼西行《さいぎょう》が頭を丸めたのは何歳のときだったか。

【参考】髪を剃《そ》ってつるつるになることから。

今際《いまわ》の念仏《ねんぶつ》誰《だれ》も唱《とな》える

ふだんは不信心な人でも臨終の際には念仏を唱えて仏にすがるということで、それが弱い人間のすることだという意味。また、元気なときに神や仏を信ずる人は少ないということ。

▼緊急着陸を試みたあの飛行機に乗り合わせたが、着陸する瞬間は今際の念仏誰も唱えるで、さすがに神に祈ったね。

【参考】「今際」は死に際《ぎわ》。

【類句】死《し》にがけの念仏《ねんぶつ》。苦《くる》しい時《とき》の神頼《かみだの》み。

鰯《いわし》の頭《あたま》も信心《しんじん》から

第三者の目からはつまらない物でも、信仰が関係してくるとありがたく思われるということ。

▼祖父は山で見つけた奇妙な形の石を神棚に上げて毎日拝んでいる。鰯の頭も信心からと家族は遠巻きに見ている。

【参考】節分の夜、鰯の頭をひいらぎの枝にさして門口に置くと悪鬼を払うと信じられていたことから。「頭」は「かしら」とも読む。

【同義語】鼻糞《はなくそ》も尊《とうと》みがら。

牛《うし》に引《ひ》かれて善光寺詣《ぜんこうじまい》り

人に連れられてある場所にたまたま行くこと。また、人に誘われて偶然によい方面に導かれること。

▼牛に引かれて善光寺詣りで、娘の同伴者で初めて行ったコンサートで、母はアイドルグループにすっかり魅了され、今では母のほうが熱を上げている。

【参考】善光寺（長野県）近くに住む不信心の老婆が、さらしていた布を角に引っかけた牛を追って寺に駆けこみ、それが機縁で信心深くなったという故事から。

縁《えん》なき衆生《しゅじょう》は度《ど》し難《がた》し

人からよい話を聞いたり、忠告を受けたりしても関心を示さない者はどうしようもないということ。

▼芥川《あくたがわ》龍《りゅう》之《の》介《すけ》の小説『蜘蛛《くも》の糸』を読んで、縁なき衆生は度し難し、ということばを知った。

【参考】仏教用語。仏の慈悲をもってしても、仏の教えを聞く機会のない者や聞いても信じない者は仏縁がないので救うのは不可能という意味から。

金科玉条《きんかぎょくじょう》

尊ぶべき大切な決まり、法則。貴重な法律。または規定。

▼私の叔父は、「働かざる者は食うべからず」という格言を金科玉条として、年老いて死ぬまで田畑に出て働き続けた。

【参考】「科」「条」は法律、「金」「玉」は大切なものという意味。

【出典】『文選《もんぜん》』揚雄《ようゆう》「劇秦美新《げきしんびしん》」。

葷酒山門《くんしゅさんもん》に入《い》るを許《ゆる》さず

臭い野菜と酒は仏道修行の妨げになるので、寺の門から中に持ち込んではならないという意味。

【参考】「葷」はねぎ、にら、にんにくなどのこと。漢文では「不許葷酒入山門」と書き、禅寺などの門のわきに石に刻んで掲げられている。

【別表記】禁葷酒《きんくんしゅ》。

斎戒沐浴《さいかいもくよく》

神聖な仕事に従事する前に、食事や行動を慎み、体を水で洗い、心身を清浄にすること。

▼最善を期して力は尽くしました。今はただ斎戒沐浴して、皆様の審判を待つという心境であります。

【類句】精進潔斎《しょうじんけっさい》。

【誤り】斉戒沐浴。

【出典】『孟子《もうし》』離婁《りろう》下。

三位一体《さんみいったい》

キリスト教の説で、三つの姿で現れる神の姿は元来一体であるとする。ここから転じて、三つのものが力を合わせて一つになること。

▼この料理屋の評判がよいのは、吟味された材料、料理人の腕前、行き届いたサービスが三位一体となって、客を満足させるからだ。

【出典】井上哲次郎《いのうえてつじろう》他編『哲学字彙《てつがくじい》』。

色即是空《しきそくぜくう》

仏教語で、この世の物質的な存在はすべて空《むな》しい存在であるということ。

▼何かにつけて思い出の多い祖父の骨壺《こつつぼ》を胸に抱きながら、色即是空の感を深くした。

【類句】一切皆空《いっさいかいくう》。
【対句】空即是色《くうそくぜしき》。
【出典】『般若心経《はんにゃしんぎょう》』。『正法眼蔵《しょうぼうげんぞう》』。

正直《しょうじき》の頭《こうべ》に神宿《かみやど》る

何事においても正直に振る舞う者には神の加護があるということ。
▼彼は公の場で見せた自分の責任を認める態度が立派だったため、正直の頭に神宿るで、嘆願運動が起きて軽い処分ですまされた。
【類句】正直《しょうじき》は一生《いっしょう》の宝《たから》。
【同義語】正直者《しょうじきもの》に神宿《かみやど》る。

精進潔斎《しょうじんけっさい》

仏教語。肉類を口にせず、飲酒や行いを慎み、心身を清浄にすること。
「精進」と同じ。
▼仲人という大役を仰せつかり、精進潔斎してこの日を迎えた。
【類句】斎戒沐浴《さいかいもくよく》。
【出典】『今昔物語《こんじゃくものがたり》』二六。

信心《しんじん》は徳《とく》の余《あま》り

信心は人間としての道を正しく歩んだ結果として生ずるものだということ。また、衣食住に不自由しないくらいに生活の余裕があって、はじめて信心ができるという意味でも使う。
▼多忙なときはなかなか郷里に帰れなかった。信心も徳の余りではないが、やっと夫婦揃って墓参りをする余裕が生まれた。
【参考】「徳」には道理を悟って行為に示すという意味と、富や財産の意味がある。そこから二通りの解釈が出た。

叩《たた》けよさらば開《ひら》かれん

積極的に求め、入ろうと努力する者に神の国の門は開かれるという意味で、あらゆる行動における積極さを促すたとえに用いられる、キリスト教のおしえ。
▼行動せずに悩むよりも、とにかく何社か訪ねてみたらどうかね。叩けよさらば開かれん、興味をもってくれるところもあるだろう。
【参考】「求めよさらば与えられん。叩けよさらば開かれん」と続くことば。
【類句】求《もと》めよさらば与《あた》えられん。
【出典】『新約聖書《しんやくせいしょ》』マタイ伝《でん》。

天地神明《てんちしんめい》

天地のすべての神々。「神明」は、神のような明らかな徳の意で、神そのものをいう。
▼天地神明に誓って嘘《うそ》偽りは申しません。
【類句】天神地祇《てんしんちぎ》。
【出典】滝沢馬琴《たきざわばきん》『椿説弓張月《ちんせつゆみはりづき》』残六〇。

人《ひと》はパンのみにて生《い》くるにあらず

人は神のことば（意志）によって生かされるというのが本来の意味。転じて人間には物質的な満足感だけでなく精神的な充足感が大切であるという意味で使われる。

▼彼が四十を過ぎてからボランティア活動を始めたのは、ある人の講演を聞いてからだという。人はパンのみにて生くるにあらずを実感したんだそうだ。

【参考】イエス・キリストが荒野で断食しているとき、悪魔に石をパンに変えてみよと言われて答えたことば。

【出典】『新約聖書《しんやくせいしょ》』マタイ伝《でん》、ルカ伝《でん》。

求《もと》めよさらば与《あた》えられん

ひたすら神に祈り求めれば、神は正しい信仰心を与えてくださるだろうという意味。転じて、積極的に努力すればよい結果が得られること。

▼大きな欲をもつことは決して悪いことではない。求めよさらば与えられん、求めずして何が得られようか。

【類句】叩《たた》けよさらば開《ひら》かれん。

【出典】『新約聖書《しんやくせいしょ》』マタイ伝《でん》。

世《よ》を捨《す》てる

俗世間から逃れて暮らす。また、出家する。

▼彼女は世を捨てて仏門に入り、修行中です。

六根清浄《ろっこんしょうじょう》

煩悩を断ち、心身が清らかになること。寒参りや信仰的な登山のときに唱える言葉。

▼白装束に身を包んだ一団が、六根清浄を唱えながら霊山を登って行った。

【参考】六根とは、目根《もっこん》・耳《じ》根・鼻《び》根・舌《ぜっ》根・身《しん》根・意《い》根の六つで、感覚や意識の根源をいう。

【類句】六根浄《ろっこんじょう》。

【出典】『太平記《たいへいき》』八。

人生・一生

朝《あした》に紅顔《こうがん》有《あ》りて暮《ゆうべ》に白骨《はっこつ》と為《な》る

朝は若々しく元気だった者も夕方には死んで白骨になるということで、人の生命のはかなさを説いたことば。

▼あれほど元気に旅立った彼が海外で事故死するなんて誰が予想できただろう。朝に紅顔有りて暮に白骨と為るの思いを痛感した。

【参考】「紅顔」は年若い者の血色のよい顔。

【出典】『和漢朗詠集《わかんろうえいしゅう》』にある藤原《ふじわらの》義孝《よしたか》の詩「朝《あした》に紅顔《こうがん》有りて世路《せろ》に誇《ほこ》れども、暮《ゆうべ》に白骨となりて郊原《こうげん》に朽《く》ちぬ」による。

浮《う》き世《よ》の風《かぜ》

世間の厳しさや冷たさをたとえた語。
▼会社がつぶれて、浮き世の風の冷たさを知った。
【類句】浮《う》き世《よ》の波《なみ》。

邯鄲《かんたん》の夢《ゆめ》

人間の一生の栄枯盛衰は夢のようにはかないたとえ。
▼富と権力を一手に掌握した彼だったが、遺影を見ていると、彼の一生もまた邯鄲の夢ではなかったのかと思えてくる。
【類句】黄粱一炊《こうりょういっすい》の夢《ゆめ》。粟粒一炊《ぞくりゅういっすい》。南柯《なんか》の夢《ゆめ》。盧生《ろせい》の夢《ゆめ》。

【出典】李泌《りひつ》「枕中記《ちんちゅうき》」。

【故事】唐《とう》の時代、邯鄲の町に来た盧生は、栄華が思いのままになるという枕《まくら》を道士の呂翁《りょおう》から借りて眠り、出世し栄華を極めた夢を見たが、目覚めると、黄粱（大粟《おおあわ》）の粥《かゆ》がまだ炊き上がらぬつかの間のことだった。

槿花《きんか》一日《いちじつ》の栄《えい》

「槿花」はムクゲの花。ムクゲの花のように栄華ははかないというたとえ。
▼政界の最高実力者にまで上り詰めた人が汚職で逮捕されるとは、槿花一日の栄を実感せざるをえない。
【参考】ムクゲの花は朝の内に花を開き、夕方にはしぼんでしまう。わずか一日の花の命である。そこから、はかない栄華にたとえる。

【類句】槿花一朝《きんかいっちょう》。朝顔《あさがお》の花一時《はなひととき》。

【出典】白居易《はくきょい》「放言《ほうげん》」。

芸術《げいじゅつ》は長《なが》く人生《じんせい》は短《みじか》し

優れた芸術作品はいつまでも残るが、それを作った人間の生命は短いということ。
▼モーツァルトやショパンの楽曲を聞いていると、つくづく芸術は長く人生は短し、の感を強くする。
【参考】古代ギリシャの医師ヒポクラテスが言った「医術の修得には長くかかるが、生命は短いから怠ってはならない」という部分のラテン語訳。原文は“Ars longa, vita brevis.”このように元来の意味は、芸術（技術）を習得するためには人生はあまりに短すぎるという嘆きを指すことばだったが、現在ではむしろ、人の一生は短くてもその人が残した芸術は永遠に生きる。つまり「人は一代名は末代」のような意味合いで使わ

れることが多い。

先《さき》がある

将来、発展したりよくなったりする可能性がある。

▼君たちにはまだ先があるのだから、それくらいのことで落胆することはない。

春秋《しゅんじゅう》に富《と》む

歳月を豊富にもっているということで、年が若く、将来があることをいう。

▼この団体の指導者には私のような年寄りではなく、春秋に富む若者を指名してください。

【参考】「春秋」は歳月、年齢の意味。

【出典】『史記《しき》』斉悼恵王世家《せいとうけいおうせいか》。

人生《じんせい》は夢《ゆめ》の如《ごと》し

人の命や一生は、夢の如くにはかないものであるということ。

▼遣《や》り手として名をはせた私だが、借金の返済に追われているとは、まったく人生は夢の如しだ。

【類句】人生《じんせい》は朝露《ちょうろ》の如《ごと》し。人間夢《じんかんゆめ》の如《ごと》し。

【出典】蘇軾《そしょく》「念奴嬌《ねんどきょう》」。

世間《せけん》に出《で》る

社会に出る。社会人となる。

▼そんなに無作法では、世間に出て恥をかきますよ。

終《つい》の別《わか》れ

最後の別れ。死別。

▼先日、面会したのが終の別れとなった。

虎《とら》は死《し》して皮《かわ》を留《と》め人《ひと》は死《し》して名《な》を残《のこ》す

虎は死んでも立派な美しい毛皮を残す。そのように、人は死後に名声を残すような生き方をするべきだということ。

▼彼がその国で苦労して建設した学校は五つ。虎は死して皮を留め人は死して名を残すというが、彼の功績はこの国で長く称えられることだろう。

【類句】人《ひと》は一代《いちだい》名《な》は末代《まつだい》。

【同義語】豹《ひょう》は死《し》して皮《かわ》を留《と》め人《ひと》は死《し》して名《な》を残《のこ》す。

南柯《なんか》の夢《ゆめ》

いっときの夢。また、はかないことのたとえ。「南柯」は南に差し出た枝。

▼彼は巨万の富を築き、御殿のような家を建てて住んだが、間もなく不

況のあおりを受けて家を人手に渡した。結局、南柯の夢にすぎなかった。

【類句】槐安《かいあん》の夢《ゆめ》。

【出典】李公佐《りこうさ》『南柯太守伝《なんかたいしゅでん》』。

【故事】唐《とう》の淳于棼《じゅんうふん》が、酒に酔って古い槐《えんじゅ》の木の下で眠ったときに、槐安国に迎えられて南柯郡の長官となり、栄華を極める夢を見た。目が覚めてみると槐安国は槐の木の下のアリの国であり、南柯郡とは南に向いた枝であったという。

人間《にんげん》到《いた》る処《ところ》青山《せいざん》あり

この広い世の中には、どこに行っても自分の骨を埋める場所ぐらいはある。だから、故郷にしがみついているのではなく、大志を抱いて雄飛せよという意味。
▼長期の海外勤務を命じられたときは不安も感じたが、人間到る処青山ありと覚悟を決めた。
【参考】「人間」は「じんかん」とも読み、世の中のこと。「青山」は墓地。

【出典】釈月性《しゃくげっしょう》「清狂吟稿《せいきょうぎんこう》」。

日《ひ》暮《く》れて道遠《みちとお》し

日は暮れたが、前途ははるかである。老年を迎え、目的が果たせないたとえ。期限が迫り、事が完了しないたとえ。
▼癌《がん》の新薬を開発しようと三十年も研究してきたのだが、まだ完成までには程遠く、老年の私には残念ながら日暮れて道遠しの感が否めない。
【類句】前途遼遠《ぜんとりょうえん》。

【別表記】「道」は「路」「途」とも書く。

【出典】『史記《しき》』伍子胥列伝《ごししょれつでん》。

細《ほそ》く長《なが》く

短期間に全力を出し切ってしまわないで、長く続くように少しずつするようす。
▼この商売を細く長く続けようと思っている。
【対句】太《ふと》く短《みじか》く。

世《よ》が世《よ》なら

その人にとって都合のよい世の中ならば。多くの場合、現実の不遇を嘆く際に使われる。
▼世が世なら彼はその地の殿様だったはずだ。

睡眠

白河夜船《しらかわよふね》

何が起こったのかまったく知らないほど、前後不覚に熟睡すること。
▼資料を徹夜でそろえたまではよかったが、当日の会議では自分の発表

順が来るまで白河夜船で、出席者の顰蹙《ひんしゅく》を買った。

【参考】「白河」は京都の地名。京都に行ったとうそをついた人が、白河の様子を聞かれて川の名だと思い、夜船で通ったのでわからないと答えたという話から。「しらかわよぶね」ともいう。

狸寝入《たぬきねい》り

狸は人をだますといわれているが、その狸のように人をだまして眠ったふりをすること。空寝《そらね》。目をあけていると都合の悪いときに、目を閉じて知らぬふりをすること。
▼電車の優先席に座った若者が狸寝入りをして、ご老人に席を譲らない光景を目にして非常に腹立たしかった。
【同義語】狸《たぬき》の空寝入《そらねい》り。

床《とこ》に就《つ》く

寝床に入る。就寝する。→⑥〈病気・不健康〉
▼昨日は疲れていて、早く床に就いた。
【類句】床《とこ》に臥《ふ》す。

【対句】床《とこ》を上《あ》げる。

寝《ね》るほど楽《らく》はない

手足を伸ばして寝るときのくつろいだ気分をいったことば。
▼何日間にも及ぶ大仕事をやり終えて、やっとゆっくりと眠ることができた。寝るほど楽はないことを実感したとたん、たちまち深い眠りに落ちた。
【参考】「世の中に寝る程《ほど》楽はなかりけり、浮き世の馬鹿は起きて働く」という狂歌の前半部分。

【同義語】寝《ね》るが法楽《ほうらく》。寝《ね》るは極楽《ごくらく》。

舟《ふね》を漕《こ》ぐ

居眠りをする。
▼電車の中で舟を漕ぎ、隣の人に小突かれた。
【参考】舟の櫓《ろ》を漕ぐように体を揺らすため。

目《め》が冴《さ》える

頭がはっきりしていて眠くならない。
▼今夜の熱戦に興奮したせいか、目が冴えて眠れなかった。

夢路《ゆめじ》をたどる

心地よく眠る。夢を見る。
▼彼は、疲れ切った体を横たえると、すぐに夢路をたどり始めた。

夢《ゆめ》を結《むす》ぶ

眠って夢を見る。眠る。
▼木陰に身を横たえ、せせらぎの音を聞きながらしばしの夢を結んだ。

夜《よ》の目《め》も寝《ね》ずに

夜も寝ないで。一晩中起きて。
▼卒業論文の締め切りが迫り、夜の目も寝ずに書いている。
【参考】「夜の目」は、夜、眠るべき目の意。

夜《よ》を徹《てっ》する

一晩中寝ないで物事をする。徹夜する。
▼夜を徹して、脱線事故の修復作業が行われている。

生活・暮らし

起《お》きて半畳《はんじょう》寝《ね》て一畳《いちじょう》

広大な屋敷に住んだところで、一人が占める面積は起きているときで半畳、寝ているときで一畳あれば足りる。金持ちになったところで仕方がないということ。
▼彼は独り身だというのに、なぜあんなに大きな家を購入したのだろう。起きて半畳寝て一畳というではないか。
【参考】後に「天下取っても二合半《にごうはん》」と続けることもある。
【同義語】起《お》きて三尺《さんじゃく》寝《ね》て六尺《ろくしゃく》。

苛政《かせい》は虎《とら》よりも猛《たけ》し

税が重い苛酷《かこく》な政治は、人を食い殺す虎よりも恐ろしいということ。
▼その国では危険をもかえりみず、砂漠や急流を抜けて国外逃亡を図る人々が絶えなかった。苛政は虎よりも猛し、自国を捨てざるを得ないとは気の毒だ。
【参考】「苛政」は、きびしくむごい政治。舅《しゅうと》も夫も子も虎に殺されながら、厳しく税金を取りたてられないからといって他の土地に移ろうとしない婦人について、孔子《こうし》が弟子たちに語ったことばによる。
【出典】『礼記《らいき》』檀弓《だんぐう》下。

烏《からす》の行水《ぎょうずい》

水たまりでさっと水を浴びて飛び立つ烏のように、ろくに体も洗わず、ごく簡単に手早く入浴をすませること。
▼私の息子は、いつも烏の行水ですませている。冬などは風呂で暖まろうという気がないのだろうか。

行雲流水《こううんりゅうすい》

漂う雲、流れる水のように、ありのままに移りゆく自然の姿。転じて、成り行きにまかせて行動すること。

▼定年でようやく会社勤めから解放されました。当分は行雲流水に身をまかせて、気ままに暮らしてみようと思っています。

【出典】『宋史《そうし》』蘇軾伝《そしょくでん》。

米《こめ》の飯《めし》と天道様《てんとうさま》はどこへ行《い》ってもついて回《まわ》る

どこへ行っても、日の光はさすし、食っていくくらいのことはできるということ。楽天的な生き方。また、雇われた者が仕事を替えるときに捨《す》て台詞《ぜりふ》ぎみに使う。

▼お世話になりました、本日ここで退社させていただきます。特にあてもないのですが、米の飯と天道様はどこへ行ってもついて回ると楽天的に考えています。

【類句】江戸中《えどじゅう》の白壁《しらかべ》は皆旦那《みなだんな》。此《こ》処《こ》ばかりに日《ひ》は照《て》らぬ。天道様《てんとうさま》は回《まわ》り持《も》ち。

座《ざ》して食《く》らえば山《やま》も空《むな》し

稼ぐことをせず、ぶらぶら遊んで暮らしていれば、山のようにある財産もやがては使い果たしてしまうものだという意味。

▼代々庄屋を務めた由緒あるあの家も彼の父が大浪費家で、土地も屋敷も失った。座して食らえば山も空し、彼はそれから大変な苦労をしたようだ。

【同義語】居《い》て食《く》らえば山《やま》も空《むな》し。座食《ざしょく》すれば山《やま》も空《むな》し。

山中暦日無《さんちゅうれきじつな》し

うるさい俗世間を離れ、山の中でのんびり暮らしていて、月日が経《た》つのも気づかないということ。

▼山村で農業でも始めればのんびりできるかと思っていたが、俗世間の風はここにも吹き、山中暦日無しどころか、何かと雑事に追いまくられている。

【出典】『唐詩選《とうしせん》』太上隠者《たいじょういんじゃ》「答《ひとに》レ人《こたう》」。

敷居《しきい》をまたぐ

家に入る。また、家を出る。

▼親父の怒りが解けるまで二度と敷居をまたげない。

住《す》めば都《みやこ》

不便な田舎であっても、住み慣れてしまえば住みやすい都と同じように住み心地がよくなるという意味。

▼不便さと引き換えに美しい自然、新鮮な食べ物、人々との触れ合いがこの島にはある。住めば都で、ここ

での生活は気に入っている。
【類句】地獄《じごく》も住処《すみか》。
【同義語】住《す》めば都《みやこ》の風《かぜ》が吹《ふ》く。

晴耕雨読《せいこううどく》

晴れた日は畑を耕し、雨の日は家で読書すること。田園に閑居して、自適の生活を送ること。
▼彼は騒がしい都会から逃れるように故郷に帰り、晴耕雨読の生活を送ることにした。
【類句】昼耕夜誦《ちゅうこうやしょう》。悠悠自適《ゆうゆうじてき》。

手《て》が空《あ》けば口《くち》が開《あ》く

仕事がなくなって手が空けば、食う物もなくなって口まで開いてしまう。暮らしが成り立たなくなるということ。→④〈なまける・怠惰な〉
▼突然の首切りにあったときは大変だった。手が空けば口が開くで、どこにでも頭を下げて仕事をもらってやりくりした。
【参考】「空く」は暇になること。

ぬるま湯《ゆ》につかる

外から刺激を受けたり緊張したりすることなく、のんびりと暮らす。
▼日本人の生活態度はぬるま湯につかっているようだと諸外国の人からよく批判される。

早起《はやお》きは三文《さんもん》の徳《とく》

朝早く起きれば健康にもよく、何かしらよいことがあるという意味。早起きして仕事をすることに結びつけて使う場合が多い。
▼早起きは三文の徳、散歩の習慣を続けるうちに体調もよくなったし、友人も増えた。
【参考】「徳」は「得」と同じで利得、利益。
【類句】早起《はやお》き三両《さんりょう》倹約《けんやく》五両《ごりょう》。
【同義語】朝起《あさお》きは三文《さんもん》の徳《とく》。

身《み》を立《た》てる

職を持って生活していけるようになる。→⑥〈出世・成功〉
▼彼は高級料亭で長年修業を積み、やがて板前として身を立てた。

無為徒食《むいとしょく》

仕事も何もしないで、ただぶらぶらと遊び暮らすこと。これといったことがなく、徒《いたずら》に日を過ごすこと。
▼定年後、しばらくは無為徒食していたが、体がなまってしまうので、また、働きに出たんだ。
【出典】高見順《たかみじゅん》『故旧《こきゅう》忘《わす》れ得《う》べき』。

悠悠自適《ゆうゆうじてき》

世俗の煩《わずら》わしさから離れて、自分の心のままに暮らすこと。

▼当時、あくせくと暮らしていた私は、悠々自適の生活を楽しんでいる彼がうらやましくて仕方がなかった。

【出典】（悠悠）『詩経《しきょう》』「小雅《しょうが》」車攻《しゃこう》・（自適）『楚辞《そじ》』離騒《りそう》。

宵《よい》っ張《ぱ》りの朝寝坊《あさねぼう》

朝遅くまで寝ている人は、たいてい夜ふかしをする人である。夜ふかしは健康にもよくないし、浪費のもとにもなりがちであるということで、早寝早起きの健全な生活をすすめることば。

▼入学試験は午前中から始まるんだから、いつもの宵っ張りの朝寝坊の習慣を早く直さないといけないよ。

【同義語】朝寝坊《あさねぼう》の宵《よい》っ張《ば》り。

世《よ》を渡《わた》る

生活をする。生計を立てる。

▼父は世を渡ることは下手だったが、子どもたちには精いっぱい愛情を注いでくれた。

禄《ろく》を食《は》む

給料を受けて生活する。主君に仕える。

▼自分で事業を始めるより、会社に勤めて禄を食んでいたほうが楽だと思う。

路頭《ろとう》に迷《まよ》う

住む家や生活の手段を失って、困り果てる。

▼私に万一のことがあっても、家族が路頭に迷うことのないよう今から算段をつけておく。

露命《ろめい》を繋《つな》ぐ

露《つゆ》のようにはかない命をやっと繋いでいるという意味で、困窮しながらもどうにかこうにか生活しているたとえ。

▼趣味で親の財産をすべて食いつぶしてしまい、今は年金でどうにか露命を繋いでいる状態です。

【同義語】粥《かゆ》をすすって露命《ろめい》を繋《つな》ぐ。

和洋折衷《わようせっちゅう》

日本風と西洋風をうまく取り合わせること。また、取り合わせたもの。

▼一軒の家に畳敷きの和室もあれば、フローリングの洋室もあるといった具合で、日本では和洋折衷型の住宅が一般的である。

【参考】「折衷」は、両方のよいところを取って、ほどよく調和させること。「衷」は、ここでは、偏《かたよ》らないの意。

【誤り】和洋接中。

【出典】坪内逍遥《つぼうちしょうよう》『内地雑居未来之夢《ないちざっきょみらいのゆめ》』。

正義・正当・道理

渇《かっ》しても盗泉《とうせん》の水《みず》を飲《の》まず

どんなに困窮していても、絶対に不正なことはせず、行いを慎むという意味。
▼いくらわが社の経営が苦しくとも、渇しても盗泉の水を飲まず、そのような不正取引の申し出には応じられない。
【参考】「盗泉」は中国山東省にある泉。そばを通りかかった孔子は、名がよくないといって、のどが渇いていたにもかかわらず水を飲まなかったという故事による。

【類句】鷹《たか》は飢《う》えても穂《ほ》を摘《つ》まず。武士《ぶし》は食《く》わねど高楊枝《たかようじ》。

【出典】『文選《もんぜん》』陸機《りくき》「猛虎行《もうここう》」。

看板《かんばん》に偽《いつわ》りなし

看板に出ているのと商品が同じであること。言うことと行動が一致していること。
▼ガイドでイチ押しのそのそば屋は、まさに看板に偽りなしで、そば・つゆ・店の雰囲気とどれを取っても最高だった。
【類句】言行一致《げんこういっち》。

【対句】看板《かんばん》に偽《いつわ》りあり。

【同義語】看板《かんばん》かくれなし。

君《きみ》君《きみ》たらずとも臣《しん》臣《しん》たらざるべからず

主君がたとえ徳がなく、主君にふさわしい振る舞いをしないとしても、臣下はどこまでも臣下としての道を守って忠誠を尽くさなければならないということ。
▼威張って命令するだけの監督だが、このチームは下にいるあのコーチの人徳と気配りでもっている。君君たらずとも臣臣たらざるべからずで、気苦労も多いと聞いた。
【出典】『古文孝経《こぶんこうきょう》』序。

義理《ぎり》を欠《か》く

人として守らなければならない道理から外れている。
▼忙しいが、この会に出ないと義理を欠く。

義理《ぎり》を立《た》てる

今までのつき合いや恩義を重視して行動する。
▼恩師に義理を立てて、著書を二冊買った。
【参考】「義理立《ぎりた》てをする」ともいう。

【類句】義理が立つ。

公平無私《こうへいむし》

平等で、私的な感情を交えず、判断が偏《かたよ》らないこと。
▼あの会社に活気があるのは、社員の業績を正当に評価した公平無私な人事が行われるからだといわれる。
【類句】公平中正《こうへいちゅうせい》。公明正大《こうめいせいだい》。是是非非《ぜぜひひ》。不偏不党《ふへんふとう》。
【出典】『韓詩外伝《かんしがいでん》』七。

正面切《しょうめんき》る

物事に対して正々堂々と当たる。
▼彼は上司に対して正面切って異論を唱えた。
【参考】まっすぐ正面を向く意から。

筋《すじ》を通《とお》す

物事の道理にかなったやり方をする。首尾を一貫させる。
▼父は昔気質《かたぎ》なので筋を通さない人を嫌う。
【類句】筋道《すじみち》を通《とお》す。筋《すじ》が立《た》つ。

聖人君子《せいじんくんし》

学識・人格共に優れ、徳行も備わった立派な人。理想的な人物として仰がれるような人。
▼彼は聖人君子だから、ぼくたちと違って、飲む・打つ・買うには興味がないよ。

清廉潔白《せいれんけっぱく》

心や行いが清く正しく、道理に外れることをするような後ろ暗いところがないこと。また、そのさま。
▼あらぬ疑いをかけられた若者は、身の清廉潔白を訴えつづけた。
【類句】青天白日《せいてんはくじつ》。
【出典】矢野竜渓《やのりゅうけい》『経国美談《けいこくびだん》』。

壺《つぼ》にはまる

要点をついている。→②〈推測する・想像する〉
▼彼は常に壺にはまった発言をする。
【参考】「壺」は物事の大事な部分。急所、勘所《かんどころ》のこと。
【類句】壺《つぼ》を外《はず》さない。

当《とう》を得《え》る

道理にかなっている。要点を押さえる。
▼生徒の言い分は当を得ていると思われる。
【類句】的《まと》を射《い》る。
【対句】当《とう》を失《しっ》する。

破邪顕正《はじゃけんせい》

邪道・邪説を打ち破り、道理・正道を明らかに示すこと。不正を破って、広く正義を明示すること。
▼破邪顕正の剣をふるう主人公の活躍が、時代劇の人気のもとになっている。
【別表記】「顕正」は「けんしょう」とも読む。
【出典】『三論玄義《さんろんげんぎ》』。

理《り》にかなう

理屈に合っている。道理にかなっている。
▼母は理由が理にかなっていれば、小遣いを上げてくれると言う。

理《り》の当然《とうぜん》

理屈から見て確かにそうであること。当たり前のこと。
▼父親が反対するのも理の当然で、彼は承服せざるを得なかった。

生死

跡《あと》を追《お》う

死んだ人を慕って自らの命を絶つ。ゆかりのある人が死んだあと、引き続いて死ぬ。
▼事故死した恋人の跡を追おうとしていた彼女を必死に思いとどまらせた。

息《いき》が通《かよ》う

生きている。→⑤〈技量〉
▼どのような凶悪犯だって息が通った人間だ。

息《いき》が切《き》れる

呼吸が止まる。息が続かなくなる。→③〈続く〉
▼突然激しい運動をしたら、息が切れそうになった。

息《いき》を引《ひ》き取《と》る

死ぬ。
▼息を引き取るときの顔は安らかでした。

命《いのち》あっての物種《ものだね》

人間は命があって、はじめて物事ができる。その意味で、命がすべてのもと（根源）と言ってよい。死んでは何にもならないから、命を失うような危険は避けよということ。
▼命あっての物種だ。この先に進むのはあきらめて、引き返そう。
【類句】死《し》んで花実《はなみ》が咲《さ》くものか。
【同義語】命《いのち》が物種《ものだね》。命《いのち》こそ物種《ものだね》。

お陀仏《だぶつ》になる

死ぬ。物事が駄目になること。

▼近所の落雷の影響でパソコンがお陀仏になってしまった。

【参考】「お陀仏」は阿弥陀仏を唱えて往生する意。

門松《かどまつ》は冥途《めいど》の旅《たび》の一里塚《いちりづか》

正月を祝う門松も、一つ年を取るのだと思えばあの世への旅の一里塚のようなものということ。

【参考】「門松は冥途の旅の一里塚めでたくもありめでたくもなし」という一休禅師の狂歌より。「一里塚」は一里（約四キロメートル）ごとの里程を示す塚。

棺《かん》を蓋《おお》いて事定《ことさだ》まる

人は死んで棺《ひつぎ》に入れられ、棺の蓋《ふた》が閉められて、はじめてその評価が決まるということ。生きているうちには、軽々しく判断をしてはならないという意味もある。

▼故R大統領は毀誉褒貶《きよほうへん》が多い人だったが、棺を蓋いて事定まるで、死後初めてその偉大さが理解された。

【出典】『晋書《しんじょ》』劉毅伝《りゅうきでん》。

【同義語】人事《じんじ》は棺《かん》を蓋《おお》いて定《さだ》まる。

草葉《くさば》の陰《かげ》

墓の下。あの世。

▼亡くなったご両親も草葉の陰からお嬢様のご結婚を喜んでいらっしゃることでしょう。

【参考】草の葉の下の意。

死《し》は或《あるい》は泰山《たいざん》より重《おも》く或《あるい》は鴻毛《こうもう》より軽《かろ》し

命の価値を重さで表すと、大きな山よりも重く見なければならない場合もあるし、鳥の羽毛よりも軽く考えなければならない場合もある。絶対に死んではならないときと、潔く死ぬべきときがあるということ。

【参考】「泰山」は中国の山東省《さんとうしょう》にある名山。「鴻毛」はおおとり（雁《がん》やこうのとりなどの大形の鳥）の羽毛。

【出典】司馬遷《しばせん》「任安《じんあん》に報《ほう》ずるの書《しょ》」。

士《し》は己《おのれ》を知《し》る者《もの》の為《ため》に死す

真の男子は自分の価値を高く評価してくれる人のためになら命さえも惜しまないということ。

▼恩師が裁判沙汰に巻き込まれたさいには、士は己を知る者の為に死すの意気で進んでその弁護をして勝訴を勝ち得た。

【参考】「士は己を知る者の為に死し、女は己を説《よろこ》ぶ者の為に容《かたち》づくる」と続く。中国の戦国時代、晋《しん》の予譲《よじょう》が、主君だった智伯《ちはく》の仇である趙《ちょう》の毋卹《むじゅつ》をつけねらう際に言ったことば。なお、「知己《ちき》」という語はここから出た。

【出典】『史記《しき》』刺客列伝《しかくれつでん》。

生者必滅《しょうじゃひつめつ》

生あるものは必ず死ぬということ。世の中のはかなさや人生の無常をいう。

▼生者必滅は世の習いであり、どんなに権勢を誇る者もこの定めから逃れることはできない。

【類句】会者定離《えしゃじょうり》。盛者必衰《じょうしゃひっすい》。

【出典】『性霊集《しょうりょうしゅう》』八。

人事不省《じんじふせい》

意識を失った状態。知覚がまったくなくなった昏睡状態。意識不明になること。

▼交通事故で病院に担ぎ込まれて以来、いまだに人事不省の状態が続いている。

【参考】「人事」は意識や感覚のこと。

【類句】意識不明《いしきふめい》。

【出典】朱震亨《しゅしんきょう》『丹渓心法《たんけいしんぽう》』中暑《ちゅうしょ》。『紅楼夢《こうろうむ》』二五。

死《し》んで花実《はなみ》が咲《さ》くものか

枯れた草木には花も咲かず、実もならない。同じように、人間も死んでしまえばおしまいだということ。

▼若者がささいな原因で命を断つ。死んで花実が咲くものか、生きていればこそいいことがあることを家庭、学校、社会で教えるべきだ。

【類句】命《いのち》あっての物種《ものだね》。

【同義語】死《し》んで花《はな》が咲《さ》かぬ。死《し》んで花実《はなみ》がなるものか。

生《せい》は難《かた》く死《し》は易《やす》し

苦しみに耐えて生きることは難しいが、その苦しみから死に逃避することは容易であるということ。

▼そんなに簡単に死ぬなどと言うな。生は難く死は易しというんだ、君は安易な道を選びたいのか。

【同義語】死《し》は易《やす》うして生《せい》は難《かた》し。

荼毘《だび》に付《ふ》す

火葬にする。

▼遺体は家族に引き取られて荼毘に付された。

断末魔《だんまつま》

死ぬ間際の苦しみ。死に際。

▼とどめの一発を撃ち込まれた虎《とら》は、断末魔の一声を上げて崩れるように倒れた。

【参考】「末魔」とはサンスクリット語の marman の音写で、人間の体内にある急所を意味する。この「末魔」が断ち切られると死ぬことから。

野辺《のべ》の送《おく》り

遺体を火葬場、または、埋葬地まで見送ること。葬送。

▼野辺の送りの列が、長く続いている。

不帰《ふき》の客《きゃく》

再び帰って来ない旅人。転じて、二度とこの世に生き返らない人。もうよみがえらない人。死者のこと。

▼遣唐《けんとう》留学生として唐に渡った阿倍《あべの》仲麻呂《なかまろ》は、帰国すること叶《かな》わず、望郷の思いを胸に異国の地で不帰の客となった。

骨《ほね》を埋《うず》める

その土地や会社にとどまり生涯を終える。

▼この会社に骨を埋める気で入社しました。

目《め》の黒《くろ》いうち

生きている間。

▼私の目の黒いうちは、おまえに勝手なまねはさせないぞ。

幽明境《ゆうめいさかい》を異《こと》にす

「幽」は、あの世、冥土《めいど》、幽界。「明」はこの世、現世、顕界《けんかい》。死別して、幽界と顕界とに別れる。死に別れる。

▼幽明境を異にした姉は、美しい花に囲まれ、天女のように神々しく輝いていました。

世《よ》を去《さ》る

死ぬ。

▼あれだけ多くの人から惜しまれて世を去った人も少ない。

殺生

息《いき》の根《ね》を止《と》める

確実に殺す。→②〈攻撃する〉

▼猟師は一発でひぐまの息の根を止めた。

生殺与奪《せいさつよだつ》

生かしたり殺したり、与えたり奪い取ったりするという意味から、どのようにでも思うままにできること。

▼A社はわが社の最大のお得意先だが、わが社の生殺与奪の権を握っているというほどではない。

【類句】活殺自在《かっさつじざい》。

【出典】福沢諭吉《ふくざわゆきち》『文明論之概略《ぶんめいろんのがいりゃく》』。

血《ち》の雨《あめ》を降《ふ》らす

大勢の人を殺傷して、血だらけにする。

▼血の雨を降らすような抗争の再発を防止する。

旅

鹿島立《かしまだ》ち

旅に出かけること。門出《かどで》。

▼夫の定年後初めての夫婦旅行の鹿島立ちで、息子たちから餞別《せんべつ》を受け取った。

【参考】鹿島神宮と香取《かとり》神宮の祭神が天孫降臨《てんそんこうりん》に先立って鹿島（今の茨城県鹿嶋市）を出発して国土を平定したという伝説、または防人《さきもり》や武人が前線に出かける前に鹿島神宮に参拝する習慣があったという言い伝えから出たことばとされる。

旅《たび》の恥《はじ》は搔《か》き捨《す》て

旅先には周囲に知り合いがいないので、日ごろはしないような恥ずかしいことでも平気でやってしまうということ。

▼旅の恥は搔き捨てとはいうが、この歴史的な建物へのひどい落書きは犯罪と呼ぶべきだ。

【類句】後《あと》は野《の》となれ山《やま》となれ。

旅《たび》は道連《みちづ》れ世《よ》は情《なさ》け

辛《つら》い旅であっても道連れになった者同士が助け合えば心強い。厳しい世の中を渡る場合も、互いに情けをかけ合えば心丈夫だということ。

▼その観光地で一緒になったジョージとは、その後も行動を共にした。旅は道連れ世は情け、一人旅とは違う楽しさを知ることができた。

【類句】旅《たび》は情《なさ》け人《ひと》は心《こころ》。

【同義語】旅《たび》は道連《みちづ》れ浮《う》き世《よ》は情《なさ》け。

杖《つえ》をひく

散歩する。旅をする。

▼近所の公園に杖をひくのを日課にする。

纜《ともづな》を解《と》く

船出する。出帆する。出港する。

▼船は纜を解き、南太平洋へと向かった。

【参考】「纜」は舟をつなぎ止める綱。

南船北馬《なんせんほくば》

絶えず忙しく旅をすること。中国で、南部は川が多いので船を使い、北部は山が多いので馬を利用したことから。

▼国際ジャーナリストと呼ばれるだ

けあって、彼は南船北馬、世界の至る所を駆け回っている。

【類句】東奔西走《とうほんせいそう》。南去北来《なんきょほくらい》。南行《なんこう》北走《ほくそう》。

【出典】『淮南子《えなんじ》』斉俗訓《せいぞくくん》。内田魯庵《うちだろあん》『社会百面相《しゃかいひゃくめんそう》』。

草鞋《わらじ》を脱《ぬ》ぐ

旅を終える。旅館などに落ち着く。

▼五年に及ぶ放浪生活を終え、兄の家に草鞋を脱いだ。

【参考】諸国を回る博徒《ばくと》などがある土地に一時身を落ち着ける意から。

注目する・注目される

麒麟児《きりんじ》

才能が特に優れた少年。「麒麟」は、中国で聖人が現れる前に出るという想像上の動物。傑出した人物のたとえ。

▼五年前に棋界《きかい》の麒麟児と騒がれて登場したS君は、勝ち抜いて、ついに王将戦の挑戦者になった。

【類語】鳳雛《ほうすう》。寧馨児《ねいけいじ》。

視線《しせん》を浴《あ》びる

大勢の人から注目される。

▼彼は聴衆の視線を浴びて壇上へと進んだ。

衆人環視《しゅうじんかんし》

大勢の人が四方を取り巻いて見ていること。また、物事が隠されることなく公にされていること。

▼彼のあの行為は、白昼、衆人環視の中で行われたことだから否定のしようもない。

【類句】衆目環視《しゅうもくかんし》。

【誤り】衆人監視。

【出典】石坂洋次郎《いしざかようじろう》『若《わか》い人《ひと》』。

新進気鋭《しんしんきえい》

その分野に新しく現れたばかりで認められ、意気込みが鋭く、将来が期待されること。また、その人。

▼同じ風景写真でも、こちらは新進気鋭のカメラマンが撮っただけに、どこかみずみずしさが感じられるね。

【類句】少壮気鋭《しょうそうきえい》。少壮有為《しょうそうゆうい》。

【出典】（新進）『漢書《かんじょ》』・（気鋭）『三国志《さんごくし》』「魏志《ぎし》」。

日《ひ》の目《め》を見《み》る

世に埋もれていたものが世間に知られる。

▼その絵が日の目を見たのは、画伯の死後であった。

【参考】「日の目」は、日の光。日の光に当たることは、人目にふれることから。

目《め》に留《と》まる

注目される。→①〈興味をもつ〉

▼新人投手の一人が監督の目に留まり、一軍に大抜擢された。

目《め》を奪《うば》われる

見とれてしまう。

▼聞きしに勝る絶景に目を奪われて立ち尽くした。

目《め》をつける

注意して見る。関心をもつ。

▼学力優秀な学生に企業が目をつける。

【参考】目を離さずに見続ける意。

目《め》を引《ひ》く

注意を向けさせる。人の目を引きつける。

▼彼の奇抜な格好は人々の目を引いた。

罪・罰

網《あみ》呑舟《どんしゅう》の魚《うお》を漏《も》らす

漁網の目が粗くて舟を呑《の》むような大きな魚を取り逃がすということから、法律が大まかで大罪人を捕らえられないたとえ。また、大悪人が法律の目をくぐって悪事を働いているのに罰せられないこと。

▼あれだけの疑惑を抱えた政治家が結局お咎《とが》めなしとは、網呑舟の魚を漏らすという好例だ。

【出典】『史記《しき》』酷吏列伝《こくりれつでん》。

越俎《えっそ》の罪《つみ》

自分の職務上の役目や権限を越えて他人の仕事に干渉する出すぎた行為の罪。

▼他の部で営業が弱いなどと悪口を言っているようだが、気にするな。他の部の業務に口出しするのは越俎の罪、あまりうるさければ社長に話す。

【参考】「俎」は供物の肉をのせる台、転じて俎板《まないた》。中国の伝説上の天子尭《ぎょう》が許由《きょゆう》に天下を譲ろうとしたとき、許由が「料理番が供物の料理を作らなくても、神主が職分を越えて作ったりしない」と言って断ったという故事から。

【類句】越権行為《えっけんこうい》。

【出典】『荘子《そうじ》』逍遥遊《しょうようゆう》。

臭《くさ》い飯《めし》を食《く》う

刑務所で服役する。また、留置場に

入る。
▼臭い飯を食うことになるような仕事に手を出してはいけないよ。

口《くち》が曲《ま》がる

目上の人や恩のある人を悪く言うと罰で口がゆがむの意。
▼親に向かってそんなことを言うと、口が曲がりますよ。

死人《しにん》に口《くち》なし

死んでしまった人は何も言えないということで、死人を証人にしたくてもできない場合や、死人に無実の罪を着せようとする場合に使われることば。
▼政治家がからむ事件が起こると秘書の自殺がよく続いたことがあった。死人に口なしは、悪しき慣例だ。
【参考】後に「天をして言わしむ」と続けることもある。
【同義語】死人《しにん》に妄語《もうご》。

信賞必罰《しんしょうひつばつ》

功績のあった者は必ず賞し、罪を犯した者は必ず罰すること。賞罰を厳正に行うこと。
▼信賞必罰を明確にし、これを順守することは、経営者として大切なことである。
【参考】「信」は、勲功のあったしるし。証明。
【出典】『漢書《かんじょ》』芸文志《げいもんし》。

脛《すね》に傷《きず》持《も》つ

隠しておきたい、やましいことがある。
▼脛に傷持つ身なので、他人に偉そうなことは言えない。

青天白日《せいてんはくじつ》

晴れた青空に太陽が輝いていること。転じて、心中にやましいことがないという意味。無罪が明らかになること。
▼裁判の結果、長い間の疑いも晴れて、彼女は青天白日の身となった。
【類句】清廉潔白《せいれんけっぱく》。光風霽月《こうふうせいげつ》。晴天《せいてん》白日《はくじつ》。
【出典】『朱子全書《しゅしぜんしょ》』諸子《しょし》。

付《つ》けが回《まわ》ってくる

無理をしたり悪いことをしたりした報いを受ける。
▼若いときに無理をした付けが回ってきたのか、最近あちこち体に不調を来《きた》している。
【参考】後から請求書が回ってくることから。

罪《つみ》を着《き》せる

自分の罪を他人に負わせる。
▼心ならずも他人に罪を着せる結果になった。
【類句】罪《つみ》を被《かぶ》せる。

罪《つみ》を憎《にく》んで人《ひと》を憎《にく》まず

犯した罪は許すべきでなく罪として憎まなくてはならないが、罪を犯した人間そのものを憎んではいけないということ。
▼その被害者の両親は、犯人を許すとまで言った。罪を憎んで人を憎まずというが、なかなかできることではない。
【別表記】「憎む」は「悪む」とも書く。
【出典】『孔叢子《くぞうし》』。
【同義語】其《そ》の罪《つみ》を憎《にく》んで其《そ》の人《ひと》を憎《にく》まず。

出来心《できごころ》

その場で、ひょっとしたはずみで起こった悪い考え。
▼ほんの出来心で犯した過ちがもとになり、彼のその後の人生は大きく狂いはじめた。

天《てん》に唾《つば(つばき)》する

他人を害しようとして、かえって自分に災いを招くこと。
▼天に唾するような行動で、彼は失職した。
【参考】上を向いて唾を吐けば、その唾は自分の顔に落ちてくるという意から。
【類句】天《てん》に向《む》かって唾《つば》す。天《てん》を仰《あお》ぎて唾《つば》す。

天網恢恢《てんもうかいかい》

悪事を働いた者は、必ず天罰を受けるということ。
▼彼は長い間、会社の資材を持ち出してうまい汁を吸っていたが、天網恢恢、ついに警察のお世話になってしまった。
【参考】「天網恢恢疎《そ》にして失わず（漏らさず）」の略。「天網」は罪人を捕らえるために天が張りめぐらした網。天の網は広大で目が粗く、大まかのように見えるが、決して取り逃がしたりはしないということ。

【出典】『老子《ろうし》』任為《にんい》。

濡《ぬ》れ衣《ぎぬ》を着《き》せられる

無実の罪を被《かぶ》せられる。
▼犯人に体つきが似ていたばかりに、こそ泥の濡れ衣を着せられた。
【参考】「濡れ衣」は無実の罪。継母が漁夫の海水に濡れた衣服を証拠として、無実の継娘に密夫がいると娘の実父に言いつけたという伝説が語源という。

墓穴《ぼけつ》を掘《ほ》る

自分自身で自分を破滅させる原因をつくる。

▼いろいろな分野に手を広げすぎて、墓穴を掘る結果になった。

目《め》には目《め》を 歯《は》には歯《は》を

目をつぶされれば相手の目をつぶし、歯を折られれば相手の歯を折ってもよいということ。害を加えられたら、同じ害を与えて報復するという考え方。

▼国内の民族紛争はしだいにエスカレートし、目には目を歯には歯をの報復合戦となってしまった。

【出典】『ハンムラビ法典《ほうてん》』。

痩《や》せ馬《うま》鞭《むち》を恐《おそ》れず

痩せ衰えるまでに酷使された馬は鞭打たれることに慣れているので、それ以上鞭で脅しても恐れないし、命令にも従わない。それと同じで、困窮した者は刑罰などは恐れずに悪事を働くという意味。

▼クーデター直後の市内では痩せ馬鞭を恐れずとばかりに貧困層の略奪が相次ぎ、警察の介入もほとんど効果がなかった。

【類句】飢《う》えたる犬《いぬ》は棒《ぼう》を恐《おそ》れず。

【同義語】疲馬《ひば》は鞭箠《べんすい》（＝むち）を畏《おそ》れず。痩《や》せ馬鞭《うまむち》を驚《おどろ》かず。

年齢・年相応

十《とお》で神童《しんどう》十五《じゅうご》で才子《さいし》二十《はたち》過《す》ぎれば只《ただ》の人《ひと》

十歳ではずば抜けた能力を示して神童といわれた人も、十五歳ではやや優れた程度の才子と呼ばれ、二十歳過ぎれば凡人にすぎなくなるという意味。

▼十で神童十五で才子二十歳過ぎれば只の人、と言ってね。君程度の人間はゴロゴロいるんだ。自分はいつまでも賢いなんて勘違いもはなはだしい。

年《とし》に不足《ふそく》はない

年齢に関しては条件にかなっている。→①〈満足する〉

▼年に不足はないが、力量がいま一つだ。

年端《としは》も行《い》かぬ

まだ幼いようす。

▼年端も行かぬ少年が、たった一人で空港にいた。

【参考】「年端」は年齢の程度。

年寄《としよ》りの冷《ひ》や水《みず》

年寄りが体のことも考えずに冷たい水を浴びたり、または飲んだりするという意味から、年不相応な無茶をしたり、元気に振る舞ったりするのを冷やかすことば。年配者が謙遜《けんそん》して使う場合もある。

▼若者と同じ行程を歩くとは、年寄りの冷や水と言われても仕方がない。

馬齢《ばれい》を重《かさ》ねる

大したこともせず、ただ年をとる。

▼いたずらに馬齢を重ねてきただけなので、とてもお役には立てません。

【参考】「馬齢」は自分の年齢を謙遜《けんそん》していう語。

【類句】馬齢《ばれい》を加《くわ》える。

働く

朝起《あさお》き千両《せんりょう》 夜起《よお》き百両《ひゃくりょう》

朝早く起きて働くのは、夜遅くまで起きていて働くよりも十倍も得であるという意味。

▼作家のW先生は執筆時間を夜から朝に切り替えたら、筆がよく進むようになった、とおっしゃっていた。朝起き千両夜起き百両を実感されたらしい。

【類句】朝《あさ》の一時《ひととき》は晩《ばん》の二時《ふたとき》に当《あ》たる。

朝《あさ》の一時《ひととき》は晩《ばん》の二時《ふたとき》に当《あ》たる

朝は仕事がはかどるので、夜の仕事にくらべて二倍も能率が上がるということ。早起きのすすめ。

▼受験勉強は眠い目をこすって夜更かしするより、朝やったらどうかね。朝の一時は晩の二時に当たると言って、そのほうがはかどるはずだよ。

【参考】「一時」は昔の時間のはかり方で、現在の約二時間。

【類句】朝起《あさお》き千両《せんりょう》夜起《よお》き百両《ひゃくりょう》。

汗水《あせみず》を流《なが》す

一生懸命に働く。

▼この田畑は私の祖父母が汗水を流して開墾《かいこん》したものだ。

【類句】汗水垂《あせみずた》らす。

稼《かせ》ぐに追《お》い付《つ》く貧乏《びんぼう》なし

いつも精出して一生懸命働いていれば貧しい生活で苦しむことはないという意味。

▼私の祖父は山村から出てこの町で

商売を始め、最初は貯金もまったくなかったところ、稼ぐに追い付く貧乏なしと、休みなく働いてこの店を持つまでになったと聞いた。

【類句】鍬《くわ》を担《かた》げた乞食《こじき》は来《こ》ない。

【同義語】稼《かせ》ぐに貧乏《びんぼう》追《お》い付《つ》かず。辛抱《しんぼう》に追《お》い付く貧乏《びんぼう》なし。

勤勉《きんべん》は成功《せいこう》の母《はは》

人生における成功は、その人の勤勉な労働が生み出すものであるという意味。

▼創業者は、勤勉は成功の母をモットーに、この会社を一代で築き上げた。

【同義語】勤勉《きんべん》は幸福《こうふく》の母《はは》。

恒産《こうさん》なき者《もの》は恒心《こうしん》なし

財産や生業による安定した収入のない者は、定まった正しい心が保てないということ。

▼私はこの結婚は断じて許さない。正業に就いた経験のない男に大事な娘はやれない。恒産なき者は恒心なし、とても信用できない。

【参考】「恒産」はしっかりした財産、または定職。「恒心」はぐらつかぬ正しい心。

【出典】『孟子《もうし》』滕文公章句《とうぶんこうしょうく》上。

働《はたら》かざる者《もの》食《く》うべからず

働くことなく、食事を得ることは許されない。労働の大切さを説き、怠惰な暮らしを戒めることば。

▼いつまで親に甘えているんだ。働かざる者食うべからずだ、自分で稼ぐ苦労を知ることだね。

額《ひたい》に汗《あせ》する

汗を流して一生懸命に働く。

▼額に汗して稼いだ金を盗まれてしまった。

病気・不健康

医者上手《いしゃじょうず》にかかり下手《べた》

どんな名医の言うことでも、患者が信頼して従わなければ病気は治らないということ。そこから、相手を信用しなければ物事はうまくいかないというたとえ。

▼どうしてあのコンサルタントのアドバイスに耳を貸さないんですか。医者上手にかかり下手といって、社長がかたくなな態度をくずさないかぎり、問題は解決しませんよ。

【類句】医《い》を信《しん》ぜざれば病《やまい》癒《い》えず。

医者《いしゃ》の不養生《ふようじょう》

医者は他人には養生の大切さを説くが、自分は案外不養生だという意味で、立派なことを言いながら実行がともなわないたとえ。
▼医者の不養生とはいえ、あれだけの名医がガンで亡くなるのはあまりにも残念だ。
【類句】紺屋《こうや》の白袴《しろばかま》。大工《だいく》の掘《ほ》っ立《た》て。

一《いち》に看病《かんびょう》二《に》に薬《くすり》

病気にかかったときはよい薬を与えることも必要だが、それよりも回復に効果があるのは心のこもった看病だという意味。
▼医者として手は尽くしていますが、一に看病二に薬というくらいですから、しっかりと看病してあげてください。
【類句】薬《くすり》より養生《ようじょう》。
【同義語】一《いち》に養生《ようじょう》二《に》に薬《くすり》。

鬼《おに》の霍乱《かくらん》

ふだんは丈夫な人が珍しく病気をすること。
▼鬼の霍乱で五年ぶりに一週間寝込んだ。
【参考】「霍乱」は、日射病や暑気あたり、およびそれらによる腹下しのこと。

風邪《かぜ》は万病《まんびょう》のもと

たかが風邪ぐらいと軽く考えがちだが、風邪はいろいろな重い病気の原因になるということ。
▼ずいぶん辛《つら》そうなようすだね。今日は早く帰って寝たほうがいい。風邪は万病のもと、今のうちに治しておかないと来月のピークが乗りきれないよ。
【同義語】風邪《かぜ》は百病《ひゃくびょう》の長《ちょう》。風邪《かぜ》は百病《ひゃくびょう》の始《はじ》まり。

体《からだ》を壊《こわ》す

健康を損なう。
▼兄は連日の激務で体を壊して入院した。

才子多病《さいしたびょう》

才能のある頭のよい人ほど体が弱く、とかく病気がちだということ。とくに男性についていうことば。女性の場合の類句は「美人《びじん》（佳人《かじん》）薄命《はくめい》」。
▼学校始まって以来の秀才と言われたあの男も、病気がちで周囲の期待に応えられるような成果を挙げられなかった。才子多病とはいえ気の毒なことをした。
【別表記】「才士多病」とも書く。
【出典】末広鉄腸《すえひろてっちょう》『雪中梅《せっちゅうばい》』序。

床《とこ》に就《つ》く

病気になって寝つく。↓⑥〈睡眠〉
▼父は病気でもう一週間も床に就いたままだ。

美人薄命《びじんはくめい》

容姿の整った美しい人は、とかく病弱であったり、薄幸であったりして、若死にするということ。

▼お美しかった妹さんが二十歳の若さで病に倒れられたことは、美人薄命とは申せ、あまりにむごく痛恨の極みであります。

【類句】佳人薄命《かじんはくめい》。才子多病《さいしたびょう》。

人《ひと》は病《やまい》の器《うつわ》

人の体は病気を入れておく容器のようなもので、次から次へといろいろな病気が出てくるということ。

▼人は病の器とはいうが、私の叔母は絶えずどこか痛がったり、体調不良を訴え、何度入院したか数えきれない。

【同義語】人《ひと》は病《やまい》の入《い》れ物《もの》。

蒲柳《ほりゅう》の質《しつ》

ひ弱な体質。弱々しくて病気になり易《やす》い体質。

▼先生は子どものころは蒲柳の質で風邪ばかりひいていたそうだが、何と今日九十歳の誕生日を迎えた。

【参考】「蒲柳」は「かわやなぎ」の異名で、かわやなぎは早く葉が落ちるので、早く衰える体質のたとえ。若いときから体の弱いことをいう。

満身創痍《まんしんそうい》

「創」も「痍」も傷。全身に傷を負うこと。また徹底して非難を受け、精神的にひどく傷つけられることにもいう。

▼数々の非難、中傷を浴びて満身創痍となりながらも、彼は信念を貫き通した。

薬石効無《やくせきこうな》し

いろいろな薬品や治療法の効果もなく、手当てのかいもないこと。人の病死にいう。

▼父〇〇儀、かねて病気療養中のところ、何分にも高齢のこととて薬石効無く、去る五月一日午後四時十五分、永眠いたしました。

【参考】死亡通知などの常套語《じょうとうご》として「薬石効無く……」などと使うことが多い。

病上手《やまいじょうず》に死《し》に下手《べた》

ちょっとした病気にしょっちゅうかかっている人は、かえって容易には死なず、結局は長生きするものだということ。

▼私のような者は君たちの邪魔にならないようにと常々思っているんだが、病上手に死に下手とでもいうのか、これで案外長生きするかもしれ

ないよ。

病《やまい》は気《き》から

自分が病気だと思いこむと病気になるし、心配事や悩み事があっても病気になってしまう。また、気のもちようで病気は重くもなるし軽くもなる。気持ちと病気には深い関係があるということ。
▼病は気からという。こういうときこそ気を強くもたないと、本当に病気になってしまうよ。
【同義語】百病《ひゃくびょう》は気《き》から起《お》こる。

不運

憂《う》き目《め》に遭《あ》う

つらく悲しい境遇に陥る。
▼謀反《むほん》の計画が露見し、お家断絶の憂き目に遭った。
【類句】憂《う》き目《め》を見《み》る。

うだつが上《あ》がらない

運が悪くてよい境遇にめぐまれない。出世できない。
▼会社ではうだつが上がらないが、ボランティア活動ではリーダーとして活躍している。
【参考】「うだつ」は梁《はり》の上に立てて棟木《むなぎ》を支える柱のこと。うだつのようにいつも頭がつかえているという意と、うだつを立てるほどの立派な家を持てない境遇にあるという意の二通りある。

冷《ひ》や飯《めし》を食《く》う

冷遇される。
▼小さな失敗で、長年冷や飯を食うはめになる。

河豚《ふぐ》にもあたれば鯛《たい》にもあたる

河豚の毒にあたるのは不思議ではないにしても、毒がないはずの鯛でも中毒を起こす場合がある。そこから、運が悪いときには何でもないことからも害を受けるものだというたとえ。
▼最近はすること為《な》すこと不運続きで、河豚にもあたれば鯛にもあたるというありさまだ。お祓《はら》いをしてもらったほうがいいかもしれない。

間《ま》が悪《わる》い

運が悪い。不運である。→①〈恥ずかしい・恥辱・不名誉〉
▼わざわざ遠くから来たのに、休館日とは、なんて間が悪いんだ。

予言者《よげんしゃ》郷里《きょうり》に容《い》れられず

神のことばを語る予言者であっても、郷里の人々はその生い立ちを知っているので尊敬しない。優れた人物は故郷の人々になかなか価値を認めてもらえないということ。

▼一躍時の人となったF氏は郷里では評判が悪い。何度も彼の失敗した姿を知る人々は、いつまでもつかと冷めた目で見ている。予言者郷里に容れられず、郷里の人の見る目が正しいのかもしれない。

【出典】『新約聖書《しんやくせいしょ》』ルカ伝《でん》。

不合理な・不当な・不正な

苛斂誅求《かれんちゅうきゅう》

人民から厳しく税金を取り立てること。

▼年々厳しさを増す支配者の苛斂誅求に、たまりかねた国民は、ついに死を覚悟の上で立ち上がった。

【参考】「苛斂」も「誅求」も、税などを厳しく取り立てるという意味のことば。

【出典】『旧唐書《くとうじょ》』穆宗紀《ぼくそうき》。

看板《かんばん》に偽《いつわ》りあり

看板ではよい物を売ると見せかけて、実際にはそれより悪い物を売っていること。見せかけと実際に差があること。

▼元甲子園球児のスラッガーと聞いて、わが草野球チームに引き入れたが、まるきりいいところがなく、看板に偽りあり、とチームメイトはささやきあった。

【類句】玉《たま》を衒《てら》いて石《いし》を売《う》る。羊頭《ようとう》狗肉《くにく》。

木《き》に竹《たけ》を接《つ》ぐ

木に竹を接ぎ木することは不可能。それを無理にくっつけたように不自然で、釣り合いが悪いこと。つじつまの合わないこと。

▼今の説明はまるで木に竹を接ぐような話で、とうてい理解も納得もできませんね。

【同義語】木《き》に竹《たけ》。竹《たけ》に接《つ》ぎ木《き》。

木《き》に縁《よ》りて魚《うお》を求《もと》む

木によじ登って魚を得ようとする。手段が不適切な場合には、決して目的を達することができないというたとえ。

▼その仕事をA社に依頼するのは木に縁りて魚を求む、だよ。あそこにはそんなノウハウはないからね。

【類句】山《やま》に上《のぼ》りて魚《うお》を求《もと》む。氷《こおり》を叩《たた》いて火《ひ》を求《もと》む。水中《すいちゅう》に火《ひ》を求《もと》む。畑《はたけ》に蛤《はまぐり》。

【出典】『孟子《もうし》』梁恵王章句上《りょうけいおうしょうく》。

牽強付会《けんきょうふかい》

自分の都合のよいように、道理に合わないことを無理に合わせようとすること。こじつけ。

▼そのテーマについてのA教授の説はやや牽強付会に近いと言わざるを得ない。

【参考】「牽強」も「付会」もこじつけること。

【出典】『常山文集《じょうざんぶんしゅう》』。

ピントが外《はず》れる

物事の重要な点からずれている。

▼彼のピントが外れた質問で座が白けてしまった。

【参考】レンズの焦点が合わず像がぼけることから。

【類句】的外《まとはず》れ。

身《み》に覚《おぼ》えがない

自分でした覚えがない。

▼身に覚えがない嫌疑をかけられては迷惑だ。

無理《むり》が通《とお》れば道理《どうり》が引《ひ》っ込《こ》む

道理に外れたことが世の中で行われるようになると、正しい道理は行われなくなるということ。

▼あの大事件をまるでなかったかのように決着をつけたがる会社に、それこそ無理が通れば道理が引っ込むという悪《あ》しき例になるとして、世間は非難を浴びせた。

【類句】勝《か》てば官軍《かんぐん》。

【同義語】道理《どうり》そこのけ無理《むり》が通《とお》る。

無理難題《むりなんだい》

無理な言い掛かり。実現不可能な要求や解決できそうにない問題。

▼三日の間に資金を集めろというが、そんなことはできない。無理難題というものだよ。

【出典】（無理）『顔氏家訓《がんしかくん》』省事《せいじ》。

理不尽《りふじん》

理屈に合わないこと。またそれを無理に通すこと。

▼次々と理不尽な要求を突き付けられた彼は、ついに堪忍袋の緒が切れた。

禄《ろく》を盗《ぬす》む

大した実績もないのに、高給を取る。

▼上司はみな禄を盗んでいるような輩《やから》ばかりなので、若い社員にやる気が起こるはずもなかった。

【参考】「禄」とは官に仕える者に与える給与。

貧しい・貧乏

家貧《いえまず》しくして孝子《こうし》顕《あらわ》る

貧しい家の子どもは親を助けて働かなくてはならないので、その親孝行ぶりが目立って世間の人にもはっきりわかるという意味。また、逆境にある時にはそれを助ける者が現れるの意。

▼わが社の経営が傾きかけたとき、N君の発明が実用化され、大きな利益を生んだ。家貧しくして孝子顕るとは、このことだ。

【参考】「孝子」は親孝行な子ども。

【出典】『宝鑑《ほうかん》』の「家貧しくして孝子顕れ、世《よ》乱れて忠臣を識《し》る」による。

食《く》うや食《く》わず

食事も満足に取れないほど困窮しているようす。

▼母は父を亡くしてから食うや食わずで三人の子どもを育て上げた。

口《くち》が干上《ひあ》がる

生計の手段を失って困る。生活できなくなる。

▼不況で仕事にあぶれ、このままでは口が干上がってしまう。

【類句】口《くち》が上《あ》がる。顎《あご》が干上《ひあ》がる。鼻《はな》の下《した》が干上《ひあ》がる。

首《くび》が回《まわ》らない

借金などでやり繰りがつかない。

▼サラ金に手を出してどうにも首が回らなくなった。

赤貧《せきひん》洗《あら》うが如《ごと》し

まったくの貧乏で、何もかも洗い流したように何もないこと。「赤」は、何も持たないの意。

▼故郷を逃げるようにして都会に出た二人は、赤貧洗うが如き十数年を、励まし合ってやっと自分たちの店を持った。

粗衣粗食《そいそしょく》

粗末な衣服と粗末な食事。また、そういう生活をすること。

▼粗衣粗食に耐えて勉学に励む。そんな学生の姿はほとんどみられなくなった。

【出典】（粗衣）『説苑《ぜいえん》』敬慎《けいしん》・（粗食）『宋書《そうじょ》』宗愨伝《そうかくでん》。

火《ひ》の車《くるま》

経済状態が極めて苦しいこと。

▼食べ盛りの子どもを五人も抱えているから台所はいつも火の車だ。
【参考】「火車《かしゃ》」の訓読み。悪人を地獄へ送るための火の燃えている車の意。

貧者《ひんじゃ》の一灯《いっとう》

貧しい人が、窮迫した生活の中から都合して神仏に供える、誠意のこもった一つの灯明。
▼これは貧者の一灯にすぎないが、地域福祉の一助になれば幸いである。

貧《ひん》すれば鈍《どん》する

貧しくなると生活に追われて、才知のあった人でもそれが発揮できなくなるということ。愚鈍になるだけでなく、さもしくなったり、道徳意識まで低下するという意味もある。
▼驚異の読書量を誇ったCさんも、会社を辞めてからは本も読まず、少しでも金になる仕事を探していると聞いた。貧すれば鈍するというが、変われば変わるものだ。
【類句】馬痩《うまや》せて毛長《けなが》し。

貧乏人《びんぼうにん》の子沢山《こだくさん》

貧しい家にかぎってなぜか子どもが多いものだという、皮肉をこめたことば。
【類句】貧乏柿《びんぼうがき》の核沢山《さねだくさん》。律義者《りちぎもの》の子沢山《こだくさん》。

貧乏《びんぼう》は達者《たっしゃ》の基《もと》

貧しい生活をしていると早寝早起きを励行して一生懸命働くし、美食にふけって体をこわすこともない。こうしたことから貧乏でいることはかえって健康な生活を送れるという意味。
▼C部長はいつも若々しく元気なので、その秘訣を尋ねたら「貧乏は達者の基さ」と謙遜《けんそん》された。
【同義語】貧乏《びんぼう》は壮健《そうけん》の母《はは》。

貧乏暇《びんぼうひま》なし

暮らしに追われている貧乏人は仕事以外の生活を楽しむ余裕がなく、忙しい毎日を送っているということ。貧しくなくても、忙しい人が謙遜《けんそん》して言う場合が多い。
▼退社して一人で事業を立ち上げたTさんを訪ねると、貧乏暇なしだと言いながら、非常に楽しそうな様子だったので安心した。
【同義語】浪人暇《ろうにんひま》なし。

懐《ふところ》が寂《さび》しい

持っている金が少ない。懐中が心細い。
▼今月は何かと物入りで懐が寂しくなった。

【類句】懐《ふところ》が寒《さむ》い。

飯《めし》の食《く》い上《あ》げ

収入がなくなり、生活ができなくなる。

▼長雨で建設作業ができず、このままでは飯の食い上げだ。

屋台《やたい》が傾《かたむ》く

財産を使い果たし、その家を支えきれなくなる。

▼何代も続いた旅館だが当主がギャンブルに凝《こ》り、屋台が傾いてしまった。

【参考】「屋台」は「屋台骨」の略。家屋の骨組み。家庭を支えていくもの。

名目・口実

お題目《だいもく》を唱《とな》える

内容のない、また実行できそうもないことを主張する。

▼お題目を唱えるだけでは改革はできない。

【類句】お題目《だいもく》を並《なら》べる。

表看板《おもてかんばん》

表面上の名目ということで、やや悪い意味に使うことが多い。

▼彼はこの十年、何も作品を書いていないのに、作家を表看板にして方々の飲み屋に借金を作っているという話だ。

大義名分《たいぎめいぶん》

行為の理由付けとなる道理。良心に恥じることのない口実。

▼夫は取引先の接待を大義名分にして、毎晩のように酔っ払って帰宅している。

【参考】本来の意味は、君主や国家に対して、臣民として守るべき本分をいう。

【出典】『近世偉人伝《きんせいいじんでん》』梅田雲浜《うめだうんぴん》。

盾《たて》に取《と》る

あることを口実にして、自分や自分側を守ったり、相手への言いがかりの手立てとしたりする。

▼客はこちらのミスを盾に取って強気に出た。

名《な》を借《か》りる

表向きの理由にする。

▼視察に名を借りての遊興が問題となった。

理屈《りくつ》と膏薬《こうやく》は何処《どこ》へでもつく

貼《は》り薬の膏薬が体のどこにでもくっつくように、理屈をつけようと思えばどんなことにでももっともらしくつけられるものだという意味。

▼彼は商品が売れないと、品質や購買層の変化など外部要因のせいにする。理屈と膏薬は何処へでもつくで、そんな言い訳より、最大の要因は彼の営業努力のなさだと指摘してやった。

【類句】柄《え》のない所《ところ》に柄《え》をすげる。盗人《ぬすびと》にも三分《さんぶ》の理《り》。

裕福な

金持《かねも》ち喧嘩《けんか》せず

金持ちはこせこせしないから喧嘩をしないということ。また、用心深いので人と争って損になるようなことは避けるという意味もある。

▼Y氏に仲裁役は無理です。あの人はそうした一銭にもならないもめ事にはかかわりませんよ。金持ち喧嘩せず、と言うじゃありませんか。

【類句】重宝《じゅうほう》を抱《いだ》くものは夜行《やこう》せず。

【同義語】金持《かねも》ち身《み》が大事《だいじ》。

金持《かねも》ちと灰吹《はいふ》きは溜《た》まるほど汚《きたな》い

金持ちは金が溜まれば溜まるほどけちになり、金に汚くなる。刻煙草《きざみたばこ》の吸い殻が溜まる灰吹きのようなものだということ。

▼金持ちと灰吹きは溜まるほど汚いと言われても、ないよりはあったほうがいい。金儲《もう》けを悪く言うのは、貧乏人のひがみだよ。

【参考】「灰吹き」は煙管《きせる》の吸い殻をたたいて入れる竹筒で、煙草盆についている。

【同義語】掃《は》き溜《だ》めと金持《かねも》ちは溜《た》まるほど汚《きたな》い。

贅沢三昧《ぜいたくざんまい》

やりたい放題の贅沢をすること。心のままに贅沢にふけること。おごり極めること。

▼贅沢三昧に暮らそうなどとは思いもしないが、もう少しゆとりのある生活がしたい。

【類句】我儘三昧《わがままざんまい》。

羽振《はぶ》りがいい

世間における地位、勢力、人望がある。主に金力や権力などについていう。

▼彼女は最近、株で儲《もう》けてやたら羽振りがいい。

左団扇《ひだりうちわ》

金の心配がなく、仕事をしないで気楽に暮らすこと。

▼歌手になった娘の歌が大ヒットしてからは、母親は左団扇で暮らしている。

懐《ふところ》が暖《あたた》かい

所持金が十分にある。

▼昨日思わぬ臨時収入があって懐が暖かい。

有名な

名《な》が売《う》れる

名が世間によく知られるようになる。有名になる。

▼名が売れるまでの艱難辛苦《かんなんしんく》は、大変なものだった。

名《な》が通《とお》る

世間に名前がよく知られている。

▼彼は一流デザイナーとして名が通っている。

名《な》にし負《お》う

名高い。有名である。

▼中国の泰山《たいざん》は名にし負う天下の名山である。

【参考】「し」は強調の助詞で「名に負う」を強めた言い方。

有利な・不利な

足下《あしもと》の明《あか》るいうちに

不利な状態にならないうちに。手遅れにならないうちに。

▼足下の明るいうちに手を打つべきだった。

【参考】日の暮れないうちに。動きのとれるうちにの意から転じて。

一長一短《いっちょういったん》

あるいは長くなり、あるいは短くなること。長所もあるが、短所もあるということ。

▼どの機種にも一長一短があるから、いちばん必要な機能に絞って選択するとよい。

【類句】一得一失《いっとくいっしつ》。
【出典】『論衡《ろんこう》』無形。

牛《うし》を馬《うま》に乗《の》り換《か》える

牛に乗っていた者が馬に乗り換えるのは、乗り物として馬のほうが優れているため。そこから、機会を見て劣ったものや不利なものを捨て、優れたもの、有利なものを取ることのたとえ。
▼かつて飛ぶ鳥を落とす勢いだったA政党も人気凋落で、B候補は今度の衆院選では別の政党から立候補して、牛を馬に乗り換えたと批判されている。
【同義語】牛売《うしう》って馬買《うまか》う。牛《うし》を以《もっ》て馬《うま》に換《か》う。

鬼《おに》に金棒《かなぼう》

ただでさえ強い鬼に太い金棒を持たせるということで、強い者にさらによい条件が備わっていよいよ強くなるたとえ。
▼あのピッチャーの剛速球は一級品だから、一種類でも落ちるボールをマスターできたら、まさに鬼に金棒だろう。
【類句】虎《とら》に翼《つばさ》。
【同義語】鬼《おに》に金梃《かなてこ》。鬼《おに》に鉄杖《てつじょう》。

風向《かざむ》きが悪《わる》い

物事の形勢が自分に不利である。↓①〈不機嫌な〉
▼彼は風向きが悪いと見るや、用を思い出したふりをして退散した。

地《ち》の利《り》を得《え》る

物事をするのに有利な条件を備えている。
▼駅前にできたパン屋は地の利を得て繁盛している。

分《ぶ》がある

勝ち目がある。
▼分があると思われた日本チームだったが故障者の続出で敗れてしまった。
【参考】「分」は物事の度合、割合の意。この場合は自分のほうへの比率の意。
【対句】分《ぶ》がない。

ポイントを稼《かせ》ぐ

自分に対する評価が上がるように言動に注意し、相手より有利な立場に立つ。
▼彼女は丁寧な接客と感じのいい笑顔でいつもポイントを稼いでいる。
【参考】競技などで得点を上げる意から。
【類句】点数《てんすう》を稼《かせ》ぐ。

両刃《もろは》の剣《つるぎ》

両側に刃のついた剣は敵を切ろうとして振り上げると、自分自身が怪我《けが》をすることがある。そこから、相手を傷つけると同時に自分も傷つく恐れのあるたとえ。また、一方では役立つが、一方では危険な事物のたとえ。

▼悪書追放運動は両刃の剣であって、言論の自由を抑圧しかねない危険もはらんでいる。

【参考】「諸刃《もろは》の剣《つるぎ》」とも書く。浄瑠璃《じょうるり》「雪女五枚羽子板《ゆきおんなごまいはごいた》」には「両刃の剣にて人をきるに……」とあり、「両刃」を「もろは」と読ませている。

【同義語】両刃《りょうば》の剣《けん》。

割《わり》を食《く》う

損をする。不利になる。

▼思わぬ手違いで、割を食う結果になった。

酔う・酒

お神酒《みき》上《あ》がらぬ神《かみ》はない

どんな神様にも酒を供えるが、それは神様が酒を飲まれるからに違いない。自分が酒を飲むのも神様と同じことをしているのだから悪い道理はないという酒飲みの自己弁護のことば。

▼お神酒上がらぬ神はない、なんて酒飲みに都合がいい屁理屈よ。だったらイスラム教の信者の人はどうなの、と言い返してやったわ。

駆《か》けつけ三杯《さんばい》

酒の席に遅れて来た者に対して、罰として三杯の酒を立て続けに飲ませること。

▼パーティーに三十分も遅刻した。焦って走って行ったら、駆けつけ三杯を飲まされ、急に酔いがまわって立っていられなくなった。

【同義語】遅《おく》れ三杯《さんばい》。

金時《きんとき》の火事見舞《かじみま》い

もともと顔の赤い金時が火事見舞いに行けば火の熱気でさらに赤くなることから、酒に酔って真っ赤になったことのたとえ。

▼私が居酒屋にかなり遅れて着いたときは、呑兵衛のG君はすでに金時の火事見舞い状態で、ろれつもまわっていなかった。

【参考】「金時」は五月人形にもなっている足柄山《あしがらやま》の金太郎（平安時代の武士、坂田金時）。

【同義語】猿《さる》の火事見舞《かじみま》い。

下戸《げこ》の建《た》てたる蔵《くら》もなし

酒が飲めない下戸は酒代の必要がない。だからといって財産をつくって蔵を建てるというわけでもないという意味。酒飲みが下戸をからかっていうことば。
▼家内がお酒をやめて貯金したらどう？　なんて言うんだが、自分の小遣いの範囲内で飲んでるんだからほっといてほしいよなあ。昔から下戸の建てたる蔵もなし、というじゃないか。
【類句】酒蔵《さかぐら》あれども餅蔵《もちぐら》なし。

五臓六腑《ごぞうろっぷ》に沁《し》みわたる

東洋医学でいう内臓の諸器官のすべて、体内、腹の中、また心の中に沁みとおること。特に酒を飲んだときのうまさの表現として使われる。
▼湯上がりのビールの一杯は五臓六腑に沁《し》みわたる。
【参考】「五臓」は、心・肺・脾《ひ》・肝・腎《じん》の五つの臓器。「六腑」は、大腸・小腸・胃・胆・膀胱《ぼうこう》・三焦《さんしょう》（心臓の下、胃の中、膀胱の上にある）の六つの器官。

【出典】『漢書《かんじょ》』芸文志《げいもんし》。

酒《さけ》に飲《の》まれる

酒を飲みすぎて、正気を失う。
▼酒を飲んでも酒に飲まれてはいけない。

酒《さけ》飲《の》み本性《ほんしょう》違《たが》わず

酒が好きな者は酔っぱらったところで、本来の性格を失うようなことはないという意味。
▼あいつは根っからの理屈家だね。宴会で飲めば飲むほど周りに議論をふっかけている。酒飲み本性違わず、あれが地なんだろうね。
【同義語】酒《さけ》の酔《よ》い本性《ほんしょう》違《たが》わず。上戸《じょうご》本性《ほんしょう》違《たが》わず。生酔《なまよ》い本性《ほんしょう》違《たが》わず。

酒《さけ》は憂《うれ》いの玉帚《たまぼうき》

酒を飲めば心にかかっている悩み事や心配事も、帚で掃き清めたようになくなってしまうということ。
▼今年は全員の努力にもかかわらず売り上げ目標を達成できなかった。まあ酒は憂いの玉帚というんだ、今夜は残念会として盛大に飲んで騒ぐとしよう。
【参考】「玉帚」は美しい帚の意味。「帚」は「ははき」とも読む。
【類句】忘憂《ぼうゆう》の物《もの》。
【同義語】酒《さけ》は憂《うれ》いを掃《はら》う玉帚《たまぼうき》。
【出典】蘇軾《そしょく》『洞庭春色《どうていしゅんしょく》』。

酒《さけ》は飲《の》むとも飲《の》まるるな

酒は飲んでもいっこうにかまわないが、酔っぱらって理性を失ったり、他人に迷惑をかけたりするようでは酒に飲まれたも同然である。そんな飲み方はせず、適度に楽しめということ。

▼K君は酒を飲むと性格が変わって粗暴になるから、宴会では誰も彼には近づかない。酒は飲むとも飲まるるな、あんな無茶な飲み方をしちゃだめだよ。

【類句】酒《さけ》は飲《の》むべし飲《の》むべからず。

人酒《ひとさけ》を飲《の》む 酒酒《さけさけ》を飲《の》む 酒人《さけひと》を飲《の》む

最初は酒を味わいながら飲んでいるが、そのうちに飲むために飲むような状態になり、最後は酔っ払って乱れてしまうといった飲酒の三段階を表現したもの。

【同義語】一盃《いっぱい》は人酒《ひとさけ》を飲《の》み二盃《にはい》は酒酒《さけさけ》を飲《の》み三盃《さんばい》は酒人《さけひと》を飲《の》む。

百薬《ひゃくやく》の長《ちょう》

多くの薬の中で最良の薬。また、「酒は百薬の長」といい、酒を褒めたたえることば。

▼八十歳の祖父は、九十歳まで生きるには百薬の長の酒が欠かせないと称して、必ず夕食に徳利一本をつけさせている。

【類句】天《てん》の美禄《びろく》。

【出典】『漢書《かんじょ》』食貨志《しょっかし》下。

メートルを上《あ》げる

酒に酔ってさかんに論じたり騒いだりする。

▼昨晩、課長は行きつけの飲み屋に部下を誘っておおいにメートルを上げたそうだ。

酔《よ》い醒《ざ》めの水《みず》は甘露《かんろ》の味《あじ》

酔いが醒めたときに飲む一杯の水は、あたかも甘露のように無上の味がするということ。

▼酔い醒めの水は甘露の味というけれど、この水のうまさを知るために酒を飲むなんて言ったら屁理屈もいいところだよ。

【参考】「甘露」は中国で天下太平のしるしとして天が降らせる甘い露。また、インドでは苦悩を除き、長寿を保つとされた甘い飲み物。

【類句】酔《よ》い醒《ざ》めの水千両《みずせんりょう》と値《ね》が決《き》まり。酔《よ》い醒《ざ》めの水下戸《みずげこ》知らず。

利益

青田買《あおたが》い

企業などが人材確保のため、卒業前の学生に対して早い時期に卒業後の採用を約束すること。

▼青田買いは学生に混乱を招くの

で、自粛してもらいたい。

【参考】米穀商などが青田の時期に収穫を見こしてあらかじめ買いつけておくことから。

危《あぶ》ない所《ところ》に登《のぼ》らねば熟柿《じゅくし》は食《く》えぬ

冒険を恐れては、名声や利益は得られないということ。
▼あの企業とはまだ取引がありませんが、ここは思い切って出資しましょう。危ない所に登らねば熟柿は食えぬ、と言うではありませんか。
【類句】虎穴《こけつ》に入《い》らずんば虎子《こじ》を得《え》ず。

甘《あま》い汁《しる》を吸《す》う

自分は何もしないで他人の働きで利益を得る。
▼間に入って甘い汁を吸おうとは悪い了見だ。
【類句】旨《うま》い汁《しる》を吸《す》う。

甘《あま》い物《もの》に蟻《あり》がつく

利益のあるところには人が自然に集まってくるということを、甘い物に蟻がたかるのにたとえたことば。
▼宝くじに当たったことをうっかり漏らした彼女の周りには、甘い物に蟻がつくで、物欲しげな人が集まった。
【類句】窪《くぼ》い所《ところ》に水《みず》溜《た》まる。

一文《いちもん》吝《お》しみの百知《ひゃくし》らず

少しの出費を惜しんだがために大きな利益を失うたとえ。目先の小さな損得にこだわってはならないという戒め。
▼わずかな出費ですむセキュリティシステムの設置を惜しんで、大きな損害をこうむった。一文吝みの百知らず、と悔やんでも後の祭りだ。
【別表記】「吝み」は「惜しみ」とも書く。
【同義語】一文《いちもん》吝《お》しみの百《ひゃく》失《うしな》い。一《いち》文吝みの百損《ひゃくそん》。

一攫千金《いっかくせんきん》

一つかみで千金もの大金を得ることから、労せずして大きな利益を一度に手中にすることをいう。
▼何事も一攫千金を夢見ているようでは成功はおぼつかない。日ごろの営々とした努力こそが成功の秘訣《ひけつ》である。
【出典】坪内逍遥《つぼうちしょうよう》『内地雑居未来之夢《ないちざっきょみらいのゆめ》』。

一挙両得《いっきょりょうとく》

一つのことをするだけで、同時に二つの利益を得ること。「一挙」は一つの動作。一回の行動。
▼語学を学ぶことによって、外国人

と自由に話せるようになるだけでなく国際感覚も豊かになる。まさに一挙両得だ。

【類句】一石二鳥《いっせきにちょう》。

【出典】『晋書《しんじょ》』束皙伝《そくせきでん》。

一石二鳥《いっせきにちょう》

一つの石を投げて二羽の鳥を落とすことから、一つの行為で二つの利を得ることをいう。

▼母はカルチャーセンターに行くようになってから、勉強がおもしろいし、若い友だちができて気が若くなるしで一石二鳥だと毎日機嫌がよい。

【参考】英語の慣用句"to kill two birds with one stone"の訳。

【類句】一挙両得《いっきょりょうとく》。

海老《えび》で鯛《たい》を釣《つ》る

わずかな労力で大きな利益を得る。

▼こんなプレゼントで彼女の気持ちを引こうなんて、海老で鯛を釣るつもりなのかい。

【参考】略して「海老鯛《えびたい》」ともいう。

火中《かちゅう》の栗《くり》を拾《ひろ》う

火の中にある栗を取る。他人の利益のために自分が危険を冒すたとえ。

▼会社再建のため、あえて火中の栗を拾う覚悟で社長就任をお引き受けした。

【参考】猿が猫をおだてて暖炉の中の栗を拾わせ、猫は大火傷《やけど》をしたが、猿はその栗を自分のものにしたという寓話による。

【出典】ラ・フォンテーヌ『寓話《ぐうわ》』。

漁夫《ぎょふ》の利《り》

当事者の双方が争っているのに乗じて、他の第三者が何の苦労もなく利益を横取りしてしまうことのたとえ。

▼今度の選挙戦では有力候補のA・B両氏がしのぎを削っている間に、新人のC氏が漁夫の利を占めて当選した。

【参考】シギとハマグリが争っているところへ漁夫が来て、簡単に両方を捕らえてしまったという故事から。

【別表記】「漁夫」は「漁父」とも書く。

【出典】『戦国策《せんごくさく》』燕策《えんさく》。

虎穴《こけつ》に入《い》らずんば虎子《こじ》を得《え》ず

虎の子を捕らえるには虎のいる洞穴に入らなければならないように、危険を冒さなければ大きな利益や成功は得られないということ。

▼わが社の新製品はあえて開発が難しい技術にチャレンジした成果だった。失敗の可能性は高かったが、虎

穴に入らずんば虎子を得ずというリーダーの号令が今日を築いたのだった。
【参考】「虎子」は「こし」とも読む。
【類句】危《あぶ》ない所《ところ》に登《のぼ》らねば熟柿《じゅくし》は食《く》えぬ。
【別表記】「虎子」は「虎児」とも書く。
【出典】『後漢書《ごかんじょ》』班超伝《はんちょうでん》。

転《ころ》んでもただでは起《お》きぬ

転んだ場合でも必ず何かをつかんで起き上がるということで、どんなときにも利益を得ようとする欲の深い機敏な人についていう。
▼事故に遭ったら賠償金をたっぷりせしめるし、その入院中には看護師さんといい仲になるし、で、まったくあいつときたら転んでもただでは起きない、と感心してしまうね。

鞘《さや》を取《と》る

売買の仲介をして、値段や利率の差額の一部を利益として取る。
▼彼は工場を辞め、今では土地売買の鞘を取って生活している。
【類句】鞘《さや》を稼《かせ》ぐ。

損《そん》して得《とく》取《と》れ

一時的な利益は失ってもかまわないから、大局的な利益をつかむようにしたほうが得だという意味。
▼当日開店のそのレストランでは豪華料理が格安で並んだ。損して得取れという商法は明らかだったが、現金なもので、正規の価格になってからは客足が遠のいた。
【類句】損《そん》せぬ人《ひと》に儲《もう》けなし。損《そん》は儲《もう》けの始《はじ》め。
【同義語】損《そん》をすれば得《とく》をする。

天秤《てんびん》に掛《か》ける

二つを見比べてその優劣や損得を比較する。
▼社の上層部では、会長派と反会長派のどちらにつくか天秤に掛けて悩んでいる。
【類句】秤《はかり》に掛《か》ける。

名《な》を取《と》るより得《とく》を取《と》れ

名誉や名声を空虚なものと見て、それよりも実利をねらうほうがよいということ。
▼すべての権利を大企業に売り渡し、小さな家を購入した。名を取るより実を取れだから、私はこれで満足している。
【類句】論《ろん》に負《ま》けても実《じつ》に勝《か》つ。
【同義語】名《な》よりも得取《とくと》れ。

花《はな》より団子《だんご》

花見の風流を楽しむより、持っていった団子を食べるほうがよいということ。名前や外見よりも実利を選ぶことのたとえ。

▼苦労してやっとコンクールで優勝できた。しかし本当にうれしかったのは花より団子で、副賞の賞金百万円のほうだった。

【類句】色気《いろけ》より食《く》い気《け》。花《はな》の下《した》より鼻《はな》の下《した》。見栄《みえ》張《は》るより頬張《ほおば》れ。

低《ひく》き所《ところ》に水溜《みずた》まる

水が低地に流れて行くように、利のある所に人が集まって来ることをいったもの。

▼その町工場の新製品には限りない可能性を認められたため、低き所に水溜まるのたとえどおり、多くの企業が視察にやってきた。

【類句】百川《ひゃくせん》海《うみ》に朝《ちょう》す。

【同義語】窪《くぼ》い所《ところ》に水溜《みずた》まる。

坊主丸儲《ぼうずまるもう》け

商売などとは違って、僧侶《そうりょ》は資本も経費もかけずに利益をまるまる手中にできるということ。元手をほとんどかけずに大儲《おおもう》けした場合などに使う。

▼あの骨董屋は、昔からさる大家《たいけ》とつながりが深く、山とあるようなお宝を仲介して売りさばいて結構な金を得ていると聞く。坊主丸儲けというところだね。

間尺《ましゃく》に合《あ》わない

損得が釣り合わない。計算に合わない。

▼そんな仕事は間尺に合わないので断った。

【参考】「間尺」は建物や建具の寸法。

利《り》に走《はし》る

利益を得ることだけに熱中する。

▼利に走ってばかりいると、いつか人に相手にされなくなるよ。

割《わり》が悪《わる》い

他人と比べて、また、労力や経費をかけた割に利益が少ない。

▼賃金は同じだが勤務時間が長いので割が悪い。

【参考】「割」は損であること。あるいは得であること。また損か得かの度合い。

割《わり》に合《あ》う

苦労しただけの利益がある。得になる。

▼割に合わない仕事を引き受けてしまい、後悔している。

浪費する

金《かね》に飽《あ》かす

費用を惜しまずに物事を行う。
▼あの人は浮世絵に凝《こ》り、金に飽かして収集している。

金《かね》に糸目《いとめ》を付《つ》けない

金銭を惜しみなく使う。
▼金に糸目を付けないから建築用材は最高級の物を使ってくれということだ。
【参考】「糸目」はつり合いをとるために凧《たこ》に付ける糸。それを付けずに飛ぶに任せる意から。

京《きょう》の着倒《きだお》れ大阪《おおさか》の食《く》い倒《だお》れ

京都の人は衣装に金をかけ、大阪の人は飲食に金をかけ、その結果財産をなくすほどだということ。
▼京の着倒れ大阪の食い倒れというが、あんな豪華な着物を何着も持っていたら、確かに家も傾くことだろう。
【参考】その土地の気風をいったもので、「尾張《おわり》の着倒《きだお》れ美濃《みの》の系図倒《けいずだお》れ」「関東《かんとう》の食《く》い倒《だお》れ上方《かみがた》の着倒《きだお》れ」など、同類のことばが多くある。

財布《さいふ》の底《そこ》をはたく

所持金を全部使ってしまう。
▼コンサートのチケットを手に入れるために財布の底をはたいてしまった。
【類句】財布《さいふ》をはたく。

産《さん》を傾《かたむ》ける

財産を使い果たす。↓④〈犠牲を払う〉
▼彼は先物取引で産を傾け、親譲りの会社を人手に渡した。

道草《みちくさ》を食《く》う

本筋でないことにかかずらって時間を費やす。↓⑦〈無益・効果がない〉
▼学業以外に道草を食い、卒業が一年延びてしまった。
【参考】馬が路傍の草を食って進行が遅くなる意から。

湯水《ゆみず》のように使《つか》う

金銭を惜しげもなくむやみに使う。
▼彼は浮世絵のコレクションのためには金を湯水のように使ってきた。
【参考】「湯水」はどこにでも豊富にあるものにたとえていう語。

7……人間関係・評価

意外な・予想外の

あの声《こえ》で蜥蜴《とかげ》食《く》らうか時鳥《ほととぎす》

哀れ深く、美しい声で鳴く時鳥が、同じ口で醜悪な蜥蜴を食うとは驚いたものだという意味で、人や物事は容貌《ようぼう》や外見だけでは実態がわからないということのたとえ。
▼才女の誉れ高い彼女が万引きの常習犯だったとは驚いた。まさにあの声で蜥蜴食らうか時鳥、だね。
【参考】江戸時代の俳人、宝井其角《たからいきかく》の句。

案《あん》に相違《そうい》する

予想していたのと違う。
▼彼には長くつき合っている恋人がいたのに、案に相違してほかの人と婚約してしまった。

嘘《うそ》から出《で》たまこと

嘘のつもりが偶然事実となること。
▼腕だめしのつもりで受けたが、嘘から出たまことで合格してしまった。

裏目《うらめ》に出《で》る

予想や期待とは反対のよくない結果になる。
▼投手を代えたのが裏目に出て、逆転された。
【参考】「裏目」とはさいころの表に出た目の反対側の目。

外柔内剛《がいじゅうないごう》

うわべは柔和で穏やかそうに見えるが、実際の中身は強くしっかりしていること。しんが強いこと。
▼彼は他人には思いやりのある優しい人物でありますが、己《おのれ》を律することははなはだ厳しく、まことに外柔内剛の人であります。
【対句】内柔外剛《ないじゅうがいごう》。
【出典】『唐書《とうじょ》』盧坦伝《ろたんでん》。

聞《き》いて極楽《ごくらく》見《み》て地獄《じごく》

人から聞いて素晴らしいと期待していたのに、実際に見るとひどかったということ。想像と現実の違いのはなはだしさを極楽と地獄の差にたとえたもの。
▼南米移民の人たちの話を聞く機会があったが、開拓地での生活はまさに聞いて極楽見て地獄だったそうで、涙なくしては聞けなかった。
【類句】見《み》ると聞《き》くとは大違《おおちが》い。
【同義語】見《み》ての極楽住《ごくらくす》んでの地獄《じごく》。

奇想天外《きそうてんがい》

「奇想天外より落つ」の略。普通ではとても思いもよらない奇抜なさま。

▼優れた発明は、奇想天外の発想から生まれることが多い。

【出典】長与善郎《ながよよしろう》『竹沢先生《たけざわせんせい》と云《い》う人《ひと》』。

怪我《けが》の功名《こうみょう》

やり損ないが、かえって手柄になること。また、何気なくやったことで思いがけなく手柄を立てること。

▼世界を変えた大発明を調べてみると、研究者自身予想もしていなかった怪我の功名から生まれたものが結構多いことに驚く。

【参考】「怪我」は失敗や過ち、「功名」は手柄を立てて名を上げること。

【同義語】過《あやま》ちの功名《こうみょう》。怪我勝《けがか》ち。

外面如菩薩《げめんにょぼさつ》 内心如夜叉《ないしんにょやしゃ》

顔つきは菩薩のように柔和で、心の中は夜叉のように恐ろしいという意味。本来は女性のことだが、そうした性格をもつ男性についてもいう。

▼外面如菩薩内心如夜叉に近い西洋の表現を探すとしたら、美しいバラにはトゲがある、というあたりだろうか。

【参考】「菩薩」は仏の次に位置する修行者。「夜叉」は残忍な鬼神。

【出典】『華厳経《けごんきょう》』。

【同義語】外面似菩薩内心如夜叉《げめんじぼさつないしんにょやしゃ》。

事実《じじつ》は小説《しょうせつ》よりも奇《き》なり

現実の世の中に起こる出来事は、架空の物語よりも不思議で、波乱に富んでいるという意味。

▼彼と私との三度の出会いはとうていありえない状況の積み重ねだったわ。事実は小説よりも奇なり、というけれど、こんな偶然はもはや運命だね、と言われて私も納得したの。

【参考】イギリスの詩人、バイロンが『ドン・ジュアン』の中で言ったことばによる。原文は"Truth〔Fact〕is stranger than fiction."

大山鳴動《たいざんめいどう》

物事の前触れの騒ぎばかり大きくて、実際の結果は小さいことのたとえ。

▼大山鳴動して鼠《ねずみ》一匹で、あれほど騒がれた疑獄事件も結局は関係者数人が処罰されただけだった。

【参考】古代ローマの詩人ホラティウスの「山が産気づいてハツカネズミが一匹生まれる」から出た西洋のことわざ。

【別表記】「大山」は「泰山」とも書く。

盗人《ぬすびと》を捕《と》らえて見《み》れば我《わ》が子《こ》なり

盗人を捕らえたら意外にも自分の子だったということで、事が意外なために処置に困るたとえ。さらに、親しい者でも油断してはならないという意味もある。

▼この情報漏れに関しては、念のため我が社の担当者も厳重にチェックしましょう。あってはならないことですが、盗人を捕らえて見れば我が子なりということもあるのですから。

人《ひと》は見《み》かけによらぬもの

人間の本性《ほんしょう》は外見からは判断できないということ。悪い性格を意外な形で示したり、思いがけない能力を発揮したりしたときに使われる。

▼彼女はあんな細い体でよく食べるものだね。人は見かけによらぬものとはいうが、あれで胃腸を壊さないのが不思議だ。

【類句】馬《うま》には乗《の》ってみよ人《ひと》には添《そ》うてみよ。

【同義語】人《ひと》は上辺《うわべ》によらぬもの。

瓢簞《ひょうたん》から駒《こま》

意外なところから意外なものが出ること。特に、冗談で言ったことが事実となることにいう。

▼冗談で出したようなこの企画が実現するなんて、まさに瓢簞から駒だ。

【誤り】何か思いがけない幸いにあうとか得をするという意で用いるのは誤り。

【類句】嘘《うそ》から出《で》たまこと。灰吹《はいふ》きから蛇《じゃ》が出る。

【同義語】瓢簞《ひょうたん》から駒《こま》が出る。

間《ま》が抜《ぬ》ける

拍子が抜ける。当てが外れる。→⑤

〈愚か・能力がない〉

▼彼の反応があまりにも素っ気なかったので、間が抜けてしまった。

見《み》ると聞《き》くとは大違《おおちが》い

話に聞いたのと実際に見たのとではずいぶん違っている。

▼見ると聞くとは大違いということがあるから、実物をよく確かめてから注文しよう。

山《やま》の芋《いも》鰻《うなぎ》になる

世の中には山の芋が鰻になるような突拍子もない、思いがけないことが時として起こるというたとえ。

▼最初は小さな町の贈収賄事件と思われたが、山の芋鰻になるを地で行き、次々に大物まで引き出される大

事件となって全国を震撼させた。
【類句】雀海《すずめうみ》に入《い》りて蛤《はまぐり》となる。
【同義語】蕪《かぶ》は鶉《うずら》となり山芋《やまいも》は鰻《うなぎ》となる。

裏切る・背反

後足《あとあし》で砂《すな》をかける

恩義を受けた人に背《そむ》いて去るだけでなく、去りぎわに、さらに裏切り行為を働いて迷惑をかけること。
▼せっかく私が目をかけて指導してきたのに、あの男はノウハウをマスターしたらさっさと大手のライバル会社に移ってしまった。後足で砂をかけられるとはこのことだ。
【参考】犬や馬が駆け出すときに後足で砂を蹴散《けち》らすようすからきたことば。
【類句】恩《おん》を仇《あだ》で返《かえ》す。陰《かげ》にいて枝《えだ》を折《お》る。

恩《おん》を仇《あだ》で返《かえ》す

受けた恩を感謝せず、かえって害を加える。
▼お世話になった先生に恩を仇で返すような振る舞いはするな。
【類句】飼《か》い犬《いぬ》に手《て》を噛《か》まれる。

飼《か》い犬《いぬ》に手《て》を噛《か》まれる

なついていたはずの飼い犬に手を噛まれるという意味で、信じていた部下や目を掛けていた者に裏切られ、恩を仇《あだ》で返されることのたとえ。
▼X社の最大の不祥事は経理担当者による使い込みで、社長は会見で飼い犬に手を噛まれた悔しさをにじませた。
【同義語】飼《か》い犬《いぬ》に足《あし》を食《く》われる。飼《か》い養《か》う犬《いぬ》に手《て》を噛《か》まる。飼《か》い養《か》う虫《むし》に手《て》を食《く》わる。

獅子身中《しししんちゅう》の虫《むし》

だに、しらみ、のみのように獅子の体に寄生してその恩恵をこうむっていながら、かえって害を与える虫のこと。転じて、組織などの内部にいてその恩恵を受けながらわざわいを起こす者のたとえ。
▼わが党の内部に、他党の者と組んで法案をつぶそうとしている者がいるが、こういう獅子身中の虫はただちに除名していただきたい。
【参考】もとは仏教語で、仏教徒でありながら仏教に害をなす者という意味。
【類句】城狐社鼠《じょうこしゃそ》。
【出典】『梵網経《ぼんもうきょう》』下。

背負《せお》い投《な》げを食《く》う

思いがけないときに相手に裏切られ、ひどい目に遭う。
▼いきなり共同経営をやめると言わ

れ、背負い投げを食わされた思いだ。

【参考】「せおいなげ」は「しょいなげ」とも言う。

掌《たなごころ》を返《かえ》す

態度などが簡単に変わること。↓③

〈簡単な・容易な〉

▼夫は、結婚したら掌を返すように態度が尊大になった。

【類句】手《て》の裏《うら》を返《かえ》す。

【参考】「たなごころ」は「てのひら」ともいう。

手《て》の裏《うら》を返《かえ》す

それまで見せていた手の甲を裏返しててのひらを見せることで、急に態度や意見を変えること。

▼そのセールスマンはこちらに買う気がまったくないことを悟ると、手の裏を返すようにそそくさと退散した。

【同義語】掌《たなごころ》を返《かえ》す。

名《な》に背《そむ》く

世間の評判や社会的名声に反する。

▼彼は学者としての名に背く行為に及んだ。

煮《に》え湯《ゆ》を飲《の》まされる

信用していた人に裏切られて、ひどい目に遭わされる。

▼社内に企業秘密を他社に流す人間がいたとは、煮え湯を飲まされた思いだ。

寝返《ねがえ》りを打《う》つ

味方を裏切って敵方につく。

▼わが社が買う予定だった土地を、彼は寝返りを打ってライバル会社に売ってしまった。

庇《ひさし》を貸《か》して母屋《おもや》を取《と》られる

軒先《のきさき》だけと思って貸したのに中心部の建物まで占拠されるということで、一部を貸したために全体を取られるたとえ。好意につけ込まれてひどい目に遭うこと。

▼あいつが教えを請うてきたら注意したほうがいい。おいしいところだけ聞きだしたら、それを自分の手柄として報告するやつだ。庇を貸して母屋を取られるような真似だけはするなよ。

【類句】鉈《なた》を貸《か》して山《やま》を伐《き》られる。

【同義語】軒《のき》を貸《か》して母屋《おもや》を取《と》られる。

うわさ

悪事千里《あくじせんり》を走《はし》る

悪いことをすると、それがたちまちうわさになって千里の遠方まで知れわたるという意味。

▼久々に郷里に帰ってみたら、私が東京で起こした不祥事のことを知らない者はいなかった。悪事千里を走る、悪いことはできないものだ。

【出典】『北夢瑣言《ほくぼうさげん》』にある「好事門《こうじもん》を出《い》でず、悪事千里を行く」より。

【同義語】悪事千里《あくじせんり》。悪事千里《あくじせんり》を行《ゆ》く。

市《いち》に虎《とら》あり

町に虎がいるという虚報を一人から聞いても信じないし、二人から聞いても疑わしいと思う。しかし、三人から聞けば信じてしまう。このように、根も葉もないうわさでも大勢の人が口にすれば信用されるようになるということ。

▼こんな田舎町で俳優のBを見かけたという人がいた。市に虎ありで、その日の夕方に近所のおばさんからも同じ話を聞いて、私はすっかり信じ込んでしまった。

【類句】三人虎《さんにんとら》を成《な》す。

【出典】『戦国策《せんごくさく》』魏策《ぎさく》。

一人虚《いちにんきょ》を伝《つた》うれば万人実《ばんにんじつ》を伝《つた》う

一人がうそを人に伝えると、大勢の人が真偽を確かめずに次々に伝えるので、やがてそのうそが本当のこととして世間に広まるということ。

▼一人虚を伝うれば万人実を伝う、とはこのことで、女子高生の何気ない一言が銀行の取り付け騒ぎにまで発展してしまった。

【類句】一犬影《いっけんかげ》に吠《ほ》ゆれば百犬声《ひゃっけんこえ》に吠《ほ》ゆ。

【出典】『潜夫論《せんぷろん》』。

一犬影《いっけんかげ》に吠《ほ》ゆれば百犬声《ひゃっけんこえ》に吠《ほ》ゆ

一匹の犬が何かの影を見て吠え立てると、他の多くの犬までがそれにつられて吠え出すということ。一人がいい加減なことを言い出すと、世間はそれを事実として広めてしまうというたとえ。

▼ネット時代の恐ろしさは、一犬影に吠ゆれば百犬声に吠ゆで、根も葉もないデマが瞬時に広まることだ。

【類句】一人虚《いちにんきょ》を伝《つた》うれば万人実《ばんにんじつ》を伝《つた》う。

【出典】『潜夫論《せんぷろん》』。

【同義語】一犬影《いっけんかげ》に吠《ほ》ゆれば万犬声《ばんけんこえ》に吠《ほ》ゆ。

うわさをすれば影《かげ》がさす

その場にいない人のうわさをしていると、たまたま当人が現れることがよくあるということ。

▼給湯室で部長の悪口を言いあっていたら、そこに本人がやってきたの。うわさをすれば影がさすで、あのときは背筋が寒くなったわ。

【同義語】うわさを言《い》えば主《ぬし》が来《く》る。うわさをすれば影《かげ》。人事《ひとごと》言《い》えば影《かげ》がさす。

風《かぜ》の便《たよ》り

どこからともなく伝わってくるうわさ。

▼風の便りに、彼女が結婚したことを知った。

【参考】『古今集』にも、風が知らせてくるという意で歌われている。

口《くち》の端《は》に上《のぼ》る

人々にうわさされる。話題となる。

▼彼の奇行の数々は、今でも人々の口の端に上る。

【参考】「口の端」は、ことばのはしばし。

下馬評《げばひょう》

城門などの下馬する場所で、主人を待っている供の者が将軍などの批判をしたことから、世間での評判をいう。

▼今度は部長昇進確実だという下馬評だったが、結局何のお達しもなかった。

人《ひと》の噂《うわさ》も七十五日《しちじゅうごにち》

あることについて人がうわさ話をするのはせいぜい七十五日くらいのものだから、悪いうわさを立てられても気にするなという意味。

▼昔は人の噂も七十五日といったが、今は一週間くらいで忘れられる。それくらい事件や情報が多すぎるということだ。

【同義語】世《よ》の取《と》り沙汰《ざた》も七十五《しちじゅうご》日《にち》。

人《ひと》の口《くち》に戸《と》は立《た》てられぬ

口を戸でふさぐことができないように、人々が勝手に流すうわさ話はどうすることもできないということ。

▼彼女と怪しいなどと勝手なうわさを立てられていい迷惑をこうむった。強く否定したらなお怪しまれ、まったく人の口に戸は立てられぬと、放っておくことにした。

【類句】口《くち》から出《で》れば世間《せけん》。駟馬《しば》も追《お》う能《あた》わず。吐《は》いた唾《つば》は呑《の》めぬ。

【同義語】開《あ》いた口《くち》には戸《と》は立《た》たぬ。世間《せけん》の口《くち》に戸《と》は立《た》てられぬ。

火《ひ》のない所《ところ》に煙《けむり》は立《た》たぬ

火があるからこそ煙が立つということから、どんなうわさにもその原因となる事実があるはずだという意味。特に、悪いうわさの場合によく使う。

▼球団側は否定しているが、彼のメジャーリーグ行きは確実だろう。火のない所に煙は立たぬ、水面下で動きがあると聞いた。

【同義語】煙《けむり》あれば火《ひ》あり。煙《けむり》のない火《ひ》はない。

流言《りゅうげん》は知者《ちしゃ》に止《とど》まる

根拠のないうわさ話であっても愚かな者たちは次々に伝えていくが、知恵のある人は他の人に語ろうとしない。したがって、そこで流言は止まってしまうということ。

▼昔クラスである生徒に盗みの疑いがかけられたが、クラス委員のA君が全員の前で人を傷つけるような行為はやめようと一喝した。流言は知者に止まる、彼の毅然とした態度にうわさは消えた。

【出典】『荀子《じゅんし》』大略《たいりゃく》。

流言飛語《りゅうげんひご》

確証や根拠のないうわさ。世間で言いふらされている風説。デマ。

▼流言飛語の類《たぐい》に惑わされて真実を見落とさないようにしなさい。

【別表記】「飛語」は、「蜚語《ひご》」の書き換え字。

【出典】(流言)『詩経《しきょう》』「大雅《たいが》」蕩《とう》・(飛語)『漢書《かんじょ》』灌夫伝《かんぷでん》。

影響する

息《いき》がかかる

有力者の保護や支配を受ける。

▼彼には社長の息がかかっているので、昇進も特別早いようだ。

氏《うじ》より育《そだ》ち

家柄や血筋といったものより、環境や育てられ方のほうが人間形成に深く関係するということ。

▼帰国子女だというが、彼女の物腰や話し方は大和撫子《やまとなでしこ》の鑑《かがみ》のようだ。氏より育ちということか。

【同義語】生《う》まれ付《つ》きより育《そだ》ちが第一《だいいち》。

恩《おん》に着《き》せる

恩を施したことをことさら感じさせようとする。
▼昔のことをいつまでも恩に着せる彼の態度にはうんざりだ。
【類句】恩《おん》にかける。

風《かぜ》が吹《ふ》けば桶屋《おけや》が儲《もう》かる

思いがけないところにまで影響が及ぶこと。また、当てにならないことを期待するたとえ。
▼そんな儲け話にはとても乗れないね。風が吹けば桶屋が儲かるみたいな仕組みでうまくいくはずがない。
【参考】風が立てた砂ぼこりが目に入って盲人が増える。多くの盲人が三味線を弾いて生活するので、三味線に皮を使う猫が殺される。猫が減ればねずみが繁殖して桶をかじる。その結果、桶屋が儲かるという話から。

【同義語】大風《おおかぜ》が吹《ふ》けば桶屋《おけや》が喜《よろこ》ぶ。

台風《たいふう》の目《め》

物事の中心にあって、これからのことに大きな影響を与えるもの。
▼このリーグでは彼のチームが台風の目になりそうだ。
【参考】台風の中心部（目）は無風状態であるが、その目が移動すると急に強風が吹くことから。

波紋《はもん》を投《とう》じる

静かで平穏だったところに動揺を与える。
▼今後の政局に大きな波紋を投じる事件が起こった。

火《ひ》が付《つ》く

あることが原因で騒ぎや争いが起こる。
▼その事件が発端で民族紛争に火が付いた。
【類句】火《ひ》を付《つ》ける。

縁と結婚

合縁奇縁《あいえんきえん》

無数の人々の中で、特にその人と夫婦・友人になるのは、不思議な縁によるものだということ。
▼二人がゴールインしたきっかけというのが、コンサートのときに席が隣同士だったことだそうで、合縁奇縁の見本のようなお話です。
【別表記】「合縁機縁」「愛縁機縁」とも書く。
【出典】近松門左衛門《ちかまつもんざえもん》『心中宵庚申《しんじゅうよいごうしん》』。

東男《あずまおとこ》に京女《きょうおんな》

江戸の男は威勢がよくてたくましく、しかも粋《いき》だとされた。それに対して、京都の女は洗練された古風な美しさをもち、やさしさが特徴。男なら江戸の男、女なら京の女ということで、似合いの男女の取り合わせをいったことば。

▼M君とT子さんは文字どおり、東男と京女のベストカップルで、皆に祝福されて結婚式を挙げた。

【参考】「越前男《えちぜんおとこ》に加賀女《かがおんな》」「南部《なんぶ》男《おとこ》に津軽女《つがるおんな》」「筑前女《ちくぜんおんな》に筑後男《ちくごおとこ》」など、似たことばは全国各地にある。

一樹《いちじゅ》の陰《かげ》

同じ木陰。「一樹の陰一河《いちが》の流れ」の略。同じ木陰に宿るのも、同じ川の水を飲むのも前世からの因縁によるのだから、仲よくしたり、親切にしたりすべきだ。

▼観光バスの中で、気分が悪くなったという老婆を、これも一樹の陰と感じて介抱してあげた。

【類句】袖振《そでふ》り合《あ》うも多生《たしょう》の縁《えん》。

馬《うま》には乗《の》ってみよ人《ひと》には添《そ》うてみよ

実際に乗ってみて馬の本当の値打ちがわかるように、夫婦として連れ添ってみれば相手の隠れていた長所が発見できるということ。一般の人づき合いなどにも用いる。何事も経験してみないと本当のことはわからないということ。

▼馬には乗ってみよ人には添うてみよというが、テニスの試合で初めてペアを組んだS君とは驚くほどいいプレーができて決勝まで進むことができた。

【類句】人《ひと》は見《み》かけによらぬもの。

【同義語】人《ひと》には添《そ》うてみよ馬《うま》には乗《の》ってみよ。

縁《えん》は異《い》なもの味《あじ》なもの

男女がめぐり会って結ばれるのは、常識を超えた不思議な縁によるものであり、また微妙な味わいのあるものだという意味。

▼縁は異なもの味なものといいますが、私たちが結婚したのは、事故で長時間停車した列車で隣り合ったことがきっかけでした。

【類句】合縁奇縁《あいえんきえん》。出雲《いずも》の神《かみ》の縁結《えんむす》び。

【同義語】縁《えん》は異《い》なもの。

思《おも》うに別《わか》れて思《おも》わぬに添《そ》う

恋しく思う人とは別れ、愛情を覚えたわけでもない人と結婚してしまう。男女の縁の不思議さ、ままならぬ巡り合わせをいったもの。

▼ヨーロッパ初の恋愛小説とも呼ばれる『トリスタンとイズー』の物語の主題は、思うに別れて思わぬに添う、である。悲恋物語の構造は古今東西そう変わらない。

【同義語】思《おも》うに添《そ》わで思《おも》わぬに添《そ》う。

腐《くさ》れ縁《えん》は離《はな》れず

男女関係であっても他の人間関係であっても、感心しないつながりほど断ち切り難いということ。

▼あの芸術家のわがまま勝手で奥さんは大変な苦労をされ、何度も離婚を申し込んだが、そのたびに泣いて詫びを入れられたと聞いたわ。結局許してしまうんだから、腐れ縁は離れず、他人が干渉することではないのかもしれないわね。

【同義語】悪縁契《あくえんちぎ》り深《ふか》し。業縁腐《ごうえんくさ》れ縁《えん》。

月下氷人《げっかひょうじん》

男女の仲を取り持つ人。結婚の仲人《なこうど》。「月下老人」と「氷人」を合わせた言葉。

▼私たちはお互いの上司である部長に月下氷人の役をお願いした。

【類句】月下老人《げっかろうじん》。

【類語】仲人《なこうど》。媒酌人《ばいしゃくにん》。

【出典】（月下老人）『続幽怪録《ぞくゆうかいろく》』四・（氷人）『晋書《しんじょ》』芸術伝《げいじゅつでん》。

【参考】「月下老人」は、唐《とう》の韋固《いこ》が旅先で月夜に会った老人から妻となる人を予言されたという故事から。「氷人」は、晋の令狐策《れいこさく》が氷上に立って、氷の下にいる人と話をした夢を見て、仲人をするだろうと予言され、そのとおりになったという。

小糠三合《こぬかさんごう》あったら婿《むこ》に行《ゆ》くな

わずかでも財産があれば、気苦労の多い婿養子になどなるものではないということ。

▼小糠三合あったら婿に行くなというけれど、最近はマスオさん型亭主のよさが見直されているらしい。

【参考】「小糠」はつまらないものの意味。

【別表記】「小糠」は「粉糠」とも書く。

【同義語】小糠三合持《こぬかさんごうも》ったら養子《ようし》に行《い》くな。

袖振《そでふ》り合《あ》うも多生《たしょう》の縁《えん》

この世に生をうける前に、何度も生まれ変わって多くの生を経ているあいだに結ばれた因縁。ちょっとした出来事も前世からの因縁によるということ。

▼この広い東京でまったく偶然にあなたと出会えたという縁《えにし》こそ、袖振り合うも多生の縁というものだったんだね。

【別表記】「多生」は「他生」とも書く。「他生」は仏教語で、今生《こんじょう》から見た前世《ぜんせ》・来世《らいせ》を指す。

【類句】一樹《いちじゅ》の陰《かげ》。

【誤り】「多生」を「多少」と書くのは誤り。

手鍋《てなべ》提《さ》げても

好きな男性と夫婦になれるのなら、どんな貧しさもいとわないこと。
▼手鍋提げてもと一緒になった若いころを懐かしく思い出す。

一人娘《ひとりむすめ》と春《はる》の日《ひ》はくれそうでくれぬ

一人娘のところに縁談を持っていくと頭から断るわけではないが、親は何やかやと言って嫁にくれない。まるで、暮れそうで暮れない春の日のようだということ。
▼彼女は一人娘だったから、両親の同意を得るのに苦労した。一人娘と春の日はくれそうでくれぬで、いい感触を得たと思っても結局もう少しようすを見て、の繰り返しだったよ。
【参考】「呉れる」と「暮れる」を掛けたことば。

身《み》を固《かた》める

結婚して所帯を持つ。→②〈準備する〉
▼気ままに暮らしていた彼もついに身を固める決心をしたようだ。

娘《むすめ》一人《ひとり》に婿八人《むこはちにん》

娘は一人しかいないのに、婿になりたがる男性が八人もいるということで、一つしかないものを大勢の人が希望するたとえ。
▼その仕事は内容の割には時給が高かったので、娘一人に婿八人というありさまで、応募者が殺到した。
【同義語】娘《むすめ》一人《ひとり》に婿三人《むこさんにん》。娘《むすめ》一人《ひとり》に婿十人《むこじゅうにん》。

破《わ》れ鍋《なべ》に綴《と》じ蓋《ぶた》

割れた鍋でもそれに似合う修繕した蓋があるという意味で、どんな人にもふさわしい配偶者が見つかるというたとえ。また、条件が釣り合った組み合わせがよいという意味。
▼よく君と結婚したいというような女性を見つけてきたね。破れ鍋に綴じ蓋と言ったら奥さんに失礼だが、似合いの夫婦になるだろう。
【類句】合《あ》わぬ蓋《ふた》あれば合《あ》う蓋《ふた》あり。似合《にあ》い似合《にあ》いの釜《かま》の蓋《ふた》。

【同義語】捩《ねじ》れ釜《がま》に捩《ねじ》れ蓋《ぶた》。破《わ》れ鍋《なべ》に欠《か》け蓋《ぶた》。

家族・親子・血縁

秋茄子《あきなすび》嫁《よめ》に食《く》わすな

秋にとれるなすは味がよくてもったいないから嫁などに食わせるなということで、嫁いびりをする姑《しゅうとめ》の気持ちを表したことば。一方、秋のなすは灰汁《あく》が強いとか体を冷やすとかいって、そういうものを大切な嫁に食べさせたくないという姑のいたわりだとする説もある。

▼秋茄子嫁に食わすなとよく言うが、それだけでなく、全体にお母さんは食事や食費について文句をつけすぎるんじゃないかい。

【同義語】秋鯖《あきさば》は嫁《よめ》に食《く》わすな。五《ご》月蕨《がつわらび》は嫁《よめ》に食《く》わすな。

悪妻《あくさい》は百年《ひゃくねん》の不作《ふさく》

欠点のある悪い妻は夫を不幸にするだけでなく、子孫にも悪い影響を残すという意味。

▼古典研究ではあれほど高名で人格者でもあるD先生だが、奥さんとの折り合いが悪く、お子さんも家に寄りつかないと聞いた。悪妻は百年の不作とはいえ、それが原因で無理をして病を得たとは気の毒でならない。

【参考】「不作」は穀物などの出来の悪いこと。

【同義語】悪妻《あくさい》は一生《いっしょう》の不作《ふさく》。悪妻《あくさい》は身《み》の破滅《はめつ》。悪妻《あくさい》は六十年《ろくじゅうねん》の不作《ふさく》。

石《いし》に布団《ふとん》は着《き》せられぬ

親が死んだ後に、その墓石に布団を着せかけてみたところで意味はない。親が死んでしまってからではしたくても孝行ができないので、生きているうちにしないと後悔することになるという意味。

【類句】孝行《こうこう》のしたい時分《じぶん》に親《おや》はなし。いつまでもあると思《おも》うな親《おや》と金《かね》。

一《いち》姫《ひめ》二《に》太郎《たろう》

最初は女の子、二番目に男の子を生むのがよいということ。

▼一姫二太郎というきょうだいだと、おうおうにして勝ち気な姉と甘えん坊の弟という性格になりそうだ。

【参考】最初の子は女の子のほうが育てやすいといわれていることから。

【誤り】子どもは娘一人に息子二人が理想的だという意味でも用いるが、本来の意味とは違う。

【同義語】一姫二太郎三太郎《いちひめにたろうさんたろう》。

いつまでもあると思《おも》うな親《おや》と金《かね》

親に頼っている子どもはいつまでも親が生きているように思うし、お金を持つと減ることをつい忘れがちだが、いつかは親も死ぬし、お金も使えばなくなってしまう。独立と倹約を説くことば。

▼ニートと呼ばれる人たちは、いつまでもあると思うな親と金ということばを本当に理解しているのだろうか。

【類句】孝行《こうこう》のしたい時分《じぶん》に親《おや》はなし。石《いし》に布団《ふとん》は着《き》せられぬ。

内孫《うちまご》より外孫《そとまご》

どちらも孫であることには変わりはないのに、同居している息子の嫁が産んだ内孫よりも嫁にやった娘が産んだ外孫のほうが可愛いものだという意味。祖父母の心理をいったことば。

▼母の本音は「内孫より外孫」らしく、遠くから何度も私の娘に会いにやって来る。

生《う》みの親《おや》より育《そだ》ての親《おや》

生んでくれた親と育ててくれた親とが違う場合、自分と血のつながりがある本当の親よりも、実際に苦労して養育してくれた親のほうに大きな恩があることを忘れてはならないという意味。

▼幼くして母親を病気でなくしたSさんは、生みの親より育ての親で、ずっと面倒をみてくれた叔母さんに感謝している。

老《お》いては子《こ》に従《したが》え

年を取ったら自分の主張を抑えて、何事も子どもの意見に従ったほうがうまくいくということ。

▼この家業も息子で五代目だ。経営を譲ったのだから、老いては子に従えで、私は口を出さないようにしよう。

【参考】本来は女性の生き方を教えた仏教のことばだが、現在では女性に限定していない。

【出典】『大智度論《だいちどろん》』。

親思《おやおも》う心《こころ》にまさる親心《おやごころ》

子が親を慕う心よりも、親が子を案じる心のほうが痛切であるということ。

▼親思う心にまさる親心、子どもたちのことを誰より思っているのは私たちなんだ。

【参考】安政の大獄で処刑された吉田松陰《よしだしょういん》の辞世「親思う心にまさる親心今日のおとづれ何ときくらん」より。

親《おや》の意見《いけん》と茄子《なすび》の花《はな》は千《せん》に一《ひと》つも無駄《むだ》はない

茄子《なす》には仇花（徒花《あだばな》）がほとんどなく、花は必ずといっていいほど実になる。それと同じで、親が子にする意見には無駄がないのでよく聞くべきだということ。

▼親の意見と茄子の花は千に一つも無駄はない、という。今はまだ若いお前には実感できないかもしれないが、まあ黙って聞くだけ聞きなさい。そのうちわかる時が来る。

【同義語】茄子《なすび》の花《はな》と親《おや》の意見《いけん》は千《せん》に一《ひと》つも仇《あだ》はない。

親《おや》の意見《いけん》と冷《ひ》や酒《ざけ》は後《あと》で利《き》く

冷や酒はすぐに酔いが回らず、少し間をおいてからきいてくる。それと同じで、親の意見は聞かされたときには何とも感じないが、後になって思い当たり、ありがたく思うものだということ。

▼子どものころは口うるさい父だと思っていたが、自分が父の年齢になってみると折々胸に思い当たることが多い。親の意見と冷や酒は後で利く、とはよく言ったものだ。

【同義語】冷《ひ》や酒《ざけ》と親《おや》の意見《いけん》は後《あと》薬《ぐすり》。

親《おや》の心《こころ》子《こ》知《し》らず

親は深い愛情で子のためになるように配慮するが、子はそれを理解せず勝手気ままに振る舞うということ。いろいろな世話をする立場にある人を親の立場にたとえていう場合も多い。

▼親の心子知らず、自分ひとりでこの世に生まれてきたと思ったら大間違いだ。少しは親を安心させるものだ。

親《おや》の脛《すね》を囓《かじ》る

独立できない子が、親に養ってもらったり援助してもらったりしていること。「脛囓りの身」というように使う。

▼親の脛を囓っている身で、よくそんな大それた計画を考えるものだ。その金は天からでも降ってくるというのかい。

【参考】「親の脛囓る息子の歯の白さ」「親の脛今をさかりと囓るなり」といった川柳がある。

親《おや》の光《ひかり》は七光《ななひかり》

本人にはたいした能力がないのに、親の社会的地位や名声によって恩恵を受け、実力以上に認められること。

▼社長の御曹司《おんぞうし》であるN君は、親の光は七光と言われないために、小さいころから涙ぐましい努力をしたよ

うだが、やはり周囲の見る目は変わらないらしい。
【同義語】親《おや》の七光《ななひかり》。親《おや》の光《ひかり》は七《なな》とこ照《て》らす。

親《おや》の欲《よく》目《め》

親はわが子が可愛いあまりに、実際以上に買いかぶってしまうということ。
▼親の欲目か、娘には絵の才能があるように思える。
【参考】「親《おや》の欲目《よくめ》と他人《たにん》の僻目《ひがめ》」と続けていう場合もある。
【類句】親《おや》に目《め》なし。子《こ》故《ゆえ》に迷《まよ》う親《おや》心《ごころ》。

親《おや》はなくとも子《こ》は育《そだ》つ

親が死んだり、親元から離されたりした子でも、どうにか成長していくということ。人生はそれほど心配したものではないという意味。
▼親はなくとも子は育つとはいうが、両親のない境遇で悪の道に染まることもなく、君が立派な大人になってくれたことが本当に嬉しいよ。

女《おんな》は弱《よわ》し されど母《はは》は強《つよ》し

一般的に、女性は男性に比べて肉体的に弱いし、性質も本質的にやさしい。しかし、か弱い女性も、ひとたび母親としての立場に置かれると、見違えるほど強くなる。困難な状況の中で立派に子どもを育て上げたり、外敵から子どもを安全に保護したりする。そのように、子どもを守ろうとするときの母親の強さをいったことば。
▼私が独り身であったら、とっくに挫《くじ》けていたかもしれません。しかし女は弱しされど母は強しで、この子がいたおかげで強く生きることができました。

乳《おん》母《ば》日《ひ》傘《がさ》

乳を飲ませたり世話を焼いたりする養育専門の乳母《うば》をつけ、外出時には直射日光を遮《さえぎ》る日傘を差しかけることで、子どもを大切に育てるたとえ。「乳母日傘で育った」というように使う。
▼この程度の仕事で今年の新人は音を上げていた。乳母日傘のお坊ちゃんの扱いは難しい。
【類句】蝶《ちょう》よ花《はな》よ。

可愛《かわい》い子《こ》には旅《たび》をさせよ

子どもが可愛かったら、辛《つら》い旅の経験をさせて世の中の苦労を体験させるのがよいということ。
▼可愛い子には旅をさせよというじゃありませんか。一年間の海外留学くらい喜んで送り出してあげなさい。

【参考】昔は交通や宿が不便で、旅は苦しいものだったことから。
【類句】獅子《しし》の子落《こお》とし。
【同義語】いとしき子《こ》には旅《たび》をさせよ。可愛《かわい》い子《こ》は打って育《そだ》てろ。

兄弟《きょうだい》は他人《たにん》の始《はじ》まり

同じ血を分けた兄弟も、成人すればそれぞれ家庭を持ったり、あるいは利害の対立が生じたりして他人のようになっていくということ。
▼あれだけの資産家の子どもとなると大変だね。兄弟は他人の始まりというが、莫大な遺産がからんだら、ますますややこしくなる。
【同義語】兄弟《きょうだい》は他人《たにん》の始《はじ》め。兄《きょう》弟《だい》は他人《たにん》の別《わか》れ。

兄弟《けいてい》牆《かき》に鬩《せめ》げども外《そと》其《そ》の務《あなど》りを禦《ふせ》ぐ

ふだんは兄弟喧嘩《げんか》をしていても、外部から一家の者が侮辱を受けたときは、一致協力して対抗するという意味。
▼わが家の姉妹はそろってバレーボールチームに参加している。姉妹はいつも口喧嘩をしているが、妹のミスを批判されたときに姉は妹をかばった。まさに兄弟牆に鬩げども外其の務りを禦ぐの思いを強くした。
【参考】「牆」は垣根、「鬩ぐ」は争うこと。「牆に鬩ぐ」は垣根の中、つまり家の中で争うという意味。「務」は「侮」のこと。

【出典】『詩経《しきょう》』「小雅《しょうが》」常棣《じょうてい》。

孝行《こうこう》のしたい時分《じぶん》に親《おや》はなし

親孝行をしたいと思うころには親はもう死んでいる。そうなって後悔しても遅いから、親が生きているうちに大切にせよという戒め。
▼郷里を出てから必死に働き出世も遂げたが、両親は今の私の姿を見ることもなく旅立って行った。孝行のしたい時分に親はなし、墓前でいつもそんな後悔の念を覚える。
【類句】石《いし》に布団《ふとん》は着《き》せられぬ。風《ふう》樹《じゅ》の嘆《たん》。

子《こ》に過《す》ぎたる宝《たから》なし

この世にある宝物のどれも子どもに匹敵するものはない。子どもは人生最高の宝であるということ。
▼万葉集の山上憶良《やまのうえのおくら》の「瓜食《は》めば」の歌は、昔も今も子に過ぎたる宝なし、という思いが共通であることを実感させてくれる。
【類句】千《せん》の倉《くら》より子《こ》は宝《たから》。
【同義語】子《こ》にまさる宝《たから》なし。子《こ》は人生最上《じんせいさいじょう》の宝《たから》。

子《こ》の心親知《こころおやし》らず

子どもは親のことを案外思いやって

いるのに、親は察しないという意味。また、いつまでも子どもを無思慮だと思い込んでいる親のこともいう。

▼こんなプレゼントを用意してくれたとは思いもよらなかった。いつまでも子どもだと思っていたのは悪かった。子の心親知らずということがわかったよ。

子《こ》は鎹《かすがい》

鎹は材木をつなぎとめる器具であるが、夫婦の間で同じ働きをするのは子どもだということ。不仲《ふなか》になった夫婦でも、子どもがいるために破局を迎えない場合がある。

▼両親は結婚後三年目で深刻な不仲に陥ったらしいが、そのころ幼い私が大病をして、交替で看病するうちに仲直りをしたと聞いた。子は鎹、私の存在が両親をつなぎとめたのだろう。

【参考】「鎹」は木材などの合わせ目を固定するコの字型の大釘。

【類句】縁《えん》の切《き》れ目《め》は子《こ》で繋《つな》ぐ。

【同義語】子《こ》は夫婦《ふうふ》の鎹《かすがい》。

子《こ》は三界《さんがい》の首枷《くびかせ》

子どもの存在によって親は一生自由を束縛されるというたとえ。

▼子は三界の首枷というが、娘がやっと独り立ちして離れてみると、その面倒を見ることが張り合いになっていたことがわかった。

【参考】「三界」は仏教語で過去・現在・未来のこと。「首枷」は罪人の首にはめる刑具。「首《くび》っ枷《かせ》」ともいう。

【類句】子宝《こだからすね》脛が細《ほそ》る。

【同義語】子《こ》は厄介《やっかい》の首枷《くびかせ》。

子《こ》故《ゆえ》に迷《まよ》う親心《おやごころ》

子どもが可愛いあまりに、親は理性を失って正しい判断ができなくなることが多いという意味。

▼あの資産家は娘さんの芸能界入りにかなりのお金を使ったらしい。まあ子故に迷う親心で、当人たちがそれでいいと思うなら、われわれが口出しすることではないが。

【類句】親《おや》に目《め》なし。親《おや》の欲目《よくめ》。

【同義語】子《こ》に迷《まよ》う闇《やみ》。子故《こゆえ》の闇《やみ》に迷《まよ》う。

子《こ》を持《も》って知《し》る親《おや》の恩《おん》

子を持って、育てる苦労をしてみると、はじめて親から受けた恩が実感できて感謝するという意味。

▼母のつけていた母子手帳を見せてもらったら、三十年前に今の私とまったく同じ悩みを母も持っていたことがわかった。自分もそうして育てられてきたことがわかり、子を持って知る親の恩と感謝した。

【同義語】子持《こも》てば親心《おやごころ》。子《こ》を育《そだ》て

て知《し》る親《おや》の恩《おん》。

三矢《さんし》の教《おし》え

弓の矢は一本だと容易に折れるが、三本では折れにくいという意味。兄弟が仲良くし一致協力するようにとの訓戒。

▼わが社の不動産、建設、建材の三部門を独立した会社にする。毛利元《もうりもと》就《なり》の三矢の教えではないが、今後も協力して、三社共に業績を伸ばしてもらいたい。

【故事】戦国大名の毛利元就は息子の隆元《たかもと》、元春《もとはる》、隆景《たかかげ》を呼び、一本では折れやすい矢も三本では折れないことを示して力を合わせるようにと諭した。

【同義語】三矢《さんし》の戒《いまし》め。

獅子《しし》の子《こ》落《お》とし

獅子は生まれた子を深い谷に突き落とし、自力で這《は》い上がる子だけを育てるという伝説から、自分の子に苦労させて能力を試し、厳しく育てることのたとえ。

▼獅子の子落としを実践できる親がいなくなり、最近の公共の場での子どもたちのわがまま放題は目に余るものがある。

【類句】可愛《かわい》い子《こ》には旅《たび》をさせよ。

【同義語】獅子《しし》の子育《こそだ》て。

児孫《じそん》の為《ため》に美田《びでん》を買《か》わず

地味の肥えたよい田のような財産を子孫に残せば、子孫は安逸な生活を送りやすいので、本人たちのことを考えて財産を残さないという意味。

▼退職後は故郷に引っ込むが、東京の家は息子には残さないつもりだ。児孫の為に美田を買わず、息子には自分で頑張ってマイホームを持てと言っている。

【出典】西郷隆盛《さいごうたかもり》「偶感《ぐうかん》」。

舐犢《しとく》の愛《あい》

親牛が子牛を舐《な》めて可愛がること。転じて、親が子を可愛がりすぎること。子に対する親の過保護。「犢」は子牛。

▼一人っ子の彼は両親から非常に大切にされ、舐犢の愛の中に成長した。彼の場合、その環境がよい方向にはたらき、おおらかな人柄を身につけた。

【出典】『後漢書《ごかんじょ》』楊彪伝《ようひょうでん》。

姑《しゅうとめ》の十七《じゅうしち》見《み》た者《もの》がない

姑が嫁に小言《こごと》を言う場合に自分の若いころのことを持ち出すが、それが事実かどうかは見た者がないのでわからないし、あてにならないということ。

▼私の若いころはこうだった、と言うのが姑の口癖だが、姑の十七見た

者がないといわれているようにあまり信用はできない。しかし感心して納得したふりをしているのが利口だろう。

【参考】昔は十七歳くらいで嫁入りする例が珍しくなかった。

【類句】親《おや》の十七子《じゅうしちこ》は知《し》らぬ。

掌中《しょうちゅう》の珠《たま》

手の中にある珠。最も大切にしているもの。特に最愛の子のこと。
▼父親は晩年に生まれた妹を、掌中の珠のごとく慈しみ育てた。
【参考】「珠」は真珠。ここでは珠玉の意。

【出典】杜甫《とほ》「寄二漢中王一詩《かんちゅうおうによせるし》」。

総領《そうりょう》の甚六《じんろく》

長男は甘やかされて育つので、弟たちよりぼんやりしていて世間知らずだということ。
▼長兄は総領の甚六だとして、親戚からは評判がよくないのだが、いざというときには私たちを守ってくれたので、兄弟は彼を見直した。
【参考】「総領」は家を相続する長男。「甚六」はろくでなしを人名風に言ったもの。

立《た》っている者《もの》は親《おや》でも使《つか》え

座っているときに急用ができたら、立っているのが親であっても頼むとよいということ。親でなくても、他の人に頼む場合の言い訳としてよく使う。
▼ああ係長、外出されるならこの資料を買ってきてもらえませんか。立っている者は親でも使え、といいますから、お願いします。
【同義語】立《た》っていれば仏《ほとけ》でも使《つか》う。

血《ち》がつながる

血縁関係にある。
▼あの冷淡さは、血がつながった兄弟とは思えない。

血《ち》で血《ち》を洗《あら》う

血縁の者どうしが争う。→②〈争う・争い・戦う〉
▼血で血を洗うような遺産争いに眉《まゆ》をひそめている。

血《ち》は水《みず》よりも濃《こ》い

同じ血を分けた身内の者の結びつきは他人との関係よりも強く、頼りになるということ。
▼三代将軍家光《いえみつ》は会津藩主の保科正之《ほしなまさゆき》を重用《ちょうよう》し、正之もよくそれに応えたが、血は水よりも濃い、というように、家光も異母弟の正之を頼もしく感じていたのだろう。

蝶《ちょう》よ花《はな》よ

子どもを非常に愛し、可愛がるようす。
▼商家の跡取り娘として、蝶よ花よと慈しみ育てられた。

手《て》が離《はな》れる

子どもが成長して手がかからなくなる。→②〈終わる・終わり〉
▼息子が独立して、やっと手が離れました。

這《は》えば立《た》て立《た》てば歩《あゆ》めの親心《おやごころ》

赤ん坊が這いはじめれば早く立たないかと思い、立てば早く歩まないかと期待する。子どもの成長を望む親の心情をいったもの。

【参考】後に「わが身に積もる老いを忘れて」と続く。

風樹《ふうじゅ》の嘆《たん》

親に孝行をしようと思ったときには、すでに親は死んでしまっていて、孝行をしようにもできないという嘆き。
▼子どもの世話になるようになってみて、さて自分は親に何をしてきたかと、つくづく風樹の嘆を感じている。
【類句】風木《ふうぼく》の嘆《たん》。風木《ふうぼく》の悲《かな》しみ。
【出典】『韓詩外伝《かんしがいでん》』九。

身《み》二《ふた》つになる

身ごもって子を産む。
▼彼女は身二つになるために、里帰りしている。

目《め》の中《なか》に入《い》れても痛《いた》くない

子どもなどを大変可愛がっているようす。
▼彼は結婚して十年目に生まれた子どもを、目の中に入れても痛くないほど可愛がっている。

持《も》つべきものは子《こ》

子どもを育てるには苦労が多いが、病気になったり、年老いたときに親身になって世話をしてくれたりするのも子どもなればこそであり、子どもほどありがたいものはないということ。
▼若いころは家に寄りつかなかったあの子も、私たちが年老いてくると、何かとようすを見に帰ってきてくれます。持つべきものは子、とはよく言ったものですね。

律義者《りちぎもの》の子沢山《こだくさん》

真面目で義理がたい律義者は酒色にふけらず、夫婦仲が円満なので、自然に子どもがたくさん生まれるという意味。
【類句】貧乏柿《びんぼうがき》の核沢山《さねだくさん》。貧乏人《びんぼうにん》の子沢山《こだくさん》。

良妻賢母《りょうさいけんぼ》

夫にとっては良い妻であり、子にとっては賢明な母であること。
▼F女子大には、女子専門学校の時代から良妻賢母の育成を目標としてきた伝統がある。

価値がある・優れる

落《お》ちを取《と》る

当たる。喝采《かっさい》を受ける。
▼彼は駄じゃれでいつも落ちを取る人気者だ。

金字塔《きんじとう》

金の字の形の塔。ピラミッドのことをいう。また、永く伝えられるような立派な業績。
▼オリンピックに体操競技で出場した彼女は、個人全種目に優勝するという目覚ましい金字塔をうち建てた。

金城湯池《きんじょうとうち》

物事の頑丈堅固なたとえ。「金城」は守りの固い城、「湯池」は熱湯のたぎる攻めにくい堀。
▼その会社は新経営戦略のもと、外国資本によるシェア獲得競争に堪え抜いた金城湯池の企業として知られている。
【類句】金城鉄壁《きんじょうてっぺき》。難攻不落《なんこうふらく》。
【出典】『中華若木詩抄《ちゅうかじゃくぼくししょう》』。

腐《くさ》っても鯛《たい》

魚のなかで最高とされる鯛は、少しぐらい腐ったところでやはり値打ちがある。権勢や才能のある者が落ちぶれたり、条件が悪くなったりしても、それなりの価値があるというたとえ。
▼腐っても鯛というのは失礼だが、市民会館のステージでの祖母の舞いはじつに見事で、大喝采をわが事のように誇らしく思った。
【類句】沈丁花《じんちょうげ》は枯《か》れても香《かんば》し。破《やぶ》れても小袖《こそで》。

好事家《こうずか》

もの好きな人。また、風流を好む人。
▼Mデパートの恒例の骨董《こっとう》市には名品が出されると評判が高く、今年も初日から全国各地の好事家が押し寄せているという。
【参考】「好事」を「こうず」と読め

ば、かわった物事を好むことをいうが、「こうじ」と読めば、よいこと、めでたいこと、よい行いなどのことをいう。「こうじか」ということばはない。

古今無双《ここんむそう》

昔から今に至るまで並ぶものがないこと。

▼相撲史上、幾多の名力士が輩出しているが、強さという点から見ると、江戸時代の雷電為右衛門《らいでんためえもん》が古今無双であると主張する人もいる。

【類句】古今無比《ここんむひ》。古今独歩《ここんどっぽ》。未曾有《みぞう》。

【出典】外山正一《とやままさかず》『新体詩抄《しんたいししょう》』抜刀隊の歌。

真面目《しんめんもく》

本来の姿。真価・本領などと同じ。

▼彼の真面目は、困難な事態に立ち至ったときにこそ発揮される。

【別表記】「しんめんぼく」とも読む。

【出典】式亭三馬《しきていさんば》『浮世床《うきよどこ》』二下。

粒《つぶ》が揃《そろ》う

質が高く、優れている人や物が集まる。

▼今年の応募作品は、粒が揃っている。

花《はな》も実《み》もある

花が咲いているように外見が見事で、実がなっているように内容も充実していること。道理にかなうとともに人間味のある扱いや、筋は通しながら人情もわきまえている人物の形容に使う。

▼私の父はいい環境や人に恵まれて花も実もある人生を送り、安らかに旅立っていった。

【類句】色《いろ》も香《か》もある。

非《ひ》の打《う》ち所《どころ》がない

欠点がまったくない。完全である。

▼一点も非の打ち所がない人間なんているはずがない。

唯一無二《ゆいいつむに》

ただ一つだけあって、二つとないこと。存在するのはそれだけだということ。「唯一」も「無二」も同じ意味。

▼唯一無二の味方だと思っていた君までが反対するのでは、社内の組織改革をこれ以上進めるのは無理だろうな。

【類句】唯一不二《ゆいいつふじ》。

価値がない・劣る

空《あ》き樽《だる》は音《おと》が高《たか》い

中身の詰まっている樽と違って、からっぽの樽は叩くと高い音を立てる。内容のない、浅薄な人ほど騒々しく、おしゃべりだということのたとえ。

▼どんな話題でも意見を言わなければ気がすまない彼女だが、その内容はじつにくだらない。空き樽は音が高い、ということばを知らないらしい。

【類句】浅瀬《あさせ》に仇波《あだなみ》。食《く》いつく犬《いぬ》は吠《ほ》えつかぬ。

徒花《あだばな》に実《み》は生《な》らぬ

見かけだけは立派でも、実質がともなっていない場合にはよい結果が得られないということ。

▼押し出しが強くMBA取得という経歴を理由に、彼に大事な交渉を任せたのは間違いで、徒花に実は生らぬだった。もっと人物そのものを見極めるべきだった。

【参考】「徒花」は咲いても実を結ばない花。雄花。

一籌《いっちゅう》を輸《ゆ》す

わずかに劣る、一歩遅れをとっているという意味。

▼わがA校は、野球部の成績においては、B校に一籌を輸すと認めざるをえない。

【参考】「籌」は勝負事の点数を数えるのに使う竹の棒。数取り。「輸す」は負ける。勝負事で負けたほうが相手に数取りの棒を一本渡すということから。

【出典】陸游《りくゆう》「九月六夜夢中《くがつろくやむちゅう》に笑《しょう》詩《し》を作《つく》る」。

【同義語】一籌《いっちゅう》を遜《そん》ずる。

愚《ぐ》にもつかぬ

ばかばかしくて取るに足りない。

▼仕事中にいつまでも愚にもつかぬ話をしているな。

刺身《さしみ》のつま

あってもなくてもよいようなもの。添え物。

▼会議では新入社員なんか刺身のつまの扱いだった。

枝葉末節《しようまっせつ》

物事の主要でない部分。中心から外れた細かな部分。大切でない事柄。

▼枝葉末節の話はもうよい。もっと核心をついた意見を出してください。

【出典】（枝葉）『詩経《しきょう》』「大雅《たいが》」・（末

節）『礼記《らいき》』楽記《がくき》。

底《そこ》が浅《あさ》い

内容に深みがない。たいしたことはない。

▼彼の話は面白いけれど、底が浅いからすぐ飽きちゃうんだよ。

高《たか》が知《し》れる

たいしたことはない。

▼一夜漬けでは、いくら丸暗記をしても高が知れている。

【参考】程度（高）がわかっているの意から。

箸《はし》にも棒《ぼう》にも掛《か》からぬ

箸は小さく、棒は大きいが、そのどちらにも引っ掛からないということで、手のほどこしようがなくて取り扱いに困るたとえ。

▼あいつは、能力がないうえに怠け者で、まったく箸にも棒にも掛からない男だ。

【同義語】縄《なわ》にも杓子《しゃくし》にも掛《か》からぬ。

話《はなし》にならない

話題にする価値もない。問題にならない。

▼この程度の実力ではまだまだ話にならない。

流行物《はやりもの》は廃《すた》り物《もの》

流行は一時期だけのもので、いずれは廃れてしまい、長続きしないということ。

▼流行物は廃り物、かつて順番待ちで長蛇《ちょうだ》の列を作って話題になったアミューズメントパークには、いま閑古鳥《かんこどり》が鳴いている。

【同義語】流行物《はやりもの》は廃《すた》れる。流行事《はやりごと》は六十日《ろくじゅうにち》。

暴虎馮河《ぼうこひょうが》

虎と素手で戦い、大河を徒歩で渡る、という意味で、血気にはやって無謀な行為をすること。真の勇気ではなく蛮勇をいさめたことば。

▼君たち程度の実力で、あの連中を懲らしめようなんていうのはただの暴虎馮河の勇であり、誰にも評価されないさ。考え直したほうがいい。

【類句】匹夫《ひっぷ》の勇《ゆう》。

見《み》かけ倒《だお》し

外見は立派だが、実質はたいしたことがない。

▼センスのいい装丁にひかれて買ったこの本は見かけ倒しでがっかりした。

物《もの》の数《かず》ではない

特に取り立てて言うほどの価値のあるものではない。

▼チャンピオンに比べれば、彼の戦歴など物の数ではない。

安《やす》かろう悪《わる》かろう

値段も安いが品質も悪いこと。

▼安かろう悪かろうを承知で、安売店に足が向く。

有名無実《ゆうめいむじつ》

名前は広く知られているが、実際には価値のないこと。また、そのさま。名前はあるが実態のないもの。

▼支店長といえば聞こえはいいが、実際は本社の指示を社員に伝えるだけで実権はないんだ。閑職そのもので、有名無実もいいところだよ。

【類句】 有名亡実《ゆうめいぼうじつ》。

【出典】『涅槃経《ねはんぎょう》』。

敬服する・敬意

頭《あたま》が上《あ》がらない

引け目を感じて相手と対等になれない。

▼お世話になったあの先生には頭が上がらない。

頭《あたま》が下《さ》がる

感心させられる。敬意を抱く。

▼病身の父親の面倒をみる彼の献身ぶりには、頭が下がる思いだ。

一目《いちもく》置《お》く

自分より優れた人に敬意を払って一歩譲る。

▼彼女の語学力には周囲が一目置いている。

【参考】 囲碁で、弱いほうが先に石を一つ（一目）置いて始めることから。

後塵《こうじん》を拝《はい》する

地位や権力のある人に敬意をもって従う。→②〈従う〉⑦〈負ける・屈服する〉

▼芥川賞作家の後塵を拝しながら、執筆活動に励む。

【参考】「後塵」は人や車馬などが走った後に立つ土ぼこり。

後生畏《こうせいおそ》るべし

若い後輩は、勉強次第でどのように優れた人物になるかわからない。したがって、恐るべき存在であるということ。

▼十代で国際競技大会に優勝する若者が増えてきた。後生畏るべし、先

輩アスリートもうかうかしてはいられないだろう。

【参考】「後生」は後から生まれた者。

【類句】若木《わかぎ》の下《した》で笠《かさ》を脱《ぬ》げ。

【誤り】「後世」と書くのは誤り。

【出典】『論語《ろんご》』子罕《しかん》。

三顧《さんこ》の礼《れい》

目上の人が賢人、あるいは特別な人に、何回も礼を尽くして仕事を引き受けてもらうこと。

▼社長が、それほど気に入った人物なら、社長自ら三顧の礼を尽くして迎え入れるくらいの熱意が必要である。

【故事】三国時代、蜀漢《しょくかん》の劉備《りゅうび》は、まだ寄寓《きぐう》の身であったころに、諸葛《しょかつ》孔明《こうめい》の庵《いおり》を三度訪れて、やっと軍師として迎えることができた。

三枝《さんし》の礼《れい》

「鳩《はと》に三枝の礼あり、烏《からす》に反哺《はんぽ》の孝あり」が元の句。鳩は親鳥より三本下の枝にとまることで敬意を示し、親への礼儀を守る。烏は、養われた恩に対して親鳥の口にエサをふくませることでかえす。孝行を重んじる意味。

▼三枝の礼を尽くせとまでは言わないが、親を尊敬しない者は感心しない。

【対句】反哺《はんぽ》の孝《こう》。

【出典】『慈元抄《じげんしょう》』下。

花《はな》を持《も》たせる

相手を立てる。

▼ここは譲って、先輩に花を持たせることにしよう。

権力・支配

圧力《あつりょく》をかける

権力や財力に物を言わせ、人を自分の意のままに従わせる。

▼調査が進まぬよう当局に圧力をかけた者がいるらしい。

押《お》さえが利《き》く

人々を服従させる力がある。

▼多士済々《たしせいせい》のメンバーに押さえを利かせられるのは、彼しかいないだろう。

活殺自在《かっさつじざい》

生かすも殺すも思うままであること。自分の思うまま自由自在に振舞うこと。

▼戦国時代の武将は一族郎党に対して、時に活殺自在の絶対的な権力をふるった。
【類句】生殺与奪《せいさつよだつ》。

牛耳《ぎゅうじ》を執《と》る

団体、集団、党派などの指導者や首領になって支配すること。
▼この歴史研究会で牛耳を執っているのは彼女です。
【参考】春秋戦国時代の中国で諸侯が同盟の誓いを立てる際に、盟主が牛の耳をとって裂き、皆がその血をすすったという故事から。

【出典】『春秋左氏伝《しゅんじゅうさしでん》』哀公《あいこう》十七年。

【同義語】牛耳《ぎゅうじ》る。

首根《くびね》っこを押《お》さえる

相手の弱みや急所を押さえて有無を言わせないようにする。
▼不正の証拠を握られ、首根っこを押さえられているのだから、もう逃れようがない。
【参考】首筋を取り押さえて動けないようにすることから転じて。

采配《さいはい》を振《ふ》る

指揮をする。指図をする。
▼監督が入院したので、急遽《きゅうきょ》コーチがチームの采配を振ることになった。
【参考】「采配」とは昔、戦場で大将が指揮するために用いた、ふさに柄のついた道具。

事大主義《じだいしゅぎ》

定見がなく、勢力の強い者に従って、自己保身を図ろうとする考え方や態度・傾向。
▼職業を選ぶとき、一般に大企業指向が強いのは、寄らば大樹の陰といった事大主義に毒されているからではないか。
【類句】虎《とら》の威《い》を藉《か》る狐《きつね》。

【誤り】時代主義。

【出典】（事大）『孟子《もうし》』梁恵王章《りょうけいおうしょう》句《く》下。

上意下達《じょういかたつ》

上位の者の考えや意志・命令などを、下位の者に徹底させること。
▼軍隊ならいざ知らず、上意下達の一方通行だけでは企業の発展はない。下意上達のルートを設けることも必要である。

天下《てんか》を取《と》る

絶対的な権力を手中にする。→⑥〈出世・成功〉
▼スポーツの世界で天下を取るのは実力だけでなく運も大きい。

三日天下《みっかてんか》

地位や権力をきわめて短い期間しか保持できないこと。

▼前社長を追い落として社長の座に就いた彼は、株主総会で否認され、三日天下に終わった。

【類句】三日大名《みっかだいみょう》。

【故事】明智光秀《あけちみつひで》は、主君織田信長《おだのぶなが》を京都本能寺に襲って殺し、天下を取ったが、たちまち羽柴秀吉《はしばひでよし》と信長の三男信孝《のぶたか》の連合軍の反撃にあい、山崎で大敗し、逃走の途中で討たれた。この間の光秀のとった天下の短かったことをいう。

交際・つき合い

足《あし》が遠《とお》のく

疎遠になる。

▼油絵に対する情熱が冷めて、絵画教室へも次第に足が遠のいた。

魚心《うおごころ》あれば水心《みずごころ》

何事も相手が好意をもって対応してくれれば、こちらも好意をもって対応する。

▼魚心あれば水心で、うまく話がついたよ。

【参考】魚に水を思う心があれば、水もそれに応ずる心があるの意で、元は「魚、心あれば、水、心あり」。

遠慮《えんりょ》は無沙汰《ぶさた》

訪問しては迷惑だろうと遠慮するのは善意だが、度がすぎると御無沙汰になってしまって失礼だということ。

▼たまには家に遊びに来なさいよ。遠慮は無沙汰といって、まるで嫌われているみたいじゃない。気兼ねは無用よ。

【同義語】遠慮《えんりょ》が無沙汰《ぶさた》。遠慮《えんりょ》が無《ぶ》沙汰《さた》になる。

大盤振舞《おおばんぶるまい》

盛んなもてなしをすること。

▼太っ腹のB氏はいつもわれわれ若い者を自宅に呼んでは大盤振舞してくれたものだ。

【参考】本来は「椀飯振舞《おうばん》」で、江戸時代には、民家で正月に親類などを招いて宴を催すことをいった。「大盤」は「椀飯（椀に盛って勧める飯の意）」の当て字。

男《おとこ》は敷居《しきい》を跨《また》げば七人《しちにん》の敵《てき》あり

社会に出て働く男には、競争相手や敵が大勢いるということ。

▼あなたは二言目には「男は敷居を跨げば七人の敵あり」とすべての苦

労を背負いこんでいるような態度を取るけれど、家庭を守る主婦にも同じくらいの苦労があることを理解してほしいわ。

【類句】雨垂《あまだ》れは三途《さんず》の川《かわ》。

【同義語】家《いえ》を出《い》ずれば七人《しちにん》の敵《てき》あり。男子《だんし》家《いえ》を出《い》ずれば七人《しちにん》の敵《てき》あり。

外交辞令《がいこうじれい》

外交上使う、相手に好感を抱かせる愛想のよい応対のことば。転じて、口先だけの褒《ほ》めことばや、心にもないお世辞。
▼滞欧作品展を拝見しました。外交辞令抜きにして、すばらしい作品ばかりで感動いたしました。
【誤り】外交辞礼。

顔《かお》が広《ひろ》い

交際範囲が広い。
▼叔母はとても顔が広いので、いざというときに助けになる。

陰日向《かげひなた》がある

人の見ているときと見ていないときでことばや態度が異なること。
▼彼は陰日向なく働き、気性もさっぱりしていたから誰からも好かれた。

殻《から》に閉《と》じこもる

外部との交渉を絶ち、自分だけの世界にこもる。
▼君のように自分の殻に閉じこもっていては、友だちもできないよ。
【類句】殻《から》にこもる。

敬《けい》して遠《とお》ざける

表面的には尊敬したような態度を示すが、内心では疎《うと》んじて近よらない、または遠ざけること。
▼会社には大学の先輩がいるのだが、年が離れすぎていて話がしづらく、敬して遠ざけている状態だ。気分を害されていないといいのだが。
【参考】本来は、尊敬してなれなれしくしないという意味であった。

【出典】『論語《ろんご》』雍也《ようや》。

【同義語】敬遠《けいえん》。

孤立無援《こりつむえん》

独りぼっちで、仲間や助けてくれる者がいないこと。
▼たとえここで孤立無援になろうとも、私の気持ちは変わりません。
【類句】四面楚歌《しめんそか》。

【出典】『日本政記《にほんせいき》』後三条天皇《ごさんじょうてんのう》。

去《さ》る者《もの》は追《お》わず来《きた》る者《もの》は拒《こば》まず

自分の許《もと》から去って行く者は決して

引き止めず、自分のところに来たいという者は誰でも受け入れて拒絶しないということ。その人の心に任せて無理強いをしない態度。
▼わが同好会の基本ルールは、去る者は追わず来る者は拒まずを通しているので、正確な会員数がなかなか把握できないんです。
【出典】『孟子《もうし》』尽心《じんしん》下。

去《さ》る者《もの》は日々《ひび》に疎《うと》し

死んだ者は日がたつにつれて人々から忘れられていくということ。また、親しかった者も遠く離れると疎遠になるという意味でもいう。
▼小学校時代の教え子のF君とは毎年年賀状のやりとりをしていたが、彼が遠くの町で就職してからは連絡もなくなった。去る者は日々に疎しとはいえ、淋しい気持ちもある。
【出典】『文選《もんぜん》』古詩《こし》十九首。
【同義語】遠《とお》ざかる者日々《ものひび》に疎《うと》し。

市道《しどう》の交《まじ》わり

商売など利害得失でつき合う交際のこと。「市道」は商売の道の意。
▼ビジネスで知り合ったM氏のことを親友だと思っていたが、私が会社を辞めてからはまったく連絡が取れなくなった。しょせん市道の交わりだったということか。
【対句】水魚《すいぎょ》の交《まじ》わり。断金《だんきん》の交《まじ》わり。管鮑《かんぽう》の交《まじ》わり。
【出典】『史記《しき》』。

世間《せけん》が広《ひろ》い

活動や交際の範囲が広い。→⑥〈経験〉
▼彼は長い営業マン生活で世間が広いから、いい人を紹介してくれるだろう。

袖《そで》を分《わ》かつ

行動を共にしていた人と別れる。親密な関係を絶つ。
▼二人は、見解の相違で袖を分かつことになった。
【類句】袂《たもと》を分《わ》かつ。

付《つ》かず離《はな》れず

かかわりすぎず離れすぎもしない、ほどよい関係を保っている。
▼近隣の人々とは、付かず離れずのつき合いを心がけるのが賢明である。
【参考】「不即《ふそく》（不レ即＝つかず）不《ふ》離《り》（不レ離＝離れず）」の訓読み。

手《て》を切《き》る

それまであった関係を絶つ。
▼彼は一大決心をして、悪い仲間と手を切った。
【参考】好ましくない人物との縁を切るのに使われる。
【類句】手《て》を分《わ》かつ。手《て》が切《き》れる。

手《て》を引《ひ》く

それまであった関係を絶つ。携わっていたことから身を引く。

▼経営が厳しくなってきたので、その事業からは手を引くことにした。

天涯孤独《てんがいこどく》

身寄りが一人もいないこと。また、故郷を遠く離れた土地に一人で暮らすこと。

▼彼は幼いころ災害で家族を失い、天涯孤独の身となった。

【出典】（天涯）『文華秀麗集《ぶんかしゅうれいしゅう》』・（孤独）『孟子《もうし》』梁恵王章句《りょうけいおうしょうく》。

不即不離《ふそくふり》

二つのものが、つきもせず離れもしない状態を保つこと。

▼会社では会長派と社長派との二派が争っているんだ。ぼくはどちらに対しても不即不離で、仕事さえきちんとやっていればいいと割り切っているけどね。

【類句】不離不即《ふりふそく》。

【出典】『円覚経《えんがくきょう》』。

【同義語】付《つ》かず離《はな》れず。

水清《みずきよ》ければ魚棲《うおす》まず

清らかに澄みきった水の中では姿を隠すことができないので魚が棲まない。人もあまり潔癖で、しかも人の心を見抜くほど頭が鋭いと他人が寄ってこないということ。

▼W君は時間に厳しく、ルーズな行為やミスをした者を厳しく叱責する。水清ければ魚棲まずというように、あれでは社内で浮いてしまうのも仕方がない。

【出典】『孔子家語《こうしけご》』。

【同義語】清水《せいすい》に魚棲《うおす》まず。

向《む》こう三軒両隣《さんげんりょうどなり》

自分が住んでいる家から道路をへだてた向かい側にある三軒の家と、左右に並ぶ二軒の家。ふだんの生活で何かと世話になったり、世話をしたりして、親しいつき合いをしなくてはすまされない関係にある家。隣近所。

▼防犯の基本は向こう三軒両隣のご近所さんが仲良くすることです。干渉しすぎは困りますが、ご近所のようすは知っておくべきでしょう。

【同義語】向《む》かい三軒両隣《さんげんりょうどなり》。

誼《よしみ》を通《つう》じる

親しい関係を結ぼうとはたらきかける。

▼県政界の実力者と誼を通じて情報を得ようとした。

親しい・友・仲間

麻《あさ》の中《なか》の蓬《よもぎ》

蓬は横に広がっていく植物だが、天に向かってまっすぐに伸びる麻の中にまじっていれば、麻のようにまっすぐ育っていく。この現象のように、人も善良な友人と交わるようにすれば、その感化で善良になるという意味。

▼中学三年生のときにぐれかけた長男が、あの高校でいい友だちに恵まれてクラブ活動に専念している。麻の中の蓬とはよく言ったものだ。

【類句】芝蘭《しらん》の室《しつ》に入《い》るが如《ごと》し。

【出典】『荀子《じゅんし》』にある「蓬麻中《よもぎまちゅう》に生《しょう》ずれば扶《たす》けずして直《なお》し」による。

【同義語】麻《あさ》につるる蓬《よもぎ》。

息《いき》が合《あ》う

両方の調子や気持ちがぴったり一つになる。

▼彼とは息が合うから、いっしょに働くのが楽しい。

【類句】呼吸《こきゅう》が合《あ》う。

意気投合《いきとうごう》

お互いの気持ちが、ぴったりとよく通じること。意気投ずること。「投合」は一致すること。

▼彼らは学生時代に意気投合し、終生変わることのない友情を結んだ。

犬《いぬ》も朋輩《ほうばい》 鷹《たか》も朋輩《ほうばい》

同じ主人を持つ者同士は、役目や待遇が違っても、気が合わなくても、同僚として仲よくやっていこうという意味。

▼N君は尊大ぶった性格だが、ここは犬も朋輩鷹も朋輩と心得て、このプロジェクトで仲よくやっていこう。

【参考】鷹狩りのときに犬は鳥を追い立て、飛び立った鳥を鷹が捕らえる。役目は違うが、同じ目的で主人に仕えているということから。

【同義語】鷹《たか》も朋輩《ほうばい》犬《いぬ》も朋輩《ほうばい》。

牛《うし》は牛連《うしづ》れ 馬《うま》は馬連《うまづ》れ

牛と牛、馬と馬といったように、似た者同士が自然に一緒になること。また、似た者同士で行動するほうがよいということ。

▼兄はアニメオタク、弟は鉄道ファンで、それぞれいつも似たような仲間と行動している。牛は牛連れ馬は馬連れとはよく言ったものだ。

【類句】同気相求《どうきあいもと》む。類《るい》は友《とも》を呼《よ》ぶ。目《め》の寄《よ》る所《ところ》へは玉《たま》も寄《よ》る。

【同義語】牛《うし》は牛連《うしづ》れ。

馬《うま》が合《あ》う

気が合う。
▼机を並べている彼と、どうも馬が合わない。

益者三友《えきしゃさんゆう》

交際することによって益を得る三種類の友ということで、孔子《こうし》は「正直な友」「誠実な友」「博学な友」を挙げる。
▼Aは私にとって、正直・誠実・博学という益者三友の条件をすべて満たした最高の友人であった。
【対句】損者三友《そんしゃさんゆう》。

【出典】『論語《ろんご》』季氏《きし》。

同《おな》じ釜《かま》の飯《めし》を食《く》う

起居を共にする。
▼学生が寮生活で同じ釜の飯を食うのもいいものだ。
【類句】一《ひと》つの釜《かま》の飯《めし》を食《く》う。

片手《かたて》で錐《きり》は揉《も》まれぬ

錐は両手で揉みながら穴をあける道具であり、片手では使えない。そこから、人々が力を合わせなければ物事はうまくいかないというたとえ。
▼その件は君一人では扱いかねるだろう。片手で錐は揉まれないのだから、この課全員で協力して解決しよう。
【類句】孤掌《こしょう》鳴《な》らし難《がた》し。単糸《たんし》線《せん》を成《な》さず。

【同義語】片手《かたて》で柏手《かしわで》は打《う》てぬ。

肝胆相照《かんたんあいて》らす

互いに心の底まで打ち明け合って親しくつき合うさま。
▼彼とは同じプロジェクトで苦労し合って以来、肝胆相照らす仲です。
【参考】「肝」は肝臓、「胆」は胆嚢。両方とも奥深い所にある心を意味する。

【出典】（肝胆）韓愈《かんゆ》「柳子厚墓誌銘《りゅうしこうぼしめい》」。

管鮑《かんぽう》の交《まじ》わり

心から信頼し合った変わることのない交際。「管鮑」は管仲《かんちゅう》と鮑叔《ほうしゅく》の略。
▼管鮑の交わりを続けてきた彼の今回の受賞は、我がことのようにうれしい。
【類句】金石《きんせき》の交《まじ》わり。水魚《すいぎょ》の交《まじ》わり。刎頸《ふんけい》の友《とも》。

【対句】市道《しどう》の交《まじ》わり。

【出典】『列子《れっし》』力命《りきめい》。『史記《しき》』管晏《かんあん》列伝《れつでん》。

【故事】中国、春秋時代、斉《せい》の管仲と鮑叔は非常に仲がよく、共同でした商売の分け前を管仲が多く取ったり、その後も愚かな振る舞いや卑《ひ》怯《きょう》な行動をとったりしたが、鮑叔はそれを許して責めなかった。後年、鮑叔の推挙で宰相となった管仲は、己を知る者は鮑叔と言い、人々は鮑叔の聡明《そうめい》さをたたえた。

気《き》が置《お》けない

気遣いしなくてよい。遠慮がない。

▼彼と私は気が置けない間柄なので、何でも相談できます。

【誤り】気心が知れず油断できないの意で用いるのは誤り。

気心《きごころ》が知《し》れる

その人の性格や考え方がよくわかっている。

▼彼とは気心が知れた間柄なので安心して話せる。

昨日《きのう》の友《とも》は今日《きょう》の敵《てき》

仲よくしてきた友が、昨日から今日までの一日のうちに敵になってしまったということで、人の心の変わりやすさ、人間の離合集散の激しさをいったもの。

▼同期入社のあいつと話していたら、同じ女性が好きであることがわかった。昨日の友は今日の敵、あいつには負けられない。

【類句】反覆常《はんぷくつね》なし。

【同義語】昨日《きのう》の友《とも》は今日《きょう》の仇《あだ》。昨日《きのう》の情《なさけ》今日《きょう》の仇《あだ》。

旧交《きゅうこう》を温《あたた》める

途絶えていた昔からの交際を再び始める。

▼二十年ぶりの同窓会で旧交を温めた。

金石《きんせき》の交《まじ》わり

金や石のように非常に固く、変わることのない友人関係のこと。どんなことがあっても破れることのない厚い友情。

▼現代の若者の間には、他人に干渉しないし、干渉されたくもないという気風がある。このような若者たちには、金石の交わりは理解しがたいだろう。

【類句】金蘭《きんらん》の契《ちぎ》り。莫逆《ばくぎゃく》の友《とも》。刎《ふん》頸《けい》の友《とも》。管鮑《かんぽう》の交《まじ》わり。

【出典】『史記《しき》』淮陰侯列伝《わいいんこうれつでん》。

金蘭《きんらん》の契《ちぎ》り

深い信頼で結ばれた親友の交わりをいい、友情の堅さは金（金属）をも断つほどであり、その美しさは芳香を放つ蘭のようだということ。

▼二人の文学者は共に高潔な性格で、若いころから互いに尊敬し合ってきた。その往復書簡を読むと、二人の金蘭の契りのようすが後世のわれわれにも伝わってくる。

【類句】管鮑《かんぽう》の交《まじ》わり。金石《きんせき》の交《まじ》わ

り。水魚《すいぎょ》の交《まじ》わり。刎頸《ふんけい》の交《まじ》わり。
【出典】『易経《えききょう》』繋辞伝《けいじでん》上。

君子《くんし》の交《まじ》わりは淡《あわ》きこと水《みず》の若《ごと》し

教育があって徳の高い人の交際の仕方は、水のように淡白だが、その友情はいつまでも変わることがない。
▼彼と私は仕事が違うせいもあっていつも会うわけではないが、もう二十年も君子の交わりは淡きこと水の若しといった関係が続いている。
【参考】後に「交わり甘きこと醴《れい》（甘い酒）の若《ごと》し」と続く。
【出典】『荘子《そうじ》』山木《さんぼく》。

心《こころ》が通《かよ》う

互いに理解し気持ちが通じ合う。
▼本当に心が通う友人は少ないものだ。

四海兄弟《しかいけいてい》

世界中の人々は皆等しく、兄弟のようにに親しくすべきであるということ。「四海」は、四方の海、世界の意。
▼世界の政治家のすべてに、四海兄弟の心なくして真の平和はありえない。というのが、先生の信条であった。
【類句】四海同胞《しかいどうほう》。
【出典】『論語《ろんご》』顔淵《がんえん》。

朱《しゅ》に交《まじ》われば赤《あか》くなる

朱の中に入れた物が赤くなることから、人は交わる友によって善にも悪にも感化されるというたとえ。
▼朱に交われば赤くなるといいますが、中学時代の友だちと一緒に悪事をいくつかはたらいたことが、私の人生の汚点です。
【参考】「朱」は赤色の顔料。
【類句】親擦《おやず》れより友擦《ともず》れ。善悪《ぜんあく》は友《とも》による。
【同義語】朱《しゅ》に近《ちか》づけば赤《あか》し。

芝蘭《しらん》の室《しつ》に入《い》るが如《ごと》し

芳香を放つ芝蘭を置いてある部屋に入っていると、いつの間にかそのよい香りが身に染みつく。それと同じで、立派な人と交際すればよい影響を受けるということ。
▼うちの娘はあの教授の研究室に入ってからは、ことば遣いや読む本の内容まで変わってきた。芝蘭の室に入るが如しというが、これほど影響を受けるとは思わなかった。
【参考】「芝」は霊芝《れいし》、蘭とともに香りのよい草。
【類句】麻《あさ》の中《なか》の蓬《よもぎ》。
【出典】『孔子家語《こうしけご》』六本《りくほん》。
【同義語】芝蘭《しらん》の化《か》。

水魚《すいぎょ》の交《まじ》わり

水と魚のように離れることができないごく親しい交際のたとえ。
▼半世紀近くも水魚の交わりを結んでいた友人の急死の報に、彼は茫然《ぼうぜん》と立ちつくした。
【類句】魚水《ぎょすい》の契《ちぎ》り。

【出典】『三国志《さんごくし》』「蜀志《しょくし》」諸葛亮伝《しょかつりょうでん》。

【故事】蜀の劉備《りゅうび》が、諸葛孔明《こうめい》を軍師に招いたとき、それをねたんだ関羽《かんう》と張飛《ちょうひ》に「私が孔明を得たのは、魚が水を得たようなものだから、何も言ってくれるな」となだめたという。

断金《だんきん》の交《まじ》わり

「断金」は心を同じくすれば金《かね》(金属)をも断つという意味。金属をも断ち切るほどの強い友情に支えられた交わり。
▼同じ大学で法律を学ぶうちに、彼とはお互いに兄弟も及ばない親しみを感じ合うようになり、断金の交わりを結ぶまでになった。
【類句】管鮑《かんぽう》の交《まじ》わり。金石《きんせき》の交《まじ》わり。金蘭《きんらん》の契《ちぎ》り。刎頸《ふんけい》の交《まじ》わり。

【対句】市道《しどう》の交《まじ》わり。

【出典】『易経《えききょう》』繋辞伝《けいじでん》上。

【同義語】断金《だんきん》の契《ちぎ》り。

竹馬《ちくば》の友《とも》

幼いころからの仲のよい友だち。幼いころ、共に竹馬に乗って遊んだ友人。幼なじみ。
▼先日の帰郷の折に、数十年ぶりで竹馬の友に再会することができた。
【出典】『晋書《しんじょ》』殷浩《いんこう》伝。

手《て》に手《て》を取《と》る

仲よく行動を共にする。
▼二つの団体は手に手を取って新事業に踏み出した。

【参考】お互いに相手の手を取り合うことから。

莫逆《ばくぎゃく》の友《とも》

互いに争うことのない、親しい間柄。親しい友人。
▼彼とは子ども時代からの莫逆の友で、一緒にいたずらもしたし、大きくなってからは人生や仕事の悩みも打ち明け合ってきた仲だ。
【類句】莫逆《ばくぎゃく》の契《ちぎ》り。

【別表記】「莫逆」は「ばくげき」とも読む。

【出典】『荘子《そうじ》』大宗師《だいそうし》。

膝《ひざ》を交《まじ》える

互いに打ち解けて、十分に話し合う。親しく同席する。
▼あの教授は、学生たちと気楽に膝を交えて話し合っている。

武士《ぶし》は相身互《あいみたが》い

武士という同じ立場にある者同士は、お互いに思いやり、助け合うべきだということ。そこから、同じ境遇の人間は援助し合わなければならないというたとえ。

▼なぜもっと早く相談してくれなかったんだ。武士は相身互い、協力は惜しまないよ。

刎頸《ふんけい》の友《とも》

お互いのためなら首を刎《は》ねられても悔いのない、堅い友情で結ばれた友。生死を共にするほどの親密な間柄の友。

▼かの庶民宰相と特別に親しかった政商は、その関係を問われて、「首相とは刎頸の友だ」と答えたことが話題になった。

【出典】『史記《しき》』廉頗藺相如列伝《れんぱりんしょうじょれつでん》。

【故事】中国の戦国時代、趙《ちょう》の廉頗《れんぱ》将軍は、藺相如《りんしょうじょ》が上卿《じょうけい》になったのを憤り、これを辱《はずかし》めようとしたが、二人の争いが趙国の不利となるのを恐れた藺相如はひたすら彼を避けた。これを伝え聞いた廉頗は自分の不明を詫《わ》び、「あなたに首を刎ねられても悔いはない」と言うと、藺相如も「私こそあなたに首を刎ねられても悔いはない」と答えた。以後生死を共にする親交を結んだ。

【同義語】刎頸《ふんけい》の交《まじ》わり。

目《め》の寄《よ》る所《ところ》へは玉《たま》も寄る

目が一方に動けばひとみもそれにつれて動くことから、似た者同士が自然に寄り集まるたとえ。一つ事件が起こると、似たような事件が続くたとえにも使う。

▼ワールドカップが始まると、目の寄る所へは玉も寄るで、休憩時間には社内のサッカー好きが集まって勝敗の予想などをして大いに盛り上がった。

【類句】牛《うし》は牛連《うしづ》れ馬《うま》は馬連《うまづ》れ。同《どう》気相求《きあいもと》む。類《るい》は友《とも》を呼《よ》ぶ。

類《るい》は友《とも》を呼《よ》ぶ

性格や考え方、趣味などが共通している者同士は気が合うので、自然に寄り集まって仲間をつくるという意味。

▼彼は昔から映画好きだから、彼のまわりには映画好きが集まる。類は友を呼ぶ、いずれ同好会をつくるらしい。

【類句】牛《うし》は牛連《うしづ》れ馬《うま》は馬連《うまづ》れ。同《どう》気相求《きあいもと》む。目《め》の寄《よ》る所《ところ》へは玉《たま》も寄《よ》る。

【同義語】類《るい》は友《とも》。類《るい》を以《もっ》て集《あつ》まる。

失敗

羹《あつもの》に懲《こ》りて膾《なます》を吹《ふ》く

熱い吸い物にうっかり口をつけて懲りたために冷たい膾まで吹いて食べるということで、一度の失敗によって無益な用心をするたとえ。

▼子どものころに海で溺れかけた長女は、今でもプールにすら近づこうとしない。羹に懲りて膾を吹くの類だが、このまま泳ぎを覚えなくていいのだろうか。

【参考】「羹」は野菜や肉などを入れた熱い吸い物、「膾」は細かく刻んだ冷肉。

【類句】船《ふね》に懲《こ》りて輿《こし》を忌《い》む。蛇《へび》に嚙《か》まれて朽《く》ち縄《なわ》に怖《お》じる。

【出典】『楚辞《そじ》』九章《きゅうしょう》。

穴《あな》をあける

進行の途中に無駄な場面や空白をもたらす。→⑥〈失う・損失〉

▼司会者の不手際で式次第に穴をあけ、列席者に迷惑をかけてしまった。

虻蜂《あぶはち》取《と》らず

二つの物を両方得ようと欲張って結局どちらも得られないことのたとえ。

▼他業種にまで手を伸ばすと、虻蜂取らずになる恐れがある。

【参考】蜘蛛《くも》が自分の網にかかった虻と蜂を同時に取ろうとして、両方とも逃《のが》したようすからきたことばだという。

【類句】二兎《にと》を追《お》う者《もの》は一兎《いっと》をも得《え》ず。

得手《えて》に鼻突《はなつ》く

自分が得意にしていることだと油断して不注意になるので、かえって失敗するものだということ。

▼学生のころから京都通を自負するC君にお勧めの店を聞いて、京都旅行に出かけた。するとその店は二年前から休業していた。得手に鼻突いた彼に、この責任を取ってほしいものだ。

【参考】「鼻突く」は鼻を物に打ち当てる意味で、思わぬ失敗をすること。

【類句】過《あやま》ちは好《この》む所《ところ》にあり。川立《かわだ》ちは川《かわ》で果《は》てる。

猿猴月《えんこうつき》を取《と》る

猿《さる》が水面に映った月を取ろうとしたが、木の枝が折れたために落ちて水死した話から、分不相応のことをして大失敗するたとえ。身の程を知らない行為は災難のもとだということ。

▼ろくに本を読みもしない息子が将来は小説家を目指すという。猿猴月を取る、と例に引いて、甘い考えをいさめた。

【参考】「猿猴《えんこう》」は猿類の総称。

【同義語】猿猴が月《つき》に愛《あい》をなす。猿《えん》猴《こう》の水《みず》の月《つき》。

河童《かっぱ》の川流《かわなが》れ

泳ぎが達者な河童も、時には川の水に押し流される。名人上手であっても失敗することがあるという意味。

▼河童の川流れとはよく言うけれど、まさかN選手が無名の相手に自分の得意技で負けるとは思いもよらなかった。

【類句】弘法《こうぼう》にも筆《ふで》の誤《あやま》り。猿《さる》も木《き》から落《お》ちる。上手《じょうず》の手《て》から水《みず》が漏《も》る。

弘法《こうぼう》にも筆《ふで》の誤《あやま》り

名筆家の代表とされる弘法大師《こうぼうだいし》でも、時には書き誤りがあるということで、名人上手でも失敗することもあるというたとえ。

▼大きな声では言えないが、あの画伯の風景画には明らかな誤りが描かれている。弘法にも筆の誤りの類だが、絵の価値を下げるものではない。

【参考】平安京の応天門《おうてんもん》の扁額《へんがく》は空《くう》海《かい》（弘法大師）の筆によるといわれる。空海はこの扁額を書くにあたり、「応」の一画《いっかく》目の点を書き忘れたが、この扁額が門の上部に掲げられてから誤ちに気づき、下から筆を投げつけて点を書き添えたという伝説からうまれたことわざ。空海は嵯《さ》峨《が》天皇、橘逸勢《たちばなのはやなり》と共に三筆《さんぴつ》といわれ、名筆家として有名。

【類句】河童《かっぱ》の川流《かわなが》れ。猿《さる》も木《き》から落《お》ちる。上手《じょうず》の手《て》から水《みず》が漏《も》る。

才子《さいし》才《さい》に倒《たお》れる

才知あふれる者は、自分の才知を過信してかえって失敗するものだということ。

▼あの監督はノーアウト満塁で思いもよらぬ奇策に出たが、それでチャンスの芽を潰してしまった。普通に打たせたほうがよかったと思うのだが、まあ才子才に倒れるというやつだね。

【類句】策士《さくし》策《さく》に溺《おぼ》れる。

猿《さる》も木《き》から落《お》ちる

木登りの巧みな猿でも、時には木から落ちることがあるということから、その道に長じた名人でも時には失敗するというたとえ。

▼あの名優が舞台で台詞《せりふ》を忘れて立往生した。猿も木から落ちるというが、なかなか見られない珍しい場面に遭遇したものだ。

【類句】河童《かっぱ》の川流《かわなが》れ。弘法《こうぼう》にも筆《ふで》の誤《あやま》り。上手《じょうず》の手《て》から水《みず》が漏《も》る。
【出典】『淮南子《えなんじ》』。

失敗《しっぱい》は成功《せいこう》の本《もと》

失敗の原因を突きとめて、同じことを繰り返さないようにすれば、やがて成功に到達する。失敗することで成功に近づくのだから、くじけるなという励ましのことば。
▼試験に落ちたら、その原因をよく調べることだね。自分の弱点がよくわかるよ。失敗は成功の本というのは、成功のヒントは失敗に隠れているということなんだ。
【類句】七転《ななころ》び八起《やお》き。禍《わざわい》を転《てん》じて福《ふく》と為《な》す。
【同義語】失敗《しっぱい》は成功《せいこう》の母《はは》。失敗《しっぱい》は成功《せいこう》を教《おし》える。

上手《じょうず》の手《て》から水《みず》が漏《も》る

どんなに上手な人であっても時には失敗することがあるというたとえ。
▼九回裏二死満塁、敵の打球は三遊間に飛んだ。ここで上手の手から水が漏るで、チームで最も守備が上手いA君がゴロを後逸し、目前の勝利を奪われた。
【類句】河童《かっぱ》の川流《かわなが》れ。弘法《こうぼう》にも筆《ふで》の誤《あやま》り。猿《さる》も木《き》から落《お》ちる。

前車《ぜんしゃ》の轍《てつ》を踏《ふ》む

前を行って転倒した車の轍《わだち》をたどり同じように転倒することから、前の者と同じ失敗を繰り返すこと。
▼A社が慣れないことに手を出して倒産した。前車の轍を踏まないように、わが社は本来の社業にのみ専念すべきだと思う。
【類句】他山《たざん》の石《いし》。
【出典】『漢書《かんじょ》』賈誼伝《かぎでん》。
【誤り】前者・の轍を踏む。

千慮《せんりょ》の一失《いっしつ》

どんな賢者にも失敗がある。また、十分に配慮したうえで実行しても、思いがけぬ失敗が起こるということ。
▼あれほどの知恵者《ちえしゃ》でも気づかなかったとは千慮の一失というものだ。
【類句】弘法《こうぼう》にも筆《ふで》の誤《あやま》り。河童《かっぱ》の川流《かわなが》れ。
【対句】千慮《せんりょ》の一得《いっとく》。愚者《ぐしゃ》の一得《いっとく》。
【出典】『史記《しき》』淮陰侯列伝《わいいんこうれつでん》。

長所《ちょうしょ》は短所《たんしょ》

長所に頼りすぎるとかえって失敗する。長所も別の見方をすれば短所である。
▼人がよすぎてだまされる、まさに長所は短所だよ。

角《つの》を矯《た》めて牛《うし》を殺《ころ》す

曲がった角を矯正《きょうせい》しようとして牛そのものを殺してしまうということで、欠点をなおそうとして度を越し、かえって全体を駄目にしてしまうたとえ。

▼子どもの指導は、厳しくしすぎて角を矯めて牛を殺すようなことにならぬような配慮が大切である。

【類句】枝《えだ》を矯《た》めて花《はな》を散《ち》らす。

【出典】『玄中記《げんちゅうき》』。

生兵法《なまびょうほう》は大怪我《おおけが》のもと

剣法をはじめとする武術を生かじりしていると、それに頼って大怪我をするということで、身についていない知識や技術によって事を行うと失敗するというたとえ。

▼護身術を少しばかり習ったからといって、あの男に立ち向かうのはやめたほうがいい。生兵法は大怪我のもと、逃げるのが一番だ。

二兎《にと》を追《お》う者《もの》は一兎《いっと》をも得《え》ず

二羽《わ》の兎《うさぎ》を同時に捕らえようとする人は一羽も捕らえることができないということで、同時に二つの物事をしようとすればどちらもうまくいかないということのたとえ。

▼あの若手俳優は意気込んで一等地に自分の店をもったが、たちまち経営が破たんし、本業の芝居も失敗続きで、親しい人からは二兎を追う者は一兎をも得ずと批判された。

【類句】虻蜂《あぶはち》取《と》らず。

二《に》の舞《まい》を演《えん》じる

前の人と同じように舞うということで、同じ失敗を繰り返してしまうことのたとえ。

▼あの投手の決め球のフォークに気をつけろ、と言われて代打に立ったが、やはり前の二人と同じくフォークを振らされ、とんだ二の舞を演じてしまった。

【参考】「二の舞」は舞楽で「案摩《あま》」という舞の次に行われる舞。「案摩」の舞を真似して失敗するという筋立てなので、こうしたことばが出た。

【同義語】二《に》の舞《まい》を踏《ふ》む。

百日《ひゃくにち》の説法《せっぽう》屁《へ》一《ひと》つ

百日間もありがたい仏法を説いてきた僧が最後におならをしたためにぶち壊しになったということで、長い間の苦労がちょっとした失敗で無駄になるたとえ。

▼準備期間をかけたプレゼンは順調に進んだが、最後にキャンペーンのキャッチフレーズのせりふを間違えたため、彼の評価は一気に下がった。百日の説法屁一つだが、よりによってそこを間違えるかと天を仰い

だ。

【類句】九仞《きゅうじん》の功《こう》を一簣《いっき》に虧《か》く。

枕《まくら》を並《なら》べて討死《うちじ》にする

あることに関わった人が揃《そろ》って失敗する。皆でいっしょに寝込む。
▼国立大入試は仲間全員枕を並べて討死にした。
【参考】戦場で敵に討たれて、一時に大勢死ぬようすから。

味噌《みそ》を付《つ》ける

味噌が器に付着していると見苦しい。そこから、面目を失うような失敗をすることのたとえ。しくじってしまうこと。
▼仕事ではめざましい成果をあげてきた彼だが、女性問題を起こして味噌を付けた。

師弟

青《あお》は藍《あい》より出《い》でて藍《あい》より青《あお》し

弟子が先生よりも優れていることのたとえ。
▼A教授が親身になって指導したB氏は今では世界的な権威となった。青は藍より出でて藍より青し、とはこのことだ。
【参考】化学染料ができるまでは、青色の染料は藍という植物を発酵させたものから作った。その青がもとの藍より濃く青いことによる。

【類句】氷《こおり》は水《みず》より出《い》でて水《みず》より寒《さむ》し。出藍《しゅつらん》の誉《ほま》れ。

【出典】『荀子《じゅんし》』勧学《かんがく》。

三尺下《さんじゃくさ》がって師《し》の影《かげ》を踏《ふ》まず

師に随行する場合、すぐそばまで近づくのは不敬な態度で、三尺ていど後ろに下がって従い、師の影を踏まないくらいの心掛けが必要だということ。
▼助手のGさんがJ教授を心から尊敬するようすは、まるで三尺下がって師の影を踏まずを絵に描いたようで、常に少し離れた位置で直立し、教授のことばを熱心にノートに書き留めている。
【参考】本来は仏教語で、影を踏まないということよりも、距離をとることが大切という意味。三尺は約九十センチメートル。

【同義語】七尺《しちしゃくさ》去って師《し》の影《かげ》を踏《ふ》まず。

門《もん》を叩《たた》く

弟子入りを願って訪れる。

▼名優の門を叩いて教えを請うたのは、十八歳のときだった。

勝負・勝敗

王手《おうて》をかける

勝負を決める最後の段階に至る。

▼横綱は全勝で千秋楽を迎えることになり、優勝に王手をかけた。

【参考】「王手」は将棋で直接王将を攻めかける手。

鎧袖一触《がいしゅういっしょく》

鎧《よろい》の袖で軽く触れただけで相手を倒すこと。圧倒的な力の差で勝つ。

▼チャンピオンの右ストレートがきれいに顎にヒットして、まさに鎧袖一触で挑戦者はマットに沈んだ。

勝《か》てば官軍《かんぐん》

戦いでは勝ったほうが理屈抜きに正義の軍と見なされるということ。正邪善悪が勝敗によって決まるとされること。

▼最後に寝返って勝ち組についたあいつは、勝てば官軍とばかりにわれわれを見下す。いつかしっぺ返しを食うことだろう。

【参考】明治維新の際に生まれたことば。後に「負《ま》ければ賊軍《ぞくぐん》」と続けることもある。

【類句】無理《むり》が通《とお》れば道理《どうり》が引《ひ》っ込む。

食《く》うか食《く》われるか

相手を倒すか、自分が倒されるか。命がけの戦いを表すことば。

▼見た目は華やかな芸能界だが、実際は食うか食われるかの厳しい世界だ。

軍配《ぐんばい》をあげる

勝敗の判定を下す。

▼二人の言い分を聞いていた母は、弟に軍配をあげた。

【参考】相撲で、行司が勝った力士のほうに軍配をあげることから。

【類句】軍配《ぐんばい》があがる。

乾坤一擲《けんこんいってき》

運命を賭《か》けるような一《いち》か八《ばち》かの大勝負をすること。「乾坤」は天と地、「擲」はなげうつという意味。

▼新製品の開発に、社運を賭けて乾坤一擲の勝負をする。

【類句】一《いち》か八《ばち》か。伸《の》るか反《そ》るか。

【同義語】一擲乾坤《いってきけんこん》を賭《と》す。

死命《しめい》を制《せい》す

相手を死に至らせるも、生きながらえさせるも思いのままといった絶対的な立場に立つこと。相手の生死の運命を握ること。

▼東郷平八郎《とうごうへいはちろう》率いる連合艦隊がバルチック艦隊を完膚なきまでに打ち破った日本海海戦こそ、日露戦争の死命を制する決戦だった。

【類句】生殺与奪《せいさつよだつ》の権《けん》を握《にぎ》る。

【出典】『史記《しき》』留侯世家《りゅうこうせいか》。

柔能《じゅうよ》く剛《ごう》を制《せい》す

弱い者がかえって強い者に勝つこと。柔らかいものがその柔軟性によって、堅いものを制する。

▼柔能く剛を制すのが柔道の醍醐味《だいごみ》だが、重量制の採用によってその魅力は半減した。

【類句】柳《やなぎ》に雪折《ゆきお》れなし。

【出典】『三略《さんりゃく》』上略。

【同義語】柔《じゅう》は剛《ごう》に勝《か》ち弱《じゃく》は強《きょう》に勝《か》つ。

雌雄《しゆう》を決《けっ》す

雌は弱く、雄は強いという考え方から、戦って勝敗や優劣を決めるたとえ。

▼それこそこの国の雌雄を決する戦いで、双方一歩も引けない総力戦が始まった。

【出典】『史記《しき》』項羽本紀《こううほんぎ》。

勝負《しょうぶ》は時《とき》の運《うん》

勝負事はその時の運によって左右されるので、必ずしも実力どおりの結果が出るものではない。人の力ではどうしようもないということ。敗者を慰めることば。

▼勝負は時の運というが、一方で負けに不思議の負けなしともいうから、決して油断してはならない。最善を尽くして初めて勝機が見えてくる。

【同義語】勝敗《しょうはい》は時《とき》の運《うん》。勝《か》つも負《ま》けるも時《とき》の運《うん》。

勢力伯仲《せいりょくはくちゅう》

二つの勢力が共に優れていて、優劣がないこと。互角であること。

▼両チームとも勢力伯仲といった状態で、どちらが勝利を得るのかまったく予想がつかない。

【参考】「伯」は長兄、「仲」は次兄をいう。

【類句】伯仲《はくちゅう》の間《かん》。匹敵《ひってき》。

【誤り】精力伯中。勢力迫中。

手《て》を合《あ》わせる

勝負をする。→②〈頼る・頼む〉

▼他流試合で強豪に手を合わせてもらった。

【類句】手合《てあ》わせ。

逃《に》げるが勝《か》ち

戦いを避けて逃げたほうが、その場では相手に負けることになっても最終的には勝利をおさめる道であるという意味。

▼今無益な戦いを行っても兵を失うだけです。ここは逃げるが勝ちと引き上げて、兵力をしっかり立て直すことにしましょう。

【類句】三十六計《さんじゅうろっけい》逃《に》げるに如《し》かず。負《ま》けるが勝《か》ち。

星《ほし》を挙《あ》げる

相撲で勝って白星を得る。→②〈捕らえる〉

▼注目のその力士《りきし》は小兵《こひょう》だが、十日目に勝ち越しの星を挙げた。

【参考】「星」は相撲の勝敗を示す白と黒の丸印。勝ちを白星、負けを黒星として記録する。

【対句】星《ほし》を落《お》とす。

星《ほし》を稼《かせ》ぐ

成績を上げる。勝負に勝つ。

▼下位のチームから星を稼いでおこう。

星《ほし》を分《わ》ける

対戦した相手との勝ち負けが等しくなる。

▼横綱はその大関との対戦では八勝八敗と星を分けていた。

負《ま》けに不思議《ふしぎ》の負《ま》けなし

勝負は時の運とも言われるが、負ける時は必ず負ける原因があるとして、運よりも努力の大切さを唱え、油断を戒めた言葉。

▼史上最強のチームとの呼び声が高かったのに初戦で敗退した。負けに不思議の負けなし、油断を戒め、弱点の徹底強化を全員で誓った。

【参考】前に「勝ちに不思議の勝ちあり」があり、これを受ける言葉。

【出典】松浦静山《まつらせいざん》『剣談《けんだん》』。

負《ま》けるが勝《か》ち

相手にいったん勝ちを譲ったほうが大局的には有利な立場に立ったり、利益を得たりして得になるという意味。

▼今は世論を味方につけた先方に分《ぶ》があります。ここは負けるが勝ちでいったん引っ込んで、また出直しましょう。

【類句】三十六計《さんじゅうろっけい》逃《に》げるに如《し》かず。

水《みず》をあける

競争相手との優劣の差をはっきりつける。

▼二位に大きく水をあけて優勝した。

【参考】競泳やボートレースなどで一身長または一艇身以上の差をつける意から。

優勝劣敗《ゆうしょうれっぱい》

力の優れたものが勝ち、劣ったものが負けること。強者や環境に適した者が生き残り、弱者や不適者は滅びること。

▼種の絶滅を防ぐためには自然界の優勝劣敗にまかせず、人間の保護の手を加える必要がある。

【類句】自然淘汰《しぜんとうた》。

【出典】坪内逍遥《つぼうちしょうよう》『当世書生気質《とうせいしょせいかたぎ》』。

証明・実証

一札入《いっさつい》れる

保証や謝罪などの文章を相手方に差し出す。

▼この件については口約束では心配なので、一札入れていただけますか。

【参考】「一札」は一通の文章。

【類句】一札取《いっさつと》る。

裏《うら》を取《と》る

供述や自白、情報などの真偽を確かめる。

▼これは、当時の関係者から丹念に裏を取って書き上げられたノンフィクション作品です。

折《お》り紙《がみ》を付《つ》ける

その人物や品物が確かなものであると保証する。

▼この店の料理のうまさには多くの美食家が折り紙を付けた。

【参考】「折り紙」とは書画・刀剣などの鑑定書。

コロンブスの卵《たまご》

やってみれば容易なことでも、最初に思いついて実行するのは難しいというたとえ。

▼陸上競技でコロンブスの卵といえば、何といっても走り高跳びのフォスベリーの背面跳びだろう。後ろ向きにバーを越すという、誰もが思いもよらぬ発想で記録を伸ばし、今はこれが主流になっている。

【参考】アメリカ大陸を発見したコロンブスに、それくらいは誰《だれ》でもできると批判する人々があった。コロンブスは彼らに卵を立てるように求め、誰《だれ》ひとりできないのを見ると卵の尻をつぶして立ててみせた。そして、大陸発見も同じだと言ったという話による。

試金石《しきんせき》

金属をこすりつけ純度を判定する石

英質の黒い粘板岩。転じて、物事の価値、人物の力量を見極めるための物事。
▼今回の外交問題をどう処理するかが、新政府の試金石となるだろう。

太鼓判《たいこばん》を押《お》す

絶対に間違いないと保証する。
▼この品物なら太鼓判を押してもいいと店の人たちは口を揃《そろ》えて言った。
【参考】「太鼓判」は太鼓のように大きい判。
【類句】太鼓《たいこ》のような判《はん》を押《お》す。

便《たよ》りのないのは良《よ》い便《たよ》り

平穏無事なときは、人はなかなか手紙を書かないものであるから、手紙が来ないのは何も問題が生じていない証拠で、良い便りと同じだということ。
▼便りのないのは良い便りとはいえ、親元に何か月も電話もメールも手紙も送ってこないとは何事だ。
【同義語】御無沙汰《ごぶさた》は無事《ぶじ》の便《たよ》り。

世《よ》に問《と》う

世間に問題を提起してその価値をたずねる。
▼環境問題をテーマにした作品を世に問う。

論《ろん》より証拠《しょうこ》

人を納得させるには論議より証拠が勝《まさ》る。
▼あなたは約束はしていないと言うが、論より証拠で、ここに覚え書きがある。

成果・効果

雨降《あめふ》って地固《じかた》まる

雨が降った後は地面が固く締まるのと同様に、もめごとが起きた後で、かえって物事が円満に納まること。
▼友人のS子は結婚式前に婚約者と大喧嘩をしたようだが、それでお互いにわだかまりがなくなったという。雨降って地固まるとはこのことか。

慌《あわ》てる乞食《こじき》は貰《もら》いが少《すく》ない

少しでも多く恵んでもらおうと慌てて動き回る乞食はかえって貰いが少なくなるという意味で、物事は慌てて取り組んだり、欲張って焦ったりしてもよい結果が得られないというたとえ。

▼いくら欲しかった品物でも最初の店で買うのは待ったほうがいい。慌てる乞食は貰いが少ないというように、もっと多くの店を見て回ろう。

【類句】急《いそ》がば回《まわ》れ。急《せ》いては事《こと》を仕損《しそん》じる。

一石《いっせき》を投《とう》じる

問題を投げかけて、反響を巻き起こす。

▼彼の発言は環境行政に一石を投じるものだ。

【参考】水面に石を投げて、波紋を起こすことから。

薬《くすり》が効《き》く

注意や叱責《しっせき》などの効き目が現れる。

▼赤点を取ってひどく叱《しか》られた弟は、薬が効いたのかまじめに勉強している。

血《ち》と汗《あせ》の結晶《けっしょう》

なみなみならぬ熱意と努力によって得た成果。

▼この会社は先代の血と汗の結晶である。

【参考】「結晶」は積み重ねられた努力などが一つの形をとって現れること。

【類句】血《ち》と汗《あせ》と涙《なみだ》。

適材適所《てきざいてきしょ》

その人の性格や才能を評価して、最も適した地位や仕事に就けること。

▼適材適所とはよく言ったもので、販売課に移ってからは、底抜けの明るい性格が客に受けて売り上げ上々、彼もすっかり自信を持ったようだ。

【出典】『清国行政法汎論《しんこくぎょうせいほうはんろん》』。

猫《ねこ》に木天蓼《またたび》

猫は木天蓼が最高の好物であることから、大好物、または効果があることのたとえ。

▼うちの祖父に掛軸なんて見せないでください。猫に木天蓼で、後先を考えずに買いたがるので家族は困っているんです。

【参考】「木天蓼」はマタタビ科のつる性植物。「猫に木天蓼お女郎《じょろう》に小判」「猫に木天蓼泣く子に乳房」とも続ける。

実《み》を結《むす》ぶ

努力した結果が現れ出る。

▼長期交渉がやっと実を結び、合意に達した。

物《もの》を言《い》う

いざというときに効果を表す。

▼彼女の抜きん出た語学力が物を言うのは、外国から来客があったときである。

【類句】物《もの》を言《い》わせる。

他人

赤《あか》の他人《たにん》

何の関係も縁もない人。

▼赤の他人に、とやかく言われる筋合いはない。

【参考】「赤」は「まったくの」、「明らかな」の意。

行《ゆ》きずりの人《ひと》

通りすがりに出会った人。道ですれちがっただけの人。

▼その国では、行きずりの人にも声をかけにくい雰囲気があった。

路傍《ろぼう》の人《ひと》

自分とは縁もゆかりもない人。

▼路傍の人の親切に感謝した経験は、誰にもあるのではないだろうか。

判断

いずれ菖蒲《あやめ》か杜若《かきつばた》

菖蒲も杜若もアヤメ科で、よく似た花を咲かせる。区別するのが難しいことから、どちらも良くて選択に迷うたとえ。

▼今年のミス××は応募者のレベルが高く、いずれ菖蒲か杜若で、順位をつけるのが難しい。

【参考】源三《げんざん》位《み》頼政《よりまさ》が上皇から菖蒲《あやめ》前《まえ》という美女を賜わるとき、十二人の中から見つけるように言われて詠んだ歌の下《しも》の句「いずれ菖蒲と引きぞ煩《わずら》ふ」より。

【出典】『太平記《たいへいき》』二一。

色眼鏡《いろめがね》で見《み》る

先入観や偏見をもって物事を見る。

▼人を、血液型や学歴などの色眼鏡で見るのはよくない。

【参考】「色眼鏡」は色つきガラスを用いた眼鏡。転じて先入観や感情に支配された観察。

海《うみ》の物《もの》とも山《やま》の物《もの》ともつかぬ

海の物か山の物か明確に判定できないということから、人間の場合には出世できるかどうか、計画などの場合には成功するかどうかが予測しがたい状態をいう。

▼海の物とも山の物ともつかぬ木下《きのした》藤吉郎《とうきちろう》を召し抱えた織田信長《おだのぶなが》は、度

量が広かったというしかない。
【同義語】海《うみ》とも山《やま》ともつかぬ。海《うみ》の物《もの》とも川《かわ》の物《もの》ともつかぬ。

既往《きおう》は咎《とが》めず

その人の過去にどんな過ちがあろうと、すんだことは咎め立てしない。将来が大切という意味。
▼かつて事故を起こした経験のある私を、先代の社長は既往は咎めず、運転手に雇ってくださいました。以来二十年、無事故無違反で、なんとかその御恩に報いた次第です。
【参考】「既往」はすんでしまった出来事の意。
【出典】『論語《ろんご》』八佾《はちいつ》。

甲乙《こうおつ》つけがたい

優劣の差がなく、どちらがよいか決められない。
▼甲乙つけがたく、両者とも入賞とした。
【参考】「甲乙」は第一と第二。二者間の優劣。
【類句】甲乙《こうおつ》がない。

大所高所《たいしょこうしょ》から

偏見や細かいことにとらわれない広い視野から。
▼今必要なのは、大所高所から物が言える人物だ。

盾《たて》の半面《はんめん》

物事の一面だけを見て全体を見ないこと。
▼管理者は盾の半面だけを見て判断してはいけない。

誰《たれ》か烏《からす》の雌雄《しゆう》を知《し》らんや

真っ黒な烏の雌雄は見分けることが困難だということから、人の善悪や優劣が外見では判別しにくい場合や、物事が似通っていて区別しにくい場合のたとえ。
▼これだけ関係者が複雑に入り組んだ事件だと、まさに誰か烏の雌雄を知らんやで、本当のワルを特定するのが難しい。
【出典】『詩経《しきょう》』「小雅《しょうが》」正月《せいげつ》。
【同義語】烏《からす》の雌雄《しゆう》。

秤《はかり》に掛《か》ける

品物を竿秤《さおばかり》やてんびん秤に掛けて量《はか》るように、利害や得失がからまる二つ以上の物事がある場合に、どちらを選んだらよいか、比較し判断すること。
▼A君の打撃を生かして守備に目をつぶるか、あるいはB君の守備力を生かして出塁率には目をつぶるか、ここはひとつ秤に掛けるときだな。
【類句】天秤《てんびん》に掛《か》ける。

眼鏡《めがね》が狂《くる》う

物事の判断を誤る。
▼彼は、情にほだされて眼鏡が狂ってしまったようだ。

眼鏡《めがね》にかなう

目上の人に評価され気に入られる。
▼彼はどうやら彼女の父親の眼鏡にかなったようだ。
【同義語】お眼鏡《めがね》にかなう。

山高《やまたか》きが故《ゆえ》に貴《たっと》からず

山は高ければいいというものではないということ。人間の値打ちは外見の立派さにはないというたとえで使われる。
▼今度の担任の新人教師は堂々たる体格の持ち主だが、生徒の相談からは逃げ回り、必要最小限の仕事しかしない。まったく山高きが故に貴からずもいいところだ。
【参考】後に「樹有るを以《もっ》て貴しとなす」と続く。
【出典】『実語教《じつごきょう》』。

予断《よだん》を許《ゆる》さない

前もってそれと判断することが難しい。
▼手術は成功したが、母の容体《ようだい》はまだ予断を許さない。

理非曲直《りひきょくちょく》

道理に適《かな》っていることと、適っていないこと。正しいことと正しくないこと。正邪。
▼本件については理非曲直を明らかにし、責任の所在を明確にしておかなければならない。
【出典】J・S・ミル著、中村正直《なかむらまさなお》訳『自由《じゆう》之《の》理《ことわり》』。

レッテルを貼《は》る

人物や物事を一方的に評価したり判断したりする。
▼ただ一度の過ちだけで非行少年というレッテルを貼られた。
【参考】一方的に悪い評価を与える場合に用いることが多い。

論功行賞《ろんこうこうしょう》

功績の有無・大小を論じて、それぞれに応じた賞を与えること。
▼組閣人事は、総裁選の論功行賞的色彩が濃い。
【誤り】論行功賞。
【出典】『三国志《さんごくし》』「魏志《ぎし》」明帝紀《めいていき》。

評判

頭《あたま》をもたげる

次第に力を伸ばして世間に知られるようになる。→③〈現れる〉

▼彼女は最近文壇で著しく頭をもたげてきた作家である。

音《おと》に聞《き》く

評判が高く、よくうわさになる。

▼これぞ音に聞く左甚五郎《ひだりじんごろう》の「眠《ねむ》り猫《ねこ》」だ。

顔《かお》が売《う》れる

広く世間に知られて、有名になる。

▼知的な俳優として顔が売れてきたのはクイズ番組に出てからだ。

【類句】顔《かお》を売《う》る。

株《かぶ》が上《あ》がる

人気や評価が高まる。

▼趣味の高じた作品がコンクールに入賞して、父親の株が上がった。

【対句】株《かぶ》が下《さ》がる。

看板倒《かんばんだお》れ

見かけだけ立派で内容がともなわない。

▼清潔な政治の謳《うた》い文句も看板倒れに終わった。

聞《き》きしに勝《まさ》る

うわさに聞いていた以上である。

▼彼のコレクションは聞きしに勝るものであった。

毀誉褒貶《きよほうへん》

褒《ほ》めたり悪口を言ったりすることさまざまな世評。

▼世間の毀誉褒貶をいちいち気にしていては、政治家として信念を持って行動できない。

【参考】「毀」と「誉」は、そしること、「褒」と「貶」は、褒めること。

【出典】（毀誉）『論語《ろんご》』衛霊公《えいれいこう》・（褒貶）『漢書《かんじょ》』芸文志《げいもんし》。

口《くち》がうるさい

世間の評判がやかましい。→②〈非難する〉

▼近所の人の口がうるさいので、服装ひとつにしても気を遣っている。

口《くち》に乗《の》る

人々の評判になる。話の種にされる。話題になる。

▼有名人の結婚話が、人々の口に乗る。

自他共《じたとも》に許《ゆる》す
誰もが異論なく認める。
▼彼は自他共に許す町の実力者だ。

人口《じんこう》に膾炙《かいしゃ》する
広く世間の人々に知れ渡り、もてはやされること。世間の話題にのぼること。
▼人口に膾炙した金言名句の多くは、古い言葉ではあっても、今日の世渡りや生活に十分役立つ内容を含んでいる。
【参考】「膾《なます》」は肉を細かく切ったもの、「炙」はあぶり肉で、いずれも美味な料理で誰にでもうまく感じられ、もてはやされることから。

【出典】林嵩《りんすう》「周朴詩集序《しゅうぼくししゅうじょ》」。

俗臭芬芬《ぞくしゅうふんぷん》
俗世間の金や名誉に執着する卑しい気持ちやその下品さが、悪臭のように盛んに漂うさま。
▼販売課長のA氏を若い人の面倒見がいいと感心していたが、根は俗臭芬々たる人物だそうで、世話した者に必ずなんらかの礼を催促するという。
【誤り】「ぞくしゅうぷんぷん」とは読まない。

地《ち》におちる
盛んだった権勢や人気が廃れる。
▼彼の名声も今回の不祥事で地におちた。

名《な》を揚《あ》げる
よい評判を得て有名になる。
▼「ローマの休日」で名を揚げたオードリー・ヘップバーンは大女優の道を歩んだ。
【類句】名《な》を遂《と》げる。

名《な》を惜《お》しむ
名が汚れるのを残念に思う。名声を大切にする。
▼彼の名を惜しむだけに、盗作問題を起こしたことが残念でたまらない。

名《な》を取《と》る
評判を取る。
▼彼は一躍、名探偵の名を取った。

名《な》を成《な》す
その道で有名になる。
▼彼女はピアニストとして名を成した。

名《な》を残《のこ》す
名声を後世までとどめる。
▼後世に名を残す仕事をすることが

願いである。

不評《ふひょう》を買《か》う

悪い評価を受ける。

▼あの出し物があんなに不評を買うとは思わなかった。

名物《めいぶつ》に旨《うま》い物《もの》なし

各地で名物とされている食べ物は、たいていが評判倒れでおいしくないものだということ。評判と実際が一致しないたとえにも使う。

▼誰もが一度はお土産に買ってくる菓子だが、名物に旨い物なしで、あまり手を出す人間はいなかった。

【類句】名所《めいしょ》に見所《みどころ》なし。

勇名《ゆうめい》を馳《は》せる

勇気があるという評判をとどろかせる。

▼彼は冒険家として世界に勇名を馳せた。

【参考】「馳せる」は広範囲に行き渡らせる意。

世《よ》の聞《き》こえ

世間の評判。うわさ。世の覚え。

▼世の聞こえもあるから、ここは自重することだね。

呼《よ》び声《ごえ》が高《たか》い

評判が高い。うわさされる。

▼あの常務は次期社長の呼び声が高い。

洛陽《らくよう》の紙価《しか》を高《たか》める

著書が世間の評判になって大いに売れること。

▼彼女の自伝は、マスコミでも大きく取り扱われて大いに洛陽の紙価を高めた。

【出典】『晋書《しんじょ》』文苑伝《ぶんえんでん》。

【故事】晋《しん》の左思《さし》が作った『三都賦《さんとのふ》』の評判がよく、洛陽の人々が争ってこれを書き写したので紙の値段が高くなったという。

夫婦

鴛鴦《えんおう》の契《ちぎ》り

「鴛」は、おしどりの雄、「鴦」は雌のことをいう。雌雄が常にいっしょにいることから、夫婦仲がよいことをいう。

▼鴛鴦の契を結ばれてから、はや五十年、金婚式をお迎えになりましたことを心からお祝い申し上げます。

【類句】偕老同穴《かいろうどうけつ》。琴瑟相和《きんしつあいわ》す。比翼連理《ひよくれんり》。

【出典】『御伽草子《おとぎぞうし》』浦嶋太郎《うらしまたろう》。

男鰥《おとこやもめ》に蛆《うじ》が湧《わ》き女寡《おんなやもめ》に花《はな》が咲《さ》く

男やもめは身の回りが不潔になりやすいが、女やもめは身ぎれいで、どことなく華やかだという意味。

▼ある社会学者によると、熟年夫婦にとっては「男鰥に蛆が湧き女寡に花が咲く」はまさに真実のようで、妻に先立たれた夫は気力をなくし、夫に先立たれた妻は元気が出て若返るという例が多く見られるという。

【参考】「鰥」は妻のいない男、または妻を失った男。「寡」は夫のいない女、または夫を失った女。

【同義語】男後家《おとこごけ》にはぼろ下《さ》がり　女《おんな》後家《ごけ》には花《はな》が咲《さ》く。

お前百《まえひゃく》までわしゃ九十九《くじゅうく》まで

夫婦がいつまでも仲よく暮らして、共に長寿を楽しもうという願望をいったことば。

▼お前百までわしゃ九十九まで、と言われたけれど、夫が定年後わずか数年で先に旅立つことなど夢にも思わなかった。

【参考】「お前百《まえひゃく》までわしゃ九十九《くじゅうく》まで、共に白髪《しらが》の生《は》えるまで」と続く俗謡。

偕老同穴《かいろうどうけつ》

共に（＝偕）老い、墓穴を同じくする意。夫婦の愛情が深いこと。

▼私も今年で満七十歳を迎えますが、お陰様で偕老同穴、老妻と共に平穏な毎日を過ごしております。

【参考】偕老同穴はカイロウドウケツ科の海綿動物の総称である。胃腔《いこう》の中に雌雄一対のドウケツエビがすみ一生を過ごすところから、共に生き、共に葬られる意味の偕老同穴と名付けられた。

【出典】『保元物語《ほうげんものがたり》』。

琴瑟相和《きんしつあいわ》す

琴《こと》と瑟《しつ》とをいっしょに弾じ、その音がよく合う。転じて、夫婦仲がきわめてむつまじいことのたとえ。

▼これからのお二人は、才子佳人にふさわしく琴瑟相和して、すばらしい家庭を築いてくれるものと確信しております。

【参考】「琴」は普通七弦で、右手で弾く。「瑟」は普通二十五弦で、両手で弾く。

【類句】琴瑟調和《きんしつちょうわ》。琴瑟《きんしつ》の調《しら》べ。比翼連理《ひよくれんり》。鴛鴦《えんおう》の契《ちぎ》り。

尻《しり》に敷《し》く

妻が夫より強く、思うままに振る舞う。

▼会社では威張りちらしている課長も家では奥さんの尻に敷かれているらしい。

糟糠《そうこう》の妻《つま》

貧乏な時代から苦労を共にしてきた妻。

▼彼は糟糠の妻に先立たれてから、めっきり老け込んでしまった。

【参考】「糟糠」は、酒糟《さけかす》と糠《ぬか》のことで粗末な食べ物の意。

【出典】『後漢書《ごかんじょ》』宋弘《そうこう》伝。

【故事】後漢の光武《こうぶ》帝が寡婦となった姉を宋弘《そうこう》にめあわせようとしたとき、宋弘は、自分が富貴になるためには糟糠の妻を捨て去ることはできないと言って断ったことばから。

亭主関白《ていしゅかんぱく》

家庭内で、亭主が支配者のごとくに威張っていること。また、その人。「関白」は、天皇を補佐した平安期以降の重職。

▼日ごろ亭主関白を通している夫ですから、私が風邪をこじらせて寝込んだりすると、ご飯も炊けないで困り切っています。

【対句】嬶天下《かかあでんか》。

【出典】俳諧《はいかい》『女夫草《めおとぐさ》』上。

内助《ないじょ》の功《こう》

妻が家庭をしっかり守って、夫が外での仕事に専念できるように支援すること。また、その功績。

▼このたび、A氏がめでたく社長に就任されましたのは、ここにいらっしゃる奥様の内助の功の賜物《たまもの》であります。

【類句】内徳《ないとく》の助《たす》け。

【出典】（内助）『三国志《さんごくし》』「魏志《ぎし》」文《ぶん》徳郭后伝《とくかくこうでん》。

似《に》た者夫婦《ものふうふ》

性格や好み、趣味などが似た者が夫婦になることが多いということ。また、その夫婦をいう。仲のよい夫婦ではそうしたものが似てくるものだという意味。

▼結婚当初は、これで将来やっていけるのか心配したほど性格が違っていたが、いつの間にか周りから似た者夫婦と呼ばれるようになった。

【類句】夫婦《ふうふ》はいとこほど似《に》る。

女房《にょうぼう》と畳《たたみ》は新《あたら》しいほうがよい

新しい畳は気分がいいが、亭主にとっては女房も新しいほうが気分がいいということ。

▼女房と畳は新しいほうがよいというが、あまりの年の差婚になると、一時期はうらやましがられても後からいろいろな問題が出るようだ。

【同義語】女房《にょうぼう》と菅笠《すげがさ》は新《あたら》しいほうがよい。女房《にょうぼう》と茄子《なすび》は若《わか》いがよい。

女房《にょうぼう》と味噌《みそ》は古《ふる》いほどよい

味噌は古いほど味わいがあるが、女房も長年連れそっているとお互いに気心もわかるようになり、味わいが出てくるということ。

▼女房と味噌は古いほどよいということばは、半分はあきらめの境地から出ているものだろうが、この年になると色恋沙汰をする気力も元気もないのは事実だ。

【同義語】女房《にょうぼう》と鍋釜《なべかま》は古《ふる》いほうがよい。女房《にょうぼう》と幅物《ふくもの》は古《ふる》いほどよい。

一人口《ひとりぐち》は食《く》えぬが二人口《ふたりぐち》は食《く》える

独身よりもむしろ夫婦のほうが同じ収入でも生活しやすいということ。独身暮らしは不経済な面が多いが、夫婦で生活するとそれが防げることから。

▼独身で金もないと断り続けているが、一人口は食えぬが二人口は食えるというよ。そろそろ縁談に身を入れてもいいだろう。

【同義語】二人口《ふたりぐち》は過《す》ごせるが一人《ひとり》口《ぐち》は過《す》ごせぬ。

比翼連理《ひよくれんり》

仲むつまじい夫婦のたとえ。男女の契りの深いこと。

▼本日、ここに結ばれたお二人には、比翼連理の固い絆《きずな》をもって今後の人生を歩んでほしいと願っております。

【出典】白居易《はくきょい》「長恨歌《ちょうごんか》」。

夫婦喧嘩《ふうふげんか》は犬《いぬ》も食《く》わぬ

落ちている物を拾って食う犬ですら見向きもしないほど、夫婦喧嘩はつまらない争いが多いということ。他人が仲裁などする必要はないという意味。

▼隣家からはときどき大声で言い争う声が聞こえてくる。夫婦喧嘩は犬も食わない、どこか別の場所でやってもらいたいものだ。

【類句】夫婦喧嘩《ふうふげんか》と西風《にしかぜ》は夜《よる》に入《はい》って止む。

【同義語】夫婦喧嘩《ふうふげんか》と夏《なつ》の餅《もち》は犬《いぬ》も食《く》わぬ。

夫婦《ふうふ》は二世《にせ》

夫婦の因縁は現世だけでなく来世まで続くということ。

▼夫婦は二世だから互いに敬愛していきたい。

【参考】前世・現世・来世と分けて考える仏教の教えによる。「親子は一世《いっせ》、夫婦は二世《にせ》、主従は三世《さんぜ》」ともいう。

夫唱婦随《ふしょうふずい》

夫が言い出し、妻がそれに従うこと。妻が夫に逆らうことなく、夫婦の仲が良いこと。

▼ご主人の趣味にいつしか奥さんも興味をもつようになり、それが病みつきになって、今や二人揃《そろ》って玄人《くろうと》はだしだとは、夫唱婦随のお手本みたいなものです。

【出典】『関尹子《かんいんし》』三極《さんきょく》。

操《みさお》を立《た》てる

貞操を守る。→②〈従う〉

▼その作家の未亡人は、生涯操を立てた。

連理《れんり》の枝《えだ》

仲むつまじい夫婦のたとえ。また男女の契りの深いこと。

▼ここに比翼の鳥連理の枝の契りを結ぶ。

【参考】白居易《はくきょい》の詩「長恨歌《ちょうごんか》」の一節から。「連理」は、一本の木の枝がほかの木の枝につき、一本の木のように木目が同じになること。

【類句】比翼《ひよく》の鳥《とり》。

復縁

破鏡再《はきょうふたた》び照《て》らさず

割れた鏡は二度と物を映すことができないことから、離別した夫婦が再びもとに戻ることはないということ。また、いったん破れた物事はもとに返せないたとえにも使う。

▼君はあれだけひどい仕打ちをしてしまったんだから、今ごろ悔いても遅い。破鏡再び照らさず、奥さんのことはあきらめるんだね。

【類句】覆水盆《ふくすいぼん》に返《かえ》らず。落花枝《らっかえだ》に上《のぼ》り難《がた》し。

【出典】『景徳伝灯録《けいとくでんとうろく》』。

覆水盆《ふくすいぼん》に返《かえ》らず

一度別れた夫婦の仲は、もとには戻らないということ。また、一度してしまったことは、取り返しがつかないということ。

▼覆水盆に返らずで、いったん離婚したらおしまいです。ご主人と、もう少し話し合ってみることを勧めたいですね。

【類句】破鏡再《はきょうふたた》び照《て》らさず。

【出典】『後漢書《ごかんじょ》』何進伝《かしんでん》。

【故事】周《しゅう》の呂尚《りょしょう》（太公望《たいこうぼう》）の妻は、読書ばかりしている夫に愛想をつかして別れたが、呂尚が出世するや復縁を求めてきた。呂尚は盆の水を地にこぼし、「覆水盆に返らず、これをもとに戻したら復縁に応じよう」と言った。

本木《もとき》に勝《まさ》る末木《うらき》なし

何回取りかえてみても、最初のものが一番よいということ。多く、男女関係に使う。

【参考】「本木」は幹、「末木」は枝や梢《こずえ》。

【類句】女房《にょうぼう》は変《か》えるほど悪《わる》くなる。

元《もと》の鞘《さや》に収《おさ》まる

喧嘩や仲たがいしていた者が、前の親しい間柄に戻る。

▼離婚騒動を起こしていた娘夫婦も元の鞘に収まってよかった。

【参考】抜いた刀を元の鞘に収めることから。

焼《や》けぼっくいに火《ひ》が付《つ》く

一度縁が切れていた関係が、元に戻る。

▼離婚した二人が最近しげしげと会っているが、焼けぼっくいに火が付いたのかもしれない。

【参考】一度焼けて炭化した杭《くい》（焼《や》け木杭《ぼっくい》）は火が付きやすいことから。

落花枝《らっかえだ》に上《のぼ》り難《がた》し

ひとたび散った花は、もう元の枝に戻ることはできない。そこから、いったん壊れた男女の仲はもとどおりにならないことのたとえ。また、失敗は取り返しがつかないという意味。

▼落花枝に上り難し、いくら頭を下げられても、昔の妻との復縁は無理だ。もう気持ちが離れてしまった。

【類句】破鏡《はきょう》再《ふたた》び照《て》らさず。覆水《ふくすい》盆《ぼん》に返《かえ》らず。

【出典】『景徳伝灯録《けいとくでんとうろく》』一七。

【同義語】落花枝《らっかえだ》に還《かえ》らず。

不和・憎む

角《かど》が立《た》つ

物事が穏やかでなく、人との関係を損なう。荒立つ。

▼ここはひとつ角が立たないように丸く収めてくれ。

可愛《かわい》さ余《あま》って憎《にく》さが百倍《ひゃくばい》

ふだんから可愛いと思う感情が強い場合、何かのことで憎くなると、その憎しみの感情は並外れたものになるという意味。

▼F君にいつも気のある態度を見せたHさんに、F君は外出や出張でお土産を買ってきていたね。それがよりにもよってライバルのM君と結婚すると聞いて、可愛さ余って憎さが

百倍、F君はあんな嘘つき女は見たことないと触れ回っている。
【類句】可愛可愛《かわいかわい》は憎《にく》いの裏《うら》。

犬猿《けんえん》の仲《なか》

犬と猿のように仲が悪い。何かにつけて、互いにいがみ合う関係。非常に仲が悪いことのたとえ。
▼性格が合わないのか、小学校のときから彼と私は犬猿の仲で、何かあるたびに衝突してきた。

心安《こころやす》いは不和《ふわ》の基《もと》

親しくなりすぎると遠慮がなくなり、相手を傷つけることを言ったり、要求することが多くなったりして、かえって仲たがいしやすいという意味。
▼お似合いのカップルだった二人が別れたのは、彼女がつい彼の年収を聞いて失望した様子を見せたからら

しいの。心安いは不和の基、難しいものね。
【類句】親《した》しき中《なか》にも礼儀《れいぎ》あり。

反《そ》りが合《あ》わない

気心が合わず、しっくりこないようす。
▼隣人と反りが合わず、喧嘩ばかりしている。
【参考】「反り」とは刀身の曲がり具合。これが鞘《さや》と合わないと刀身が中に収まらない意から転じて。

角《つの》(を)突《つ》き合《あ》わせる

仲が悪くて、何かにつけて争っている。
▼隣どうしなのに両家は年中角突き合わせている。

波風《なみかぜ》が立《た》つ

それまで平穏だったところにもめ事が起きる。
▼波風が立つような言動は控えてほしい。
【参考】強い風が吹いて静かだった水面に波が立つ意から。

ひびが入《はい》る

体や心、対人関係などに故障が生じる。
▼夫婦仲にひびが入った原因は、商売の失敗らしい。
【参考】陶器などの表面に、細かい割れ目ができることから転じて。

不倶戴天《ふぐたいてん》

相手を討たなければ自分も生きられないと思うほど恨みや憎しみが深いこと。

▼学生時代には、互いに不倶戴天とまで反目しあっていた二人が、皮肉にも同じ会社に入り、席を並べることになった。
【読み下し】倶《とも》に天《てん》を戴《いただ》かず。
【出典】『礼記《らいき》』曲礼《きょくらい》上。

摩擦《まさつ》を生《しょう》じる

利害や意見の違いから折り合いが悪くなりもめごとが起こる。
▼習慣の違いが、摩擦を生じさせる一要因でもある。

水《みず》と油《あぶら》

お互いに正反対の性質や性格をもち、合わないこと。
▼あの二人は水と油で絶えず衝突している。
【参考】水と油は、溶け合わない性質であることから。

溝《みぞ》ができる

人との間に心のへだたりができる。関係がぎくしゃくする。
▼親友だった二人のうち一人だけが抜擢《ばってき》されたため、彼らの間には溝ができたようだ。

目《め》の敵《かたき》にする

何かにつけて憎く思う。敵視する。
▼彼と一悶着《ひともんちゃく》あって以来、私はずっと目の敵にされている。

両雄《りょうゆう》並《なら》び立《た》たず

二人の英雄は互いにせり合うため、共存共栄できずに、必ず争ってどちらかが倒されるということ。
▼大久保利通《おおくぼとしみち》と西郷隆盛《さいごうたかもり》は同郷の英雄である。二人の決別には多くの原因が考えられるが、結局両雄並び立たずということなのだろう。
【出典】『史記《しき》』酈生陸賈列伝《れきせいりくかれつでん》。
【同義語】両雄《りょうゆう》倶《とも》に立《た》たず。両雄《りょうゆう》は必《かなら》ず争《あらそ》う。

負ける・屈服する

一敗地《いっぱいち》に塗《まみ》れる

一度の戦いで再起不能なほど徹底的に打ち負かされること。
▼かの英雄ナポレオンはワーテルローで連合軍と戦い、一敗地に塗れた。
【誤り】「一敗地に、塗れる」と区切るのは誤り。「一敗、地に塗れる」が正しい。
【出典】『史記《しき》』高祖本紀《こうそほんぎ》。

一本《いっぽん》取《と》られる

議論などで相手にやり込められる。

▼また君に、一本取られたな。
【参考】「一本」は柔道や剣道で技が一つ決まること。
【類句】一本参《いっぽんまい》る。

後《おく》れをとる

先を越される。負ける。劣る。
▼製品の開発に後れをとることは許されない。

兜《かぶと》を脱《ぬ》ぐ

敗北を認め、戦意を失って降参すること。
▼自陣のゴール前を大人数で固めて、数少ないカウンター攻撃で勝ちを取りに行くB国のサッカースタイルには兜を脱いだ。
【参考】戦っていた相手に降伏する場合、武士はかぶっていた兜を脱いだことから。
【別表記】「兜」は「冑」とも書く。

我《が》を折《お》る

自分の意志を主張することをやめ、他人の意見に従う。
▼独り暮らしの父もついに我を折って、姉と同居することになった。

顔色《がんしょく》を失《うしな》う

圧倒されて、どうすることもできない。→①〈恐れる・恐怖〉
▼師匠が顔色を失うほど愛弟子の出来栄えは見事だった。

後塵《こうじん》を拝《はい》する

人に先んじられる。後れをとる。→②〈従う〉⑦〈敬服する・敬意〉
▼夏の商戦では他社の後塵を拝する結果となった。

後手《ごて》に回《まわ》る

相手に先を越され、受け身の立場になる。
▼後手に回る安全対策に、住民は不安を募らせている。

尻尾《しっぽ》を巻《ま》く

負けを認め降参する。
▼劣勢と見るや、敵は尻尾を巻いて逃走した。

シャッポを脱《ぬ》ぐ

降参する。
▼彼女の見事な推理にはシャッポを脱ぐよ。
【参考】「シャッポ」は、フランス語で帽子（chapeau）のこと。

多勢《たぜい》に無勢《ぶぜい》

少人数で多人数を相手にしても、とてもかなわないこと。
▼応戦しようにも多勢に無勢では仕方がない。

土《つち》が付《つ》く

相撲で負ける。一般に、勝負に負けること。
▼昨年の大会優勝チームに早くも土が付いた。

敗軍《はいぐん》の将《しょう》は兵《へい》を語《かた》らず

戦争に敗れた将軍はその戦いについてあれこれ言うべきでないし、兵法の理論などを説く資格もないという意味。失敗した者は沈黙すべきだというたとえ。
▼今回のわが社のキャンペーンは明らかに失敗した。敗軍の将は兵を語らず、弁解するつもりはない。
【参考】「兵」は兵法のこと。
【出典】『史記《しき》』淮陰侯列伝《わいいんこうれつでん》。
【同義語】敗軍《はいぐん》の将《しょう》は兵《へい》を談《だん》ぜず。

歯《は》が立《た》たない

相手が強くて対抗できない。物事が難しくてかなわない。
▼今回のテストは、まるで歯が立たない難問が多かった。
【参考】固くて噛《か》むことができない意から。

旗《はた》を巻《ま》く

見込みがつかず途中で手を引く。
▼劣勢を挽回《ばんかい》できず、A社は旗を巻いて撤退した。
【参考】軍旗を下ろして巻き収め、逃げたり降参したりする意から。

引《ひ》けを取《と》る

後れを取る。負ける。
▼経験はともかく、やる気では引けを取らないつもりだ。
【参考】～ないの否定の形で使われることが多い。

無益・効果がない

犬《いぬ》も食《く》わない

誰もまともに相手にしない。
▼夫婦喧嘩は犬も食わない。彼らのことに口出しする必要はない。
【参考】何でも食べる犬でさえ食べない意。

牛《うし》に対《たい》して琴《こと》を弾《だん》ず

愚かな人にどんな立派な道理を説い

ても無益であるというたとえ。

▼いくら息子に小言を言っても、牛に対して琴を弾ずで聞き入れられず、父親の権威も丸つぶれだ。

【参考】昔、中国魯《ろ》の国の公明儀《こうめいぎ》が牛に琴を聞かせたが反応がなかったという故事から。

【類句】犬《いぬ》に論語《ろんご》。馬《うま》の耳《みみ》に念仏《ねんぶつ》。

【出典】『祖庭事苑《そていじえん》』。

【同義語】牛《うし》の前《まえ》に琴調《ことしら》べ。

馬《うま》の耳《みみ》に念仏《ねんぶつ》

念仏は尊いものだが、馬に唱えて聞かせたところで何とも感じない。このように、よいことや忠告、意見などを聞き流す態度のこと。また、まったく効果がないこと。

▼いくら彼がその抽象芸術の素晴らしさを力説しても、興味のない世界だから、私にはまったく馬の耳に念仏もいいところだ。

【類句】犬《いぬ》に論語《ろんご》。牛《うし》に対《たい》して琴《こと》を弾《だん》ず。

【同義語】馬耳東風《ばじとうふう》。

屋上屋《おくじょうおく》を架《か》す

屋根の上に屋根を作る意で、重ねて無益なことをすること。

▼監督の上に総監督を置くなんて、屋上屋を架すようなもんで、うちのような小人数のチームには不必要なことだよ。

【参考】原文は「屋下に屋を架す」で、屋根の下にさらに屋根をつくるという意味。

【類句】屋下架屋《おっかかおく》。雪《ゆき》の上《うえ》に霜《しも》。

【出典】『顔氏家訓《がんしかくん》』。

肩透《かたす》かしを食《く》う

勢いをそらされ、無駄に終わる。

▼猛勉強したのに、簡単な問題ばかりで肩透かしを食った。

画餅《がべい》に帰《き》す

計画段階では優れていたのに、結果的には失敗して、計画が無駄骨折りに終わること。

▼理想に燃えて起業したが、資金不足でプロジェクトは画餅に帰す結果となった。

【同義語】絵《え》にかいた餅《もち》。

狂言綺語《きょうげんきご》

道理に合わない「言」と巧みに飾った「語」。常識外れで、ありえないことを飾りたてて表現した小説・戯曲などを仏教・儒教の立場から卑しめていう言葉。

▼小説作品を世界の真理を表しているのだと熱く語る人がいるが、大部分は興味本意の狂言綺語にすぎないと思ったほうがよい。

【別表記】「綺語」は「きぎょ」とも読む。

【出典】白居易《はくきょい》「香山寺《こうさんじ》白氏洛中《はくしらくちゅう》集記《しゅうき》」。

空中楼閣《くうちゅうろうかく》

空中に築いた高い建物のように、根拠がなく現実性に乏しい考えや事柄。また、蜃気楼《しんきろう》のこと。
▼空中楼閣を築くような話ばかり続けていないで、実行可能なプランを立てよう。
【類句】蜃気楼《しんきろう》。白昼夢《はくちゅうむ》。砂上《さじょう》の楼閣《ろうかく》。
【出典】『夢渓筆談《むけいひつだん》』。

暮《く》れぬ先《さき》の提灯《ちょうちん》

日が暮れる前から提灯に火を入れて持ち歩くのは用心がよいようだが、手回しがよすぎて間が抜けている。必要もないのに先回りしすぎる無駄な行為のたとえ。
▼J君を釣りに連れていったら、包丁・鍋・コンロ一式など大装備を持参してきたよ。ところがあいにく海と風が悪く一匹も釣れなかったんだから、暮れぬ先の提灯もいいところだったね。
【類句】小舟《こぶね》の宵拵《よいごしら》え。塩辛《しおから》を食《く》おうとして水《みず》を飲《の》む。

宝《たから》の持《も》ち腐《ぐさ》れ

せっかく宝を持っていながらしまっておいて腐らせてしまうということから、才能などの役に立つものを活用しないで無駄にしているたとえ。
▼あれだけ才能のある人間をこの部署に閉じ込めておくなんて、宝の持ち腐れだ。

月夜《つきよ》に提灯《ちょうちん》

無益なこと。不必要なこと。
▼せっかくの助言だが、その内容は、月夜に提灯のようなものだ。
【参考】月の明るい夜、提灯をともすのは意味がない、無駄であるという意から。

豆腐《とうふ》に鎹《かすがい》

柔らかな豆腐に鎹を打ち込んでも崩れてしまってどうしようもないことから、意見してもまったく手ごたえがなく、効き目がないたとえ。
▼あの怠け者には、どんな小言も豆腐に鎹だ。結局誰も注意しなくなる。
【参考】「鎹」は木材などの合わせ目を固定するコの字型の大釘《くぎ》。
【類句】糠《ぬか》に釘《くぎ》。暖簾《のれん》に腕押《うでお》し。柳《やなぎ》に風《かぜ》。

捕《と》らぬ狸《たぬき》の皮算用《かわざんよう》

まだ捕まえてもいない狸の皮をはいで売ればいくらになると、儲《もう》けの計算をすること。そこから、不確実な事柄に期待して計画を立てるたとえ。
▼宝くじを買ったというだけで、家を建てるの、海外旅行に行くのと、とんだ捕らぬ狸の皮算用だ。
【類句】穴《あな》の狢《むじな》を値段《ねだん》する。飛《と》ぶ鳥《とり》の献立《こんだて》。山《やま》の芋《いも》を蒲焼《かばや》きにする。

二階《にかい》から目薬《めぐすり》

高い二階にいる人が一階にいる人に目薬をさそうとするようなものだという意味で、物事がうまくいかず、もどかしいことのたとえ。また、まわりくどくて効果がないこと。
▼国のこの問題に対する対策は二階から目薬で、まったく効果がない。
【類句】月夜《つきよ》に背中炙《せなかあぶ》る。遠火《とおび》で手《て》を炙《あぶ》る。
【同義語】天井《てんじょう》から目薬《めぐすり》。

糠《ぬか》に釘《くぎ》

手ごたえや効き目がまったくないこと。
▼いくら注意しても糠に釘で、いっこうに反省する気配がない。

猫《ねこ》に小判《こばん》

価値がわからない者に、高価なものや貴重なものを与えても無駄であること。
▼いくら値打ちのある掛軸でも私には猫に小判です。
【類句】豚《ぶた》に真珠《しんじゅ》。馬《うま》の目《め》に銭《ぜに》。

暖簾《のれん》に腕押《うでお》し

腕に力を込めて暖簾を押してみても手ごたえがない。こちらが積極的に出ても反応のないことのたとえ。
▼地主はその土地を売る気はまったくないようで、高い金額や好条件を提示しても耳をかさない。いつまでも暖簾に腕押しを続けても無駄なので、取得は断念した。
【参考】「腕押し」は腕相撲のことだともいわれる。
【類句】豆腐《とうふ》に鎹《かすがい》。糠《ぬか》に釘《くぎ》。

百年河清《ひゃくねんかせい》を俟《ま》つ

当てもないことを、いつまでも空《むな》しく待つこと。いくら待っていても、実現しないこと。
▼過疎対策は任せろという町長の言葉を信じていては百年河清を俟つことになる。われわれ青年団で若者に魅力のある町づくりを考えよう。
【参考】常に濁っている河（黄河）の水が澄むのを百年も待っているという意味。
【出典】『春秋左氏伝《しゅんじゅうさしでん》』襄公《じょうこう》八年。

豚《ぶた》に真珠《しんじゅ》

豚には真珠の価値はわからない。そのように、値打ちを知らないものに宝物を与えても意味がなく役に立たないということ。

▼娘にクラシックコンサートに誘われたが、私には豚に真珠で、演奏時間の大半はずっと寝ていた。

【参考】英語の“(Cast) pearls before swine.”の訳。

【類句】馬《うま》の耳《みみ》に念仏《ねんぶつ》。猫《ねこ》に小判《こばん》。

【出典】『新約聖書《しんやくせいしょ》』マタイ伝。

仏作《ほとけつく》って魂《たましい》入《い》れず

仏像を作ったのはいいが、形ばかりで魂が入っていないということ。物事をほとんど成し遂げながら、肝心な点が脱落しているたとえ。

▼地方には「文化なにがし」と名のつくハコモノが多いが、今はみな無用の長物だ。仏作って魂入れずだから、こんな無駄が起こるんだ。

【類句】画竜点睛《がりょうてんせい》を欠《か》く。

【同義語】仏作《ほとけつく》って眼《まなこ》を入《い》れず。

間《ま》が持《も》てない

所在なくて時間を持て余す。→③〈困る・困難な〉

▼約束の時間を一時間間違えて早く来てしまい、先方が来るまで間が持てなくて困った。

道草《みちくさ》を食《く》う

目的地に達する途中で無駄な時間を費やす。→⑥〈浪費する〉

▼本屋で道草を食っていたら約束に遅れてしまった。

【参考】馬が路傍の草を食って進行が遅くなる意から。

無駄骨《むだぼね》を折《お》る

一生懸命したことが何の役にも立たない結果となる。

▼基本の部分で重大なミスを見逃していたため、人と予算をかけた計画は無駄骨を折る結果となった。

無《む》にする

好意や労苦などを無駄にする。だいなしにする。

▼これまでいただいたご好意を無にしないよう、今後もいっそう頑張ります。

元《もと》の木阿弥《もくあみ》

一度はよくなったのに、再び悪い状態に戻ること。苦労や努力が無駄になること。

▼必死の決意で十キロの減量に成功したが、目の前に出されたスイーツ

に手が止まらなくなり、わずかな期間でリバウンドして元の木阿弥に終わった。

【参考】この語に関する故事はいくつかあるが、その一つに次の話がある。戦国時代の大和《やまと》郡山《こおりやま》城主筒井《つつい》順昭《じゅんしょう》が病死したとき、その子順《じゅん》慶《けい》が幼かったのでその死を隠して、声が似ていた盲人の木阿弥を身代わりに立てた。順慶が長ずるにおよんで順昭の死を明らかにしたので木阿弥は元の身分に戻ったというのである。

【同義語】元《もと》の木庵《もくあん》。

焼《や》け石《いし》に水《みず》

焼けた熱い石に少しの水をかけたところで冷ますことができないように、わずかな援助や供給、努力では効果があがらないことのたとえ。

▼多くの人々から義援金《ぎえんきん》が寄せられたが、未曾有《みぞう》の大災害には焼け石に水だった。

【同義語】焼《や》け石《いし》に雀《すずめ》の涙《なみだ》。

埒《らち》もない

とりとめもない。たわいもない。

▼部長は埒もないうわさを信じるような人ではない。

面目

顔《かお》が立《た》つ

体面が保たれる。

▼たくさんの人が出席してくれたので主催者としての顔が立った。

【類句】面目《めんぼく》が立《た》つ。

顔《かお》向《む》けができない

申し訳なくて、その人の前に出られない。面目がない。

▼この土地を手放すなんてご先祖様に顔向けができない。

【類句】合《あ》わせる顔《かお》がない。顔向《かおむ》けならない。

顔《かお》を立《た》てる

名誉などが保たれるようにする。

▼先方の顔を立て、一歩譲ることにした。

敷居《しきい》が高《たか》い

不義理をしたり、または何かの理由があったりして、訪問したいのに行きにくくなった心理を、その家の敷居が高くて入りにくいというように表現したもの。

▼叔父には大きな借金があるので、敷居が高い。

【類句】合《あ》わせる顔《かお》がない。

【同義語】敷居《しきい》が鴨居《かもい》。

引《ひ》くに引《ひ》けない

引き下がりたいと思っても、簡単に引き下がるわけにはいかない。

▼この事業には、会社の面子《めんつ》がかかっているので、今さら引くに引けないよ。

面目次第《めんぼくしだい》もない

「面目」を強めた語。世間に対する体面や名誉。面目を傷つけるようなことをして恥ずかしい、ということ。

▼息子がこのたび、このような不祥事をしでかしてしまいましたことは、親としてまことに恥ずかしく、面目次第もございません。

【別表記】「面目」は「めんもく」とも読む。

面目《めんぼく》を失《うしな》う

名誉を傷つけられる。体面を損なう。

▼たび重なる不祥事で警察はすっかり面目を失った。

【類句】顔《かお》が潰《つぶ》れる。面目《めんぼく》が潰《つぶ》れる。

【対句】面目《めんぼく》を保《たも》つ。

【別表記】「面目」は「めんもく」とも読む。

面目《めんぼく》を施《ほどこ》す

世間の評判を一段と高める。

▼サヨナラ勝ちとなる安打を放って四番打者としての面目を施した。

【別表記】「面目」は「めんもく」とも読む。

面目躍如《めんもくやくじょ》

その人の体面がよくなるさま。いかにもその人らしい特徴が、目の前にありありと現れるさま。

▼ジョークを交じえながらアメリカ人と応対しているのを見ると、語学力抜群と定評のある彼の面目躍如だなと感心する。

【別表記】「面目」は「めんぼく」とも読む。

【出典】（面目）『戦国策《せんごくさく》』秦策《しんさく》・（躍如）『孟子《もうし》』尽心上《じんしんじょう》。

役立たない

足《あし》が地《ち》に着《つ》かない

考えや行動が現実的でない。→①〈うれしい〉

▼このところ提出されるのは足が地に着かないアイデアばかりで、記念行事の準備は滞っている。

絵《え》にかいた餅《もち》

役に立たない物事。計画などが実現する可能性がないこと。
▼資金の裏づけのない事業計画は、絵にかいた餅にすぎない。
【参考】絵にかいた餅は、実際には食べられないことから。
【類句】画餅《がべい》に帰《き》す。

夏炉冬扇《かろとうせん》

夏の火鉢、冬の扇のように、無益な言論や才能のたとえ。また、時期外れで役に立たない事物のたとえ。
▼生前は、夏炉冬扇などと陰口を叩《たた》かれることもあったが、死後、彼の著書は、その学科の基本図書になっている。
【類句】月夜《つきよ》に提灯《ちょうちん》夏火鉢《なつひばち》。
【出典】『論衡《ろんこう》』逢遇《ほうぐう》。

器用貧乏《きようびんぼう》

器用な人はいろいろなことができるので人からは便利がられるが、何か一つに徹しないので当人は大成しないということ。
▼彼は芝居も歌も文章もすべて人並み以上だったが、そのせいでどのジャンルにも代表作を残せなかった。器用貧乏が結局彼の身の不幸だったね。
【類句】多芸《たげい》は無芸《むげい》。何《なん》でも来《こ》いに名人《めいじん》なし。百芸《ひゃくげい》は一芸《いちげい》の精《くわ》しきに如《し》かず。
【同義語】器用貧乏《きようびんぼう》身《み》が持《も》てない。器用貧乏人宝《きようびんぼうひとだから》。器用貧乏村宝《きようびんぼうむらだから》。細《さい》工貧乏人宝《くびんぼうひとだから》。

朽《く》ち木《き》は柱《はしら》にならぬ

腐った木は柱として使えないように、根性の腐った者は使いものにならないということ。
▼小さいころからしみ込んだ彼の怠け癖はどうにも直らないようだ。朽ち木は柱にならぬ、やはり彼をこのプロジェクトから外すことにしよう。
【類句】朽木《きゅうぼく》は雕《え》る（「彫る」の意）べからず。
【同義語】腐《くさ》れ木《ぎ》は柱《はしら》とならず。

口自慢《くちじまん》の仕事下手《しごとべた》

しゃべるのを聞いているといかにも仕事ができそうだが、実際の仕事のほうはまるで駄目な人のこと。
▼J君には困ったものだ。専門家のような口ぶりで話していたので、やらせてみたら新入社員より手際が悪い。口自慢の仕事下手だということが社内に知れ渡ったね。
【類句】口《くち》たたきの手《て》足《た》らず。
【同義語】口上手《くちじょうず》の商《あきな》い下手《べた》。理《り》屈上手《くつじょうず》の行《おこな》い下手《べた》。

鞍《くら》掛《か》け馬《うま》の稽古《けいこ》

生きた馬には少しも乗らず、木馬ばかりで乗馬の稽古をすることで、実際にはあまり役に立たない修業のたとえ。

▼教則本とテープでいくら勉強しても鞍掛け馬の稽古で、英会話の実力は身につけにくいよ。とにかくネイティブと実際に話す機会を増やすことを勧めるよ。

【参考】「鞍掛け馬」は馬術の練習に使う木馬のこと。

【類句】畳《たたみ》の上《うえ》の水練《すいれん》。

多芸《たげい》は無芸《むげい》

いろいろな芸を身につけている人は、専門といえるような傑出した芸がなく、無芸と同じだという意味。

▼あの作家はノンフィクションからミステリー、時代小説やユーモア小説と手を広げ過ぎだね。そつなくこなすが、どれも代表作にはならない。誰かが多芸は無芸だとアドバイスすべきだ。

【類句】器用貧乏人宝《きようびんぼうひとだから》。何《なん》でも来《こ》いに名人《めいじん》なし。百芸《ひゃくげい》は一芸《いちげい》の精《くわ》しきに如《し》かず。

畳《たたみ》の上《うえ》の水練《すいれん》

畳の上で水泳の練習をしても泳げるようにならないということで、理論や方法を頭の中で知っているだけでは、実際の役に立たないことのたとえ。

【参考】「水練」は水泳の練習という意味。

【類句】鞍《くら》掛《か》け馬《うま》の稽古《けいこ》。座敷兵法《ざしきびょうほう》。

【同義語】畳水練《たたみすいれん》。畑水練《はたけすいれん》。

毒《どく》にも薬《くすり》にもならない

差し障りがない。役に立たない。

▼そんな毒にも薬にもならない話を聞いたところで意味がない。

【参考】害にも益にもならないことから。

骨折《ほねお》り損《ぞん》のくたびれ儲《もう》け

骨を折っただけ損をし、得たものは疲労だけだったという意味で、利益や効果をもたらさない無駄な苦労をすること。

▼その地方都市に出張販売にでかけたが、三日かけても数個しか売れなかった。とんだ骨折り損のくたびれ儲けだった。

【類句】灯心《とうしん》で竹《たけ》の根《ね》を掘《ほ》る。湯《ゆ》を沸《わ》かして水《みず》にする。労《ろう》して功《こう》なし。労多《ろうおお》くして益《えき》なし。

無芸大食《むげいたいしょく》

大飯を食うことにかけては人並み以上だが、それ以外に何の芸もないこと。宴会などで謙遜《けんそん》していう。または、役に立たない人を嘲《あざけ》ることば。

▼いえ、私など無芸大食なだけで、ひとさまに言えるほどの趣味などないつまらない人間です。

【出典】（無芸）『北史《ほくし》』陽休之伝《ようきゅうしでん》。

無用《むよう》の長物《ちょうぶつ》

あっても役に立たずかえって邪魔なもの。

▼時代遅れとなった娯楽施設に足を運ぶ市民はほとんどなく、維持費も高騰するなかで市の経営を圧迫する無用の長物と化していた。

【参考】「長物」は長すぎて用をなさないもの。

門外漢《もんがいかん》

その部門のことを専門にしていない人。そのことに直接関係のない人。

▼株が大暴落したと新聞に大見出しで報道されているが、門外漢の私にはさっぱりわかりません。

【参考】「漢」は男の意味。

【出典】『五灯会元《ごとうえげん》』。

役立つ

枯《か》れ木《き》も山《やま》の賑《にぎ》わい

枯れ木でも山の風情を増やすのに役立つということから、つまらないものでもないよりはあったほうがいいということ。

▼こんなおじさんでもいいのなら、枯れ木も山の賑わいというのだから、喜んで応援に行かせてもらいますよ。

【類句】餓鬼《がき》も人数《にんず》。

【誤り】謙遜《けんそん》の意味なので他人に対しては使わない。

【同義語】枯《か》れ木《き》も森《もり》の賑《にぎ》わかし。枯《か》れ木《き》も山《やま》の飾《かざ》り。

芸《げい》は身《み》を助《たす》ける

何かの芸を身につけておくと、万一の場合にそれが生計を立てるのに役立つことがあるという意味。

▼学生時代は落語研究会にいたんだが、ひょんなことで得意先で一席演ずることになり、それが先方の社長に気に入られた。今回の昇進はあれがきっかけだったようだから、芸は身を助けるを地で行ったわけなんだ。

捨《す》てたものではない

まだまだ見込みがある。役に立つ。

▼日ごろおとなしい弟が下級生の面倒をよくみるとは、彼もまんざら捨てたものではない。

血《ち》となり肉《にく》となる

見聞や経験がのちの活動に役立つものとして、自分の中に十分取り入れられる。

▼若いうちの苦労は血となり肉となって、君たちの将来にきっと役立つことだろう。

百芸《ひゃくげい》は一芸《いちげい》の精《くわ》しきに如《し》かず

何でも一通りこなす人よりも、一つの道に精通し、熟達している人のほうがものの役に立つということ。

▼インタビュー記事をまとめていると、何でもそつなくこなす人の話は、その人が簡単にできてしまうがゆえに面白くない。その点ある分野の名人の話は奥深く、苦悩や壁の突破が胸を打つ。百芸は一芸の精しきに如かずはこのあたりの機微を語っている。

【類句】器用《きよう》貧乏《びんぼう》人宝《ひとだから》。多芸《たげい》は無《む》芸《げい》。何《なん》でも来《こ》いに名人《めいじん》なし。

身《み》になる

その人のためになる。→②〈世話をする・面倒をみる〉

▼何でも親がやってしまっては、子どもの身にならない。

無用《むよう》の用《よう》

役に立たないと世間で思われているものが、かえって大切な用を果たしている場合があるということ。また、活用の仕方では役に立つという意味もある。

▼和尚《おしょう》は小坊主たちに庭の枯葉をすべて掃き清めないように命じた。小坊主たちは枯葉がその寺の境内を美しく見せる無用の用となっていることを悟った。

【出典】『荘子《そうじ》』人間世《じんかんせい》。

【同義語】不用《ふよう》の用《よう》。

8……言葉

表せない

言《い》うに言《い》われない

ことばで言い表せない。

▼女手一つで子どもを育て上げた母には、言うに言われない苦労があった。

曰《いわ》く言《い》い難《がた》し

微妙な意味合いが含まれているので、簡単に言い表すことができないということ。

▼彼女の手料理の味は曰く言い難しで、決してまずくはないんだが、どうにも表現できない。

【参考】孟子《もうし》が弟子の公孫丑《こうそんちゅう》から「浩然《こうぜん》の気」とはどんなものかと質問されて、「言い難し」と答えたという故事による。「（孟子）曰く『言い難し』」から。

【出典】『孟子《もうし》』公孫丑《こうそんちゅう》 章句《しょうく》上。

言葉《ことば》に余《あま》る

ことばでは言い尽くせない。

▼友人に誘われて予備知識もなく見た映画だったが、久しぶりに言葉に余るほどの感銘を受けた。

遠回しな

意味深長《いみしんちょう》

文章や人の言動、ようすなどが奥深い意味をもっていること。また、ことばの裏に深い意味が隠されていること。

▼役員会議で、社長が意味深長な言い回しで、A社との契約不成立の責任問題に言及した。

【誤り】意味深重。

【出典】朱熹《しゅき》『論語序説《ろんごじょせつ》』。

【同義語】意味深《いみしん》。

曰《いわ》くありげ

公表はできないが、物事の裏に何か特別な事情があったことをほのめかすような気配が感じられること。

▼総裁選は波乱もなくA議員が選出されたが、関係者が一様に曰くありげな表情を示していたのが印象的だった。

奥歯《おくば》に物《もの》が挟《はさ》まったよう

思っていることを率直に言わないで、思わせぶりな言い方をする。

▼奥歯に物が挟まったような言い方をしないで、はっきり言ったらどうだ。

乙《おつ》にからむ

変なふうにからむ。遠回しに嫌味を言う。

▼乙にからまず、言いたいことがあったらきちんと言って欲しい。

オブラートに包《つつ》む

相手をあまり刺激しないように遠回しな言い方をする。

▼あんなに露骨な言い方をしないでオブラートに包んだらいいのに。

【参考】「オブラート」は飲みにくい薬などを包んで飲むための、でんぷんで作った透明で薄い膜。

謎《なぞ》をかける

はっきり言わないで遠回しに言う。

▼結局、辞めてくれと謎をかけられたようだ。

持《も》って回《まわ》った言《い》い方《かた》

変に遠回しな言い方。

▼持って回った言い方をせずに、嫌いなものは嫌いと言ってください。

表現・言葉

息《いき》が長《なが》い

一つの文の長さが長いこと。→③〈続く〉

▼息が（の）長い文章の読解には、注意力が必要です。

一言半句《いちごんはんく》

ちょっとした短い言葉。

▼さすがに深く学を究めた人だけあって、その一言半句にも味わい深いものがある。

【類句】一言一句《いちごんいっく》。一言半辞《いちごんはんじ》。片言《へんげん》隻語《せきご》。

【別表記】「一言」は「いちげん」とも読む。

【出典】朱熹《しゅき》「答㆓陳安卿㆒書《ちんあんけいにこたうるのしょ》」。

恐《おそ》れ入谷《いりや》の鬼子母神《きしもじん》

「恐れ入りました」ということばを、しゃれて言ったもの。

▼そのサッカー選手は一試合でハットトリックどころか、四得点してみせた。まことに恐れ入谷の鬼子母神だ。

【参考】「恐れ入りやした」の「入りや」が「入谷」にかけてある。入谷は鬼子母神が祭られている東京都台東区の地名。鬼子母神は「きしぼじん」ともいい、インドの女神で他人の子どもを食うという邪悪な神だったが、仏陀《ぶっだ》の戒めで改心し、生産・育児の神になった。

閑話休題《かんわきゅうだい》

さて。それはさておき。本筋から外れた話をもとに戻すときに言う。
▼具体例を述べているうちに脇道《わきみち》にそれてしまいましたが、閑話休題、本論を急ぐことにします。

着《き》た切《き》り雀《すずめ》

一枚の衣服を着たきりでいる人。
▼火事で焼け出され、着た切り雀になる。
【参考】「舌切り雀」をもじった語。

切《き》った張《は》った

切ったり、叩《たた》いたり、乱暴なことをするようす。
▼若いころの兄は切った張ったの喧嘩ばかりしていた。

金言名句《きんげんめいく》

教訓的な戒めや、物事の本質・道理を言い当てた短いことば。「格言」「箴言《しんげん》」などと同じ。
▼百の金言名句を説くより、一つの率先垂範《そっせんすいはん》のほうが有効である。
【出典】（金言）白居易《はくきょい》「寄二微之一《びしによせる》詩《し》」。

言葉《ことば》の綾《あや》

いくとおりにも解釈できるような複雑な言い回し。
▼彼ばかり褒めていると言うが、あれは単なる言葉の綾だよ。
【参考】「綾」は表現上の技巧。ことばの言い回し。

言葉《ことば》は心《こころ》の使《つか》い

心に思っていることを伝える道具がことばであるという意味。また、心にあることが自然にことばになって表れるものであるということ。
▼その偉人の母はろくに教育を受けなかったが、息子にあてた手紙の一語一語は胸を打つ。言葉は心の使い、受け取った本人の思いは想像するに余りある。

言葉《ことば》を飾《かざ》る

美しいことばで巧みに表現する。ものの言い方を取り繕う。
▼言葉を飾ることより真意を伝えることに重きを置いたほうがよい。

座右《ざゆう》の銘《めい》

常に自分の座のそばに記しておいたり、心に留めておいたりして、戒めや励ましにすることば・文・格言など。
▼社会に出てからは、ただいま先生がおっしゃった「不撓不屈《ふとうふくつ》」という

ことばを座右の銘として励んでいきたいと思います。
【別表記】「座右」は「ざう」とも読む。
【出典】（座右銘）『後漢書《ごかんじょ》』馬援《ばえん》。
【故事】崔瑗が戒めのことばを書き留めて座右に置き、「座右銘」と言ったという。

舌足《したた》らず

表現が不十分で言い足りないこと。
▼説明が舌足らずだったため、誤解を招いてしまった。

その手《て》は桑名《くわな》の焼《や》き蛤《はまぐり》

そんな見え透いた計略にはひっかからないぞ、という意味。その手は「食わない」と蛤の名産地の「桑名」のしゃれ。
▼敵はわざとこちらに隙を見せているが、その手は桑名の焼き蛤だ。

大層《たいそう》も無《な》い

とんでもない。
▼私ごとき若輩にそんな大役とは大層も無い。
【参考】これ以上大層なものは無いの意から。
【類句】途轍《とてつ》もない。

天地無用《てんちむよう》

破損の恐れがあるため、荷物や貨物の上下（天地）を逆さまにするなという意味。包みの外側に書き記す注意書き。
▼中味は精密機械ですから天地無用で願います。
【誤り】「天地無用」を、上下どちらでもかまわない、とするのは誤り。

長丁場《ながちょうば》

道のりの長い区間。一段落するまでに長時間かかる仕事。
▼今度手掛ける仕事は完成まで三年の長丁場だが、後が窮屈にならないよう進行予定を守るように。
【参考】昔、宿場と宿場との間の道のりが、距離的、または時間的に長いことを長丁場といった。

何《なに》かにつけて

いろいろのことに関して。折あるごとに。
▼彼は、何かにつけて私に文句を言う。

名《な》は体《たい》を表《あらわ》す

名前はそのものの実体を言い表している。
▼名は体を表すというが、おとなしい彼女に静香という名前はぴったりだ。

根掘《ねほ》り葉掘《はほ》り

こまごまとしつこく聞き出そうとするようす。
▼叔母はちょっとしたことでも根掘り葉掘り聞くのでうるさくてしょうがない。
【参考】「葉掘り」は「根掘り」に語調を合わせて付け加えたもの。

白日夢《はくじつむ》

真昼に見る夢。転じて空想や幻想。
▼その部屋に入ると、南国風の音楽と極彩色の楽園が私を包み、さながら白日夢を見るようだった。
【類句】白昼夢《はくちゅうむ》。
【出典】徳富蘆花《とくとみろか》『自然《しぜん》と人生《じんせい》』。

美辞麗句《びじれいく》

美しく飾り立てた、聞いて気持ちのよい文句。一般に、「美辞麗句を並べ立てる」などと、否定的な表現がとられる。
▼美辞麗句を連ねるより、誠実な一言がよい。
【出典】（美辞）曹植《そうち》『弁道論《べんどうろん》』・（麗句）韓愈《かんゆ》「七言詩《しちごんし》」。

プラスアルファ

一定の数量にさらにいくらか加えること。
▼見積もりにリベート分をプラスアルファさせていたとはとんでもない話だ。
【参考】「アルファ」はある未知の値。

片言隻語《へんげんせきご》

ほんのちょっとした短いことば。ほんのわずかなことば。一言、二言。
▼講師の片言隻語も聞き漏らすまいと耳を傾けた。
【類句】片言隻句《へんげんせっく》。
【出典】三遊亭円朝《さんゆうていえんちょう》『牡丹灯籠《ぼたんどうろう》』。

物《もの》は言《い》いよう

話の仕方ひとつで、よくも悪くも聞こえる。
▼物は言いようで、恰幅《かっぷく》がいいと言えば彼も怒らなかっただろう。

屁理屈

口《くち》が減《へ》らない

口が達者である。勝手なことを次から次へと言う。
▼ああ言えばこう言う。まったく口が減らない子だ。

盗人《ぬすびと》にも三分《さんぶ》の理《り》

盗人が盗みをはたらくにもそれなり

の理屈があるということ。どんなことでも理屈がこじつけられるたとえ。
▼盗人にも三分の理というので、犯人の供述も聞いてみたが、ただの泣き落としだったので、なお腹が立った。
【類句】柄《え》のない所《ところ》に柄《え》をすげる。理屈《りくつ》と膏薬《こうやく》は何処《どこ》へでもつく。
【同義語】盗賊《とうぞく》にも三分《さんぶ》の理《り》。泥棒《どろぼう》にも三分《さんぶ》の理《り》。

白馬《はくば》は馬《うま》に非《あら》ず

馬という語は形に名づけたものであり、白とは馬の色に名づけたもの。したがって、白馬ということばの概念と馬ということばの概念とは相違があり、白馬と馬は別だという論法。さらに、詭《き》弁で人を煙に巻くたとえにも使われる。
▼あいつの言い訳には困ったもんだ。ミスを指摘されても白馬は馬に非ず式の訳のわからない理屈をこねて、絶対に責任を取ろうとしないんだから。
【参考】中国の戦国時代に公孫竜《こうそんりゅう》が唱えた説。
【出典】『列子《れっし》』仲尼《ちゅうじ》。

減《へ》らず口《ぐち》を叩《たた》く

負け惜しみから勝手なことを言う。
▼彼は減らず口を叩いてばかりでちっとも勉強しない。
【類句】減《へ》らず口《ぐち》をきく。

屁《へ》理屈《りくつ》をこねる

筋道の通らない理屈を言う。
▼息子は今日は風が強いから、今日は暑いからと、屁理屈をこねて外遊びをしようとしない。

雄弁な・多弁な

口《くち》がうまい

上手に話す。人を丸めこむのがたくみ。
▼彼は口がうまいので、お世辞とわかっていてもその気にさせられてしまう。

口《くち》から先《さき》に生《う》まれる

おしゃべりな人を嘲《あざけ》って言うことば。
▼彼女は日ごろ口から先に生まれたようだとからかわれているだけあって、壇に上がっても能弁だ。

舌《した》が回《まわ》る

淀みなくよくしゃべる。

▼よく舌が回る男だな。少しは私にもしゃべらせろよ。
【類句】口《くち》が回《まわ》る。

弁《べん》が立《た》つ

話すことがうまい。演説がうまい。
▼次の組合の代表に、弁が立つ彼を推薦した。

悪口

悪態《あくたい》をつく

悪口を言ってののしる。
▼いたずらっ子に注意したら、悪態をついて逃げていった。

陰口《かげぐち》を叩《たた》く

当人のいないところでその人の悪口を言う。
▼彼女はとんとん拍子に出世したのでずいぶん陰口を叩かれた。

聞《き》こえよがしに

悪口や皮肉をわざと本人に聞こえるように言う。
▼仕事上のミスを聞こえよがしに非難され、本当に腹が立った。

唇《くちびる》をかえす

悪口を言う。非難する。
▼忠告してくれた人に対して、唇をかえす態度をとるのはよくない。
【類句】唇《くちびる》を翻《ひるがえ》す。

言葉《ことば》に針《はり》を持《も》つ

ことばの中に悪意や敵意が含まれている。
▼部長の指摘はいつも言葉に針を持っているので、確かにそのとおりだとは思っても、素直に聞けないことがある。
【類句】言葉《ことば》に棘《とげ》がある。

憎《にく》まれ口《ぐち》を叩《たた》く

人に憎まれそうな口のきき方をする。悪口を言う。
▼そんな憎まれ口を叩いてばかりいると、誰にも相手にされなくなるよ。

罵詈雑言《ばりぞうごん》

ありとあらゆる悪口を相手にぶつけ、口汚くののしること。また、そのことば。
▼A選手のエラーでチームがサヨナラ負けを喫したため、熱狂的なファンたちは引き上げる彼の背中に猛烈な罵詈雑言を投げつけた。
【類句】悪口雑言《あっこうぞうごん》。
【出典】（罵詈）『史記《しき》』魏豹彭越列《ぎひょうほうえつれつ》

伝《でん》。

人《ひと》を謗《そし》るは鴨《かも》の味《あじ》

鴨の肉は鳥肉の中でもとりわけ美味だが、人の悪口を言ったり批判をするのは、その鴨の肉を味わうほど気分がよいということ。

▼居酒屋でサラリーマンが盛り上がるのは会社・上司の悪口のときだ。人を謗るは鴨の味、これをアルコールと集団心理がさらに後押しする。

【同義語】 人《ひと》の噂《うわさ》を言《い》うは鴨《かも》の味《あじ》がする。

9……自然・時

季節

秋《あき》の日《ひ》は釣瓶《つるべ》落《お》とし

秋の日が急速に暮れること。水を汲むときに釣瓶を勢いよく井戸の中に落とすが、あっという間に沈んでしまう秋の太陽をこの釣瓶にたとえたもの。

▼草野球は延長戦に入ってもなかなか決着がつかなかった。秋の日は釣瓶落としで、たちまちグラウンドが暗くなり、翌週に順延となった。

【同義語】秋《あき》の日《ひ》は鉈《なた》落《お》とし。

暑《あつ》さ寒《さむ》さも彼岸《ひがん》まで

残暑は秋の彼岸になれば衰えて過ごしやすくなり、余寒《よかん》も春の彼岸には薄らいでくる。いずれにしても、彼岸を迎えれば過ごしやすい気候になるということ。

▼暑さ寒さも彼岸まで、というように、厳寒だった三月も下旬になると、ようやく春めいてきた。

【参考】「彼岸」は春分の日と秋分の日を中日《なかび》として、それぞれ七日間をいう。

【同義語】暑《あつ》い寒《さむ》いも彼岸《ひがん》ぎり。

三《さん》寒《かん》四《し》温《おん》

冬の間、寒い日が三日ほど続くと、その後四日間ぐらいは暖かく、これが繰り返される気象現象。

▼三寒四温を繰り返しながら、季節は確実に春に近づいていった。

【参考】中国北部や朝鮮半島北部で規則的に現れる冬型の気候現象。わが国では、春が近いという感覚でとらえ、俳句の季語にもなっている。

春宵《しゅんしょう》一刻《いっこく》値《あたい》千金《せんきん》

春の夕べの眺めや気分は、ほんのわずかの時間が、千金もの高額に値するぐらい優れているということ。

▼窓の外に散る桜を眺めながら、旧友と春宵一刻値《あたい》千金の思いに浸って酒を酌み交わした。

【参考】「一刻」は現在の約三十分。わずかな時間の意。

【類句】一刻千金《いっこくせんきん》。

【別表記】使い方は「春の宵」に限定される。季節を問わない場合は「一刻千金」を用いる。

【出典】蘇軾《そしょく》「春夜《しゅんや》」。

春風駘蕩《しゅんぷうたいとう》

春の風がそよそよとのどかに吹くさま。春の景色ののどかなようす。また、人柄がおおらかで、温和なようす。

▼彼が姿を見せるだけで、その春風

駘蕩たる風貌《ふうぼう》によって和やかな雰囲気になる。

【対句】秋霜烈日《しゅうそうれつじつ》。

【出典】横光利一《よこみつりいち》『家族会議《かぞくかいぎ》』。

春眠暁《しゅんみんあかつき》を覚《おぼ》えず

春の気候は暑くも寒くもなく快適な眠りがむさぼれるが、夜が短くて、夜が明けたのも知らずに熟睡してしまうという意味。

▼四月は寝坊して二度遅刻してしまった。春眠暁を覚えずを用心して、目覚まし時計をいくつもセットしていたのだが。

【参考】「春眠暁を覚えず、処処《しょしょ》に啼《てい》鳥《ちょう》（鳥のさえずり）を聞く」と続く漢詩の一節。

【出典】孟浩然《もうこうねん》「春暁《しゅんぎょう》」。

天高《てんたか》く馬肥《うまこ》ゆる秋《あき》

天空が高く澄み渡る秋は、牧草も豊かで馬は元気に肥えているという意味で、秋の快適な気候のこと。手紙の時候の挨拶によく用いられる。

▼天高く馬肥ゆる秋、皆々様にはお変わりなくお過ごしのことと存じます。

【参考】本来は、昔中国で、北方騎馬民族である匈奴《きょうど》が略奪にやってくる時期がきたということをいったことば。

【類句】天高《てんたか》くして気清《ききよ》し。

【同義語】秋高《あきたか》く馬肥《うまこ》ゆ。

歳月

烏兎匆匆《うとそうそう》

烏と兎は太陽と月のこと。さらに、月日や歳月のことで、月日の経つことの速さを表す。

▼入社してはや三十年以上、烏兎怱怱と時は過ぎ、そろそろ定年後のことを考えるようになった。

【参考】太陽には三本足の金の烏《からす》、月には玉《ぎょく》でできた兎《うさぎ》が住むという中国の伝説から。

【類句】光陰《こういん》に関守《せきもり》なし。光陰矢《こういんや》の如《ごと》し。歳月人《さいげつひと》を待たず。白駒《はっく》の隙《げき》を過《す》ぐるが若《ごと》し。

隔世《かくせい》の感《かん》

世の中が以前と隔たってしまったような感じ。時代の変動が著しいため、世情が移り変わってしまったという感じ。

▼小学生でもインターネットで世界の人と交流したり、調べものをしたりする。教科書とノートだけで勉強した時代の人間から見れば隔世の感があるね。

光陰《こういん》に関守《せきもり》なし

関所に番人がいなければ旅人はさっさと通り過ぎる。月日はこれと同じで、誰もとどめることなく過ぎ去っていくという意味。

▼あれほど頑健さを誇っていた父が最近は病気がちになった。光陰に関守なしとはいえ、身内が衰えていくのを実感するのはじつに寂しい。

【参考】「光」は日、「陰」は月で、「光陰」は月日のこと。

【類句】光陰矢《こういんや》の如《ごと》し。歳月人《さいげつひと》を待《ま》たず。白駒《はっく》の隙《げき》を過《す》ぐるが若《ごと》し。

【同義語】月日《つきひ》に関守《せきもり》なし。

光陰矢《こういんや》の如《ごと》し

飛び立った矢のように月日は素早く去って行き、戻って来ないということ。

▼今年、大学を出た息子が就職してね。この間までよちよち歩きだったのがもう一人前かと思うと、光陰矢の如しの感を深くしたね。

【参考】「光陰」については前項参照。

【類句】烏兎匆匆《うとそうそう》。

【同義語】光陰人《こういんひと》を待《ま》たず。光陰流水《こういんりゅうすい》の如《ごと》し。

今昔《こんじゃく》の感《かん》

昔のことを思い出して現在と引き比べたときの感慨。昔とはあまりにも変わってしまったという思いを抱くこと。

▼たった二人で始めた町工場が、わが社の前身でございます。今日、創立三十周年を迎えて、苦しかった当時を思うと今昔の感を禁じえません。

【類句】隔世《かくせい》の感《かん》。

【別表記】「今昔」は「こんせき」とも読む。

十年一日《じゅうねんいちじつ》

長い間、少しも変化がなく、同じ状態であること。

▼古典の講義とはいえ、十年一日のごとき講義では受講生が減るのも当然だ。

【出典】夏目漱石《なつめそうせき》『吾輩《わがはい》は猫《ねこ》である』。

十年一昔《じゅうねんひとむかし》

十年もたつと社会を構成する人々も、人情も、家並みもすっかり変わってしまい、十年前ははるか昔のようだということ。世の中の移り変わりの速さをいったことば。

▼久々に以前の職場に足を踏み入れたが、十年一昔で、部屋の模様も変わって、顔見知りもごくわずかしかいなかった。

【同義語】十年《じゅうねん》たてば一昔《ひとむかし》。

待《ま》たぬ月日《つきひ》は経《た》ち易《やす》い

目的があって待ち望んでいる日はなかなかやって来ないが、待つことがなくぼんやりしているといつの間にか月日が過ぎ去ってしまうということ。

▼合格発表までの三週間はとても長く感じたのに、入学したらあっという間に夏休みだ。待たぬ月日は経ち易いとはこのことか。

桃栗三年柿八年《ももくりさんねんかきはちねん》

芽が出てから実がなるまでに桃と栗は三年かかり、柿は八年かかるということ。何事も成果をあげるには年月が必要だというたとえとして用いる。

【参考】後に「柚《ゆず》の馬鹿《ばか》めは十八年」など、柚、梅、枇杷《びわ》などについて続けることもある。

時間

一朝一夕《いっちょういっせき》

ひと朝とひと晩のうち。わずかな日時のたとえ。「一朝一夕にはいかない」という形で使われる。

▼人の癖とか習慣とかいうものは、なかなか一朝一夕に改まるものではない。

【出典】『易経《えききょう》』坤《こん》。

今日《きょう》の後《のち》に今日《きょう》なし

今日という日は再び来ないのだから、今日を大切にせよということ。今日できることは今日すませよという意味もある。

▼もうへとへとだが、この帳簿だけはつけてから寝よう。今日の後に今日なし、休むと明日がさらに面倒だ。

【同義語】今日《きょう》あって明日《あす》なし。

草木《くさき》も眠《ねむ》る丑三《うしみ》つ時《どき》

人や動物だけでなく、草や木までも眠り込んでしまったのではないかと思われるほど静かな真夜中のこと。

▼昔はこの時間は草木も眠る丑三つ時と呼ばれたものだが、今、大都会では明かりがこうこうと照らされ、若者たちが大騒ぎをしている。

【参考】「丑」は昔の時刻で、現在の午前一時から三時。「丑三つ」はそれを四つに分けた三つ目の時刻で、午前二時から二時半ごろ。

【別表記】「丑三つ時」は「丑満時」とも書く。

来年《らいねん》の事《こと》を言《い》えば鬼《おに》が笑《わら》う

人間は未来について何もわからない

ので、誰も来年のことなど予測できないという意味。

▼来年の事を言えば鬼が笑うというが、長期計画なしの場当たり的な仕事をしてはならない。

【同義語】明日《あす》の事《こと》を言《い》えば鬼《おに》が笑《わら》う。来年《らいねん》の事《こと》を言《い》えば烏《からす》が笑《わら》う。

自然

青葉《あおば》は目《め》の薬《くすり》

青葉のみずみずしい緑色を見ると、読書や細かい仕事をしていて疲れた目がいやされるということ。

▼こんないい天気の日は、いいかげんにゲームをやめて公園に行ったらどうなの。青葉は目の薬、目にもいいし、気分もよくなるわ。

【参考】緑色の光が目のためによいことは科学的にも根拠がある。

【出典】『毛吹草《けふきぐさ》』の句「夏山は目の薬なる新樹哉《しんじゅかな》」による。

一衣帯水《いちいたいすい》

一本の帯（＝衣帯）のように狭い川や海。その川や海峡を隔てて土地や国が近接していること。

▼日本と朝鮮半島は一衣帯水の近さにあるが、民族性はだいぶ異なっている。

【出典】『陳書《ちんじょ》』後主紀《こうしゅき》。

一望千里《いちぼうせんり》

一目で千里も遠く見渡せるほど、広々と見晴らしのよいようす。

▼展望台からは、対岸の半島まで一望千里のうちに見渡せる。

【類句】眺望絶佳《ちょうぼうぜっか》。

【出典】田山花袋《たやまかたい》『野《の》の花《はな》』。

梅《うめ》に鶯《うぐいす》

日本画の題材には取り合わせに型があり、梅に鶯も代表的な一例。二つのものが調和したり、似合ったりする場合のたとえにもする。

▼同期入社で同じ課に配属されたからとはいえ、あの二人は梅に鶯というべき仲のよさだ。

【類句】竹《たけ》に雀《すずめ》。竹《たけ》に虎《とら》。牡丹《ぼたん》に蝶《ちょう》。松《まつ》に鶴《つる》。

花鳥風月《かちょうふうげつ》

自然の四季折々の美しい景色。また、風流。風雅な遊び。

▼ハイテクの国とまでいわれる昨今の日本ですが、一方で花鳥風月を愛する心が失われていないのも事実です。

【出典】『庭訓往来《ていきんおうらい》』二。世阿弥《ぜあみ》『風《ふう》姿花伝《しかでん》』。

狂瀾怒濤《きょうらんどとう》

荒れ狂う大波。転じて、物事が乱れに乱れたさまをいう。「瀾」も「濤」も大波。

▼二回の世界大戦の後も、各地で暴動、テロなどが頻発している現代を、後世の史家は狂瀾怒濤の時代と評するのではないかと思う。

【誤り】狂乱怒濤。

【出典】夏目漱石《なつめそうせき》『吾輩《わがはい》は猫《ねこ》である』。

国破《くにやぶ》れて山河《さんが》在《あ》り

戦乱が続いて国家はもとの姿を失ってしまったが、自然の山河だけは依然として昔のままに残っているという意味。

▼会社を倒産させて故郷でやり直すことにした。国破れて山河在り、美しい自然を前に、しばし過去と行く末に思いをはせていた。

【参考】中国唐《とう》の詩人、杜甫《とほ》が安禄《あんろく》山《ざん》の乱で破壊された国都長安をうたった詩の第一句。「国破れて山河あり、城春《しろはる》にして草木深し」と続く。

【出典】杜甫《とほ》「春望《しゅんぼう》」。

山紫水明《さんしすいめい》

山は紫にかすみ、澄んだ川の水ははっきり見えること。自然の景色の美しくすばらしいこと。

▼この山紫水明の地を、開発で破壊することは絶対に許されない。

【出典】頼山陽《らいさんよう》『山陽遺稿《さんよういこう》』。

天変地異《てんぺんちい》

天地間で起こる自然の異変のこと。日食・月食・暴風雨・雷鳴・地震・洪水など。

▼それまでの豊壌な田畑は、天変地異により一面の荒地と化してしまった。

【類句】天変地妖《てんぺんちよう》。

【出典】森鷗外《もりおうがい》『灰燼《かいじん》』。

白砂青松《はくしゃせいしょう》

白い砂浜と青い松林。美しい海岸の景色を表す言葉。

▼船上から海岸を眺めると、白砂青松、いかにも日本らしい景観であった。

【別表記】「白砂」は「白沙」とも書く。また、「はくさ」とも読む。

【出典】（白沙）『史記《しき》』三王世家《さんおうせいか》。

風光明媚《ふうこうめいび》

自然の眺めが美しいこと。「風光」も「明媚」も、美しい景色をいう。

▼次回の懇親会は、風光明媚なK湖畔で催す予定です。

【出典】（風光）駱賓王《らくひんおう》「従軍中行路難《じゅうぐんちゅうこうろかたし》」・（明媚）鮑照《ほうしょう》「芙蓉賦《ふようのふ》」。

天気

朝雨《あさあめ》に傘《かさ》いらず

朝のうちに降り出した雨はすぐに上がるので、出掛ける際に傘を持って行く必要がないということ。

▼朝雨に傘いらずを信じればよかった。おかげで買ったばかりの傘を、一度も開かぬまま電車に置き忘れてしまった。

【類句】朝雨女《あさあめおんな》の腕《うで》まくり。

【同義語】朝雨《あさあめ》はその日《ひ》のうちに晴《は》れる。朝《あさ》の雨《あめ》は晴《は》れの兆《きざ》し。

朝虹《あさにじ》は雨《あめ》夕虹《ゆうにじ》は晴《は》れ

朝に虹が立てばやがて雨が降り、夕方に虹が出れば翌日は晴れる前兆であるということ。

▼天気予報は確かめなかったが、朝虹は雨夕虹は晴れを信じて、雨傘を持ってきてよかった。

【類句】朝虹《あさにじ》に傘忘《かさわす》るな。朝虹《あさにじ》に川《かわ》越《こ》すな。

【同義語】朝虹雨《あさにじあめ》のもと夕虹日照《ゆうにじひで》りのもと。

馬《うま》の背《せ》を分《わ》ける

馬の背を境にして分かれるくらい、近い所で、雨の降っている所と降っていない所があるようす。

▼街角ひとつ離れた先で、馬の背を分けるように雨は止んでいた。

【類句】馬《うま》の背《せ》を越《こ》す。

車軸《しゃじく》を流《なが》す

雨が激しく降るようす。

▼車軸を流すような雨で、傘も役に立たなかった。

【参考】車の軸のような太い雨が降ることから。

【類句】車軸《しゃじく》を下《くだ》す。車軸《しゃじく》を降《ふ》らす。

脇が甘い …… 337
脇目も振らず …… 324
枠にはまる …… 61
和魂漢才 …… 368,369
和魂洋才 …… 368,368
山葵《わさび》が利く …… 380
殃《わざわい》池魚《ちぎょ》に及ぶ …… 415
禍《わざわい》（を）転じて福と為《な》す …… 209,428,524
和して同ぜず …… 436
綿のように疲れる …… 265
渡りに船 …… 243,411,413
渡りに船を得る …… 243
渡りを付ける …… 182
渡る世間に鬼はない …… 350,393,413
話頭《わとう》を転じる …… 104
罠に落ちる …… 179
罠にかかる …… 179
罠にはまる …… 179
和洋折衷 …… 448
笑いが止まらない …… 82
笑い事ではない …… 253
笑いを噛み殺す …… 175
笑いを殺す …… 175
笑う家に福来《きた》る …… 86
笑う門《かど》には福来る …… 86
笑う所へ福来る …… 86
草鞋《わらじ》を脱ぐ …… 456
藁《わら》にも縋《すが》る …… 179,181
割が悪い …… 480
割り切れない …… 74
割に合う …… 480
割を食う …… 474
我関せず …… 120
破《わ》れ鍋に欠け蓋《ぶた》 …… 495
破れ鍋に綴《と》じ蓋 …… 495
我に返る …… 351
我を忘れる …… 80
輪をかける …… 280
和を以《も》って貴《とうと》しと為《な》す …… 332
ワンクッション置く …… 160

流言は知者に止《とど》まる …… 491
流言飛語 …… 491
竜頭蛇尾 …… 150,218,221
竜の髭《ひげ》を蟻が狙う …… 96
柳眉《りゅうび》を逆立てる …… 24
竜門の滝登り …… 427
粒粒辛苦《りゅうりゅうしんく》 …… 51,190
凌雲《りょううん》の志 …… 428,429
燎原《りょうげん》の火 …… 221
良工《りょうこう》は材を択《えら》ばず …… 377
良妻賢母 …… 505
猟師山を見ず …… 78
梁上《りょうじょう》の君子 …… 387
猟する鷹は爪を隠す …… 436
両端《りょうたん》を持す …… 345,345
両手に花 …… 161
遼東《りょうとう》の豕《いのこ》 …… 359,360
両の手に花と紅葉《もみじ》 …… 161
両刃《りょうば》の剣《けん》 …… 474
両方立てれば身が立たぬ …… 163
良薬(は)口に苦し …… 182,183
両雄倶《とも》に立たず …… 545
両雄並び立たず …… 545
両雄は必ず争う …… 545
綾羅錦繍《りょうらきんしゅう》 …… 224
理路整然 …… 269
臨機応変 …… 309,313
綸言《りんげん》汗の如《ごと》し …… 138

〔る〕

類は友 …… 521
類は友を呼ぶ …… 516,521,521
累卵《るいらん》の危うき …… 214
類を以《も》って集まる …… 521
坩堝《るつぼ》と化す …… 53
瑠璃《るり》も玻璃《はり》も照らせば光る …… 374

〔れ〕

礼過ぐれば諂《へつら》いとなる …… 351
冷静沈着 …… 307
礼も過ぎれば無礼になる …… 351
レールを敷く …… 162
レッテルを貼る …… 535
連理の枝 …… 542

〔ろ〕

労多くして益なし …… 555
老骨に鞭打つ …… 190
労して功なし …… 555
浪人暇なし …… 469
老婆心 …… 121
老婆心切 …… 121
老馬の智 …… 404
労を多とする …… 43
労を執る …… 171
ローマは一日にして成らず …… 150
六十の手習い …… 155
禄を盗む …… 467
禄を食《は》む …… 448
盧生《ろせい》の夢 …… 441
六根《ろっこん》浄《じょう》 …… 440
六根清浄《しょうじょう》 …… 440
路頭に迷う …… 448
路傍の人 …… 533
露命を繋《つな》ぐ …… 448
呂律《ろれつ》が回らない …… 104
論功行賞 …… 535
論語読みの論語知らず …… 360
論に負けても実《じつ》に勝つ …… 479
論より証拠 …… 531
論を俟《ま》たない …… 213

〔わ〕

若い時の苦労は買ってでもせよ …… 52
若い時の辛労は買ってもせよ …… 52
若い時の難儀は買《こ》うてもせよ …… 52
我が意を得る …… 77
若木の下で笠を脱げ …… 510
若気《わかげ》の至り …… 310
我儘《わがまま》三昧 …… 471
我が身を抓《つね》って人の痛さを知れ …… 36,112
我が物顔 …… 303
和気藹藹《わきあいあい》 …… 332

要領がいい …… 374
要領が悪い …… 374
要領を得ない …… 298
世が世なら …… 443
欲と二人連れ …… 66
欲と道連れ …… 66
欲の熊鷹爪を裂く …… 66
欲の熊鷹股裂くる …… 66
欲も得もない …… 248
欲を言えば …… 66
予言者郷里に容《い》れられず …… 466
横紙破り …… 353
横車を押す …… 354
横の物を縦にもしない …… 335
横道にそれる …… 112
横槍を入れる …… 121
横を向く …… 344
葦《よし》の髄《ずい》から天井を覗《のぞ》く …… 358,360
誼《よしみ》を通じる …… 515
余勢を駆る …… 221
涎《よだれ》が出る …… 66
涎を垂らす …… 66
涎を流す …… 66
予断を許さない …… 535
世に合う …… 420
世に出る …… 429
世に問う …… 531
世の聞こえ …… 538
世の取り沙汰も七十五日 …… 490
世の中は三日見ぬ間の桜かな …… 292
夜の目も寝ずに …… 445
世は回り持ち …… 394
呼び声が高い …… 538
呼び水になる …… 407
予防線を張る …… 160
読みが深い …… 382
夜目遠目笠の内 …… 168
余裕綽々《しゃくしゃく》 …… 308
寄らば大樹の陰 …… 180,434
寄ると触ると …… 90
弱音を吐く …… 337
弱みに付け込む …… 209
弱り目に祟《たた》り目 …… 413,415,416
世を去る …… 454
世を忍ぶ …… 126
世を捨てる …… 440
夜《よ》を徹する …… 445
世をのがれる …… 126
夜を日に継ぐ …… 266
世を渡る …… 448

〔ら〕

来年の事を言えば鬼が笑う …… 573
来年の事を言えば烏《からす》が笑う …… 574
磊磊落落《らいらいらくらく》 …… 330
烙印を押される …… 70
楽は苦の種苦は楽の種 …… 392,393
洛陽《らくよう》の紙価《しか》を高める …… 538
ラストスパートをかける …… 190
埒《らち》が明かない …… 275
埒もない …… 552
落花《らっか》枝に還らず …… 543
落花枝に上り難し …… 542,543
落花《らっか》微塵《みじん》 …… 232
落花狼藉《ろうぜき》 …… 249,249
喇叭《らっぱ》を吹く …… 320
濫觴《らんしょう》 …… 195

〔り〕

理解に苦しむ …… 74
理屈上手の行い下手 …… 554
理屈と膏薬は何処《どこ》へでもつく …… 471,565
律義者の子沢山 …… 469,504
立錐《りっすい》の地なし …… 90
立錐の余地なし …… 90
理詰めより重詰め …… 436
理にかなう …… 451
利に走る …… 480
理の当然 …… 451
理非曲直 …… 164,535
理不尽 …… 467
溜飲が下がる …… 82
溜飲を下げる …… 82

破れても小袖《こそで》……505
藪をつついて蛇を出す……416
病《やまい》膏肓《こうこう》に入《い》る……79
病上手に死に下手……464
病は気から……465
山が当たる……267
山が外れる……268
山が見える……168
山高きが故《ゆえ》に貴《たっと》からず……535
山に躓《つまず》かずして蟻塚に躓く……83
山に躓かずして垤《てつ》に躓く……83
山に上《のぼ》りて魚《うお》を求む……466
山の芋《いも》鰻になる……486
山の芋を蒲焼きにする……550
山場を迎える……253
山ほどある……226
山より大きな猪は出ぬ……114
山をかける……168
山を張る……168
闇から闇……126
闇から闇に葬る……125
闇の夜に灯火《ともしび》を失う……56
闇夜に(の)鉄砲……269
闇夜に烏《からす》雪に鷺《さぎ》……298
闇夜に提灯……411,413
闇夜の礫《つぶて》……269,273
闇夜の灯火《ともしび》……413
止《や》むに止まれぬ……165
矢も楯もたまらず……306
槍玉にあげる……198
夜郎自大《やろうじだい》……359,360

〔ゆ〕

唯一不二……506
唯一無二……506
唯我独尊《ゆいがどくそん》……303,359
勇往邁進《ゆうおうまいしん》……347
有言実行……116,116
有終の美……150
優柔不断……39,59,336
優勝劣敗……232,530
融通が利く……313
融通自在……331
融通無碍《むげ》……309,331
勇壮活発……347
幽明境を異《こと》にす……454
有名亡実《ほうじつ》……509
有名無実……509
勇名を馳せる……538
勇猛果敢……347
悠悠自適……447,447
幽霊の正体見たり枯尾花《かれおばな》……32
勇を鼓《こ》す……347
行きずりの人……533
雪の上に霜……548
雪を欺《あざむ》く……296
油断大敵……82,263
指一本(も)差させない……147
指折り数える……200
指をくわえる……50
指を指す……198
指を染める……194
弓折れ矢尽きる……236
湯水のように使う……481
弓を引く……197
夢路をたどる……444
夢を託す……46
夢を見る……66
夢を結ぶ……445
湯を沸かして水にする……555

〔よ〕

良い内《うち》から養生……162
酔い醒めの水下戸《げこ》知らず……476
酔い醒めの水千両と値が決まり……476
酔い醒めの水は甘露の味……476
宵っ張りの朝寝坊……448
余韻嫋々《よいんじょうじょう》……45
用意周到……350
妖怪変化《へんげ》……385,387
容姿端麗……295,296
羊質虎皮《ようしつこひ》……107
羊腸小径《ようちょうしょうけい》……291
羊頭狗肉《ようとうくにく》……107,466

元子《もとこ》失う …… 391
元の鞘《さや》に収まる …… **543**
元の木阿弥《もくあみ》 …… **551**
元の木庵《もくあん》 …… 552
求めよさらば与えられん …… 439,**440**
元も子も失う …… **391**
元も子もない …… **391**
元も子もなくす …… 391
もぬけの殻 …… **191**
物言う花 …… 223
物言えば唇寒し秋の風 …… **138**
物がなければ影ささず …… 189
物がわかる …… **374**
物盛りなるときは衰う …… 292
物盛んなれば即《すなわ》ち衰う … **292**,396,397
物ともせず …… **341**
物に時節あり …… 420
物にする …… **150,161,379**
物になる …… **380**
物には時節 …… **420**
物の数ではない …… **509**
物の弾《はずみ》 …… **221**
物は言いなし事は聞きなし …… **103**
物は言い残せ菜《さい》は食い残せ …… **138**
物は言いよう …… 103,**564**
物は考えよう …… 127
物は相談 …… **172**
物は試し …… **116**
物は談合 …… 172
物も言いようで角《かど》が立つ …… **103**
物わかりがいい …… 374
物を言う …… **532**
物を言わせる …… 532
物を貰《もら》うはただより高い …… 402
紅葉《もみじ》のような手 …… **263**
紅葉を散らす …… **70**
桃栗三年柿八年 …… **573**
両刃《もろは》の剣《つるぎ》 …… **474**
諸刃《もろは》の剣 …… 474
門外漢 …… **556**
門外不出 …… **253**
文句を付ける …… **76**
文殊の知恵 …… **368**
門前市《いち》を成す …… 89,**90**
門前雀羅《じゃくら》を張る …… 89,90,250
門前の小僧習わぬ経を読む … 364,**368**,406
門前払いを食う …… **47**
門を叩く …… **527**

〔や〕

八百長 …… **107**
矢面《やおもて》に立つ …… **192**
焼きが回る …… **229**
焼き餅焼くとて手を焼くな …… **15**
焼き餅を焼く …… **55**
焼きを入れる …… **155**
役者が揃う …… **90**
薬石効無し …… **464**
焼け石に雀の涙 …… 552
焼け石に水 …… **552**
焼けた後の火の用心 …… 421
焼けぼっくいに火が付く …… **543**
やけを起こす …… **81**
野次を飛ばす …… **198**
安い物は高い物 …… 403
安かろう悪かろう …… **509**
安物買いの銭失い …… **403**
痩《や》せ腕にも骨 …… 18
痩せ馬鞭《むち》を恐れず …… **460**
痩せ馬鞭を驚かず …… 460
痩せても枯れても …… **397**
屋台が傾く …… **470**
柳と受ける …… 120
柳に風折れなし …… 376
柳に風 …… **120**,549
柳に風と受け流す …… 120
柳に雪折れなし …… **376**,528
柳の下にいつも泥鰌《どじょう》は居らぬ …… **412**
柳の下の泥鰌 …… 412
野《や》に下る …… **206**
矢の催促 …… **66**
藪から棒 …… 34,274
藪蛇《やぶへび》 …… 416

目の上の瘤《こぶ》……147
目の上のたん瘤《こぶ》……147
目の敵《かたき》にする……545
目の黒いうち……454
目の正月……58
目の玉が飛び出る……35
目の中に入れても痛くない……504
目の保養……58
目の前が暗くなる……85
目の前が真っ暗になる……85
目の寄る所へは玉もよる……516,521,521
目は毫毛《ごうもう》を見るも睫《まつげ》を見ず……110,111
目端が利く……374
目鼻が付く……168
目引き袖引き……346
面星を付ける……168
目も当てられない……279
目もあや……224
目もくれない……344
目安が付く……168
目安を付ける……168
目を奪われる……457
目を落とす……203
目を掛ける……171
目を配る……203
目を凝らす……203
目を覚ます……55
目をさらす……203
目を皿のようにする……203
目を三角にする……24
目を白黒させる……35
目を据える……204
目を注ぐ……204
目をつける……457
目をつぶる……208
芽を摘む……147
目を通す……204
目を盗む……339
目を離す……83
目を光らす……233
目を引く……457
目を開く……55
目を細くする……29
目を細める……29
目を丸くする……35
目を回す……222
目を見張る……35
目をむく……24
目をやる……204
面従腹背《めんじゅうふくはい》……179
面張牛皮《めんちょうぎゅうひ》……326
面と向かう……88
面皮を剝ぐ……141
面壁九年……155
面目が潰れる……553
面目次第もない……553
面目を失う……553
面目を失わせる……141
面目を保つ……553
面目を施す……553
面目が立つ……552
面面の楊貴妃……11
面目躍如……553
面目を一新する……207

〔も〕

盲亀浮木《もうきふぼく》……419
妄言《もうげん》……107
申し分がない……379
孟母三遷《もうぼさんせん》……367
孟母断機《もうぼだんき》……368
燃える火に油を注ぐ……23
モーションをかける……146
持ちつ持たれつ……131
餅は乞食に焼かせよ魚は殿様に焼かせよ……431
餅は餅屋……405,424,424
勿怪《もっけ》の幸い……412
勿体ぶる……301
勿体《もったい》を付ける……300
持って回った言い方……561
持つべきものは子……504
本木《もとき》に勝る末木《うらき》なし……543

胸に秘める……339
胸を痛める……42
胸を打つ……45
胸を躍らせる……46
胸を借りる……155
胸を焦がす……15
胸を突く……35,45
胸をなで下ろす……20
胸を弾ませる……29
胸を張る……324
胸を膨らませる……46
無念無想《むねんむそう》……54
無病息災……407,409
無味乾燥……61
無用の長物……556
無用の用……557
無理が通れば道理が引っ込む……467,527
無理難題……467

〔め〕

明暗を分ける……260
命運が尽きる……394
明鏡止水《めいきょうしすい》……55
名所に見所なし……538
冥途《めいど》の道も金次第……401
命《めい》は天に在り……392,394
名物に旨い物なし……538
明眸皓歯《めいぼうこうし》……295
明明白白……212
明朗快活……239
明朗闊達……239
メートルを上げる……476
目顔《めがお》で知らせる……346
目が利く……379
目がくらむ……66
目が肥える……379
目が冴える……444
目が覚める……45,55
目頭が熱くなる……45
目が据わる……346
目が高い……379
芽が出る……412
目が出る……412
目が届く……48
目が飛び出る……35,151
目がない……54
眼鏡が狂う……535
眼鏡にかなう……535
目が光る……233
目が回る……222
目が物を言う……346
目から鱗が落ちる……55
目から鼻へ抜ける……313
目くじらを立てる……24
目屎《めくそ》鼻屎を笑う……359
目先が変わる……133
目先が利く……374
目先を変える……133
飯の食い上げ……470
目尻を下げる……29,319
目白押し……293
メスを入れる……165
メッキが剝げる……282,283
目で目は見えぬ……110,111
目で物を言う……346
目と鼻の間……264
目と鼻の先……264
目に余る……279
目に一丁《いってい》字なし……363
目に浮かぶ……168
目に角《かど》を立てる……24
目に染《し》みる……203
目にする……203
目に立つ……294
目に付く……203
目に留まる……47,457
目に入る……203
目には目を歯には歯を……460
目に触れる……203
目に見える……168,213
目にも留まらぬ……281
目に物言わせる……346
目に物見せる……141
目の色を変える……53

身も蓋もない……61
身も世もない……41
脈がある……46
脈がない……46
見よう見真似《みまね》……364,406
冥利に尽きる……43
見る影もない……397
見るからに……203
見ると聞くとは大違い……484,486
見るに見かねる……121
見る目がある……382
見る目がない……382
身を蔵《かく》して影を露《あらわ》す……124
身を固める……162,495
身を切られるよう……62
身を切るよう……62
身を削る……62
身を焦がす……14
身を粉《こ》にする……189
身を捨ててこそ浮かぶ瀬もあれ…40,375
身を立てる……429,447
身を投じる……148
身を任せる……153
実を結ぶ……532
身を持ち崩す……397
身を寄せる……171

〔む〕

六日の菖蒲《あやめ》十日の菊……420,421,422
無為徒食……447
無為無策……160
向かい三軒両隣……515
昔取った杵柄《きねづか》……379
無我夢中……324
向きになる……319
無芸大食……556
無下《むげ》にする……390
向こう三軒両隣……515
向こうを張る……97
無言の行……332
虫がいい……326
虫が知らせる……60
虫が好かない……47
虫が付く……15
虫酸が走る……73
虫の息……229
虫の居所が悪い……74
虫も殺さない……308
無常の風は時を択《えら》ばず……214
無人の野を行く……373
娘一人に婿三人……495
娘一人に婿十人……495
娘一人に婿八人……495
無駄口をきく……103
無駄口を叩く……103
無駄骨を折る……551
無知蒙昧《もうまい》……359
胸糞が悪い……73
胸倉を取る……97
胸算用……403
無に帰する……391
無にする……551
胸が痛む……41
胸が一杯になる……44
胸が騒ぐ……57
胸がすく……81
胸がつかえる……42,44
胸が潰《つぶ》れる……62
胸が弾む……29
胸が張り裂ける……42
胸が晴れる……20
胸が膨らむ……46
胸がふさがる……42
胸三寸に納める……138,339
胸三寸に畳む……138
胸に一物……178
胸に納める……138,339
胸に聞く……127
胸に刻む……128
胸にこたえる……44
胸に迫る……45
胸に畳む……339
胸に手を当てる……127
胸に手を置く……127

微塵骨灰《みじんこっぱい》 …… 232
水入り …… 205
水が合わない …… 76
水が入る …… 205
水清ければ魚《うお》棲《す》まず …… 515
水際立つ …… 294
水と油 …… 260,545
水に流す …… 208
水の泡になる …… 390
水の滴《したた》るよう …… 295
水は入れ物に従う …… 153
水は方円の器《うつわ》に随《したが》う …… 153
水も漏らさぬ …… 233
水をあける …… 529
水を打ったよう …… 251
水を差す …… 147
水を向ける …… 146
身銭《みぜに》を切る …… 403
店を畳む …… 424
店を張る …… 424
未曾有《みぞう》 …… 277,278,506
溝ができる …… 545
味噌も糞も一緒 …… 244,269
味噌をする …… 323
味噌を付ける …… 526
道が開ける …… 46
道草を食う …… 481,551
道は好む所によって易《やす》し …… 154
道を付ける …… 202
三日大名 …… 512
三日天下 …… 512
三日にあけず …… 223
三日坊主 …… 336
三日見ぬ間の桜 …… 293
盈《み》つれば虧《か》く …… 292,396,397
見ての極楽住んでの地獄 …… 484
見て見ぬふりをする …… 208
見所がある …… 374
身に余る …… 286
身に覚えがない …… 467
身にしみる …… 44,409
身に過ぎた果報は災いの基《もと》 …… 286
身につける …… 155
身につまされる …… 38
身になる …… 171,557
見ぬ事清し …… 202
見ぬほど綺麗な物はなし …… 202
見ぬ物清し …… 202
身の毛がよだつ …… 31,32
身の毛もよだつ …… 32
実の生《な》る木は花から知れる …… 371
身の程知らず …… 287
身の程を知れ …… 111
実る稲田は頭《あたま》を垂れる …… 316
実るほど頭《こうべ》を垂れる稲穂かな …… 316
身は一代名は末代 …… 54
身二つになる …… 504
耳が痛い …… 62
耳学問 …… 367
耳が肥える …… 379
耳が早い …… 374
耳ざとい …… 374
みみずがぬ(の)たくったよう …… 123
耳に入れる …… 103,128
耳に逆らう …… 72
耳に障る …… 72
耳にする …… 128
耳に胼胝《たこ》ができる …… 72
耳に付く …… 73,129
耳に留《と》まる …… 128
耳に留める …… 128
耳に入る …… 129
耳に挟む …… 129
耳を疑う …… 35
耳を掩《おお》うて鐘を盗む …… 125
耳を掩うて鈴を盗む …… 125
耳を貸す …… 172
耳を傾ける …… 129
耳を信じて目を疑う …… 273
耳を澄ます …… 129
耳をそばだてる …… 129
耳を揃える …… 403
耳を尊び目を賤しむ …… 273
耳をふさぐ …… 119

薪《まき》に油を添える …… 23
紛れもない …… **213**
幕が開く …… **195**
枕を高くして寝る …… **20**
枕を並べて討死にする …… **526**
枕を濡らす …… **63**
幕を開ける …… 195
幕を下ろす …… 117
幕を切って落とす …… **195**
幕を閉じる …… **117**
幕を引く …… 117
負け犬の遠吠え …… 314
負けに不思議の負けなし …… **529**
負けるが勝ち …… **529**,529
馬子《まご》にも衣装 …… **295**
摩擦を生じる …… **545**
真面目くさる …… **343**
間尺に合わない …… **480**
股に掛ける …… **105**
待たぬ月日は経ち易《やす》い …… **573**
待ちぼうけを食う …… **200**
待つ中《うち》が花 …… 46
睫《まつげ》を濡らす …… 350
抹香《まっこう》臭い …… **343**
末席を汚す …… **148**
待ったなし …… **256**
松に鶴 …… 574
待つ間《ま》が花 …… **46**
待つ身より待たるる身 …… **57**
祭りより前の日 …… 46
待てば海路の日和《ひより》あり …… 410,**420**
待てば甘露《かんろ》の日和あり …… 420
的が外れる …… **240**
的外れ …… 467
的を射る …… **267**,267,450
的を絞る …… **132**
的を外す …… 240
俎《まないた》に載せる …… **165**
俎板《まないた》の魚《うお》 …… 393
俎板の鯉《こい》 …… 393
学びて思わざれば即《すなわ》ち罔《くら》し …… **362**
学ぶに暇《いとま》あらずと謂《い》う者は暇あり
と雖《いえど》も亦《また》学ぶ能《あた》わず …… **362**
真《ま》に受ける …… **343**
眉が晴れる …… 57
眉唾物 …… **178**
眉に唾する …… 350
眉に唾を付ける …… 350
眉に唾を塗る …… **350**
眉を曇らせる …… **57**
眉を顰《ひそ》める …… **57,72**
眉を開く …… 20,57
迷わぬ者に悟りなし …… **367**
丸い卵も切りようで四角 …… 103,**165**
丸く収まる …… **134**
丸くなる …… 308
真綿で首をしめる …… **104**
間を持たす …… **159**
満身創痍 …… **464**
満面《まんめん》朱《しゅ》をそそぐ …… **24**
満を持す …… **162**

〔み〕

ミイラ取りがミイラになる …… **118,169**
見栄張るより頬張れ …… **201**,480
磨きがかかる …… 155
磨きをかける …… **155**
見かけ倒し …… **508**
身が入る …… **301**
身が持たない …… **265**
身から出た錆《さび》 …… 388,**389**
右腕《みぎうで》 …… 152
右から左 …… **257**
右と言えば左 …… **197**
右に出る者がない …… **374**
右の耳から左の耳 …… **305**,358
右へ倣《なら》え …… **201**
見切りを付ける …… **16**
神輿《みこし》を上げる …… **195**
神輿を担ぐ …… **89**
神輿を据える …… **307**
操《みさお》を立てる …… **153,542**
見ざる聞かざる言わざる …… **111**
身知らずの口叩き …… **114**

棒に振る……390,390
捧腹《ほうふく》絶倒《ぜっとう》……86
抱腹《ほうふく》絶倒《ぜっとう》……86
這う這う《ほうほう》の体《てい》……191
棒ほど願って針ほど叶う……65
忘憂《ぼうゆう》の物……475
亡羊の嘆《たん》……365
吠えつく犬は嚙みつかぬ……316
吠え面をかく……63
母猿断腸《ぼえんだんちょう》……41
頰が落ちる……433
頰被りをする……119
頰を染める……69
帆掛け船に櫓を押す……23
墨守成規《ぼくしゅせいき》……287
朴念仁《ぼくねんじん》……352
墓穴を掘る……460
矛先《ほこさき》が鈍る……228
矛先を転じる……135
反故《ほご》にする……344
矛《ほこ》を収める……117
星を挙げる……183,529
星を戴《いただ》く……424
星を落とす……529
星を被《かず》く……424
星を稼ぐ……529
星をつらねる……89
星を分ける……529
細くても針は吞めぬ……370
細く長く……443
臍《ほぞ》を固める……40
臍を嚙む……50
臍を食う……50
牡丹《ぼたん》に蝶……574
歩調が合う……331
歩調を合わせる……331
墨痕淋漓《ぼっこんりんり》……122
頰っぺたが落ちる……433
仏作って魂入れず……551
仏作って眼《まなこ》を入れず……551
仏の顔も三度……24
仏の光より金の光……403
仏も昔は凡夫《ぼんぷ》なり……189
ほとぼりが冷める……251
骨惜しみをする……336
骨折り損のくたびれ儲け……555
骨がある……267
骨が折れる……52
骨に刻む……128
骨の髄まで……259
骨までしゃぶる……209
骨身にこたえる……52
骨身にしみる……44
骨身を惜しまず……301
骨身を削る……189
骨を埋《うず》める……454
骨を惜しむ……336
骨を折る……189
炎を燃やす……53
洞ヶ峠《ほらがとうげ》を決め込む……345,345
法螺《ほら》を吹く……320
蒲柳《ほりゅう》の質……464
惚れた病に薬なし……14
惚れた欲目……11
惚れた弱み……14
惚れて通えば千里も一里……14
襤褸《ぼろ》が出る……283
本腰を入れる……79
盆と正月が一緒に来たよう……222
本音《ほんね》を吐く……330
凡夫《ぼんぷ》も悟れば仏……189
本末相《あい》順《したが》う……260
本末転倒……260

〔ま〕

枚挙にいとまがない……226
間がいい……243
魔が差す……81
間が抜ける……359,486
蒔かぬ種は生えぬ……189
間《ま》が持てない……247,551
曲がらねば世が渡られぬ……422
間が悪い……70,465
巻き添えを食う……415

分がある …… **473**
不覚を取る …… **83**
不可抗力 …… **415**
分がない …… 473
不帰の客 …… **454**
不羈《ふき》奔放 …… 252
河豚《ふぐ》食う無分別河豚食わぬ無分別 …… **433**
複雑怪奇 …… 231
複雑多岐 …… 231,246
覆車《ふくしゃ》の戒め …… 109
覆水盆に返らず …… **542**,542,543
伏線を敷く …… 162
伏線を張る …… **162**
腹蔵《ふくぞう》ない …… **330**
不倶戴天《ふぐたいてん》 …… 426,**544**
河豚《ふぐ》にもあたれば鯛にもあたる …… **465**
河豚は食いたし命は惜しし …… **59**
福は寝て待て …… 410
含むところがある …… **27**
袋の中の鼠 …… 235
袋の鼠 …… **235**
吹けば飛ぶよう …… **296**
不言実行 …… **116**,116
不幸中の幸い …… **412**
巫山《ふざん》の雲雨《うんう》 …… 14
巫山の夢 …… **14**
父子相伝 …… 237,**238**
無事息災 …… 409
武士に二言はない …… **103**
富士の山ほど願うて蟻塚ほど叶う …… 65
武士は相身《あいみ》互い …… **521**
武士は食わねど高楊枝 …… **184**,449
不惜身命《ふしゃくしんみょう》 …… 311,312
夫唱婦随 …… **542**
不審を抱く …… **26**
不即不離 …… **515**
不退転 …… **206**
二つに一つ …… **113**
二つ返事で …… **256**
豚に真珠 …… 550,**551**
二股《ふたまた》膏薬《ごうやく》 …… **345**,345
二股をかける …… **162**
二人口は過ごせるが一人口は過ごせぬ …… 541
蓋《ふた》を開ける …… **195**
釜中《ふちゅう》の魚《うお》 …… 392
ぶっつけ本番 …… **256**
降って湧く …… **274**
不逞《ふてい》の輩《やから》 …… **387**
筆が滑る …… **121**
筆が立つ …… **379**
筆に任せる …… **122**
筆を入れる …… **122**
筆を擱《お》く …… **122**
筆を折る …… **122**
筆を加える …… 122
筆を染める …… **122**
筆を断つ …… 122
筆を執る …… **122**
筆を走らせる …… **122**
筆を揮《ふる》う …… **122**
不撓《ふとう》不屈 …… **188**,428
太く短く …… 443
不得要領《ふとくようりょう》 …… 231
懐が暖かい …… **472**
懐が寂しい …… **469**
懐が寒い …… 470
懐刀《ふところがたな》 …… 152
懐を肥やす …… **387**
腑に落ちない …… **73**
舟に刻みて剣を求む …… **359**
船に懲りて輿《こし》を忌《い》む …… 30,522
船に乗れば船頭任せ …… 424
船は船頭に任せよ …… 405,**424**
船は帆で持つ帆は船で持つ …… **131**
船は帆任せ帆は風任せ …… **436**
舟を漕ぐ …… **444**
不評を買う …… **538**
不偏不党 …… **436**,450
踏み台にする …… **209**
不眠不休 …… 115,**188**
不問に付す …… **208**
冬来《きた》りなば春遠からじ …… **46**

…… 554,555,**557**
百尺竿頭《ひゃくしゃくかんとう》 …… **133**
百川《ひゃくせん》海に朝《ちょう》す …… 480
百戦錬磨 …… 327,**379**
百日の説法屁一つ …… **525**
百年河清《かせい》を俟《ま》つ …… **550**
百病は気から起こる …… 465
百聞は一見に如《し》かず …… **406**
百黙一言《ひゃくもくいちげん》 …… 98
百も承知 …… **64**
百薬の長 …… **476**
百里来た道は百里帰る …… **389**
百里の道は九十里が半ば …… 150
百里を行く者は九十里を半ばとす …… **149**
冷や酒と親の意見は後薬《あとぐすり》 …… 498
百花斉放 …… 224,**244**,245
百家争鳴 …… 99,**244**,244
百花繚乱 …… **224**,244
百鬼夜行 …… 385,**387**
冷や飯を食う …… **465**
氷山の一角 …… **217**
氷炭相愛す …… **260**
氷炭相容れず …… **260**
瓢箪《ひょうたん》から駒 …… **486**
瓢箪から駒が出る …… 486
瓢箪で鯰《なまず》を押さえる …… **298**
瓢箪に釣り鐘 …… 236
豹《ひょう》の一斑《いっぱん》 …… 166
豹は死して皮を留め人は死して名を残す
…… 442
秒読みに入る …… **248**
比翼の鳥 …… 542
比翼連理 …… 13,538,539,**541**
ピリオドを打つ …… **117**
卑陋頑固《ひろうがんこ》 …… 318
疲労困憊《こんぱい》 …… **265**
日を改める …… **112**
火を避けて水に陥る …… 413,414
火を付ける …… 492
火を通す …… **433**
非を鳴らす …… **198**
火を吹く …… **220**
火を見たら火事と思え …… 350
火を見るよりも明らか …… **213**
ピンからキリまで …… **259**
品行方正 …… **342**
貧者の一灯 …… **469**
顰蹙《ひんしゅく》を買う …… **69**
貧すれば鈍する …… **469**
ピントが外れる …… **467**
ぴんと来る …… **60,64**
ピンはねをする …… 384
貧乏柿の核《さね》沢山 …… 469,505
貧乏人の子沢山 …… **469**,505
貧乏は壮健の母 …… 469
貧乏は達者の基 …… **469**
貧乏暇なし …… **469**
ピンをはねる …… 384

〔ふ〕

不意打ちを食う …… 273
ふいにする …… 390
ふいになる …… **390**
不意を討つ …… 274
不意を食う …… **273**
不意を突く …… **274**
風雲急を告げる …… **288**
富貴《ふうき》天に在り …… 392,**394**
風光明媚 …… **575**
風樹の嘆《たん》 …… 500,**504**
風声鶴唳《ふうせいかくれい》 …… **31**
風雪に耐える …… **175**
風前の灯《ともしび》 …… **216**,235
風中《ふうちゅう》の灯 …… 216
風馬牛《ふうばぎゅう》 …… **119**
夫婦喧嘩と夏の餅は犬も食わぬ …… 541
夫婦喧嘩と西風は夜に入って止《や》む
…… 541
夫婦喧嘩は犬も食わぬ …… **541**
夫婦はいとこほど似る …… 540
夫婦は二世《にせ》 …… **541**
風木《ふうぼく》の悲しみ …… 504
風木の嘆《たん》 …… 504
笛吹けども踊らず …… **337**

人心地つく …… **20**
人事《ひとごと》言えば影がさす …… 490
人酒を飲む酒酒を飲む酒人を呑む …… **476**
一芝居打つ …… 177
一筋縄ではいかない …… **247**
一たまりもない …… **232**
一つ穴の貉《むじな》 …… 270
一つの釜の飯を食う …… 517
人手に渡る …… **112**
人と屏風《びょうぶ》は直《す》ぐには立たぬ …… 422
人並み外れる …… **279**
人に勝たんと欲する者は必ず先《ま》ず自《みず》から勝つ …… **110**
人には添うてみよ馬には乗ってみよ …… 493
人に依《よ》りて法を説け …… 419
人の一生は重荷を負うて遠き道を行くが如《ごと》し …… **175**
人の上見て我が身を思え …… 111
人の噂も七十五日 …… **490**
人の噂を言うは鴨の味がする …… 567
人の踊る時は踊れ …… 434
人の口に戸は立てられぬ …… 137,**490**
人の心は面《おもて》の如《ごと》し …… 243
人の事より我が事 …… 107
人の牛蒡《ごぼう》で法事する …… 209
人の好き好き笑う者馬鹿 …… 53
人の疝気《せんき》を頭痛に病む …… **57**
人のふり見て我がふり直せ …… **111**
人の褌《ふんどし》で相撲を取る …… **209**
人は一代名は末代 …… **54**,442
人は上辺《うわべ》によらぬもの …… 486
一肌《ひとはだ》脱ぐ …… **176**
一花咲かせる …… **429**
人はパンのみにて生くるにあらず …… **440**
人は見かけによらぬもの …… **486**,493
人は病の入れ物 …… 464
人は病の器 …… **464**
瞳を凝らす …… **202**
人目に余る …… **294**
人目に付く …… **294**
人目を忍ぶ …… **339**
人目を盗む …… **339**
人目をはばかる …… **339**
一役《ひとやく》買う …… **192**
一山《ひとやま》当てる …… **429**
一山越す …… **376**
一人口は食えぬが二人口は食える …… **541**
一人喧嘩はならぬ …… 118
一人娘と春の日はくれそうでくれぬ …… **495**
人を祈らば穴二つ …… 389
人を射んとせば先《ま》ず馬を射よ …… 157
人を食う …… **303**
人を謗《そし》るは鴨の味 …… **567**
人を呪《のろ》わば穴二つ …… **389**
人を呪わば身を呪う …… 389
人を見たら泥棒と思え …… **350**
人を見て法を説け …… **419**
人を以《も》って鏡と為《な》す …… 111
火に油を注ぐ …… **23**
微《び》に入り細《さい》をうがつ …… **244**
髀肉《ひにく》の嘆《たん》 …… **397**
非の打ち所がない …… **506**
火の消えたよう …… **250**
火の車 …… **468**
火の手が上がる …… **194**
日の出の勢い …… **220**
火のない所に煙は立たぬ …… **491**
日の目を見る …… **456**
火花を散らす …… **97**
疲馬《ひば》は鞭箠《べんすい》を畏《おそ》れず …… 460
火は火で治まる …… 159,**386**
ひびが入る …… **544**
火蓋《ひぶた》を切る …… **194**
悲憤慷慨《ひふんこうがい》 …… **23**
弥縫策《びほうさく》 …… **159**
暇を出す …… **398**
暇を潰す …… **283**
暇を盗む …… **283**
眉目秀麗 …… **295**,296
ひもじい時にまずい物なし …… 430
冷や汗をかく …… **69**
百芸は一芸の精《くわ》しきに如《し》かず

腹をよる……86
腹を割る……136
波瀾万丈……292
馬力を掛ける……188
張り子の虎……315
罵詈雑言《ばりぞうごん》……566
針の穴から天を覗《のぞ》く……358,360
針の筵《むしろ》……62
馬齢を重ねる……461
馬齢を加える……461
腫れ物に触るよう……350
破廉恥《はれんち》……326
歯をくいしばる……175
半可通《はんかつう》……269,310
反旗を翻す……196
盤根錯節《ばんこんさくせつ》……231,246,291
万策《ばんさく》尽きる……236
万事休す……16
万事万端……259
半畳を入れる……102
半畳を打つ……103
班女《はんじょ》が扇……10
万全の備え……350
万全の態勢……350
万卒《ばんそつ》は得《え》易《やす》く一将は得難《えがた》し……373
万卒は求め易く一将は求め難《がた》し……374
判で押したよう……272
繙読《はんどく》……381
反覆《はんぷく》常なし……518
万物流転《ばんぶつるてん》……291
半兵衛をきめる……334
反哺《はんぽ》の孝……510

〔ひ〕

贔屓《ひいき》倒し……70
贔屓の引き倒し……70
被害妄想……31
悲歌慷慨《ひかこうがい》……24
火が付く……492
引かれ者の小唄……316
引き金になる……407
飛脚《ひきゃく》に三里の灸……23
低き所に水溜まる……480
引く手あまた……145
引くに引けない……553
日暮れて道遠し……443
鬚《ひげ》の塵《ちり》を払う……323
卑下《ひげ》も自慢のうち……72
引けを取る……547
庇《ひさし》を貸して母屋《おもや》を取られる……488
膝を打つ……43
膝を崩す……205
膝を進める……47
膝を叩く……43
膝を正す……351
膝を突き合わせる……172
膝を乗り出す……47
膝を交える……520
飛耳長目《ひじちょうもく》……366
秘事は睫《まつげ》……110
美辞麗句……564
美人薄命……463,464
顰《ひそ》みに倣《なら》う……116,201
鐚一文《びたいちもん》……403
額に汗する……462
額を集める……172
左団扇《ひだりうちわ》……472
左前になる……285
引っ込みがつかない……246
筆紙に尽くしがたい……279
筆舌に尽くしがたい……279
ピッチを上げる……188
匹敵……528
匹夫《ひっぷ》の勇……115,346,508
匹夫も志を奪うべからず……18
必要は発明の母……133
旱《ひでり》に雨……411,413
一泡吹かせる……34
一息入れる……205
一肩《ひとかた》脱ぐ……176
人が悪い……352
一口乗る……148

鼻持ちならない …… 72
花も恥じらう …… 295
洟《はな》も引っかけない …… 344
花も実もある …… 506
花より団子 …… 202,430,480
鼻を明かす …… 34
鼻を折る …… 141
鼻を刺す …… 277
鼻を高くする …… 334
鼻を突き合わせる …… 293
鼻を突く …… 277
鼻を鳴らす …… 90
花を持たせる …… 510
歯に衣《きぬ》着せぬ …… 102
歯に衣《ころも》を着せぬ …… 102
羽が生えて飛ぶよう …… 424
羽を伸ばす …… 205
歯の抜けたよう …… 250
歯の根が合わない …… 31
幅が利く …… 303
幅を利かせる …… 303
羽振《はぶ》りがいい …… 472
羽振りを利かせる …… 303
歯亡びて舌《した》存《そん》す …… 376
浜の真砂《まさご》 …… 225
羽目を外す …… 279
波紋を投じる …… 492
早い話が …… 239
早い者勝ち …… 144
早いものに上手なし …… 281
早起き三両倹約五両 …… 447
早起きは三文の徳 …… 447
早好きの早飽き …… 13
早寝早起き病知らず …… 408
早飯《はやめし》早糞《はやぐそ》芸のうち …… 433
早飯早糞早仕度《はやじたく》 …… 433
早飯も芸のうち …… 433
流行《はやり》事は六十日 …… 508
流行物は廃《すた》り物 …… 508
流行物は廃れる …… 508
腹が癒える …… 77
腹が黒い …… 327
腹が据わる …… 40
腹が立つ …… 23
腹ができる …… 40,433
腹が煮えくり返る …… 23
腹が煮える …… 23
腹がふくれる …… 75,76
腹が太い …… 331
腹が減っては戦《いくさ》ができぬ …… 433
腹が見え透く …… 283
腹立ち紛れ …… 80
腹立てるより義理立てよ …… 110
腹に一物 …… 178
腹に据えかねる …… 23
腹の皮がよじれる …… 86
腹の皮をよじる …… 86
腹の皮をよる …… 86
腹の立つ事は明日言え …… 136
腹の虫がおさまらない …… 23
腹の虫が承知しない …… 23
腹は立て損喧嘩《けんか》は仕損 …… 23,314
腹八分《はちぶ》に病なし …… 408
腹八分目に医者要らず …… 408,409
腹も身の内 …… 408,408
腸《はらわた》が腐る …… 386
腸《はらわた》が煮え返る …… 23
腸《はらわた》が見え透く …… 283
腸《はらわた》を断つ …… 41
腹《はら》を合わせる …… 131
腹をえぐる …… 381
腹を抱える …… 86
腹を固める …… 40
腹を決める …… 40
腹を切る …… 206
腹をくくる …… 40
腹をこしらえる …… 433
腹をさぐる …… 145
腹を据える …… 40,175
腹を立てる …… 23
腹を見透かす …… 382
腹を見抜く …… 382
腹を見られる …… 145
腹を読む …… 145

恥の上塗り …… 69
箸の倒れたのもおかしい …… 86
始めは処女の如《ごと》く後《のち》は脱兎《だっと》の如く …… 97
破邪顕正《はじゃけんせい》 …… 450
箸より重い物を持たない …… 336
橋渡しをする …… 182
恥を言わねば理が聞こえぬ …… 69
恥を言わねば理が立たぬ …… 69
橋をかける …… 182
恥をさらす …… 69
恥を知る …… 69
恥をすすぐ …… 229
箸をつける …… 432
箸を取る …… 432
橋を渡す …… 182
バスに乗り遅れる …… 422
弾みを食う …… 415
旗揚げする …… 116
肌《はだえ》に粟《あわ》 …… 31
肌に粟を生ず …… 31
肌が合う …… 331
裸一貫 …… 276,276
畑が違う …… 286
畑水練 …… 555
畑に蛤《はまぐり》 …… 466
肌身離さず …… 223
働かざる者食うべからず …… 462
旗を揚げる …… 116
旗を振る …… 89
旗を巻く …… 547
破竹の勢い …… 219,220,281
蜂の巣をつついたよう …… 249
八面六臂《ろっぴ》 …… 373
ばつが悪い …… 69
白駒《はっく》の隙《げき》を過ぐるが若《ごと》し …… 361,571,572
抜群 …… 370
跋扈跳梁《ばっこちょうりょう》 …… 385
這《は》っても黒豆 …… 318
ぱっとしない …… 285
発破《はっぱ》をかける …… 193
八方美人 …… 323
八方塞がり …… 235
初物《はつもの》七十五日《しちじゅうごにち》 …… 432
ばつを合わせる …… 140
破天荒 …… 277,277
鳩が豆鉄砲を食ったよう …… 34
バトンを渡す …… 238
鼻息が荒い …… 25
鼻息をうかがう …… 144
花多ければ実少なし …… 322
鼻が利く …… 379
鼻が高い …… 334
鼻が曲がる …… 276
鼻糞も尊《とうと》みがら …… 437
鼻毛を抜く …… 178
鼻毛を読む …… 92
鼻先であしらう …… 352
話が付く …… 134
話が弾む …… 79
話が早い …… 242
話が見えない …… 73
話がわかる …… 366
話し上手の聞き下手 …… 102
話し上手は聞き上手 …… 102
話にならない …… 508
話に乗る …… 172
話に花が咲く …… 79
話に実が入る …… 79
話半分 …… 349
話半分嘘半分 …… 349
話を付ける …… 134
鼻っ柱が強い …… 318
鼻っ柱を折る …… 141
鼻であしらう …… 352
花に嵐 …… 147,147
鼻にかける …… 334
花に風 …… 147
鼻に付く …… 72
鼻の下が長い …… 319
鼻の下が干上がる …… 468
花の下より鼻の下 …… 202,480
花道を飾る …… 206

〔の〕

能ある鷹は爪を隠す …… 435,**436**
能ある猫は爪を隠す …… 436
能書《のうしょ》筆を択《えら》ばず …… 378
嚢中《のうちゅう》の錐《きり》 …… **373**
嚢中の物を探るが如《ごと》し …… **231**
軒《のき》を貸して母屋《おもや》を取られる …… 488
軒を連ねる …… **293**
残り物に福がある …… 409,**412**
熨斗《のし》を付ける …… **29**
望みを属す …… 46
望みを託す …… **45**
のっぴきならない …… **246**
喉から手が出る …… **65**
のべつ幕なし …… **223**
野辺の送り …… **454**
野放図《のほうず》 …… **269,326**
上り坂より下り坂 …… **83**
乗りかかった船 …… **266**
伸《の》るか反《そ》るか …… 391,**394**,527
暖簾《のれん》に腕押し …… 120,549,**550**
暖簾を下ろす …… 423
暖簾を分ける …… **424**
呑んでかかる …… **19**

〔は〕

敗軍の将は兵を語らず …… **547**
敗軍の将は兵を談ぜず …… 547
媒酌人 …… 494
背水の陣 …… **159**
吐いた唾は呑めぬ …… 137,490
盃中の蛇影 …… 26
掃いて捨てるほど …… **225**
杯盤狼籍《はいばんろうぜき》 …… **249**
灰吹きから蛇《じゃ》が出る …… 486
這《は》えば立て立てば歩めの親心 …… **504**
歯が浮く …… **72**
場数《ばかず》を踏む …… **405**
歯が立たない …… **547**
謀《はかりごと》は密なるを貴《たっと》ぶ …… **338**
謀は密なるをよしとす …… 338
謀泄《も》るるは事《こと》功《こう》無し …… 338
謀を以《もっ》て謀を討つ …… **96**
秤《はかり》に掛ける …… 479,**534**
破顔《はがん》一笑《いっしょう》 …… **85**
破顔大笑《たいしょう》 …… 86
掃き溜《だ》めと金持ちは溜まるほど汚い …… 471
掃き溜めに鶴 …… **293**,370
馬脚を露《あらわ》す …… **282**,283
破鏡《はきょう》再び照らさず …… **542**,542,543
歯切れがいい …… **213**
歯切れが悪い …… 213
博引旁証《はくいんぼうしょう》 …… **169**
博学多才 …… **366**,366
博学多識 …… 364,366
白眼視 …… **352**
莫逆《ばくぎゃく》の契り …… 520
莫逆の友 …… 518,**520**
薄志弱行 …… **116**
白日夢 …… **564**
白紙に返す …… 207
白紙に戻す …… **207**
白砂青松 …… **575**
拍車をかける …… **220**
拍車を加える …… 220
伯仲の間《かん》 …… 528
白昼夢 …… 549,564
白髪三千丈《はくはつさんぜんじょう》 …… **41**
白馬は馬に非《あら》ず …… **565**
白眉《はくび》 …… **373**
薄氷を踏む …… **216**
薄氷を履《ふ》むが如《ごと》し …… 214,215
博覧強記 …… 364,366,**366**
歯車が噛み合わない …… **275**
化けの皮が剥がれる …… **283**,283
化けの皮を現す …… 283
箸が転んでもおかしい …… **86**
馬耳《ばじ》東風 …… **119**,548
箸《はし》と主《しゅう》とは太いがよい …… 181
箸に当たり棒にあたり …… **80**
箸にも棒にも掛からぬ …… **508**
箸の上げ下ろし …… **244**

人《にん》を見て法を説け …… 418

〔ぬ〕

糠《ぬか》に釘 …… 120,549,**550**,550
糠喜び …… **28**
抜き差しならない …… **235**
抜け駆けの功名 …… **143**
盗人《ぬすびと》猛猛《たけだけ》しい …… **386**
盗人に追い銭《せん》 …… **415**
盗人に追いを打つ …… 415
盗人に鍵 …… 216
盗人に鍵を預ける …… **215**,216
盗人に糧《かて》 …… 216
盗人に倉の番 …… 216
盗人にも三分の理 …… 471,**564**
盗人を捕らえて縄を綯《な》う …… 421
盗人を捕らえて見れば我が子なり …… **486**
盗人を見て縄を綯《な》う …… **421**
ぬるま湯につかる …… **447**
濡れ衣《ぎぬ》を着せられる …… **459**
濡れ手で粟《あわ》 …… **411**
濡れ手で粟の攫《つか》み取り …… 411
濡れぬ先の傘 …… **162**

〔ね〕

寝息をうかがう …… **144**
寧馨児《ねいけいじ》 …… 456
寝返りを打つ …… **488**
願ったり叶ったり …… **411**
願ってもない …… **242**,412
値が張る …… **402**
根が深い …… **425**
葱が鴨を背負《しょ》って来る …… 411
寝首を掻《か》く …… **178**
猫に鰹節 …… 216,**216**
猫に鰹節の番 …… 216
猫に小判 …… **550**,551
猫に木天蓼《またたび》 …… **532**
猫の顔も三度 …… 24
猫の子一匹いない …… **251**
猫の手も借りたい …… **221**
猫の額 …… **258**
猫の前の鼠 …… 32
猫の目 …… **292**
猫糞《ねこばば》 …… 386
猫糞する …… 386
猫糞を決め込む …… **386**
猫も杓子《しゃくし》も …… **258**
猫をかぶる …… **335**
ねじが緩む …… **228**
捩《ねじ》れ釜に捩れ蓋《ぶた》 …… 495
ねじを巻く …… **110**
寝た子を起こす …… **89**
熱が冷める …… **351**
熱気を帯びる …… **25**
熱に浮かされる …… **79**
熱を上げる …… **79**
寝ていて転んだ例《ためし》はない …… 119
寝ても覚めても …… **222**
根に持つ …… **27**
根掘り葉掘り …… **564**
根回しをする …… **159**
寝耳に擂《す》り粉木《こぎ》 …… 34
寝耳に水 …… **34**,274
根も葉もない …… **107**
寝るが法楽 …… 444
寝る子は息災 …… 408
寝る子は育つ …… **408**
寝る子は太る …… 408
寝るは極楽 …… 444
寝るほど楽はない …… **444**
音《ね》を上げる …… **336**
根を下ろす …… **307**
根を生やす …… **307**
念が入《い》る …… 349
年季が入る …… **378**
年貢の納め時 …… **16**
年功序列 …… **254**
念頭に置く …… **128**
念には念を入れよ …… 347,348,349
念を入れる …… **349**
念を押す …… **123**

ならぬうちが楽しみ …… 46
ならぬ堪忍するが堪忍 …… 175
並ぶ者がない …… 374
鳴り物入り …… 320
鳴りを静める …… 251
鳴りを潜める …… 251
縄にも杓子《しゃくし》にも掛からぬ …… 508
名を揚げる …… 537
名を惜しむ …… 537
名を借りる …… 470
名を汚す …… 69
名を遂げる …… 537
名を取る …… 537
名を取るより得を取れ …… 479
名を成す …… 537
名を残す …… 537
南柯《なんか》の夢 …… 441,442
南去北来 …… 456
難攻不落 …… 96,505
南行北走 …… 456
汝《なんじ》自身を知れ …… 110
汝の敵を愛せよ …… 38
難色を示す …… 47
南船北馬 …… 221,455
何でも来いに名人なし …… 554,555,557

〔に〕

似合い似合いの釜の蓋《ふた》 …… 495
煮え切らない …… 336
煮え湯を飲まされる …… 488
二階から目薬 …… 550
荷が重い …… 192
荷が下りる …… 20
荷が勝つ …… 192
逃がした魚《さかな》は大きい …… 50
苦虫を嚙みつぶしたよう …… 71
握れる拳《こぶし》笑める面《おもて》に当たらず …… 21
肉が落ちる …… 295
肉山脯林《にくざんほりん》 …… 431
憎まれ口を叩く …… 566
憎まれっ子世に憚《はばか》る …… 353
憎まれ者世に憚る …… 353
肉を切らせて骨を断つ …… 93
逃げ腰になる …… 325
逃げるが勝ち …… 529,529
逃げを打つ …… 191
逃げを張る …… 191
濁りに染まぬ蓮 …… 254
錦を着て郷《きょう》に還る …… 427
西も東もわからない …… 80
二束三文 …… 402
二足の草鞋《わらじ》を履く …… 423
似た者夫婦 …… 540
似たり寄ったり …… 272
日常茶飯 …… 289
似て非なる者 …… 243
煮ても焼いても食えぬ …… 165
二度あることは三度ある …… 168
二兎《にと》を追う者は一兎《いっと》をも得ず …… 522,525
二の足を踏む …… 59
二の句が継げない …… 17
二の次にする …… 254
二の舞いを演じる …… 525
二の舞いを踏む …… 525
二番煎じ …… 289
二匹目の泥鰌を狙う …… 159,412
にべもない …… 352
二枚舌 …… 178
女房と菅笠《すげがさ》は新しいほうがよい …… 540
女房と畳は新しいほうがよい …… 540
女房と茄子《なすび》は若いがよい …… 540
女房と鍋釜は古いほうがよい …… 541
女房と幅物《ふくもの》は古いほどよい …… 541
女房と味噌は古いほどよい …… 541
女房は変えるほど悪くなる …… 543
にらみをきかせる …… 104
俄《にわ》か仕込み …… 184
人間《にんげん》到る処《ところ》青山《せいざん》あり …… 443
人間万事塞《さいおう》が馬 …… 393
人相見《にんそうみ》の我が身知らず …… 108
忍の一字は修妙《しゅうみょう》の門 …… 175

泥をかぶる……192
泥を塗る……68
泥を吐く……136
度を失う……306
団栗《どんぐり》の背比べ……271,289
飛んで火に入《い》る夏の虫……215

〔な〕

内柔外剛……484
内助の功……540
無い袖は振れぬ……402
無い知恵を絞る……127
泣いて馬謖《ばしょく》を斬る……312
泣いても笑っても……394
内徳《ないとく》の助け……540
内憂外患……246
長生きは恥多し……67
長い目で見る……313
長い物には巻かれろ……435
名が売れる……472
長口上は欠伸《あくび》の種……103
鳴かず飛ばず……285
長丁場……563
名が通る……472
仲に立つ……182
仲に入る……182
鳴かぬ蛍が身を焦がす……13
流れに棹《さお》……242
流れに棹さす……241,242
流れを汲む……238
仲を裂く……121
泣き面《つら》に蜂……413,415,416
泣きを入れる……92
泣きを見る……62
泣く子は育つ……408
泣く子は利口……408
鳴く猫は鼠を捕らぬ……316
鳴くまで待とう時鳥《ほととぎす》……174
鳴く虫は捕らる……137
仲人……494
情けが仇《あだ》……37
情けは人の為ならず……389
情けをかける……38
梨の礫《つぶて》……276
梨も礫もせぬ……276
茄子《なすび》の花と親の意見は千に一つも仇《あだ》はない……498
為《な》せば成る……188
謎をかける……561
鉈《なた》を貸して山を伐《き》られる……488
夏の虫飛んで火に入《い》る……215
斜めならず……28
七転び八起き……209,428,524
何が何でも……230
何かにつけて……563
何から何まで……258
何食わぬ顔……107
名にし負う……472
名に背《そむ》く……488
何はともあれ……239
何やかや……244
難波《なにわ》の葦《あし》は伊勢の浜荻《はまおぎ》……292
七日通る漆《うるし》も手に取らねばかぶれぬ……119
名乗りを上げる……148,241
名は体を表す……563
生木を裂く……13
生兵法《なまびょうほう》は大怪我のもと……525
波風が立つ……544
涙に暮れる……63
涙に沈む……63
涙にむせぶ……41
涙を誘う……19
涙を呑む……174
涙を振るって……338
涙を揮《ふる》って馬謖《ばしょく》を斬る……312
波に乗る……220,242
並外れる……279
なめくじに塩……84
嘗《な》めてかかる……18
名よりも得取れ……479
習い性となる……154
習うより慣れろ……154
奈落の底……235

時の運 …… 393
時の花を挿頭《かざし》にせよ …… 435
時は得難くして失い易《やす》し …… 419
時は金なり …… 402
度胆《どぎも》を抜く …… 34
度胸が据わる …… 330
時を争う …… 248
時を失う …… 421
時を稼ぐ …… 159
時を待つ …… 199
得意満面 …… 27
読書三昧《ざんまい》 …… 381
読書百遍意《い》自《おのずか》ら通ず …… 381
読書百遍義《ぎ》自ら見《あらわ》る …… 381
独壇場 …… 366
独断専行 …… 340
毒にも薬にもならない …… 289,555
とぐろを巻く …… 89
毒を食らわば皿まで …… 386
得を取るより名を取れ …… 435
毒をもって毒を制す …… 159,387
土下座 …… 92
床《とこ》に就く …… 444,463
床に臥《ふ》す …… 444
どこ吹く風 …… 341
所構わず …… 340
所変われば品《しな》変わる …… 292
所嫌わず …… 340
所の法に矢は立たぬ …… 434
所を得る …… 220,284
床《とこ》を上げる …… 444
鶏冠《とさか》に来る …… 21
年には勝てぬ …… 228
年に不足はない …… 77,460
年の功 …… 405
年は争えない …… 228
年端《としは》も行かぬ …… 460
徒手空拳 …… 276
年寄りの言うことと牛の鞦《しりがい》は外れない …… 404
年寄りの冷や水 …… 461
どすが利く …… 104
どすを呑む …… 125
塗炭《とたん》の苦しみ …… 52
土壇場 …… 253
毒気《どっき(どっけ)》に当てられる …… 17
毒気を抜かれる …… 308
トップを切る …… 143
途轍もない …… 279,563
とどのつまり …… 238
止《とど》めを刺す …… 117,165
隣の疝気《せんき》を頭痛に病む …… 57
怒髪《どはつ》衝冠《しょうかん》 …… 22
怒髪衝天《しょうてん》 …… 22
怒髪天を衝く …… 22
駑馬に鞭打つ …… 188
鳶に油揚げをさらわれる …… 390
飛ぶ鳥後を濁さず …… 206
飛ぶ鳥の献立 …… 166,550
飛ぶ鳥を落とす勢い …… 220
途方に暮れる …… 246
途方もない …… 279
左見右見《とみこうみ》 …… 59
纜《ともづな》を解く …… 455
虎に翼 …… 473
捕らぬ狸の皮算用 …… 166,549
虎の威《い》を藉《か》る狐 …… 315,511
虎の尾を踏む …… 214,215
虎の子 …… 253
虎の子を野に放し竜に水を与う …… 215
虎は死して皮を留め人は死して名を残す …… 54,442
虎を野に放つ …… 215
虎を赦《ゆる》して竹林に放つ …… 215
取り付く島がない …… 352
鳥なき里の蝙蝠《こうもり》 …… 315
鳥の両翼 …… 255
鳥肌が立つ …… 31,31
取るに足りない …… 263
取る物も取りあえず …… 256
泥縄《どろなわ》 …… 421
泥棒に追い銭《せん》 …… 415
泥棒にも三分の理 …… 565
泥棒を見て縄を綯《な》う …… 421

〔と〕

手が込む……133
手がすく……283
手が付かない……305
手がつく……194
手が届く……48,160
手がない……158,423
手が入る……121,142
手が離れる……117,504
手が早い……135,319
手がふさがる……221
手が回る……158
出来心……459
適材適所……532
できない相談……245
敵に塩を送る……37
手薬煉《てぐすね》引く……199
梃《てこ》入れをする……176
梃子《てこ》でも動かない……318
手塩にかける……170
手玉に取る……91
出遣《でづか》いより小遣い……261
鉄槌を下す……141
徹頭徹尾……266
鉄は熱いうちに打て……419
轍鮒《てっぷ》の急……248,248
鉄面皮《てつめんぴ》……326,326
手取り足取り……333
手鍋提げても……495
手に汗(を)握る……53
手に余る……245
手に負えない……245
手に落ちる……160
手にする……161
手に付かない……305
手に手を取る……520
手に取るよう……212
手に乗る……177
手の内を見せる……135
手の裏を返す……231,488,488
手の舞い足の踏む所を知らず……28
出端《ではな》を折る……147
出端をくじく……147
出船によい風は入り船に悪い……163
手前味噌……334,334
手前味噌で塩辛い……334
手回しがいい……162
手も足も出ない……245
出る杭《くい》は打たれる……198,414
出る釘は打たれる……198
出る所へ出る……96
出る幕ではない……286
手練手管《てれんてくだ》……178
手を合わせる……180,528
手を打つ……158,164
手をかける……135,171,386
手を貸す……176
手を借りる……176
手を切る……514
手を下す……115
手を組む……131
手をこまねく……342
手を染める……194
手を出す……121
手を束《つか》ねる……342
手を尽くす……158
手をつける……194,386
手を握る……131
手を抜く……269
手を濡らさず……336
手を伸ばす……423
手を引く……515
手を広げる……423
手を回す……158
手を結ぶ……131
手を焼く……246
手を緩める……83
手を汚す……115
手を分かつ……514
手を煩《わずら》わす……171
天衣無縫《てんいむほう》……378
天涯孤独……515
伝家の宝刀……158
天下晴れて……240

眺望絶佳 …… 574
頂門の一針 …… **183**
長幼の序 …… 254
長幼の序有り …… **254**
蝶よ花よ …… 499,**504**
朝立暮廃《ちょうりつぼはい》 …… 291
跳梁跋扈《ちょうりょうばっこ》 …… **385**
朝令暮改 …… **291**
直情径行 …… **115**,115
直截《ちょくせつ》簡明 …… 231,329
猪突猛進 …… **115**
塵《ちり》も積もれば山となる …… **264**
塵を結んでも志 …… 36
血を吐く思い …… **62**
地を掃《はら》う …… **276**
血を見る …… **95**
沈魚落雁《ちんぎょらくがん》 …… **224**
沈思《ちんし》凝想《ぎょうそう》 …… 127
沈思黙考《もっこう》 …… **127**
沈着大胆 …… **307**
沈着冷静 …… 307
沈黙は金雄弁は銀 …… 136,137,**138**

〔つ〕

朔日《ついたち》ごとに餅は食えぬ …… 412
終《つい》の別れ …… **442**
痛痒を感じない …… 340
杖とも柱とも頼む …… **180**
杖に縋《すが》るとも人に縋るな …… **180**
杖の下に回る犬は打てぬ …… **19**,37
杖をひく …… **455**
付かず離れず …… **514**,515
月とすっぽん …… **236**,236
月に叢雲《むらくも》花に風 …… **147**,147
月日に関守《せきもり》なし …… 572
月満つれば即《すなわ》ち虧《か》く …… 397
月夜に釜を抜かれる …… **83**
月夜に背中炙《あぶ》る …… 550
月夜に提灯 …… **549**
月夜に提灯夏火鉢 …… 554
付けが回ってくる …… **458**
辻褄《つじつま》を合わす …… **184**
土が付く …… **547**
土積もりて山を成す …… 264
綱渡りをする …… **215**
角《つの》(を)突き合わせる …… **544**
角を折る …… **152**
角を出す …… **55**
角を矯《た》めて牛を殺す …… **525**
角を生やす …… 55
粒が揃う …… **506**
潰《つぶ》しが利く …… **378**
壺にはまる …… **167,450**
壺を外さない …… 450
罪がない …… 254
罪を被《かぶ》せる …… 459
罪を着せる …… **459**
罪を憎んで人を憎まず …… **459**
つむじを曲げる …… **74**
爪に火を点《とも》す …… **409**
爪の垢ほど …… **258**
爪の垢を煎じて飲む …… **201**
爪を研《と》ぐ …… **162**
面《つら》の皮が厚い …… **326**,326
面の皮の千枚張り …… 326,**326**
面の皮を剝ぐ …… **141**
釣り落とした魚は大きい …… 50
鶴の一声 …… **134**
鶴は千年亀は万年 …… **396**

〔て〕

手足となる …… **176**
手足を伸ばす …… **205**
手合わせ …… 528
亭主が好きなら薦《こも》でも被《かぶ》れ …… 153
亭主関白 …… **540**
亭主の好きな赤烏帽子《あかえほし》 …… **152**
泥中《でいちゅう》の蓮 …… **254**
手が上がる …… 376
手が空く …… **283**
手が空けば口が開《あ》く …… **335,447**
手が後ろに回る …… **183**
手が掛かる …… 170
手が切れる …… 514

単純明快……231,246,330
丹誠をこめる……329
胆大心小……262
断腸《だんちょう》の思い……41
単刀直入……329
耽読《たんどく》……381
胆は大ならんことを欲し心は小ならんことを欲す……262
短兵急……256,329
断末魔……453
談論風発……101
胆を練る……154
端を発する……194

〔ち〕

知恵が回る……313
知恵と力は重荷にならぬ……365
知恵の小出し……435
知恵は小出しにせよ……435,436
知恵を借りる……172
知恵を絞る……127
知恵を付ける……89
血が通う……37
近くて見えぬは睫《まつげ》……110,111
血が騒ぐ……52
近しき中にも礼儀あり……351
血がつながる……503
血が引く……31
近惚れの早飽き……13
力瘤を入れる……187
力に余る……245
力になる……176,180
力を入れる……187
力を落とす……84
力を貸す……176
遅疑逡巡《ちぎしゅんじゅん》……58,59
池魚《ちぎょ》の憂い……415
池魚の殃《わざわい》……414,415
契りを結ぶ……13,204
竹馬の友……520
逐鹿《ちくろく》……95
知行合一……366
血で血を洗う……95,503
血と汗と涙……532
血と汗の結晶……532
血となり肉となる……557
地におちる……537
血の雨を降らす……455
血の出るような……52
血の涙……41
血のにじむような……52
地の利を得る……473
血は水よりも濃い……503
地歩《ちほ》を固める……428
地歩を築く……428
地歩を占める……428
血道を上げる……79
魑魅魍魎《ちみもうりょう》……385,387
血も涙もない……338
茶茶を入れる……102,120
茶腹も一時《いっとき》……432
中原《ちゅうげん》に鹿を逐《お》う……95
忠言耳に逆らう……182,183
昼耕夜誦《ちゅうこうやしょう》……447
仲裁人……182
仲裁は時の氏神《うじがみ》……181
宙に浮く……275
注文をつける……65
昼夜兼行……115,188
昼夜をおかず……222
寵愛《ちょうあい》昂《こう》じて尼になす……70
朝雲暮雨《ちょううんぼう》……14
長広舌《ちょうこうぜつ》……102
朝三暮四《ちょうさんぼし》……140
調子がいい……310
調子に乗る……242,310
長所は短所……524
帳尻が合う……164
帳尻を合わせる……164
調子を合わせる……331
彫心鏤骨《ちょうしんるこつ》……51
提灯《ちょうちん》に釣り鐘……236
提灯を持つ……323
朝変暮改……291

箍《たが》を締める …… **109**
箍を外す …… **80**
多岐亡羊 …… **365**
多芸は無芸 …… 554,**555**,557
竹に雀 …… 574
竹に接っぎ木 …… 466
竹に虎 …… 574
竹を割ったよう …… **329**
他山の石 …… **109**,111,524
多士済済《せいせい》 …… **372**
多事多難 …… 288
出しにする …… **208**
多勢に無勢 …… 94,**547**
叩けば埃が出る …… **385**
叩けよさらば開かれん …… **439**,440
多多益益《たたますます》弁ず …… **372**
多多益益善し …… 372
畳水練 …… 555
畳の上の水練 …… **555**,555
ただより高い物はない …… **402**
駄駄をこねる …… **353**
立ち寄らば大樹の陰 …… 181
立っている者は親でも使え …… **503**
立っていれば仏でも使う …… 503
脱兎《だっと》の勢い …… **219**
立つ鳥後をけがさず …… 206
立つ鳥後を濁さず …… **206**
手綱《たづな》を締める …… **109**
手綱を緩める …… 109
立て板に水 …… **101**
蓼《たで》食う虫は辛《から》きを知らず …… 53
蓼食う虫も好き好き …… **53**
盾《たて》突く …… 196
盾に取る …… **470**
伊達《だて》の薄着 …… **201**
伊達の素足 …… 201
伊達の素袷《すあわせ》 …… 201
盾の半面 …… **534**
縦の物を横にもしない …… **335**
立てば芍薬《しゃくやく》座れば牡丹《ぼたん》歩く姿は百合の花 …… **224**
盾を突く …… **196**
たとえ火の中水の中 …… 39
棚上げにする …… **344**,344
棚から牡丹餅《ぼたもち》 …… **411**
掌《たなごころ》を返す …… **231**,**488**,488
掌を指す …… **212**
棚に上げる …… 344,**344**
棚ぼた …… 411
他人の猿似 …… 295
他人の疝気《せんき》を頭痛に病む …… 57
他人の空似 …… **295**
他人の念仏で極楽詣《まい》り …… 209
狸寝入り …… **444**
狸の空《そら》寝入り …… 444
種をまく …… **407**
頼みの綱 …… **180**
束《たば》になってかかる …… **225**
荼毘《だび》に付す …… **453**
旅の恥は掻《か》き捨て …… 190,**455**
旅は情け人は心 …… 455
旅は道連れ世は情け …… **455**
旅は道連れ浮き世は情け …… 455
玉磨かざれば器《き》を成さず …… 154
玉磨かざれば光なし …… **154**
玉を衒《てら》いて石を売る …… 466
矯《た》めるなら若木のうち …… 419
駄目を押す …… **123**
駄目を出す …… **207**
袂を連ねる …… 131
袂《たもと》を分かつ …… 514
便りのないのは良い便り …… **531**
他力本願 …… **180**
誰《たれ》か烏の雌雄《しゆう》を知らんや …… **534**
啖呵《たんか》を切る …… **101**
短気は損気 …… 23,**314**
断金の契り …… 520
断金の交わり …… 514,**520**
端倪《たんげい》すべからず …… **372**
男子家を出《い》ずれば七人の敵あり …… 513
単糸《たんし》線を成さず …… **109**,517
断じて行えば鬼神《きしん》も之《これ》を避く …… **115**
男子の一言金鉄《きんてつ》の如《ごと》し …… 103

空《そら》を使う …… **335**
反《そ》りが合わない …… **544**
算盤《そろばん》が合う …… **423**
算盤ずく …… 406
算盤高い …… **406**
算盤をはじく …… **406**
損して得取れ …… **479**
損して恥かく …… 413,415,416
損者三友 …… 517
損せぬ人に儲けなし …… 479
損得ずく …… **406**
損は儲けの始め …… 479
損をすれば得をする …… 479

〔た〕

大概《たいがい》にする …… **164**
大海の一滴 …… **257**,257
大旱慈雨《たいかんじう》 …… 42
大願成就《たいがんじょうじゅ》 …… **149**
対岸の火事 …… **342**
大姦《たいかん》は忠に似たり …… **385**
大吉は凶に還る …… 286
大疑《たいぎ》は大悟《たいご》の基 …… 367
大器晩成 …… 369,**371**
大義名分 …… **470**
大魚は小水に棲《す》むことなし …… 372
大魚は小池《しょうち》に棲《す》まず …… **372**
大工の掘っ立て …… 423,463
大言壮語 …… **113**
大賢《たいけん》は愚《ぐ》なるが如《ごと》し …… 365
大巧《たいこう》は拙《せつ》なるが若《ごと》し …… 365
大功《たいこう》を論ずる者は小過《しょうか》を録せず …… **262**
太鼓のような判を押す …… 531
太鼓判を押す …… **531**
醍醐味 …… **432**
太鼓を打つ …… 322
太鼓を叩く …… **322**
太鼓を持つ …… 322
大才晩成《たいさいばんせい》 …… 372
泰山北斗《たいざんほくと》 …… **372**
大山鳴動 …… **485**
大事の前の小事 …… **82**,**119**,262,263
大事は小事より過《あやま》つ …… 264
大事は小事より顕《あらわ》る …… 264
大事は小事より起こる …… **264**
大上段に構える …… **104**
大上段に振りかざす …… 104
大上段に振りかぶる …… 104
大所高所から …… **534**
大事を取る …… **349**
泰然自若 …… **307**
大層も無い …… **563**
大団円 …… **238**
大胆不敵 …… 307,330
大智《たいち》は愚の如《ごと》し …… **365**
大地を見抜く …… **381**
大敵と見て恐れず小敵と見て侮らず …… **95**
大同小異 …… 271,**271**,272,289
大同団結 …… **131**
態度が大きい …… **303**
大なり小なり …… **238**
鯛の尾より鰯の頭《かしら》 …… 434
大は小を叶える …… 262
大は小を兼ねる …… **262**
台風の目 …… **492**
大木は風に折らる …… 414
鯛も一人はうまからず …… **432**
体をかわす …… **376**
体《たい(てい)》を成す …… **184**
斃《たお》れて後《のち》已《や》む …… 186,187
高い木は風当たりが強い …… 414
高《たか》が知れる …… **508**
箍《たが》が緩む …… **228**
高きに登るは卑《ひく》きよりす …… 264
高嶺《たかね》の花 …… **16**
鷹の前の雀 …… 32
鷹は飢えても穂を摘まず …… 184,449
高飛車 …… **303**
高みの見物 …… 118,342,**342**
鷹も朋輩《ほうばい》犬も朋輩 …… 516
宝の持ち腐れ …… **549**
高《たか》をくくる …… **18**

栴檀《せんだん》は双葉より芳《かんば》し …… **371**
先手必勝 …… **95**,143
先手を打つ …… 142,**143**
先手を取る …… 143
船頭多くして船山へ上る …… **274**
先頭を切る …… **143**
前途多難 …… 428
前途洋洋 …… **428**
前途遼遠 …… 443
千の倉より子は宝 …… 500
善は急げ …… **114**,417
千聞は一見に如《し》かず …… 406
千編一律 …… 270,**271**
千変万化 …… 217,**291**,292
先鞭《せんべん》をつける …… **143**
千万人と雖《いえど》も吾《われ》往《ゆ》かん …… **39**
千三《せんみ》つ …… **113**
千三《せんみ》つ屋 …… 113
前門に虎を防ぎ後門に狼を進む …… 414
前門の虎後門の狼 …… 413,414,**414**
千里の行《こう》も足下《そっか》より始まる …… **264**
千里の野に虎を放つ …… 215
千里の道も一歩から …… 264
千慮の一失 …… **524**
千慮《せんりょ》の一得《いっとく》 …… **127**,524
線を引く …… **132**

〔そ〕

粗衣粗食 …… **468**
滄海桑田《そうかいそうでん》 …… 291
滄海《そうかい》の一粟《いちぞく》 …… 257,258
滄海変じて桑田《そうでん》となる …… **291**
喪家《そうか》の狗《いぬ》 …… **84**
造詣《ぞうけい》が深い …… **365**
象牙の塔 …… **365**
糟糠《そうこう》の妻 …… **540**
相好《そうごう》を崩す …… **85**
相思相愛 …… **13**
宋襄《そうじょう》の仁《じん》 …… **37**
漱石枕流《そうせきちんりゅう》 …… 317
滄桑《そうそう》の変 …… 291
相伝専一 …… 238
桑田碧海《そうでんへきかい》 …… 291
桑田《そうでん》変じて滄海《そうかい》となる …… 291
そうは問屋《とんや》が卸《おろ》さぬ …… **47**
双眸炯炯《そうぼうけいけい》 …… 345
草木皆兵《そうもくかいへい》 …… 31
草履《ぞうり》履《は》き際で仕損じる …… 82
総領の甚六 …… **503**
倉廩《そうりん》実《み》ちて礼節を知る …… 350
惻隠《そくいん》の情 …… **19**
即時一杯の酒 …… 399
俗臭芬芬《ふんぷん》 …… **537**
即断即決 …… 59,337
粟粒一炊《ぞくりゅういっすい》 …… 441
底が浅い …… **508**
底が割れる …… **282**
底を突く …… **276**
底を割る …… **135**
俎上《そじょう》に載せる …… 165
俎上の魚《うお》 …… **393**
側近 …… 152
率先垂範《そっせんすいはん》 …… **202**
ぞっとしない …… **71**
そっぽを向く …… 344
袖から手を出すも嫌い …… 409
袖にあしらう …… 344
袖にすがる …… **180**
袖にする …… **343**
袖になす …… 344
袖の下 …… **401**
袖の下に回る子は打たれぬ …… 19,21,37
袖振り合うも多生《たしょう》の縁 …… 493,**494**
袖を絞る …… **63**
袖を連ねる …… **131**
袖を濡らす …… **63**
袖を引く …… **145**
袖を分かつ …… **514**
外堀を埋める …… **161**
其《そ》の国に入《い》れば其の俗に従う …… 434
其の罪を憎んで其の人を憎まず …… 459
その手は桑名の焼き蛤 …… **563**
傍杖《そばづえ》を食う …… 391,**414**,415
蕎麦《そば》の花も一盛り …… 417

青天の霹靂《へきれき》 …… 34,273
青天白日 …… 450,458
晴天白日 …… 458
生は難《かた》く死は易《やす》し …… 453
精《せい》も根《こん》も尽き果てる …… 265
勢力伯仲 …… 528
声涙《せいるい》ともに下る …… 63
清廉潔白 …… 450,458
精を出す …… 187
背負《せお》い投げを食う …… 487
積悪《せきあく》の家には必ず余殃《よおう》あり …… 388,388
積悪の余殃《よおう》 …… 388
積善《せきぜん》の家には必ず余慶あり …… 388,388
積善の余慶 …… 388
席の温まる暇《いとま》もない …… 221
赤貧洗うが如《ごと》し …… 468
赤面の至り …… 68
席を改める …… 112
堰《せき》を切る …… 219
席を蹴る …… 22
席を外す …… 112
席を譲る …… 237
世間が広い …… 405,514
世間に出る …… 442
世間の口に戸は立てられぬ …… 490
世間は張り物 …… 201
世故《せこ》にたける …… 435
背筋が寒くなる …… 30
是是非非《ぜぜひひ》 …… 164,450
世知《せち》にたける …… 435
切磋琢磨《せっさたくま》 …… 154
切歯扼腕《せっしやくわん》 …… 50
雪辱 …… 230
絶体絶命 …… 235
切ない時の神頼み …… 179
切ない時は茨《いばら》をも摑《つか》む …… 179
節を折る …… 152
節を屈する …… 152
節を曲げる …… 152
銭金《ぜにかね》は親子でも他人 …… 400
背に腹は代えられぬ …… 311
是非曲直 …… 164
是非ない …… 425
是非に及ばず …… 425
是非もない …… 425
責めを負う …… 192
背より腹 …… 312
世話がない …… 17,231
世話が焼ける …… 170
世話になる …… 170
世話を焼く …… 170
瀬を踏んで淵《ふち》を知る …… 349
背を向ける …… 119
善悪は友による …… 153,519
善因善果《ぜんいんぜんか》 …… 387
浅学短才 …… 364
浅学非才《ひさい》 …… 364
線が細い …… 336
千客万来《せんきゃくばんらい》 …… 89,90
千鈞《せんきん》の重み …… 252
千軍は得易《えやす》く一将は求め難し …… 374
千軍万馬 …… 327
先見の識《しき》 …… 143
先見の明 …… 143
線香も焚《た》かず屁もひらず …… 289
前虎後狼《ぜんここうろう》 …… 414
善後策 …… 158
前後不覚 …… 80,297
前後を失う …… 80
前後を忘れる …… 80
千載一遇 …… 418
千差万別 …… 243
前車の覆《くつがえ》るは後車の戒め …… 109
前車の轍《てつ》を踏む …… 524
前車の覆轍《ふくてつ》 …… 109
千丈《せんじょう》の堤も螻蟻《ろうぎ》の穴《けつ》を以《もっ》て潰《つい》ゆ …… 82
千辛万苦《せんしんばんく》 …… 51,190
前人未踏 …… 277
戦戦恐恐《せんせんきょうきょう》 …… 30
瞻前顧後《せんぜんこご》 …… 59
前代未聞 …… 277,277

深謀遠慮 …… **349**
辛抱に追い付く貧乏なし …… 462
親身《しんみ》になる …… **19**
身命《しんめい》を賭《と》する …… **311**
人面獣心 …… 294,**338**
真面目《しんめんもく》（しんめんぼく） …… **506**
森羅万象《しんらばんしょう》 …… **258**

〔す〕

水火《すいか》の争い …… **95**
水火の苦しみ …… 52
水火も辞せず …… **39**
随喜《ずいき》の涙 …… **28**
水魚の交わり …… 514,517,519,**520**
水中に火を求む …… 466
水泡に帰す …… **390**
酸いも甘いも噛み分ける …… **405**
酸いも甘いも知りぬく …… 405
据え膳食わぬは男の恥 …… **12**
頭《ず》が高い …… **303**,316
頭寒足熱 …… **408**
好きこそ物の上手なれ …… **154**
過ぎたるは猶《なお》及ばざるが如《ごと》し … **278**
好きは上手のもと …… 154
筋がいい …… **371**
筋書き通り …… **242**
筋が立つ …… 450
筋金入り …… **267**
筋道を通す …… 450
筋を通す …… **450**
涼しい顔 …… **341**
進むを知りて退くを知らず …… **205**
雀《すずめ》海に入《い》りて蛤《はまぐり》となる …… 486
雀の千声鶴の一声 …… 134
雀の涙 …… **257**
雀原《すずめはら》へ礫《つぶて》 …… **251**
鈴を転がすよう …… **227**
頭痛の種 …… **57**
すったもんだ …… **95**
捨台詞 …… **101**
捨てたものではない …… **556**
捨て身 …… **311**
酢でも蒟蒻《こんにゃく》でも食えぬ …… 165
捨てる神あれば助ける神あり …… 393
捨てる神あれば拾う神あり …… **393**,413
砂を噛むよう …… **61**
図に当たる …… **267**
脛《すね》に傷持つ …… **458**
滑ったの転んだの …… **250**
すべての道はローマに通ず …… **157**
すまじきものは宮仕え …… **423**
隅に置けない …… **371**
住めば都 …… **446**
住めば都の風が吹く …… 447
寸暇を惜しむ …… **78**
寸鉄人を殺す …… **101**
寸鉄人を刺す …… 101
寸延びて尺となる …… 173

〔せ〕

井蛙《せいあ》の見《けん》 …… 356
井蛙は以《も》って海を語るべからず …… 356
青雲の志 …… **428**,429
晴耕雨読 …… **447**
正鵠を射る …… **267**
正鵠を得る …… 267
生彩がない …… 219
生彩を欠く …… **219**
生彩を放つ …… **219**
生殺与奪 …… **454**,511
生殺与奪の権を握る …… 528
清浄無垢《むく》 …… 254
精神一到何事か成らざらん …… **187**,267,425
聖人君子 …… **450**
誠心誠意 …… **328**
聖人は危うきに近寄らず …… 348
聖人も時に遇《あ》わず …… 418
清水《せいすい》に魚棲《す》まず …… 515
正大《せいだい》の気 …… 239
清濁併せ呑む …… **330**
贅沢三昧 …… **471**
井底《せいてい》の蛙《あ》 …… 356
急《せ》いては事を仕損じる …… 156,**349**,532

芝蘭《しらん》の室に入《い》るが如《ごと》し … 516,519
尻馬に乗る …… 310
尻が暖まる …… 307
尻が重い …… 281,325
尻が軽い …… 12,281,310
尻が来る …… 164
尻が長い …… 307
尻が持ち込まれる …… 164
尻から抜ける …… 305,358
尻が割れる …… 282
尻切れ鳶《とんび》 …… 149
尻切れ蜻蛉《とんぼ》 …… 149
尻毛《しりげ》を抜く …… 34
尻に敷く …… 539
尻に火が付く …… 248
尻に帆を掛ける …… 191
尻拭いをする …… 164
尻抜け …… 358
事理明白 …… 231
支離滅裂 …… 268
尻目にかける …… 18
時流に乗る …… 242
思慮分別 …… 108
尻を上げる …… 117
尻を暖める …… 307
尻を据える …… 307
尻を叩く …… 193
尻を拭う …… 164
尻をはしょる …… 140
尻を持ち込む …… 164
知る者は言わず言う者は知らず …… 364
白い歯を見せる …… 85
白い目で見る …… 18
素人《しろうと》離れ …… 371
四六時中 …… 222
詩を作るより田を作れ …… 202
神韻縹緲《しんいんひょうびょう》 …… 378
人間《じんかん》到る処《ところ》青山《せいざん》あり … 443
人間《じんかん》夢の如《ごと》し …… 442
心機一転 …… 207
蜃気楼《しんきろう》 …… 549
神経がたかぶる …… 52
神経をすり減らす …… 265
人口に膾炙《かいしゃ》する …… 537
沈香《じんこう》も焚《た》かず屁もひらず …… 289
心算《しんざん》 …… 403
辛酸を嘗《な》める …… 51
人事は棺《かん》を蓋《おお》いて定まる …… 452
人事不省 …… 453
唇歯輔車《しんしほしゃ》 …… 234,234
神出鬼没 …… 217,292
尋常茶飯 …… 289
信賞必罰 …… 458
針小棒大 …… 262
心証を害する …… 71
寝食を忘れる …… 78
人事を尽くして天命に聴いて可なり …… 187
人事を尽くして天命を待つ …… 186,187
新進気鋭 …… 456
心身耗弱《こうじゃく》 …… 297
人心収攬《じんしんしゅうらん》 …… 91
心神喪失 …… 297
信心は徳の余り …… 439
薪水《しんすい》の労 …… 170
人生は朝露《ちょうろ》の如《ごと》し …… 442
人生は夢の如し …… 442
人跡未踏 …… 277
心臓が強い …… 326
迅速果敢 …… 59,281
進退きわまる …… 235
身体髪膚《はっぷ》之《これ》を父母に受く …… 407
死んだ子の年勘定 …… 50
死んだ子の年を数える …… 50
震地動天 …… 33
沈丁花《じんちょうげ》は枯れても香《かんば》し … 505
死んで花が咲かぬ …… 453
死んで花実が咲くものか …… 451,453
死んで花実がなるものか …… 453
震天動地 …… 33
心頭《しんとう》を滅却《めっきゃく》すれば火も亦《また》涼し …… 54
神《しん》に入《い》る …… 378
真に迫る …… 378

出世払い …… 399
術中に陥る …… **177**
術中にはまる …… 177
出藍《しゅつらん》の誉れ …… 526
朱に近づけば赤し …… 519
朱に交われば赤くなる …… 153,**519**
首尾一貫 …… **222**,266
朱を入れる …… **121**
春秋《しゅんじゅう》に富む …… **442**
春宵《しゅんしょう》一刻値千金 …… **570**
純情可憐 …… 254,326
純真無垢《むく》 …… **254**,255
準備万端 …… 350
春氷《しゅんぴょう》を渡る …… 216
春風《しゅんぷう》駘蕩《たいとう》 …… 233,**570**
順風満帆 …… **241**,241,242
春風満面 …… 27
春眠暁を覚えず …… **571**
上意下達 …… **511**
情が移る …… **12**
情が強《こわ》い …… **318**
性《しょう》が抜ける …… **228**
常軌を逸する …… **278**
城狐社鼠《じょうこしゃそ》 …… 487
上戸《じょうご》本性《ほんしょう》違《たが》わず …… 475
正直の頭《こうべ》に神宿る …… **439**
正直は一生の宝 …… 439
正直者に神宿る …… 439
小事《しょうじ》に拘わりて大事を忘るな …… **262**
小事は大事 …… 82,**263**
盛者《じょうしゃ》必衰《ひっすい》 …… 292,392,**396**,396,397,453
生者《しょうじゃ》必滅 …… 396,**453**
上首尾 …… **242**
情状酌量 …… **207**
生生流転《しょうじょうるてん》 …… **291**
小事を軽んずる勿《なか》れ …… 263
小人《しょうじん》閑居《かんきょ》して不善を為《な》す …… **384**
精進潔斎《しょうじんけっさい》 …… 438,**439**
小人《しょうじん》の勇 …… 346
小心翼翼 …… **305**,330
上手《じょうず》の手から水が漏る …… 523,524,**524**
上手を使う …… **322**
少壮気鋭 …… 456
少壮有為 …… 456
笑中《しょうちゅう》の刀 …… 106
掌中《しょうちゅう》の珠《たま》 …… **503**
焦点を絞る …… **132**
常套手段 …… **157**
少年老い易《やす》く学成り難し …… **361**
正念場 …… **418**
少年よ大志を抱け …… **427**
小の虫を殺して大の虫を助ける …… 311
勝敗は時の運 …… 528
焦眉《しょうび》の急 …… **247**,248
勝負は時の運 …… **528**
枝葉末節 …… **507**
正面切る …… **450**
証文の出し遅れ …… 420,**421**,422
将を射んとせば先《ま》ず馬を射よ …… **157**
将を射んと欲せば先ず馬を射よ …… 157
升《しょう》を以《も》って石《こく》を量る …… 357
諸行無常 …… 290,**291**
食が進む …… **431**
食が細い …… **431**
食指が動く …… **431**
食指を動かす …… 432
蜀犬《しょっけん》日に吠ゆ …… **358**
背負《しょ》って立つ …… **192**
塩っぱい顔をする …… **71**
白河夜船《しらかわよふね》 …… **443**
知らざるを知らざると為《な》せ是《これ》知るなり …… **364**
知らぬ顔の半兵衛 …… **334**
知らぬが仏 …… 22,**411**
知らぬ神に祟りなし …… 119
知らぬ他国にも鬼はない …… 413
知らぬは仏見ぬが神 …… 411
白羽の矢が立つ …… **112**
白羽の矢を立てる …… 113
白《しら》を切る …… **335**
芝蘭《しらん》の化《か》 …… 519

死は或《あるい》は泰山《たいざん》より重く或は鴻毛《こうもう》より軽《かろ》し …… **452**
芝居がかる …… **320**
芝居染みる …… 320
芝居を打つ …… **177**
士《し》は己《おのれ》を知る者の為に死す …… **452**
死馬《しば》の骨を買う …… 194
駟馬《しば》も追う能《あた》わず …… 137,490
死は易《やす》うして生は難し …… 453
自腹を切る …… **192**
慈悲が仇《あだ》になる …… 37
痺れを切らす …… **174**
雌伏《しふく》 …… **174**
私腹を肥やす …… 387
自分勝手 …… 353
四分五裂 …… 269,275
自分の盆の窪は見えず …… 272
耳聞《じぶん》は目見《もっけん》に如《し》かず …… 406
自暴自棄 …… **80**
揣摩臆測《しまおくそく》 …… **167**
始末に負えない …… **245**
締まりがない …… **305**
自明の理 …… **212**
死命を制す …… **528**
四面楚歌《しめんそか》 …… **234**,513
耳目《じもく》に触れる …… **128**
耳目を驚かす …… **34**
釈迦に経《きょう》 …… 358
釈迦に説法 …… **358**
杓子定規《しゃくしじょうぎ》 …… **309**
弱肉強食 …… **296**,426
酌量減軽 …… 208
車軸を下す …… 576
車軸を流す …… **576**
車軸を降らす …… 576
シャッポを脱ぐ …… **546**
斜《しゃ》に構える …… **198,348**
蛇《じゃ》の道は蛇《へび》 …… **405**,424
蛇は寸にして人を呑む …… 371
縦横自在 …… 371
縦横無碍《むげ》 …… 371
縦横無尽 …… **371**
自由闊達 …… **251**
衆寡《しゅうか》敵せず …… **94**
習慣は第二の天性なり …… 154
衆議一決 …… **134**
終始一貫 …… 222
終止符を打つ …… 117
袖手傍観《しゅうしゅぼうかん》 …… 118
周章狼狽 …… **306**,306,307
宗旨《しゅうし》を変える …… **320**
衆人環視 …… **456**
秋霜烈日《しゅうそうれつじつ》 …… **232**,571
衆知を集める …… **364**
姑《しゅうとめ》の十七見た者がない …… **502**
十人十色 …… **243**,243
十人十腹《とはら》 …… 243
十人寄れば十色 …… 243
十年一日《いちじつ》 …… **572**
十年たてば一昔《ひとむかし》 …… 572
十年一昔《ひとむかし》 …… **572**
柔《じゅう》は剛に勝ち弱《じゃく》は強に勝つ …… 528
重箱の隅をつつく …… 198
重箱の隅を楊枝でほじくる …… **198**
秋波《しゅうは》を送る …… **346**
愁眉《しゅうび》を開く …… **20**
重宝《じゅうほう》を抱く者は夜行《やこう》せず …… 471
自由奔放 …… **252**
衆目環視 …… 456
柔《じゅう》能《よ》く剛を制す …… 376,**528**
雌雄《しゆう》を決す …… **528**
主客転倒 …… **259**,260
熟読玩味 …… **380**
熟慮断行 …… 109,115
趣向を凝らす …… **133**
種種雑多 …… 244
種種様様 …… 243
朱唇皓歯《しゅしんこうし》 …… 295
数珠《じゅず》つなぎ …… **266**
首鼠両端《しゅそりょうたん》 …… **345**,345
酒池肉林 …… **431**
手中に収める …… **160**
手中にする …… 160
出処進退 …… **434**

地獄の沙汰も金次第 …… **401**,403
地獄耳 …… **371**
地獄も住処《すみか》 …… 447
自己矛盾 …… 268,**268**
自作自演 …… **177**
獅子吼《ししく》 …… **101**
獅子身中の虫 …… **487**
事実は小説よりも奇なり …… **485**
死して後《のち》已《や》む …… **186**
死屍《しし》に鞭《むち》打つ …… **197**
獅子の子落とし …… 500,**502**
獅子の子育て …… 502
死児の齢《よわい》を数える …… 50
獅子奮迅《ふんじん》 …… **186**
死者に鞭《むち》打つ …… 198
自縄自縛《じじょうじばく》 …… **234**
紙上談兵《しじょうだんぺい》 …… 357
支証《ししょう》の出し遅れ …… 421
地震雷火事親父 …… **30**
沈む瀬あれば浮かぶ瀬あり …… 392,**393**,393
沈めば浮かぶ …… 393
至誠天に通ず …… 425
姿勢を正す …… **207**
死せる孔明《こうめい》生ける仲達《ちゅうたつ》を走らす …… **30**
自然選択 …… 232
自然淘汰 …… **232**,530
視線を浴びる …… **456**
地蔵の顔も三度 …… 24
児孫《じそん》の為に美田を買わず …… **502**
時代錯誤 …… **288**
事大主義 …… **511**
舌が肥える …… **431**
舌が伸びる …… **320**
舌が回る …… **565**
舌先三寸 …… **140**
親しき仲にも礼儀あり …… **351**,544
舌足らず …… **563**
地踏鞴《じだたら》を踏む …… 50
下手《したて》に出る …… **316**
自他共に許す …… **537**
下にも置かない …… **333**
舌の先 …… **140**
舌の剣《つるぎ》は命を断つ …… 137
舌の根の乾かぬうちに …… **256**
舌は禍《わざわい》の根 …… 137
舌を出す …… **18**
舌を鳴らす …… **75**
舌を巻く …… **43**
地団太を踏む …… **49**
四知《しち》 …… 125
七尺《しちしゃく》去って師の影を踏まず …… 526
七転八倒 …… **61**
死中求活《しちゅうきゅうかつ》 …… 375
死中に活《かつ》を求める …… 40,**375**
死中に生《せい》を求める …… 375
質実剛健 …… **328**,328
十指に余る …… **225**
失笑を買う …… **68**
叱咤《しった》激励《げきれい》 …… **151**
叱咤督励《とくれい》 …… 151
失敗は成功の母 …… 524
失敗は成功の本(元)《もと》 …… 209,428,**524**
失敗は成功を教える …… 524
十把《じっぱ》一絡《ひとから》げ …… **164**,402
疾風迅雷 …… 220,**280**,281
疾風怒濤 …… **281**,281
櫛風《しっぷう》沐雨《もくう》 …… **51**
櫛風浴雨《よくう》 …… 51
尻尾《しっぽ》を出す …… **282**,283
尻尾をつかむ …… **381**
尻尾を振る …… 321
尻尾を巻く …… **546**
紫電一閃 …… 281
市道《しどう》の交わり …… **514**,517,520
舐犢《しとく》の愛 …… **502**
死にがけの念仏 …… 437
死に水を取る …… **170**
死人に口なし …… **458**
死人に妄語 …… 458
鎬《しのぎ》を削る …… **94**
四《し》の五《ご》の言う …… **76**

誘い水になる …… 407
左袒《さたん》する …… **130**
札《さつ》びらでほおを叩く …… 400
薩摩守《さつまのかみ》 …… **384**
鯖《さば》を読む …… **139**
様《さま》になる …… **284**
侍食わずに高楊枝 …… 184
鞘《さや》当て …… **94**
鞘を稼ぐ …… 479
鞘を取る …… **479**
座右《ざゆう》の銘 …… **562**
左右を顧みて他《た》を言う …… 139
皿嘗《な》めた猫が科《とが》を負う …… 384
猿が木から落ちたよう …… 233
猿に木登り …… 358
猿にも衣装 …… 295
猿の火事見舞い …… 474
猿真似 …… **200**
猿も木から落ちる …… **523**,523,524
去る者は追わず来《きた》る者は拒まず …… **513**
去る者は日々に疎《うと》し …… **514**
触らぬ神に祟りなし …… **118**
触り三百 …… 119
座を外す …… **205**
三寒四温 …… **570**
三顧の礼 …… **510**
山紫水明 …… **575**
三矢《さんし》の戒《いましめ》 …… 502
三矢の教え …… **502**
三枝《さんし》の礼 …… **510**
三尺下がって師の影を踏まず …… **526**
三十六策 …… 191
三十六計逃げるに如《し》かず …… **191**,529
山椒《さんしょう》は小粒でもぴりりと辛い …… **370**
三寸の舌に五尺の身を滅ぼす …… 137
山中《さんちゅう》暦日《れきじつ》無し …… **446**
三度目の正直 …… **427**
三度目は定《じょう》の目 …… 427
三人虎を成す …… 489
三人寄れば文殊の知恵 …… 368
残念至極《しごく》 …… 84
三年飛ばず鳴かず …… **285**
残念無念 …… 50
三拝九拝《さんぱいきゅうはい》 …… 92,**180**
三拍子揃う …… **370**
三遍《さんべん》回って煙草にしょ …… 347,348
三位《さんみ》一体 …… **438**
三面六臂《ろっぴ》 …… 373
産を傾ける …… **311**,**481**
産を成す …… **423**

〔し〕

思案投げ首 …… **64**
思案に余る …… **65**
思案に暮れる …… **65**
思案の案の字が百貫《ひゃっかん》する …… **126**
塩辛を食おうとして水を飲む …… 549
潮時を見る …… **418**
四海兄弟《しかいけいてい》 …… **519**
四海同胞 …… 519
四角な座敷を丸く掃く …… **268**
自画自賛 …… **334**,334
自家撞着《じかどうちゃく》 …… **268**,268
地金が出る …… **282**,283
地金を出す …… 282
鹿の角《つの》を蜂が刺す …… 341
自家薬籠《やくろう》中の物 …… **91**
鹿を逐う者は山を見ず …… **78**,78
鹿を逐う猟師は山を見ず …… 78
鹿を指して馬と為《な》す …… 318
時間を稼ぐ …… 159
敷居が鴨居《かもい》 …… 552
敷居が高い …… **552**
敷居をまたぐ …… **446**
時期尚早 …… **418**
色即是空《しきそくぜくう》 …… **438**
試金石 …… **530**
試行錯誤 …… **144**
自業自得《じごうじとく》 …… 234,**388**,389
地獄で地蔵 …… 411
地獄で仏 …… **411**,413
地獄で仏に会う …… 411
地獄にも鬼ばかりは居ない …… 413

鱓《ごまめ》の魚《とと》交じり …… **286**
鱓の歯軋《はぎし》り …… **49**
駒を進める …… **142**
胡麻《ごま》をする …… **322**,323
塵《ごみ》溜《た》めに鶴 …… 294
小耳に挟む …… 129
米の飯と女は白いほどよい …… 294
米の飯と天道様《てんとうさま》はどこへ行ってもついて回る …… **446**
子持てば親心 …… 501
子《こ》故《ゆえ》に迷う親心 …… 499,**501**
子故の闇に迷う …… 501
こらえ袋の緒を切る …… 22
孤立無援 …… 234,396,**513**
五里霧中《ごりむちゅう》 …… 58,59
転ばぬ先の杖 …… 162,**348**
転んでもただでは起きぬ …… **479**
コロンブスの卵 …… **530**
怖い物見たさ …… **47**
子を育てて知る親の恩 …… 501
子を持って知る親の恩 …… **501**
言語道断《ごんごどうだん》 …… **17**
今昔《こんじゃく》の感 …… **572**
渾然一体 …… **271**
権兵衛が種蒔きゃ烏がほじくる …… **146**
コンマ以下 …… **358**
根を詰める …… **78**

〔さ〕

塞翁《さいおう》が馬 …… 392,**392**,393
斎戒沐浴 …… **438**,439
才気横溢《おういつ》 …… 370
才気煥発 …… **370**
細工は流々《りゅうりゅう》仕上げが肝腎(肝心) …… 157
細工は流々仕上げを御覧《ごろう》じろ …… **157**
細工貧乏人宝《ひとだから》 …… 554
歳月人を待たず …… **361**,571,572
幸先がいい …… **395**
幸先が悪い …… 396
才子《さいし》才に倒れる …… **523**
才士多病 …… **463**,464
才色兼備 …… **370**
采配を振る …… **511**
賽《さい》は投げられた …… **39**
財布の口を締める …… **409**
財布の底をはたく …… **481**
財布の紐を締める …… 409
財布をはたく …… 481
酒蔵《さかぐら》あれども餅蔵なし …… 475
座が白ける …… **60**
逆手《さかて》に取る …… **196**
魚は殿様に焼かせよ餅は乞食に焼かせよ …… **431**
先がある …… **442**
先が見える …… **167**
鷺《さぎ》と烏《からす》 …… 236
先棒を担ぐ …… **130**
先を争う …… **142**
鷺《さぎ》を烏《からす》 …… 318
先を越す …… **142**
先んずれば人を制す …… **142**
策士《さくし》策に溺れる …… 523
さぐりを入れる …… **144**
策を弄する …… **157**
酒に飲まれる …… **475**
酒飲み本性《ほんしょう》違《たが》わず …… **475**
酒の酔い本性違わず …… 475
酒は憂いの玉箒《たまほうき》 …… **475**
酒は憂いを掃《はら》う玉箒 …… 475
酒は飲むとも飲まるるな …… **475**
酒は飲むべし飲むべからず …… 476
酒は百薬の長 …… 476
雑魚《ざこ》の魚《とと》交じり …… 286
囁《ささや》き千里 …… **124**
囁き八丁 …… 124
匙《さじ》加減 …… **91**
座敷兵法《ひょうほう》 …… 555
座して食らえば山も空し …… **446**
刺身のつま …… **507**
砂上の楼閣 …… **215**,549
座食《ざしょく》すれば山も空し …… 446
匙《さじ》を投げる …… **15**
さすまいものは宮仕え …… 423

心をこめる …… 328
心を騒がす …… 57
心を澄ます …… 351
心を翻《ひるがえ》す …… 319
心を寄せる …… 12
古今独歩 …… 506
古今無双 …… 506
古今無比 …… 506
腰が重い …… 325
腰が砕ける …… 228
腰が据わる …… 306
腰が強い …… 174,430
腰が抜ける …… 33
腰が低い …… 316
腰が弱い …… 305,430
虎視眈眈《こしたんたん》 …… 346
五十歩百歩 …… 271,271,289
後生大事 …… 252
孤掌《こしょう》鳴らし難し …… 110,517
孤城落日 …… 396
古色蒼然 …… 287
古色蒼蒼 …… 287
故事来歴 …… 364
腰を上げる …… 195
腰を入れる …… 79
腰を落ち着ける …… 307
腰を折る …… 146
腰を据える …… 307
腰を抜かす …… 33
五臓六腑に沁みわたる …… 475
子宝脛が細る …… 501
刻苦勉励《こっくべんれい》 …… 154,186
凝《こ》っては思案に能《あた》わず …… 78
凝っては思案に余る …… 78
骨肉《こつにく》相い食《は》む …… 93
木端微塵《こっぱみじん》 …… 232
コップの中の嵐 …… 263
涸轍《こてつ》の鮒魚《ふぎょ》 …… 248
後手に回る …… 546
事ある時は仏の足を戴く …… 179
事ここに至る …… 247
尽《ことごと》く書を信ずれば即《すなわ》ち書無きに
如《し》かず …… 361
事なきを得る …… 288
事に当たる …… 163
言葉多きは品《しな》少なし …… 136,137
言葉が過ぎる …… 340
事は時節 …… 420
言葉に甘える …… 152
言葉に余る …… 560
言葉に棘《とげ》がある …… 566
言葉に針を持つ …… 566
言葉の綾《あや》 …… 562
言葉は心の使い …… 562
言葉を返す …… 196
言葉を飾る …… 562
言葉を尽くす …… 100
言葉を濁す …… 139
言葉を呑む …… 33,101
五斗米《ごとべい》のために腰を折る …… 322
子どもの喧嘩《けんか》に親が出る …… 94
事を欠く …… 245
事を構える …… 94
事を好む …… 94
事を分ける …… 333
子に過ぎたる宝なし …… 500
子にまさる宝なし …… 500
子に迷う闇 …… 501
小糠《こぬか》三合あったら婿に行くな …… 494
小糠三合持ったら養子に行くな …… 494
子の心親知らず …… 500
木《こ》の葉が飛んだのもおかしい …… 86
子は鎹《かすがい》 …… 501
子は三界《さんがい》の首枷《くびかせ》 …… 501
子は人生最上の宝 …… 500
小鼻をうごめかす …… 334
子は夫婦の鎹《かすがい》 …… 501
子は厄介《やっかい》の首枷《くびかせ》 …… 501
小判で面《つら》張る …… 400
鼓舞 …… 151
御無沙汰は無事の便り …… 531
小舟の宵拵《こしらえ》 …… 549
御幣《ごへい》担ぎ …… 395
小股《こまた》が切れ上がる …… 294

浩然の気 …… 239
巧遅は拙速に如《し》かず …… 280
荒唐無稽《こうとうむけい》 …… 268
功成り名遂げる …… 427
郷《ごう》に入《い》っては郷に従え …… 434
光風霽月《こうふうせいげつ》 …… 458
公平中正 …… 450
公平無私 …… 240,450
弘法(は)筆を択《えら》ばず …… 377
弘法にも筆の誤り …… 523,523,524
豪放磊落《ごうほうらいらく》 …… 330
高木《こうぼく》は風に嫉《ねた》まる …… 414
高慢は出世の行き止まり …… 302
傲慢無礼 …… 302
公明正大 …… 240,450
紺屋《こうや》の白袴《しろばかま》 …… 423,463
甲羅を経る …… 405
黄粱《こうりょう》一炊《いっすい》の夢 …… 441
甲論乙駁《こうろんおつばく》 …… 100
業《ごう》を煮やす …… 22
孤影悄然 …… 250
孤影寥寥《りょうりょう》 …… 250
声がかかる …… 145,427
呉越同舟《ごえつどうしゅう》 …… 130
声を落とす …… 226
声を殺す …… 100
声を立てる …… 226
声を呑む …… 33
声を励ます …… 226
声を弾ませる …… 28
声を潜める …… 338
声を振り絞る …… 227
小男《こおとこ》の腕立て …… 96
氷は水より出《い》でて水より寒し …… 526
氷を歩む …… 216
氷を叩いて火を求む …… 466
五月蕨《わらび》は嫁に食わすな …… 496
呉下《ごか》の阿蒙《あもう》 …… 343
狐疑逡巡《こぎしゅんじゅん》 …… 58,59
小気味がいい …… 76,81
呼吸が合う …… 516
故郷に錦を飾る …… 427
故郷へ錦を着て帰る …… 427
故郷へ花を飾る …… 427
極印を押される …… 70
黒白《こくびゃく》を争う …… 132
小首をかしげる …… 26
極楽の入り口で念仏を売る …… 358
孤軍奮闘 …… 186
虎穴に入らずんば虎子を得ず …… 477,478
虚仮《こけ》にする …… 18
沽券《こけん》にかかわる …… 68
股肱《ここう》の臣《しん》 …… 152
虎口《ここう》を脱する …… 191
虎口を逃れて竜穴に入《い》る …… 413,414,414
虎口を逃れる …… 191
此処《ここ》ばかりに日は照らぬ …… 446
心が痛む …… 64
心が動く …… 44
心が通う …… 519
心がこもる …… 328
心が騒ぐ …… 57
心ここに在らざれば視《み》れども見えず …… 304
心に描く …… 167
心にかける …… 48
心にかなう …… 76
心に刻む …… 128
心に留《と》める …… 128
心に残る …… 128
心にもない …… 106
心の駒に手綱《たづな》許すな …… 108
心安いは不和の基 …… 351,544
心を合わせる …… 130
心を痛める …… 64
心を入れ替える …… 206
心を動かす …… 44
心を打つ …… 44
心を奪われる …… 78
心を鬼にする …… 337
心を砕く …… 48
心を配る …… 48
心を汲む …… 36

下駄を預ける …… **179**
下駄を履かせる …… **139**
けちが付く …… 395
けちを付ける …… **197**,**395**
けちん坊の柿の種 …… 409
月下《げっか》氷人《ひょうじん》 …… **494**
月下老人 …… 494
血気《けっき》にはやる …… **346**
尻《けつ》の穴が狭い …… 305
尻の穴が小さい …… **305**
尻の穴が広い …… 305
尻の穴が太い …… 305
血涙を絞る …… **63**
下馬評 …… **490**
煙《けむ》に巻く …… **139**
煙あれば火あり …… 491
煙のない火はない …… 491
外面似菩薩《げめんじぼさつ》内心如《にょ》夜叉《やしゃ》 …… 294,485
外面如菩薩《げめんにょぼさつ》内心如夜叉 …… **485**
犬猿の仲 …… **544**
喧嘩《けんか》過ぎての空威張り …… **315**
喧嘩過ぎての向こう鉢巻 …… 315
喧嘩両成敗 …… **163**
牽強付会《けんきょうふかい》 …… **467**
喧喧諤諤《けんけんがくがく》 …… 250
喧喧囂囂《けんけんごうごう》 …… **250**
言行一致 …… **114**,449
言語に絶する …… **278**
乾坤一擲《けんこんいってき》 …… 391,**527**
厳正中立 …… 118
涓滴《けんてき》石を穿《うが》つ …… 185
捲土重来《けんどちょうらい》 …… **219**
堅忍持久 …… 174
堅忍不抜 …… **174**
犬馬の労 …… 170,**170**
権謀術策 …… 91
権謀術数 …… **91**

〔こ〕

鯉の滝登り …… **426**
恋の病に薬なし …… 14
紅一点《こういってん》 …… **293**
光陰に関守《せきもり》なし …… 361,571,**572**
光陰人を待たず …… 361,572
光陰矢の如《ごと》し …… 361,571,**572**,572
光陰流水の如し …… 572
行雲流水 …… **446**
業縁《ごうえん》腐れ縁 …… 494
甲乙がない …… 534
甲乙つけがたい …… **534**
後悔先に立たず …… **49**
後悔と槍持ちは先に立たず …… 49
口角泡を飛ばす …… **100**
豪華絢爛 …… **224**
硬漢 …… 309
傲岸不屈 …… 302
傲岸不遜 …… **302**,353
傲岸無礼 …… 302
厚顔無恥 …… **325**,326
好機逸すべからず …… 417,419
剛毅《ごうき》果敢《かかん》 …… 39
剛毅果断《かだん》 …… **39**,337
豪毅木訥《ぼくとつ》 …… 322,**328**,328
巧言令色 …… **322**,328
孝行のしたい時分に親はなし …… 496,497,**500**
硬骨漢 …… **309**
後顧の憂い …… **56**
光彩陸離 …… **224**
光彩を放つ …… **293**
恒産なき者は恒心なし …… **462**
恒産なくして恒心なし …… 350
嚆矢《こうし》 …… **194**
皓歯蛾眉《こうしがび》 …… 295
孔子に論語 …… 358
口耳《こうじ》の学 …… 367
好事魔多し …… **146**
孔子も時に遇《あ》わず …… **418**
考証該博《こうしょうがいはく》 …… 169
後塵を拝する …… **152**,**509**,**546**
好事家《こうずか》 …… **505**
後世畏《おそ》るべし …… **509**

轡《くつわ》をはめる……124
苦肉の策……157
苦になる……192
愚にもつかぬ……507
国破れて山河あり……575
苦杯を嘗める……405
苦《く》は楽の種……51
首が危ない……398
首がつながる……398
首が飛ぶ……398
首が回らない……468
首にする……398
首になる……398
首根っこを押さえる……511
首をかしげる……26
首を切る……398
首を揃える……89
首を縦に振る……64
首を垂れて尾を振る……323
首を突っ込む……120
首をつなぐ……398
首を長くする……199
首を伸ばす……199
首をひねる……26
首を横に振る……47
窪《くぼ》い所に水溜まる……477,480
苦もなく……231
蜘蛛《くも》の子を散らす……190
雲行きが怪しい……288
雲を霞と……190
雲を摑《つか》む……297
雲をつく……263
鞍掛け馬の稽古……555,555
苦しい時の神頼み……179,437
車の両輪……255
暮れぬ先の提灯……549
黒犬に噛まれて赤犬に怖じる……30
鍬《くわ》を担《かた》げた乞食は来ない……462
苦《く》をせねば楽はならず……51
君子危うきに近寄らず……348
君子の交わりは淡きこと水の若《ごと》し……519
君子豹変……319
葷酒《くんしゅ》山門に入《い》るを許さず……438
軍配があがる……527
軍配をあげる……527
群雄割拠《ぐんゆうかっきょ》……93
群を抜く……370

〔け〕

鯨飲馬食《げいいんばしょく》……430
敬遠……513
謦咳《けいがい》に接す……88
芸が細かい……133
芸がない……60
軽挙妄動……109,173,310
鶏群孤鶴《けいぐんこかく》……370
鶏群の一鶴《いっかく》……294,370
経験は学問に勝る……155
鶏口牛後……434
鶏口と為《な》るも牛後と為る勿《なか》れ……434
計算に入れる……167
敬して遠ざける……513
芸術は長く人生は短し……441
蛍雪の功……153
蛍窓雪案《けいそうせつあん》……153
軽率短慮……109
軽佻浮薄《けいちょうふはく》……304
兄弟《けいてい》牆《かき》に鬩《せめ》げども外《そと》其《その》務《あなどり》を禦《ふせ》ぐ……500
軽薄……304
芸は身を助ける……556
桂馬《けいま》の高上がり……285
桂馬の高飛び歩《ふ》の餌食《えじき》……286
怪我勝ち……485
怪我の功名……485
逆鱗《げきりん》に触れる……22
檄《げき》を飛ばす……169
下克上……426
下戸《げこ》の建てたる蔵もなし……475
けじめを付ける……132
下種《げす》の後思案《あとじあん》……421
下種の後知恵……421
桁《けた》が違う……278

薬にするほど……257
薬も過ぎれば毒になる……278
薬より養生……463
曲者《くせもの》の空笑い……321
管《くだ》の穴から天を覗《のぞ》く……358
くだを巻く……99
管《くだ》を以《もっ》て天を窺《うかが》う……357,358,360
口裏を合わせる……171
口が上がる……468
口がうまい……565
口がうるさい……197,536
口がおごる……430
口が重い……332
口がかかる……145
口が堅い……338
口が軽い……332,338
口が腐っても……332
口が肥える……430,431
口が裂けても……332
口が過ぎる……340
口が酸っぱくなる……182
口が滑る……99
口が干上がる……468
口が減らない……564
口が曲がる……458
口が回る……566
口から先に生まれる……565
口から出れば世間……137,490
口が悪い……339
朽ち木は柱にならぬ……554
口車に乗せる……177
口車に乗る……177
口自慢の仕事下手……554
口上手の商い下手……554
口添え人……182
口叩きの手足《た》らず……554
口では大阪の城も建つ……113
口と財布は締めるが得……137
口と財布は閉ずるに利あり……137
口と腹とは違う……106
口に合う……430
口に甘きは腹に害あり……106
口にする……99,430
口に年貢《ねんぐ》はかからぬ……340
口に乗る……536
口には税金がかからぬ……340
口には関所がない……339
口に蜜あり腹に剣あり……106
口の端《は》に上る……490
嘴《くちばし》が黄色い……343
嘴をいれる……120
嘴を挟む……120
口八丁手八丁……369
口は禍《わざわい》の元……136,137,137,138
口は禍の門《かど(もん)》……137
唇竭《つ》きて歯寒し……234
唇《くちびる》亡びて歯寒し……234,234
唇を返す……566
唇を嚙む……174
唇をとがらす……75
唇を翻《ひるがえ》す……566
口火を切る……194
口ほどにもない……315
口も八丁手も八丁……370
口を合わせる……172
口をかける……145
口をきく……99,181
口を切る……100,430
口を極める……100
口を酸っぱくする……182
口を滑らす……99
口を揃える……271
口を出す……120
口を叩く……100
口をついて出る……100
口をつぐむ……332
口をとがらす……75
口を閉ざす……332
口を拭う……106
口を挟む……120
口を開く……100
口を割る……135
食ってかかる……196
轡を並べる……130

木を数えて林を忘れる …… 357
気を利かす …… 312
気を配る …… **48**
機を失する …… 421
気を散らす …… 304
気を遣う …… **48**
気を取られる …… **304**
気を取り直す …… **229**
気を呑まれる …… **219**
気を吐く …… **25**
木を離れたる猿 …… 233
気を張る …… **49**
気を引く …… **145**
気を紛らす …… 205
気を回す …… **167**
義を見てせざるは勇無きなり …… **114**
木を見て森を見ず …… **357**
気をもむ …… 56
気をよくする …… **28**
気を悪くする …… **71**
槿花《きんか》一日《いちじつ》の栄 …… **441**
槿花一朝《いっちょう》 …… 441
金科玉条 …… **438**
欣喜雀躍《きんきじゃくやく》 …… **28**
禁葷酒《きんくんしゅ》 …… 438
謹厳実直 …… **328**
金言《きんげん》耳に逆らう …… 182
金言名句 …… **562**
緊褌一番《きんこんいちばん》 …… 38,**39**,40
琴瑟《きんしつ》相和す …… 538,**539**
琴瑟調和 …… 539
琴瑟の調べ …… 539
金字塔 …… **505**
金城《きんじょう》鉄壁《てっぺき》 …… 96,505
金城湯地《とうち》 …… 96,**505**
錦上《きんじょう》に花を敷く …… 224
錦上花を添える …… **223**
金石の交わり …… 517,**518**,518,520
琴線に触れる …… **44**
金的を射当てる …… 160
金的を射落とす …… 160
金的を射止める …… **160**
金時《きんとき》の火事見舞い …… **474**
勤勉は幸福の母 …… 462
勤勉は成功の母 …… **462**
金蘭の契り …… **518**,518,520
金《きん》を攫《つか》む者は人を見ず …… **77**,78

〔く〕

苦《く》あれば楽あり …… **51**
食い足りない …… **75**
食いつく犬は吠えつかぬ …… 356,507
食うか食われるか …… **527**
空前絶後 …… **277**,277
空即是色《くうそくぜしき》 …… 439
空中楼閣 …… 215,**549**
食うや食わず …… **468**
空理空論 …… **99**,357
釘付けにする …… **183**
釘付けになる …… 183
釘を打つ …… 182
釘をさす …… **182**
愚公《ぐこう》山を移す …… **186**
臭い飯を食う …… **457**
臭い物に蓋をする …… **124**
草木もなびく …… **152**
草木も眠る丑《うし》三つ時 …… **573**
臭き物には蓋をせよ …… 124
臭《くさ》しと知りて嗅ぐは馬鹿 …… 348
腐っても鯛 …… **505**
草の根を分けて(も)さがす …… **142**
草葉の陰 …… **452**
楔《くさび》を打ち込む …… **135**
腐るほど …… **225**
腐れ縁は離れず …… **494**
腐れ木は柱とならず …… 554
草を分けてさがす …… 142
櫛の歯が欠けたよう …… **250**
櫛の歯をひく …… **266**
愚者の一得 …… 524
苦汁《くじゅう》を嘗める …… **61**
苦心惨憺《さんたん》 …… **51**,184
薬が効く …… **532**
薬にしたくてもない …… **276**

肝を潰す …… 33
肝を冷やす …… 30
鬼門 …… 395
記門の学 …… 367
杞憂《きゆう》 …… 56
牛飲馬食 …… 430
旧慣墨守《きゅうかんぼくしゅ》 …… 287
九牛の一毛 …… 257,258
旧交を温める …… 518
九死《きゅうし》に一生を得る …… 375,375
旧習墨守《きゅうしゅうぼくしゅ》 …… 287
急所をつく …… 135
牛耳《ぎゅうじ》る …… 511
牛耳を執る …… 511
九仞《きゅうじん》の功を一簣《いっき》に虧《か》く …… 82,526
窮すれば通ず …… 230,375
窮鼠《きゅうそ》猫を嚙む …… 196
旧態依然 …… 287
九腸寸断 …… 41
窮鳥《きゅうちょう》懐に入《い》れば猟師も殺さず …… 37
急転直下 …… 273
旧套墨守《きゅうとうぼくしゅ》 …… 287
急場をしのぐ …… 375
朽木《きゅうぼく》は雕《え》るべからず …… 554
灸を据える …… 141
今日あって明日なし …… 573
恐悦至極《きょうえつしごく》 …… 28
今日か明日か …… 199,247
興《きょう》が冷める …… 60
行間を読む …… 167
狂言綺語《きょうげんきご》 …… 548
拱手傍観《きょうしゅぼうかん》 …… 118
共存共栄 …… 426
兄弟は他人の始まり …… 500
兄弟は他人の始め …… 500
兄弟は他人の別れ …… 500
驚地動天 …… 33
驚天動地 …… 33
興に入《い》る …… 77
京の着倒れ大阪の食い倒れ …… 481
今日の後《のち》に今日なし …… 573
今日の一針《ひとはり》明日の十針《とはり》 …… 185
器用貧乏 …… 554
器用貧乏人宝《ひとだから》 …… 554,555,557
器用貧乏身が持てない …… 554
器用貧乏村宝《むらだから》 …… 554
喬木《きょうぼく》は風に折らる …… 198,414
狂瀾《きょうらん》怒濤《どとう》 …… 575
狂瀾を既倒《きとう》に廻《めぐ》らす …… 185
興を添える …… 58
去華就実 …… 328
虚虚実実 …… 177
局外中立 …… 118
曲学阿世《きょくがくあせい》 …… 322
旭日昇天 …… 219
玉石混交 …… 244,269
虚心坦懐《きょしんたんかい》 …… 329
魚水の契り …… 520
漁夫の利 …… 478
毀誉褒貶《きよほうへん》 …… 536
清水《きよみず》の舞台から後ろ飛び …… 39
清水の舞台から飛び下りる …… 38
義理が立つ …… 449
切株にも衣装 …… 295
義理立てをする …… 449
義理張るより頬張れ …… 202
桐一葉《きりひとは》落ちて天下の秋を知る …… 167
切り札を出す …… 156
切り目の塩 …… 413
義理を欠く …… 449
義理を立てる …… 449
麒麟児 …… 456
麒麟も老いては駄馬に劣る …… 228
切る手遅かれ …… 126
岐路亡羊 …… 365
議論百出 …… 99,99
議論沸騰 …… 99
機を逸する …… 421
軌を一《いつ》にす …… 270
気を入れる …… 329
気を落とす …… 84

気が紛れる……**204**
気が回る……**312**
気がもめる……**56**
木から落ちた猿……**233**,285
危機一髪……214,247,**247**
奇奇怪怪……**73**
聞きしに勝る……**536**
聞き耳を立てる……129
危急存亡の秋《とき》……**234**
聞くは一時の恥聞かぬは一生の恥……**68**
聞けば聞き損……22
聞けば聞き腹……**22**,411
聞けば気の毒見れば目の毒……22,411
聞こえよがしに……**566**
鬼哭啾啾《きこくしゅうしゅう》……**29**
気心が知れる……**518**
気骨《きこつ》がある……**267**
騎虎《きこ》の勢い……**218**
起死回生……186,**229**
旗幟《きし》鮮明……**212**
貴耳賤目《きじせんもく》……273
雉《きじ》の隠れ……124
雉も鳴かずば撃たれまい……**136**,137
起承転結……**253**
机上の論……**357**
喜色《きしょく》満面……**27**
疑心暗鬼《ぎしんあんき》……**26**,55
疑心暗鬼を生ず……26,32
傷口に塩……413
気勢を上げる……**25**
奇想天外……**485**
気息奄奄《えんえん》……**227**
着た切り雀……**562**
忌憚《きたん》のない……**329**
機知に富む……**312**
切った張った……**562**
切っても切れない……**255**
狐《きつね》虎の威を藉《か》る……315
木で鼻をくくる……**352**
機転が利く……**313**
機転を利かす……313
軌道に乗る……**241**
気に入る……**76**
気にかかる……**56**
気に食わない……**75**
気に障る……**71**
機に乗じる……**417**
気にする……56
木に竹……466
木に竹を接っぐ……**466**
気になる……56
気に病む……**64**
木に縁《よ》りて魚《うお》を求む……**466**
機に因《よ》りて法を説け……**418**,419
昨日の今日……**256**
昨日の友は今日の仇《あだ》……518
昨日の友は今日の敵……**518**
昨日の情今日の仇《あだ》……518
昨日は人の身今日は我が身……290
木の股から生まれる……308,**309**
気は心……**36**
気は心目は眼《まなこ》……36
踵《きびす》を返す……**117**
踵を接する……**266**
踵を転じる……117
踵を廻らす……117
驥尾《きび》に付す……**151**
木仏金仏石仏《きぶつかなぶついしぼとけ》
……308,**309**,309
気骨《きぼね》が折れる……**265**
君《きみ》君たらずとも臣《しん》臣たらざるべからず……**449**
気脈を通じる……**130**
奇妙奇天烈《きてれつ》……73
鬼面人を驚かす……**314**
鬼面仏心……**294**,338
肝煎《い》り……**170**
肝が大きい……330
肝が据わる……**330**
肝が潰れる……33
肝が太い……**330**
気持ちを汲む……**36**
肝に銘じる……**128**
肝を据える……**38**

汗顔の至り …… 68
緩急自在 …… 91
汗牛充棟《かんぎゅうじゅうとう》 …… 380
感極まる …… 43
間隙を縫う …… 156
管見《かんけん》 …… 358
諫言《かんげん》耳に逆らう …… 182
眼光《がんこう》炯炯《けいけい》 …… 345
眼光紙背《しはい》に徹す …… 380
換骨奪胎《かんこつだったい》 …… 132
閑古鳥が歌う …… 250
閑古鳥が鳴く …… 249
勘定高い …… 406
顔色《がんしょく》無し …… 29
顔色を失う …… 29,546
韓信《かんしん》の股くぐり …… 173
歓心を買う …… 321
間然《かんぜん》する所なし …… 377
勧善懲悪 …… 140
肝胆《かんたん》相照らす …… 517
邯鄲《かんたん》の夢 …… 441
簡単明瞭 …… 231
眼中《がんちゅう》にない …… 343
眼中人なし …… 302
噛んで吐き出すよう …… 71
噛んで含める …… 169
歓天喜地《かんてんきち》 …… 28
干天《かんてん》の慈雨《じう》 …… 42
艱難《かんなん》辛苦《しんく》 …… 51
艱難汝《なんじ》を玉にす …… 185
感に堪えない …… 44
堪忍蔵の戸が開く …… 22
堪忍袋が破れる …… 22
堪忍袋の緒が切れる …… 22
間髪を容れず …… 255
汗馬《かんば》の労 …… 170,170
看板かくれなし …… 449
看板倒れ …… 536
看板に偽りあり …… 449,466
看板に偽りなし …… 449
看板を下ろす …… 423
管鮑《かんぽう》の交わり …… 514,517,518,520
感無量 …… 43
冠を曲げる …… 74
頑迷《がんめい》固陋《ころう》 …… 318
頑迷不霊《ふれい》 …… 318
閑話休題 …… 562
棺《かん》を蓋《おお》いて事定まる …… 452

〔き〕

気合を入れる …… 193,324
生一本《きいっぽん》 …… 342
聞いてあきれる …… 17
聞いて極楽見て地獄 …… 484
黄色い声 …… 226
気宇《きう》軒高《けんこう》 …… 25
気宇壮大《そうだい》 …… 25
気宇雄豪《ゆうごう》 …… 25
気炎万丈 …… 25
既往《きおう》は咎《とが》めず …… 534
気がある …… 12
気が多い …… 304
奇貨《きか》居《お》くべし …… 417
気が置けない …… 518
気が重い …… 81
気が利いて間が抜ける …… 304
気が利きすぎて間が抜ける …… 304
気が利く …… 261,312
気が気でない …… 56
気が差す …… 56
機が熟す …… 417
気が知れない …… 73
気が進まない …… 325
気が済む …… 64
気が急《せ》く …… 306
気が立つ …… 52
気が散る …… 304
気が付く …… 48
気が遠くなるよう …… 278
気がとがめる …… 56
気が無い …… 325
気が早い …… 313
気が晴れない …… 81
気が引ける …… 325

金《かね》の光は阿弥陀《あみだ》ほど …… 401
金の草鞋《わらじ》でさがす …… 142
金の草鞋で尋ねる …… **141**
金は天下の回り持ち …… 401
金は天下の回り物 …… **401**,401
金は湧き物 …… 401,**401**
金持ち喧嘩《けんか》せず …… **471**
金持ちと灰吹きは溜まるほど汚い …… **471**
金持ち身が大事 …… 471
鉦《かね》や太鼓でさがす …… **142**
金を寝かす …… **401**
蚊の涙 …… 257
黴《かび》が生える …… **287**
株が上がる …… **536**
株が下がる …… 536
禍福《かふく》は糾《あざな》える縄の如し …… **392**,393
兜を脱ぐ …… **546**
蕪《かぶ》は鶉《うずら》となり山芋《やまいも》は鰻となる …… 486
株を守りて兎を待つ …… 359
画餅《がべい》に帰す …… **548**,554
壁に突き当たる …… **233**
壁にぶつかる …… 233
壁に耳あり …… **282**
壁に耳天に口 …… 282
果報は寝て待て …… **410**,420
鎌をかける …… **144**
裃を脱ぐ …… **300**
雷が落ちる …… **150**
紙一重 …… 257
紙一重の差 …… **257**
亀の甲より年の劫《こう》 …… **404**,404
鴨が葱《ねぎ》を背負《しょ》って来る …… **410**
可もなく不可もなし …… **289**
鴨葱 …… 411
鴨の水掻《か》き …… **185**
下問を恥じず …… 68
痒い所に手が届く …… **333**
粥《かゆ》をすすって露命を繋《つな》ぐ …… 448
烏《からす》の行水 …… **445**
烏の雌雄《しゆう》 …… 534
体が空く …… **283**
体が続く …… **407**
体を壊す …… **463**
体を張る …… **311**
殻にこもる …… 513
殻に閉じこもる …… **513**
柄《がら》にもない …… **285**
画竜点睛《がりょうてんせい》 …… **149**,221
画竜点睛を欠く …… 149,551
借りる時の恵比寿《えびす》顔済《な》す時の閻魔《えんま》顔 …… 401
借りる時の地蔵顔返す時の閻魔顔 …… **401**
枯れ木に花 …… 218,**229**,410
枯れ木に花咲く …… 229
枯れ木も森の賑わかし …… 556
枯れ木も山の飾り …… 556
枯れ木も山の賑わい …… **556**
彼を知り己を知れば百戦殆《あや》うからず …… **93**
苛斂誅求《かれんちゅうきゅう》 …… **466**
夏炉冬扇《かろとうせん》 …… **554**
可愛い子には旅をさせよ …… **499**,502
可愛い子は打って育てろ …… 500
可愛可愛《かわいかわい》は憎いの裏 …… 544
可愛さ余って憎さが百倍 …… **543**
皮算用 …… **166**
かわずは口ゆえ蛇に呑まるる …… 136
川立ちは川で果てる …… 522
川向こうの火事 …… 342
皮を切らせて肉を切り肉を切らせて骨を切る …… **93**
我を折る …… **546**
我《が》を通す …… 318
我を張る …… **318**
間一髪《かんいっぱつ》 …… **247**,247
感慨無量《かんがいむりょう》 …… **43**
勧学院の雀は蒙求《もうぎゅう》を囀《さえず》る …… **363**,368,406
雁《がん》が飛べば石亀も地団太《じだんだ》 …… **200**,200
侃侃諤諤《かんかんがくがく》 …… **99**,245

稼ぐに追い付く貧乏なし …… **461**
稼ぐに貧乏追い付かず …… 462
風の便り …… **490**
風の吹き回し …… **425**
風の前の塵《ちり》 …… 216
風邪は百病の長 …… 463
風邪は百病の始まり …… 463
風邪は万病のもと …… **463**
風を切る …… **218**
片意地を張る …… 317
堅いものは箸《はし》ばかり …… 336
肩入れする …… 176
肩が軽くなる …… **20**
がたが来る …… **227**
肩が凝る …… **49**
肩が張る …… 49
肩透かしを食う …… **548**
固唾《かたず》を呑む …… **49**,53
肩で息をする …… **61**
片手で柏手《かしわで》は打てぬ …… 517
片手で錐《きり》は揉《も》まれぬ …… 110,**517**
刀折れ矢尽きる …… 236
型にはまる …… **270,377**
肩の荷が下りる …… 20
片肌《かたはだ》脱ぐ …… 176
肩肘張る …… **309**
片棒を担ぐ …… **130**
肩身が狭い …… **67**
肩身が広い …… **333**
語るに落ちる …… 125
肩を怒らす …… **302**
肩を入れる …… **176**
肩を落とす …… **84**
肩をすぼめる …… **67**
肩をそびやかす …… 302
肩を並べる …… **377**
肩を持つ …… **70**
勝ちに乗じる …… **218**
勝ちに乗る …… 218
火中の栗を拾う …… **478**
花鳥風月 …… **574**
隔靴掻痒《かっかそうよう》 …… **75**
活殺自在 …… 454,**510**
渇しても盗泉《とうせん》の水を飲まず …… 184,**449**
合従連衡《がっしょうれんこう》 …… **93**
勝った自慢は負けての後悔 …… **68**
闊達自在 …… 252
闊達明朗 …… 239
勝って兜の緒を締めよ …… **348**
勝手気儘《きまま》 …… 353
買って出る …… **329**
勝手放題 …… 353
河童に水練 …… 358
河童の川流れ …… **523**,523,524
勝つも負けるも時の運 …… 528
活路を開く …… **156**
活路を見出す …… 156
活を入れる …… **193**
勝てば官軍 …… 467,**527**
我田引水 …… **353**
合点がいく …… **64**
瓜田《かでん》に履《くつ》を納《い》れず李下《りか》に冠を整《ただ》さず …… **348**
角《かど》が立つ …… **543**
角が取れる …… **308**
角番《かどばん》に立つ …… **233**
角松は冥途《めいど》の旅の一里塚 …… **452**
鼎《かなえ》の軽重《けいちょう》を問う …… **26**
かなわぬ時の神頼み …… 179
蟹の甲より年の劫 …… 404
蟹は甲羅に似せて穴を掘る …… **284**
金《かね》がうなる …… **400**
金が恨《うら》みの世の中 …… 400
金が敵《かたき》 …… **400**
金が敵の世の中 …… 400
金が物(を)言う …… **400**,401,403
金で面《つら》を張る …… **400**
金と虱《しらみ》は湧き物 …… 401
金に飽かす …… **481**
金に糸目を付けない …… **481**
金に親子はない …… 400
金の切れ目が縁の切れ目 …… **400**
鉄《かね》の下駄で尋ねる …… 142

解語《かいご》の花 …… **223**
鎧袖《がいしゅう》一触 …… **527**
外柔内剛 …… **484**
咳唾《がいだ》珠《たま》を成す …… **369**
快刀乱麻《かいとうらんま》 …… **163**
快刀乱麻を断つ …… 163
隗《かい》より始めよ …… **193**
回瀾《かいらん》を既倒《きとう》に反《かえ》す …… 186
偕老同穴 …… 538,**539**
顧みて他《た》を言う …… **139**
蛙《かえる》の面《つら》に水 …… 341,**341**
蛙は口から呑まるる …… **136**
蛙は口から蛇に呑まるる …… 136
顔色をうかがう …… **144**
顔色を見る …… 144
顔が売れる …… **536**
顔が利く …… **300**
顔が曇る …… 56
顔が揃う …… **89**
顔が立つ …… **552**
顔が潰れる …… 553
顔が広い …… **513**
顔から火が出る …… **67**
顔向けができない …… **552**
顔向けならない …… 552
顔を合わせる …… **88,92**
顔を売る …… 536
顔を利かす …… 300
顔を曇らせる …… **56**
顔を揃える …… 89
顔を出す …… **148,217**
顔を立てる …… **552**
顔をつなぐ …… **148,181**
顔を見せる …… **105**
嚊《かかあ》天下 …… 540
下学《かがく》して上達す …… 363
下学上達 …… **363**
蝸角《かかく》の争い …… **92**
呵呵大笑《かかたいしょう》 …… **85**
我《が》が強い …… **318**
踵《かかと》で頭痛を病む …… 57
鍵の穴から天を覗《のぞ》く …… 360
餓鬼《がき》の目に水見えず …… 78
餓鬼も人数《にんず》 …… 556
柿を盗んで核《さね》を隠さず …… 124
隠していよいよ現《あらわ》る …… 124
核心をつく …… **267**
隠す事は知れ易《やす》し …… 124
隠すより現《あらわ》る …… **124**
隔世《かくせい》の感 …… **571**,572
隠せばなお現《あらわ》る …… 124
学問に王道なし …… **361**
学問に近道なし …… 361
鶴唳風声《かくれいふうせい》 …… 31
隠れたるより見《あらわ》るるは莫《な》し …… 124
駆け馬に鞭《むち》 …… 23
影が薄い …… **285**
影が差す …… **288**
陰口を叩く …… **566**
駆けつけ三杯 …… **474**
影で糸を引く …… **90**
陰にいて枝を折る …… 487
陰になり日向《ひなた》になり …… **175**
陰日向《かげひなた》がある …… **513**
陰弁慶 …… 314
影も形もない …… **275**
瓦合烏集《がごううしゅう》 …… 356
風上に(も)置けぬ …… **18**
嵩《かさ》から出る …… 104
嵩にかかる …… **104,134**
笠に着る …… **302**
嵩に出る …… 104
風見鶏《かざみどり》 …… **434**
風向きが悪い …… **74,473**
火事後《あと》の火の用心 …… **421**
鹿島立ち …… **455**
火上《かじょう》油を加う …… 23
家常《かじょう》茶飯 …… 289
舵を取る …… **91**
臥薪嘗胆《がしんしょうたん》 …… **173**
佳人《かじん》薄命 …… 463,464
風当たりが強い …… **197**
苛政《かせい》は虎よりも猛《たけ》し …… **445**
風が吹けば桶屋が儲かる …… **492**

十八番《おはこ》……377
お鉢が回ってくる……253
お払い箱……397
帯に短し襷《たすき》に長し……261
お百度を踏む……105
尾鰭《おひれ》が付く……320
オブラートに包む……561
溺れる者は藁《わら》をも摑《つか》む……179
お前百までわしゃ九十九まで……539
お神酒《みき》上がらぬ神はない……474
お眼鏡にかなう……535
お目玉を食う……150
思い内《うち》にあれば色外に現《あらわ》る……124
思い立ったが吉日《きちじつ》……114,115,417
思い立つ日が吉日……114
思い半ばに過ぎる……166
思いを致す……126
思いをかける……12
思いを焦がす……15
思いを馳《は》せる……36
思いを晴らす……76,148
思う事言わねば腹ふくれる……75,76
思う壺……406
思うに添わで思わぬに添う……494
思うに別れて思わぬに添う……493
思う念力岩をも通す……267
思うより生むが易《やす》し……231
重きを置く……252
重きをなす……252
表看板……470
表に立つ……240
面《おもて》も振らず……324
表《おもて》を飾る……184
親思う心にまさる親心……497
親子の仲でも金銭は他人……400
親擦《ず》れより友擦れ……519
親に目なし……499,501
親の意見と茄子《なすび》の花は千に一つも無駄はない……498
親の意見と冷や酒は後で利く……498
親の心子知らず……498
親の十七子は知らぬ……503
親の脛《すね》を齧《かじ》る……498
親の七光……499
親の光は七《なな》とこ照らす……499
親の光は七光……498
親の欲目……499,501
親はなくとも子は育つ……499
親船に乗ったよう……20
お山の大将……302
折り合いをつける……163
折り紙を付ける……530
折り目正しい……350
終わり良ければすべて良し……148
尾を振る……321
尾を振る犬は叩かれず……19,21
恩が仇《あだ》……37
温厚篤実……308
温故知新……367
音吐朗朗《おんとろうろう》……226
音頭《おんど》を取る……142
女三人寄ると富士の山でも言いくずす……250
女三人寄れば囲炉裏の灰飛ぶ……250
女三人寄れば姦《かしま》しい……250
女は弱しされど母は強し……499
恩にかける……492
恩に着せる……492
恩に着る……42
乳母日傘《おんばひがさ》……499
陰陽師《おんみょうじ》身の上知らず……108
恩を仇で返す……487,487
恩を売る……406

〔か〕

槐安《かいあん》の夢……443
飼い犬に足を食われる……487
飼い犬に手を嚙まれる……487,487
飼い養《か》う犬に手を嚙まる……487
飼い養う虫に手を食わる……487
貝殻で海を測る……358,360
会稽《かいけい》の恥……67
開口一番……99
外交辞令……513

岡目八目《おかめはちもく》 …… **341**
起きて三尺寝て六尺 …… 445
起きて半畳寝て一畳 …… **445**
屋烏《おくう》の愛 …… **11**
屋上《おくじょう》屋《おく》を架す …… **548**
奥の手 …… **156**
奥歯に物が挟まったよう …… **560**
おくびにも出さない …… **124**
おくびにも見せない …… 124
臆面もなく …… **325**
奥行きがない …… **363**
お蔵入りになる …… 275
お蔵にする …… 275
お蔵になる …… **275**
送り狼 …… **214**
遅れ三杯 …… 474
後れをとる …… **546**
驕《おご》る平家に二代なし …… 396
驕る平家は久しからず …… 292,**396**,396,397
驕る者久しからず …… 396
押さえが利く …… **510**
お先棒を担ぐ …… 130
お先真っ暗 …… **297**
教うるは学ぶの半ば …… **363**
押しが利く …… **300**
押しが強い …… **318**
押しも押されもせぬ …… **300**
お釈迦にする …… 275
お釈迦になる …… **275**
押すな押すな …… **249**
お膳立てが揃う …… **161**
遅かりし由良之助《ゆらのすけ》 …… **420**
恐れ入谷《いりや》の鬼子母神《きしもじん》 …… **561**
お題目を唱える …… **470**
お題目を並べる …… 470
お高くとまる …… **302**
お陀仏になる …… **452**
おだを上げる …… **98**
落ち武者は薄《すすき》の穂にも怖《お》ず …… 32
落ち目に祟り目 …… 416
お茶の子 …… **231**
お茶の子さいさい …… 231
お茶を濁す …… **139**,139
落ちを取る …… **505**
屋下《おっか》架屋《かおく》 …… 548
夫の心と川の瀬は一夜に変わる …… 12
押っ取り刀 …… **255**
乙《おつ》にからむ …… **561**
お手上げ …… **15**
お手の物 …… **231**
頤《おとがい》を解《と》く …… 85
男後家にはぼろ下がり女後家には花が咲く …… 539
男心と秋の空 …… **12**
男心と秋の空は一夜に七度変わる …… 12
男は敷居を跨《また》げば七人の敵あり …… **512**
男は度胸女は愛嬌 …… **12**
男鰥《やもめ》に蛆《うじ》が湧き女寡《やもめ》に花が咲く …… **539**
音沙汰《おとさた》がない …… **297**
落とし所を見つける …… 163
音に聞く …… **536**
同じ穴の狐(狸) …… 270
同じ穴の貉《むじな》 …… **270**
同じ釜の飯を食う …… **517**
鬼が出るか蛇《じゃ》が出るか …… **166**
鬼が出るか仏が出るか …… 166
鬼瓦《おにがわら》にも化粧 …… 295
鬼に金梃《かなてこ》 …… 473
鬼に金棒 …… **473**
鬼に鉄杖《てつじょう》 …… 473
鬼の居ぬ間に洗濯 …… **417**
鬼の霍乱《かくらん》 …… **463**
鬼の首を取ったよう …… **333**
鬼の来ぬ間に洗濯 …… 417
鬼の目にも涙 …… **36**
鬼の面で小児を嚇《おど》す …… 314
鬼の留守に洗濯 …… 417
鬼も十七番茶も煮ばな …… 417
鬼も十八柴茶《しばちゃ》も出花 …… 417
鬼も十八番茶も出花 …… **417**
己の欲せざる所は人に施すこと勿《なかれ》 …… **36**,112
尾羽《おは》打ち枯らす …… **396**

得手に帆を上げる …… 241,242
江戸中の白壁は皆旦那 …… 446
江戸っ子は宵越しの銭《ぜに》は持たぬ …… 399
江戸の敵を長崎で討つ …… 272
絵にかいた餅 …… 548,554
絵にかいたよう …… 212,223
絵になる …… 223,284
柄《え》のない所に柄をすげる …… 471,565
海老鯛 …… 478
海老で鯛を釣る …… 478
海老の鯛交じり …… 286
襟《えり》を正す …… 328
蜿蜿《えんえん》長蛇の列 …… 225
鴛鴦《えんおう》の契り …… 538,539
縁起でもない …… 288
婉曲迂遠《えんきょくうえん》 …… 330
縁起を担ぐ …… 395
猿猴《えんこう》が月に愛をなす …… 523
遠交近攻 …… 92
猿猴《えんこう》月を取る …… 522
猿猴の水の月 …… 523
燕雀《えんじゃく》安《いずく》んぞ鴻鵠《こうこく》の志を知らんや …… 356
エンジンがかかる …… 241
エンジンをかける …… 241
遠水《えんすい》近火を救わず …… 272
縁なき衆生《しゅじょう》は度《ど》し難し …… 438
縁の切れ目は子で繋ぐ …… 501
縁は異《い》なもの …… 493
縁は異なもの味なもの …… 493
煙幕を張る …… 139
遠慮が無沙汰 …… 512
遠慮が無沙汰になる …… 512
遠慮無ければ近憂《きんゆう》有り …… 126
遠慮は無沙汰 …… 512
遠慮ひだるし伊達《だて》寒し …… 201

〔お〕

お愛想を言う …… 321
老い木に花咲く …… 218,410
老い木は曲がらぬ …… 419
老いたる馬は道を忘れず …… 404,404
追手《おいて》に帆をあげる …… 241,242
老いては子に従え …… 497
老いてはますます壮《さかん》なるべし …… 239
老いの一徹 …… 317
老いの繰り言 …… 98
横行闊歩《かっぽ》 …… 385
横行跋扈《ばっこ》 …… 385
王様の耳はロバの耳 …… 124
負うた子に浅瀬を習う …… 151
負うた子に教えられて浅瀬を渡る …… 151
負うた子に教えられる …… 151
王手をかける …… 527
鸚鵡《おうむ》返し …… 200
大男総身に知恵が回りかね …… 357
大男の殿《しんがり》 …… 357
大風が吹けば桶屋が喜ぶ …… 492
多かれ少なかれ …… 238
大きい薬缶《やかん》は沸きが遅い …… 369
大きな顔をする …… 325
大きな口をきく …… 113
大きな者には呑まれよ …… 436
大木《おおき》の下に小木《おぎ》育たず …… 261
大口を叩く …… 113
大御所 …… 300
大立者《おおだてもの》 …… 426
大遣《おおづか》いより小遣い …… 261
大摑《おおづか》みより小摑《こづか》み …… 261
大手《おおで》を振る …… 339
大取《おおど》りより小取《こど》り …… 261
大取りよりは小儲《こもう》け …… 261
大鉈を振るう …… 163
大盤振舞《おおばんぶるまい》 …… 512
大船に乗ったよう …… 19
大風呂敷を広げる …… 320
大見得《おおみえ》を切る …… 320
大目玉を食う …… 150
大目に見る …… 207
公《おおやけ》にする …… 240
お門《かど》違い …… 240
陸《おか》に上がった河童 …… 233,284
陸に上がった船頭 …… 285
お株を奪う …… 377

鵜の真似する烏水に溺れる …… 200
鵜呑み …… **310**
鵜の目鷹の目 …… **141**
産声《うぶごえ》を上げる …… **193**
旨い事は二度考えよ …… 146
旨い汁を吸う …… 477
旨い物は宵に食え …… 114,**416**
旨い物は宵のうち …… 417
馬が合う …… **517**
馬には乗ってみよ人には添うてみよ …… 486,**493**
馬の背を越す …… 576
馬の背を分ける …… **576**
馬の耳に念仏 …… **548**,548,551
馬の目に銭《ぜに》 …… 550
馬痩《や》せて毛長し …… 469
生まれた後の早め薬 …… 421
生まれ付きより育ちが第一 …… 491
海千山千 …… 165,**327**
海とも山ともつかぬ …… 534
産みの親より育ての親 …… **497**
産みの苦しみ …… **61**
海の事は漁師に問え …… 405,424
海の物とも川の物ともつかぬ …… 534
海の物とも山の物ともつかぬ …… **533**
有無《うむ》を言わせず …… **302**
梅と桜を両手に持つ …… 161
梅に鶯《うぐいす》 …… **574**
埋もれ木に花が咲く …… 218,**410**
有耶無耶《うやむや》 …… 297,**297**
烏有《うゆう》に帰す …… **390**
紆余曲折《うよきょくせつ》 …… **291**
裏で糸を引く …… 91
裏には裏がある …… **425**
裏の裏を行く …… **177**
恨《うら》み骨髄《こつずい》に達す …… 27
恨み骨髄に徹する …… **27**
恨みに報ゆるに徳を以《も》ってす …… **36**
恨みを買う …… **27**
恨みを呑む …… **173**
裏目に出る …… **484**
売られた喧嘩《けんか》は買わねばならぬ …… 216
裏をかく …… **177**
裏を取る …… **530**
売り言葉に買い言葉 …… **98**
瓜の皮は大名に剝《む》かせよ柿の皮は乞食に剝かせよ …… 431
売る言葉に買う言葉 …… 98
噂を言えば主《ぬし》が来る …… 490
噂をすれば影 …… 490
噂をすれば影がさす …… **490**
上手《うわて》に出る …… 316
上前をはねる …… **384**,384
雲散鳥没 …… 275
雲散霧消 …… **275**
蘊蓄《うんちく》を傾ける …… **363**
雲泥の差 …… **236**,237
雲泥万里 …… 236
運鈍根《うんどんこん》 …… **426**
運は天に在り …… 392,394
運は寝て待て …… 410
運否天賦《うんぷてんぷ》 …… **392**,394

〔え〕

栄枯盛衰 …… **392**,396
英雄色を好む …… **319**
栄耀栄華《えいようえいが》 …… **426**
ええかっこしい …… **314**
益者三友 …… **517**
易者身の上知らず …… **108**
依怙《えこ》贔屓《ひいき》 …… **70**
依怙偏執《へんしつ》 …… 70
会者定離《えしゃじょうり》 …… 88,453
えせ侍の刀いじり …… 321
えせ者の空笑い …… **321**
枝を矯《た》めて花を散らす …… 525
越権行為 …… 457
越俎《えっそ》の罪 …… **457**
悦に入る …… **76**
得手《えて》勝手《かって》 …… **353**
得手に鼻突く …… **522**
得手に帆 …… 241
得手に棒 …… 241

上見ぬ鷲《わし》 …… **301**
上を下へ …… **249**
右往左往 …… **306**,306
魚心あれば水心 …… **512**
魚《うお》の釜中《ふちゅう》に遊ぶが若《ごと》し …… **392**
魚の水を離れたよう …… 285
浮き足立つ …… **304**
憂き身をやつす …… **77**
憂き目に遭う …… **465**
憂き目を見る …… 465
浮き世の風 …… **441**
浮き世の波 …… 441
浮き世は回り持ち …… **290**
鶯鳴かせたこともある …… **11**
有卦《うけ》に入《い》る …… **410**
烏合《うごう》の衆 …… **356**
右顧左眄《うこさべん》 …… **344**
雨後の筍《たけのこ》 …… **217**
牛売って馬買う …… 473
牛に対して琴を弾《だん》ず …… **547**,548
牛に引かれて善光寺詣《まい》り …… **437**
牛の歩み …… **274**
牛の角《つの》を蜂が刺す …… **341**,341
牛の前に琴調べ …… 548
牛は牛連れ …… 516
牛は牛連れ馬は馬連れ …… **516**,521
氏《うじ》より育ち …… **491**
後ろ髪を引かれる …… **58**
後指《うしろゆび》を指す …… 198
後ろを見せる …… **190**
牛を馬に乗り換える …… **473**
牛を以《も》って馬に換《か》う …… 473
薄紙《うすがみ》をはぐよう …… **229**
有象無象《うぞうむぞう》 …… **356**
嘘から出たまこと …… **484**,486
嘘つきは泥棒の始まり …… **105**
嘘つきは盗人《ぬすびと》の苗代《なわしろ》 …… 105
嘘で固める …… **105**
嘘八百 …… **105**
嘘は盗人《ぬすびと》の始まり …… 105
嘘も重宝 …… 106
嘘も方便 …… **106**
嘘も誠も話の手管《てくだ》 …… 106
嘘も世渡り …… 106
嘘を言えば地獄へ行く …… **106**
嘘をつくと閻魔《えんま》様に舌を抜かれる …… 106
謳い文句 …… **98**
疑わぬ者に悟りなし …… 367
うだつが上がらない …… **465**
内兜《うちかぶと》を見透かす …… 327
家《うち》の前の痩《や》せ犬 …… 314,315
内裸《うちはだか》でも外錦《そとにしき》 …… **201**
内弁慶 …… **314**,315
内孫より外孫 …… **497**
内股膏薬《うちまたごうやく》 …… 345
有頂天《うちょうてん》になる …… **77**
現《うつつ》をぬかす …… **77**
移り変わる習い …… 291
移り変わるは浮き世の習い …… 291
移れば変わる世の習い …… **290**
腕一本 …… 276
腕が上がる …… **376**
腕が利く …… **376**
腕が立つ …… **376**
腕が鳴る …… **323**
腕に覚えがある …… **323**
腕によりをかける …… **24**
打てば響く …… **337**
腕を上げる …… 376
腕をこまねく …… 342
腕を摩《さす》る …… 323
腕を撫《ぶ》す …… 323
腕を振るう …… **25**
腕を磨く …… **185**
烏兎匆匆《うとそうそう》 …… **571**,572
独活《うど》の大木 …… **261**,357
優曇華《うどんげ》 …… 419
鰻登り …… **218**
兎《う》の毛で突いたほど …… **257**
兎の毛の先ほど …… 257
兎の毛の末 …… 257
鵜《う》の真似する烏《からす》 …… **200**,200
鵜の真似する烏は大水を飲む …… 200

意に満たない……74
犬に論語……548
犬の遠吠え……314
犬《いぬ》骨折って鷹の餌食……390
犬も歩けば棒に当たる……413
犬も食わない……547
犬も朋輩《ほうばい》鷹も朋輩……516
命あっての物種……451,453
命が物種……451
命こそ物種……451
命長ければ恥多し……67
命の親……42
命の洗濯……204
命の綱……252
命拾い……375
命を預ける……179
命を懸ける……38
井の中の蛙《かわず》大海を知らず……356
医は仁術《じんじゅつ》……35
衣鉢《いはつ》を伝う……237
茨《いばら》の道……245
威風堂々……300
威風凜凜《りんりん》……300
葦編《いへん》三絶《さんぜつ》……380
葦編三度《みたび》絶つ……380
今泣いた烏がもう笑う……85
今や遅しと……199
今際《いまわ》の念仏誰も唱える……437
意味深《いみしん》……560
意味深長……560
芋の子を洗うよう……249
芋を洗うよう……249
倚門《いもん》の情《じょう》……199
倚門の望《ぼう》……199
いやが応《おう》でも……230
いやでも応でも……230
嫌というほど……278
炒《い》り豆に花……218,410
倚閭《いりょ》の望《ぼう》……199
入《い》るを量りて出《い》ずるを制す……399
入るを量りて出ずるを為《な》す……399
色男金と力はなかりけり……11
色があせる……227
色気より食い気……429,480
色の白いは七難《しちなん》隠す……294
色の白きは十難《じゅうなん》隠す……294
色眼鏡で見る……533
色も香《か》もある……506
色を失う……33
色を付ける……35
色をなす……21
曰《いわ》くありげ……560
曰く言い難し……560
鰯《いわし》で精進《しょうじん》落ち……74
鰯で飲んで精進落とす……75
鰯の頭も信心から……437
言わずと知れた……212
言わぬが花……332
言わぬ事は聞こえぬ……98
言わぬは言うにまさる……136,137
言わねば腹ふくる……75
意を汲む……166
医を信ぜざれば病癒えず……462
異を立てる……196
意を強くする……323
異を唱える……196
威《い》を振るう……301
意を迎える……321
因果《いんが》応報《おうほう》……387,388,389
因果を含める……169
殷鑑《いんかん》遠からず……108
慇懃《いんぎん》無礼……340
因循姑息《いんじゅんこそく》……287
引導を渡す……169
陰徳あれば陽報あり……387,388
陰にこもる……75,226
陰に陽に……176
隠忍自重《いんにんじちょう》……173

〔う〕

有為転変《ういてんぺん》……290,291
有為転変は世の習い……293
飢えたる犬は棒を恐れず……460
飢えては食を択《えら》ばず……430

一目置く……509
一目瞭然……212
一も二もなく……255
一文《もん》吝《おし》みの百失い……477
一文吝みの百知らず……477
一文吝みの百損……477
意中の人……133
一葉《いちよう》落ちて天下の秋を知る……167
一陽来復……410
一翼を担う……192
一蓮托生《いちれんたくしょう》……391
一を聞いて十を知る……369
一を以《も》って万を察す……369
一攫千金……411,477
一家言《いっかげん》……362
一家を成す……425
一巻の終わり……116
一気呵成……280,280
一騎当千《いっきとうせん》……376
一挙両得……477,478
一犬《いっけん》影に吠ゆれば万犬声に吠ゆ……489
一犬影に吠ゆれば百犬声に吠ゆ……489,489
一刻千金……570
一刻を争う……214,248
一災起これば二災起こる……168
一切皆空《いっさいかいくう》……439
一再ならず……266
一札入れる……530
一札取る……530
一子相伝……237,238
一糸《いっし》乱れず……259
一瀉千里……280,280
一将功成りて万骨枯る……310,311
一触即発……214
一矢《いっし》を報いる……196
一進一退……290
一心同体……129
一心不乱……301,324,324
一寸先は闇……214
一寸先は闇の世……214
一寸下は地獄……214
一寸の光陰軽んずべからず……360
一寸延びれば尋《ひろ》延びる……173
一寸の虫にさえ五分《ごぶ》の魂……18
一寸の虫にも五分の魂……17
一寸法師の背比べ……289
一世一代……425
一石二鳥……478,478
一席設ける……416
一石を投じる……532
一殺多生《いっせつたしょう》……311
一線を画《かく》する……132
一銭を笑う者は一銭に泣く……399
一旦緩急あれば……161
一知半解……269,309
一籌《いっちゅう》を遜《そん》ずる……507
一籌を輸《ゆ》す……507
一朝一夕……573
一長一短……472
一丁《いってい》字を識《し》らず……362
一擲《いってき》乾坤《けんこん》を賭《と》す……527
一頭《いっとう》地を出《い》だす……369
一頭地を抜く……369
一刀両断……163
一得一失……473
一杯食わす……177
一敗地に塗《まみ》れる……545
一盃は人酒を飲み二盃は酒酒を飲み三盃は酒人を呑む……476
一斑《いっぱん》を見て全豹《ぜんぴょう》を評す……166
一斑を見て全豹を卜《ぼく》す……166,166
一本調子……270
一本取られる……545
一本参る……546
いつまでもあると思うな親と金……496,497
いつも柳の下に泥鰌《どじょう》は居らぬ……412
居て食らえば山も空し……446
居ても立っても居られない……56
いとしき子には旅をさせよ……500
意に介《かい》さない……340
意にかなう……77
意に染まない……74

軍《いくさ》見て矢を矧《は》ぐ …… 421
異口同音 …… **97**
意見と餅はつくほど練れが良い …… 171
意見と餅はつくほど練れる …… **171**
依怙地《いこじ》 …… **317**
諍《いさか》い果てての乳切《ちぎ》り木 …… 421
いざ鎌倉 …… **416**
潔《いさぎよ》しとしない …… **327**
砂《いさご》長じて巌《いわお》となる …… 264
石亀の地団太《じだんだ》 …… 200
意識不明 …… 453
石に裃《かみしも》 …… 308,309
石に灸《きゅう》 …… 341
石に漱《くちすす》ぎ流れに枕す …… **317**
石に立つ矢 …… 187,267,425
石に布団は着せられぬ …… **496**,497,500
石の上にも三年 …… **172**,410,420
石の橋も叩いて渡れ …… 348
石の物言う世の中 …… 282
意志薄弱 …… 116,336
石橋を叩いて渡る …… 347,**347**
石部金吉《いしべきんきち》 …… 308
石部金吉鉄兜《かなかぶと》 …… **308**,309
医者上手にかかり下手 …… **462**
医者の不養生 …… 423,**462**
衣食足りて栄辱《えいじょく》を知る …… 350
衣食足りて礼節を知る …… **350**
医食同源 …… **407**
意地を張る …… **317**
以心伝心 …… **129**
出雲の神の縁結び …… 493
いずれ菖蒲《あやめ》か杜若《かきつばた》 …… **533**
居候《いそうろう》の三杯目 …… **429**
急がば回れ …… **156**,349,532
磯際で船を破る …… 82
磯の鮑《あわび》の片思い …… **11**
異体同心 …… 129
痛くも痒《かゆ》くもない …… **340**
痛くもない腹を探られる …… **26**
威丈高《いたけだか》 …… **301**
板子《いたご》一枚下は地獄 …… **214**
痛し痒し …… **58**
鼬《いたち》の最後っ屁 …… **195**
鼬のなき間の貂《てん》誇り …… 315
韋駄天《いだてん》走り …… **280**
板に付く …… **284**
痛む上に塩を塗る …… **413**,415,416
一意専心 …… **301**,324
一衣帯水 …… **574**
一押し二金三男 …… **11**
一押し二金三暇四男五芸 …… 11
一か八《ばち》か …… **391**,394,527
一から十まで …… **258**
一言居士《いちげんこじ》 …… **98**
一期一会《いちごいちえ》 …… **88**
一伍一什《いちごいちじゅう》 …… 258
一言一句 …… 561
一言半句 …… **561**
一言半辞 …… 561
一事が万事 …… **165**,166
一日三秋《いちじつさんしゅう》 …… 45
一日千秋《いちじつせんしゅう》 …… **45**
一日《いちじつ》の長 …… **404**
一樹の陰 …… **493**,495
一事を聞きては十事《じゅうじ》も知る …… 369
一難去ってまた一難 …… **413**,414
一に看病二に薬 …… **463**
市《いち》に虎あり …… **489**
一に養生二に薬 …… 463
一人《いちにん》虚を伝《った》うれば万人実を伝う …… **489**,489
一人当千《いちにんとうせん》 …… 376
一念天に通ず …… 187,**425**
一念発起《いちねんほっき》 …… **38**
一姫二太郎 …… **496**
一姫二太郎三太郎 …… 496
一病息災 …… **407**,409
一部始終 …… **258**
一富士二鷹三茄子 …… **395**
一望千里 …… **574**
一枚嚙む …… **120**
一脈相通じる …… 270
一脈通じる …… **270**
一網打尽 …… **183**

阿弥陀《あみだ》の光より金の光 …… 403
網《あみ》呑舟《どんしゅう》の魚を漏らす …… **457**
網にかかるは雑魚《ざこ》ばかり …… **384**
網を張る …… **199**
雨が降ろうが槍が降ろうが …… **230**
雨降って地《じ》固まる …… **531**
危うきこと虎の尾を踏むが如《ごと》し … 215
危うきこと累卵《るいらん》の如し …… **214**,215
過《あやま》ちて改めざる是《これ》を過ちと謂《い》う …… **108**
過《あやま》ちては改むるに憚《はばか》ること勿《なか》れ …… **206**
過ちの功名 …… 485
過ちは好む所にあり …… 522
阿諛追従《あゆついしょう》 …… **321**
嵐の前の静けさ …… **251**
蟻の穴から堤《つつみ》の崩れ …… **82**,263
蟻の一穴《いっけつ》天下の破れ …… 82
蟻の這《は》い出る隙もない …… **232**
有る袖は振れど無い袖は振れぬ …… 402
有る時払いの催促なし …… **399**
合わせ物は離れ物 …… 88
合わせる顔がない …… 552
慌てる乞食は貰《もら》いが少ない … 349,**531**
合わぬ蓋《ふた》あれば合う蓋あり …… 495
鮑《あわび》の貝の片思い …… 11
鮑の片思い …… 11
泡を食う …… **32**
暗礁に乗り上げる …… **274**
案じる子は生み易《やす》い …… 231
案ずるより生むが易し …… **230**,375
暗中模索《あんちゅうもさく》 …… **58**,59
案に相違する …… **484**
暗夜《あんや》に灯火《ともしび》を失う …… **55**
暗夜の礫《つぶて》 …… **273**

〔い〕

いい子になる …… **327**
言いたいことは明日言え …… **136**
唯唯諾諾《いいだくだく》 …… **151**
いい面《つら》の皮 …… **197**
いい目が出る …… 412
言うに言われない …… **560**
言うは行うより易《やす》し …… 113
言うは易く行うは難《かた》し …… **113**
言うも愚か …… **212**
言う者は知らず知る者は黙す …… 364
家貧しくして孝子顕《あらわ》る …… **468**
家を出《い》ずれば七人の敵あり …… 513
鋳型《いがた》にはめる …… **270**
烏賊《いか》の甲より年の劫 …… 404
怒りは敵と思え …… **21**
怒りを遷さず …… **21**
怒れる拳笑顔に当たらず …… 19,**21**
遺憾千万《いかんせんばん》 …… **84**
生き馬(牛)の目をえぐる …… 327
生き馬の目を抜く …… **327**
息が合う …… **516**
息がかかる …… **491**
息が通う …… **376**,**451**
息が切れる …… **265**,**451**
行《い(ゆ)》きがけの駄賃 …… **208**
息が続く …… **265**
息が詰まる …… **48**
息が長い …… **266**,**561**
生き胆《ぎも》を抜く …… **33**
意気軒昂《けんこう》 …… 227,**239**,333
意気地《いきじ》 …… **317**
意気消沈 …… **227**,239,333
意気衝天《しょうてん》 …… 227,239
意気阻喪《そそう》 …… 227
意気投合 …… **516**
息抜きをする …… 204
息の根を止める …… **134**,**454**
意気揚揚 …… 227,239,**333**
息を凝らす …… **324**
息を殺す …… 324
息をつく …… **204**
息を詰める …… **324**
息を抜く …… **204**
息を呑む …… **33**
息を引き取る …… **451**
息を吹き返す …… **229**
衣錦《いきん》の栄 …… 427

足を出す …… 398
足を取られる …… 245
足を延ばす …… 105
足を引っ張る …… 146
足を向けて寝られない …… 42
明日ありと思う心の仇桜《あだざくら》 …… 290
明日《あす》の事は明日案じよ …… 54,434
明日の事を言えば鬼が笑う …… 574
明日の百より今日の五十 …… 399
東男《あずまおとこ》に京女 …… 493
汗水垂らす …… 461
汗水を流す …… 461
当たって砕けろ …… 38
徒花《あだばな》に実は生《な》らぬ …… 507
頭が上がらない …… 509
頭が痛い …… 245
頭が固い …… 316
頭隠して尻隠さず …… 123
頭が下がる …… 509
頭が低い …… 316
頭が古い …… 317
頭でっかち尻すぼみ …… 218,221
頭でっかの腰細 …… 218
頭に入れる …… 127
頭に来る …… 21,23
頭の上の蠅を追え …… 107
頭の黒い鼠 …… 384
頭を痛める …… 245
頭を抱える …… 245
頭を絞る …… 126
頭を悩ます …… 64
頭をはねる …… 384,384
頭をひねる …… 126
頭を冷やす …… 351
頭を丸める …… 437
頭をもたげる …… 217,536
新しい酒は新しい革袋に盛れ …… 156
新しい畳も叩けば埃が出る …… 385
当たらず障らず …… 118
当たるも八卦《はっけ》当たらぬも八卦 …… 394
当たるも不思議当たらぬも不思議 …… 395
彼方《あちら》立てれば此方《こちら》が立たぬ …… 163
暑い寒いも彼岸ぎり …… 570
呆気《あっけ》に取られる …… 17
悪口雑言《あっこうぞうごん》 …… 566
暑さ寒さも彼岸まで …… 570
羹《あつもの》に懲りて膾《なます》を吹く …… 30,522
圧力をかける …… 510
当てが外れる …… 240
後足で砂をかける …… 487
後釜《あとがま》に据える …… 237
後の後悔先に立たず …… 49
後の祭り …… 420,421,422
後は野となれ山となれ …… 190,455
アドバルーンを揚げる …… 144
跡を追う …… 451
跡をくらます …… 124
穴があったら入りたい …… 67
穴のあくほど …… 202
穴の貉《むじな》を値段する …… 550
穴をあける …… 389,522
あの声で蜥蜴《とかげ》食らうか時鳥《ほととぎす》 …… 484
痘痕《あばた》も靨《えくぼ》 …… 10
阿鼻叫喚 …… 62
危ない事は怪我のうち …… 347
危ない所に登らねば熟柿《じゅくし》は食えぬ …… 477,479
危ない橋を渡る …… 213
虻蜂《あぶはち》取らず …… 522,525
油が切れる …… 227
脂が乗る …… 241
油を売る …… 335
油をかける …… 88
油を絞る …… 150
油をそそぐ …… 88
甘い汁を吸う …… 477
甘い物に蟻がつく …… 477
雨垂れ石を穿《うが》つ …… 185,264
雨垂れは三途《さんず》の川 …… 513
あまのじゃく …… 195,197
余り茶に福あり …… 409,412
余り物に福がある …… 412

悪妻は一生の不作 …… 496
悪妻は百年の不作 …… **496**
悪妻は身の破滅 …… 496
悪妻は六十年の不作 …… 496
悪事千里 …… 489
悪事千里を走る …… **489**
悪事千里を行く …… 489
悪事身にかえる …… 388,389
悪女の深情け …… **10**
悪戦苦闘 …… **184**
悪銭身につかず …… **398**
悪態をつく …… **566**
欠伸を噛み殺す …… **172**
あぐらをかく …… **335**
揚げ足を取る …… **97**
挙げ句の果て …… **238**,238
上げ潮に乗る …… **217**
開けて悔しき玉手箱 …… **49**
明けても暮れても …… **222**
顎《あご》が落ちる …… 433
顎が外れる …… **85**
顎が干上がる …… 468
阿漕《あこぎ》が浦に引く網 …… **123**
顎《あご》で使う …… **301**
顎の先で使う …… 301
顎を出す …… **264**
顎をなでる …… **333**
顎を外す …… 85
朝雨女の腕まくり …… 576
朝雨に傘いらず …… **576**
朝雨はその日のうちに晴れる …… 576
浅い川も深く渡れ …… **347**,348
朝起き千両夜《よ》起き百両 …… **461**,461
朝起きは三文の徳 …… 447
朝顔の花一時《ひととき》 …… 441
朝駆けの駄賃 …… 231
浅瀬に仇波《あだなみ》 …… **356**,507
朝虹雨のもと夕虹日照りのもと …… 576
朝虹に傘忘るな …… 576
朝虹に川越すな …… 576
朝虹は雨夕虹は晴れ …… **576**
麻につるる蓬《よもぎ》 …… 516
朝寝坊の宵っ張り …… 448
朝の雨は晴れの兆《きざ》し …… 576
麻の如し …… **248**
麻の中の蓬《よもぎ》 …… **516**,519
朝の一時《ひととき》は晩の二時《ふたとき》に当たる …… **461**,461
薊《あざみ》の花も一盛り …… 417
朝飯前 …… **230**
朝飯前のお茶漬け …… 231
足が重い …… **325**
足が地に着かない …… **27,553**
足が付く …… **282**
足が出る …… **398**
足が遠のく …… **512**
足が向く …… **53**
足蹴《あしげ》にする …… **337**
朝《あした》に紅顔有りて暮《ゆうべ》に白骨と為《な》る …… **440**
朝《あした》に道を聞かば夕べに死すとも可《か》なり …… **362**
明日《あした》は明日の風が吹く …… 54,**434**
足駄を履いて首ったけ …… **10**
足留めを食う …… **274**
味なことをやる …… **312**
足並みが揃う …… 259
足並みが乱れる …… 259
足並みを揃える …… **259**
足場を固める …… **161**
足踏みをする …… **274**
味も素っ気もない …… **60**
足下から鳥が立つ …… **32**,34,**193**
足下から鳥が飛び立つ …… 32
足下に火が付く …… **213**
足下にも及ばない …… **236**
足下の明るいうちに …… **472**
足下へ付け込む …… 327
足下へも寄りつけない …… 236
足下を見てつけ上がる …… 327
足下を見る …… **327**
足を洗う …… **205**
味を占める …… **65**
足をすくう …… **176**

総合索引

・見出しの成句のほか、類句・対句・同義語として出ている成句のすべてを五十音順に並べています。
・見出しにたてて説明している成句は、そのページを太い数字で、類句・対句・同義語として出ている成句は、細い数字で示しています。
・その成句が見出しにたてられていて、しかも別の成句の類句・対句・同義語としても出ている場合、見出しになっているページは太い数字で、類句などとして出ているページは細い数字で示しています。
・その成句に二つ以上の意味があり、ともに見出しがたてられている場合は、二つ以上のページを太い数字で示しています。
・ただし、てにをはのわずかな違いだけのようなものは、どれか一つにしている場合もあります。

〔あ〕

合縁奇縁《あいえんきえん》 …… **492**,493
挨拶《あいさつ》は時の氏神《うじがみ》 …… **181**
愛想《あいそ(う)》が尽きる …… **16**
愛想《あいそ》尽かしも金から起きる …… 401
愛想も小想《こそ》も尽き果てる …… 16
愛想を尽かす …… 16
開いた口がふさがらない …… **16**
開いた口には戸は立たぬ …… 490
開いた口へ牡丹餅《ぼたもち》 …… 411
間《あいだ》に立つ …… 181
間に入る …… **181**
相槌を打つ …… **337**
相手変われど主変わらず …… **270**
相手なければ訴訟なし …… 118
相手のない喧嘩《けんか》は出来ぬ …… **118**
青は藍より出《い》でて藍より青し …… **526**
曖昧模糊《あいまいもこ》 …… **296**,297
会うは別れ …… 88
会うは別れの始め …… **88**
合うも不思議合わぬも不思議 …… 395
阿吽《あうん》の呼吸 …… **331**
青筋を立てる …… **21**
青田買い …… **476**
青菜に塩 …… **84**
青葉は目の薬 …… **574**
煽《あお》りを食う …… **391**
足掻《あが》きが取れない …… **233**
赤子の手をねじるよう …… 230
赤子の手をひねるよう …… **230**
赤子は泣き泣き育つ …… 408
赤信号が付く …… **213**
赤の他人 …… **533**
垢《あか》は擦《こす》るほど出る …… 385
秋風が立つ …… **10**
秋風が吹く …… 10
秋鯖《あきさば》は嫁に食わすな …… 496
秋高く馬肥ゆ …… 571
空き樽は音が高い …… 356,**507**
商い上手の仕入れ下手 …… **422**
秋茄子《あきなすび》嫁に食わすな …… **496**
秋の扇 …… **10**
秋の日は釣瓶《つるべ》落とし …… **570**
秋の日は鉈《なた》落とし …… 570
諦めは心の養生 …… **15**
商人《あきんど》と屏風《びょうぶ》は直《す》ぐには立たぬ …… **422**
商人と屏風は曲がらねば立たぬ …… 422
悪因悪果《あくいんあっか》 …… 387
悪縁契り深し …… 494
灰汁《あく》が抜ける …… **260**

慣用句《かんようく》・故事《こじ》ことわざ・四字熟語《よじじゅくご》
使《つか》いさばき辞典《じてん》

2014年7月14日　第1刷発行
2017年2月25日　第2刷発行

東京書籍編集部《とうきょうしょせきへんしゅうぶ》　編

発行者　千石雅仁
発行所　東京書籍株式会社
〒114-8524　東京都北区堀船2-17-1
電話　03-5390-7531（営業）
03-5390-7283（編集）

装丁　麻生隆一（東京書籍AD）
本文デザイン　澤田千尋
本文組版　（有）マーリンクレイン
印刷・製本　図書印刷株式会社

ISBN978-4-487-73238-8 C0581

出版情報　https://www.tokyo-shoseki.co.jp